Zielvereinbarungen und Zielvorgaben im Individualarbeitsrecht

D1671654

Europäische Hochschulschriften

Publications Universitaires Européennes
European University Studies

Reihe II
Rechtswissenschaft

Série II   Series II
Droit
Law

Bd./Vol. 4880

PETER LANG

Frankfurt am Main · Berlin · Bern · Bruxelles · New York · Oxford · Wien

Konrad Maria Weber

Zielvereinbarungen und Zielvorgaben im Individualarbeitsrecht

Probleme und Lösungen im bestehenden und entgeltrelevanten System „Führen durch Ziele"

PETER LANG
Internationaler Verlag der Wissenschaften

Bibliografische Information der Deutschen Nationalbibliothek
Die Deutsche Nationalbibliothek verzeichnet diese Publikation
in der Deutschen Nationalbibliografie; detaillierte bibliografische
Daten sind im Internet über <http://www.d-nb.de> abrufbar.

Zugl.: Augsburg, Univ., Diss., 2009

Gedruckt auf alterungsbeständigem,
säurefreiem Papier.

D 384
ISSN 0531-7312
ISBN 978-3-631-58994-6

© Peter Lang GmbH
Internationaler Verlag der Wissenschaften
Frankfurt am Main 2009
Alle Rechte vorbehalten.

Printed in Germany 1 2 3 4 5   7

www.peterlang.de

Die Kunst ist, erwachsen zu werden –
und dennoch ein Kind zu bleiben.

Erich Kästner

Für Daniela

Vorwort

Die vorliegende Arbeit entstand während eines Sonderurlaubs vom Referendariat im Jahr 2008 als Dissertation an der Juristischen Fakultät der Universität Augsburg. Die Aktualisierung für die Veröffentlichung berücksichtigt den Stand der Literatur und Rechtsprechung bis zum 01.03.2009.

Nicht, weil es der guten Tradition entspricht, sondern weil es mir schlicht ein Bedürfnis ist, möchte ich mich bei meiner Doktormutter, Frau Prof. Dr. Martina Benecke, bedanken. Für Fragen, Sorgen und Nöte hatte Frau Prof. Benecke stets ein offenes Ohr und wusste Rat. Gleichzeitig ließ sie mir die notwendige wissenschaftliche Freiheit, um die eigenen Vorstellungen zu verwirklichen. Ihre Betreuung war in jeglicher Hinsicht vorbildlich.

Ich bedanke mich ebenfalls bei Herrn Prof. Dr. Herbert Buchner für die zügige Erstellung des Zweitgutachtens.

Besonderen Dank schulde ich Frau Daniela Zirkonik. Ihre umfassende Unterstützung in den alltäglichen Dingen ermöglichte mir die rasche Fertigstellung dieser Arbeit. Ihre Geduld für mein Vorhaben sowie Nachsicht meiner Höhen und vor allem Tiefen gegenüber waren sicherlich nicht immer leicht, dennoch nahm und nimmt sie Rücksicht auf mich, meine Ausbildung und die Verwirklichung meiner Ziele. Frau Daniela Zirkonik widme ich diese Arbeit.

Zu danken habe ich ebenfalls der Sozietät Nörr Stiefenhofer Lutz für die hervorragende Ausbildung während meines Referendariats und die Unterstützung meiner Dissertation im infrastrukturellen Bereich.

Herrn Michael Gössl danke ich für die allgemeine Unterstützung in all meinen Lebenslagen. Unsere ernsten Diskussionen sind stets weiterführend; unsere zwanglosen Zusammenkünfte erholsam, wenn auch manchmal auf ihre eigene Weise.

Nicht zuletzt und ganz besonders danke ich meinen Eltern, Frau Dr. med. Christa Weber und Herrn Dr. med. Volker Weber für meine gesamte Ausbildung. Von Kindesbeinen an unterstützten sie mich in der Weiterentwicklung meiner Neigungen und damit auch meiner Persönlichkeit. Meine Ausbildung stand immer vor Ihren eigenen Interessen, ein Vorbild für manch andere Eltern.

Konrad Maria Weber

Inhaltsübersicht

Inhaltsverzeichnis

Zweiter Teil
Ausgestaltungsmöglichkeiten des Personalführungssystems Zielvereinbarung/-vorgabe

§ 1 Einführung und Gang der Untersuchung

Die Entgeltsysteme in der Arbeitswelt sind einem tiefgreifenden Wandel ausgesetzt. Starre Festgehälter werden zurückgedrängt, variable und vor allem leistungsorientierte Vergütungen gewinnen immer mehr an Bedeutung. Zielvereinbarungen/-vorgaben[1] mit anknüpfenden Entgeltbestandteilen sind mittlerweile aus dem normalen Arbeitsleben nicht mehr wegzudenken.[2] Die überwiegende Mehrheit der Unternehmen sprach schon Ende des letzten Jahrtausends dieser Form der Vergütung eine wachsende Bedeutung zu.[3] Das Personalführungssystem „Führen durch Ziele" ist – in unterschiedlichen Gestaltungsvarianten – schlicht „in" und ein betriebswirtschaftlicher Dauerbrenner. Es heißt sogar, dass ein moderner Führungsstil darauf gar nicht mehr verzichten kann.[4] Die gewerkschaftliche Seite steht dagegen den Zielvereinbarungen und erst recht den einseitigen Zielvorgaben eher kritisch gegenüber.[5]

Zielvereinbarungen/-vorgaben sind in der Praxis inzwischen Standard. Was früher den Führungskräften der oberen Hierarchieebene größerer Unternehmen vorbehalten war,[6] wird mittlerweile immer mehr auch auf den unteren Stufen installiert. Fast flächendeckend wurde und wird das Personalführungssystem Zielvereinbarungen/-vorgaben in den Unternehmen eingeführt.[7] Die gewachsene Bedeutung der variablen Vergütung basierend auf Zielvereinbarungen/-vorgaben in der Arbeitswelt spiegelt sich mittlerweile auch in der Rechtswissenschaft und juristischen Praxis wider. Während am Anfang des neuen Jahrtausends noch der Vorwurf erhoben wurde, das Personalführungssystem Zielvereinbarungen/-vorgaben wird entgegen seiner praktischen Bedeutung in der juristischen Literatur schlicht ignoriert,[8] ist dieser Einwand nicht mehr haltbar. Inzwischen beschäftigt sich Wissenschaft und Rechtsprechung intensiv mit diesem Thema. In der Instanzenrechtsprechung erfolgten viele, teilweise sich in den Ansichten erheblich unterscheidende Entscheidungen. Auch das *BAG* urteilte im Jahr 2007 in drei Fällen über Zielvereinbarungen/-vorgaben. Man sagt, über keine andere variable Vergütungsform wird so viel prozessiert.[9] Auch in der Literatur gibt es fast so viele Ansichten, wie es Veröffentlichungen gibt. Vieles ist umstritten und ungeklärt.

Zielvereinbarungen/-vorgaben existieren in der arbeitsrechtlichen Praxis in unterschiedlichen Formen. Meist werde sie zwar im Rahmen einer Individualvereinbarung installiert, sie können jedoch auch auf Betriebsvereinbarungen basieren.[10] Sogar Tarifverträge können Zielvereinbarungen im weiteren Sinne beinhalten.[11] Die Ziele selbst können sowohl an die persön-

---

1   Für die einzelnen Definitionen der Begriffe im Überblick, siehe § 4 VI.
2   *Schmiedl*, in BB 2006, 2417 (2417); *Ehlscheid/Unterhinninghofen*, in AiB 2002, 295 (295).
3   Vgl. *Bahnmüller*, Stabilität und Wandel, S. 172, der schon im Jahr 1998 Unternehmen der Metall- und Elektroindustrie, Bankgewerbe und Textilindustrie hierzu befragte.
4   *Breisig*, Entlohnen und Führen, S. 21; *Kolb*, in Schwaab/Bergmann/Gairing/Kolb, S. 7; *Kunz*, Führen, S. 265.
5   Vgl. *Ehlscheid*, in AiB 2007, 339 (344).
6   Vgl. *Humble*, MBO-Fibel, der nur von Führungskräften spricht.
7   Siehe statistische Erhebungen bei *Berwanger*, Einführung, S. 1ff.
8   *Geffken*, in NZA 2000, 1033 (1033), der vermutet, so lange es keine Rechtsprechung gibt, solange bleibt dieses Thema für die Wissenschaft uninteressant.
9   DLW/*Diller*, S. 477 Rn 821b.
10   Vgl. hierzu die Studie über Zielvereinbarungen im weiteren Sinne als Betriebsvereinbarungen bei *Klein-Schneider*, Entgelt, S. 49ff.
11   Nachweise bei *Breisig*, Entlohnen und Führen, S. 104ff. und *Geffken*, in AiB 2007, 514 (516); ausführlich hierzu *Krause*, Zielvereinbarungen, S. 264ff.

1

liche Leistung des Arbeitnehmers,[12] die Leistung einer Arbeitnehmergruppe als auch an die wirtschaftliche Leistungsfähigkeit des Unternehmens anknüpfen. Den Arbeitsvertragsparteien stehen hier alle Möglichkeiten offen. Die Praxis bedient sich aber häufig auch Mischformen, verbindet also die individuelle Leistung des Arbeitnehmers mit den kollektiven Leistungen einer Arbeitnehmergruppe bzw. des Unternehmens. Weiter kommen nicht nur „harte" Ziele vor, deren Erreichen anhand objektiver Zahlen (Ausschuss, Umsatz, Verkaufszahlen etc.) ermittelbar ist, sondern auch „weiche" Ziele, deren Erreichen lediglich wertend (z.B. Kundenzufriedenheit, Teamfähigkeit) beurteilt werden kann. Möglich sind auch Zielvereinbarungen/ -vorgaben, die lediglich die Leistungsbeurteilung ermöglichen sollen, ohne dass daran ein Entgeltanspruch des Arbeitnehmers gekoppelt sein soll.

In dieser Arbeit werden diejenigen Probleme betrachtet und Lösungen entwickelt, die bei der Zielvereinbarung/-vorgabe verknüpft mit einem Entgeltanspruch des Arbeitnehmers entstehen können. Hierbei werden lediglich diejenigen Probleme beleuchtet, die individualrechtlich in einem schon bestehenden System entstehen können. Es kann als geklärt gelten, dass das Ziel vereinbarungen/-vorgaben in einem bestehenden Arbeitsverhältnis individualrechtlich nicht gegen den Willen des Arbeitnehmers eingeführt werden kann. Das bisher vertragliche Entgelt des Arbeitnehmers ist bestandsfest.[13] Somit kann auch auf betriebsverfassungsrechtlichem Wege nur die Einführung „on top" bei gleichzeitigem Belassen der bisherigen Vergütung erfolgen. Letzterem wird der Arbeitnehmer allerdings sich wohl auch individualrechtlich nicht verweigern. Insofern wird die Implementierung des Personalführungssystems Zielvereinbarung/-vorgabe nicht weiter betrachtet. Auch der Bereich der Mitbestimmung wurde schon mehrfach untersucht. Im Ergebnis besteht in den Schranken der §§ 77 Abs. 3, 87 Abs. 1 BetrVG ein Mitbestimmungsrecht des Betriebsrates. Daneben stehen ihm auch weitere Mitwirkungsrechte und auch Informationsrechte zu.[14]

Es bleiben jedoch genug ungeklärte Fragen bestehen, die während der Durchführung des Personalführungssystems Zielvereinbarung/-vorgabe entstehen können. Zu diesen Fragen Antworten zu finden, soll die vorliegende Arbeit beitragen. So werden, nach Einordnung im historischen Kontext, die verschiedenen Gestaltungsmöglichkeiten des Personalführungssystems Zielvereinbarung/-vorgabe dargestellt. Es bedarf einer Abgrenzung von bestehenden Vergütungsformen. Die Lösung der auftretenden Störungen im System ist nur durch einer Klärung

---

12   Männliche Bezeichnungen stehen im Folgenden sowohl für männliche als auch weibliche. Die einheitliche Bezeichnung „Arbeitgeber" und „Arbeitnehmer" etc. dient der besseren Lesbarkeit.

13   *Pelzer*, Zielvereinbarungen, S. 111ff.; *Heiden*, Zielvereinbarungen, S. 59; *Deich*, Beurteilung, S 59ff.; Schaub/*Linck*, AHdB, § 77 Rn 2; *Riesenhuber/v.Steinau-Steinrück*, in NZA 2005, 785 (787); *Hergenröder*, in AR-Blattei SD 1855, Rn 22; *Berwanger*, in BB 2003, 1499 (1501); *Bauer*, in Brennpunkte, 93 (94ff.); *Mauer*, in NZA 2002, 540 (543); jeweils m.w.N.; vgl. zur Einführung aus soziologischer Sicht *Berwanger*, Einführung, S. 112ff.

14   Vgl. *BAG* vom 10.10.2006, Az 1 ABR 68/05; *BAG* vom 21.10.2003, Az 1 ABR 39/02; *Buschmann*, in RdA 2008, 38 (39ff.); *Annuß*, in NZA 2007, 290 (296); *Trittin/Fischer*, in AuR 2006, 261 (261ff.); *Olbert*, in AuA 2006, 84 (84ff.); *Friedrich*, in PersF 2006, 22 (32ff.); *Däubler*, in NZA 2005, 793 (794ff.); *Riesenhuber/v.Steinau-Steinrück*, in NZA 2005, 785 (788); *Trittin*, in AiB 2005, 481 (481ff.); *Hergenröder*, in AR-Blattei SD 1855, Rn 116ff.; *Rieble/Gistel*, in BB 2004, 2462 (2462ff.); *Berwanger*, in BB 2003, 1499 (1502); *Hoß*, in ArbRB 2002, 154 (156); *Däubler*, in AiB 2001, 208 (213ff.); MüKo/*Müller-Glöge*, § 611 BGB Rn 767; *Fitting*, § 87 BetrVG Rn 415, 498; Preis-*Preis/Lindemann*. AV, II Z 5 Rn 49ff.; DLW/*Diller*, S. 480 Rn 821p f.; GLP/*Grundmann*, Ziel- und Leistungsvereinbarungen, S. 57ff.; *Heiden*, Zielvereinbarungen, S. 111ff.; *Deich*, Beurteilung, S. 315ff.; *Lischka*, Zielvereinbarungen, S. 134ff.; *Mohnke*, Zielvereinbarungen, S. 195ff.; *Krause*, Zielvereinbarungen, S. 307ff.; *Berwanger*, Einführung, S. 176ff.; *Schang*, Mitbestimmung, S. 130ff.; jeweils m.w.N.

2

der rechtlichen Grenzen möglich. Die Handlungsmöglichkeiten beider Parteien muss feststehen, sowie Folgen des Überschreitens bestehender gesetzlicher/vertraglicher Rahmenbedingungen. Sind die Grenzen aufgezeigt, so lassen sich hierauf mögliche auftretende Störungen anhand der gefundenen Grundsätze lösen. So werden die Folgen der Verfehlung der Ziele ebenso entwickelt, wie die Folgen der unterlassenen Zielvereinbarung/-vorgabe. Ebenso werden andere mögliche Probleme, wie z.B. das unterjährige Ausscheiden oder eine mögliche Zielanpassung, dargestellt und einer Lösung zugeführt.

Erster Teil
Grundlagen des Personalführungssystems Zielvereinbarung/-vorgabe

Der erste Teil der Arbeit widmet sich den Grundlagen des Personalführungssystems Zielvereinbarung/-vorgabe. Zu diesen gehört zunächst die Definition der verschiedenen Begriffe. Ebenso ist der historische Hintergrund für das Gesamtverständnis von Bedeutung. Danach werden die Erwartungen in der Arbeitswissenschaft der gängigen Kritik gegenübergestellt. Der dritte Abschnitt stellt die verschiedenen Möglichkeiten zur Ausgestaltung des Personalführungssystems dar. Ferner bedarf es einer Abgrenzung zu anderen variablen Vergütungssystemen.

§ 2 Begriffsbestimmung

„Zielvereinbarung" ist ein sehr schillernder Begriff.[15] Es existieren unter diesem Ausdruck die verschiedensten Dinge, er ist kein feststehender Rechtsbegriff.[16] So kommt eine „Zielvereinbarung" nicht nur im Arbeitsrecht, sondern auch in der öffentlichen Verwaltung,[17] im Sozialrecht,[18] aber auch bei der Hochschulverwaltung vor.[19] Aber auch im gesamten Zivilrecht, nicht nur im Arbeitsrecht, ist eine Zielvereinbarung möglich. So ist beispielsweise die Beauftragung einer Werbeagentur für eine Kampagne als Werkvertrag zu qualifizieren, im Vertrag können ebenfalls bestimmte Ziele vereinbart werden. Aber auch im Arbeitsrecht selbst wird dieser Begriff uneinheitlich verwendet. So wird teilweise darunter schlicht Weisungen des Arbeitgebers verstanden, die dieser für einen bestimmten Zeitraum anstatt für den Einzelfall erteilt.[20] Oder in einem Unternehmen wurde eine Konzernbetriebsvereinbarung mit dem Titel „Zielvereinbarung 1999" bezeichnet, die einen sozialverträglichen Personalabbau zum Inhalt hat.[21] Selbst wenn aber mit dem Begriff „Zielvereinbarung" das hier dargestellte und untersuchte Personalführungssystem gemeint sein sollte, wird der Terminus teilweise in der Praxis zwar begrifflich einheitlich, inhaltlich aber für unterschiedliche Ausgestaltungen verwendet. Die Zielvereinbarung wird z.T. auch als Zieldiktat verstanden.[22] Für das Gesamtverständnis ist es zwar hilfreich, aber um die sich stellenden Rechtsfragen beantworten zu können, muss der Begriff „Zielvereinbarung" nicht mit dem historischen Kontext des Ansatzes vom Management by Objectives (MbO) im Einklang stehen.[23] Mag er auch dort seine Wurzeln haben, aber mittlerweile entwickelte er sich eigenständig weiter. Auch oder gerade diese Entwicklung muss ebenso berücksichtigt werden. Insofern muss auch die Zielvereinbarung im engeren Sinne, die zwar eine echte Vereinbarung von Zielen darstellt, jedoch ohne konsequentes Zielmanagement begleitet wird, ebenso unter den Begriff „Zielvereinbarung" fallen und einer juristischen Auseinandersetzung zugeführt werden, wie die Zielvorgabe, bei der die Ziele ein-

---

15 *Breisig*, Entlohnen und Führen, S. 29; *Lischka*, Zielvereinbarungen, S. 13.
16 *Plander*, in ZTR 2002, 155 (156).
17 Vgl. § 2a VGG, der Zielvereinbarungen zwischen der Leitung und den einzelnen Organisationseinheiten der Behörden Berlins vorsieht; vgl. auch *Hill*, in NVwZ 2002, 1059 (1059ff.).
18 Vgl. § 5 BGG, für Zielvereinbarungen zwischen den einzelnen Verbänden zur Herstellung der Barrierefreiheit oder § 48 SGB II, für Zielvereinbarungen zwischen dem Bundesministerium für Arbeit und Soziales und der Bundesagentur für Arbeit über Ziele der Arbeitsförderung.
19 Vgl. Art. 15 BayHSchG, für Zielvereinbarungen über mehrjährige Entwicklung und Profilbildung der Hochschule.
20 *Hromadka*, in DB 1995, 1609 (1610).
21 Nachweis bei *Geffken*, in NZA 2000, 1033 (1036).
22 Beispiel aus der Praxis bei *Breisig*, Entlohnen und Führen, S. 90.
23 *Plander*, in ZTR 2002, 155 (156); a.A. *Geffken*, in NZA 2000, 1033 (1035); siehe zu MbO § 3 I 1.

seitig vom Arbeitgeber vorgegeben werden.[24] Umso wichtiger ist es nun, die Begriffe des hier untersuchten Personalführungssystems Zielvereinbarung/-vorgabe darzustellen und zu definieren. Ausgangspunkt dieser Arbeit ist der arbeitsrechtliche Zielvereinbarungsbegriff.

I. Die Zielvereinbarung

Oftmals wird in der Praxis einheitlich von einer „Zielvereinbarung" gesprochen, ohne dass die tatsächliche Ausgestaltung – Ziele einvernehmlich vereinbart (Zielvereinbarung) oder einseitig vorgegeben (Zielvorgabe) – berücksichtigt wird. Die juristische Literatur dagegen unterscheidet – schon allein wegen der sich unterschiedlich ergebenden Rechtsfolgen – weitgehend zwischen Zielvereinbarung und Zielvorgabe.[25] Die dabei verwendeten Begriffe und exakten Unterscheidungen im Zusammenhang mit Zielvereinbarungen/-vorgaben sind bei den meisten Autoren zwar unterschiedlich, aber recht ähnlich.[26] Gemeint ist oftmals das gleiche. Das Begriffspaar Zielvereinbarung und Zielvorgabe scheint sich durchgesetzt zu haben.

Das Wort Zielvereinbarung setzt sich zusammen aus „Ziel" und „Vereinbarung". Es stellt keine große Erkenntnis dar, dass es sich hier um eine Vereinbarung über bestimmte Ziele handeln muss. Ferner gehen einer Vereinbarung regelmäßig zweiseitige – im Idealfall „auf gleicher Augenhöhe" – Verhandlungen voraus. Ziele können aber auch einseitig vorgeben werden, was in der Praxis nicht selten der Fall ist. Daher ist die Zielvereinbarung, als einvernehmliche Vereinbarung über Ziele, von der Zielvorgabe, bei der die Ziele einseitig vom Arbeitgeber definiert werden, abzugrenzen. Diese Unterscheidung allein wäre jedoch nicht tiefgründig genug. Sie betrifft nur die eigentliche Vereinbarung/Vorgabe der konkreten Ziele. Die Rahmenvereinbarung, die dieses System erst rechtlich möglich macht und gleichzeitig auch Grenzen setzt, wird teilweise auch als Zielvereinbarung bezeichnet.[27] Diese Rahmenvereinbarung aber soll hier als Zielvereinbarung im weiteren Sinne benannt werden.

1. Zielvereinbarung im weiteren Sinne als Rahmenregelung

Das Personalführungssystem Zielvereinbarung/-vorgabe bedarf einer rechtlichen Grundlage. Diese kann sowohl auf kollektivrechtlicher Ebene (Betriebs- oder Dienstvereinbarung, Tarif-

---

24 *Pelzer*, Zielvereinbarungen, S. 31; a.A. *Geffken*, in NZA 2000, 1033 (1035), der konsequent nur die Zielvereinbarung der reinen MbO-Lehre mit einem Zielmanagement als solche bezeichnen will.

25 *Reiserer*, in NJW 2008, 609 (609); *Annuß*, in NZA 2007, 290 (290); *Gehlhaar*, in NZA-RR 2007, 113 (113); *Schrader/Müller*, in RdA 2007, 145 (146f.); *Klein*, in NZA 2006, 1129 (1129); *Behrens/Rinsdorf*, in NZA 2006, 830 (836); *Friedrich*, in PersF 2006, 22 (24); *Portz*, in ArbRB 2005, 374 (375); *Riesenhuber/v.Steinau-Steinrück*, in NZA 2005, 785 (786); *Däubler*, in ZIP 2004, 2209 (2210); *Berwanger*, in BB 2004, 551 (552); *Hergenröder*, in AR-Blattei SD 1855, Rn 11; *Kolmhuber*, in ArbRB 2003, 117 (117); *Göpfert*, in AuA 2003, 28 (28); *Bauer/Diller/Göpfert*, in BB 2002, 882 (883); *Bauer*, in FA 2002, 295 (296); *Köppen*, in DB 2002, 374 (374); *Pelzer*, Zielvereinbarungen, S. 36; *Mohnke*, Zielvereinbarungen, S. 17ff., der sich dem Begriff jedoch betriebswirtschaftlich nähert: *Lischka*, Zielvereinbarungen, S. 17; *Deich*, Beurteilung, S. 56; *Schaub/Linck*, AHdB, § 77 Rn 4f.; MüKo/*Müller-Glöge*, § 611 BGB Rn 767; vgl. auch *Jetter*, in Jetter/Skrotzki, S. 18 mit einer einfachen, aber treffenden visualisierten Unterscheidung.

26 A.A. *Pelzer*, Zielvereinbarungen, S. 34, der behauptet, die meisten Autoren würden nicht differenzieren; vgl. dazu jedoch obere Aufzählung.

27 *Lingemann/Gotham*, in DB 2007, 1754 (1756); *Horcher*, in BB 2007, 2065 (2065); *Lischka*, in BB 2007, 552 (552); wohl auch MüKo/*Müller-Glöge*, § 611 BGB Rn 768; vgl. auch *Range-Ditz*, in ArbRB 2003, 123 (124), die von der Zielvereinbarung-Rahmenvereinbarung spricht, jedoch die Zielvereinbarung im engeren Sinne meint.

vertrag)[28] als auch auf individualrechtlicher Ebene geschaffen werden. Auch wenn der einzelne Arbeitnehmer im Wege der kollektivrechtlichen Vereinbarungen keine Verhandlungsposition einnimmt und dadurch die Bedingungen des Systems nicht beeinflussen oder gar ganz verhindern kann, handelt es sich doch um das Ergebnis einer zweiseitigen Verhandlung. Statt des einzelnen Arbeitnehmers vereinbaren legitimierte Verbände bzw. Betriebs- oder Personalräte die Einführung des Personalführungssystems Zielvereinbarung/-vorgabe. Gleiches gilt für die individualrechtliche Vereinbarung. Auch wenn ggf. vorformulierte Vertragsbedingungen vorhanden sein sollten, steht es dem Arbeitnehmer frei, diese zu akzeptieren und so letztlich zu vereinbaren. Die Möglichkeit, eine Vereinbarung mit einem bestimmten Inhalt abzuschließen oder nicht, reicht zwar an sich noch nicht zum „Aushandeln" im Sinne von § 305 Abs. 1 S. 3 BGB aus.[29] Aber dies ist hier nicht entscheidend. Vielmehr geht es um die „freie" Vereinbarung als solche im Sinne zweier übereinstimmender Willenserklärungen. Diese liegen auch bei vorformulierten Vertragsbedingungen vor. Zwar werden die Grenzen durch die Inhaltskontrolle nach §§ 307 ff. BGB enger gezogen, dies ist aber im Ergebnis für das Vorliegen eines Vertrages, also Vereinbarung, unerheblich.

Der Einführung des Personalführungssystems Zielvereinbarung/-vorgabe ist damit gemein, dass es – wenn auch die Parteien sich unterscheiden mögen – letztlich das Ergebnis zweier sich übereinstimmender Willenserklärungen ist und damit auf freiwilliger Basis erfolgt.[30] Daher ist diese Rahmenregelung eine Vereinbarung über künftig – einseitig oder zweiseitig – zu formulierende Ziele. Auch wenn diese Rahmenregelung nur eine Klausel in einem Vertrag sein kann, verdient sie einen Namen. Die Bezeichnung einer speziellen Klausel mit einem konkreten Namen ist nicht unüblich. Als Beispiel dient das nachvertragliche Wettbewerbsverbot, das als solches bezeichnet wird, auch wenn dies im Rahmen eines Arbeitsvertrages geschlossen wurde.[31] Dies hat auch den Vorteil, bei der vorzunehmenden rechtlichen Überprüfung der Rahmenregelung über die Zielvereinbarung/-vorgabe, dieser einen einfacheren und prägnanteren Namen zu geben und somit nicht umständlich umschreiben zu müssen.[32] Sie wird teilweise auch als Zielrahmenvereinbarung[33] oder Zielvereinbarungs-Rahmenvereinbarung[34] bezeichnet. Zumindest letzter Begriff ist abzulehnen. Er suggeriert, als ob dies bloß die Rahmenregelung über die konkrete Zielvereinbarung im engeren Sinne sei und die Rahmenregelung über eine Zielvorgabe eine andere Bezeichnung habe.

Die Klausel, die die Rahmenregelung für das gewollte Personalführungssystem Zielvereinbarung/-vorgabe darstellt, wird hier als Zielvereinbarung im weiteren Sinne verstanden. Dies gilt ebenso, wenn die Vereinbarung im Rahmen einer kollektivrechtlichen Abrede geschlossen wurde.

---

28 Vgl. zum letzteren *Krause*, Zielvereinbarungen, S. 284ff.
29 Ständige Rechtsprechung, vgl. *BGH* vom 19.05.2005, Az III ZR 437/04; *BGH* vom 27.03.1991, Az IV ZR 90/90.
30 Dass die Freiwilligkeit durch einen gewissen Druck in bestimmten Situationen eingegrenzt sein kann, spricht dennoch nicht gegen den Begriff Vereinbarung. Auch wenn der Arbeitnehmer letztlich den Arbeitsvertrag so akzeptieren muss, wie ihn der Arbeitgeber vorgibt, und keinen Verhandlungsspielraum hat, wird niemand daran zweifeln, dass es sich auch hier um eine Vereinbarung handelt.
31 Das nachvertragliche Wettbewerbsverbot kann durchaus auch sehr knapp ausgestaltet sein, vgl. Küttner/*Reinecke*, Wettbewerbsverbot, Rn 4; Schaub/*Schaub*, AHdB, § 58 Rn 30.
32 Angedeutet schon von *Röder*, in AG Arbeitsrecht, 139 (143).
33 *Klein*, in NZA 2006, 1129 (1129).
34 *Reiserer*, in NJW 2008, 609 (610); Preis-*Preis/Lindemann*, AV, II Z 5 Rn 4.

2. Zielvereinbarung im engeren Sinne als einvernehmliche Zielfestlegung

Eine Zielvereinbarung im engeren Sinne ist die Vereinbarung über konkrete Ziele auf Basis der Zielvereinbarung im weiteren Sinne.[35]

Jeder Zielvereinbarung im engeren Sinne gemein, ist die einvernehmliche Festlegung von Zielen zwischen Vorgesetzten und untergeordneten Mitarbeitern. Vereinbart werden konkrete Verantwortungsbereiche für bestimmte Ergebnisse, auf deren Basis die Arbeit geführt und die Leistungsbeiträge des einzelnen bewertet werden.[36] Es liegt also eine Verbindlichkeitserklärung zwischen mehreren Handelnden vor, die von beiden Seiten ausgehandelt wurde.[37] Im Vordergrund steht damit idealerweise die Verhandlung „auf gleicher Augenhöhe". Daher kann insofern auch nicht die (einseitige) Ausübung des Weisungsrechts des Arbeitgebers gemeint sein.[38] Zum Teil wird das Ergebnis auch als „Zielvereinbarung, kooperative Variante" bezeichnet.[39] In Abgrenzung zur Zielvorgabe ist dies jedoch abzulehnen. Denn der Gegenpart „Zielvereinbarung, autoritäre Variante" ist in sich widersprüchlich, wenn einerseits von einer Vereinbarung gesprochen wird, diese jedoch einseitig vorgegeben wird.[40] Das Ergebnis einer freien Verhandlung über die Festlegung bestimmter Ziele auf Basis einer Zielvereinbarung im weiteren Sinne wird hier „Zielvereinbarung im engeren Sinne" genannt.

a) Meinungsstand zu den Anforderungen

Umstritten sind die Anforderungen an den Begriff der einvernehmlichen Zielfestlegung. Diese liegt nach einer Ansicht dann vor, wenn der Arbeitgeber die Ziele vereinbart, hierbei auf den MbO-Ansatz[41] Bezug nimmt und auf sein Weisungsrecht während der Zielvereinbarungsperiode verzichtet.[42] Hierbei ist letzteres das entscheidende Kriterium, das allerdings auch konkludent erklärt werden könne. Andere wiederum stützen sich dabei auf die wörtliche Auslegung des Begriffs Vereinbarung und fordern lediglich ein Aushandeln und einvernehmliche Einigung,[43] somit das Ergebnis eines Prozesses gemeinsamer Überzeugung von Arbeitgeber und Arbeitnehmer.[44] Der Arbeitnehmer bedarf einer tatsächlichen Chance, als Einzelner durch Verhandlungen eine anderweitige Regelung zu treffen.[45] Während eine Ansicht hier

---

35 In diese Richtung auch schon *Lischka*, in BB 2007, 552 (552); angedeutet auch von *Pelzer*, Zielvereinbarungen, S. 33, jedoch mit einem zu weiten Verständnis: Zielvereinbarung im weiteren Sinne sei auch der Oberbegriff für das gesamte System, Zielvereinbarung im engeren Sinne sei auch der Oberbegriff für die konkrete Zielfestlegung und damit auch für die Zielvorgabe.

36 *Schau*, Corporate Identity, S. 57.

37 *Klein*, in NZA 2006, 1129 (1129).

38 Vgl. auch *Pelzer*, Zielvereinbarungen, S. 68ff.; a.A. Kittner/Zwanziger-*Lakies*, § 33 Rn 7a, der immer eine Ausübung des Weisungsrechts für gegeben hält.

39 *Deich*, in AuA 2004, 8 (8); *Zoellner*, in AuA 1992, 216 (217).

40 Zur Kritik an der falschen Bezeichnung, siehe § 3 II 2 a.

41 Zum Ansatz von Management by Objectives (MbO), siehe § 3 I 1.

42 *Plander*, in ZTR 2002, 155 (158f.).

43 *Annuß*, in NZA 2007, 290 (290); *Friedrich*, in PersF 2006, 22 (24); *Riesenhuber/v.Steinau-Steinrück*, in NZA 2005, 785 (786); *Hoß*, in ArbRB 2002, 154 (155); *Mauer*, in NZA 2002, 540 (540f.); Preis-*Preis/Lindemann*, AV, II Z 5 Rn 2; *Lischka*, Zielvereinbarungen, S. 17; *Mohnke*, Zielvereinbarungen, S. 21, der im Übrigen zu Recht klarstellt, dass eine Zielvereinbarung im engeren Sinne stets mit dem Arbeitgeber vereinbart wird, auch wenn die Verhandlungen teilweise (nur) mit dem Vorgesetzten durchgeführt werden, letzterer ist der Vertreter des Arbeitgebers; vgl. hierzu auch *Plander*, in ZTR 2002, 402 (402).

44 *Hümmerich*, in NJW 2006, 2294 (2296).

45 *Deich*, Beurteilung, S. 57.

8

vertritt, dass das Ziel selbst dabei auch zur Diskussion stehen muss,[46] lassen andere es ausreichen, wenn der Arbeitgeber die Ziele selbst zwar vorgibt, dem Arbeitnehmer aber Korrekturen bzgl. der Umsetzung und der Stellungnahme zugesteht.[47] Als entgegengesetzte Meinung wird vertreten, dass auch einseitig vorgegebene Ziele zur einvernehmlichen Zielvereinbarung werden können, sofern der Arbeitnehmer nur versucht, die Ziele zu erreichen. Hierin seien eine konkludente Zustimmung und damit ein (nachträgliches) Einvernehmen zu sehen.[48]

b) Möglicher Einfluss auf die Zielfestlegung notwendig und ausreichend

Letzte Meinung ist abzulehnen. Einseitig vorgegebene Ziele stellen eine Weisung dar. Diese unterliegen jedoch der Billigkeitsüberprüfung nach § 315 Abs. 3 BGB.[49] Die erteilte Weisung ist aber entweder angemessen und damit rechtmäßig, oder sie ist es nicht. Der Arbeitnehmer kann (freiwillig) auf die Überprüfung verzichten. Zwar ist, wie § 660 Abs. 2 BGB zeigt, auch bei der unbilligen Weisung eine Heilung durch Zustimmung möglich.[50] *Heiden* will aber die bloße Weiterverfolgung der Ziele bei der Zielvorgabe zu Recht zur Heilung der eventuellen Unbilligkeit nicht ausreichen lassen.[51] Der tatsächlichen Befolgung der Ziele kommt kein Erklärungswert zu.[52] Es erscheint dann jedoch widersprüchlich, wenn im Gegensatz hierzu die Weiterverfolgung der Ziele bei erteilter Zielvorgabe, trotz vertraglich zugesicherter Zielvereinbarung im engeren Sinne, dann ein Erklärungswert zukommen soll, der als konkludente Zustimmung zu werten ist und somit im Ergebnis eine einvernehmliche Zielfestlegung vorliegen soll.[53] Es läge dann ein Widerspruch vor, bei dem nicht zu erklären ist, warum der bloßen Weiterverfolgung der Ziele bei einer abredewidrig erteilten Zielvorgabe ein Erklärungswert zukommen soll, bei einer unbilligen Zielvorgabe dagegen nicht. Richtigerweise muss konsequent angenommen werden, dass keinem der Fälle eine Willenserklärung zu entnehmen ist.

Aber auch die Anforderung auf den Verzicht auf Weisungserteilung überzeugt nicht. Wäre dem so, läge so gut wie nie eine Zielvereinbarung im engeren Sinne vor. Denn kein Arbeitgeber würde das Risiko eingehen wollen, Ziele zu vereinbaren und dann hilflos ansehen zu müssen, wenn der Arbeitnehmer die falschen Maßnahmen trifft, Schäden verursacht, Gelder und Arbeitszeit verschwendet.[54]

Richtig ist, um von einer Zielvereinbarung im engeren Sinne sprechen zu können, dass der Arbeitnehmer Einfluss auf die Zielfestlegung hat. Ob dieser Verhandlungsspielraum in der Praxis dann aber auch wirklich ausgeschöpft wird und sowohl Zielarten (Kennzahlen) als auch Zielhöhe (Erfüllungsgrad) ausgehandelt werden,[55] oder sich (nicht notwendigerweise) darauf beschränkt wird, dass der Arbeitnehmer die ihm vorgegebenen Ziele lediglich in quantitativer Hinsicht beeinflusst, spielt für die Bezeichnung keine Rolle.[56] Der Verhandlungs-

46 *Schang*, Mitbestimmung, S. 104f.
47 *Köppen*, in DB 2002, 374 (374).
48 *Heiden*, Zielvereinbarung, S. 234f.
49 ErfK/*Preis*, § 106 GewO Rn 6; HWK/*Lembke*, § 106 GewO Rn 9; MüKo/*Gottwald*, § 315 BGB Rn 67; Küttner/*Griese*, Weisungsrecht, Rn 17.
50 Staudinger/*Rieble*, § 315 BGB Rn 153f.
51 *Heiden*, Zielvereinbarungen, S. 234f.
52 *Plander*, in ZTR 2002, 155 (157); *Pelzer*, Zielvereinbarungen, S. 78.
53 So aber *Heiden*, Zielvereinbarungen, S. 234.
54 *Lischka*, in BB 2007, 552 (553).
55 *Ehlscheid*, in AiB 2007, 339 (343).
56 Vgl. *BAG* vom 12.12.2007, Az 97/07; *LAG Berlin* vom 13.12.2006, Az 15 Sa 1135/06.

spielraum muss nicht ausgeschöpft werden. So kann es ebenso sein, dass der Arbeitnehmer die Zielvereinbarung im engeren Sinne, so wie vom Arbeitgeber vorgegeben, voll akzeptiert. Der Inhalt muss zur Disposition gestellt werden, ob der Inhalt tatsächlich auch verändert wird, ist unerheblich. Ein Unterschied kann sich allerdings in rechtlicher Hinsicht im Rahmen der AGB-Kontrolle nach § 305 ff. BGB ergeben.[57]

> **Beispiel:** Arbeitgeber stellt dem Arbeitnehmer A einen fertigen Zielkatalog vor, der fünf Ziele, für verschiedene Zielerreichungsgrade das entsprechende Zielentgelt und die Gewichtung der Ziele untereinander beinhaltet. Der Arbeitgeber ist jedoch bereit, „im Detail mit sich reden zu lassen". A hat jedoch hierzu keine Lust und akzeptiert das Werk so, wie es ist.
> Hier liegt eine Zielvereinbarung im engeren Sinne vor.

Entscheidendes Kriterium ist, dass der Arbeitnehmer nicht nur nach der Zusicherung der Zielvereinbarung im weiteren Sinne, sondern auch rein tatsächlich an der konkreten Ausgestaltung der jeweiligen Zielvereinbarung im engeren Sinne mitwirken könnte.[58] Dabei ist es unschädlich, wenn zwar die Ziele vom Arbeitgeber bestimmt werden, die konkrete Ausgestaltung, wie Zielerreichungsgrad, Rahmenbedingungen, oder Zielentgelthöhe, frei ausgehandelt werden. Dies schließt eine berechtigte Verweigerung des Abschlusses der Zielvereinbarung im engeren Sinne mit ein, die bei Zielen außerhalb des Weisungsrechts besteht.[59]

Diese Vereinbarung über die konkreten Ziele des Arbeitnehmers wird im folgenden Zielvereinbarung im engeren Sinne genannt.

II. Die Zielvorgabe

Auch die Zielvorgabe findet ihre rechtliche Grundlage in der Zielvereinbarung im weiteren Sinne. Anders als die Zielvereinbarung im engeren Sinne kommt die Zielvorgabe jedoch von „oben" und schreibt dem Arbeitnehmer die konkreten Ziele direkt vor.[60]

1. Einseitige Zielfestlegung durch den Arbeitgeber

Der Arbeitnehmer hat keinen Einfluss auf die Definition der Ziele und die Ausgestaltung der Folgen bei Zielerreichung. Der Arbeitgeber bestimmt diese einseitig im vorgegebenen Rahmen. Da hier eben keine zweiseitige Vereinbarung mit zuvor erfolgter Verhandlung, sondern eine einseitige Vorgabe vorhanden ist, passt der Begriff „Zielvereinbarung" nicht.[61] Dies gilt auch für die von *Köppen* beschriebenen Zielvorgaben, die erst nach einem informatorischen Gespräch zwischen Arbeitnehmer und Arbeitgeber erteilt werden, auch wenn sie Zielvereinbarungen genannt werden sollten.[62] Es ist in der Arbeitswelt nicht unüblich, dass der Vorgesetzte vor der Erteilung einer Weisung den betreffenden Arbeitnehmer anhört. Dies ändert aber nicht den einseitigen Charakter der Weisung. Gleiches muss auch für die Zielvorgabe gelten. Es ist weiter im Gegensatz auch abzulehnen, von einer Zielvorgabe zu sprechen, wenn

---

57   Zur AGB-Kontrolle, siehe § 6 VI.
58   *Friedrich*, in PersF 2006, 22 (24); so auch *Krause*, Zielvereinbarungen, S. 9f., der richtigerweise anmerkt. dass schon aus der hierarchischen Beziehung zwischen Führungskraft und Arbeitnehmer äußerst selten eine wirklich gleichberechtigte Verhandlung möglich ist.
59   Zum Weisungsrecht, siehe § 6 III.
60   *Schau*, Corporate Identity, S. 56.
61   Obwohl in der Praxis häufig die Zielvorgabe mit der schöner klingenden Bezeichnung Zielvereinbarung betitelt wird, vgl. *Breisig*, Entlohnen und Führen, S. 88f.; *Hlawaty*, in Mitbest. 1998, 42 (44).
62   *Köppen*, in DB 2002, 374 (374).

zwar die Ziele vorgegeben werden, aber die restliche Ausgestaltung, wie Zielentgelthöhe, Gewichtung der Ziele untereinander, Zielerreichungsgrade und weitere Rahmenbedingungen, frei ausgehandelt werden.[63] Die Ziele selbst müssen mit den strategischen Zielen des Unternehmens übereinstimmen. Es ist ausreichend, wenn der Arbeitgeber durch einseitige Bestimmung der Ziele dies sicherstellt, aber die Partizipation des Arbeitnehmers in der weiteren Ausgestaltung zulässt. Dann liegt aber eine Zielvereinbarung im engeren Sinne vor. Freilich muss noch ein entsprechender Verhandlungsspielraum bestehen bleiben. Die Grenzen sind hier fließend.

Teilweise werden Zielvereinbarungen/-vorgaben auch danach unterschieden, ob sie mit einer Vergütungszulage verbunden sind oder nicht.[64] So unterscheidet *Reinecke* in Zielvorgaben, echte Zielvereinbarungen und Zielvorgaben oder -vereinbarungen mit Vergütungszulage.[65] Während die Unterscheidung Zielvorgabe oder Zielvereinbarung sich auf die unterschiedlichen Mitwirkungsmöglichkeiten des Arbeitnehmers bezieht und somit die Form betrifft, ist die Vergütungsrelevanz – ebenso wie die Ziele selbst – eine Frage des Inhaltes. Deshalb ist die Unterscheidung von *Reinecke* abzulehnen. Anders dagegen *Däubler*, der den Entgeltbezug mit qualifizierter Zielvereinbarung umschreibt und als einfache Zielvereinbarung solche bezeichnet, die keinen Bezug zur Vergütung hat.[66] Gegen diese Begrifflichkeit spricht an sich nichts. Allerdings kann der Inhalt einer nicht vergütungsrelevanten Zielvereinbarung ebenso komplex sein, wie die vergütungsrelevante einfach. Insofern handelt es sich nicht unbedingt um die treffendste Bezeichnung.

2. Abgrenzung entscheidend für Rechtsfolgen

Im Vergleich zur Zielvereinbarung im engeren Sinne knüpft die Zielvorgabe an andere Rechtsfolgen an. Die Grenzen einer Zielvorgabe sind deutlich enger als die einer Zielvereinbarung im engeren Sinne. Die einzelnen Unterschiede werden im weiteren Verlauf dieser Arbeit herausgearbeitet. Insofern ist es oft missverständlich, wenn die Zielvorgabe mit der Zielvereinbarung – entgegen der herrschenden Meinung in der Literatur – begrifflich gleich gesetzt wird.[67] Hier wird erst im Kontext deutlich, welche Variante gemeint ist. Dies erschwert die Lesbarkeit ungemein. Im Übrigen ist eine treffendere Bezeichnung auch grundsätzlich vorzuziehen. Die Bezeichnung „Zielvereinbarung, autoritäre Variante" ist abzulehnen.[68] Hier zeigt sich die Diskrepanz von Bezeichnung und Inhalt (Vereinbarung vs. Vorgabe). Auch der Zusatz „autoritäre Variante" ist nicht weiterführend. Es ist schlicht pragmatischer, die Ziel-

---

63 A.A. *Schang*, Mitbestimmung, S. 104.

64 *Däubler*, in NZA 2005, 793 (793); *Reinecke*, Leistungsbestimmung, S. 93f.

65 *Reinecke*, Leistungsbestimmung, S. 93f., der sich insofern an die Begrifflichkeit von *Plander*, in ZTR 2002, 155 (157f.) anlehnt; siehe hierzu § 2 III.

66 *Däubler*, in NZA 2005, 793 (793), der allerdings wiederum nicht weiter unterscheidet und auch die Zielvorgabe als Zielvereinbarung benennt, vgl. ebenda S. 795.

67 Keine bzw. unzureichende Unterscheidung bei: *Hollmann*, in DStR 2007, 1743 (1743); *Horcher*, in BB 2007, 2065 (2065); *Schrader/Müller*, in RdA 2007, 145 (151ff.); *Hümmerich*, in NJW 2006, 2294 (2299), der von der einseitig diktierten „Vereinbarung" spricht; *Röder*, in AG Arbeitsrecht, 139 (141); *Däubler*, in NZA 2005, 793 (795); *Hidalgo/Rid*, in BB 2005, 2686 (2690), die zwar beide Begriffe nennen, aber keine rechtliche Differenzierung vornehmen; *Brors*, in RdA 2004, 273 (275); *Mauer*, in NZA 2002, 540 (548); *Hoß*, in ArbRB 2002, 154 (155); *Tondorf*, in WSI-Mit. 1998, 386 (388f.).

68 *Deich*, in AuA 2004, 8 (8); *Zoellner*, in AuA 1992, 216 (217), nach ihm gibt es auch die neutrale Variante, die eine Zielorientierung als unverbindliche Vorgabe von Anhaltspunkten ist.

vorgabe auch als solche zu bezeichnen, auch wenn diese eine weiterentwickelte Form der Zielvereinbarung des MbO-Ansatzes ist.[69]

Die einseitige Setzung der Ziele auf Basis der Zielvereinbarung im weiteren Sinne wird deshalb im folgenden Zielvorgabe genannt. Das Ergebnis einer einvernehmlichen Zielfestlegung – hierzu reicht schon die Möglichkeit der Einflussnahme auf die Zielfestlegung aus – ist die Zielvereinbarung im engeren Sinne. Sofern Aussagen sowohl auf die „Zielvereinbarung im engeren Sinne" als auch auf die „Zielvorgabe" zutreffen, werden – zur besseren Lesbarkeit – beide als „Zielvereinbarung/-vorgabe" zusammengefasst.

III. Der von Plander verwendete Begriff

Das Verständnis des Begriffs „Zielvereinbarung" ist bei *Plander* am weitestgehenden. Er spricht von „echten" und „unechten" sowie von „traditionellen Zielvereinbarungen".[70] So will er letztlich sogar den gesamten Arbeitsvertrag als eine Zielvereinbarung verstanden wissen. Dieser Vorstoß, nicht nur die konkrete und zeitlich begrenzte Vereinbarung der konkreten Ziele als Zielvereinbarung zu bezeichnen, sondern auch die Rahmenregelung mit in die Begriffsbestimmung einzubeziehen, ist zwar zu begrüßen. Das dort vertretene Verständnis der Zielvereinbarung ist aber zu weitgehend. Die Zusage, während der Dauer des Arbeitsverhältnisses das Ziel zu verfolgen, die im Vertrag bezeichneten Aufgaben zu verrichten, schon als Zielvereinbarung zu werten, ist verfehlt. Mit dieser Begründung könnte schlicht jeder Vertrag als Zielvereinbarung bezeichnet werden. Der Kaufvertrag hat das Ziel, eine Sache gegen Zahlung des Kaufpreises zu übereignen. Der Werkvertrag hat das Ziel, ein Werk herzustellen. Die Beispiele, die *Plander* selbst nennt (z.B. LKW entladen), zeigen, dass dies ein zu weites Verständnis des Begriffs Zielvereinbarung ist. Als unechte Zielvereinbarung bezeichnet er die Ausgestaltung, bei der der Arbeitgeber an seinem Weisungsrecht uneingeschränkt festhält, dem Arbeitnehmer aber einen begrenzten Einfluss darauf einräumt.[71] Der Arbeitnehmer hat aber kein Recht, die Weisung zu verändern, vielmehr soll sich seine Beeinflussung auf eine Anhörung oder Ratschläge beschränken. Die traditionelle Zielvereinbarung ist seiner Ansicht nach eine Verknüpfung der unechten Zielvereinbarung mit einem besonderen Entgelt. Der Unterschied liegt aber nicht nur in der Entgeltrelevanz, sondern auch in der Verbindlichkeit. Während die unechte Zielvereinbarung jederzeit wieder aufgehoben werden kann, geht der Arbeitgeber bei der traditionellen Zielvereinbarung eine Verpflichtung ein. Diese sei aber mit einem Freiwilligkeits- und Widerrufsvorbehalt kombinierbar. Bei der echten Zielvereinbarung liegt dagegen eine Beschränkung des Weisungsrechts vor. Mit der Vereinbarung der Ziele, hervorgehend aus einer echten Verhandlung, werden dem Arbeitnehmer Freiheiten beim Weg und bei den einzusetzenden Mitteln eingeräumt. Dahingehend steht dem Arbeitgeber kein Weisungsrecht mehr zu. Eine Unterscheidung nach der Entgeltrelevanz erfolgt hier nicht.[72]

Zwar ist anzuerkennen, dass nur die „echte Zielvereinbarung" dem reinen MbO-Ansatz[73] gerecht wird. Aber die von *Plander* vorgenommenen Unterscheidungen sind sehr verwirrend.[74] Denn die nach seiner Ansicht unechte und traditionelle Zielvereinbarung sind in Wahrheit

---

69 Zum Ansatz von Management by Objectives (MbO), siehe § 3 I 1.
70 *Plander*, in ZTR 2002, 155 (157f.); so wohl auch *Reinecke*, Leistungsbestimmung, S. 93f.
71 *Plander*, in ZTR 2002, 155 (157).
72 Vgl. *Plander*, in ZTR 2002, 155 (157f.).
73 Zum Ansatz von Management by Objectives (MbO), siehe § 3 I 1.
74 So auch *Mohnke*, Zielvereinbarungen, S. 30.

keine Vereinbarungen, denen eine Verhandlung vorausgegangen ist. Die Gespräche zwischen Arbeitgeber und Arbeitnehmer sind lediglich informatorischer Art. Es handelt sich – wie er auch selbst anmerkt[75] – um Zielvorgaben. Auch die Unterscheidung der traditionellen Zielvereinbarung ist überhaupt schwer nachvollziehbar. Da diese ausdrücklich für freiwillig und jederzeit für widerrufbar erklärbar sind,[76] besteht der einzige wirkliche Unterschied zur unechten Zielvereinbarung in der Entgeltrelevanz. Dann bedürfte es aber auch einer entsprechenden Kategorie bei der echten Zielvereinbarung. Hier fehlt aber die Unterscheidung, ob diese mit Entgeltleistungen verknüpft ist oder nicht. Die Bezeichnungen *Planders* weisen daher einen gewissen Bruch auf und haben eine Lücke. Aber auch die Unterscheidung zwischen traditioneller und echter Zielvereinbarung ist unscharf. Sofern eine ergebnisorientierte Vergütung vereinbart wurde, muss dem Arbeitnehmer mindestens die Möglichkeit eingeräumt werden, diese zu erreichen.[77] Das Weisungsrecht des Arbeitgebers ist dahingehend immer eingeschränkt.[78] Die Weisung muss nach § 106 GewO billigem Ermessen entsprechen. Hiernach hat sind die wesentlichen Umstände des Falles und die beiderseitigen Interessen abzuwägen.[79] Der Arbeitgeber darf nicht einseitig seine Interessen durchsetzen.[80] Daher kann er die sich ergebenden Möglichkeiten für den Arbeitnehmer aus der Zusatzvereinbarung nicht unbeachtet lassen. Eine Einschränkung des Weisungsrechtes ergibt sich daher stets bei entgeltrelevanten Zielvereinbarungen im engeren Sinne und auch Zielvorgaben. Wann aber das Weisungsrecht nur geringfügig eingeschränkt ist und daher von einer traditionellen Zielvereinbarung zu sprechen ist und wann aber das Weisungsrecht so stark beschnitten wurde, dass von einer echten Zielvereinbarung zu sprechen ist, ist eine Frage des Einzelfalls. Die Übergänge sind fließend, eine scharfe Unterscheidung daher unmöglich.[81] Diese Begrifflichkeit ist zu Recht – so weit ersichtlich – in der Literatur nicht übernommen worden und deshalb wird auch in dieser Arbeit davon Abstand genommen.

---

75   *Plander*, in ZTR 2002, 155 (157).
76   *Plander*, in ZTR 2002, 155 (158).
77   *Mohnke*, Zielvereinbarungen, S. 31.
78   Zum Einfluss der Zielvereinbarung/-vorgabe auf das Weisungsrecht, siehe § 6 III 4.
79   *BAG* vom 19.04.2007, Az 2 AZR 78/06; *BAG* vom 23.06.2004, Az 6 AZR 567/03; *BAG* vom 10.01.1996, Az 5 AZR 951/94; *BAG* vom 24.04.1996, Az 5 AZR 1031/94.
80   *BAG* vom 14.10.2004, Az 6 AZR 472/03; *BAG* vom 19.05.1992, Az 1 AZR 418/91; *Lakies*, in BB 2003, 364 (366).
81   So auch *Mohnke*, Zielvereinbarungen, S. 31.

§ 3 Hintergrund des Personalführungssystems Zielvereinbarung/-vorgabe

Wer den Hafen nicht kennt, in den er segeln will – für den ist kein Wind ein günstiger.[82]

I. Historischer Kontext

Zumeist wird vertreten, dass die heute verwandten Zielvereinbarungssysteme im Wesentlichen auf das Führungsinstrument „Management by Objectives" (MbO) basieren, das in den 50er Jahren im amerikanischen Raum bekannt wurde.[83] MbO wurde erstmals von *Peter F. Drucker* im Jahre 1954 vorgestellt[84] und wurde in den nachfolgenden Jahrzehnten von *Odiorne*[85] und *Humble*[86] bekannt gemacht und weiterentwickelt.

Manch andere sehen den Ursprung der Zielvereinbarungen dagegen in der Balanced Scorecard (BSC), die als strategisches Managementinstrument im Jahre 1992 von *Robert S. Kaplan* und *David P. Norton* entwickelt wurde.[87] Es soll sogar einiges darauf hindeuten, dass das System Führen durch Ziele schon in den vierziger Jahren aus der Praxis der Unternehmensberater heraus entstanden ist.[88] Manche sehen auch Forschungen an Hochschulen im organisationspsychologischen Bereich als die eigentliche Grundlage.[89] Es könnte zwar dahingestellt bleiben, worauf und auf wessen Idee die heute verwendeten Zielvereinbarungen/-vorgaben basieren. Für das Verständnis und die ganzheitliche Betrachtung sollte jedoch auch der Hintergrund geklärt sein.[90] Nur dann erschließt sich auch der Sinn einer Zielvereinbarung/-vorgabe, der letztlich auch die rechtliche Beurteilung erleichtert, wenn nicht gar erst möglich macht.

1. Management by Objectives als Ansatz zur Personalführung

Management by Objectives enthält eine Philosophie, die den Zweck und das Ziel als wesentlich für die Qualität und den Stil des Lebens betrachtet.[91] MbO ist ein Personalführungskonzept. Der Kerngedanke besteht aus dem kaskadenförmigen Herunterbrechen der Unternehmensziele auf die einzelnen Abteilungen bis – mittlerweile – hin zum einzelnen Arbeitnehmer.[92] Dabei ist selbstverständlich, dass die einzelnen Ziele so auf einander abgestimmt werden, dass am Ende ein einheitliches Zielsystem im Unternehmen besteht.[93] Während die Ziele auf den oberen Ebenen noch umfassend und abstrakt formuliert werden, werden sie nach unten hin immer konkreter und spezieller. Dabei werden jedoch die Ziele – ausgehend vom

---

82 *Lucius A. Seneca*, römischer Philosoph, 4 v. Chr. – 65 n. Chr.; es ist nicht aufzuklären, ob dies die ersten Ansätze für die Theorien zur Mitarbeiterführung durch Zielvereinbarungen/-vorgaben darstellt.
83 So *Breisig*, Entlohnen und Führen, S. 45ff.; *Schau*, Corporate Identity, S. 58f.; *Pelzer*, Zielvereinbarungen, S. 5ff.; *Heiden*, Zielvereinbarungen, S. 6ff.; *Mohnke*, Zielvereinbarungen, S. 3f.; *Berwanger*, Einführung, S. 63ff.; *Deich*, Beurteilung, S. 11ff.; jeweils m.w.N.
84 *Humble*, MBO-Fibel, S. 4 mit Verweis auf *Drucker*, The practice.
85 *Odiorne*, Management; *Odiorne*, Führungssysteme.
86 *Humble*, Management; *Humble*, MBO-Fibel.
87 *Range-Ditz*, in ArbRB 2003, 123 (123); *Kunz*, in BC 2000, 136 (137ff.); *Hümmerich*, in NJW 2006, 2294 (2294).
88 *Berwanger*, in BB 2004, 551 (551).
89 *Scholz*, Personalmanagement, S. 877ff.
90 So auch *Geffken*, in NZA 2000, 1033 (1033), der allerdings ausgehend vom historischen Verständnis die weiteren Entwicklungen in der Praxis ablehnt.
91 *Odiorne*, Führungssysteme, S. 26.
92 *Breisig*, in AiB 2004, 389 (391); vgl. auch Übersicht bei *Jetter*, in Jetter/Skrotzki, S. 26.
93 *Drucker*, The practice, S. 153ff.

Leitbild eines mündigen Arbeitnehmers – einvernehmlich vereinbart. Dieses soll bewirken, dass die Motivation und die Leistungsbereitschaft der einzelnen Mitarbeiter erhöht werden.[94] Management by Objectives ist ein System, das – richtig angewendet – das Streben des Unternehmens nach Wachstum und Gewinn mit dem Leistungswillen der Führungskräfte und Arbeitnehmer und ihrem Trachten nach Selbstentfaltung integriert.[95] Ursprünglich kam MbO lediglich auf den oberen Hierarchiebenen vor. Mittlerweile wird dieser Ansatz aber auch auf den unteren Ebenen eines Unternehmens und somit nicht nur bei Führungskräften, sondern bei jedem Arbeitnehmer, angewendet. Partizipation ist dabei natürlicher Bestandteil des richtig umgesetzten MbO-Ansatzes. Dieses Führungssystem wird deshalb auch als „diskretes Partialmodell" bezeichnet. MbO beinhaltet ausschließlich den Vorgang der Zielfestlegung und Zielgrößenverteilung. Wirken die untergeordneten Ebenen bei der Gestaltung der Ziele mit, sei deshalb der korrekte Ausdruck „Partizipatives Management by Objectives" (PMbO).[96] Möglich ist jedoch auch die autoritäre Variante, bei der die Ziele einseitig vorgegeben werden oder die neutrale Variante, bei der die Ziele nur unverbindliche Orientierungs- und Anhaltspunkte sind.[97]

Die Epoche, in der *Drucker* sein Personalführungsinstrument – die aufeinander abgestimmte Vorgabe von Ziele für die einzelnen Arbeitnehmer – entwickelte, fügte sich nahtlos in den vorherrschenden Zeitgeist ein. Die Zeit nach dem Zweiten Weltkrieg stand im Zeichen des Wiederaufbaus und der wirtschaftlichen Expansion der Industrienationen. Insofern stand die zügige Umsetzung der Pläne im Vordergrund. Ziele und Setzen von Zielen wurden zu einem epochalen Symbol für Aufbau, Aufbruch und Rationalität. Auch die Schlichtheit der theoretischen Basis verhalf zum durchgreifenden Erfolg. Hier lag kein in sich geschlossenes Theoriegebäude oder ein Sammelsurien verschiedenster wissenschaftlicher Untersuchungen vor, sondern eher ein populärwissenschaftlicher Ansatz, angereichert mit „hausgemachter" Psychologie, Anekdoten und Metaphern.[98] Jeder verstand die einfachen Zitate, z.B. „Willst Du ein Schiff bauen, so rufe nicht Männer zusammen, um Holz beschaffen und Werkzeuge zur Hand zu nehmen, sondern lehre sie die Sehnsucht nach dem endlosen Meer".[99] Das Prinzip, durch finanzielle Anreize die Arbeitnehmer eher zum Erreichen des vom Unternehmer gesetzten Ziels zu bewegen, ist heute noch leicht zu verstehen. Ob es allerdings auch tatsächlich in jedem Fall erreicht wird, ist eine andere Frage.

2. Balanced Scorecard als Ansatz zur Unternehmensführung

Einen ähnlichen, wenn auch im Detail im Vergleich zu MbO anderen Ansatz verfolgt die Balanced Scorecard (BSC). Diese ist ein Kennzahlensystem, mit dessen Hilfe eine unternehmerische Gesamtstrategie operationalisiert und umgesetzt werden kann. Dieses Managementsystem beansprucht, den gesamten Planungs-, Steuerungs- und Kontrollprozess des Unternehmens strategie- und zielorientiert zu gestalten.[100] Der Grundgedanke der Balanced Scorecard

---

94 *Hinrichs*, in PersR 2006, 238 (239); *Riesenhuber/v.Steinau-Steinrück*, in NZA 2005, 785 (785); *Plander*, in ZTR 2002, 155 (155).
95 *Humble*, MBO-Fibel, S. 4, damals noch auf Führungskräfte bezogen; vgl. *Drucker*, The practice, S. 159.
96 Vgl. *Scholz*, Personalmanagement, S. 866f.
97 *Geffken*, in NZA 2000, 1033 (1036) lehnt allerdings die autoritäre Variante als sinnwidrig ab; aus diesem Begriffen wurde wohl auch der Begriff der kooperativen und autoritären Zielvereinbarung entwickelt; vgl. *Deich*, in AuA 2004, 8 (8); *Zoellner*, in AuA 1992, 216 (217).
98 *Bungard*, in Bungard/Kohnke, S. 18.
99 *Antoine Saint-Eyupéry*, 1900 - 1944.
100 *Däubler*, in AiB 2001, 208 (208); *Stroebe/Stroebe*, Motivation, S. 41.

16

besteht darin, unternehmensstrategische Kernaussagen nicht nur verbal zu formulieren, sondern auch konkrete Priorisierungen und Gewichtungen vorzunehmen, gekoppelt an finanzwirtschaftliche Budgets.[101] *Kaplan* und *Norton*[102] stellen dabei die vier Kernbereiche (finanzwirtschaftliche Perspektive, Kundenperspektive, Perspektive der Innovationsentwicklung und Geschäftsprozessoptimierung sowie Perspektive des ständigen Lernens und Weiterentwickelns)[103] in den Mittelpunkt. Diese können bei Bedarf erweitert werden und mit monetären ebenso wie mit nicht-monetären Zielen verbunden werden. Diese Absichten werden in Kennzahlen „übersetzt" und auf die einzelnen Bereiche ausbalanciert. Dieser ausgewogene (balanced) Berichtsbogen (scorecard) enthält kurz- und langfristige Ziele, monetäre und nicht-monetäre Kennzahlen sowie Spät- und Frühindikatoren und externe/interne Performance-Perspektiven.[104] Die Balanced Scorecard wurde entwickelt, um das stark vergangenheitsorientierte Berichtswesen der Unternehmen zukunftsweisend umzugestalten.[105] Unternehmerische Entscheidungen aufgrund der Jahresabschlussangaben oder anderer abgeschlossener Perioden fördern ein vergangenheitsbezogenes Denken. Dies war im Industriezeitalter mit abgeschotteten Märkten noch ausreichend, im Informationszeitalter jedoch, mit globalisierten und extrem dynamischen Märkten, bei denen die Unternehmen jederzeit in ihrer Existenz bedroht werden können, bedarf es einer entsprechenden Unternehmensstrategie.[106] Diese ist jedoch nur durch eine zukunftsorientierte Denkweise zu entwickeln. Nun relevant gewordene Größen und Informationen finden in den bisherigen Steuerungskonzepten keine systematische Berücksichtigung. Es musste sich von den eindimensionalen finanzorientierten Steuerungssystemen gelöst, und ein effektives, alle relevanten Informationen umfassendes System zur Umsetzung der Unternehmensstrategie entwickelt werden. Rein finanzielle Kennzahlen unterstützen zwar kurzfristige Optimierungsüberlegungen, im Endeffekt können diese jedoch kontraproduktiv zur eigentlichen Strategie des Unternehmens sein.[107] So wurden die sogenannten vier Perspektiven entwickelt, um einerseits sämtliche nötige Informationen zu erfassen und andererseits anhand dieser entsprechenden Ziele für einzelne Bereiche auch entsprechend formulieren zu können.[108] Die Formulierung verschiedener Ziele und die Dokumentation derselben dienen zum einen der Umsetzung der strategischen Planung des Unternehmens, andererseits auch dem Berichtswesen für Gesellschafter und potentielle Investoren. Die Balanced Scorecard ist damit ein Instrument zur strategischen Unternehmensführung.

3. Der motivationspsychologische Ansatz der Goal-Setting-Theorie

Flankiert wird diese Ansätze von der Goal-Setting Theorie, die als die am häufigsten untersuchte Theorie der Organisationspsychologie gilt.[109] Nach dieser von *Locke* und *Latham* entwickelten Theorie[110] sind Ziele der eigentliche Antrieb des menschlichen Handelns und der eigentliche Motivationsfaktor. Weiter begünstigen sie die Bildung eigener Handlungsstrate-

101   *Kunz*, Führen, S. 72.
102   *Kaplan/Norton*, BSC, S. 9.
103   Vgl. Übersicht bei *Stroebe/Stroebe*, Motivation, S. 43; *Kiunke*, Unternehmensplanung, S. 159; ein Beispiel aus der Praxis bei *Niemann*, in Jetter/Skrotzki, S. 85.
104   *Kasper*, Informationsmanagement, S. 72.
105   *Klingebiel*, in DStR 2000, 651 (651).
106   *Kasper*, Informationsmanagement, S. 67.
107   Vgl. *Klingebiel*, in DStR 2000, 651 (651f.).
108   Vgl. *Kasper*, Informationsmanagement, S. 73ff.
109   *Kohnke*, Effektivität, S. 14f.; *Hlawaty*, in Mitbest. 1998, 42 (42); vgl. auch *Pietruschka*, in Jetter/Skrotzki, S. 39ff.; *Berwanger*, Einführung, S. 66; *Kiunke*, Unternehmensplanung, S. 216.
110   *Locke/Latham*, goal-setting, S. 15ff.

gien. Die Ziele bekommen eine Sogwirkung, die den Betreffenden veranlasst, jedwede Unterbrechung oder Störung auf dem Weg zur Zielerreichung abzuwehren oder zu überwinden.[111] In der Arbeitswelt wird so aus einem reinen weisungsempfangenen Arbeiter ein *Mit*arbeiter, der eigenständig denkt.

Um die Wirkung optimal zu erzielen, bedarf es zunächst einer hohen Zielakzeptanz. Der Arbeitnehmer muss die Ziele verinnerlichen und als seine eigene betrachten. Dies kann durch die einvernehmliche Vereinbarung der Ziele erreicht werden. Weiter muss der Schwierigkeitsgrad der Ziele der Leistungsfähigkeit des Arbeitnehmers angemessen sein. Zu hohe Ziele demotivieren ebenso wie zu niedrige. Im Endeffekt muss das Ziel zwar eine Herausforderung darstellen, jedoch unter realistischen Bedingungen auch erreichbar sein. Ebenso bedarf es statt eines vagen, ein deutlich formuliertes Ziel, dessen Erfüllung in einem Feedback-Gespräch erörtert wird. Verstärkt wird dieser Effekt zusätzlich durch einen monetären Anreiz.[112] In Bereichen, in denen eine exakte Zielbestimmung nicht möglich ist, ohne die Kreativität der einzelnen Arbeitnehmer von vorneherein zu beschneiden, soll die Freigabe des Weges zum Ziel bei gleichzeitig möglichst klarer Zielorientierung akzeptanzsteigernde Wirkung entfalten.[113]

4. Durch historische Entwicklung Zusammenführung der Theorien

Ende der 80er, Anfang der 90er Jahre verschärfte sich der internationale Wettbewerb und forderte daher eine extreme Flexibilisierung der Unternehmen. Dies hatte auch Auswirkungen auf die Art der Unternehmensführung. Die Mitarbeiter wurden stärker in Entscheidungen aber auch in Machtstrukturen einbezogen. Es stand mehr die Gruppenarbeit im Mittelpunkt. Die Produkte wurden von einem Team gefertigt, das in eigener Verantwortung Qualität zu leisten und diese auch zu kontrollieren hatte. Durch diese Verlagerung der Verantwortlichkeit entstanden zwangsläufig auch neue Führungs- und Kontrollsysteme. Die Delegation der Verantwortung musste kontrolliert und gelenkt werden. Die Zielvereinbarungen wandelten sich vom Personalführungsinstrument zum Organisationsführungsinstrument als zentrales Element eines Gesamtmanagementprozesses.[114] Es änderte sich der Denkansatz. Die organisatorische Dezentralisierung soll sowohl die Flexibilität als auch die Produktivität erhöhen.[115] Ziele werden auf der Hierarchiepyramide von oben nach unten herunter gebrochen, um die strategische Weiterentwicklung einzelner Teilbereiche gewährleisten zu können. Hierdurch wurde es auch notwendig, sich von den einzelnen Individuen ab- und den Gruppen – häufiger als Teams bezeichnet – zuzuwenden. Dazu bedurfte es einiger Hilfsmittel, um die von der Unternehmensspitze festgelegten Unternehmensziele auf die einzelnen Abteilungen und Mitarbeiter auszulösen. Hierbei halfen die Balance-Scorecard, Key Performance Indicators und Button-up Business Cases. Die Balance-Scorecard übersetzt – wie schon dargestellt – die Unternehmensvisionen in ein System von Zielen und Messgrößen, das als Maßstab für andere Messungen herangezogen werden kann. Die Button-up Business Cases bringen diese Zahlen in Form von Einzelzielen in die einzelnen Abteilungen und an Mitarbeiter. Die Verbindung dieser beiden Hilfsmittel erfolgt mittels der Key-Performance-Indikatoren. Diese relevanten Messgrößen

---

111 *Breisig*, Entlohnen und Führen, S. 50; *Schang*, Mitbestimmung, S. 101.
112 Vgl. *Kohnke*, in Bungard/Kohnke, S. 47; *Pietruschka*, in Jetter/Skrotzki, S. 45; *Breisig*, Entlohnen und Führen, S. 51ff.
113 *Schang*, Mitbestimmung, S. 101f.; *Breisig*, Personalbeurteilung, S. 304.
114 *Bungard*, in Bungard/Kohnke, S. 21.
115 *Renz*, Anweisung, S. 197.

dienen einerseits der Kontrolle durch die Unternehmensführung, andererseits der Erstellung der Button-up Business Cases.[116]

Der Dialog zwischen den Vorgesetzten und Mitarbeiter zur Förderung der beruflichen Entwicklung war nicht mehr wichtig. Entscheidend wurde jetzt die Zielerreichung der Oberziele, die sich aus den Aufgaben der einzelnen Abteilungen zusammensetze. Der Sinn der Zielvereinbarung änderte sich grundlegend. Zielvereinbarungen/-vorgaben helfen bei der Umsetzung der Kennzahlen der Balanced Scorecard.[117] Da der Grad der Zielerreichung jederzeit anhand des Leistungskataloges festgestellt werden kann, wurde so auch gleichzeitig ein Controlling-System installiert. Das System Zielvereinbarung/-vorgabe erfordert nicht nur eine Definition der Ziele, sondern auch eine Überwachung der Zielerreichung. Dadurch können die einzelnen dezentralisierten Unternehmensteile kontrolliert, ihre Leistung koordiniert und deren Steuerung sichergestellt werden.[118] Dieses kann auch bei den Zielvereinbarungen/-vorgaben eingesetzt werden, die nicht zwischen zwei Hierarchieebenen, sondern innerhalb einer Ebene zwischen zwei Abteilungen getroffen wurden. Auch bei diesen sog. „vertikalen" Zielvereinbarungen/-vorgaben kann das Management lenkend eingreifen. Die Wahl der geeigneten Mittel und Wege zur Zielerreichung ist dabei dem Arbeitnehmer weitgehend freigestellt. Die dezentralisierten Unternehmenseinheiten sollen sich weitgehend selbst steuern. Der Arbeitnehmer, der bei allem was er tut, unternehmerisch denkt und handelt wird so zum Mitunternehmer.[119]

5. Erkenntnis

Vergleicht man die Theorie des Managements by objectives und die der Balanced Scorecard, erkennt man als Gemeinsamkeit die Vorgabe von einzelnen Zielen für einzelne Bereiche. Der Blickwinkel ist jedoch unterschiedlich. Während MbO das Potenzial des einzelnen Arbeitnehmers voll ausschöpfen will und dieses durch die Motivationssteigerung durch Setzung von Zielen zu erreichen versucht, ist die Balanced Scorecard ein Instrument zu strategieorientierten Unternehmensführung.

Sowohl MbO als auch BSC erkennen die Zielvereinbarung/-vorgabe als Führungsform an. Allerdings ist der erste Ansatz ein personalpolitischer,[120] der die Ressource Arbeitskraft optimal ausschöpfen möchte, während das zweite ein Konzept zur strafferen Unternehmensführung und Umsetzung der Unternehmensstrategie ist.[121] Beide Führungskonzepte ähneln sich so, wie sie sich auch ergänzen. Der wesentliche Unterschied zwischen den beiden Ansätzen besteht darin, dass MbO ursprünglich nur für Führungskräfte entwickelt und daher – im Gegensatz zur BSC – nicht bis zur mittleren oder gar unteren Hierarchieebene angewandt wurde. Der Kern des Management by Objectives wird von der Balanced Scorecard aufgegriffen und insofern angereichert, dass besondere Problemfelder strategischer Unternehmensplanung berücksichtigt und konzeptionellen Lösungsvorschlägen zugeführt werden.[122] Der – trotz aller Schwierigkeiten bei der Umsetzung – positive Effekt der Zielvereinbarungen/-vorgaben mit

116 *Lang*, Entgeltsysteme, S. 203.
117 *Breisig*, Entgelt, S. 326.
118 *Renz*, Anweisung, S. 198; *Lang*, Entgeltsysteme, S. 203.
119 *Kuhn*, in ZfP 1997, 195 (196ff.); *Lurse/Stockhausen*, Manager, S. 87; *Renz*, Anweisung, S. 252; vgl. auch
     v.Hornstein/v.Rosenstiel, Ziele vereinbaren, S. 30.
120 So auch *Köppen*, in DB 2002, 374 (374); *Plander*, in ZTR 2002, 155 (156).
121 *Hofmann*, in Bungard/Kohnke, S. 97; vgl. auch *Breisig*, Entgelt, S. 227.
122 *Kiunke*, Unternehmensplanung, S. 143; siehe auch *Bahnmüller*, Stabilität und Wandel, S. 151ff.

Führungskräften wurde schon früh festgestellt.[123] Insofern sprach nichts gegen die Ausweitung auch auf die unteren Ebenen. Da eine neue Unternehmensführungskultur notwendig wurde, entstand die BSC, die mit Hilfe des MbO-Ansatzes besser umgesetzt werden konnte.

Beide Ansätze beinhalten die Zielvereinbarung/-vorgabe als Führungsmittel. Nur existierte der MbO-Ansatz vor dem der BSC. Letztere entwickelte die Zielsetzung – aus dem Blickwinkel der Unternehmensführung – weiter und griff dabei auf die vorhandenen Erfahrungen zurück. Damit kann festgestellt werden, dass das Personalführungssystem seine Wurzeln in der MbO-Lehre von *Drucker*, *Humble* und *Odiorne* hat, seinen Durchbruch erlebte es aber durch die Veränderung der Märkte und die damit verbundene notwendige Veränderung der Unternehmensführung. Die Sachziele der Organisation als Ganzem wurde mit dem Bedürfnis der Mitarbeiter verbunden, sich für deutliche und motivierende Ziele einsetzen zu können, sinnvolle Arbeit zu verrichten und selbst den Leistungserfolg beurteilen zu können.[124]

II. Arbeitswissenschaftlicher Hintergrund

Die gestiegene Verbreitung[125] von Zielvereinbarungen/-vorgaben lässt sich durch folgende Erwartungen erklären. Den Arbeitnehmern sollen sowohl bei der Planung als auch bei der Erledigung der anstehenden Aufgaben Freiräume erwachsen. Hierdurch sollen Verantwortungsbewusstsein, Motivation und letztlich die Leistungsbereitschaft des Arbeitnehmers gefördert werden,[126] was nicht zuletzt auch den Unternehmen zu Gute kommt. Zweifelsohne bietet dieses System Chancen. Die Risiken sind jedoch dabei nicht auszublenden. Letztlich überwiegen aber sowohl für den Unternehmer als auch für den Arbeitnehmer die Vorteile, so dass diese Art der Entlohnung sich wohl nicht mehr aufhalten oder gar zurückdrängen lässt. Dies bezeugt allein schon die weite Verbreitung in der Arbeitswelt.

1. Chancen des Personalführungssystems Zielvereinbarung/-vorgabe

Das System Zielvereinbarungen bietet sowohl dem Unternehmen als auch dem Arbeitnehmer eine Vielzahl an Chancen.

a) Motivation des einzelnen Arbeitnehmers

Der Hauptgrund für die Anwendung des Personalführungssystems Zielvereinbarung/-vorgabe liegt in der Motivation. Die vereinbarten Ziele geben dem Mitarbeiter weitestgehend konkret vor, welche Aufgaben er zu erfüllen hat. Gleichzeitig verdeutlichen sie, dass er hierzu auch benötigt wird. Der Arbeitnehmer kann so seine Verantwortung und den Schwerpunkt seiner Tätigkeit definieren und erkennen, dass und für was er gebraucht wird. Seine Effektivität wird deutlich. Zielvereinbarungen/-vorgaben haben zumeist mehrere Ziele zum Inhalt. So kann der Mitarbeiter bei jedem erreichten Etappenziel feststellen, dass er sich auf dem richtigen Weg befindet und dem großen Ziel, nämlich der Erfüllung des Gesamtplanes, immer näher kommt.

---

123 Vgl. Erfahrungsberichte in *Ferguson*, MbO-Studien, S. 76ff.
124 *Knebel*, in Personal 1984, 187 (187).
125 Nach einer aktuellen Towers-Perrin-Studie sollen 69% der Tarifarbeitnehmer in den Genuss von Zielvereinbarungen/-vorgaben kommen, vgl. *Holthausen*, in Personal 2008, 52 (52); schon im Jahr 1998 waren im Bereich der Metall- und Elektroindustrie 66%, im Bereich der Banken 74% und der Branche der Textilindustrie 47% Zielvereinbarungen/-vorgaben Basis der Entlohnung, vgl. *Bahnmüller*, Stabilität und Wandel, S. 173.
126 *Zoellner*, in AuA 1992, 216 (218); *Reinecke*, Leistungsbestimmung, S. 93.

Er erhält damit zwangsläufig auch ein Feedback.[127] Dies fördert einerseits die Eigenverant-wortung, andererseits bestätigt dies den Arbeitnehmer und bringt schon dadurch eine größere Motivation. Sind die Zielvereinbarungen/-vorgaben mit monetären Anreizen verbunden, wird der Motivationseffekt – wie bei allen Sonderleistungen des Arbeitgebers – nochmals er-höht.[128] Alle Motivationstheorien basieren auf der Annahme, dass Motivation durch die Exis-tenz von Bedürfnissen und durch wahrgenommene Möglichkeiten zur Bedürfnisbefriedigung ausgelöst und gesteuert wird.[129] Eine höhere Motivation steigert die Leistungsbereitschaft und damit unmittelbar auch die Leistungsfähigkeit.[130] Der Antrieb, durch die Zielerreichung mehr Geld zu verdienen, wirkt sich damit auch unmittelbar auf den Antrieb aus, die Ziele auch wirklich erreichen zu wollen. Hier zeigt sich auch der Unterschied bezüglich der Motivati-onswirkung zur – eher bei Vorständen – häufig vorkommenden, Ermessenstantieme. Im Ge-gensatz zur transparenten Zielvereinbarung/-vorgabe wird hier nur im Nachhinein nach vorher nicht bekannten Regeln belohnt.[131]

Allerdings wird die Motivationssteigerung durch Zielvereinbarungen/-vorgaben teilweise be-stritten.[132] Geld sei kein Motivationsfaktor, es entschädige nur.[133] Die Wirkung und Effektivi-tät der Zielvereinbarung/-vorgabe wurde jedoch nachgewiesen.[134] Die Erweiterung der Hand-lungsspielräume bei den Wegen zur Zielerreichung und der gleichzeitig einhergehende Abbau von Kontrollen bringt auch eine Identifikation der Arbeitnehmer mit den Zielen und letztlich mit dem Unternehmen selbst mit sich. Die sog. Corporate Identity, oder herkömmlich Klima und Zusammenhalt der Beschäftigten untereinander, wird durch unternehmens- bzw. grup-penbezogene Ziele gestärkt.[135] Das Ziel der Gruppe bzw. Unternehmen wird als das eigene Ziel wahrgenommen. So wurde schon früh der Sinn der Zielvereinbarung/-vorgabe erkannt, die Sachziele der Organisation als Ganzem mit dem Bedürfnis der Mitarbeiter zu verbinden, sich für deutliche und motivierende Ziele einsetzen zu können, sinnvolle Arbeit zu verrichten und selbst den Leistungserfolg beurteilen zu können.[136] Die Zielvereinbarungen/-vorgaben geben eine Antwort auf das gesteigerte Selbstentfaltungs- und Selbstverwirklichungsinteresse vieler Mitarbeiter. Diesem Bestreben kommt dieses Management-Konzept am weitesten ent-gegen, weil das Erreichen eines auch vom Mitarbeiter gewollten Ergebnisses im Blickpunkt des Interesses steht. Hierdurch wird der einzelne Mitarbeiter – oder das Team – aus der direk-ten und oft als bevormundend empfundenen Abhängigkeit vom Vorgesetzten zumindest teil-weise entlassen.[137] Der Motivationseffekt ist erheblich größer, wenn Zielvereinbarungen im engeren Sinne stattfinden, also die Ziele einvernehmlich vereinbart und nicht die Ziele einsei-tig vom Vorgesetzten vorgegeben werden. Hat der Mitarbeiter bei der Festlegung der zu er-reichenden Ziele partizipiert, ist es für ihn leichter, sich mit den aus den Zielen resultierenden

---

127 Vgl. *Breisig*, Personalbeurteilung, S. 94; *Schang*, Mitbestimmung, S. 102.
128 *Swoboda/Kinner*, in BB 2003, 418 (418); *Kohnke*, in Bungard/Kohnke, S. 47; *Pietruschka*, in Jet-ter/Skrotzki, S. 45.
129 *Berwanger*, Einführung, S. 52; Maschmann/*Oechsler/Wiskemann*, Mitarbeitervergütung, S. 16.
130 *Zoellner*, in AuA 1992, 216 (216).
131 Vgl. *Hoffmann-Becking*, in NZG 1999, 797 (799).
132 *Berwanger*, Einführung, S. 218; ausdrücklich offengelassen von *Tondorf*, Leistung und Entgelt, S. 61f.
133 *Sprenger*, Aufstand, S. 227f.; vgl. auch Maschmann/*Maschmann*, Mitarbeitervergütung, S. 9: Geld ist ein Hygienefaktor.
134 Vgl. *Kohnke*, Effektivität, S. 292ff.
135 *Lischka*, in BB 2007, 552 (552); *Breisig*, Entgelt, S. 120; vgl. zum ganzen *Schau*, Corporate Identity, S. 77ff.
136 *Knebel*, in Personal 1984, 187 (187).
137 *Stroebe/Stroebe*, Motivation, S. 29; *Breisig*, Entlohnen und Führen, S. 71; *Knebel*, in Personal 1984, 187 (187).

Aufgaben zu identifizieren.[138] Ist dies der Fall, können bislang verborgene Potenziale an Motivation, Identifikation, Eigeninitiative und Verantwortungsbereitschaft seitens der Mitarbeiter erschlossen werden.[139]

b) Leistungsgerechte Entlohnung des Arbeitnehmers

Auch hat die flexible Vergütung anhand (möglichst) objektiver Leistungen des Arbeitnehmers für den Unternehmer den Vorteil, im Grunde sein Kapital in die effizienteren Mitarbeiter zu investieren, anstatt die Löhne nach dem Gieskannensystem zu verteilen. Positive Erfahrungen. sind schon durch das Akkord- und Prämienlohn-System bekannt.[140] Der Sinn besteht darin, nicht allen das Gleiche, sondern vielmehr jedem das Seine zu geben und damit Anreiz zur Leistung zu schaffen.[141] Leistungsstärkere Arbeitnehmer erhalten (aus ihrer Sicht) endlich eine höhere, ihren Fähigkeiten und Ergebnissen entsprechende Vergütung. Aus Sicht der Unternehmer erhalten leistungsschwächere Arbeitnehmer endlich eine geringere Vergütung. Der Slogan „gleicher Lohn für gleiche Arbeit" erscheint in einem neuen und anderem Licht.[142]

Der Flächentarifvertrag kam und kommt immer mehr in Kritik. Dieser ist zu starr, nicht zeit gemäß und stellt letztlich aus Unternehmersicht eine Innovationsblockade dar.[143] Aber auch die Arbeitnehmer selbst wünschen sich eine ihrer Leistungsbereitschaft und Leistungsvermögen angemessene Bezahlung. Bisher bestand hierfür nur eine Lösung außerhalb des geltenden Tarifwerkes.[144] Mittlerweile sind aber Zielvereinbarungen/-vorgaben auch in Tarifverträge angekommen.[145] Lohn und Leistung ist der zentrale Konflikt in der Auseinandersetzung über die Verteilung des gesellschaftlich produzierten Reichtums. Dieser wird auf zwei Ebenen ausgetragen. Primär betrifft dieser die Verteilungsrelation zwischen Kapital und Arbeit, sekundär die interne Verteilung des auf den Faktor Arbeit entfallenden Anteils.[146] Leistungsorientierte Vergütung, insbesondere Zielvereinbarungen/-vorgaben versprechen eine Lösung dieses Dilemmas. Der erreichte Grad der festgelegten Ziele bestimmt den Marktwert der Arbeitsleistung. Dass dies wiederum die Motivation fördert, ist auch ein erwünschtes Nebenprodukt.[147] Weiter wird der Einführung des Personalführungssystems Zielvereinbarung/-vorgabe auch ein Kostensenkungseffekt zugesprochen.[148] Zudem lassen sich die rechtlichen Schwie-

138 *Schau,* Corporate Identity, S. 72; *Kohnke,* in Bungard/Kohnke, S. 47.
139 *Breisig,* Entlohnen und Führen, S. 72.
140 Vgl. Schaub/*Schaub,* AHdB, § 67 Rn 42, 51; MüHArbR/*Kreßel,* § 67 Rn 2, 78; kritisch hierzu *Renz,* Anweisung, S. 220.
141 *Femppel/Böhm,* Ziele, S. 16; *Hansen,* in AuA 2006, 665 (666); teilweise werden die positiven Effekte allerdings aufgrund eines Gewöhnungseffektes den damit verbundenen übermäßig wohlwollenden Beurteilungen grundsätzlich bestritten und so dass letztlich wieder zu einem Gieskannenprinzip zurückgekehrt würde, vgl. *Rob,* in PersV 2007, 353 (357).
142 Vgl. zur grundsätzlichen Problematik *Femppel,* in Zander/Wagner, S. 59.
143 *Bahnmüller,* Stabilität und Wandel, S. 96; Maschmann/*Oechsler/Wiskemann,* Mitarbeitervergütung. S. 26f.
144 *Schleef,* in PersW 2001, 58 (58f.).
145 Siehe z.B. § 18 TVöD und ERA-TV; Übersicht zum letzterem bei *Schaub,* in RdA 2006, 374 (374ff.).
146 *Bahnmüller,* Stabilität und Wandel, S. 11.
147 Maschmann/*Dörner,* Mitarbeitervergütung, S. 67; *Lang,* Entgeltsysteme, S. 53.
148 Nachweise bei *Berwanger,* Einführung, S. 6f., der allerdings dies bestreitet und allenfalls beim Zinsvorteil bejaht; vgl. aber Möglichkeiten zur Kostenkontrolle bei *Femppel/Böhm,* Ziele, S. 47ff.

rigkeiten im Umgang mit dem „Low Performer" so umgehen.[149] Die unterdurchschnittliche Leistung des Arbeitnehmers ist oftmals schwierig zu beweisen. Hieran scheitern in der Praxis die meisten arbeitsrechtlichen Konsequenzen.[150] Anstatt den unsicheren Weg der Versetzung, Änderungs- oder Beendigungskündigung zu wählen, erhält der Arbeitnehmer eine seiner unterdurchschnittlichen Leistung angemessene Bezahlung.[151] Vor dem Hintergrund des hohen Kündigungsschutzes im deutschen Arbeitsrecht kein bedeutungsloser Aspekt für den Arbeitgeber.[152] Denn im Extremfall wird der Arbeitnehmer das Unternehmen freiwillig verlassen, wenn seine Vergütung auf Grund eigener Erfolglosigkeit zu stark sinkt.

c) Ständige Kommunikation zwischen den Hierarchien

Untersuchungen ergaben, dass viele Arbeitnehmer ein Bedürfnis nach Anerkennung ihrer Leistungen und nach dem Aufzeigen beruflicher Entwicklungsmöglichkeiten haben.[153] Dazu können Zielvereinbarungen im engeren Sinne durchaus beitragen. Sofern eben Vereinbarungen im Sinne des Wortes getroffen werden, müssen sich zwangsläufig Vorgesetzte und Mitarbeiter austauschen und in Ruhe verständigen. Dieser prinzipiell mit allen Ausgestaltungsmöglichkeiten des Personalführungssystems Zielvereinbarung/-vorgabe verbundene Kommunikationszweck ist grundsätzlich als Chance zu begreifen, jedenfalls sofern der dialogische Charakter des Gesprächs von den Beteiligten befolgt wird.[154]

Auf der einen Seite werden die strategischen Ziele bis auf den einzelnen Mitarbeiter herunter gebrochen, auf der anderen Seite kann der einzelne Mitarbeiter seine persönlichen Erwartungen und Bedürfnisse einbringen.[155] Kommunikation und Partizipation ist das Herzstück und Grundlage des Personalführungssystems Zielvereinbarung/-vorgabe.[156] Im Dialog zwischen Mitarbeiter und Vorgesetzter entwickelt sich eine völlig neue Kultur der lernenden Organisation.[157] Der Arbeitnehmer, häufig näher an der Praxis, kann den Vorgesetzten an seinen Erfahrungen teilhaben lassen, während der Vorgesetzte dem Arbeitnehmer wiederum den unternehmerischen Zusammenhang mancher Entscheidungen besser darstellen kann. Es wird in beide Richtungen ein Feedback erteilt.[158] Beide Seiten lernen voneinander. Dies gilt für jeden echten Dialog zwischen zwei Hierarchieebenen. Allerdings ist zu beachten, dass die Qualität der Mitarbeitergespräche auch entscheidend für die an sich gewollte Motivationswirkung der Zielvereinbarungen/-vorgaben ist.[159] Insofern ist die Kommunikation nicht nur eine Chance, die das System mit sich bringt, sondern auch Voraussetzung für das Funktionieren.

---

149 Maschmann/*Dörner*, Mitarbeitervergütung, S. 67; *Römermann/Haase*, in MDR 2006, 853 (854); *Tschöpe*, in BB 2006, 213 (220); *Maschmann*, in NZA 2006, Beilage 1, 13 (13); *Wellhöner/Barthel*, in AuA 2005, 400 (402).

150 Inwieweit durch Zielvereinbarungen/-vorgaben dagegen Kündigungen wegen Minderleistung erleichtert werden, siehe § 10 I 3.

151 Maschmann/*Oechsler/Wiskemann*, Mitarbeitervergütung, S. 19, die von einer flexiblen Reaktion auf die Leistung des Arbeitnehmers sprechen.

152 *Lurse/Stockhausen*, Manager, S. 94; *Geffken*, in PersR 1997, 517 (517).

153 *Baethge/Denkinger/Kadritzke*, Führungskräfte-Dilemma, S. 25f.

154 *Breisig*, Entlohnen und Führen, S. 73; vgl. dazu auch *Ulbricht/Jöst-Adam*, in PersF 2004, 56 (56ff.).

155 *Schleef*, in PersW 2001, 58 (60); *Femppel/Böhm*, Ziele, S. 27ff.

156 *Femppel/Böhm*, Ziele, S. 61; *Knebel*, in Zander/Wagner, S. 97.

157 Vgl. dazu *Berger*, in Jetter/Skrotzki, S. 57ff.

158 *Zander*, Gehaltsfestsetzung, S. 146; vgl. Gesprächsleitfaden bei *Femppel/Böhm*, Ziele, S. 36ff.

159 *Femppel/Böhm*, Ziele, S. 25; *Knebel*, in Zander/Wagner, S. 103ff.

Bei einer Zielvorgabe wirkt der Arbeitnehmer bei der Zielsetzung – im Gegensatz zur Zielvereinbarung im engeren Sinne – nicht mit. Dennoch schließt dies nicht aus, dass zwischen Vorgesetzen und Arbeitnehmer entsprechende Dialoge stattfinden. Im Ergebnis sollte dies ebenso der Fall sein, denn nur durch dieses Feedback lässt sich die gewünschte Motivation des einzelnen Arbeitnehmers erreichen. Die einseitig gesetzten Ziele sollten dem Arbeitnehmer im Gespräch erklärt und verdeutlicht werden. Unabhängig von der Form der Zielfestlegung bedarf es jedenfalls bei der Zielfeststellung ein klärendes Gespräch zwischen Vorgesetztem und Arbeitnehmer.

d) Größere Beweglichkeit des Unternehmens

Zielvereinbarungen/-vorgaben ermöglichen dem Management, das Unternehmen flexibler und besser zu steuern, als durch die althergebrachten hierarchischen klassischen Führungsinstrumente. Die Beweglichkeit – unerlässlich im heutigen globalen Markt – wird dadurch gestärkt. Die Verzahnung und Vernetzung der Zielvereinbarungen/-vorgaben ergeben eine stringentere Umsetzung der Unternehmensplanung und der Zielsetzung.[160] Globalisierung fordert einwandfreie Produktqualität bei kürzester Lieferzeit und günstigstem Preis. Diese Beweglichkeit fordert ein ebenso bewegliches Vergütungssystem, das die geforderte Flexibilität entsprechend widerspiegelt.[161]

Durch Zielvereinbarungen/-vorgaben lässt sich das Leistungsverhalten der Mitarbeiter besser steuern und ausrichten – aber auch kontrollieren – und das Unternehmen besser an die vom Markt vorgegebenen Rahmenbedingungen anpassen.[162] Auf den ersten Blick würde dies eher für die Weisung sprechen, denn hier bedarf es nicht eines unter Umständen komplizierten und zeitraubenden Systems der Zielfindung. Aber hier zeigt sich die Verbindung zwischen der Balanced Scorecard und Management by objectives.[163] Das kaskadenförmige Herunterbrechen der jeweiligen Ziele bis hin zum einzelnen Mitarbeiter unterstützt die stringente Umsetzung der Unternehmensstrategie. Die Verwendung von Zielvereinbarungen/-vorgaben hilft hierbei und fördert zusätzlich die Motivation des Arbeitnehmers. Die Verbindung dieser beiden Systeme steigert somit nicht nur die Flexibilität, sondern auch die Leistungsbereitschaft und damit auch die Leistungsfähigkeit des Unternehmens.[164] Gleichzeitig erfolgt eine ständige Anpassung der Ziele. Der regelmäßige Turnus der erneuten Zielfestlegung – meist ein Jahr – unterstützt die notwendig werdende strategische Neuausrichtung. Die dem Arbeitnehmer übertragene Verantwortung für den Weg zur Zielerreichung fördert das selbstständige Mitdenken desselben.

e) Systematische (Selbst-)Bewertung durch Arbeitnehmer und -geber

Das Personalführungssystem Zielvereinbarung/-vorgabe erleichtert die Selbsteinschätzung des Arbeitnehmers. Er kann anhand der Zielerreichung feststellen, ob seine Leistung den Erwartungen entspricht. Die Arbeitnehmer erhalten damit auch ohne ständige Kommunikation mit dem Vorgesetzten eine Orientierung und ein Feedback.[165] Gleichzeitig erleichtert dies

---

160 *Breisig*, Entlohnen und Führen, S. 25; *Bungard*, in Bungard/Kohnke, S. 20f.
161 *Berwanger*, Einführung, S. 4; *Rieble*, in NZA 2000, Beilage 3, 34 (34).
162 *Bahnmüller*, Stabilität und Entlohnung, S. 173; *Renz*, Anweisung, S.198.
163 Zur Zusammenführung der Theorien auf Grund der historischen Entwicklung, siehe § 3 I 4 und 5.
164 So auch GLP/*Peters*, Ziel- und Leistungsvereinbarungen, S. 15.
165 Wobei freilich das Feedback, erteilt in einem Gespräch trotzdem zu erfolgen hat, vgl. *Femppel/Böhm*, Ziele, S. 61; *Knebel*, in Zander/Wagner, S. 97.

aber auch die Bewertung des einzelnen Arbeitnehmers durch die Vorgesetzte. Die Beurteilung anhand der Zielerreichung ermöglicht den schon seit längerem geforderten Systemwechsel in der Arbeitsbewertung. Es sollen nicht mehr die einzelnen Tätigkeiten, sondern die Personen, die diese Tätigkeiten ausführen bewertet werden.[166] So erleichtern Zielvereinbarungen/-vorgaben nicht nur dem Controlling, sondern auch der Personalabteilung bei der Erstellung des Arbeitszeugnisses, die Arbeit. Anhand der, meist jährlichen, Zielerreichung kann festgestellt werden, ob die Leistungskurve nach oben oder nach unten zeigt bzw. stagniert. Im Mittelpunkt der Bewertung stehen konkrete Ziele, keine vom Vorgesetzten oftmals pauschal und oberflächig ermittelte Beurteilung. Das gesamte Leistungsbild wird beleuchtet, unternehmerische Ziele in den Mittelpunkt gestellt und Mitarbeiter werden mittels konkreter Leistungsmerkmale beurteilt. Die Ziele sind die Leitplanken der Tätigkeit und zugleich der Beurteilungsmaßstab.[167] Somit wird die Beurteilung leistungsgerechter, da sie an objektiven Maßstäben gemessen wird, nachvollziehbar und praktisch nicht manipulierbar ist.[168] Die Zielvereinbarung/-vorgabe und Leistungsbeurteilung wachsen damit eng zusammen. Teilweise wird gefordert, dass Zielerreichung und Beurteilung sogar gänzlich zusammengefasst werden müssen, wobei hierzu auch alle Fragen der Personalentwicklung gehören.[169] Die Folge ist ein permanenter Beurteilungsprozess.[170]

Vereinzelt wird dagegen empfohlen, Mitarbeiterbeurteilung und Zielvereinbarung/-vorgabe zu trennen.[171] Mit den Leistungszielen werden nicht alle, sondern nur die wichtigsten Aufgaben erfasst. Routinearbeiten sind meistens nicht als Ziele ausgestaltet; aber gerade diese müssten auch in die Gesamtbeurteilung einfließen.[172] Dies allein kann jedoch kein Grund für eine strikte Trennung sein. Zumindest für einen Teil der Bewertung kann die Zielvereinbarung/-vorgabe eine geeignete Grundlage darstellen. Der Synergieeffekt ergibt sich schon alleine aus den Funktionsproblemen der bisherigen Verfahren der Personalbeurteilung mit ihren pauschalen oder schwammigen, ja fast beliebig auslegbaren Kriteriensystemen.[173] Die Zielvereinbarung/-vorgabe hilft, die Arbeitsleistung des Mitarbeiters objektiv anhand der Zielerreichung zu bewerten.[174] Schließlich führt diese Art der Unternehmensführung auch zu einer Bewertung der Führungskräfte selbst. Die vereinbarten Ziele lassen zwangsläufig auch einen Rückschluss auf das Management und die strategischen Oberziele zu. Sind hier Fehler gemacht worden, ziehen diese sich durch alle Ebenen hindurch. Sofern die Erwartung für das Unternehmensergebnis enttäuscht wurde, ist so leichter festzustellen, auf welcher Ebene an welcher Stelle Ziele verfehlt oder wenn zwar erreicht, aber falsch gesetzt wurden.

---

166 *Bahnmüller*, Stabilität und Wandel, S. 19; *Breisig*, Entlohnen und Führen, S. 74.
167 *Müller/Brenner*, Mitarbeiterbeurteilungen, S. 28; *Renz*, Anweisung, S. 252.
168 *Breisig*, Entlohnen und Führen, S. 74; *Schau*, Corporate Identity, S. 75.
169 *Kempe*, in AuA 2002, 166 (169).
170 *Zander*, Gehaltsfestsetzung, S. 146.
171 *Stöwe/Weidemann*, Mitarbeiterbeurteilung, S. 30.
172 *Zander*, Gehaltsfestsetzung, S. 214.
173 *Breisig*, Personalbeurteilung, S. 302.
174 In diesem Zusammenhang ist auch die Entscheidung des *LAG Köln* vom 23.05.2002, Az 7 Sa 71/02, zu nennen, das eine Kündigung wegen Minderleistung ausschloss, wenn zuvor der Arbeitgeber ein Zielerreichungsgrad von 102,5% festgestellt wurde und damit gute, überdurchschnittliche Leistungen bescheinigt hat.

2. Risiken des Personalführungssystems Zielvereinbarung/-vorgabe

Bei allen Chancen birgt das Personalführungssystem Zielvereinbarung/-vorgabe allerdings auch Nachteile in sich, die nicht unbeachtet bleiben dürfen. Die Kritik soll jedoch Anlass für Verbesserungsmöglichkeiten und Mahnung für mögliche Schwachpunkte darstellen.

a) Einseitige Vorgabe statt einvernehmliche Vereinbarung

So liegen die Hauptvorwürfe nicht im eigentlichen System,[175] sondern in der praktischen Umsetzung der Zielvereinbarungen. Der eigentlich gute Ansatz der Personalpolitik wird hier des Öfteren durchkreuzt.[176] Am häufigsten wird kritisiert, dass anstatt mit wirklichen Zielverein barungen, mit Zielvorgaben gearbeitet wird, was dem eigentlichen Sinn zuwiderläuft.[177] In der Praxis wird mancherorts der Spielraum zur Zielfindung derart beschnitten, dass eine Partizipation der Mitarbeiter nicht stattfindet.[178] Es wird berichtet, dass teilweise die „Zustimmung" zu Zielvereinbarungen mit dem Hinweis auf drohenden Personalabbau erpresst wird.[179] Die Bezeichnung Zielvereinbarung ist daher oftmals ein Etikettenschwindel[180] oder gar eine Farce.[181] Der Motivationszweck geht hierdurch verloren. Teilweise wird aber auch deutlich von einer Zielvorgabe gesprochen; also die einseitige Zielsetzung durch den Arbeit geber ohne Beeinflussungsmöglichkeit durch den Arbeitnehmer klargestellt, auch wenn ver einzelt der Arbeitnehmer vor der Zielfestlegung angehört wird.[182] Da eine Partizipation der Mitarbeiter an der Zielfindung nicht stattfindet, stellt sich die Frage, wozu „vereinbaren", wenn der Chef doch alles bestimmt?[183] Dies vermindert die Identifikation der Mitarbeiter mit den Zielen und führt damit zur Abschwächung der Leistungsbereitschaft. Gerade die freie Vereinbarung der Ziele soll nach dem MbO-Ansatz zu einer höheren Zielidentifikation, Realitätsnähe, stärkerem Verantwortungsbewusstsein und letztlich zu einer höheren Motivation führen.[184] Dies findet bei der einseitigen Vorgabe nicht statt. Leistungsreserven werden von den Arbeitnehmern gebunkert, um die kommenden Anforderungen und erwartungsgemäß höheren Ziele noch erfüllen zu können.[185] Auch wird durch mangelnde Kommunikation

---

175 A.A. *Sprenger*, Aufstand, S. 143ff., der den Zielvereinbarungen/-vorgaben in den vorherrschenden For men die Motivationswirkung gänzlich abspricht und dagegen für mehr „Freiheit und Vertrauen" plädiert.

176 *Berwanger*, Einführung, S. 11 m.w.N.

177 *Ehlscheid*, in AiB 2007, 339 (343f.); *Hümmerich*, in NJW 2006, 2294 (2296); *Hinrichs*, in PersR 2006, 238 (240); *Deich*, in AuA 2004, 8 (8); *Hergenröder*, in AR-Blattei SD 1855, Rn 86; *Hinke*, in WSI- Mit. 2003, 377 (381); *Drexel*, in WSI-Mit. 2002, 341 (342); *Albrecht*, in PersR 2001, 406 (406); *Geffken*, in NZA 2000, 1033 (1035f.); *Pfisterer*, in AiB 1999, 375 (376); *Tondorf*, in AiB 1998, 323 (323); *Hlavaty*, in Mitbest. 1998, 42 (44); *Krieg/Drebes*, in PersF 1996, 54 (55f.); *Zoellner*, in AuA 1992, 216 (218); *Knebel*, in Zander/Wagner, S. 98; *Oehme*, Ergebnisorientierte Vergütung, S. 34; *Breisig*, Entlohnen und Führen, S. 88ff.; *Berwanger*, Einführung, S. 227f.; wohl auch *Bauer/Diller/Göpfert*, in BB 2002, 882 (883); *Plander*, in ZTR 2002, 155 (157); *Däubler*, in AiB 2001, 208 (210f.).

178 *Renz*, Anweisung, S. 211; Beispiel bei *Portz*, in ArbRB 2005, 374 (375); vgl. *Berwanger*, in BB 2004, 551 (552), der als empirisch gesichert die Zielvorgabe als häufigere Variante ansieht; branchenspezifische Statistik bei *Hinke*, in WSI-Mit. 2003, 377 (380f.).

179 *Berwanger*, in BB 2004, 551 (552).

180 *Lowey*, in Schwaab/Bergmann/Gairing/Kolb, S. 252f.; vgl. auch *Pfisterer*, in AiB 1999, 375 (376), der diese Art der Zielvereinbarung, die in Wahrheit eine Zielvorgabe darstellt, als unzulässig und unwirksam ansieht

181 *Müller/Brenner*, Mitarbeiterbeurteilungen, S. 47.

182 *Hergenröder*, in AR-Blattei SD 1855, Rn 12; ungenaue Abgrenzung bei *Femppel/Böhm*, Ziele, S. 30.

183 *Geffken*, in AiB 2007, 514 (519).

184 *Breisig*, in AiB 2004, 389 (391); *Berwanger*, in BB 2004, 551 (552).

185 *Knebel*, in Zander/Wagner, S. 98.

nicht nur wichtiges Spezialwissen außen vor gelassen, sondern im Grunde findet die Abkehr – trotz anders lautender Botschaft – vom tayloristischen Steuerungsmodell nicht statt.[186]

Dies hängt aber auch damit zusammen, dass sich nicht jeder Arbeitsplatz in jedem Unternehmen für freie Vereinbarungen der Ziele geeignet ist.[187] So betonen manche, dass auch Zielvorgaben die Vorteile des Systems enthalten können, es kommt nur darauf an, wie diese von den Vorgesetzten umgesetzt werden.[188] Letztlich ist es die unternehmerische Entscheidung, die bestimmt, welche Philosophie die Unternehmenskultur beherrschen soll. Die psychologischen Nachteile einer Zielvorgabe sind nicht von der Hand zu weisen, umso wichtiger ist bei dieser Alternative jedoch das Mitarbeitergespräch, um die gewünschte Motivationswirkung zu erzielen.[189] Dies kann zwar die wirkliche Partizipation einer Zielvereinbarung im engeren Sinne nicht ersetzen, zumindest aber die Nachteile mindern.

b) Hoher administrativer Aufwand

Nach der Goal-Setting-Theorie führen schwierige, herausfordernde Ziele zu besseren Leistungen, als mittlere oder leicht zu erreichende Ziele. Dabei sollen die herausfordernden Ziele möglichst präzise und spezifisch formuliert sein („bis zum Datum X die Anzahl Neukunden Y mit Umsatzvolumen Z") als allgemeine und vage („Geben Sie Ihr Bestes!").[190] Hier liegt aber ein Problem. Die Schwierigkeit ist darin begründet, die Ziele so präzise zu formulieren, dass die Motivation erfolgt, gleichzeitig aber auch den Mitarbeiter nicht fremdbestimmt erscheinen lassen. Gute Ziele sind „smart". Sie sind *s*pezifisch, *m*essbar, *a*ktivierend und dennoch *r*ealistisch und *t*erminiert.[191] Zu fragen ist: was, wieviel, womit und wann.[192] Je präziser die Ziele ausformuliert sind, umso weniger kann aber dem Mitarbeiter eine Selbstentfaltung möglich sein. Gleichzeitig sollte das Ziel auch erreichbar sein. Es ist aber schwierig zu bestimmen, was dem Mitarbeiter als zu leicht erscheint oder überfordern könnte. Um letztlich eine Lösung finden zu können, bedarf es nicht nur einer genauen Kenntnis der Oberziele und der daraus folgenden Ziele der unteren Hierarchieebenen, sondern auch das Wissen um die Fähigkeiten der einzelnen Arbeitnehmer.

Hier kann es letztlich zu einem Zeiteinsatz kommen, der auch durch den an sich bestehenden Nutzen der Zielvereinbarung/-vorgabe nicht mehr zu rechtfertigen ist. Aber nicht nur die Formulierung der Ziele bedarf eines gewissen Zeitansatzes, sondern auch die gesamte Umsetzung des Personalführungssystems. Zielfindung, Zielsetzung, Bewertung der Zielerreichung und ständige Überprüfung während der laufenden Zielperiode braucht Zeit. Teilweise wird geklagt, dass sich mehr mit dem System, als mit der eigentlichen Arbeit beschäftigt wird.[193] Gerade bei komplexen Wirtschaftsvorgängen wird das daraus resultierende Vergütungsmodell

---

186   *Kiunke*, Unternehmensplanung, S. 290f.
187   Vgl. *Baum*, in PersF 2007, 74 (75).
188   Nachweise bei *Berwanger*, in BB 2004, 551 (552); auch *Femppel/Böhm*, Ziele, S. 30.
189   Zur Kommunikation im Unternehmen, siehe § 3 II 1 c; zum Motivationseffekt, siehe § 3 II 1 a.
190   *Kohnke*, in Bungard/Kohnke, S. 39; vgl. auch *Breisig*, Personalbeurteilung, S. 304.
191   *Stroebe/Stroebe*, Motivation, S. 15; *Femppel/Böhm*, Ziele, S. 26; vgl. auch *Hinrichs*, in PersR 2006, 238 (239); *Breisig*, Entlohnen und Führen, S. 138; *Pelzer*, Zielvereinbarungen, S. 15.
192   Die vier W's der Zielbeschreibung, vgl. *Lurse/Stockhausen*, Manager, S. 14; dahingehend zu ungenau das Beispiel (1) bei Maschmann/*Reiserer*, Mitarbeitervergütung, S. 58.
193   *Renz*, Anweisung, S. 259; *Berwanger*, Einführung, S. 124f.

ebenso aufwendig und schwierig zu handhaben sein.[194] Der administrative Aufwand ist also nicht zu unterschätzen.[195]

c) Mangelnde Präzision bei der Zielformulierung

Aber hier liegt auch ein weiteres Problem. Selbst eine genaue Vorstellung von den zu erreichenden Zielen bedeutet noch nicht, dass man diese auf den betreffenden Arbeitsplatz überhaupt formulieren kann. Unabhängig davon, ob die Ziele auch vom rechtlichen Rahmen des Arbeitsvertrages gedeckt sind, bereitet es bei vielen Arbeitsplätzen Schwierigkeiten, operationale und klare Ziele statt einer vagen Umschreibung von Tätigkeitsinhalten festzulegen.[196]

Dies verdeutlichen die weichen Ziele.[197] Wie kann man in einer Dienstleistungsgesellschaft die fachkundige Beratung oder den freundlichen und zufriedenstellenden Umgang mit Kunden messen? Die Lösung findet sich in zwei Alternativen. Entweder werden auch die weichen Ziele auf manchmal denkwürdige Art messbar gemacht oder den vagen Tätigkeitsinhalter entsprechend vage Ziele entgegengesetzt. Beiden Lösungen haften Risiken an. Bei der ersten wird gerne übersehen, dass die Methoden zur Messung der Ziele oftmals ungenau sind. Freilich kann man die Kundenzufriedenheit z.b. durch Kundenbefragungen messen. Auch die Anzahl der Reklamationen könnte eine Grundlage darstellen. Aber Kundenbefragungen sind oftmals nicht repräsentativ, Reklamationen können einen anderen – z.B. Produktfehler – Hintergrund haben als schlechte Beratung. Der zweite Lösungsansatz, vage Ziele, hat zur Folge, dass zwischen Zielen und Aufgaben manchmal nicht mehr klar unterschieden werden kann.[198]

d) Zielerreichung durch Arbeitnehmer nicht immer beeinflussbar

Ein weiteres Risiko des Personalführungssystem Zielvereinbarung/-vorgabe ist, dass grundsätzlich unterstellt wird, die Arbeitnehmer könnten das Erreichen eines jedes Zieles beeinflussen. Oftmals ist dies aber nicht richtig. Unternehmen haben ein großes Interesse daran, im Zielkatalog auch unternehmensbezogene Ziele[199] zu integrieren. Dies soll dem Unternehmen garantieren, dass nur bei einer guten wirtschaftlichen Lage ein hohes Zielentgelt gezahlt werden muss und damit die Personalkosten innerhalb des Vertretbaren bleiben.[200] Sowohl der Unternehmensgewinn als auch andere, von außen beeinflusste Faktoren entziehen sich aber häufig der Verantwortlichkeit des einzelnen Arbeitnehmers. Bei Leistungsbeurteilungen, die Personalentscheidungen zur Folge hat, können diese Faktoren herausgerechnet werden. Bei der Vergütung jedoch spüren die Arbeitnehmer trotz möglicher individueller Zielerreichung oder gar Übertreffung keine wesentliche Besserung. Hier liegt die Gefahr nahe, dass in so einem Fall die Mitarbeiter dieses Personalführungssystem als ungerecht empfinden können.

---

194 *Conrad/Manke*, in PersF 2001, 52 (56); Maschmann/*Oechsler/Wiskemann*, Mitarbeitervergütung, S. 23.
195 *Baum*, in PersF 2007, 74 (79); vgl. auch *Femppel/Böhm*, Ziele, S. 63ff.; GLP/*Peters*, Ziel- und Leistungs-vereinbarungen, S. 17ff.
196 *Däubler*, in AiB 2001, 208 (211f.); *Breisig*, Entlohnen und Führen, S. 82; *Müller/Brenner*, Mitarbeiterbe-urteilungen, S. 47.
197 Zu den einzelnen Begriffsdefinitionen vgl. § 4 VI.
198 *Breisig*, Personalbeurteilung, S. 304 und *Breisig*, Entgelt, S. 215f.; vgl. jedoch *Breisig*, Personalbeurtei-lung, S. 302, der gerade nicht zwischen Ziele und Aufgaben unterscheiden will, dabei jedoch übersieht. dass eine Aufgabe sich aus vielen kleineren Zielen zusammensetzt und dementsprechend schwer, wenn nicht unmöglich klar formulierbar ist und insofern im Widerspruch mit der geforderten Transparenz steht.
199 Zu den einzelnen Begriffsdefinitionen, siehe § 4 VI.
200 Vgl. *Brümmer*, in PersF 2001, 32 (34).

Manche sprechen sogar davon, die Mitarbeiter werden im Falle von ihnen nicht zu vertretenen Abweichungen zu Straftätern degradiert.[201]

Auch wird kritisiert, dass oftmals von anderen, in Wahrheit falschen Marktgegebenheiten ausgegangen wird. Die als Ziel gesetzte Umsatzsteigerung von 30% ist zwar bloß zur Hälfte erreicht, wenn der Umsatz nur um 15% gesteigert wurde. Bricht aber der Markt im Zeitraum der Zielperiode dramatisch ein, wie z.b. bei der Finanzkrise im Jahr 2008, ist die Umsatzsteigerung vor diesem Hintergrund eine überdurchschnittliche Leistung.[202] Damit wird eines deutlich. Auch die rein messbaren Ziele sind damit nur auf den ersten Blick eindeutig und oftmals zu einseitig.[203] Berücksichtigt man nicht die tatsächlichen Marktverhältnisse, werden die Ergebnisse verfälscht. Ferner hängt auch bei normaler Marktentwicklung die Zielerreichung – selbst bei leistungsbezogenen Zielen – nicht immer von der Leistung des Arbeitnehmers ab. Auch dem besten Verkäufer wird es nicht gelingen, schlechte Produkte zu verkaufen. Diese Einflussfaktoren müssen entsprechend berücksichtigt werden.[204]

e) Fehlsteuerung durch einseitige Fokussierung auf Zielerreichung

Selbst wenn sämtliche Ziele im Einflussbereich des Arbeitnehmers liegen, er kann durch diese sich auch fehlsteuern lassen. Sind so gut wie nur messbare Ziele aufgenommen worden, so kann der Arbeitnehmer verleitet werden, diese zu erfüllen – koste es, was es wolle. Werden zum Beispiel bestimmte Verkaufszahlen genannt, so kann der Mitarbeiter auf Kosten der Beratung diese möglichst hoch erfüllen wollen.[205] Dies wird, zumindest langfristig, nicht im Interesse des Unternehmens – damit auch nicht im Interesse des Arbeitnehmers – liegen. Letztlich haftet verbindlichen Zielgrößen das Problem an, dass die Flexibilität zumindest eingeschränkt und der Blick für mögliche, eventuell bessere Alternativen verloren geht.[206] Hier liegt eben die Aufgabe der Führung, dieses Problem zu erkennen und ggf. entgegenzusteuern.

Eine ebenso gelagerte Fehlsteuerung ist das Wettbewerbsverhalten der Mitarbeiter untereinander. Es liegt die Gefahr nahe, dass die Mitarbeiter eben nicht mit- sondern vielmehr gegeneinander arbeiten, nur um bessere Ergebnisse zu erreichen als die Kollegen.[207] Zwar ist ein gesunder Wettbewerb durchaus positiv zu bewerten,[208] aber durch eine gesteigerte Konkurrenzsituation kann der Druck so hoch werden, dann aus Angst, Vertrauensverlust und einer

---

201 *Sprenger*, Mythos, S. 97, der allgemein im Bonus-System eher ein verstecktes Malus-System sieht; in diese Richtung auch *Renz*, Anweisung, S. 217; vgl. auch *Hoß*, in ArbRB 2003, 154 (155), der sogar beim Verfehlen des unternehmensbezogenen Ziels das Entfallen des gesamten Zielentgelts für möglich erachtet; gerade dies ist aber nicht möglich, siehe § 6 V 5 a.

202 Beispiel nach *Lurse*, in PersW 1997, 46 (46); vgl. auch *Sprenger*, Mythos, S. 102, der darauf hinweist, dass wenn tatsächlich das Bonussystem motivierende Wirkung habe, eine Zielverfehlung immer auf äußere Einflüsse zurückzuführen sei.

203 *Bergmann/Kolb*, in Schwaab/Bergmann/Gairing/Kolb, S. 56.

204 Zur Zielvereinbarung/-vorgabe unter veränderten Rahmenbedingungen, siehe § 11.

205 Weitere Beispiele bei *Sprenger*, Mythos, S. 105f.; in diesem Zusammenhang sei genannt, dass den Bankberatern während der Finanzkrise 2008 vorgeworfen wurde, hochrisikoreiche Anlagen den Kunden ohne entsprechende Warnung verkauft zu haben, nur „um die Zahlen zu erreichen".

206 *Breisig*, Entlohnen und Führen, S. 87.

207 *Drexel*, in WSI-Mit. 2002, 341 (343).

208 *Schau*, Corporate Identity, S. 73.

Verminderung der intrinsischen Motivation, d.h. um der Handlung selbst willen,[209] die Leistung der Arbeitnehmer abfallen kann.[210] Als Lösung wird hier angeboten, auf die Unabhängigkeit der Arbeitsleistung vom Zielerreichungsgrad anderer Mitarbeiter zu achten.[211]

f) Konfliktpotenzial bei Zielbestimmung und Zielfeststellung

Auch verlagert sich das Konfliktpotenzial im Unternehmen. Früher blieb das – brisante – Thema Lohn und Leistung der Geschäftsführung vorbehalten. Nun ist es beim direkten Vorgesetzten angelangt. Anstatt ihren eigentlichen Aufgaben nachzugehen, sind diese nun angehalten, sich nicht nur neue Fähigkeiten anzueignen, um die Verhandlungen mit dem Arbeitnehmer kompetent führen, und die ihnen von vorgesetzter Stelle aufgegebenen Leistungsziele erfüllen zu können. Sie sind nun auch mit Konfliktvermeidung und -lösung beschäftigt. Hier haben Arbeitnehmer auf der mittleren Hierarchieebene mit einem gewissen Rollenkonflikt zu kämpfen. Einerseits erhalten sie selbst als Arbeitnehmer Zielvereinbarungen/-vorgaben, andererseits müssen sie als Vorgesetzte die vorgegebenen Ziele an die Untergebenen weitergeben. Sie haben hierdurch mehr Personalverantwortung und müssen für die Folgen ihres Handels mehr einstehen. Einige sehen hierin mehr eine Belastung als eine Herausforderung.[212] Auch die eigentliche Arbeit wird dabei vernachlässigt.[213] Ferner besteht ebenso ein Glaubwürdigkeitsverlust, wenn wegen der durch das Management vorgegebene Ziele zu wenige Freiräume zu Verfügung stehen und somit zur freien Vereinbarung der Ziele deutlich weniger Freiraum besteht.[214]

Ein weiteres Konfliktpotential ist bei den allgemeinen Chancen der Zielerreichung zu sehen. Jüngere und gesunde Mitarbeiter sind leistungsstärker als ältere und behinderte. Ebenso bringt die Ausgestaltung des Arbeitsplatzes mit sich, dass das Erreichen eines Ziels – im Vergleich zu einem anderen Arbeitnehmer – ungleich schwerer ist. Als Beispiel dienen hier die Teilzeitkräfte im Einzelhandel, die nur im Verkauf und zu stark frequentierten Zeiten eingesetzt werden. Vollzeitkräfte dagegen arbeiten auch zu schwachen Zeiten und sind auch mit anderen Aufgaben beschäftigt. Sie haben damit eine nicht so hohe Provisionschance wie die Teilzeitkräfte. Dieser Konflikt wird verstärkt, wenn gruppenbezogene Ziele formuliert werden. So können Kranke sich genötigt fühlen, anstatt sich auszukurieren, aus „Solidarität" eben nicht zu Hause zu bleiben.[215] Diese negativen Folgen sind bei der Formulierung der Ziele zu beachten, um negative Fehlentwicklungen innerhalb des Unternehmens möglichst gering zu halten.

Als weiterer Konfliktpunkt ist die kündigungsrechtliche Relevanz zu nennen.[216] Die Zielvereinbarung/-vorgabe konkretisiert die Arbeitspflicht. So wird die Minderleistung des Arbeit-

209 *Uhl*, Motivation, S. 153; das Gegenteil ist die extrinsische Motivation, d.h. Handeln um der belohnenden Folgen willen bzw. zur Vermeidung der bestrafenden, vgl. ebenda; Maschmann/*Oechsler/Wiskemann*, Mitarbeitervergütung, S. 16 sehen die Vergütung stets aus dem Blickwinkel der extrinsischen Motivation.

210 *Breisig*, Entlohnen und Führen, S. 87; *Knebel*, in Zander/Wagner, S. 96.

211 *Lang*, Entgeltssysteme, S. 200.

212 *Bahnmüller*, Stabilität und Entlohnung, S. 175; *Hinrichs*, in PersR 2006, 238 (240).

213 Vgl. *Berwanger*, Einführung, S. 124ff.; *Femppel/Böhm*, Ziele, S. 28f.; zum administrativen Aufwand, siehe § 3 II 2 b.

214 *Hinrichs*, in PersR 2006, 238 (240).

215 *Breisig*, Entgelt, S. 292ff.

216 *Berwanger*, Einführung, S. 202ff.; *v. Hoyningen-Huene/Linck*, § 1 Rn 654; *Berwanger*, in BB 2003, 1499 (1504); *Geffken*, in PersR 1997, 518 (518); differenzierend *Hunold*, in BB 2003, 2345 (2347); angedeutet von *BAG* vom 12.12.2007, Az 10 AZR 97/07; zur kündigungsrechtlichen Relevanz siehe § 10 I 3.

nehmers dokumentiert und macht sie messbarer.[217] Der in der Praxis äußerst schwierig zu führende Nachweis der Minderleistung wird durch den Zielerreichungsgrad objektiv messbar und erleichtert so die mit Leistungsmängeln begründete ordentliche Kündigung.[218] Dies ist auch eine häufige Angst der Arbeitnehmer, Zielvereinbarungen/-vorgaben werden zur Ermittlung der Leistungsdefizite genutzt, um bei anstehenden Stellenkürzungen die betreffenden Arbeitnehmer zu kündigen.[219] Im Extremfall befürworten die Arbeitnehmer selbst einen Personalabbau. So werden Budgetvorgaben leichter eingehalten, das Unternehmen wird profitabler und die Zielentgelthöhe steigt. Vereinfacht gesagt, der Kuchen wird durch weniger Arbeitnehmer geteilt.[220]

g) Leistungsverdichtung durch immer höhere Ziele

Kritisiert wird weiterhin auch das Rationalisierungspotential der Personalführungssystems Zielvereinbarung/-vorgabe. Die Ziele spiegeln häufig die stetig wechselnden Anforderungen an das Unternehmen wider und verstärken dadurch den Druck permanenter Standortkonkurrenz.[221] Es entsteht eine Leistungsintensivierung, nicht nur durch die Risikoverlagerung der Effizienz des Unternehmens auf den Arbeitnehmer, die letztlich auch wegen der gesundheitlichen Gefahren auf Kosten der Arbeitnehmer geht.[222] Zielvereinbarungen/-vorgaben haben den Effekt, dass die Arbeitnehmer dem aufgebauten Druck nur durch erhöhte Effizienz begegnen können. So stünde Stress, Arbeitshetze und „Arbeiten ohne Ende" auf der Tagesordnung. Die tariflich vereinbarte Arbeitszeit und das ArbZG würden nicht eingehalten und ignoriert.[223]

Weiter wird befürchtet, dass durch individuelle Zielvereinbarungen/-vorgaben kollektive Interessen unterlaufen und eine egoistisch geprägte Kultur des Mobbings und gegenseitigem Misstrauen geschaffen wird.[224] Es lautet die Botschaft: Umsatz, Umsatz – ohne Rücksicht auf Verluste.[225] Deshalb wird vorgeschlagen, die Zielvereinbarung/-vorgabe nicht entgeltrelevant auszugestalten, damit der Arbeitnehmer sich nicht nur auf den finanziellen Vorteil konzentriert.[226] So wäre einerseits der Konkurrenzdruck nicht vorhanden, andererseits wäre der Mitarbeiter auch bereit, strategisch wichtige Ziele zu akzeptieren anstatt möglichst geringe Ziele heraus zu handeln, um das größtmögliche Zielentgelt zu erhalten, und so wertvolle Entwicklungschancen zu gefährden.

Aber auch das verhindert nicht das Risiko, dass die tatsächliche Zielerreichung von 120% im abgelaufenen Jahr, das 100%-Ziel für dieses Jahr darstellt. Es wird kritisiert, dass mit jeder

---

217 Vgl. zum IT-gestützten Monitoring des gesamten Prozesses *Knist/Fichtner/Kuhnert*, in PersF 2003, 40 (43).

218 *Glanz*, in NJW-Spezial 2008, 82 (82); *Geffken*, in AiB 2007, 514 (516); *Hergenröder*, in AR-Blattei SD 1855, Rn 90; vgl. auch § 10 I 3 a bb und § 10 I 3 b cc.

219 *Berwanger*, Einführung, S. 9; *Hergenröder*, in AR-Blattei SD 1855, Rn 90.

220 *Breisig*, Entgelt, S. 296; vgl. zur Budgetvorgabe und Kostenkontrolle *Femppel/Böhm*, Ziele, S. 47ff..

221 Die neue Form der Rationalisierung, bei *Berwanger*, Einführung, S. 94ff.; *Bungard/Kohnke*, in Bungard/Kohnke, S. 10; vgl. *Renz*, Anweisung, S. 204.

222 *Pfisterer*, in AiB 1999, 375 (376); *Breisig*, Entgelt, S. 288.

223 So die Befürchtung bei *Ehlscheid*, in AiB 2007, 339 (342); *Hergenröder*, in AR-Blattei SD 1855, Rn 87; *Trittin*, in AiB 2002, 90 (91); *Drexel*, in WSI-Mit. 2002, 341 (343).

224 *Geffken*, in AiB 2007, 514 (515).

225 *Breisig*, Entlohnen und Führen, S. 86; ähnlich: Egal wie, seid profitabel, so *Trittin*, in AiB 2002, 90 (90).

226 *Müller/Brenner*, Mitarbeiterbeurteilungen, S. 48.

neuen Zielvereinbarung/-vorgabe höhere, anspruchsvollere und immer schwieriger zu erreichende Ziele formuliert werden.[227]

3. Eigene Bewertung

Wenn auch das Personalführungssystem Zielvereinbarung/-vorgabe manche Risiken beinhaltet, Untergangstimmung ist übertrieben. Das Arbeitsrecht ist weder am Ende, noch wird es aufgelöst.[228] Im Gegenteil, nicht nur die Arbeitswelt im tatsächlichen, sondern auch die sich anschließende juristische Betrachtung wird im Ergebnis bereichert.

Freilich gibt es in der Praxis manche Umsetzungsschwierigkeiten.[229] Die Chancen beide Arbeitsvertragspartien, Arbeitgeber wie Arbeitnehmer, überwiegen jedoch. Die Kosten für die Implementierung und die kontinuierliche Realisierung sind – bei zweckmäßiger Ausgestaltung – bei weitem nicht so hoch, wie der Nutzen, den das Personalführungssystem mit sich bringt.[230] Dies setzt allerdings nicht nur eine gründliche Vorbereitung sondern auch ein ständiges Zielmanagement voraus.[231] Es bedarf zum einen einer transparenten und möglichst einfachen, dabei aber vollständigen Zielvereinbarung im weiteren Sinne. Das System darf keine Lücken aufweisen. Auch müssen die Ziele so deutlich wie möglich formuliert werden und die Bewertungsmaßstäbe für die Messung des Zielerreichungsgrads von Anfang feststehen und publiziert werden. Zum anderen ist eine stringente Umsetzung mit regelmäßigen Mitarbeitergesprächen und eine Regelung zur Lösung unvermeidbarer Konflikte unabdingbar. Zu denken ist hierbei an ein vorab festgelegtes Beschwerdeverfahren, unter Umständen unter Beteiligung des Betriebsrates. Wenn schon die einseitige Zielvorgabe gewählt wird, dann bedarf es unbedingt einer Zielkommunikation. Der Arbeitnehmer muss trotz der Einseitigkeit sich einbringen können und das Gefühl erhalten, die Zielbewertung ist transparent und objektiv. Wenn an diesem Punkt der Vorwurf der Willkür erhoben wird, gefährdet das jeglichen Erfolg des Personalführungssystems Zielvereinbarung/-vorgabe. Freilich sollte die Zielvorgabe auch nicht mit dem Begriff Zielvereinbarung verschleiert werden.

Wenn die vorgebrachte Kritik nicht als Argumente gegen das System, sondern als Verbesserungsvorschläge interpretiert werden und beide Arbeitsvertragsparteien von Anfang an eine deutliche Vorstellung von ihren eigenen Erwartungen haben und diese auch kommunizieren, kann diese Vergütungsalternative eine Bereicherung der Arbeitswelt mit sich bringen.

Viele Einzelbeispiele zeigen, dass das Personalführungssystem Zielvereinbarung/-vorgabe nach einer gründlichen Vorbereitung erfolgreich in Unternehmen installiert werden konnte.[232]

227 *Breisig*, Entgelt, S. 289.
228 A.A. *Geffken*, in AiB 2007, 514 (519).
229 Vgl. hierzu *Lowey*, in Schwaab/Bergmann/Gairing/Kolb, S. 249ff.; *Tondorf/Bahnmüller/Klages*, Steuerung, S. 27ff., für den Bereich der öffentlichen Verwaltung.
230 *Schwaab*, in Schwaab/Bergmann/Gairing/Kolb, S. 42f.
231 *Kunz*, Führen, S. 18; *Pietruschka*, in Jetter/Skrotzki, S. 46f.; vgl. auch *Müller/Brenner*, Mitarbeiterbeurteilungen, S. 103ff.
232 Vgl. dazu *Hansen*, in AuA 2006, 665 (668); *v.Hören/Frey-Hilsebeck*, in PersF 2006, 44 (51); *Eyer*, in AuA 2003, 36 (38); *Schleef*, in PersW 2001, 58 (58); *Steingass*, in PersF 2001, 34 (34); *Halberstadt*, in ZTR 2001, 397 (397); *Brandt/Schache-Keil*, in PersF 2000, 70 (70); *Deller/Münch*, in PersF 1999, 70 (70); Berichte von *Niemann*, *Duhm/Kempf*, *Karnicnik/Bischoff* und *Dreidoppel/Lücke*, in Jetter/Skrotzki, S. 82ff.; Berichte auch bei *Femppel/Böhm*, Ziele, S. 75ff.; auch *Ferguson*, MbO-Studien, S. 76ff, der von Erfahrung aus den 60er (!) Jahren berichtet.

Werden die Erfahrungen aus der Praxis beachtet und ebenso die fast schon schulbuchartigen Anleitungen zur erfolgreichen Einführung,[233] werden sowohl Arbeitgeber als auch die Arbeitnehmer von jeder im Detail unterschiedlichen und an das Unternehmen angepassten Ausgestaltung profitieren. Nicht das Personalführungssystem Zielvereinbarung/-vorgabe an sich bereitet die Probleme, sondern eher die mangelhafte Umsetzung und schlechte Führung der Arbeitnehmer durch die jeweiligen Vorgesetzen.[234]

---

233 Vgl. etwa *Siegert*, Ziele, S. 74ff.; *Müller/Brenner*, Mitarbeiterbeurteilungen, S. 103ff.
234 Maschmann/*Oechsler/Wiskemann*, Mitarbeitervergütung, S. 23; *Knebel*, in Zander/Wagner, S. 109ff.

§ 4 Ausgestaltungsformen des Personalführungssystems Zielvereinbarung/-vorgabe

Auch wenn das Personalführungssystem Zielvereinbarung/-vorgabe im Detail unterschiedlich ausgestaltet sein kann, die Grundstruktur ist gleich. Zunächst gibt es eine Rahmenregelung, die Zielvereinbarung im weiteren Sinne. In dieser finden sich sämtliche allgemeingültigen Aussagen, wie Vergütungsrelevanz, Zielentgelthöhe und Turnus der Zielfestlegung. Diese erfolgt – meist jährlich – durch die Zielvereinbarungen im engeren Sinne oder einseitig durch die Zielvorgabe. Hier werden konkret für die Zielperiode die Ziele formuliert und untereinander gewichtet. Dies hat stets noch vor Beginn der Zielperiode zu erfolgen. Neben der Zielfestlegung bedarf es noch der Zielbewertung – der Kontrolle, welche Ziele zu welchem Grad erreicht wurden. Diese erfolgt nach Abschluss der Zielperiode. Im Ergebnis bedarf es damit mindestens zweimal im Jahr der Kommunikation, vor Beginn der neuen Zielperiode zur Zielfestlegung, nach Abschluss der alten Zielperiode zur Feststellung bzw. Bewertung des Zielerreichungsgrades.

I. Keine Entgeltrelevanz

Zielvereinbarungen/-vorgaben bedürfen nicht stets einer Entgeltrelevanz. Sie sind Führungsinstrument und können bloß Basis der Personalbeurteilung sein. Der Vorgesetzte erarbeitet gemeinsam mit dem Arbeitnehmer Ziele (oder gibt sie ihm vor). Diese Ziele kommen dann weniger aus dem Bereich des Controllings bzw. der Unternehmensplanung, sondern sind von den jeweiligen Aufgaben des Arbeitnehmers abgeleitet und finden sich teilweise wieder in der Stellenbeschreibung.[235] Im Hinblick auf Personalentscheidungen können die Zielerreichungsgrade dann Grundlage der Entscheidung sein. Durch solche Zielvereinbarungen/-vorgaben wird das Beurteilungswesen objektiviert. Sie legen regelmäßig Kriterien der Mitarbeitergespräche und Beurteilungen fest.[236] Wenn auch letztlich ein Rest an subjektiver Meinung des Beurteilenden übrig bleiben mag, macht dieses Verfahren jede Beurteilung jedenfalls begründbar.[237] Das Aufgabenfeld des Arbeitnehmers wird durch dieses System auch klarer und verdeutlicht.[238]

Oftmals haben solche nicht entgeltrelevanten Zielvereinbarungen/-vorgaben aber lediglich den Sinn, dieses Personalführungssystem an sich innerhalb des Unternehmens bekannt zu machen. Der Zweck besteht in der Einübung der Zielvereinbarungen/-vorgaben, um sie in einer nächsten Phase flächendeckend, und nach Möglichkeit an das Entgelt gekoppelt, einzuführen.[239] In diesem Stadium kann die Teilnahme am Personalführungssystem sowohl freiwillig als auch verbindlich vereinbart werden. In der freiwilligen Variante entscheiden die Arbeitnehmer selbst, ob sie eine Zielvereinbarung/-vorgabe erhalten wollen. Ist die Teilnahme verbindlich vereinbart, existiert für einen bestimmten Kreis der Arbeitnehmer ein formalisiertes und einheitliches Verfahren.[240] Solche nackten[241] Zielvereinbarungen/-vorgaben werden aber in der dieser Arbeit nicht weiter betrachtet.

---

235 *Breisig*, Entlohnen und Führen, S. 29.
236 *Tondorf*, in WSI-Mit. 1998, 386 (386).
237 *Stöwe/Weidemann*, Mitarbeiterbeurteilung, S. 149.
238 MüHArbR/*Kreßel*, § 66 Rn 32.
239 *Hlawaty*, in Mitbest. 1998, 42 (43); vgl. auch *Weiß-Schilling/Weißenrieder*, in PersF 2007, 58 (63); *Kunz*, in BC 2000, 136 (136).
240 *Hlawaty*, in Jetter/Skrotzki, S. 142.
241 *Annuß*, in NZA 2007, 290 (290); *Rieble/Gistel*, in BB 2004, 2462 (2462).

II. Alternativen der Entgeltrelevanz und Definition des Begriffs „Zielentgelt"

Auf der anderen Seite werden Zielvereinbarungen/-vorgaben mit dem Entgelt verknüpft. Re gelmäßig erhält der Arbeitnehmer einen festen Grundlohn und einen variablen, zielorientier ten Zusatz – das Zielentgelt – zur Vergütung. Der Anteil an der Gesamtvergütung kann unterschiedliche hoch ausfallen kann.[242]

Die Bezeichnung des zielorientierten Entgelts ist unterschiedlich. Oftmals wird ein „Bonus" vereinbart, der addiert mit dem festen „Grundlohn" das „Zielentgelt" ergibt.[243] Letzterer Beg riff wird zwar auch in dieser Arbeit übernommen. Er drückt am treffendsten aus, dass die Vergütung sich anhand von Zielen errechnet. Allerdings wird nur der variable Vergütungsan teil „Zielentgelt" genannt. Zum einen ist nur dieser Teil der Vergütung zielorientiert, nicht aber z.B. der feste Grundlohn. Zum anderen erhöht dies das Verständnis, da der Begriff „Bonus" schon in vielen Konstellationen verwendet wird und wurde und damit nicht immer klar ist, was konkret dieser inhaltlich bezeichnet.[244] Außerdem erfolgt eine klarere Abgrenzung der verschiedenen Bestandteile der Vergütung. Die Gesamtvergütung als Zielentgelt zu bezeichnen bedeutet gleichzeitig, dass grundsätzlich die Vergütung erst mit dem variablen Bestand teil vollständig ist. Gerade im Hinblick auf die notwendige transparente Formulierung bei einem Freiwilligkeitsvorbehalt ein abzulehnendes Vorgehen.[245]

Zielvereinbarungen/-vorgaben sind die Basis einer echten leistungsorientierten Vergütung. Hier sind jedoch verschiedene Alternativen denkbar. Möglich ist die schlichte Zielvereinba rung/-vorgabe, aus der sich aus dem einfachen Soll-Ist-Vergleich Prämien für eine gute Ziel erreichung oder nach einem festen Schema eine Leistungszulage ableiten lassen.[246] Hier hat das Grundgehalt eine marktübliche Größe, das Zielentgelt ist lediglich ein Zusatz. Diese Zulage ersetzt oftmals die bisherigen Zulagen. Der Zweck solcher Zielvereinbarungen/-vorgaben besteht häufig, besondere und überdurchschnittliche Leistungen zu honorieren. Die durchschnittliche Arbeitsleistung wird schon mit dem Grundlohn vergütet. Aus diesem Grund beginnt der Anspruch auf das Zielentgelt erst mit einem bestimmten Zielerreichungsgrad.

> **Beispiel**: A ist Verkäufer. Sein Grundgehalt beträgt marktübliche EUR 4000 brutto. Durchschnittlich werden pro Monat 5 Neukunden akquiriert. Die Zielvereinbarung/-vorgabe verspricht für jeden ab dem 60. Neukunden innerhalb der einjährigen Zielperiode ein Zielentgelt von EUR 200.

Die andere Alternative ist, das Grundgehalt drastisch zu kürzen und den variablen Anteil der Vergütung entsprechend zu erhöhen. Der Zweck ist hier, Grundlohn- und Gehaltssysteme von senioritätsbezogenen Aufstiegsmechanismen zu bereinigen und stärker leistungsorientiert zu gestalten.[247] Dies macht sich aber auch bei der Zielformulierung bemerkbar. Je niedriger das feste Grundgehalt ist, umso niedriger müssen auch die Ziele gesetzt sein, um dem Arbeitnehmer eine gleichwertige Vergütung zu ermöglichen. Im Gegensatz zur ersten Alternativen ist hier das Zielentgelt nicht ein bloßer Zusatz für besondere Leistungen, sondern ein leistungs-

---

242 Zu dieser Frage und der vollständigen Variabilisierung, siehe § 6 V.

243 *LAG Hamburg* vom 09.02.2005, Az 5 Sa 86/04; *Heiden*, Zielvereinbarungen, S. 185; *Deich*, Gestaltung, S. 14f.

244 Bei einem Freiwilligkeitsvorbehalt ist eine exakte Formulierung entscheidend, siehe § 8 I 4 b.

245 Zur transparenten Formulierung des Freiwilligkeitsvorbehalts, siehe § 8 I 4 b.

246 *Hlawaty*, in Mitbest. 1998, 42 (43); *Maschmann/Oechsler/Wiskemann*, Mitarbeitervergütung, S. 17.

247 *Tondorf*, in WSI-Mit. 1998, 386 (387); vgl. Übersicht bei *Femppel/Böhm*, Ziele, S. 39f.

orientiertes Einkommen. Dann dürfen aber die Ziele nicht erst bei besonderen, sondern müssen schon bei durchschnittlichen Leistungen ansetzten.

> **Beispiel**: Wie oben, nur A erhält künftig nur noch EUR 2000 brutto als Grundgehalt. Allerdings für <u>jeden</u> Neukunden in der einjährigen Zielperiode ein Zielentgelt von EUR 400. Bei durchschnittlicher Leistung erhält er damit EUR 4000 monatlich (5 Neukunden pro Monat x 12 x EUR 400 + EUR 2000 monatlich Grundgehalt). Für überdurchschnittliche Leistung erhält er aber überdurchschnittlich mehr.

Der Effekt der Zielvereinbarung/-vorgabe als leistungsorientierte und motivationssteigernde Vergütung wird umso größer, je geringer das Grundgehalt ist und höher das Zielentgelt am Anteil der Gesamtvergütung ist. Der Arbeitnehmer wird umso mehr angehalten, die Zielerreichung konsequent zu verfolgen.

Die Auszahlung besteht entweder in einem monatlichen Pauschalabschlag mit abschließender Berechnung oder einer vollständigen Auszahlung nach Abschluss der Zielperiode. Je höher der variable Anteil ist, umso eher ist eine monatliche Pauschalzahlung und endgültige Verrechnung am Ende der Zielperiode notwendig, da andernfalls der Arbeitnehmer unterjährig eine zu geringe Vergütung erhielte. Verfehlt der Arbeitnehmer einige Ziele und ist der Anspruch auf das Zielentgelt geringer als die unterjährige Pauschalabgeltung, kommt eine Rückforderung in Betracht. Voraussetzung ist allerdings, dass die Pauschalabgeltung nicht als Mindestzielentgelt ausgelegt werden kann.

Möglich ist auch, dass zu dem Grundgehalt eine Zulage gezahlt wird, deren Höhe sich aus der Zielerreichung des vergangenen Zeitraumes errechnet. Nach Abschluss der nächsten Zielperiode erfolgt dann eine entsprechende Korrektur nach oben oder unten.[248]

III. Inhalte der einzelnen Zielvereinbarung/-vorgabe

Die Zielvereinbarung im weiteren Sinne legt regelmäßig die Höhe des Zielentgelts, die Form der Zielfestlegung und der Zielfeststellung, aber auch weitere Rahmenbedingungen fest. Die konkrete Ausgestaltung der Ziele, das Verhältnis zueinander und die Auswirkungen auf das zu erreichende Zielentgelt finden sich in der jeweiligen Zielvereinbarung/-vorgabe. Diese Punkte werden den Umständen der Zielperiode jeweils angepasst und entsprechend verändert. Die Rahmenbedingungen der Zielvereinbarung im weiteren Sinne dagegen bleiben gleich.

In den Betrieben existieren Zielvereinbarungen/-vorgaben in unterschiedlichsten konkreten Formen. Es gibt so viele Anknüpfungspunkte, wie es Aufgaben für den Mitarbeiter gibt.[249] Zielvereinbarungen/-vorgaben werden als Vielzweckwaffe zur Lösung unterschiedlicher Probleme eingesetzt und so werden sowohl individuelle als auch gruppenbezogene Ziele formuliert. So können an der Zielbestimmung sowohl der einzelne Arbeitnehmer als auch die ganze Arbeitsgruppe beteiligt sein.[250] Auch ist es möglich, dass eine paritätisch besetzte Kommission die Ziele bestimmt.[251] Welche Alternative gewählt wird, hängt vom Zweck der Zielvereinbarung/-vorgabe ab. Gruppenbezogene Ziele fördern die Teambildung und entlasten

---

248 *Schang*, Mitbestimmung, S. 121; vgl. auch *Reiserer*, in NJW 2008, 609 (611) zum Ausgleichskonto.

249 *Mauer*, in NZA 2002, 540 (540f.).

250 *Breisig*, Entlohnen und Führen, S. 35; *Drexel*, in WSI-Mit. 2002, 314 (314f.); vgl. auch *Antoni/Giardini*, in Bungard/Kohnke, S. 199ff.; *Tondorf*, Leistung und Entgelt, S. 98 empfiehlt sogar gruppenbezogene Ziele.

251 Nachweis bei *Tondorf*, in WSI-Mit. 1998, 386 (390).

die Führungskräfte. Individuelle Ziele fördert die Leistungsfähigkeit und -bereitschaft jedes einzelnen Arbeitnehmers. Die Zielfindung einer paritätisch besetzten Kommission fördert die Akzeptanz und verschlankt auch den administrativen Aufwand. So muss in einem größeren Unternehmen nicht mit jedem einzelnen Arbeitnehmer unter Umständen verschiedene Ziele ausgehandelt werden. Dies hat aber den Nachteil, dass auf die individuellen Umstände jedes einzelnen Arbeitnehmers nicht eingegangen werden kann.

Insgesamt wird vorgeschlagen, zur besseren Transparenz eine überschaubare Anzahl an Zielen zu vereinbaren. Bei zu vielen Zielen verliert der Arbeitnehmer leicht den Blick auf das Wesentliche. Ideal gelten drei bis fünf Ziele,[252] wobei vereinzelt auch fünf bis acht,[253] vier bis sechs mitarbeiterbezogene Ziele[254] bzw. höchstens zwei Ziele[255] favorisiert werden. Welche und wie viele Ziele formuliert werden, hängt vom der erwünschten Wirkung des Systems ab. Es kann sowohl ein Instrument der strategischen Gesamtsteuerung, des Personalmanagements als auch der Leistungssteuerung und Entgeltdifferenzierung sein.[256] Je höher die Bedeutung der Zielvereinbarung/-vorgabe für die Vergütung ist, umso mehr Ziele müssen wohl formuliert werden, um dem hohen Anteil der Gesamtvergütung gerecht zu werden.[257]

1. Mannigfaltige Anknüpfungspunkte der Ziele

An welche Zielen konkret angeknüpft wird, hängt stark vom Zweck der jeweiligen Zielvereinbarung/-vorgabe ab. Letztlich sollen die Ziele die Aufgabenstellung des Arbeitnehmers konkretisieren und aufzeigen, welcher Erfolg in der Zielperiode in den Mittelpunkt zu stellen ist. Bei einem jungen, wachstumsorientierten Unternehmen kann dies eher z.B. die Neukundengewinnung sein, beim Marktführer eher z.B. die Verstärkung der Kundenbindung. Bei der Vielzahl an Möglichkeiten verbleibt letztlich nur die Einzelfallbetrachtung.

Die Ziele selbst können sowohl am Unternehmenserfolg (Umsatz oder EBIT[258]) als auch an der persönlichen Leistung des Arbeitnehmers (abgeschlossene Verträge, produzierte Stückzahl) anknüpfen. Praktisch gibt es arbeitsrechtlich kaum Einschränkungen.[259] Ebenso möglich und oftmals üblich ist eine Kombination der Anknüpfungsformen.[260] Der Zweck einer solchen Kombination ist verschieden. Einerseits kann gewollt sein, dass das unternehmensbezogene Ziel unabhängig von der Arbeitsleistung besteht.[261] Der Sinn besteht in der schlichten Teilhabe an der wirtschaftlichen Situation des Unternehmens. In die Zielvereinbarung/-vorgabe ist dann lediglich die Bemessungsgrundlage für den tantiemeähnlichen Anspruch integriert. Andererseits kann aber mit der Aufnahme unternehmensbezogener Ziele auch eine Anpassung des Zielentgelts an die wirtschaftliche Situation des Unternehmens gewollt sein. Die erreich-

---

252 *Breisig*, Entlohnen und Führen, S. 137: *Kolb*, in Schwaab/Bergmann/Gairing/Kolb, S. 14; diese Anzahl ist in der Praxis auch am häufigsten verbreitet, vgl. *Kohnke*, in Bungard/Kohnke, S. 181.

253 *Krieg/Drebs*, in PersF 1996, 54 (56).

254 *Hoß*, in ArbRB 2002, 154 (154).

255 *Pfisterer*, in AiB 1999, 375 (377).

256 *Tondorf/Bahnmüller/Klages*, Steuerung, S. 40ff.; zu den Erwartungen an das System, siehe bei § 3 II 1.

257 Zur möglichen vollständigen Flexibilisierung der Vergütung, siehe § 6 V 2 b.

258 Earnings before Interests and Taxes, vgl. *Lindemann/Simon*, in BB 2002, 1807 (1809); zu den verschiedenen Bezugsgrößen bei Unternehmensergebnissen, vgl. *Förderreuther*, in AuA 2000, 144 (145).

259 Zu den einzelnen Einschränkungen siehe § 6 IV 1.

260 Maschmann/*Reiserer*, Mitarbeitervergütung, S. 54; *Riesenhuber/v.Steinau-Steinrück*, in NZA 2005, 785 (787); *Bauer*, in AuA 2003, 28 (29).

261 *Kunz*, in BC 2000, 136 (140); *Becker/Schwarz*, in PersW 1998, 56 (61).

ten mitarbeiterbezogenen Ziele werden anhand des Unternehmensergebnisses bestätigt oder nach oben korrigiert.[262] In diesem Fall sind die unternehmensbezogenen Ziele eine Art Faktor, mit dem die leistungsbezogenen, d.h. mitarbeiterbezogenen Ziele und das daraus resultierende Zielentgelt abschließend errechnet werden. Die unternehmensbezogenen Ziele gehören dann zum Leistungsentgelt. Der Zweck der unternehmensbezogenen Ziele ist sorgfältig zu ermitteln. Diese Unterscheidung ist wichtig für die Qualifizierung, ob Entgelt im engeren oder weiteren Sinne vorliegt, da hieraus unterschiedliche Rechtsfolgen ergeben.[263]

> **Beispiele:** (a) A hat drei verschiedene Ziele, deren Erreichen er selbst beeinflussen kann. Bei Überschreiten des Unternehmensgewinns von EUR 1.000.000 erhält er zusätzlich EUR 1.000.
> (b) Wie oben, nur bei Überschreiten des Unternehmensgewinns wird das erreichte Zielentgelt mit dem Faktor 1,2 multipliziert.

Die Zielvereinbarung im weiteren Sinne kann festlegen, zu welchem Anteil maximal die Ziele unternehmensbezogen formuliert werden dürfen. Auch eine feste Aufteilung ist möglich. Dies empfiehlt sich dringend. Andernfalls läuft der Arbeitnehmer Gefahr, in wirtschaftlich ungünstigen Zeiten einen erhöhten, in wirtschaftlich günstigen Zeiten einen besonders niedrigen Anteil unternehmensbezogener Ziele zu erhalten, um so aus Arbeitgebersicht die Personalkosten zu reduzieren.

Die teilweise vorgenommene Einschränkung, Zielvereinbarungen/-vorgaben sollen sich nur auf besondere Leistungen oberhalb der Standardaufgabe[264] beziehen oder nur innerhalb des Weisungsrechts erfolgen,[265] ist abzulehnen. Dies ist zumindest bei der Zielvereinbarung im engeren Sinne jedenfalls mit der Privatautonomie nicht vereinbar. Bei den Zielvorgaben sind dagegen die Grenzen des Weisungsrechts zu beachten.[266] Ebenso wird vertreten, dass die mitarbeiterbezogenen Ziele sich an der Normalleistung des Mitarbeiters zu orientieren haben, d.h. sie müssen unter normalen Umständen erreichbar sein.[267] Freilich dürfen die Ziele nicht unerreichbar sein. Unabhängig von der rechtlichen Möglichkeit, wäre der Motivationseffekt hier sicherlich nicht erreichbar. Allerdings sollten die Ziele auch nicht zu leicht sein. Dies wäre ebenso demotivierend. Um das Personalführungssystem optimal anzuwenden, müssen die Ziele zwar herausfordernd, aber dennoch erreichbar ausgestaltet werden.[268] Die Grenzen sind hier fließend, sie zu finden eine Frage des Einzelfalls. Ferner ist entscheidend, in welchem Umfang das Arbeitsverhältnis durch Zielvereinbarungen/-vorgaben gesteuert wird. Sollte beispielsweise gar die gesamte Vergütung flexibel ausgestaltet sein, müssen auch Standardaufgaben mit in den Zielkatalog aufgenommen werden.[269]

---

262 *Lindemann/Simon*, in BB 2002, 1807 (1807); *Brümmer*, in PersF 2001, 32 (34); eine „Korrektur nach unten" ist nicht möglich, vgl. § 6 V 2 c aa.
263 So bei Stichtags- und Rückzahlungsklausel, § 6 VII; Entgeltfortzahlung im Krankheitsfall, § 10 II 1 und 2; ruhendes Arbeitsverhältnis, § 10 II 4.
264 *Becker/Schwarz*, PersW 1998, 56 (58); *Tondorf*, in AiB 1998, 323 (325f.); *Breisig*, Entgelt, S. 142.
265 *Hromadka*, in DB 1995, 1609 (1610).
266 Zu den Grenzen durch das Weisungsrecht und Auswirkung auf die Zielvereinbarung/-vorgabe, siehe § 6 III.
267 *Femppel/Böhm*, Ziele, S. 26; *Hoß*, in ArbRB 2002, 154 (154).
268 *Locke/Latham*, goal-setting, S. 15ff.; siehe auch § 2 I 3.
269 Zur möglichen vollständigen Flexibilisierung siehe § 6 V 4.

2. Unternehmensbezogene und mitarbeiterbezogene Ziele

Obwohl die Zielvereinbarung/-vorgabe einen gewissen Steuerungseffekt hat, ist in dieser der Weg zur Zielerreichung in aller Regel nicht enthalten. Es wird empfohlen, sich nicht nur auf ökonomische Ziele zu konzentrieren, sondern auch humanisierungsorientierte Ziele (Förderung der Personalentwicklung, Verbesserung der Arbeitsbedingungen) mit aufzunehmen. Daher wird auch zwischen fachlichen und persönlichen Zielen unterschieden.[270] Letztere Ziele sollen die Entwicklung des Arbeitnehmers zum Nutzen des Unternehmens voranbringen. Dies soll auch ein Ausdruck für die gleichberechtigte Partnerschaft mit den Mitarbeitern sein.[271]

Den gleichen Inhalt, aber andere Bezeichnung hat die Unterscheidung in Unternehmens- und Mitarbeiterziele.[272] Diese Formulierung ist insofern unglücklich, da sie suggeriert, als ob das Unternehmen und der Arbeitnehmer unterschiedliche Ziele hätten. Im Idealfall aber sind die Ziele des Unternehmens auch die Ziele des Arbeitnehmers und umgekehrt. Ist das Unternehmen erfolgreich, sind normalerweise die Arbeitsplätze und die entsprechende Vergütung gesichert. Bietet das Unternehmen den Arbeitnehmern attraktive Entwicklungsmöglichkeiten, ist es auch als Arbeitgeber interessant und kann so das beste Personal rekrutieren. Bei der Bezeichnung der Ziele darf gerade auch der psychologische Effekt nicht unterschätzt werden. Zielvereinbarungen/-vorgaben sollen motivieren. Aber gerade im filigranen psychologischen Bereich kommt es auch auf Kleinigkeiten bei der Formulierung an. Deshalb sollten die Ziele möglichst neutral bezeichnet werden.

Insofern soll hier einerseits nur von „unternehmensbezogenen Zielen" für den Anknüpfungspunkt Unternehmensergebnis etc., andererseits nur von „mitarbeiterbezogenen Zielen" für den Anknüpfungspunkt Leistung des Arbeitnehmers die Rede sein. Letztere werden – soweit zur Unterscheidung notwendig – aufgeteilt in „fachliche Ziele" für die konkreten Leistungen im jeweiligen Arbeitsbereich einerseits und „persönliche Ziele" für die persönliche, berufsbezogene Weiterentwicklung andererseits. Fachliche Ziele werden zumeist harte, persönliche zumeist weiche Ziele sein, wenn auch im Einzelfall hiervon abgewichen werden kann.

3. Harte und weiche Ziele

Als Bezeichnung haben sich überwiegend sogenannte „harte" und „weiche" Ziele durchgesetzt.[273] Gemeint sind einerseits objektiv messbare (harte) Ziele, wie Kundenzahl, Umsatz oder konkrete Arbeitsergebnisse.[274] Auf der anderen Seite kann die Erfüllung der (weichen) Ziele, wie Kundenzufriedenheit, Teamfähigkeit oder persönliche Weiterentwicklung, nur wertend beurteilt werden.[275] Zwar mögen gewiss nachvollziehbare Zweifel an der Objektivität der weichen Ziele bestehen, deshalb werden diese vereinzelt auch abgelehnt.[276] Jedoch werden

---

270 *Oehme*, Ergebnisorientierte Vergütung, S. 34.

271 *Mauer*, in NZA 2002, 540 (541); *Bauer/Diller/Göpfert*, in BB 2002, 882 (883); *Breisig*, Entlohnen und Führen, S. 138.

272 Vgl. *Deich*, Beurteilung, S. 36; *Pelzer*, Zielvereinbarungen, S. 34; *v.Hornstein/v.Rosenstiel*, Ziele vereinbaren, S. 79ff.

273 Vgl. *Annuß*, in NZA 2007, 290 (290); *Gehlhaar*, in NZA-RR 2007, 113 (113); *Röder*, in AG Arbeitsrecht, 139 (141); *Mohnke*, Zielvereinbarungen, S. 22; MüKo/*Müller-Glöge*, § 611 BGB Rn 767; auch *Hergenröder*, in AR-Blattei SD 1855, Rn 45, die allerdings die Bezeichnung missverständlich verwendet.

274 *Röder*, in AG Arbeitsrecht, 139 (142).

275 *Annuß*, in NZA 2007, 290 (290).

276 *Baum*, in PersF 2007, 74 (77); *Pfisterer*, in AiB 1999, 375 (377).

beide Zielarten in der Praxis verwendet und miteinander kombiniert.[277] Die Unterscheidung in harte und weiche Ziele gründet wohl in den Begrifflichkeiten der Balanced Scorecard, die die Planungs- und Leistungsmessung nicht nur an Finanzzielen, sondern umfassend auch unter Berücksichtigung nicht monetärer (weicher) Ziele weiter entwickelt.

Ebenso vertreten wird die Unterscheidung in quantitative und qualitative Ziele.[278] Freilich handelt es sich bloß um eine Bezeichnung, gemeint ist das gleiche. Aber ein „quantitatives Ziel" suggeriert, es kommt lediglich auf die Masse und nicht aber auch auf die Qualität der Leistung an.[279] Die Qualität der Leistung wird bei den harten Zielen zwar tatsächlich oftmals nicht gemessen. So ist beim Ziel „Umsatzsteigerung" zunächst unerheblich, ob die Steigerung nachhaltig ist oder ein Strohfeuer darstellt. Aber zum einen lassen sich Qualitätsmerkmale auch bei harten Zielen mit aufnehmen, zum anderen sollte auch ohne eine solche Aufnahme die Leistung den qualitativen Anforderungen selbstverständlich gerecht werden. Hier wiederholt sich die Befürchtung, der Arbeitnehmer könnte durch die Zielvereinbarung fehlgesteuert werden und gedankenlos nur die Erfüllung der Ziele (Umsatz, Umsatz, Umsatz) verfolgen.[280] Die Darstellung der Chancen und Risiken zeigte, dass ein psychologisch sensibler Bereich betroffen ist. Insofern sollte jede nur denkbare Unsicherheit oder Missverständnis vermieden werden. Deshalb soll auch hier nur von harten und weichen Zielen die Rede sein.

4. Die Berechnung des Zielentgelts

Die einzelnen Ziele können zueinander gewichtet werden. Teilweise wird das Erreichen eines bestimmten Zieles sogar als Voraussetzung für das gesamte Zielentgelt festgelegt.[281] Die Verknüpfung des variablen Entgelts mit der Zielerreichung kann sowohl linear als auch progressiv ausgestaltet sein.[282] Somit kann es einerseits für den entsprechenden Zielerreichungsgrad einen anteiligen Zahlungsanspruch des Arbeitnehmers geben, wobei auch eine höhere Zahlung bei Übererfüllung möglich ist. Andererseits kann es auch lediglich verschiedene Zahlungsstufen geben. Diese werden durch einen Punktwert ermittelt, der sich aus der jeweiligen Bewertung des Zielerreichungsgrades ergibt. Die Beurteilung erfolgt anhand zuvor festgelegter Kriterien. So ist ein verbreitetes Schema: wesentlich unterschritten – unterschritten – erfüllt – überschritten – wesentlich überschritten.[283] Die lineare Variante ist eher bei harten Zielen vorherrschend. Hier bedarf es keiner Bewertung. Der Zielerreichungsgrad ergibt sich von

---

277 *Gehlhaar*, in NZA-RR 2007, 113 (113); *Tondorf*, WSI-Mit. 1998, 386 (388); *Tondorf*, in AiB 1998, 323 (326); vgl. auch *Kunz*, Führen, S. 119ff.; *Breisig*, Personalbeurteilung, S. 304, der sogar die weichen Ziele für notwendig erachtet, um Fehlsteuerungen zu vermeiden.

278 *Herrmann/Windmüller*, in PersF 2006, 26 (29); *Däubler*, in NZA 2005, 793 (793); *Deich*, in AuA 2004, 8 (8); *Rieble/Gistel*, in BB 2004, 2462 (2462); *Schang*, Mitbestimmung, S. 112f.; *Kohnke*, in Bungard/Kohnke, S. 177f.; *Kolb*, in Schwaab/Bergmann/Gairing/Kolb, S. 13; *Heiden*, Zielvereinbarungen, S.242f., der sich jedoch selbst nicht immer an eine Festlegung hält; beide Begriffspaare verwendet *Pelzer*, Zielvereinbarungen, S. 15; vgl. auch *Jetter*, in Jetter/Skrotzki, S. 12, die eine stärker differenzierte Übersicht aller möglichen Ziele darstellt und als qualitative Ziele die Einarbeitung eines Mitarbeiters, Führungsqualität, Betriebsklima oder Markenimage bezeichnet; eine ähnlich differenzierte Katalogisierung der Ziele findet sich bei *Femppel/Böhm*, Ziele, S. 23.

279 Vgl. missverständliche Ausführung bei *Kolmhuber*, in ArbRB 2003, 117 (117), der von „quantitativ und qualitativ messbaren Ergebnissen" und „weichen Zielen" spricht.

280 Zur Fehlsteuerung auf Grund einseitiger Fokussierung auf die Zielerreichung, siehe § 3 II 2 e.

281 Insbesondere, wenn lediglich überdurchschnittliche Leistungen als Ziel formuliert wurden, vgl. § 4 II.

282 Vgl. Übersicht bei *Femppel/Böhm*, Ziele, S. 39f; auch *Herrmann/Windmüller*, in PersF 2006, 26 (29).

283 *Knebel*, in Personal 1984, 187 (188); *Zander*, Gehaltsfestsetzung, S. 214; *Breisig*, in AiB 2004, 389 (391).

selbst. Die progressive Variante kommt dagegen eher bei weichen Zielen vor, da diese einer subjektiven Betrachtung benötigen.[284] Welche Berechnung zu Grunde gelegt wird, ergibt sich aus dem gewollten Zweck der Zielvereinbarung/-vorgabe.

Beispiel: Außendienstmitarbeiter A hat drei mitarbeiterbezogene Ziele (Erhöhung des persönlichen Umsatzes um 10%, Erhöhung der Effizienz der Arbeit im Home-Office und Neukundenakquise). Die Effizienz der Arbeit im Home-Office wird errechnet aus der Zahl der betreuten Kunden und der aufgewandten Arbeitszeit.

(a) A kann für jedes Prozent der Steigerung des persönlichen Umsatzes einen festen Betrag bekommen, ebenso für jeden Neukunden. Sämtliche Ziele sind von einander unabhängig, also gleich wichtig.

(b) Ab einer Steigerung des persönlichen Umsatzes von 5% erhält A bis 10% für jeden Prozentpunkt EUR 200, für jeden weiteren Prozentpunkt EUR 300. Erhöht er gleichzeitig die Effizienz, erhält er zusätzlich zu jedem erreichten Prozentpunkt EUR 50. Jeder Neukunde erhöht den Multiplikator um 0,1; ein Neukunde bedeutet also Faktor 1,1, fünf Neukunden 1,5. Hier steht im Vordergrund die Umsatzerhöhung. Gelingt dies A nicht, erhält er überhaupt kein Zielentgelt.

(c) Wie (a), nur die Umsatzsteigerung wird zusammengefasst in 1% bis 5% = wesentlich unterschritten, 5,1% bis 8% = unterschritten; 8,1% bis 11% = erfüllt usw. Bis auf die erste, wird für jede Stufe ein Zielentgelt fällig.

IV. Nur bei ausdrücklicher Regelung einvernehmliche Zielfestlegung

Die Zielvereinbarung im weiteren Sinne legt fest, ob eine Zielvereinbarung im engeren Sinne oder eine Zielvorgabe erfolgen soll. Jedoch kommt das Gewollte nicht immer klar zum Ausdruck. Maßgeblich ist nach §§ 133, 157 BGB der objektive Empfängerhorizont. Es ist vom Wortlaut der Erklärung auszugehen.[285] Sind die Ziele „vorzugeben" oder „werden festgelegt", spricht dies für eine Zielvorgabe.[286] Werden Ziele dagegen „gemeinsam mit dem Mitarbeiter festgelegt" oder gar „vereinbart", deutet dies für eine Zielvereinbarung im engeren Sinne hin.[287] Die Regelung eines Verfahrens bei Nichteinigung spricht für eine Zielvereinbarung im engeren Sinne. Bei einer einseitigen Zielfestlegung wäre diese ansonsten sinnlos. Auch die Begleitumstände bei Vertragsschluss sind bei der Prüfung mit einzubeziehen.[288]

Bleiben Zweifel bestehen, muss von einer Zielvorgabe ausgegangen werden, die vom Arbeitgeber auszufüllen ist.[289] Das Weisungsrecht des Arbeitgebers ist ein Kernelement des Arbeitsverhältnisses. Nur bei konkreten Anhaltspunkten ist anzunehmen, dass der Arbeitgeber dieses insofern begrenzt, den Arbeitnehmer gleichwertig teilweise an der Ausgestaltung der Arbeitspflicht partizipieren zu lassen. Solch konkrete Anhaltspunkte liegen bei bestehenden Zweifeln aber gerade nicht vor. Anderes kann auch nicht aus dem Zweck des Personalführungssystems folgen. Zwar ist die Zielvereinbarung im engeren Sinne vom personalpolitischen Ansatz die vorzugswürdigere Variante, aber die tatsächliche Entwicklung zeigt, dass gerade die einseitigen Zielvorgaben in der Praxis die häufigere Alternative sind. Insofern

284 Vgl. *Breisig*, Entgelt, S. 134ff.
285 MüKo/*Busche*, § 133 BGB Rn 56; Staudinger/*Singer*, § 133 BGB Rn 45; vgl. auch *BAG* vom 12.12.2007, Az 10 AZR 97/07.
286 *Bauer/Diller/Göpfert*, in BB 2002, 882 (883).
287 Vgl. *BAG* vom 12.12.2007, Az 10 AZR 97/07.
288 Staudinger/*Singer*, § 133 BGB Rn 48; Palandt/*Ellenberger*, § 133 Rn 15; MüKo/*Busche*, § 133 BGB Rn 52; *Wendtland*, in Bamberger/Roth, § 133 BGB Rn 25.
289 *Annuß*, in NZA 2007, 290 (295); DLW/*Diller*, S. 478 Rn 821e; a.A. *v.Steinau-Steinrück/Ziegler*, in NJW-Spezial 2008, 722 (723); *Riesenhuber/v.Steinau-Steinrück*, in NZA 2005, 785 (788).

kann nicht ohne weiteres davon ausgegangen werden, dass die Parteien im Zweifel eine Verhandlungspflicht und einvernehmliche Zielfestlegung gewollt haben.[290]

Das gleiche Ergebnis ergibt die AGB-Kontrolle nach §§ 305 ff. BGB der Zielvereinbarung im weiteren Sinne. Nach § 305c Abs. 2 BGB gehen Zweifel bei der Auslegung zu Lasten des Verwenders. Sind mindestens zwei Auslegungen – hier einvernehmliche oder einseitige Zielfestlegung – rechtlich vertretbar, so ist von der für den Arbeitnehmer günstigere Auslegung auszugehen.[291] Mag zwar die Zielvereinbarung im engeren Sinne von der Mehrheit als die erstrebenswertere Variante angesehen werden, so unterliegt doch die Zielvorgabe einer deutlich strengeren Kontrolle.[292] Die Zielvereinbarung im engeren Sinne unterliegt nicht der Kontrolle des billigen Ermessens und nur eingeschränkt der Inhaltskontrolle nach § 305 ff. BGB. Auch bei unterlassener Zielvorgabe steht sich aufgrund der Initiativlast des Arbeitgebers der Arbeitnehmer günstiger, als bei einer Zielvereinbarung im engeren Sinne.[293] Der Arbeitgeber ist verpflichtet, die Zielvorgabe ohne Mitwirkung des Arbeitnehmers zu erteilen.

Der Grund, warum die Zielvereinbarung im engeren Sinne bevorzugt wird, ist die höhere Motivation durch größere Identifikation mit den Zielen, letztlich die bessere Akzeptanz des gesamten Systems. Dies sind aber personalpolitische Argumente, rechtlich ist der Arbeitnehmer jedoch bei der Zielvorgabe durch die deutlich strengere Kontrolle besser geschützt. Daher ist gemäß § 305c Abs. 2 BGB bei Vorliegen vorformulierter Arbeitsbedingungen die Zielvereinbarung im weiteren Sinne im Zweifel als Vereinbarung über Zielvorgaben auszulegen.[294]

V. Im Zweifel Zielbewertung und -feststellung durch Arbeitgeber

Umstritten ist, ob mit der einvernehmlichen Zielfestlegung im Zweifel auch eine einvernehmliche Zielfeststellung erfolgt. Diese Frage tangiert nur die weichen, nicht messbaren Ziele, Denn bei harten Zielen handelt es sich bei der Zielfeststellung um eine reine Tatsachenfeststellung. Diese messbaren Ziele sind entweder erreicht oder nicht. Es bleibt kein Raum für eine einvernehmliche Beurteilung der Tätigkeit.[295]

Die Zielvereinbarung im weiteren Sinne kann das Procedere der Zielfeststellung festlegen. Insbesondere können hier auch Mechanismen zur gütlichen Einigung, z.B. Clearing-Stellen, vereinbart worden sein. Solche unsicherheitsbeseitigende Klauseln werden sogar dringend empfohlen.[296] Trifft die Zielvereinbarung im weiteren Sinne dahingehend keine Aussage oder

---

290 A.A. *Riesenhuber/v.Steinau-Steinrück*, in NZA 2005, 785 (788); *Berwanger*, Einführung, S. 208f.

291 *BAG* vom 26.01.2005, Az 10 AZR 215/04; MüKo/*Basedow*, § 305c BGB Rn 35; Staudinger/*Schlosser*, § 305c Rn 108ff; Schaub/*Linck*, AHdB, § 32 Rn 33.

292 *Friedrich*, in PersF 2006, 22 (25); *Plander*, in ZTR 2002, 402 (403); *BAG* vom 12.12.2007, Az 10 AZR 97/07.

293 Zur AGB-Kontrolle, siehe § 6 VI 3 a; zum Weisungsrecht, siehe § 6 III 3 und zur unterlassenen Zielvorgabe, siehe § 12 II 4.

294 A.A. *Riesenhuber/v.Steinau-Steinrück*, in NZA 2005, 785 (788); *Pelzer*, Zielvereinbarungen, S. 135f.; wohl auch *Heiden*, Zielvereinbarungen, S. 227ff., *Mohnke*, Zielvereinbarungen, S. 37f.

295 A.A. *Femppel/Böhm*, Ziele, S. 30; Preis-*Preis/Lindemann*, AV, II Z 5 Rn 31; *Deich*, Beurteilung, S. 233; die jeweils auch hier teilweise eine Beurteilung als nötig erachten; *Baum*, in PersF 2007, 74 (77) als Ziele lediglich solche zulassen will, die sich in mathematische Kategorien zwingen lassen, kann es für ihn folgerichtig auf S. 78 ohne Belang sein, wer die Zielfeststellung vorzunehmen hat.

296 *Reiserer*, in NJW 2008, 609 (611); *Ohl*, in AiB 2007, 352 (356); *Baum*, in PersF 2007, 74 (77); *Annuß*, in NZA 2007, 290 (294); *Kolmhuber*, in ArbRB 2003, 117 (119); *Westermann*, in Personal 2001, 82 (83); *Geffken*, in NZA 2000, 1033 (1038); *Krause*, Zielvereinbarungen, S. 142; *Lischka*, Zielvereinbarungen,

bleiben Zweifel bestehen, so wird vertreten, aufgrund der einvernehmlichen Zielfestlegung sei auch auf die einvernehmliche Zielfeststellung zu schließen.[297]

Diese Ansicht überzeugt nicht. Zum ersten sind Zielfestlegung und Zielfeststellung zwei verschiedene Stufen im Personalführungssystem Zielvereinbarung/-vorgabe. Vor der Zielperiode sollen die Ziele formuliert werden, nach der Zielperiode die Zielfeststellung erfolgen. Es finden zwei getrennte Gespräche statt, auch wenn die Praxis dies nicht berücksichtigt. Die Zielfeststellung für das vergangene Jahr und Formulierung der Ziele für das aktuelle Jahr fallen oftmals zusammen. Freilich soll das Personalführungssystem die Motivation und Akzeptanz auf der Arbeitnehmerseite steigern.[298] Hieraus kann aber nicht gefolgert werden, nur weil ein Teil des Gespräches einvernehmlich ein Ergebnis – Zielfestlegung – zu Stande bringen soll, dies auch für das gesamte Gespräch, also auch für die Zielfeststellung anzunehmen ist.[299] Zielfestlegung und Zielfeststellung bleiben zwei unterschiedliche und zu trennende Stufen.

Nur bei den weichen Zielen kann eine Meinungsverschiedenheit über den Zielerreichungsgrad bestehen. So kann man beispielsweise bei dem Ziel „Steigerung der Kundenzufriedenheit" oder „Teamfähigkeit" unterschiedliche Maßstäbe ansetzen und so zu unterschiedlichen Ergebnissen gelangen. Ausgangspunkt muss aber das Direktionsrecht des Arbeitgebers sein. Auch wenn im Personalführungssystem Zielvereinbarung/-vorgabe die Partizipation des Arbeitnehmers von großer Bedeutung ist, bestimmt dennoch allein der Arbeitgeber die strategische Ausrichtung des Unternehmens. Dieser hat zu entscheiden, ob er z.B. mehr Wert auf ein Massengeschäft mit weniger zufriedenen, dafür aber vielen Kunden legt oder ein absolut serviceorientiertes Unternehmen, bei dem die vollkommene Kundenzufriedenheit an erster Stelle steht, aufbauen will. Gleiches gilt für die Teamfähigkeit, mag es in einem Unternehmen ausreichen, dass die Mitarbeiter jeweils ihre Arbeit erledigen und sich gegenseitig nicht belästigen, will das andere Unternehmen eine Kultur der Gemeinschaft und des Zusammenhalts erreichen. Da aber die Festlegung der strategischen Ziele des Unternehmens beim Arbeitgeber verbleibt, muss auch dieser allein nach billigem Ermessen entscheiden können, ob der Arbeitnehmer die weichen Ziele erfüllt hat. Im Übrigen steht mangels abweichender Vereinbarung dem Arbeitgeber einseitig das Leistungsbestimmungsrecht im Rahmen des § 106 GewO zu.[300] Insofern kann im Zweifel – unabhängig von der Form der Zielfestlegung – nicht von einer einvernehmlichen Zielfeststellung nicht ausgegangen werden, sondern der Arbeitgeber kann auch bei weichen Zielen die Zielerreichung einseitig feststellen.[301]

S. 42; *Mohnke*, Zielvereinbarungen, S. 296; auch *Trittin*, in AiB 2005, 481 (485) der dies sogar als aufgrund des Transparenzgebotes als zwingend ansieht; ebenso DDBD/*Däubler*, Anhang zu § 307 BGB Rn 78; *Femppel/Böhm*, Ziele, S. 29; ausformulierter Vorschlag zur Einschaltung einer Clearing-Stelle bei: *Range-Ditz*, in ArbRB 2003, 123 (126).

297   So *Riesenhuber/v.Steinau-Steinrück*, in NZA 2005, 785 (789); *Berwanger*, in BB 2004, 551 (554); wohl auch *Geffken*, in AiB 2007, 514 (519); *Ohl*, in AiB 2007, 352 (356); *Trittin*, in AiB 2005, 481 (485); *Hoß*, in ArbRB 2002, 154 (155); *Heiden*, Zielvereinbarung, S. 305; *Berwanger*, Einführung, S. 209.

298   Dies als Begründung auch für einvernehmliche Zielfestlegung nennen *Berwanger*, in BB 2004, 551 (553f.); *Deich*, Beurteilung, S. 232; nach *Heiden*, Zielvereinbarungen, S. 306 soll sogar bei der Zielvorgabe eine einvernehmliche Zielfeststellung erfolgen.

299   So aber *Deich*, Beurteilung, S. 232, ohne nähere Begründung.

300   *Behrens/Rinsdorf*, in NZA 2003, 364 (364); *Lischka*, Zielvereinbarung, S. 42; MüHArbR/*Kreßel*, § 67 Rn 110; wohl auch *Baum*, in PersF 2007, 74 (78).

301   Im Ergebnis ebenso *Annuß*, in NZA 2007, 290 (294); *Hümmerich*, in NJW 2006, 2294 (2296); *Breisig*, in AiB 2004, 389 (391); *Bauer/Diller/Göpfert*, in BB 2002, 882 (885); *Mauer*, in NZA 2002, 540 (549); DLW/*Diller*, S. 478 Rn 821f; *Krause*, Zielvereinbarungen, S. 55; *Mohnke*, Zielvereinbarung, S. 296.

Der Arbeitnehmer darf nicht der Willkür des Arbeitgebers ausgesetzt sein. Der bewertende Arbeitgeber hat zwar einen gewissen Beurteilungsspielraum, seine Bewertung ist aber überprüfbar. Der Arbeitgeber hat sämtliche Tatsachen, die zur Bewertung erforderlich sind, zu berücksichtigen und darf bei einzelnen Arbeitnehmern nicht willkürlich andere Maßstäbe ansetzen. Zur Überprüfbarkeit und zur Transparenz hat der Arbeitgeber diese Parameter dem Arbeitnehmer mitzuteilen. Insbesondere bezüglich unternehmensbezogener Ziele hat der Arbeitnehmer gegen den Arbeitgeber einen Anspruch auf Auskunft und Rechnungslegung.[302] Die Beurteilung erfolgt im Rahmen von § 106 GewO und ist nach § 315 BGB überprüfbar.[303]

Bei Streitigkeiten hilft die Parallele zum Zeugnisrecht nicht weiter. Ein Zeugnis wird am Ende des Arbeitsverhältnisses ausgestellt und betrifft einen, zum Teil sehr langen Zeitraum. Hier ist vom Grundsatz auszugehen, dass der Arbeitnehmer seine Pflicht erfüllt hat. Dies ist aber nur eine Leistung mittlerer Art und Güte, also die durchschnittliche Leistung. Bei der Zielvereinbarungsperiode geht es dagegen um einen knapp bemessenen Zeitraum. Die Leistung kann durchaus in einzelnen Jahren schwanken. Deshalb müssen die allgemeinen Beweislastgrundsätze gelten. Der Arbeitnehmer hat zu beweisen, dass er die Ziele erreicht hat.[304]

VI. Die einzelnen Definitionen im Überblick

Die verschiedenen Erscheinungsformen der „Zielvereinbarung" und deren möglichen Inhalte wurden dargestellt. Verschiedene Begriffe wurden hierfür verwendet. Es bedarf einer Zusammenfassung. Zur Übersicht eignet sich folgendes Schaubild auf der nächsten Seite:

---

302 *LAG Hamm* vom 26.11.2004, Az 10 Sa 2236/03; *LAG Düsseldorf* vom 29.10.2003, Az 12 Sa 900/03.
303 *Bauer/Diller/Göpfert*, in BB 2002, 882 (885); *Lischka*, Zielvereinbarung, S. 42; ähnlich *Mohnke*, Zielvereinbarungen, S. 297ff., der eine Parallele zum Zeugnisrecht zieht; a.A. Staudinger/*Rieble*, § 315 BGB Rn 177, der die Maßstäbe des billigen Ermessens als unanwendbar hält; ähnlich *Behrens/Rinsdorf*, in NZA 2003, 364 (364f.), Beweislast für Zielerreichung allein bei Arbeitnehmer.
304 *Annuß*, in NZA 2007, 290 (294); *Riesenhuber/v.Steinau-Steinrück*, in NZA 2005, 785 (791); *Behrens/Rinsdorf*, in NZA 2003, 364 (364); *Mauer*, in NZA 2002, 540 (549); a.A. da auf das Zeugnisrecht zurückgreifend *Hümmerich*, in NJW 2006, 2294 (2296); ebenso *Mohnke*, Zielvereinbarungen, S. 297ff.

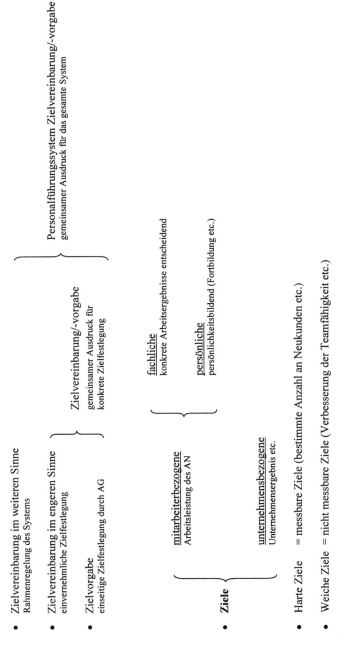

Definitionen der Dissertation

Personalführungssystem Zielvereinbarung/-vorgabe
gemeinsamer Ausdruck für das gesamte System

- Zielvereinbarung im weiteren Sinne
  Rahmenregelung des Systems

- Zielvereinbarung im engeren Sinne
  einvernehmliche Zielfestlegung

- Zielvorgabe
  einseitige Zielfestlegung durch AG

Zielvereinbarung/-vorgabe
gemeinsamer Ausdruck für konkrete Zielfestlegung

- **Ziele**

  mitarbeiterbezogene
  Arbeitsleistung des AN

  unternehmensbezogene
  Unternehmensergebnis etc.

  fachliche
  konkrete Arbeitsergebnisse entscheidend

  persönliche
  persönlichkeitsbildend (Fortbildung etc.)

- Harte Ziele = messbare Ziele (bestimmte Anzahl an Neukunden etc.)

- Weiche Ziele = nicht messbare Ziele (Verbesserung der Teamfähigkeit etc.)

- Zielentgelt = variable Vergütung basierend auf Zielvereinbarung/-vorgabe

- Fixentgelt = fester Zeitlohn

Gesamtvergütung

47

§ 5 Das Zielentgelt als neue Form der variablen und leistungsorientierten Vergütung

Das Zielentgelt wird sowohl in der Literatur als auch in der Praxis unterschiedlich bezeichnet. So ist von einem Zieleinkommen,[305] einer arbeitsleistungsbezogenen Sonderzahlung,[306] Zieltantieme,[307] Zielprämie,[308] Gratifikationszahlung,[309] Zielbonus[310] oder auch nur schlicht Bonus[311] die Rede. Eine einheitliche Bezeichnung für das Zielentgelt hat sich bisher nicht durchgesetzt. Möglicherweise ist dies darauf zurückzuführen, dass auch die rechtliche Einordnung der Zielvereinbarung/-vorgabe nicht ganz klar ist.

I. Abgrenzung zum Werkvertrag

Durch die Zielvereinbarung/-vorgabe werden dem Arbeitnehmer Tätigkeitserfolge als Ziel vorgegeben, die je nach Erfüllungsgrad einen Entgeltanspruch begründen. Hieraus könnte man eine Erfolgsherbeiführungspflicht des Arbeitnehmers folgern. Dann wäre die Zielvereinbarung/-vorgabe als Werkvertrag zu qualifizieren und das Arbeitsverhältnis in diesem Sinne einer Veränderung unterworfen. Die dienstvertraglichen Elemente werden durch werkvertragliche ergänzt, wenn nicht sogar durch diese verdrängt. Gerade am Anfang der Diskussion wurde die These aufgestellt, durch die Zielvereinbarung/-vorgabe erhält das Arbeitsverhältnis werkvertragliche Elemente und wird dadurch zu einer Mischform von Werk- und Arbeitsvertrag. Während anfangs auch Juristen diese Meinung vertraten, ist die Ansicht nur noch in der Literatur mit eher betriebswirtschaftlichem Hintergrund präsent.[312] Die ganz herrschende Meinung lehnt dies aber zu Recht ab.[313]

---

305 *Steves/Tauber*, PersF 1999, 16 (17).

306 Preis-*Preis/Lindemann*, AV, II Z 5 Rn 7.

307 *Moll/Reufels*, in FS Bartenbach, 559 (559); *LAG Köln* vom 03.04.2006, Az 14 (9) Sa 5/06.

308 *Mohnke*, Zielvereinbarungen, S. 28; *LAG Hamm* vom 26.11.2004, Az 10 Sa 2236/03; *ArbG Düsseldorf* vom 13.08.2003, Az 10 Ca 10348/02.

309 *Brors*, in RdA 2004, 273 (273).

310 *Mauer*, in NZA 2002, 540 (540); *Pelzer*, Zielvereinbarungen, S.99; *Heiden*, Zielvereinbarungen, S. 49.

311 *Bauer/Chwalisz*, in ZfA 2007, 339 (351); *Bauer*, in AuA 2003, 23 (30); *Lindemann/Simon*, in BB 2002, 1807 (1807); *Maschmann/Oechsler/Wiskemann*, Mitarbeitervergütung, S. 23; *Schaub/Linck*, AHdB, § 77 Rn 1; *MüKo/Müller-Glöge*, § 611 BGB Rn 767, der jedoch die „Zielvereinbarung" unter dem Abschnitt Gewinnbeteiligung behandelt.

312 *Berwanger*, in BB 2003, 1499 (1500); *Köppen*, in DB 2002, 374 (375f.); *Ehlscheid/Unterhinninghofen*, in AiB 2002, 295 (298); *Trittin*, in AiB 2002, 90 (90) der ein Kernelement des Werkvertrages in das Arbeitsverhältnis einziehen sieht und in NZA 2001, 1003 (1005) die Umgestaltung in einen Werkvertrag für möglich erachtet; *Tondorf*, in WSI-Mit. 1998, 386 (387) mit Verweis auf eine von *Schwegler* verfasste Broschüre; *Breisig*, Entlohnen und Führen, S. 103; *Tondorf*, Leistung und Entgelt, S. 93; *Schau*, Corporate Identity, S. 56f.; *MüHArbR/Kreßel*, § 66 Rn 32, der offen lässt, ob das Arbeitsverhältnis dadurch einen werkvertragsähnlichen Charakter erhält; unklar *Brors*, in RdA 2004, 273 (279).

313 *Lischka*, in BB 2007, 552 (553); *Friedrich*, in PersF 2006, 22 (23); *Portz*, in ArbRB 2005, 374 (375); *Riesenhuber/v.Steinau-Steinrück*, in NZA 2005, 785 (786); *Däubler*, in ZIP 2004, 2209 (2211); *Hergenröder*, in AR-Blattei SD 1855, Rn 10; *Lindemann/Simon*, in BB 2002, 1807 (1807); *Bauer/Diller/Göpfert*, in BB 2002, 882 (882); *Plander*, in ZTR 2002, 155 (161); *Pelzer*, Zielvereinbarungen, S. 102f.; *Heiden*, Zielvereinbarungen, S.45f.; *Mohnke*, Zielvereinbarungen, S. 61; *Krause*, Zielvereinbarungen, S. 35; *Schang*, Mitbestimmung, S. 128; *Deich*, Gestaltung, S. 66f.; *MüHArbR/Kreßel*, § 66 Rn 32; *MüKo/Müller-Glöge*, § 611 BGB Rn 769; Preis-*Preis/Lindemann*, AV, II Z 5 Rn 6; in diese Richtung *Diepold*, Vergütung, S. 31; *Lischka*, Zielvereinbarungen, S. 85, die allerdings eine fixe Mindestvergütung in Höhe von 2/3 des Tariflohnes verlangt (S. 107), ansonsten wäre die Zielvereinbarung sittenwidrig und es läge eine Vermischung der Elemente des Dienstvertrages und Werkvertrages vor (S. 105).

Nach § 631 Abs. 1 BGB wird der Werkunternehmer auf Grund des Werkvertrages zur Herstellung des Werks mit den vereinbarten Eigenschaften verpflichtet.[314] § 631 Abs. 2 BGB bestimmt, dass Gegenstand des Werkvertrages sowohl die Herstellung oder Veränderung einer Sache als auch ein anderer durch Arbeit oder Dienstleistung herbeizuführender Erfolg sein kann. Der Arbeitserfolg ist das entscheidende Kriterium für die Vergütung. Darin sehen manche in der Zielvereinbarung/-vorgabe die werkvertraglichen Elemente begründet. Das Ziel gibt das Werk vor, während die Vergütung von der Zielerreichung abhängt. Die Zielvereinbarung im engeren Sinne ist eine neben dem Arbeitsvertrag geschlossene Vereinbarung, die nicht zum Bestandteil des Arbeitsvertrages wird.[315] Die verminderte Vergütung bei verfehlter Zielerreichung schließt dabei die Mängelhaftung mit ein.[316] Innerhalb der Ansicht, die Zielvereinbarung/-vorgabe beinhaltet werkvertragliche Elemente, betrachten zwar manche den Inhalt derselben isoliert und sehen im Hinblick darauf eine echte Erfüllungspflicht des Arbeitnehmers, bejahen im Ergebnis aber dennoch aufgrund der Schutzbedürftigkeit des Arbeitnehmers die arbeitsvertragliche Rechtsnatur.[317]

1. Keine Erfolgsherbeiführungspflicht

Mit der ganz herrschenden Meinung sind Zielvereinbarungen/-vorgaben kein Werkvertrag. Der entscheidende Unterschied des Werkvertrags im Vergleich zum Dienstvertrag ist das Versprechen zur Erstellung des Werkes. Der Weg dahin, bleibt – im Gegensatz zum Dienstvertrag – dem Werkunternehmer überlassen.[318] Der Arbeitsvertrag ist gekennzeichnet durch die Abhängigkeit des Arbeitnehmers vom Arbeitgeber. Der Arbeitnehmer ist weisungsgebunden. Dagegen ist der Werkunternehmer wirtschaftlich selbstständig, trägt allein die Verantwortung für die Herstellung des Werkes und damit dass vollständige unternehmerische Risiko für das Erreichen des geschuldeten Arbeitsergebnisses.[319]

Das Weisungsrecht alleine ist jedoch nicht das entscheidende Abgrenzungsmerkmal.[320] Auch beim Werkvertrag kann der Werkunternehmer Weisungen des Bestellers unterliegen, was alleine schon aus § 645 Abs. 1 BGB zu folgern ist.[321] Das entscheidende Gegenargument gegen die Qualifizierung als Werkvertrag ist die nicht bestehende Pflicht zur Erfüllung der formulierten Ziele.[322] Auch wenn das Erreichen der Ziele von beiden Parteien durchaus gewollt

---

314 Erman/*Schwenker*, § 631 BGB Rn 29; *Voit*, in Bamberger/Roth, § 631 BGB Rn 44; MüKo/*Busche*, § 631 BGB Rn 58; Palandt/*Sprau*, § 631 BGB Rn 12.

315 *Tondorf*, Leistung und Entgelt, S. 93; *Schwegler*, zit. bei *Tondorf*, in WSI-Mit. 1998, 386 (387); zwar erkennt *Pelzer*, Zielvereinbarungen, S. 101, in der letztgenannten Fundstelle richtigerweise nur die Wiedergabe einer Meinung, ohne dass *Tondorf* sich dieser anschließt, jedoch durch erstgenannte Fundstelle wird deutlich, dass durchaus auch *Tondorf* diese Meinung vertritt.

316 *Berwanger*, Einführung, S. 199.

317 *Trittin*, in NZA 2001, 1003 (1004f.).

318 Staudinger/*Peters/Jacoby*, Vorbem zu §§ 631ff BGB Rn 26ff.; Palandt/*Sprau*, Einf v § 631 BGB Rn 8; *Voit*, in Bamberger/Roth, § 631 BGB Rn 4; Erman/*Schwenker*, § 633 Rn 6.

319 Jauernig/*Massel* (wohl *Mansel*), Vor § 631 BGB Rn 3; MüKo/*Busche*, § 631 Rn 17; Palandt/*Sprau*, Einf v § 631 BGB Rn 1.

320 Insofern unzutreffende Begründung bei *Lischka*, in BB 2007, 552 (553).

321 Vgl. Staudinger/*Peters/Jacoby*, Vorbem zu §§ 631ff BGB Rn 29.

322 So auch *Hümmerich*, in NJW 2006, 2294 (2297); *Friedrich*, in PersF 2006, 22 (24); *Riesenhuber/v.Steinau-Steinrück*, in NZA 2005, 785 (786); *Portz*, in ArbRB 2005, 374 (375); *Hergenröder*, in AR-Blattei SD 1855, Rn 9; *Plander*, in ZTR 2002, 155 (161); *Heiden*, Zielvereinbarungen, S. 47; *Mohnke*, Zielvereinbarungen, S. 52f.; *Lischka*, Zielvereinbarungen, S. 84ff.; *Deich*, Beurteilung, S. 157; a.A. *Pelzer*, Zielvereinbarungen, S. 55, der eine mittelbare Erfolgspflicht annimmt; *Berwanger*, in BB 2003,

ist, wird man dennoch keine Erfüllungspflicht im Sinne einer Erfolgsgarantie annehmen können. Die Zielvorgabe erteilt der Arbeitgeber im Rahmen seines aus dem Arbeitsvertrag bestehenden Weisungsrechts.[323] Schon allein die Einseitigkeit der Zielvorgabe zeigt, dass kein Werkvertrag vorliegen kann. Aber auch bei der Zielvereinbarung im engeren Sinne stehen sich Arbeitgeber und Arbeitnehmer in diesen Eigenschaften gegenüber.[324] Die Zielvereinbarung/-vorgabe basiert auf der Zielvereinbarung im weiteren Sinne. Diese ist jedoch zweifellos arbeitsrechtlich zu qualifizieren. Nicht die Zielvereinbarung/-vorgabe selbst bestimmt die typologische Einordnung, sondern der mit ihr verbundene Vertrag.[325] Dies ist aber ein Arbeitsvertrag. Die Zielvereinbarung/-vorgabe ist damit arbeitsrechtlicher Natur.

Ein Arbeitnehmer schuldet nur das Tätigwerden an sich, eine Erfolgsherbeiführungspflicht ist nicht begründbar. Dies folgt schon allein aus der Schutzbedürftigkeit des Arbeitnehmers.[326] Wäre dem nicht so, läge bei Nichterreichen eine Pflichtverletzung vor, die entsprechende Folgen[327] haben könnte. Dass der Erfolg nicht geschuldet sein kann, zeigt auch die Ungewissheit über den Zielerreichungsgrad und der damit verbundenen Zielentgelthöhe, aber gleichzeitigen feststehenden Leistungszeit, die Zielperiode. Der Zweck des Personalführungssystems Zielvereinbarung/-vorgabe verdeutlicht den arbeitsrechtlichen Charakter. Der Hauptgrund liegt in der Motivation des Arbeitnehmers. (Nur) Die Leistungsbereitschaft zu den Pflichten aus dem Arbeitsvertrag soll erhöht werden. Dass die Vergütung auch beim Arbeitsvertrag an den Arbeitserfolg anknüpfen kann, zeigen allein Akkord- und Prämienlohn. Hier wird eine Qualifizierung als Werkvertrag aber ebenso nicht angedacht.

2. Auch das Ergebnis spricht für arbeitsrechtliche Qualifikation

Auch sprechen die sich ergebenen Folgen einer Qualifizierung als Werkvertrag gegen diese Annahme. Die in sich geschlossene Verbindung zwischen Arbeitgeber und Arbeitnehmer – der Arbeitsvertrag – wäre aufgebrochen, das Arbeitsverhältnis wäre gespalten. Bei der Qualifizierung der Zielvereinbarung/-vorgabe als Werkvertrag wäre in diesem Verhältnis der Arbeitnehmer nicht mehr als solcher zu qualifizieren. Er wäre Werkunternehmer und verliert damit sämtliche Arbeitnehmerschutzrechte. Insbesondere § 888 Abs. 3 ZPO verdeutlicht die gefährlichen Folgen einer werkvertraglichen Qualifizierung, der neben dem Dienstvertrag nur auf den Geschäftsbesorgungsvertrag und Auftrag anwendbar ist.[328] Der Arbeitgeber könnte aus der Zielvereinbarung/-vorgabe vollstrecken, zumindest aber nach § 888 Abs. 1 ZPO Zwangsgeld oder Zwangshaft beantragen. Ferner wäre ebenso fraglich, ob das Zielentgelt der Abgabe zur Sozialversicherung unterliegt, immerhin wäre es kein Arbeitsentgelt mehr. Auch steuerliche Fragen wären zu stellen.

1499 (1500f.), der einer unvollkommene Verbindlichkeit sieht, die aber nicht erzwungen werden kann; unklar *Krause*, Zielvereinbarungen, S. 256, der einerseits lediglich eine Leistungs*erwartung* annimmt, andererseits auf S. 250 im Rahmen der Zielvorgabe jedoch ein vom Arbeitnehmer geschuldetes Arbeitsergebnis, also wohl Leistungs*verpflichtung*, nennt.

323 Zum Einfluss des Weisungsrechts auf die Zielvorgabe, siehe § 6 III 2.
324 *Schang*, Mitbestimmung, S. 128; Preis-*Preis/Lindemann*, AV II Z Rn 6.
325 *Riesenhuber/v.Steinau-Steinrück*, in NZA 2005, 785 (786).
326 *Heiden*, Zielvereinbarungen, S. 46.
327 Zu denken ist hier in erster Linie an die Kündigung; zur theoretisch daraus resultierenden Mängelhaftung siehe *Mohnke*, Zielvereinbarungen, S. 54.
328 *Hüßtege*, in Thomas/Putzo, § 888 ZPO Rn 4; *Baumbach/Hartmann*, § 888 ZPO Rn 22; Zöller/*Stöber*, § 888 ZPO Rn 18; MüKo/*Gruber*, § 888 ZPO Rn 21, mit ausdrücklicher Nichtanwendung auf den Werkvertrag.

51

Bei der Zielvereinbarung im engeren Sinne bedarf es wenigstens noch einer einvernehmlichen Einigung. Bei der Zielvorgabe dagegen, die einseitig erfolgt, könnte der Arbeitgeber durch eine möglichst weitreichende und umfassende Zielvorgabe den Arbeitnehmerstatus einseitig untergraben. Umgehungstatbestände wären Tür und Tor geöffnet. Allein die absurden Ergebnisse zeigen, dass eine Qualifikation als Werkvertrag nicht möglich ist. Die Zielvereinbarung/-vorgabe ist nichts weiter als eine Bemessungsgrundlage für die zu zahlende Vergütung, die aus dem Arbeitsvertrag folgt.

II. Abgrenzung zur Provision

Gerade Zielvereinbarungen/-vorgaben mit Außendienstmitarbeitern enthalten oftmals die Ziele, den persönlichen Umsatz zu steigern, eine gewisse Anzahl an Neukunden zu generieren oder gewisse Produkte zu vermarkten. Dies alles erinnert an die Provision.

Die Provision ist die klassische, an den Erfolg anknüpfende Leistungsvergütung[329] und kann äußerst variantenreich ausgestaltet sein. Häufig wird sie begründet durch die Vermittlung einer Absatzvereinbarung mit einem Dritten (§ 87 Abs. 1 HGB, Vermittlungsprovision) oder mit einer allgemeinen Vereinbarung über einen Kundenkreis einer bestimmten Region (§ 87 Abs. 2 HGB, Bezirksprovision).[330] Die Provision ist als einzig gesetzlich normierte flexible Vergütungsform in den §§ 87 bis 87c HGB geregelt, die gemäß § 65 HGB zum großen Teil auch für Arbeitsverhältnisse Geltung erlangen. Auf die ebenso mögliche Umsatzprovision, die sich auf den Umsatz eines Unternehmens bezieht, finden diese Vorschriften jedoch nur dann Anwendung, wenn sie sich nach dem vom Arbeitnehmer durch seine Tätigkeit vermittelten Umsatz bemisst. Ansonsten ist sie wie eine Tantieme zu behandeln.[331]

Lischka meint, dass die Zielvereinbarung/-vorgabe im Gegensatz zur Provision ergebnisorientiert ist.[332] Während die Provision für jeden einzelnen Geschäftsabschluss eine Vergütung gewährt, gibt die Zielvereinbarung/-vorgabe ein Gesamtergebnis vor. Diese Argumentation deutet zwar die richtige Richtung an, trifft aber so nicht den Kern. Auch die Provision orientiert sich ausschließlich am Erfolg und lässt das Verhältnis der Leistung des Arbeitnehmers zum Ergebnis außen vor.[333] Aber die Zielvereinbarung/-vorgabe ist wesentlich vielschichtiger als die Provision. Bei letzterer ist das Anküpfungskriterium auf die Vermittlung eines Vertragsabschlusses reduziert.[334] Dagegen knüpft die Zielvereinbarung/-vorgabe oftmals auch an andere Ergebnisse an. So kann als hartes Ziel die „Verringerung des Ausschusses" formuliert werden. Insbesondere die weichen Ziele, wie z.B. „Teamfähigkeit", unterscheiden sich erheblich vom Bezugspunkt der Provision. Die Vielschichtigkeit macht gerade die flexible Einsatzmöglichkeit aus. Zielvereinbarungen/-vorgaben sind eben nicht nur für Arbeitnehmer möglich, die primär im Vertrieb eingesetzt sind.[335] Das schließt freilich eine Zielvereinbarung/-vorgabe mit dieser Arbeitnehmergruppe nicht aus.

---

329 *Mauer*, in NZA 2002, 540 (540); siehe auch *Diepold*, Vergütung, S. 53ff.
330 Vgl. Schaub/*Schaub*, AHdB, § 76 Rn 1; DLW/*Dörner*, S. 473 Rn 790; ErfK/*Oetker*, § 87 HGB Rn 7ff.
331 *BAG* vom 12.01.1973, Az 3 AZR 211/72; Küttner/*Griese*, Provision, Rn 2; Schaub/*Schaub*, AHdB, § 76 Rn 2; ErfK/*Preis*, § 611 BGB Rn 494.
332 *Lischka*, Zielvereinbarungen, S. 27.
333 Küttner/*Griese*, Provision, Rn 1; *Schwab*, in AR-Blattei SD 40, Rn 13; a.A. *Oehme*, Ergebnisorientierte Vergütung, S. 33, der als Ankünpfungspunkt auch die Leistung des Arbeitnehmers sieht, Bemessungsgrundlage sei aber nur der Erfolg.
334 *Range-Ditz*, in ArbRB 2003, 123 (124); *Lindemann/Simon*, in BB 2002, 1807 (1807).
335 *Hergenröder*, in AR-Blattei SD 1855, Rn 135.

So können in einer Zielvereinbarung/-vorgabe Elemente einer Provisionsvereinbarung durchaus vorhanden sein. Es ist möglich, dass für eine bestimmte Anzahl von Verkäufen ein entsprechendes Entgelt bezahlt wird. Hier wird für jeden einzelnen Geschäftsabschluss eine Vergütung gezahlt. Dies ist eingebettet in das vom Unternehmen vorgegebene Kennzahlensystem, aus dem mit dem Arbeitnehmer weitere, vergütungsrelevante Ziele vereinbart oder diesem vorgegeben wurden.[336] Als weitere Variante kommt auch in Betracht, dem Arbeitnehmer erst ab einer bestimmten Anzahl von Geschäftsabschlüssen ein Zielentgelt zu zahlen.[337] Hier wird die Abgrenzung zur Provision deutlicher. Das Ziel liegt in der Überschreitung der vorgegebenen Zahlen. Nur die Berechnung erinnert an die Provision.

Allerdings ist nicht die Bezeichnung, sondern der Regelungsinhalt des Vertrages für die Qualifikation entscheidend. Weist die Zielvereinbarung/-vorgabe nur provisionstypische Regelungen auf – ist sie vom Inhalt eine reine Provisionsregelung – so ist die Bezeichnung als solche irrelevant. Es liegt eine Provisionsregelung mit den sich anschließenden Rechtsfolgen vor. Sind dagegen auch provisionsfremde – gleich ob harte oder weiche – Ziele formuliert worden, liegt dagegen tatsächlich eine Zielvereinbarung/-vorgabe vor. Sie hat nur einen provisionsorientierten Teil, ist aber letztlich ganzheitlich zu betrachten.

III. Abgrenzung zur Tantieme

Zielvereinbarungsgespräche, die entgeltrelevante Zielvereinbarungen im engeren Sinne zum Inhalt haben, werden teilweise auch als Tantiemegespräche,[338] das zu zahlende Entgelt als Zieltantieme[339] oder auch nur schlicht Tantieme[340] bezeichnet. Tatsächlich berechnet sich das Zielentgelt oftmals unter anderem auch aus dem Unternehmensergebnis. Jedoch sind Zielvereinbarungen/-vorgaben mehr, als nur eine bloße Tantieme.

Tantieme ist eine Umsatz- oder Gewinnbeteiligung, die prozentual am Unternehmensergebnis anknüpfend berechnet wird und als zusätzliche Vergütung ausgezahlt wird. Der Arbeitnehmer wird am Erfolg des Unternehmens beteiligt.[341] Die Tantieme errechnet sich meistens aus dem Reingewinn, seltener aus dem Rohgewinn. Ist die Tantieme mit dem Umsatz verknüpft, liegt eine Zwischenform zwischen Provision und Tantieme vor. Hier ist entscheidend, auf welchen Umsatz Bezug genommen wird. Wird auf das gesamte Unternehmen abgestellt, verbleibt es bei der Tantieme.[342] Bildet nur der vom Arbeitnehmer vermittelte Umsatz den Anknüpfungspunkt, liegt dagegen eine Provision vor.[343]

Tantiemeregelungen werden am häufigsten bei leitenden Angestellten vereinbart. Nur sie haben einen gewissen Einfluss auf das Geschäftsergebnis und erhalten damit einen Anreiz, zu einem guten wirtschaftlichen Ergebnis beizutragen. Aber auch Arbeitnehmer der unteren Hierarchieebenen können am Unternehmensergebnis beteiligt werden. Wenn auch hier – wenn überhaupt – eher nur ein mittelbarer Einfluss auf das Unternehmensergebnis vorhanden sein

---

336 Vgl. *Lang* Entgeltsystems, S. 203f.
337 *Horcher*, in BB 2007, 2065 (2065).
338 *Jetter*, in Jetter/Skrotzki, S. 5.
339 *Moll/Reufels*, in FS Bartenbach, 559 (559).
340 *LAG Köln* vom 03.04.2006, Az 14 (9) Sa 5/06.
341 *Lingemann/Gotham*, in DB 2007, 1754 (1756); ErfK/*Preis*, § 611 BGB Rn 495; HWK/*Thüsing*, § 611 BGB Rn 117.
342 MüHArbR/*Kreßel*, § 68 Rn 2; DLW/*Dörner*, S. 475 Rn 813.
343 Schaub/*Schaub*, AHdB, § 76 Rn 2; *BAG* vom 12.01.1973, Az 3 AZR 211/72.

wird, soll doch mehr die Betriebstreue, als die individuelle Leistung des Arbeitnehmers entsprechend belohnt werden. Deshalb spricht man auch in diesem Fall von einer Ergebnisbeteiligung und nicht von einer Tantieme.[344] Diese Beteiligung kommt in Form einer Jahresabschlussgratifikation vor, auf die für die Gratifikation geltende Rechtsgrundsätze entsprechend anzuwenden sind. Bei den einzelnen Bezeichnungen, wie Tantieme oder Ergebnisbeteiligungen, handelt es sich im Ergebnis jedoch vielfach um ein Synonym.[345]

1. Deutlich mehr Anknüpfungspunkte

Zielvereinbarungen/-vorgaben werden, so weit ersichtlich, nicht als Tantieme charakterisiert. So vertritt *Mohnke*, dass Zielvereinbarungen/-vorgaben deswegen keine Tantieme sein können, da diese einerseits keine prozentuale Beteiligung, sondern eine feste Summe festlegen, andererseits nur in den oberen Führungsschichten und nicht in allen Bereichen des Unternehmens eingesetzt werden.[346] *Lischka* nimmt zwar die Tantieme in ihrer Aufzählung der verschiedenen Entgeltformen auf,[347] unterlässt jedoch eine Abgrenzung, wenn auch deutlich wird, dass eine Qualifizierung als Tantieme nicht in Betracht kommt. Ähnliches findet sich bei *Berwanger*.[348] Die Argumente *Mohnkes* überzeugen jedoch nicht, wenn ihm auch im Ergebnis zuzustimmen ist. Tantieme mögen zwar regelmäßig eher in höheren Hierarchieebenen installiert werden, möglich sind diese aber durchaus auch beim einfachen Arbeitnehmer. Das tatsächliche Vorkommen auf unterschiedlichen Führungsebenen ist kein rechtliches Argument. Ebenso der Unterschied, ob sich die Tantieme prozentual errechnet oder ob sie stufenweise oder als feste Summe ausgezahlt wird.[349] Dies ist nur eine Form der Ermittlung der Höhe des Anspruchs, nicht aber qualifikationsentscheidend.

Knüpft die Zielvereinbarung/-vorgabe an unternehmensbezogene Ziele an, ist eine gewisse Ähnlichkeit mit der Tantieme nicht abzustreiten. Bei beiden bildet das Unternehmensergebnis die Berechnungsgrundlage für das zu zahlende Entgelt. Allerdings gilt auch hier, die Zielvereinbarung/-vorgabe ist wesentlich vielschichtiger als eine Tantiemeregelung. Nicht nur das Unternehmensergebnis, sondern gerade auch die Arbeitsergebnisse bzw. die Leistung des einzelnen Arbeitnehmers sollen die Anknüpfungspunkte darstellen.

In diesem Zusammenhang wurde bei der Zielvereinbarung/-vorgabe aus Sicht der Arbeitnehmer die Beeinflussung der Ziele problematisiert, wenn nicht kritisiert.[350] Wenn dies aus motivationspsychologischen Gesichtspunkten auch problematisch sein kann,[351] rechtliche Schwierigkeiten ergeben sich daraus nicht. Die Aufnahme unternehmensbezogener Ziele kann unterschiedliche Zwecke verfolgen. Zum einen kann eine schlichte Beteiligung am Unternehmens-

344 ErfK/*Preis*, § 611 BGB Rn 495; HWK/*Thüsing*, § 611 BGB Rn 118; Schaub/*Schaub*, AHdB, § 76 Rn 59; *Schang*, Mitbestimmung, S. 27f.

345 *BAG* vom 21.02.1974, Az 5 AZR 302/73; vgl. allgemein dazu *Ricken*, in NZA 1999, 236 (236ff.); *Loritz*, in RdA 1998, 257 (257ff.).

346 *Mohnke*, Zielvereinbarungen, S. 66.

347 *Lischka*, Zielvereinbarungen, S. 26.

348 *Berwanger*, Einführung, S. 39.

349 Vgl. zu verschiedenen Ausgestaltungsformen der Tantieme *Hoffmann-Becking*, in NZG 1999, 797 (799ff.).

350 *Ehlscheid*, in AiB 2007, 339 (343); *Baum*, in PersF 2007, 74 (76); *Breisig*, in AiB 2004, 389 (393); *Bahnmüller*, in WSI-Mit. 2001, 426 (430f.); *Tondorf*, in AiB 1998, 323 (325); *Hlawaty*, in Mitbest. 1998, 42 (44); *Röder*, in AG Arbeitsrecht, 139 (141); *Deich*, Zielvereinbarungen, S. 41f.

351 Zur Problematik des mangelnden Einflusses des Arbeitnehmers auf die Zielerreichung, siehe § 3 II 2 d.

ergebnis, zum anderen eine Korrektur des leistungsbezogenen Entgelts im Verhältnis zur wirtschaftlichen Leistungsfähigkeit des Unternehmens bezweckt sein.[352] Dann ist aber auch das unternehmensbezogene Zielentgelt Leistungsentgelt, was wiederum einen deutlichen Unterschied zur Tantieme begründet.

2. Ganzheitliche Betrachtung der Zielvereinbarung/-vorgabe

Entscheidend ist auch hier nicht die Bezeichnung, sondern der vereinbarte rechtsgeschäftliche Inhalt.[353] Enthalten Zielvereinbarungen/-vorgaben ausschließlich unternehmensbezogene Ziele, liegt – unabhängig vom Namen – eine Tantieme vor.[354] Sie bedürfen weiterer, mitarbeiterbezogene Ziele.

Abzulehnen ist die Aufteilung in eine „Tantieme bei Gelegenheit einer Zielvereinbarung" und restlicher Zielvereinbarung/-vorgabe.[355] Dagegen spricht schon, dass die Parteien ein in sich geschlossenes System aufgestellt haben. Das unternehmensbezogene Ziel ist eingebettet in das Gesamtbild aller Ziele. Diese sind aufeinander abgestimmt. Eine rechtliche Aufspaltung ist insofern nicht interessengerecht. Konsequenterweise wäre die Zielvereinbarung/-vorgabe dann insgesamt in die einzelnen bekannte Entlohnungsformen zu „zerpflücken". Auch die „Provisionsregelungen" wären zu trennen. Man wird aber der Funktion des Personalführungssystems Zielvereinbarung/-vorgabe nicht gerecht, wenn man es in rechtliche Kriterien bemisst, die das Neu- oder Andersartige ignorieren.[356] Es ist mehr als nur eine Zusammenfügung bekannter Lohnformen. Eine sinnwidrige Aufteilung ist zu unterlassen. Im Übrigen kann auch das unternehmensbezogene Ziel Leistungsentgelt darstellen – ein fundamentaler Widerspruch zur Tantieme.

IV. Abgrenzung zum Carried Interest

Carried Interest sind Erfolgsbeteiligungszusagen für Mitarbeiter, die in Unternehmen arbeiten, die Private-Equity-Investoren beraten. Das besondere an diesem Beteiligungsmodell ist, dass der Arbeitnehmer nicht als solcher persönlich beteiligt wird, sondern die Erfolgsbeteiligungszusagen stammen aus dem Carried-Interest-Plan, dessen Durchführung einem Drittunternehmen obliegt.[357] An diesem Unternehmen ist der Mitarbeiter als Gesellschafter beteiligt. Möglich ist allerdings auch eine direkte vertragliche Vereinbarung auf Gewährung der Carried Interest im Rahmen eines Geschäftsführerdienstvertrages. Dies wird eher den strategischen Investoren empfohlen.[358]

Carried Interest ist weder Provision noch Tantieme. Bei der Provision ist ausschließlich die Vermittlungstätigkeit entscheidend. Von der Tantieme unterscheidet sich Carried Interest, da es weder am Geschäftsergebnis noch an der persönlichen Leistung des Berechtigten anknüpft.[359] Carried Interest weisen rechtlich eine Nähe zu Aktienoptionsplänen auf[360] und ste-

---

352 Zu den Anknüpfungspunkten und deren Zweck, siehe § 4 III 1.
353 *BAG* vom 12.02.2003, Az 10 AZR 392/02.
354 *Horcher*, in BB 2007, 2065 (2065); wohl auch *Lakies*, AGB, S. 184.
355 A.A. *Pelzer*, Zielvereinbarungen, S. 34 ohne nähere Begründung; offensichtlich ebenso *Fischer/Döring*, in AuA 2008, 684 (684).
356 *Hümmerich*, in NJW 2006, 2294 (2296).
357 *Hohenstatt/Stamer*, in BB 2006, 2413 (2413).
358 Vgl. zum ganzen *Menzer*, in GmbHR 2001, 950 (951).
359 *BAG* vom 03.05.2006, Az 10 AZR 310/05.

hen im vordergründigen Interesse der sog. Professionals, da diese gigantische Ausmaße – oftmals mehrere Millionen – annehmen können. Dieser Motivationseffekt durch die Carried Interest Regelung macht den Fonds erst überhaupt für die Geschäftsführung attraktiv. Das feste Gehalt steht dagegen eher im Hintergrund.

Von Zielvereinbarungen/-vorgaben unterscheiden sich Carried Interest Regelungen deutlich. Dies verdeutlicht schon die gesellschaftrechtliche Stellung beim Venture Capital Fonds. Nicht der Professional persönlich wird am Ergebnis beteiligt, sondern eine Gesellschaft, an der er beteiligt ist. Selbst wenn nicht eine Gesellschaft, sondern der Professional persönlich berechtigt ist – wie beim Corporate Venturing – besteht der Plan nur aus einem Ziel. Ausschließlich am Fondsergebnis wird angeknüpft. Es gibt keine weiteren Ziele. Die persönliche Leistung des Arbeitnehmers bzw. sein tatsächlicher Aufwand zum Erreichen des Ergebnisses ist unerheblich.[361] Zielvereinbarungen/-vorgaben dagegen sind wesentlich vielschichtiger und flexibler einsetzbar. Im Übrigen ist Carried Interest nur typisch für die Private-Equity-Branche.

V. Abgrenzung zur Akkord- und Prämienvergütung

Akkord- und Prämienlohn sind – neben der Provision – die klassische leistungsbezogene Vergütung, wobei der Akkordlohn als wichtigste leistungsbezogene Vergütung gilt.[362] Beim Geldakkord ist nicht die Arbeitszeit, sondern das konkrete Ergebnis der Arbeit Bemessungsgrundlage für das Entgelt, während beim Zeitakkord dagegen eine im Voraus festgelegte Zeit je Arbeitseinheit vergütet wird, auch wenn diese unterschritten werden sollte.[363] Es gibt jedoch noch weitere verschiedene Bezugsgrößen, um die Arbeitsmenge zu messen.[364] Der Prämienlohn ist zwar ähnlich, vergütet wird hier aber nicht das konkrete Arbeitsergebnis, sondern die erhöhte Produktivität. Hier werden weitere Bezugswerte neben der Arbeitszeit zur Ermittlung der Vergütung, wie Arbeitsqualität, Materialeinsatz, Nutzungsgrad der Maschinen sowie Einhaltung von Terminen verwendet.[365]

Freilich können auch Zielvereinbarungen/-vorgaben Elemente einer solchen Entlohnungsart aufweisen. Regelmäßig sind sie aber wesentlich differenzierter. Zwar wird auch bei den fachlichen Zielen an das Arbeitsergebnis angeknüpft, jedoch auf so unterschiedliche Art und Weise, die sich oftmals für die Akkord- und Prämienentlohnung nicht eignet.[366] Gerade bei weichen oder den persönlichen Zielen ist eine Akkord- oder Prämienvergütung schlicht nicht möglich, unternehmensbezogene Ziele sind gänzlich ungeeignet. Die Vielzahl an Möglichkeiten der Anknüpfungspunkte, aber dennoch die Unterstreichung der Leistungsbezogenheit ist auch oftmals gerade der Grund für die Einführung des Personalführungssystems Zielvereinba-

---

360 *Schmiedl*, in BB 2006, 2417 (2419).

361 *BAG* vom 03.05.2006, Az 10 AZR 310/05.

362 *Hergenröder*, in AR-Blattei SD 1855, Rn 131; *Diepold*, Vergütung, S. 50; *Schang*, Mitbestimmung, S. 12; die Bedeutung des Akkordlohnes soll jedoch abnehmen, vgl. *Renz*, Anweisung, S. 220ff.

363 Schaub/*Schaub*, AHdB, § 64 Rn 32f.; MüHArbR/*Kreßel* § 67 Rn 11f.; *Schwab*, in AR-Blattei SD 40, Rn 27; *Lindemann*, Flexible Gestaltung, S. 319.

364 Vgl. dazu MüHArbR/*Kreßel*, § 67 Rn 3ff.; Schaub/*Schaub*, AHdB, § 64 Rn 2ff.

365 MüHArbR/*Kreßel*, § 67 Rn 76ff.; DLW/*Dörner*, S. 471 Rn 773ff.; *Schang*, Mitbestimmung, S. 19ff.; *Diepold*, Vergütung, S. 51;

366 Die Kundenakquise beispielsweise ist wohl kaum im Akkord möglich, vgl. auch *Schang*, Mitbestimmung, S. 12ff.; *Lindemann*, Flexible Gestaltung, S. 321; Schaub/*Schaub*, AHdB, § 65 Rn 4ff.

rung/-vorgabe. Auch der (ehemalige) Angestelltenbereich soll Leistungslohnkomponenten erhalten.[367]

Neben der Vielschichtigkeit ist der Umfang des Zielentgelts regelmäßig begrenzt. Die Zielvereinbarung/-vorgabe setzt nicht auf so viel wie möglich.[368] Auch bei Übertreffung der Ziele wird nur ein Maximalbetrag fällig. Bei völliger Zielverfehlung ist auch der gänzliche Verlust des Anspruchs möglich. Dies alles ist bei der Akkord- oder Prämienvergütung nicht der Fall. Die Zielvereinbarung/-vorgabe unterscheidet sich deutlich. Sind allerdings in einer Zielvereinbarung/-vorgabe ausschließlich messbare und zählbare Größen festgelegt, ist sie im Ergebnis inhaltlich eine Prämien- oder Akkordlohnvergütung, ist sie dann auch wie eine solche zu qualifizieren.[369] Dies dürfte aber nur selten der Fall sein.

VI. Abgrenzung zur Gratifikation

Die Gratifikation ist eine Sondervergütung, die dem Arbeitnehmer über das eigentliche Entgelt hinaus zu bestimmten Anlässen (Weihnachten, Urlaub, Jubiläum) oder zu bestimmten Terminen gewährt wird.[370] Dabei kann es sich um Arbeitsentgelt im weiteren Sinne handeln, mit dem allein die Betriebstreue belohnt werden soll.[371] Da diese gleichzeitig die Gegenleistung des Arbeitnehmers darstellt, kann diese Gratifikation mit Bindungsklauseln verbunden werden.[372] Demgegenüber gibt es auch arbeitsleistungsbezogene Gratifikationen – meist das 13. Monatsgehalt – mit reinem Entgeltcharakter. Hier ist das Fehlen von Stichtags-, Wartezeit- oder Rückzahlungsklauseln kennzeichnend. Da hier die Arbeitsleistung die Gegenleistung darstellt, kommt eine Auszahlung pro rata temporis in Betracht.[373] Möglich und im Zweifel auch gewollt sind aber auch Mischformen, bei denen die Gratifikation beide Zwecke verfolgt.[374] Nach allgemeiner Meinung steht die Gratifikation als Geld- oder Sachleistung außerhalb des Synallagmas („Geld für Arbeit") und geht über die periodische Abgeltung der Arbeitsleistung hinaus. Es steht einerseits die bisher erbrachte Betriebstreue, andererseits die zukünftige Bindung des Arbeitnehmers im Vordergrund. Ihr sind Zahlungen, die unmittelbar an personenbezogene Erfolge anknüpfen, nicht zuzurechnen.[375] Soll vorrangig oder gar ausschließlich die Arbeitsleistung vergütet werden, so wird wohl keine Gratifikation gewährt.[376]

---

367 Nach ERA-TV wird die Unterscheidung gewerblicher Arbeitnehmer und Angestellter aufgegeben, vgl. *Schaub*, in RdA 2006, 374 (374); *Nicolai*, in RdA 2005, 56 (56).
368 *Lischka*, Zielvereinbarungen, S. 27.
369 *Breisig*, Entlohnen und Führen, S. 30.
370 *Vossen*, in NZA 2005, 724 (734); *Diepold*, Vergütung, S. 46; Küttner/*Griese*, Gratifikation, Rn 1.
371 *BAG* vom 26.01.2005, Az 10 AZR 215/04.
372 MüHArbR/*Hanau*, § 69 Rn 23f; Küttner/*Griese*, Gratifikation, Rn 20; dies wird z.T. aus Transparenzgründen empfohlen, vgl. *Schramm*, in NZA 2007, 1325 (1328).
373 *BAG* vom 22.10.2003, Az 10 AZR 152/03; *BAG* vom 21.03.2001, Az 10 AZR 28/00; Schaub/*Linck*, AHdB, § 78 Rn 4f.; MüHArbR/*Hanau*, § 69 Rn 2; vgl. *Vossen*, in NZA 2005, 734 (736).
374 *BAG* vom 07.11.1991, Az 6 AZR 489/89; *Moderegger*, in ArbRB 2006, 367 (367f.); Lingemann/*Gotham*, in DB 2007, 1754 (1756); zum Zweck von Sonderzahlungen vgl. *Gaul*, in BB 1994, 494 (494ff.).
375 *Range-Ditz*, in ArbRB 2003, 123 (124); *Swoboda/Kinner*, in BB 2003, 418 (418f.), die zu Recht auf die Problematik hinweisen, die diese Unterscheidung mit sich bringt, da der Arbeitgeber eher selten „wegen Weihnachten" die Leistung erbringen will, sondern nur bei dieser Gelegenheit zusätzlich die Arbeitsleistung vergütet; ebenso *Bauer/Chwalisz*, in ZfA 2007, 339 (341).
376 *Lindemann/Simon*, in BB 2002, 1807 (1807).

Auch wenn teilweise das Zielentgelt als Gratifikation bezeichnet wird,[377] es ist keine im klassischen Sinne. Zwar werden mit der Zielvereinbarung/-vorgabe – wie auch mit der Gratifikation – regelmäßig die Arbeitsleistung und die Betriebstreue abgegolten. Auch erhält der Arbeitnehmer ebenso das Zielentgelt oftmals „on top" zu seinem Zeitlohn am Ende des Jahres als zusätzliche Vergütung. Aber das Zielentgelt wird in manchen Fällen auch abschlagsweise monatlich ausgezahlt. Kennzeichen bei der Gratifikation ist die jährliche Auszahlung. Sie ist eine Einmalzahlung.[378] Der Rhythmus der Auszahlung kann jedoch nicht das entscheidende Abgrenzungsmerkmal sein. Dennoch besteht ein deutlicher Unterschied, wenn die Zielerreichung das zukünftige Gehalt für ein Jahr bestimmt.[379]

Der wesentliche Unterschied ist die Erfolgsabhängigkeit der Zielvereinbarung/-vorgabe. Das Zielentgelt stellt grundsätzlich ein leistungs- bzw. zielorientiertes Entgelt dar.[380] Ziele und Vergütung hängen untrennbar miteinander zusammen. Nur wenn die Ziele erfüllt wurden, ist das Zielentgelt verdient. Bei Zielverfehlung kann der Anspruch sogar gänzlich entfallen. Dies betrifft sowohl die mitarbeiter- als auch unternehmensbezogenen Ziele. Etwas anderes kann nur bei veränderten Rahmenbedingungen oder manchen Fehlzeiten gelten.[381] Selbst wenn die Gratifikation sogar ausschließlich die Arbeitsleistung entlohnen soll, wird sie dennoch nicht von an einem konkreten Erfolg abhängig gemacht. Lediglich Fehlzeiten außerhalb des Entgeltfortzahlungszeitraumes können sich anspruchsmindernd auswirken.[382]

Auch die Qualifizierung als Gratifikation mit Mischcharakter ist abzulehnen. Freilich kann als ein Ziel die Betriebstreue formuliert werden. Sicherlich werden aber aus Gründen der Motivation zum zielorientierten Arbeiten auch andere Ziele formuliert sein, sonst läge tatsächlich eine Gratifikation vor. Dann wird aber die „Mischung" deutlich. Es ist klar, welcher Anteil am Zielentgelt sich auf die Betriebstreue und welcher auf andere Ziele bezieht.[383] Sind mehrere Ziele vorhanden, erarbeitet der Arbeitnehmer durch seine Leistung und Erfüllung der restlichen Ziele auch bei Verfehlung der Betriebstreue einen Anspruch auf das entsprechende Zielentgelt.[384] Insofern kann das Zielentgelt nicht als Gratifikation qualifiziert werden, auch wenn ein Teil davon Elemente ausweisen kann.

VII. Zusammenfassung

Liegt Zielvereinbarungen/-vorgaben ein Arbeitsvertrag zu Grunde, so wandeln sie nicht ein Teil des Arbeitsverhältnisses in Werkvertragsrecht. Es verbleibt bei den arbeitsrechtlichen Grundsätzen. Sie sind (bloß) ein zusätzlicher Bestandteil des Arbeitsvertrages. Auch fallen sie nicht unter die herkömmlichen leistungsorientierten Vergütungen. Das Zielentgelt ist weder eine Provision, noch Tantieme, Akkord- und Prämienlohn oder Gratifikation, auch wenn die Zielvereinbarung/-vorgabe regelmäßig Bestandteile dieser Vergütungsformen beinhaltet. Le-

377 Brors, in RdA 2004, 273 (273).
378 Küttner/Griese, Gratifikation, Rn 1; Schaub/Linck. AHdB, § 78 Rn 3.
379 Vgl. Schleef, in PersW 2001, 58 (61).
380 Vgl. Oehme, Ergebnisorientierte Vergütung, S. 34; Schaub/Linck, AHdB, § 77 Rn 6.
381 Zu veränderten Rahmenbedingungen, siehe § 11; zu den einzelnen Fehlzeiten, siehe § 10 II.
382 BAG vom 21.03.2001, Az 10 AZR 28/00; Vossen, in NZA 2005, 734 (735); vgl. auch Küttner/Griese, Gratifikation, Rn 17.
383 Zur Relevanz bei Stichtags- und Rückzahlungsklausel, siehe § 6 VII.
384 In dieser Richtung auch BAG vom 24.10.2007, Az 10 AZR 825/06, vgl. dazu Freihube, in DB 2008, 124 (124ff.); Bronhofer, in AuA 2008, 115; Lembke, in BB 2008, 166 (167ff.); Lingemann/Gotham, in DB 2007, 1754 (1754ff.).

diglich wenn sie nur das Etikett Zielvereinbarung/-vorgabe trägt, inhaltlich jedoch ausschließlich unter eine der herkömmlichen Vergütungen fällt, ist sie als solche zu qualifizieren. Dies dürfte allerdings selten der Fall sein.

Die vielschichtige Zielvereinbarung/-vorgabe ist zwar eine neue Art der Vergütung, stellt aber keinen neuen Vertragstypus dar. Grundlage des Vertragsverhältnisses und des Anspruchs bleibt der Arbeitsvertrag. Das zur regelmäßigen Vergütung zusätzlich anfallende Zielentgelt wird durch den Zielerreichungsgrad nur gemessen. Die Zielvereinbarung/-vorgabe ist letztlich nur eine Bemessungsgrundlage zur Ermittlung der Vergütungshöhe.

Die Zielvereinbarung/-vorgabe selbst ist stark leistungsorientiert, für die Erfüllung bestimmter Ziele durch den Arbeitnehmer wird eine entsprechende Leistung des Arbeitgebers in Aussicht gestellt. Sie steht deshalb grundsätzlich im Synallagma Arbeit gegen Lohn und ist damit Entgelt im engeren Sinne.[385] Darüberhinaus kann jedoch – durch entsprechende Formulierung der Ziele – auch und ggf. allein die Belohnung der Betriebstreue bezweckt sein. Allerdings dürfen hierfür keine weitere Gegenleistung des Arbeitnehmers vorausgesetzt werden, wie bei den mitarbeiterbezogenen Zielen.[386] Möglich sind also unternehmensbezogene Ziele und auch ein Festbetrag unabhängig vom Unternehmensergebnis. Nur für diesen Teil der Zielvereinbarung/-vorgabe kann auf die Grundsätze zu Gratifikationen zurückgegriffen werden. Im Ergebnis liegt zwar dann eine Gratifikation mit Mischcharakter vor, jedoch wird durch die verschiedenen Ziele die „Mischung" deutlich. Hierdurch ergeben sich unterschiedliche Gestaltungsmöglichkeiten.[387]

---

385 *Horcher*, in BB 2065, (2067); *Lindemann/Simon*, in BB 2002, 1807 (1813); *Däubler*, in ZIP 2004, 2209 (2213); *Hidalgo/Rid*, in BB 2005, 2686 (2688), a.A. wohl *Schwab*, in NZA-RR 2009, 1 (2).
386 In diese Richtung auch *Behrens/Rinsdorf*, in NZA 2006, 830 (831).
387 Insbesondere bei Stichtags- und Rückzahlungsklausel, siehe § 6 VII.

Ausgestaltungsmöglichkeiten des Personalführungssystems Zielvereinbarung/-vorgabe

Die Grenzen zu kennen ist unabdingbar, um die Handlungsmöglichkeiten zu wissen und aufkommende Störungen im Personalführungssystem Zielvereinbarung/-vorgabe zu lösen. Deshalb bedarf es einer Klärung derselben.

§ 6 Die einzelnen Grenzen

Die Zielvereinbarung im weiteren Sinne und die Zielvereinbarung/-vorgabe unterliegen den allgemein bekannten Grenzen. Spezielle gesetzliche Vorschriften existieren nicht. Grundsätzlich gilt zwar die Privatautonomie, die Sittenwidrigkeits- und Inhaltskontrolle schränken den Bereich des Möglichen jedoch ein. Tarifverträge geben ebenso Grenzen vor, wie der allgemeine Gleichbehandlungsgrundsatz oder das AGG. Freilich darf auch nicht gegen ein Verbotsgesetz verstoßen werden. Aber auch das Weisungsrecht des Arbeitgebers beeinflusst die Zielvereinbarung/-vorgabe, wie es auch selbst durch die einmal festgelegten Ziele in gewissen Umfang beeinfluss wird.

I. Grundsatz der Privatautonomie

Nach § 105 GewO können die Arbeitsvertragsparteien den Abschluss, Inhalt und Form des Arbeitsvertrages innerhalb der Grenzen zwingender gesetzlicher Vorschriften, eines unmittelbar und zwingend wirkenden Tarifvertrages oder einer Betriebsvereinbarung frei vereinbaren. Dies gilt nach § 6 Abs. 2 GewO für alle Arbeitnehmer.

§ 105 GewO normiert damit Abschluss-, Inhalts- und Formfreiheit, mithin die das gesamte Zivilrecht überspannende Vertragsfreiheit. Insoweit hat die Norm lediglich einen klarstellenden Charakter. Deshalb wird sie teilweise als überflüssige, deplatzierte und nichts sagende Hülse kritisiert.[388] Die Arbeitsvertragsparteien können grundsätzlich nach den Prinzipien der Privatautonomie den Arbeitsvertrag frei ausgestalten. Sie können entscheiden, ob, mit wem und wie der Arbeitsvertrag geschlossen wird.[389] Dies folgt allein schon aus Art. 2 Abs. 1 GG und Art. 12 Abs. 1 GG.

Grundsätzlich stehen den Arbeitsvertragsparteien bei der Zielvereinbarung im weiteren Sinne sämtliche Möglichkeiten offen. Sie bestimmen frei die Rahmenbedingungen des Personalführungssystems Zielvereinbarung/-vorgabe. Auch liegt es in ihrem Ermessen, wie regelungsintensiv diese ausgestaltet wird. Sie sind frei, z.B. Lösungsmechanismen bei möglicherweise auftretenden Störungen zu vereinbaren, was grundsätzlich aber empfehlenswert ist.[390] Gleiches gilt für die Zielvereinbarung im engeren Sinne. Die Arbeitsvertragsparteien können hier frei die konkreten Ziele, die Gewichtung der Ziele untereinander und letztlich die Höhe des auf die einzelnen Ziele entfallenden Zielentgelts vereinbaren. Auf Grund der einvernehmlichen Einigung setzt der Arbeitsvertrag keine Schranken.

---

388 ErfK/*Preis*, § 105 GewO Rn 2; *Schöne*, in NZA 2002, 829 (830); *Wisskirchen*, in DB 2002, 1886 (1886); *Bauer/Opolony*, in BB 2002, 1590 (1590).

389 HWK/*Lembke*, § 105 GewO Rn 6.

390 Die meisten Autoren empfehlen dies, vgl. *Reiserer*, in NJW 2008, 609 (611); *Ohl*, in AiB 2007, 352 (356); *Baum*, in PersF 2007, 74 (77); *Annuß*, in NZA 2007, 290 (294); *Kolmhuber*, in ArbRB 2003, 117 (119); *Westermann*, in Personal 2001, 82 (83); *Geffken*, in NZA 2000, 1033 (1038); *Krause*, Zielvereinbarungen, S. 142; *Lischka*, Zielvereinbarungen, S. 42; *Mohnke*, Zielvereinbarungen, S. 296.

Anders dagegen die Zielvorgabe, die einseitig durch den Arbeitgeber erfolgt. Sie basiert auf die Zielvereinbarung im weiteren Sinne und hat in den Grenzen des Weisungsrechts zu erfolgen. Der Arbeitgeber ist im Ergebnis bei weitem nicht so frei, wie bei der einvernehmlichen Zielfestlegung.[391]

II. Regularien des Nachweisgesetzes

Die Begründung des Arbeitsverhältnisses ist grundsätzlich formfrei. Das Nachweisgesetz mit der schriftlichen Fixierung der wesentlichen Arbeitsbedingungen – deklaratorisch nochmals hervorgehoben in § 105 Abs. 1 S. 2 GewO – bezweckt jedoch eine größere Rechtssicherheit und Transparenz.[392] Nach § 1 NachwG gilt das Gesetz für sämtliche Arbeitsverhältnisse.

1. Nachweis des Entgelts und dessen Zusammensetzung

Für Zielvereinbarungen/-vorgaben zuallererst bedeutsam ist § 2 Abs. 1 S. 2 Nr. 6 NachwG. Die Zusammensetzung und Höhe des Arbeitsentgelts einschließlich sämtlicher Bestandteile, zu denen der Arbeitgeber verpflichtet ist, ist einschließlich deren Fälligkeit nachzuweisen.[393] Zwar wird teilweise vertreten, dass freiwillige Leistungen der Nachweispflicht nicht unterfallen.[394] Der Streit erübrigt sich, wenn das Zielentgelt keine freiwillige Leistung des Arbeitgebers darstellt. Aber selbst wenn das Zielentgelt mit einem Freiwilligkeitsvorbehalt ausgestaltet sein sollte,[395] unterliegt es der Nachweispflicht. Der Wortlaut der Norm unterscheidet nicht nach der rechtlichen Ausgestaltung des Entgelts.[396]

Der Arbeitgeber hat bezüglich der Gesamtvergütung zunächst anzugeben, dass diese zum Teil variabel ausgestaltet ist und (teilweise) aus einem Zielentgelt besteht. Der Anteil des Zielentgelts an der Gesamtvergütung ist ebenso anzugeben, wie die Fälligkeit und Höhe des Zielentgelts.[397] Ebenso ist schriftlich zu fixieren, ob und zu welchem Anteil unternehmensbezogene Ziele formuliert werden sollen. Zielvereinbarungen/-vorgaben sollen den Unternehmen es ermöglichen, flexibel auf äußere Umstände reagieren zu können. Deshalb werden nur für die jeweiligen Zielperioden die Ziele konkret festgelegt, sie stehen damit anfangs noch nicht fest. Daher unterliegen die Ziele erst bei der konkreten Formulierung der Nachweispflicht.[398]

Während beim Abschluss der Zielvereinbarung im weiteren Sinne die Ziele unbekannt sind und deshalb rein tatsächlich auch noch nicht nachgewiesen werden können, ändert sich die Situation nach Festlegung der konkreten Ziele. Es steht nun die Bemessungsgrundlage für das zu erreichende Zielentgelt fest. Dies ist aber eine wesentliche Vertragsbedingung nach § 2

---

391 Zum Einfluss des Weisungsrechts auf die Zielfestlegung, siehe § 6 III.

392 BT-Drs 13/668, S. 8; ErfK/*Preis*, Einf. NachwG Rn 1; DLW/*Dörner*, S. 273 Rn 348; *Schöne*, in NZA 2002, 829 (830); *Grünberger*, in NJW 1995, 2809 (2809).

393 *Schaefer*, NachwG, Rn D 60; HWK/*Kliemt*, § 2 NachwG Rn 29; *Birk*, in NZA 1996, 281 (286).

394 *Schaefer*, NachwG, Rn D 86.

395 Zu den Voraussetzungen eines wirksamen Freiwilligkeitsvorbehaltes, siehe § 8 I.

396 HWK/*Kliemt*, § 2 NachwG Rn 32; ErfK/*Preis*, § 2 NachwG Rn 18.

397 *LAG Hessen* vom 29.01.2002, Az 7 Sa 836/01; *Mohnke*, Zielvereinbarungen, S. 104; *Pelzer*, Zielvereinbarungen, S. 207; nur als sinnvoll dagegen wird die Schriftform bezeichnet von *Baum*, in PersF 2007, 74 (77f.).

398 So auch *Deich*, Beurteilung, S. 124; *Pelzer*, Zielvereinbarung, S. 221f.; *Mohnke*, Zielvereinbarungen, S. 104; ähnlich *Birk*, in NZA 1996, 281 (286).

Abs. 1 S. 2 Nr. 6 NachwG.[399] Ändert sich diese, wie bei einer Zielvereinbarung/-vorgabe regelmäßig in periodischen Abständen, ist dies nach § 3 Satz 1 NachwG ebenfalls nachzuweisen. Dieser Pflicht wird aber der Arbeitgeber in aller Regel genügen, wenn die Zielvereinbarung/-vorgabe schriftlich festgehalten wurde. Dies dürfte in den meisten Fällen der Fall sein.

§ 2 Abs. 1 S. 2 Nr. 7 NachwG sieht die Nachweispflicht bzgl. der Arbeitszeit vor. Dies betrifft aber nicht die Zielvereinbarung/-vorgabe.[400] Sie ist rein ergebnisorientiert, die zu erbringende Arbeitszeit spielt keine Rolle. Der Weg und damit die Arbeitszeit für die Zielerreichung stehen dem Arbeitnehmer frei.

2. Charakterisierung der Tätigkeit

Ferner ist § 2 Abs. 1 S. 2 Nr. 5 NachwG zu beachten. Es bedarf einer kurzen Charakterisierung oder Beschreibung der zu leistenden Tätigkeit. Detaillierte Ausführungen im Sinne einer Stellenbeschreibung werden nicht verlangt. Es genügt die Angabe eines charakteristischen Berufsbildes, sofern die zu leistende Tätigkeit innerhalb dessen zu erfolgen hat.[401] Dies hat – unabhängig von Zielvereinbarungen/-vorgaben – jedoch schon im Arbeitsvertrag selbst zu erfolgen. Insofern hat § 2 Abs. 1 S. 2 Nr. 5 NachwG keine besonderen Auswirkungen.

Bedeutung erlangt jedoch die Vorschrift, sofern in der Zielvereinbarung im engeren Sinne Ziele außerhalb des eigentlichen Tätigkeitsfeldes bzw. Berufsbildes formuliert wurden. Teilweise wird verlangt, dass in diesem Fall zusätzlich die entsprechende Berufsbezeichnung angegeben werden muss.[402] Dies ist jedoch abzulehnen. Zum einen erfolgt damit eine Änderung der wesentlichen Vertragsbedingungen, die ohnehin nach § 3 S. 1 NachwG nachzuweisen ist. Die zusätzliche Angabe der weiteren Berufsbezeichnung erscheint zu formalistisch. Zum anderen verändert sich nicht das gesamte Berufsbild, nur weil einige Ziele außerhalb des an sich vereinbarten Tätigkeitsbereiches liegen. Der Außendienstmitarbeiter wird nicht zum Innendienstmitarbeiter, wenn ein Ziel von vielen beispielsweise die Unterstützung der Personalabteilung darstellt, die restlichen sich jedoch innerhalb seiner normalen Tätigkeit befinden. Auch ist im Übrigen die kurze Charakterisierung oder Beschreibung der zu leistenden Tätigkeit, mithin das Aufgabengebiet des Arbeitnehmers ausreichend.[403] Dies ist aber gerade in der Zielvereinbarung im engeren Sinne festgelegt worden. Die Ziele geben dem Arbeitnehmer die Aufgaben vor und konkretisieren damit das Tätigkeitsfeld. Insofern erübrigt sich bei einer schriftlichen Zielvereinbarung im engeren Sinne eine Berufsbezeichnung, auch wenn einzelne Ziele außerhalb des normalen Berufsbildes liegen sollten.[404]

Bei einer Zielvorgabe dagegen stellt sich dieses Problem nicht. Die Ziele dürfen per se nur innerhalb des im Arbeitsvertrag festgelegten Aufgabengebiets liegen. Ansonsten überschreitet

---

399 *Rieble/Gistel*, in BB 2004, 2462 (2464); *v.Puttkamer*, in AiB 2002, 575 (576).

400 A.A. wohl *Mohnke*, Zielvereinbarungen, S. 106; inwieweit das ArbZG die Möglichkeiten der Zielfestlegung beeinflusst, siehe § 6 IV 2.

401 BT-Drs 13/668, S. 10; *Schaefer*, NachwG, Rn D 57; *Birk*, in NZA 1996, 281 (286); a.A. ErfK/*Preis*, § 2 NachwG Rn 16.

402 *Mohnke*, Zielvereinbarungen, S. 103.

403 BT-Drs 13/668, S. 10; HWK/*Kliemt*, § 2 NachwG Rn 25; *Birk*, in NZA 1996, 281 (286); *BAG* vom 08.06.2005, Az 4 AZR 406/04.

404 In diese Richtung auch *Deich*, Beurteilung, S. 124f.

der Arbeitgeber sein durch den Arbeitsvertrag begrenztes Weisungsrecht.[405] Die Zielvorgabe wäre dahingehend unwirksam.

3. Nachweis der Kollektivvereinbarungen

Da die Zielvereinbarung im weiteren Sinne auch als Kollektivvereinbarung ausgestaltet sein könnte, kann ebenfalls § 2 Abs. 1 S. 2 Nr. 10 NachwG Bedeutung erlangen. Verlangt wird hier ein in allgemeiner Form gehaltener Hinweis auf die Tarifverträge, Betriebs- oder Dienstvereinbarungen, die auf das Arbeitsverhältnis anzuwenden sind.

Der Grund der Anwendbarkeit der Kollektivvereinbarung ist nicht entscheidend.[406] Eine sol che Differenzierung gibt der Wortlaut des Gesetzes nicht her. Anzuwenden ist ein Tarifvertrag auf das Arbeitsverhältnis nicht nur bei Allgemeinverbindlichkeit oder beiderseitigen Tarifbindung,[407] sondern auch bei individualrechtlicher Vereinbarung. Dass aber nicht nur individualrechtlich vereinbarte Bedingungen nachzuweisen sind, ergibt schon die Aufzählung.[408] Betriebsvereinbarungen wirken stets unmittelbar und zwingend, eine individualrechtliche Verweisung auf an sich nicht anwendbare Betriebsvereinbarungen ist äußerst ungewöhnlich. Insofern ergäbe die Aufzählung nach dieser Auffassung keinen Sinn. Im Übrigen kann der Arbeitgeber teilweise nicht wissen, ob der Tarifvertrag normativ oder auf Grund der individualrechtlichen Verweisung anzuwenden ist. Die Frage nach der Gewerkschaftszugehörigkeit ist auf Grund der in Art. 9 Abs. 3 GG garantierten Koalitionsfreiheit nach herrschender Meinung beim Einstellungsgespräch verboten.[409]

§ 3 S. 2 NachwG verdeutlicht, dass durch den Hinweis auf die Kollektivvereinbarung, diese auch inhaltlich nachgewiesen wurde. Wäre das nicht der Fall, käme es sonst zum widersprüchlichen Ergebnis, dass zwar bei Begründung die kollektivrechtlichen und wesentlichen Vertragsbedingungen im Detail anzugeben wären, aber bei deren Änderungen die Nachweispflicht gemäß § 3 S. 2 NachwG entfällt. Dies führt aber nicht zur vom NachwG bezweckten Transparenz. Im Gegenteil, der im Allgemeinen rechtsunkundige Arbeitnehmer wird mehr verwirrt als aufgeklärt. Auch trägt eine schlichte inhaltliche Wiederholung der Kollektivverträge nichts zur Rechtssicherheit bei. Deshalb genügt der allgemein gehaltene Hinweis nach § 2 Abs. 1 S. 2 Nr. 10 NachwG der Nachweispflicht auch inhaltlich.[410]

Dies berührt in aller Regel nur Zielvereinbarungen im weiteren Sinne. Betriebsvereinbarungen und Tarifverträge geben regelmäßig nur die Rahmenbedingungen vor. Die Zielvereinba-

405 Zum Einfluss des Weisungsrechts auf die Zielvorgabe, siehe § 6 III 2.

406 *BAG* vom 05.11.2003, Az 5 AZR 676/02; *BAG* vom 23.01.2002, Az 4 AZR 56/01; *Bepler*, in ZTR 2001, 241 (243); HWK/*Kliemt*, § 2 NachwG Rn 39.

407 Teilweise wird vertreten, dies allein sollen der Nachweispflicht unterliegen, vgl. ErfK/*Preis*, § 2 NachwG Rn 24; *Mohnke*, Zielvereinbarungen, S. 105; MüKo/*Müller-Glöge*, § 611 BGB Rn 657.

408 A.A. *LAG Hamburg* vom 21.09.2001, Az 6 Sa 46/01; *LAG Schleswig-Holstein* vom 31.05.2001, Az 4 Sa 417/00; *LAG Niedersachsen* vom 07.12.2000, Az 10 Sa 1505/00; *Birk*, in NZA 1996, 281 (287).

409 *BAG* vom 28.03.2000, Az 1 ABR 16/99; DLW/*Dörner*, S. 262, Rn 271; *Küttner/Kreitner*, Auskunftspflichten Arbeitnehmer, Rn 18; Palandt/*Weidenkaff*, § 611 BGB Rn 6; a.A. Schaub/*Schaub*, AHdB, § 26 Rn 18; für laufende Arbeitsverhältnisse *Preis/Greiner*, in NZA 2007, 1073 (1076).

410 HWK/*Kliemt*, § 2 NachwG Rn 41; MüKo/*Müller-Glöge*, § 611 BGB Rn 662; *Bepler*, in ZTR 2001, 241 (243f.); *Mohnke*, Zielvereinbarungen, S. 105; *BAG* vom 05.11.2003, Az 5 AZR 469/02; *BAG* vom 29.05.2002, Az 5 AZR 105/01; *BAG* vom 23.01.2002, Az 4 AZR 56/01; a.A. ErfK/*Preis*, § 2 NachwG Rn 25f.

rung/-vorgabe selbst ist zwischen Vorgesetzen und Arbeitnehmer zu formulieren und erfolgt damit auf individualrechtlier Ebene.

III. Der Einfluss auf und durch das Weisungsrecht

Das Weisungsrecht des Arbeitgebers ist ein wesentliches Abgrenzungskriterium für den Arbeitsvertrag gegenüber anderen zivilrechtlichen Verträgen und für das Arbeitsverhältnis von zentraler Bedeutung.[411] Es besteht jedoch nicht unbeschränkt. Auch das Personalführungssystem Zielvereinbarung/-vorgabe wird vom Weisungsrecht beeinflusst.

1. Allgemeines zum Direktionsrecht

Das Weisungsrecht des Arbeitgebers ist für alle Arbeitsverhältnisse einheitlich in § 106 GewO geregelt.[412] Aufgrund des Weisungsrechts kann der Arbeitgeber einseitig die im Arbeitsvertrag nur rahmenmäßig umschriebene Leistungspflicht des Arbeitnehmers nach Zeit, Ort und Art der Leistung näher bestimmen.[413] Das Weisungsrecht findet einerseits seine Grenzen in gesetzlichen und kollektivvertraglichen Regelungen, aber auch im Arbeitsvertrag selbst. Je konkreter der Arbeitsvertrag die Pflichten des Arbeitnehmers umschreibt, umso geringer ist der Umfang des Weisungsrechts.[414] Ferner unterliegt es der Ausübungskontrolle.[415] Es handelt sich um ein einseitiges Gestaltungsrecht bzw. Leistungsbestimmungsrecht,[416] dessen Ausübung an die Beachtung des billigen Ermessens gebunden ist und an § 106 GewO bzw. § 315 Abs. 1 BGB gemessen wird.

Das allgemeine Weisungsrecht kann aber erweitert werden. Dies folgt entweder aus dem Arbeitsvertrag oder einem Tarifvertrag.[417] Bei einer individualrechtlichen Erweiterung sind jedoch – in den meisten Fällen – die §§ 305 ff. BGB zu beachten.[418] Die Erweiterung des Weisungsrechts kann aber auch konkludent oder ergänzender Vertragsauslegung folgen.[419] Beim erweiterten Direktionsrecht erfolgt eine zweistufige Überprüfung. Zunächst wird die Klausel selbst auf die Wirksamkeit überprüft (Inhaltskontrolle), danach die jeweilige Weisung im Hinblick auf das billige Ermessen hin überprüft (Ausübungskontrolle).[420]

---

411 *Brunhöber*, Weisungsrecht, S. 28.
412 *BAG* vom 23.09.2004, Az 6 AZR 567/03; *Wisskirchen*, in DB 2002, 1886 (1886f.); *Bauer/Opolony*, in BB 2002, 1590 (1591); HWK/*Lembke*, § 106 GewO Rn 4; ErfK/*Preis*, § 106 GewO Rn 1.
413 *BAG* vom 11.10.1995, Az 5 AZR 1009/94; *BAG* vom 20.12.1984, 2 AZR 436/83; *BAG* vom 27.03.1980, Az 2 AZR 506/78.
414 DLW/*Dörner*, S. 136 Rn 642; Küttner/*Griese*, Weisungsrecht, Rn 7; *Singer*, in RdA 2006, 362 (362).
415 *Brunhöber*, Weisungsrecht, S. 39ff.; HWK/*Lembke*, § 106 GewO Rn 115; Moll/*Gragert*, MAH, § 10 Rn 18; ErfK/*Preis*, § 106 GewO Rn 6; *BAG* vom 24.04.1996, Az 5 AZR 1031/94; *BAG* vom 20.12.1984, Az 2 AZR 436/83.
416 HWK/*Lembke*, § 106 GewO Rn 6; Moll/*Gragert*, MAH, § 10 Rn 11; Küttner/*Griese*, Weisungsrecht, Rn 17; *Hromadka*, in DB 1995, 1609 (1610); MüHArbR/*Blomeyer*, § 48 Rn 31; *Lakies*, in BB 2003, 364 (364); a.A. MüHArbR/*Richardi*, § 12 Rn 53, der Zuweisungen eines Tätigkeitsbereiches und konkretisierende Weisungen bzgl. Art der Tätigkeit als Realakt ansieht.
417 Moll/*Gragert*, MAH, § 10 Rn 23; Küttner/*Griese*, Weisungsrecht, Rn 15.
418 Unzutreffend daher ErfK/*Preis*, § 106 GewO Rn 9; HWK/*Lembke*, § 106 GewO Rn 57, soweit sie stets eine Inhaltskontrolle nach § 305 ff. BGB annehmen. Zunächst ist zu prüfen, ob der Arbeitsvertrag nicht doch ausnahmsweise individuell ausgehandelt wurde.
419 *Hromadka*, in DB 1995, 1609 (1610).
420 Küttner/*Reinecke*, Versetzung, Rn 2, Rn 7; ErfK/*Preis*, §§ 305-310 BGB Rn 51; Kittner/Zwanziger-Lakies, § 33 Rn 41ff.; *Singer*, in RdA 2006, 362 (363); *Kania*, in DB 1998, 2418 (2418).

2. Das Weisungsrecht und die Zielvorgabe

Durch die Zielvorgabe gibt der Arbeitgeber einseitig dem Arbeitnehmer Ziele vor, aus derer. Erreichen sich der Zielentgeltanspruch errechnet. Sie ist letztlich Ausfluss des ohnehin bestehenden Weisungsrechts. Der Einfluss desselben auf die Zielvorgabe lässt sich im Ergebnis mit den allgemeinen Grundsätzen lösen.

a) Recht zur Zielvorgabe Voraussetzung

Selbstverständlich ist, dass dem Arbeitgeber überhaupt das Recht zustehen muss, die Ziele einseitig vorzugeben. Dieses kann ausdrücklich in der Zielvereinbarung im weiteren Sinne geregelt sein.

> **Beispiel: (a)** Spätestens zum 15.01. eines jeden Jahres hat der Arbeitgeber dem Arbeitnehmer die zu erreichenden Ziele mitzuteilen.
> **(b)** Die Zielfestlegung erfolgt einseitig durch den Arbeitgeber in Form einer Zielvorgabe.

Die Zielvereinbarung im weiteren Sinne kann individualrechtlicher oder kollektivrechtlicher Natur sein und ist auf das Recht zur Zielvorgabe hin zu überprüfen. Ist eine einvernehmliche Zielfestlegung nicht ausdrücklich vorgeschrieben, so besteht im Zweifel das Recht zur Zielvorgabe. Nur beim Vorliegen konkreter Anhaltspunkte kann davon ausgegangen werden, dass das Weisungsrecht des Arbeitgebers eingeschränkt ist.[421]

Erteilt der Arbeitgeber eine Zielvorgabe, obwohl eine Zielvereinbarung im engeren Sinne zu Stande hätte kommen sollen, ist zu differenzieren. Hat er zunächst eine Einigung versucht, so ist die Zielvorgabe wirksam. Erteilt der Arbeitgeber jedoch abredewidrig eine Zielvorgabe. widerspricht sie damit der Zielvereinbarung im weiteren Sinne und ist unwirksam. Die Feststellung erfolgt über § 315 Abs. 3 BGB.[422] Die unwirksame Zielvorgabe ist durch eine Zielvereinbarung im engeren Sinne zu ersetzen. Dies gilt auch vor dem Hintergrund, dass der Arbeitgeber notfalls bei Nichteinigung eine Zielvorgabe erteilen muss. Dem Arbeitnehmer dürfen seine Mitwirkungsrechte nicht vorenthalten bleiben. Diese wurden ihm in der Zielvereinbarung im weiteren Sinne zugesprochen und müssen beachtet werden. Der Arbeitnehmer ist jedoch nicht verpflichtet, gegen die Zielvorgabe vorzugehen. Auf Grund der Unwirksamkeit ist die Situation vergleichbar mit der gänzlich unterlassenen Zielvereinbarung/-vorgabe.[423] Dem Arbeitnehmer steht ein Schadensersatzanspruch zu.

Abzulehnen ist jedoch die Ansicht, zur abredewidrig erlassenen Zielvorgabe erteilt der Arbeitnehmer seine Zustimmung, wenn er sich tatsächlich um die Zielerreichung bemüht.[424] Dem rein tatsächlichen Tätigwerden kommt kein Erklärungswert zu und die Weisungswidrigkeit wird nicht durch Nachträgliches Handeln des Arbeitnehmers geheilt.[425]

---

421 Zum Recht auf Zielvorgabe bei Zweifel, siehe § 4 IV.
422 A.A. *Hümmerich*, in NJW 2006, 2294 (2297), der dies im Rahmen der AGB-Kontrolle feststellen will, aber verkennt, dass bei einer Zielvorgabe gerade kein zweiseitiges Rechtsgeschäft, sondern ein einseitiges Leistungsbestimmungsrecht vorliegt.
423 Zur Zahlungspflicht bei unterlassener Zielvereinbarung/-vorgabe, siehe § 12.
424 A.A. *Heiden*, Zielvereinbarung, S. 234f.
425 Siehe § 2 I 2 b.

b) Keine Ziele außerhalb des Weisungsrechts

Die Zielvorgabe wird einseitig vom Arbeitgeber erteilt und ist damit Ausfluss seines Weisungsrechts. Die Ziele dürfen daher nur innerhalb des bestehenden Direktionsrechts des Arbeitgebers liegen. Die Ziele konkretisieren – durch die Vorgabe des Ergebnisses als Ziel der gewollten Bemühungen des Arbeitnehmers – lediglich die ohnehin bestehende Arbeitspflicht. Daher müssen die Ziele, oder exakter ausgedrückt,[426] der Weg zur Zielerreichung vom Weisungsrecht gedeckt sein. Der Arbeitnehmer schuldet nicht das Ergebnis, sondern lediglich das Bemühen um die Zielerreichung. Die Zielvorgabe unterliegt dahingehend einer Billigkeitskontrolle nach § 315 Abs. 3 BGB.[427] Hier begrenzt der Arbeitsvertrag die Möglichkeiten der Zielformulierung. Denn weder darf sich die Tätigkeit des Arbeitnehmers ändern, noch dürfen die Ziele nur bei Überschreitung der vertraglich vereinbarten Arbeitszeit erreichbar sein.[428]

> **Beispiel:** A ist angestellt als „Autoverkäufer" in einem Autohaus in Teilzeit (halbtags, Fünf-Tage-Woche). Üblicherweise werden ca. 2 Autos pro (vollen) Arbeitstag verkauft. A kann weder (a) das Erstellen der Schlussbilanz für das Unternehmen, noch (b) Verkauf von 10 Autos pro Woche als Ziel vorgegeben werden.

Auch ist die individuelle Leistungsfähigkeit des Arbeitnehmers zu beachten. Dadurch können aber auch nur die Ziele vorgegeben werden, die vom konkreten Arbeitnehmer beim gewöhnlichen Lauf der Dinge erreicht werden können.[429] Auch die Zielvereinbarung im weiteren Sinne kann den Umfang und Inhalt der Zielvorgabe begrenzen. Sind hier nähere Angaben vorhanden, welche Ziele in Betracht kommen sollen oder wie sie grundsätzlich strukturiert sein sollen, ist dies bei der Erteilung der Zielvorgabe ebenfalls zu beachten.[430] Zumindest im Bereich der Zielvorgabe ist die Forderung, nur besondere Leistungen sollten im Rahmen des Personalführungssystems Zielvereinbarung/-vorgabe vereinbart werden, damit nicht umsetzbar.[431] Auch hat die Diskussion um die Reichweite des Weisungsrechts damit bei der Zielvorgabe durchaus eine Bedeutung.[432]

---

426 Da das Arbeitsergebnis (Ziel) nicht geschuldet ist, kann dieses auch nicht im Sinne einer Erfolgspflicht angewiesen werden, wohl aber als Anweisung, sich um das Erreichen des Ergebnisses zu bemühen; ähnlich *Mohnke*, Zielvereinbarungen, S. 40; auch *Krause*, Zielvereinbarungen, S. 250, nur Aufgaben, nicht aber Ziele sind vom Weisungsrecht gedeckt.

427 *Reiserer*, in NJW 2008, 609 (609); *Lischka*, in BB 2007, 552 (553); *Annuß*, in NZA 2007, 290 (290f.); *Schrader/Müller*, in RdA 2007, 145 (147); *Friedrich*, in PersF 2006, 22 (25); *Riesenhuber/v.Steinau-Steinrück*, in NZA 2005, 785 (786); *Brors*, in RdA 2004, 273 (276); *Berwanger*, in BB 2004, 551 (553); *Hergenröder*, in AR-Blattei SD 1855, Rn 84; *Bauer/Diller/Göpfert*, in BB 2002, 882 (884); *Heiden*, Zielvereinbarungen, S. 239; *BAG* vom 12.12.2007, Az 10 AZR 97/07.

428 Ebenso *Pelzer*, Zielvereinbarungen, S. 50.

429 *LAG Hamm* vom 24.11.2004, Az 3 Sa 1325/04; *Hoß*, in ArbRB 2002, 154, jedoch ohne Differenzierung zwischen Zielvorgabe und Zielvereinbarung im engeren Sinne.

430 *Annuß*, in NZA 2007, 290 (290), der solche Rahmenregelungen dringend empfiehlt, um die Billigkeitsprüfung überhaupt erst zu ermöglichen; dies erscheint jedoch zu streng, zwar erleichtern Konkretisierungen im Arbeitsvertrag die Billigkeitsprüfung, machen diese jedoch nicht unmöglich, die Anhaltspunkte zur Abwägung sind dann auf anderem Wege zu ermitteln.

431 So die Forderung von z.B. *Tondorf*, in AiB 1998, 323 (325f.); *Becker/Schwarz*, PersW 1998, 56 (58); *Breisig*, Entgelt, S. 142.

432 A.A. *Berwanger*, in BB 2003, 1499 (1501), „irrelevant für die Praxis".

c) Andernfalls Unverbindlichkeit der Zielvorgabe

Das Weisungsrecht unterliegt der richterlichen Kontrolle nach § 315 Abs. 3 BGB.[433] Liegen die Ziele außerhalb des Weisungsrechts, stellt sich die Frage nach der Verbindlichkeit einerseits und nach der Auswirkung auf die Vergütung andererseits.

Entspricht die Weisung nicht dem billigen Ermessen, so ist sie nach § 315 Abs. 3 S. 1 BGB nicht verbindlich. Für die Billigkeitsprüfung ist der Zeitpunkt der Erteilung der Weisung maßgeblich.[434] Gleiches gilt auch für die Zielvorgabe. Liegt der Weg zur Zielerreichung außerhalb des Weisungsrechts, so ist die Zielvorgabe für den Arbeitnehmer nicht verbindlich.[435] Beeinflussen allerdings erst nachträglich eintretende Umstände – drastische Markteinbrüche, Versetzung des Arbeitnehmers – die Zielerreichung, wird die Zielvorgabe zwar nicht unbillig, es besteht jedoch ein Anspruch auf Anpassung der Ziele.[436]

Der Arbeitnehmer kann im Rahmen einer Feststellungsklage die Unwirksamkeit der Zielvorgabe geltend machen.[437] Allerdings ist hier noch nicht die Frage der Vergütung geklärt, insbesondere wenn die Zielperiode schon weit vorangeschritten oder gar abgelaufen ist. Die bloße Unwirksamkeit bedeutete für den Arbeitnehmer den Wegfall der Bemessungsgrundlage zur Ermittlung des Zielentgelts, nach der er seine Tätigkeit ausgerichtet hatte. Unwirksamkeit bedeutet letztlich das Nichtexistieren. Insofern liegt eine Parallele zur gänzlich unterlassenen Zielvorgabe vor. Die Problematik ist identisch zu lösen. Vor Abschluss der Zielperiode kann der Arbeitnehmer den Verzugsschaden nach §§ 280 Abs. 1, Abs. 2, 286 BGB geltend machen, nach Abschluss der Zielperiode kann der Arbeitnehmer Schadensersatz nach §§ 280 Abs. 1, Abs. 3, 283 BGB beanspruchen.[438]

Eine teilweise Unwirksamkeit der Zielvorgabe ist abzulehnen. Die einzelnen Ziele hängen oftmals miteinander zusammen und sind untereinander gewichtet. Die Unterteilung in wirksamen Teil und unwirksamen Teil der Zielvorgabe risse diesen natürlichen Zusammenhang künstlich auseinander. Die Zielvorgabe ist einheitlich zu betrachten. Die Billigkeitsprüfung des § 315 Abs. 3 BGB kennt nur ganz ausnahmsweise eine geltungserhaltende Reduktion. Deshalb kann nur einheitlich und für das gesamte Zielentgelt die Lösung über den Schadensersatz gesucht werden. Wird eine unbillige Zielvorgabe erteilt, so kann der Arbeitnehmer das Zielentgelt im Rahmen des Schadensersatzes verlangen. Die Pflichtverletzung liegt in der Erteilung der unbilligen und unwirksamen Zielvorgabe, damit letztlich im Unterlassen einer wirksamen Zielvorgabe.[439]

---

433 ErfK/*Preis*, § 106 GewO Rn 6; HWK/*Lembke*, § 106 GewO Rn 9; Staudinger/*Rieble*, § 315 BGB Rn 172; Küttner/*Griese*, Weisungsrecht, Rn 17.

434 Palandt/*Grüneberg*, § 315 BGB Rn 10; MüKo/*Gottwald*, § 315 BGB Rn 52; Erman/*Hager*, § 315 BGB Rn 21; *BAG* vom 23.09.2004, Az 6 AZR 567/03.

435 Ebenso *Lischka*, in BB 2007, 552 (553); *Annuß*, in NZA 2007, 290 (290f.); *Friedrich*, in PersF 2006, 22 (25); *Riesenhuber/v.Steinau-Steinrück*, in NZA 2005, 785 (786); *Hergenröder*, in AR-Blattei SD 1855, Rn 84; *Bauer/Diller/Göpfert*, in BB 2002, 882 (884); *Heiden*, Zielvereinbarungen, S. 239; *Deich*, Beurteilung, S. 121; *BAG* vom 12.12.2007, Az 10 AZR 97/07.

436 Zum Anspruch auf unterjähriger Korrektur, siehe § 11 I.

437 Vgl. HWK/*Lembke*, § 106 GewO Rn 133; Schaub/*Linck*, AHdB, § 45 Rn 42; DLW/*Dörner*, S. 139 Rn 650; *BAG* vom 26.09.2002, Az 6 AZR 523/00.

438 Zu den Einzelheiten, insbesondere Herleitung des Schadenersatzanspruchs, siehe § 12 II.

439 Vgl. Staudinger/*Rieble*, § 315 BGB Rn 149; a.A. für „vorläufige Verbindlichkeit" Erman/*Hager*, § 315 BGB Rn 24; MüKo/*Gottwald*, § 315 BGB Rn 44; Palandt/*Grüneberg*, § 315 BGB Rn 16.

d) Keine Bedeutung für unternehmensbezogene Ziele

Die vorgenannten Ausführungen beziehen sich freilich nur auf die mitarbeiterbezogenen Ziele. Unternehmensbezogene Ziele stehen in keinem Zusammenhang mit dem Weisungsrecht. Gleichwohl ist aber anerkannt, dass diese im Rahmen einer Zielvorgabe mit aufgenommen werden können, auch wenn der einzelne Arbeitnehmer einen sehr geringen bis gar keinen Einfluss auf die Erfüllung derselben hat.[440] Letztlich haben solche doch lediglich den Sinn, entweder das mitarbeiterbezogene Zielentgelt zu korrigieren und die Personalkosten damit an die wirtschaftliche Situation des Unternehmens anzupassen oder auf der anderen Seite den Arbeitnehmer unabhängig von der persönlichen Leistung schlicht eine Beteiligung am Unternehmensergebnis zu ermöglichen.[441] Da aber die Ziele einseitig vorgegeben werden, könnte der Arbeitgeber die Zielvorgabe – gerade in wirtschaftlich schwierigen Situationen – vollständig aus unternehmensbezogenen Zielen gestalten, und somit einseitig den Anspruch auf das Zielentgelt negativ beeinflussen. Deshalb sollte sowohl die Möglichkeit als auch der Anteil der unternehmensbezogenen Ziele am Zielentgelt in der Zielvereinbarung im weiteren Sinne feststehen. Auf der anderen Seite lässt sich ausschließlich mit unternehmensbezogenen Zielen kaum die gewünschte Motivationswirkung erreichen.

3. Das Weisungsrecht und die Zielvereinbarung im engeren Sinne

Werden die Ziele einvernehmlich vereinbart, gibt es keine Beschränkung durch das Weisungsrecht des Arbeitgebers. Die Zielvereinbarung im engeren Sinne besitzt eine größere Richtigkeitschance und bedarf daher keiner so intensiven Kontrolle wie die einseitige Leistungsbestimmung durch die Zielvorgabe.[442] Die Arbeitsvertragsparteien können wirksam die Zielvereinbarung im engeren Sinne auch außerhalb des Weisungsrechts des Arbeitgebers einvernehmlich vereinbaren.[443]

a) Keine Zustimmungspflicht zu Zielen außerhalb des Weisungsrechts

Dies bedeutet aber nicht, dass der Arbeitnehmer verpflichtet ist, sämtlichen Zielen zuzustimmen. Eine Pflicht zur Zustimmung einer Vereinbarung ist allgemein auch wohl kaum begründbar, da einer Verhandlung eben auch das Risiko einer Nichteinigung immanent ist. Andernfalls handelt es sich in Wahrheit um eine Zielvorgabe, nur die Bezeichnung ist unzutreffend.[444] Freilich sind für den Fall der bloßen Nichteinigung zunächst die Regelungen einschlägig, die die Zielvereinbarung im weiteren Sinne hierfür vorsieht. Auch wenn sich solche Regelungen empfehlen, sie fehlen häufig.

---

440 A.A. *Hoß*, in ArbRB 2002, 154 (154).

441 Zu den einzelnen Anknüpfungspunkten und deren Zweck, siehe § 4 III 1.

442 *Annuß*, in NZA 2007, 290 (290); *Schrader/Müller*, in RdA 2007, 145 (147); *Friedrich*, in PersF 2006, 22 (25f.); *Riesenhuber/v.Steinau-Steinrück*, in NZA 2005, 785 (786); wohl auch *Brors*, in RdA 2004, 273 (276).

443 *Köppen*, in DB 2002, 374 (375); *Deich*, Beurteilung, S. 117f.; *Lischka*, Zielvereinbarungen, S. 92; *Pelzer*, Zielvereinbarungen, S. 121; *Mohnke*, Zielvereinbarungen, S. 153f.; *Heiden*, Zielvereinbarungen, S. 247; zum hier nicht interessierenden Konflikt zwischen Weisungsfreiheit der Vorstände einerseits und Eingriff in derselben durch Zielvereinbarungen andererseits vgl. *Behrens/Rinsdorf*, in AG Arbeitsrecht, 449 (449ff.).

444 Dies ist auch einer der Hauptkritikpunkte, vgl. § 3 II 2 a.

Einigen sich die Parteien nicht auf eine Zielvereinbarung im engeren Sinne, ist nach dem Grund zu forschen. Dabei sind die Besonderheiten der Personalführungssystems Zielvereinbarung/-vorgabe zu berücksichtigen. Beide Seiten gehen grundsätzlich davon aus, dass die Zielvereinbarung im engeren Sinne in jedem Falle zu Stande kommen wird und die Parteien sich einigen werden (müssen). Für den Arbeitgeber steht die Motivationsmöglichkeit im Vordergrund des Interesses, für den Arbeitnehmer die Möglichkeit, das Zielentgelt zu erhalten. Wenn auch das konkrete Ergebnis der Verhandlung nicht feststeht, das Zustandekommen der Zielvereinbarung im engeren Sinne wird nicht als eine bloße fakultative Möglichkeit angesehen, sondern wird von den Arbeitsvertragsparteien als sicheres Ereignis vorausgesetzt. Allerdings bleibt Fundament der Verhandlungen der Arbeitsvertrag. In diesem sind die Arbeitspflichten des Arbeitnehmers enthalten. Hier sind auch die Grenzen des Weisungsrechts zu finden. Eine Änderung der Arbeitsbedingungen kann der Arbeitgeber nicht ohne weiteres herbeiführen. Insofern kann der Arbeitgeber lediglich innerhalb des bestehenden Weisungsrechts den Abschluss der Zielvereinbarung im engeren Sinne verlangen. Oder anders herum, liegt der Inhalt der Zielvereinbarung im engeren Sinne außerhalb des Weisungsrechts, kann der Arbeitnehmer zu Recht den Abschluss verweigern.[445] Damit spielt für die Parteien der einvernehmlichen Zielfestlegung durchaus eine Rolle, ob die Ziele vom Weisungsrecht gedeckt sind oder nicht.[446] Verlangt der Arbeitgeber den Abschluss einer Zielvereinbarung im engeren Sinne, die Ziele außerhalb des Weisungsrechts enthält, so kann der Arbeitnehmer zu Recht seine Zustimmung verweigern.[447]

b) Bei Nichteinigung Ersetzung durch Zielvorgabe

Das bedeutet aber nicht im Umkehrschluss, dass der Arbeitnehmer einer Zielvereinbarung im engeren Sinne zustimmen muss, wenn die Ziele sich innerhalb des Weisungsrechts befinden. Sonst kann man nicht von einer Vereinbarung als Ergebnis einer Verhandlung sprechen.

Nur, weigert sich der Arbeitnehmer zu Unrecht, kann der Arbeitgeber nicht tatenlos bleiben und unter Umständen deswegen der Arbeitnehmer seinen Anspruch auf das Zielentgelt gänzlich verlieren.[448] Der Arbeitgeber hat in diesem Fall eine Zielvorgabe zu erteilen, die sich freilich innerhalb des Weisungsrechts befinden muss.[449] Andernfalls verlöre zwar der Arbeitnehmer die Chance auf das Zielentgelt, der Arbeitgeber jedoch behält sein Weisungsrecht. Er kann weiterhin die Arbeitspflicht konkretisieren. In diesem Fall wird er mit großer Wahrscheinlichkeit die ursprünglich gewollten Ziele nun schlicht anweisen. Im Ergebnis stellt sich der Arbeitgeber – abgesehen vom fehlenden Motivationseffekt – nun sogar besser, während der Arbeitnehmer bei unveränderter Leistungspflicht einen unter Umständen wesentlichen Vergütungsbestandteil verliert. Dies kann nicht das Ergebnis sein. Hier muss allein aus dem Fürsorgegedanken dem Arbeitgeber die Pflicht auferlegt werden, dem Nichtabschluss der Zielvereinbarung im engeren Sinne mit der Erteilung einer Zielvorgabe zu begegnen. Dem kann auch nicht entgegengehalten werden, dass damit die Verhandlungsposition des Arbeitgebers ungleich verbessert wird. Sie bleibt gleich. Denn der Arbeitgeber kann stets die Arbeitspflicht im Rahmen des Direktionsrechts konkretisieren. Dieses „Damoklesschwert"

---

445 In diese Richtung *Mauer*, in NZA 2002, 540 (547).

446 A.A. *Pelzer*, Zielvereinbarungen, S. 93.

447 Zu den Folgen bei aus diesem Grund unterlassener Zielvereinbarung im engeren Sinne, siehe § 12 II 5.

448 A.A. offenbar *BAG* vom 12.12.2007, Az 10 AZR 97/07.

449 *Hoß*, in ArbRB 2002, 154 (155); wohl nur für den Fall, dass dies vertraglich vereinbart wurde *Mohnke*, in AuA 2008, 342 (343); *Annuß*, in NZA 2007, 290 (290).

schwebt immer über dem Arbeitnehmer. Im Ergebnis hat der Arbeitgeber den Arbeitnehmer nur „zu seinem Glück" zu zwingen.

4. Einfluss der Zielvereinbarung/-vorgabe auf das Weisungsrecht

Unklar ist, inwieweit eine wirksame Zielvereinbarung/-vorgabe das grundsätzlich vorhandene Weisungsrecht des Arbeitgebers beeinflusst.

a) Meinungsüberblick

Plander differenziert zwischen der Zielvorgabe und Zielvereinbarung im engeren Sinne. Während bei ersterer das Weisungsrecht uneingeschränkt fortbesteht, enthält die Zielverein-barung im engeren Sinne für deren Laufzeit einen konkludenten Verzicht auf das Weisungs-recht.[450] Letzteres folgt nach *Plander* aus dem MbO-Ansatz. *Deich* hingegen begründet den Verzicht auf das Weisungsrecht auf Grundlage eines Vertrages.[451] Dem Arbeitnehmer werden lediglich Ergebnisse vorgegeben, die Wahl der Mittel und der Wege bleibt dagegen ihm über-lassen.[452] Der Verzicht geht nach *Plander* aber noch weiter. Da die Ziele, anstatt einseitig vorgegeben, einvernehmlich vereinbart werden, folgt hieraus auch ein grundsätzlicher Ver-zicht, das Arbeitsverhältnis durch Weisungen auszugestalten. Die Parteien wollen sich gerade einvernehmlich einigen, anstatt dass der Arbeitgeber den für Weisungen zur Verfügung ste-henden Gestaltungsspielraum nutzt. Bei einer wesentlichen Änderung der Umstände – gleich, ob aus Unternehmenssicht die Ziele strategisch geändert werden müssen oder durch äußere Einflüsse das Erreichen der Ziele erschwert bis unmöglich wird – geht *Plander* davon aus, dass die jeweilig betroffene Partei den Anstoß zur Änderung der Zielvereinbarung im engeren Sinne geben wird und dahingehend auch einigen werden.[453] *Deich* hingegen sieht die Reich-weite des Verzichts nicht so weit, sondern bejaht das Weisungsrecht z.B. im Hinblick auf die betriebliche Ordnung durchaus noch.[454]

Hromadka dagegen sieht im Abschluss der Zielvereinbarung keinerlei Einfluss auf das Wei-sungsrecht. Der Arbeitgeber verliere nicht dadurch sein Weisungsrecht, dass er Zielvereinba-rungen im engeren Sinne mit dem Arbeitnehmer schließt. Er behält sich stillschweigend im-mer vor, Kompetenzen wieder zurückzunehmen, steuernd einzugreifen oder eine Zielverein-barung im engeren Sinne zu ändern. Allenfalls als Grundlage für die Vergütung sei die Ziel-vereinbarung im engeren Sinne verbindlich.[455] Ähnlich sieht es *Köppen*, die zwar die Zielein-barung im engeren Sinne als verbindlich ansieht, aber eine einseitige Änderung durch den Arbeitgeber stets zulässt.[456]

---

450   *Plander*, in ZTR 2002, 155 (157ff.).
451   *Deich*, Beurteilung, S. 109ff., die allerdings zwischen Ziele innerhalb und außerhalb des Weisungsrechts differenziert, i.e. jedoch zur gleichen Lösung kommt.
452   *Plander*, in ZTR 2002, 155 (159); *Deich*, Beurteilung, S. 110.
453   *Plander*, in ZTR 2002, 155 (159), er erwartet keine größeren Probleme und bleibt konsequenterweise eine Antwort zur Lösung schuldig, wenn sich die Parteien gerade nicht einigen können (oder wollen).
454   *Deich*, Beurteilung, S. 112.
455   *Hromadka*, in DB 1995, 1609 (1614) mit allerdings keinerlei weiteren Ausführungen, inwiefern die ver-bindliche vergütungsrelevante Zielvereinbarung das Weisungsrecht beschränkt.
456   *Köppen*, in DB 2002, 374 (377ff.).

Andere sehen dagegen im Abschluss einer Zielvereinbarung im engeren Sinne eine Beschränkung des Weisungsrechts.[457] Zielerreichungsverhindernde Weisungen sind unbillig, andere Weisungen kann der Arbeitgeber durchaus erteilen. Andere dagegen sehen das Weisungsrecht durch die Zielvereinbarung/-vorgabe überhaupt nicht beschränkt. So lässt *Lischka* zwar keine einseitige Änderung zu, bejaht jedoch die Vorgabe (wohl zusätzlicher) anderer Ziele und lässt in diesem Fall einen Anspruch des Arbeitnehmers auf das Zielentgelt entstehen.[458] Eine ähnliche Ansicht vertritt *Heiden*. Er sieht das Weisungsrecht nur bei ausdrücklicher Vereinbarung beschränkt und lässt bei Weisungen, die die Zielerreichung behindern oder vereiteln, den Entgeltanspruch des Arbeitnehmers nach dem § 162 BGB zu entnehmenden Rechtsgedanken der Unzulässigkeit der Bedingungsvereitelung entstehen.[459]

b) Beeinflussung der Interessenabwägung

Ein Verzicht auf Weisungen kann jedenfalls nur im Einzelfall und nur bei ausdrücklicher Vereinbarung angenommen werden. Nur bei konkreten Anhaltspunkten kann angenommen werden, dass der Arbeitgeber auf sein Weisungsrecht verzichtet. Allein eine Zielvereinbarung/-vorgabe ist noch nicht als solcher Umstand zu werten; wohl aber eine Zusicherung, etwa der Arbeitnehmer habe bei der Durchführung des Projektes „völlig freie Hand". Nur ein solcher Zusatz kann den Verzicht auf das Weisungsrecht begründen.[460] Denn es kann nicht sein, dass der Arbeitgeber tatenlos mit ansehen muss, wie der Arbeitnehmer selbst die Zielerreichung verhindert oder sinnlos Ressourcen verschwendet. So muss z.B. dem Verkäufer au gewiesen werden können, beim Kundenkontakt auf ein gepflegtes Äußeres zu achten.

Dem Arbeitgeber steht damit grundsätzlich das Weisungsrecht zu. Dieses wird zunächst auch nicht von einer Zielvereinbarung/-vorgabe beeinflusst. Fundament des Arbeitsverhältnisses bleibt der Arbeitsvertrag. In diesem werden die Arbeitspflichten des Arbeitnehmers benannt. Die Konkretisierung erfolgt durch die Erteilung einer Weisung und auch durch die Setzung der Ziele. Der Arbeitnehmer weiß für die Dauer der Zielperiode, um welche Ziele er sich zu bemühen hat. Sie konkretisiert jedoch nicht die Arbeitspflichten des Arbeitnehmers dahingehend, dass nur das Bemühen um die Zielerreichung geschuldet ist. Nur ein Teil der Arbeitspflicht wird konkretisiert.[461] Dies wird allein dadurch deutlich, dass oftmals lediglich besonders exponierte Pflichten des Arbeitnehmers als Ziele formuliert werden. Standardaufgaben bleiben bei der Zielvereinbarung/-vorgabe außen vor.[462] Andernfalls beschränkte sich das Arbeitsverhältnis lediglich auf das Erreichen der Ziele. Dies ist aber sicherlich von niemandem gewollt.

Aber auch eine Beschränkung des Weisungsrechts, also ein Verbot zielerreichungshemmender Weisungen, ist nicht begründbar. Denn im Ergebnis liefe das ebenfalls auf einen Verzicht hinaus. Jede Weisung, die nicht die Zielerreichung fördert – z.B. der Verkäufer hat das Regal

---

457   *Krause*, Zielvereinbarungen, S. 251; *Mohnke*, Zielvereinbarungen, S. 43ff.; *Lischka*, Zielvereinbarungen, S. 65f.; *Pelzer*, Zielvereinbarungen, S. 97; *Heiden*, Zielvereinbarungen, S. 268f.

458   *Lischka*, in BB 2007, 552 (553); *Lischka*, Zielvereinbarungen, S. 95; GLP/*Lischka*, Ziel- und Leistungsvereinbarungen, S. 41ff.

459   *Heiden*, Zielvereinbarungen, S. 268f.; ähnlich auch *Pelzer*, Zielvereinbarungen, S. 97, der von keiner rechtlich wirkenden Beschränkung, sondern von lediglich einer faktischen Beschränkung spricht.

460   Zutreffend *Heiden*, Zielvereinbarungen, S. 266.

461   Dies verkennt *Deich*, Beurteilung, S. 106f., wenn sie allgemein eine Konkretisierung der Arbeitspflicht durch die Zielvereinbarung/-vorgabe ablehnt.

462   Zu den einzelnen Anknüpfungspunkten, siehe § 4 III 1.

einzuräumen, seine Ziele sind jedoch auf Förderung des Absatzes ausgerichtet – hemmt gleichzeitig die Zielerreichung. Räumt der Verkäufer das Regal ein, kann er nicht die Kunden im Geschäft bedienen, den Absatz fördern und so sich um die Zielerreichung bemühen. Insofern hilft auch nicht die Ansicht weiter, zielverhindernde Weisungen muss der Arbeitgeber im Sinne von § 162 BGB gegen sich gelten lassen. Oftmals ist schlicht nicht entscheidbar, welche konkrete Weisung die Zielverfehlung verursacht hat.

Die Weisung kann nur im Rahmen der bestehenden Gesetze und des Arbeitsvertrages erfolgen. Ist dies der Fall, hat zusätzlich Arbeitgeber hat die wesentlichen Umstände des Einzelfalls abzuwägen und die beiderseitigen Interessen angemessen zu berücksichtigen. Die einseitige Durchsetzung der Interessen des Arbeitgebers ist unbillig.[463] Und bei dieser Interessenabwägung wird der Einfluss der Zielvereinbarung/-vorgabe relevant. Sie beschränkt nicht das Weisungsrecht, sondern beeinflusst die Interessenabwägung im Rahmen der Billigkeitsprüfung.[464] In dieser Abwägung hat der Arbeitgeber zu berücksichtigen, dass grundsätzlich sämtliches zu unterlassen ist, was die Zielerreichung vereitelt oder erschwert.[465] Letztlich ist dies eine Frage des Einzelfalls, die aber durch die Interessenabwägung für beide Seiten angemessen entscheidbar wird.

Beispiel: A wurde als „Außendienstmitarbeiter in der Region Niederbayern/Oberpfalz" eingestellt. Entsprechende Ziele (Kundenakquise, persönlicher Umsatz etc.) hat er erhalten.
(a) Eine Versetzung nach München (Innendienst) wäre schon nach dem Arbeitsvertrag nicht möglich. Die Zielvereinbarung/-vorgabe erlangt hier keine Bedeutung.
(b) A erledigt die Arbeiten im Home-Office nicht mit der erforderlichen Gründlichkeit und unvollständig. Die Anweisung, zunächst diese Arbeiten zu erledigen, bevor weitere Kunden akquiriert werden, ist wirksam.
(c) Wie (b), nur A wird angewiesen, sofort seine Tour abzubrechen und täglich mind. 3 Stunden die Arbeiten im Home-Office zu verrichten. Diese Weisung wäre unwirksam, da sie nicht berücksichtigt, dass die Arbeiten auch schneller zu erledigen sein können und Kundentermine (persönlicher Umsatz!) eingehalten werden müssen.

Die unternehmerische Entscheidungsfreiheit des Arbeitgebers wird allerdings überhaupt nicht durch die Zielvereinbarung/-vorgabe beeinflusst. Dies gilt auch dann, wenn dadurch die Zielerreichung erschwert oder gar vereitelt wird. Der Arbeitnehmer hat allerdings Anspruch auf Anpassung der Zielvereinbarung/-vorgabe.[466]

c) Keine Relevanz für unternehmensbezogene Ziele

Die unternehmensbezogene Ziele beeinflussen das Weisungsrecht dagegen nicht. Die einzelne Leistung des Arbeitnehmers ist regelmäßig für das Unternehmensergebnis unerheblich und kann dieses nicht beeinflussen. Aber nur die Leistungspflicht des Arbeitnehmers wird durch die Weisung konkretisiert. Unabhängig, wie die Konkretisierung erfolgt, eine Beeinflussung

---

463 ErfK/*Preis*, § 106 GewO Rn. 6; HWK/*Lembke*, § 106 GewO Rn 119; *Küttner*/*Griese*, Weisungsrecht, Rn 17; *BAG* vom 24.04.1996, Az 5 AZR 1031/94; *BAG* vom 23.06.1993, Az 5 AZR 337/92; *BAG* vom 19.05.1992, Az 1 AZR 418/91.
464 Ähnlich *Mohnke*, Zielvereinbarungen, S. 45.
465 *Heiden*, Zielvereinbarungen, S. 268; *Mohnke*, Zielvereinbarungen, S. 45; *Lischka*, Zielvereinbarung, S. 66ff.; *Deich*, Beurteilung, S. 167.
466 Zum unterjährigen Korrekturanspruch, siehe § 11 I.

zur Zielerreichung der unternehmensbezogenen Ziele ist damit nicht möglich. Daher kann die Weisung auch durch die Existenz unternehmensbezogener Ziele nicht beeinflusst werden.[467]

IV. Verstoß gegen ein Verbotsgesetz

§ 134 BGB stellt eine allgemeine Schranke der Privatautonomie dar. Die Nichtigkeit des Rechtsgeschäftes ergibt sich aber nur dann, wenn sich aus dem Sinn und Zweck Gesetz nichts anderes ergibt.[468] Im Arbeitsrecht kommt insbesondere eine Prüfung der zwingenden Vorschriften des ArbZG, BUrlG, JArbSchG, MuSchG und AGG in Betracht. Es wird sich zeigen, dass die befürchtete unmenschliche Leistungsverdichtung[469] durch die Regelung des § 134 BGB nicht eintreffen kann.

1. Verbot bestimmter Ziele

Freilich dürfen die Ziele selbst nicht einen Straf- oder Ordnungswidrigkeitstatbestand erfüllen. Dies dürfte aber eher ein theoretisches Problem darstellen. Es ist kaum vorzustellen, dass als Ziel eine gewisse Anzahl an Diebstählen oder Geschwindigkeitsüberschreitungen im Straßenverkehr formuliert werden. Ebenso dürfen die Ziele nicht ausschließlich unter Vornahme strafbarer oder ordnungswidriger Handlungen erreicht werden können.

Allerdings existieren im Arbeitsrecht besonders schutzwürdige Gruppen. Hier sind die Jugendlichen (JArbSchG), werdende/stillende Mütter (MuSchG) und auch Mitglieder des Fahrpersonals (FahrpersonalG) zu nennen. Nach § 23 Abs. 1 Nr. 1 JArbSchG dürfen Jugendliche nicht mit sonstigen Arbeiten beschäftigt werden, bei denen durch ein gesteigertes Arbeitstempo ein höheres Entgelt erzielt werden kann. § 4 Abs. 3 Nr. 1, § 6 Abs. 3 S. 1 MuSchG sieht ein gleiches Verbot für werdende/stillende Mütter vor. Hierdurch sollen nicht bestimmte Tätigkeiten, sondern lediglich die Entlohnungsformen verboten werden, für die nicht die Arbeitszeit, sondern die erbrachte Arbeitsmenge die Berechnungsgrundlage darstellt. Es wird die Arbeitsbelastung wegen des besonderen Leistungsdrucks beanstandet.[470] Erfasst werden die Quantitätsprämien als Anreiz zur Steigerung des Arbeitstempos, nicht dagegen Qualitätsprämien, die lediglich z.B. die besondere Qualität des Produktes, geringen Ausschuss oder pfleglichen Umgang mit dem Material fördern sollen.[471]

§ 3 S. 1 FahrpersonalG verbietet, dass Mitglieder des Fahrpersonals als Arbeitnehmer – auch in Form von Zuschlägen und Prämien – nach den zurückgelegten Fahrstrecken oder der Menge der beförderten Güter entlohnt werden. Aus Satz 2 ergibt sich, dass die Sicherheit im Straßenverkehr geschützt wird, denn ausgenommen sind Vergütungen, die dieselbe nicht beeinträchtigen können. Entscheidend ist die objektive Eignung, d.h. abstrakte Gefahrenlage für die

---

467 So auch *Mohnke*, Zielvereinbarungen, S. 46.

468 MüKo/*Armbrüster*, § 134 BGB Rn 103; Palandt/*Ellenberger*, § 134 BGB Rn 6; Erman/*Palm*, § 134 BGB Rn 11; *Wendtland*, in Bamberger/Roth, § 134 BGB Rn 20; Jauernig/*Jauernig*, § 134 BGB Rn 8.

469 Vgl. *Ehlscheid*, in AiB 2007, 339 (342); *Hergenröder*, in AR-Blattei SD 1855, Rn 87; *Hamm*, in AiB 2000, 152 (153); *Pfisterer*, in AiB 1999, 375 (376); *Berwanger*, Einführung, S. 94ff.; *Bungard/Kohnke*, in Bungard/Kohnke, S. 10; *Renz*, Anweisung, S. 204; *Breisig*, Entgelt, S. 288.

470 *Rieble/Gutzeit*, in Jahrbuch 2000, 41 (44); *OLG Düsseldorf* vom 28.01.1986, Az 5 Ss (OWi) 74/85.

471 ErfK/*Schlachter*, § 23 JArbSchG Rn 1; HWK/*Tillmanns*, § 23 JArbSchG Rn 1; Schaub/*Schaub*, AHdB, § 161 Rn 39.

Verkehrssicherheit, wobei auf die Lebenserfahrung abzustellen ist. Die subjektive Motivation für die Vergütungsvereinbarung ist unerheblich.[472]

Bei den Zielvereinbarungen/-vorgaben betrifft dies nur die mitarbeiterbezogenen Ziele. Unternehmensbezogene Ziele liegen außerhalb des Einflussbereichs des Arbeitnehmers, sie sind daher nicht geeignet, einen Anreiz zur Erhöhung des Arbeitstempos oder zur Gefährdung des Straßenverkehrs zu geben. Ebenso wenig bieten die persönlichen Ziele einen solchen Anreiz. Die berufliche Weiterentwicklung, etwa der Besuch eines Sprachkurses oder andere Fortbildung, beeinflussen nicht die Arbeitszeit bzw. Sicherheit des Straßenverkehrs. Lediglich bei den fachlichen Zielen könnte sich ein Problem ergeben. Ist hier die Durchführung eines Projektes an eine bestimmte Zeit gebunden oder erhöht sich das Zielentgelt, je schneller das Projekt abgeschlossen wird, besteht ein direkter Anreiz, das Arbeitstempo zu erhöhen. Zu bedenken ist hier auch, dass in Zielvereinbarungen/-vorgaben gerade anspruchsvolle, wenn auch erreichbare Ziele formuliert werden sollen. Eine Belastung durch das höhere Arbeitstempo ist daher absehbar. Gleiches gilt für das Fahrpersonal, die fachlichen Ziele dürfen nicht an die zurückgelegte Fahrstrecke oder Menge der beförderten Güter anknüpfen. Dies schließt auch eine Zeitvorgabe für eine bestimmte Strecke mit ein.[473] Denn gerade hierdurch wird zur Geschwindigkeitsüberschreitungen angeleitet und die Sicherheit im Straßenverkehr beeinträchtigt. Deshalb sind nicht nur Vergütungsarten, die ausdrücklich an die Fahrtstrecke oder Gütermenge anknüpfen, sondern auch mittelbar einen Bezugsmoment hierzu aufweisen, verboten.[474] Andererseits ist es aber möglich, z.B. als fachliches Ziel das unfallfreie oder wirtschaftliche Fahren zu formulieren.[475] Zu prüfen ist, ob durch die Bezugsmomente die Verkehrssicherheit gefährdet werden kann. Dies wäre beim letzten Beispiel zu verneinen.

Auch bei gemischten Lohnformen handelt es sich nach einer Meinung nur dann um eine verbotene Entlohnungsform, wenn eine der Bezugsgrößen einen spürbaren Anreiz für eine Steigerung der Arbeitsmenge bildet.[476] Offen bleibt jedoch, wann dies der Fall ist. Jedenfalls bei Jugendlichen dürfte dieser Anreiz aber immer gegeben sein, egal wie niedrig die Verdienstchance bei den fachlichen Zielen ausgestaltet werden wird. Gerade Jugendliche befinden sich häufig in der Ausbildung und werden entsprechend gering vergütet. Hier dürfte jede Möglichkeit, diese Vergütung zu erhöhen, einen spürbaren Anreiz bilden. Gleiches gilt für werdende/stillende Mütter. In den meisten Fällen bedeuten Kinder eine finanzielle Mehrbelastung. Auch hier kann durchaus jede Möglichkeit, die Vergütung zu erhöhen, für die werdende/stillende Mutter einen spürbaren Anreiz darstellen. Das Gesetz selbst verbietet die entsprechende Entlohnungsform ausnahmslos. Eine Reduktion auf lediglich spürbare Anreize ist dem nicht zu entnehmen. Deshalb muss, um dem Schutzzweck gerecht zu werden, jede Art der Entlohnung anknüpfend an das Arbeitstempo verboten sein. Entscheidend ist nicht der spürbare Anreiz, sondern die objektive Eignung das Arbeitstempo zu erhöhen. Dies ist bei der Formulierung der fachlichen Ziele zu beachten. Freilich bleiben hiervon die allgemeinen Beschäftigungsverbote des MuSchG und JArbSchG unberührt.

Entgegen § 139 BGB führt die Nichtigkeit nach § 134 BGB bei Verstoß gegen eines dieser Schutzgesetze nicht zur Nichtigkeit des gesamten Arbeitsvertrages, sondern lediglich zur

---

472 *Andresen/Winkler*, Fahrpersonalgesetz, S. 26; *Wann*, Straßenverkehr, S. 60.
473 *Wann*, Straßenverkehr, S. 59; DLW/*Dörner*, S. 471 Rn 772.
474 *Andresen/Winkler*, Fahrpersonalgesetz, S. 24.
475 Vgl. weitere Aufzählung bei *Wann*, Straßenverkehr, S. 59.
476 ErfK/*Schlachter*, § 23 JArbSchG Rn 1; ihr folgend *Mohnke*, Zielvereinbarung, S. 109.

Nichtigkeit der Vergütungsregelung. Die Arbeitnehmer sind für ihre Tätigkeit im Zeitlohn zu vergüten.[477] Hierbei ist auf die übliche Vergütung nach § 612 Abs. 2 BGB abzustellen.

2. Arbeitszeitgesetz

Das ArbZG regelt die Höchstarbeitszeiten, die Ruhepausen und -phasen sowie Sonn- und Feiertagsarbeit. Abweichende Regelungen sind nach §§ 7, 12 ArbZG nur durch Tarifvertrag oder in einer Betriebsvereinbarung auf Grund eines Tarifvertrages möglich.

Nach § 1 Nr. 1 ArbZG ist der Zweck des Gesetzes einerseits die Sicherheit und den Gesundheitsschutz der Arbeitnehmer bei der Arbeitszeitgestaltung zu gewährleisten, andererseits auch die Rahmenbedingungen für die flexiblen Arbeitszeiten zu verbessern.[478] Das ArbZG steht nicht im Widerspruch mit einer variablen, ergebnisorientierten Vergütung. Vielmehr ist eine solche möglich, wenn auch das ArbZG die Rahmenbedingung hierfür vorgibt.

In der Zielvereinbarung/-vorgabe finden sich oftmals keine Anhaltspunkte, wie viel der Arbeitnehmer zu arbeiten hat. Dass der Arbeitnehmer selbst die notwendige Arbeitszeit bestimmt, ist gerade ein Teil des Führungskonzepts. Insofern wird kein offensichtlicher Verstoß gegen die im ArbZG geregelten Höchstarbeitszeiten vorliegen. Aus einer wertenden Betrachtung kann jedoch ein Verstoß festgestellt werden. So kann es sein, dass die Ziele so hoch gesteckt sind und innerhalb der gesetzlich zulässigen Arbeitszeit nicht erreicht werden können. Ist dies der Fall, liegt ein Verstoß gegen das ArbZG vor. Denn hierdurch wäre der Arbeitnehmer angehalten, länger als gesetzlich zulässig zu arbeiten. Diese Zielvereinbarung/-vorgabe wäre nach § 134 BGB in Verbindung mit der jeweiligen Vorschrift des ArbZG unwirksam.[479]

Schwieriger gestaltet sich die Frage, wenn erst im Laufe der Zeit ersichtlich wird, dass die Ziele zu hoch gesteckt wurden. Dies wird auch der häufigere Fall sein, denn am Anfang der Zielperiode ist es schwer abzuschätzen, welchen Zeitansatz die Zielerreichung in Anspruch nimmt. Zum Ende hin wird dann ersichtlich, dass entweder die Ziele zu hoch gesteckt wurden oder die Zeit vom Arbeitnehmer falsch eingeteilt wurde. Im letzteren Fall liegt aber kein Verstoß gegen das ArbZG vor. Sinn der Zielvereinbarung/-vorgabe ist gerade, dem Arbeitnehmer selbst den Weg und damit auch die Zeiteinteilung zur Zielerreichung zu überlassen. Sofern der Arbeitnehmer die Ziele bei entsprechender Planung innerhalb der Grenzen des ArbZG hätte erreichen können, obliegt es ihm, diese Planung zu erstellen. Ist seine Einschätzung fehlerhaft und kann er am Ende der Zielperiode nur bei Überschreitung der Höchstarbeitszeitgrenzen die Ziele noch erreichen, so kann er nicht über § 134 BGB sein ihm anhaftendes Risiko von sich weisen, in dem er sich auf die Nichtigkeit beruft. Denn die korrekte Zeiteinteilung ist ein ebensolches, wenn auch nicht ausdrücklich formuliertes Ziel, dass erreicht werden soll. Am Ende hat der Arbeitnehmer schlicht das Ziel nicht erreicht; nicht, das Ziel war unzulässig und die Zielvereinbarung/-vorgabe damit nichtig.

---

477 *BAG* vom 09.08.1963, Az 1 AZR 497/62; ErfK/*Schlachter*, § 4 MuSchG Rn 11.
478 Vgl. *Anzinger/Koberski*, § 1 ArbZG Rn 4, 9; *Buschmann/Ulber*, § 1 ArbZG Rn 2ff.; HWK/*Gäntgen*, § 1 ArbZG Rn 3f.; ein Hinweis auf die Problematik der Zweckkollision bei ErfK/*Wank*, § 1 ArbZG Rn 9.
479 A.A. *Lischka*, Zielvereinbarung, S. 97, die zusätzlich auf § 22 ArbZG abgestellt, jedoch verkennt, dass das gesamte ArbZG ein Verbotsgesetz nach § 134 BGB (vgl. *Buschmann/Ulber*, § 1 ArbZG Rn 12; *Anzinger/Koberski*, § 1 ArbZG Rn 31) darstellt. Ein Rückgriff auf die Strafvorschrift ist nicht notwendig.

Es kann sich aber ebenso im Laufe der Zeit zeigen, dass auch bei überobligatorischem Einsatz die Ziele innerhalb der Grenzen des ArbZG nicht zu erreichen sind. So kann es sein, dass am Anfang der Zielperiode allgemein noch die Meinung besteht, das anspruchsvolle Ziel sei zu erreichen, am Ende sich diese Ansicht aber nicht bestätigt. *Lischka* ist hier der Meinung, die Zielvereinbarung im engeren Sinne sei für die Vergangenheit als wirksam zu behandeln. Der Arbeitnehmer hat folglich für die vergangene Zielperiode einen anteiligen Anspruch.[480] Sie beruft sich hierbei auf das faktische Arbeitsverhältnis.[481] Das faktische Arbeitsverhältnis passt hier aber nicht. Dies betrifft die Fälle, bei denen insgesamt eine Vertragsgrundlage fehlt und deshalb der in Vollzug gesetzte Arbeitsvertrag ex tunc nichtig ist.[482] Hier ist aber lediglich die Vergütungsregelung aufgrund des Verstoßes gegen das ArbZG nichtig. Auch können empfindliche Lücken in der Vergütung entstehen, wenn der Arbeitnehmer (nur) einen anteiligen Anspruch aus der Zielvereinbarung/-vorgabe haben soll. Die Ziele wurden gerade nicht erreicht, sie konnten es auch nicht. Aus diesem Grund ist die Zielvereinbarung/-vorgabe auch nichtig. Der anteilige Anspruch kann hier deshalb ins Leere gehen, da das Ziel so verfehlt werden kann, dass überhaupt kein Anspruch besteht. Die Wirksamkeit für die Vergangenheit und der anteilige Anspruch sind abzulehnen. Eine Lösung bietet nur § 612 Abs. 2 BGB. Es ist auf die übliche Vergütung abzustellen. Die Befürchtungen, durch eine Zielvereinbarung/-vorgabe könnte das ArbZG ausgehebelt werden,[483] ist deshalb schlicht unbegründet.

3. Weitere Schutzgesetze

Das zum ArbZG gesagte gilt sinngemäß auch für das BUrlG. Der Mindesturlaub von 24 Werktagen nach § 3 Abs. 1 BUrlG ist nach § 13 Abs. 1 BUrlG unabdingbar. Anderweitige Regelungen sind wegen Gesetzesverstoß nichtig. Ergibt sich, dass die Ziele nur unter Verzicht des gesetzlichen Mindesturlaubsanspruchs erreichbar sind, ist die Folge Nichtigkeit der Zielvereinbarung/-vorgabe.[484] Der Anspruch richtet sich nach § 612 Abs. 2 BGB auf die übliche Vergütung.

Nach § 7 ArbSchG hat der Arbeitgeber bei der Übertragung von Aufgaben auf Beschäftigte je nach Art und Tätigkeiten zu berücksichtigen, ob die Beschäftigten befähigt sind, die für die Sicherheit und den Gesundheitsschutz bei der Aufgabenerfüllung zu beachtenden Bestimmungen und Maßnahmen einzuhalten. Dies betrifft ebenso Zielvereinbarungen/-vorgaben, da auch hier Aufgaben in Form von Zielen übertragen werden. Dies grenzt die Möglichkeit bestimmter Ziele praktisch aber nicht ein. Vorrangig muss nämlich der Arbeitgeber nach § 4 Abs. 1 Nr. 1 und 5 ArbSchG durch objektive Maßnahmen die Gefährdungen ausschalten und schon bei der Gefährdungsbeurteilung nach § 5 Abs. 1 ArbSchG die – körperliche wie geistige – Befähigung der Arbeitnehmer ermitteln.[485]

---

480 *Lischka*, Zielvereinbarungen, S. 98.
481 Dies wird durch ihre Verweise, insbesondere auf Staudinger/*Sack*, § 134 BGB Rn 102, deutlich.
482 *BAG* vom 14.01.1987, Az 5 AZR 166/85; ErfK/*Preis*, § 611 BGB Rn 145; vgl. auch Staudinger/*Sack*, § 134 BGB Rn 99ff.
483 Vgl. *Drexel*, in WSI-Mit. 2002, 341 (343); *Trittin*, in AiB 2002, 90 (91); *Trittin*, in NZA 2001, 1003 (1005f.); *Hamm*, in AiB 2000, 152 (153ff.).
484 Ebenso *Lischka*, Zielvereinbarungen, S. 98.
485 ErfK/*Wank*, § 7 ArbSchG Rn 1; ebenso *Mohnke*, Zielvereinbarungen, S. 112.

a) Keine Maßregelung bei Zielverfehlung

§ 612a BGB ist ebenso ein Verbotsgesetz iSv § 134 BGB.[486] Der Begriff der Maßnahme ist weit zu verstehen, es fallen auch betriebsinterne Diskriminierungen darunter.[487] Eine Benachteiligung wird bei den entgeltrelevanten Zielvereinbarungen/-vorgaben dann angenommen, wenn das Zielentgelt in einer Sachleistung besteht und den Grad der Zielerreichung nach außen hin erkennen lässt.[488] Die Zuweisung eines kleineren Büros aufgrund Zielverfehlung soll somit nicht möglich sein. Gegensätzlich hierzu soll eine nach außen hin gerichtete Kommunikation dann möglich sein, wenn durch die Art des Zielentgelts im Unternehmen sichtbar wird, welchen Erfolg der Arbeitnehmer erreicht hat. So können bei Erreichen besonders hoher Ziele Incentive-Reisen oder eine höhere Dienstwagenklasse in Aussicht gestellt werden.[489] Ein Zusatz, der nicht verborgen bleiben kann, ist also möglich. Dagegen darf dem Arbeitnehmer aufgrund der Zielverfehlung über die Verringerung der Vergütung nichts genommen werden.

Ob solche Regelungen überhaupt in der Praxis vorkommen, kann dahingestellt bleiben. Es stellt sich nur die Frage, wo genau nach dieser Meinung die Grenze zu ziehen ist. Denn es besteht die Umgehungsmöglichkeit, dass die Ziele so bemessen werden und das Zielentgelt so ausgestaltet wird, dass für jedermann sichtbar wird, wer die Ziele nicht erreicht hat. Dies kann offensichtlich werden, wenn bei 100%iger Zielerreichung der Dienstwagen ein Oberklassewagen sein soll. Fährt ein Mitarbeiter einen solchen nicht, ist klar, dass er seine Ziele nicht erreicht hat. Das Ergebnis ist ebenso offensichtlich wie die Zuweisung eines kleineren Büros.

b) Keine Veröffentlichung der Daten des Zielerreichungsgrades

Wichtiger erscheint es, klar zu stellen, dass auch bei Zielvereinbarungen/-vorgaben das Persönlichkeitsrecht gewahrt werden muss. Die Daten über die erreichten Ziele werden häufig im Unternehmen publik gemacht.[490] Es werden Rankings veröffentlicht, bei denen jedem Arbeitnehmer nach seinem Erfolg ein Platz zugewiesen wird. Ein offener Vergleich, wer am erfolgreichsten und wer am meisten die Ziele verfehlt hat, ist so möglich. Diesem Verfahren werden motivationssteigernde Effekte zugesprochen.[491] Hierbei ist jedoch das Persönlichkeitsrecht des Arbeitnehmers nach Art. 2 Abs. 1 GG zu wahren.[492] Daten, die für die Leistungsbeurteilung zur Zielerreichung gesammelt werden, gehören zu den sensibelsten Daten überhaupt.[493] Insofern ist es, auch im Hinblick auf das BDSG, unzulässig, Low-Performer am Schwarzen Brett auszuhängen. Bei Berücksichtigung der schutzwürdigen Interessen des Arbeitnehmers und der Aufgabe oder des Geschäftszweck der beteiligten Stellen wäre dies unangemessen.[494]

---

486 Erman/*Edenfeld*, § 612a BGB Rn 5; Palandt/*Weidenkaff*, § 612a BGB Rn 2; HWK/*Thüsing*, § 612a BGB Rn 31; ErfK/*Preis*, § 612a BGB Rn 23.

487 HWK/*Thüsing*, § 612a BGB Rn 6; ErfK/*Preis*, § 612a BGB Rn 8; Palandt/*Weidenkaff*,§ 612a BGB Rn 1.

488 *Göpfert*, in AuA 2003, 28 (29); wohl auch MüKo/*Müller-Glöge*, § 611 BGB Rn 769.

489 *Bauer/Diller/Göpfert*, in BB 2002, 882 (884); *Göpfert*, in AuA 2003, 28 (29); *Bauer, Diller* und *Göpfert* folgend *Deich*, Beurteilung, S. 126f.

490 *Breisig*, Entgelt, S. 287f.

491 Preis-*Preis/Lindemann*, AV, II Z 5 Rn 35; deshalb die Empfehlung hierzu von *Femppel/Böhm*, Ziele, S. 33.

492 In diesem Zusammenhang erscheint das Interview bei *Baethge/Denkinger/Kadritzke*, S. 105, bei dem der Befragte anmerkt, er werde von seiner Tochter jedes Jahr gefragt, ob sie die Zensuren miteinander vergleichen wollen, befremdlich.

493 *Breisig*, Entlohnen und Führen, S. 97.

494 MüHArbR/*Blomeyer*, § 99 Rn 42; Preis-*Preis/Lindemann*, AV, II Z 5 Rn 35; *Bauer/Diller/Göpfert*, in BB 2002, 882 (885).

Aber nicht nur Low-Performer, sondern jede namentliche oder bildliche Bekanntgabe der Zielerreichungsdaten, also auch der Normal- oder High-Performer, ist unzulässig. Ebenso sind solche Publizierungen unzulässig, die zwar anonym sind, jedoch Rückschlüsse auf die Identität des Arbeitnehmers zulassen. Ausschließlich die absolut anonymisierte Bekanntgabe, wie viele Mitarbeiter zu welchem Anteil ihr Ziel erreicht haben, ist zulässig.[495]

Deich dagegen will die Veröffentlichung der Daten von High-Performern unter Umständen zulassen. Zwar erkennt sie, dass dies durchaus Neid und Missgunst auslösen, also sich negativ auf das Miteinander innerhalb der Belegschaft auswirken kann. Aber regelmäßig verneint sie das schutzwürdige Interesse des Arbeitnehmers, da von Seiten des Arbeitgebers keine nachteiligen Rechtsfolgen zu befürchten sind.[496] Dem ist nicht zuzustimmen. Unabhängig davon, ob die Veröffentlichung der Daten wirklich nach § 28 Abs. 3 S. 1 Nr. 1 BDSG[497] und nicht eher nach § 28 Abs. 1 S. 1 Nr. 1 und 2 BDSG[498] zu beurteilen ist, ist die Veröffentlichung auch nach der ersten Prüfungsgrundlage nur möglich, wenn kein Grund zu Annahme besteht, dass der Betroffene ein schutzwürdiges Interesse an dem Ausschluss der Übermittlung hat.[499] Der Prüfungsmaßstab ist sogar strenger, es findet im Gegensatz zu § 28 Abs. 1 S. 1 Nr. 2 BDSG gerade keine Interessenabwägung statt.[500] Aber auch bei Durchführung derselben überwiegen wohl die Interessen des Arbeitnehmers an keiner Veröffentlichung. Es ist nicht auszuschließen, dass aus dem Kollegenkreis negative Reaktionen, etwa Neid, die Folge sein werden. Dies muss auch vor dem Hintergrund gesehen werden, dass die nicht veröffentlichen Mitarbeiter automatisch nicht als High-Performer eingestuft werden und oftmals damit im betrieblichen Alltag als Low-Performer gleichgesetzt werden. Insofern überwiegen die schutzwürdigen Interessen des Arbeitnehmers. Eine namentliche Veröffentlichung der Ergebnisse ist unzulässig, nur eine vollständig anonymisierte Ergebnismitteilung ist möglich. Auch so ist der gewünschte Motivationseffekt zu erreichen, denn jeder einzelne Mitarbeiter kann für sich prüfen, in welchem Verhältnis sein Ergebnis zu dem der anderen steht.

Freilich ist die Veröffentlichung nach § 4 Abs. 1 BDSG möglich, wenn der Arbeitnehmer ausdrücklich eingewilligt hat. Dies ist gleichzeitig die einzige Möglichkeit für die unternehmensinterne Veröffentlichung.[501] Die Einwilligung kann zusammen mit der Zielvereinbarung im engeren Sinne erteilt werden, bei der Zielvorgabe wohl zusammen mit der Empfangsbestätigung. Allerdings ist § 4a Abs. 1 BDSG zu beachten, insbesondere muss die Einwilligung besonders hervorgehoben werden. Es ist eine drucktechnisch besonders hervorgehobene, deutlich sichtbare Klausel notwendig.[502]

495 Ebenso *Lischka*, Zielvereinbarungen, S. 98f.; *Heiden*, Zielvereinbarung, S. 319.
496 *Deich*, Beurteilung, S. 262f.; ähnlich, Preis-*Preis/Lindemann*, in AV, II Z 5 Rn 35; *Bauer*, in Brennpunkte, 93 (105) kommt zu selben Ergebnis, unterstellt den High-Performern jedoch die Einwilligung nach § 4 I BDSG.
497 Auf diesen stützt sich *Deich*, Beurteilung, S. 263.
498 Es ist aber fraglich, wer Dritter iSv § 28 III Nr. 1 BDSG hier sein soll. Die weiteren Arbeitnehmer sollen durch die Visualisierung der guten Leistungen der Kollegen motiviert werden, selbst diese hohen Leistungen zu erbringen. Dies liegt aber im Interesse des Arbeitgebers, der aber nicht Dritter in diesem Sinne ist.
499 *Gola/Schomerus*, § 28 BDSG Rn 50.
500 *Simitis/Simitis*, § 28 BDSG Rn 216.
501 Preis-*Preis/Lindemann*, AV, II Z 5 Rn 35; ebenso *Heiden*, Zielvereinbarungen, S. 319; *Annuß*, in NZA 2007, 290 (295); unzutreffend daher *Bauer*, in Brennpunkte, 93 (105) der eine Einwilligung den High-Performern unterstellt.
502 *Simitis/Simitis*, § 4a BDSG Rn 41; *Gola/Schomerus*, § 4a BDSG Rn 14; ErfK/*Wank*, § 4a BDSG Rn 2.

V. Grenze der Sittenwidrigkeit

§ 138 BGB gilt für Rechtsgeschäfte jeder Art und damit auch für Arbeitsverhältnisse.[503] So·
mit sind auch Zielvereinbarungen/-vorgaben hieran zu prüfen. Allerdings ist § 134 BGB im
Verhältnis zu § 138 BGB die speziellere Norm. Ein Geschäft, das sowohl gegen die guten
Sitten als auch gegen ein Verbotsgesetz verstößt, ist nach § 134 BGB nichtig.[504]

1. Allgemeines zur Sittenwidrigkeit

Auch wenn es in konkreten Einzelfällen kaum hilfreich sein wird, so muss doch die Anstands·
formel[505] angeführt werden, dass ein Rechtsgeschäft dann gegen die guten Sitten verstößt.
wenn es gegen das Anstandsgefühl aller billig und gerecht Denkender verstößt.[506] Hierbei ist
abzustellen auf die in der Gemeinschaft anerkannten moralischen Anschauungen, insbesondere auf die in der Rechtsordnung immanenten rechtsethischen Werte und Prinzipien.[507] Auch
ist § 138 BGB eine Bruchstelle, über der das im Grundgesetz verkörperte Wertesystem in das
Privatrecht einwirkt.[508] Daher sind ungewöhnlich starke Belastungen einer Vertragspartei
unzulässig, die das Ergebnis einer strukturell unterlegenen Verhandlungsstärke sind.[509] Für
das Arbeitsrecht gilt der Grundsatz, dass der Arbeitnehmer nicht ohne entsprechende Vergü·
tung mit dem Betriebs- oder Wirtschaftsrisiko des Arbeitgebers belastet werden darf.[510] Das
Betriebsrisiko bezeichnet die Gefahr, Arbeitsentgelt zahlen zu müssen, obwohl der Arbeitgeber faktisch oder rechtlich nicht in der Lage ist, die Arbeitsleistung anzunehmen. Das Wir·
schaftsrisiko ist die Gefahr, die Arbeitsleistung zwar annehmen zu können, diese aber nicht
verwertbar, sondern wirtschaftlich sinnlos ist.[511]

Umstritten ist zwar, ob die Inhaltskontrolle nach §§ 305 ff. BGB der Sittenwidrigkeitskontrolle vorgeht.[512] Dies kann aber dahingestellt bleiben, da unabhängig von der Streitfrage, ob tatsächlich jede Zielvereinbarung im engeren Sinne und sogar die Zielvorgabe als individuelle
Regelung nach § 305 Abs. 1 S. 3 BGB von der Inhaltskontrolle ausgenommen sind,[513] jedenfalls in manchen Fällen die Ziele als in diesem Sinne ausgehandelt gelten können. Es ist ein·

---

503 Erman/*Palm*, § 138 BGB Rn 76; Jauernig/*Jauernig*, § 138 BGB Rn 1; *Wendtland*, in Bamberger/Roth,
§ 138 BGB Rn 3; *BAG* vom 24.03.2004, Az 5 AZR 303/03.

504 MüKo/*Armbrüster*, § 138 BGB Rn 4; Staudinger/*Sack*, § 138 BGB Rn 146; Palandt/*Ellenberger*, § 138
BGB Rn 13; *BAG* vom 24.03.1993, Az 4 AZR 258/92.

505 Staudinger/*Sack*, § 138 BGB Rn 13 und Rn 17.

506 Ständige Rechtsprechung: *BAG* vom 26.04.2006, Az 5 AZR 549/05; *BGH* vom 19.07.2004, Az II ZR
217/03; *BGH* vom 29.09.1977, Az III ZR 164/75.

507 Palandt/*Ellenberger*, § 138 BGB Rn 3; Erman/*Palm*, § 138 BGB Rn 33; jeweils m.w.N.

508 *BVerfG* vom 06.12.2005, Az 1 BvR 1905/02; *BVerfG* vom 07.02.1990, Az 1 BvR 26/84; *BVerfG* vom
15.01.1958, Az 1 BvR 400/51.

509 *BVerfG* vom 19.10.1993, Az 1 BvR 567/89, 1 BvR 1044/89.

510 *BAG* vom 10.10.1990, Az 5 AZR 404/89; MüHArbR/*Hanau*, § 63 Rn 7; MüHArbR/*Richardi* § 46 Rn 18.

511 MüKo/*Henssler*, § 615 BGB Rn 91; HWK/*Krause*, § 615 BGB Rn 112.

512 So Palandt/*Ellenberger*, § 138 BGB Rn 16; MüKo/*Armbrüster*, § 138 BGB Rn 5; *Bruse*, in BB 1986.
478 (482ff.); a.A. Staudinger/*Sack*, § 138 BGB Rn 161; Soergel/*Hefermehl*, § 138 BGB Rn 66.

513 So *Deich*, Beurteilung, S. 136 für Zielvereinbarung im engeren Sinne und, S. 152 für Zielvorgabe; *Pelzer*,
Zielvereinbarungen, S. 219; *Heiden*, Zielvereinbarung, S. 240; *Moll*, in AG Arbeitsrecht, 91 (108); diffe-
renzierend auf einzelne Regelungen abstellend *Lischka*, Zielvereinbarung, S. 114f.; a.A. *Horcher*, in
BB 2007, 2065 (2066); *Trittin/Fischer*, in AuR 2006, 261 (262); *Riesenhuber/v.Steinau-Steinrück*, in
NZA 2005, 785 (789); *Portz*, in ArbRB 2005, 374 (375f.); *Däubler*, in ZIP 2004, 2209 (2210f.); *Linde-
mann*, Flexible Gestaltung, S. 331ff.; wohl auch *Bauer/Diller/Göpfert*, in BB 2002, 882 (884); unklar
Schrader/Müller, in RdA 2007, 145 (152).

hellige Meinung, dass zumindest bei der Zielvereinbarung im engeren Sinne die Ziele gleichberechtigt ausgehandelt werden sollen. Die Voraussetzungen hierzu werden allerdings unterschiedlich streng angesehen. Liegen diese jedoch vor, wäre die Inhaltskontrolle nach §§ 305 ff. BGB dann ohnehin nicht anzuwenden, es bleibt bei der Sittenwidrigkeitskontrolle des § 138 BGB.[514] Im Übrigen sind Entgeltabreden von einer Kontrolle nach den §§ 305 ff. BGB ausgeschlossen, die Parteien sind – vorbehaltlich kollektivrechtlicher Schranken – bis zur Grenze der Sittenwidrigkeit frei, Leistung und Gegenleistung zu bestimmen.[515]

Die Sittenwidrigkeit ergibt sich einmal aus dem Inhalt des Rechtsgeschäfts. Ist dieser mit dem grundlegenden Werten der Rechts- oder Sittenordnung unvereinbar, ist das Geschäft nichtig. Auf die Begleitumstände oder subjektive Kenntnis der Parteien, entweder von der Sittenwidrigkeit selbst oder der die Sittenwidrigkeit begründenden Tatsachen, kommt es dann nicht an.[516] Die Sittenwidrigkeit kann sich aber auch aus dem Gesamtcharakter des Rechtsgeschäfts ergeben. Hier sind nun der objektive Inhalt des Geschäfts, die Beweggründe der Parteien und der Zweck des Geschäfts in die Prüfung mit einzubeziehen.[517] Die Anforderungen an das subjektive Moment sind nicht allzu hoch. Es reicht aus, wenn die Tatsachen, aus denen sich die Sittenwidrigkeit ergibt, die handelnde Partei kennt.[518] Maßgeblicher Zeitpunkt ist für die Beurteilung grundsätzlich der Zeitpunkt der Vornahme des Rechtsgeschäfts.[519] Zwar wird bei arbeitsvertraglichen Vergütungsregelungen auf den jeweils streitgegenständlichen Zeitraum abgestellt. Denn bei langjährigen Arbeitsverhältnissen kann die Vergütungsregelung anfangs noch sittengemäß, wenn sie aber der allgemeinen Lohnentwicklung nicht angepasst wird, nach langer Zeit doch gegen die guten Sitten verstoßen.[520] Dieses Problem stellt sich bei Zielvereinbarungen/-vorgaben aber regelmäßig nicht. Denn diese werden kurz vor der betreffenden Zielperiode vereinbart bzw. vorgegeben. Streitgegenständlicher Zeitraum und Vornahme des Rechtsgeschäfts liegen sehr dicht beieinander.

2. Bedeutung für Zielvereinbarung/-vorgabe

Die Sittenwidrigkeitskontrolle wirkt bei Zielvereinbarungen/-vorgaben zunächst bei den Zielen an sich. Sittenwidrige Ziele sind unzulässig, allerdings wird dies eher ein theoretisches Problem darstellen.[521] Ob jedoch nur solche Ziele formuliert werden sollen, die das Licht der betrieblichen Öffentlichkeit nicht zu scheuen brauchen,[522] ist eine Frage der Unternehmenskultur, nicht aber der Sittenwidrigkeit. Entgegen *Deich*[523] mögen zwar Ziele, die nur unter

---

514 Zur AGB-Kontrolle, siehe § 6 VI.

515 *BAG* vom 12.12.2007, Az 10 AZR 97/07; *BAG* vom 25.05.2005; Az 5 AZR 572/04; MüKo/*Kieninger*, § 307 BGB Rn 16; ErfK/*Preis*, §§ 305-310 Rn 3.

516 Erman/*Palm*, § 138 BGB Rn 41; MüKo/*Armbrüster*, § 138 BGB Rn 130; *BGH* vom 08.05.1985, Az IVa ZR 138/83.

517 *Wendtland*, in Bamberger/Roth, § 138 BGB Rn 21; *BAG* vom 26.04.2006, Az 5 AZR 549/05; *BGH* vom 19.01.2001, Az V ZR 437/99; *BGH* vom 19.12.1989, Az IVb ZR 91/88.

518 *BGH* vom 29.06.2005, Az VIII ZR 299/04; *BGH* vom 27.01.1988, Az VIII ZR 155/87.

519 Palandt/*Ellenberger*, § 138 BGB Rn 9; MüKo/*Armbrüster*, § 138 BGB Rn 133; *BGH* vom 28.02.1989, Az IX ZR 130/88.

520 ErfK/*Preis*, § 612 BGB Rn 3; *BAG* vom 26.04.2006, Az 5 AZR 549/05.

521 Ebenso als Selbstverständlichkeit darstellend *Bauer/Diller/Göpfert*, in BB 2002, 882 (884); das Beispiel von *Friedrich*, in PersF 2006, 22 (26) – das Ziel, in der nächsten Zielperiode nicht schwanger zu werden – erscheint als zu weit hergeholt und ist im Übrigen diskriminierend iSd AGG und allein deswegen schon unwirksam.

522 So *Däubler*, in NZA 2005, 793 (797).

523 Vgl. *Deich*, Beurteilung, S. 127.

Vornahme strafbarer Handlungen erreicht werden können, auch nach § 138 BGB unwirksam sein. § 134 BGB ist aber lex specialis. Ein Geschäft, das sowohl gegen die guten Sitten als auch gegen ein Verbotsgesetz verstößt, ist nach § 134 BGB nichtig.[524] Gleiches gilt auch für die Zielvereinbarung/-vorgabe. Unternehmensbezogene Ziele an sich begründen per se nicht die Sittenwidrigkeit. Zwar ist anzuerkennen, dass der Arbeitnehmer auf das Erreichen keinen Einfluss hat, aber es besteht kein Risiko im Sinne eines Verlustes, sondern lediglich eine Chance auf einen Verdienst. Insofern geht die Begründung von *Brors*, Gleichlauf von Einfluss und Risiko,[525] ins Leere. Der Arbeitnehmer trägt kein Risiko. Sofern die Grenze der Sittenwidrigkeit nicht überschritten ist, können die Parteien aufgrund der Privatautonomie selbst die Angemessenheit der Gegenleistung bestimmen.[526]

Die entscheidende Frage, wann eine Zielvereinbarung/-vorgabe sittenwidrig ist, stellt sich bei der Zielentgelthöhe. Zu fragen ist hier, wann ein auffälliges Missverhältnis zwischen Leistung und Gegenleistung besteht, mithin, wann der Lohnwucher des § 138 Abs. 2 BGB bzw. § 134 BGB iVm § 291 Abs. 1 S. 1 Nr. 3 StGB gegeben ist. Hier gibt es zwei Streitpunkte. Zum einen muss geprüft werden, ob der variable Anteil im Verhältnis zum Gesamteinkommen lediglich einen bestimmten Prozentsatz erreichen darf oder ob das gesamte Einkommen flexibel ausgestaltet werden kann. Zum anderen bleibt die Frage, welche Höhe das Zielentgelt erreichen muss, um nicht als sittenwidrig angesehen zu werden. Diese Frage betrifft vornehmlich die Zielvereinbarung im weiteren Sinne, da in dieser sowohl die Höhe des Zielentgelts als auch der Anteil an der Gesamtvergütung geregelt ist.

a) Anteil der variablen Vergütung am Gesamteinkommen unerheblich

Unabhängig von der Höhe der fixen Mindestvergütung wird vertreten, dass das Verhältnis der variablen Vergütung zum Fixum angemessen sein muss.[527] Über den Anteil – welcher Prozentsatz noch angemessen, welcher dagegen schon sittenwidrig ist – herrscht Streit. Der variable Anteil von 10% bis 30% wird als unbedenklich eingestuft.[528] Teilweise wird als Faustregel ein variabler Anteil von 25% zugelassen, hier soll aber auch die Position des Arbeitnehmers eine Rolle spielen, so dass die Grenze für Führungskräfte dagegen erst bei 50% gezogen werden kann.[529] Andere wiederum sehen grundsätzlich maximal 50% des Gesamtgehaltes als variabel an, bei niedrigem Gehaltsniveau jedoch nur 30%.[530] Teilweise wird auch vertreten,

---

524 *BAG* vom 24.03.1993, Az 4 AZR 258/92; Staudinger/*Sack*, § 138 BGB Rn 146; Palandt/*Ellenberger*, § 138 BGB Rn 13; MüKo/*Armbrüster*, § 138 BGB Rn 4.

525 So *Brors*, in RdA 2004, 273 (280).

526 *Annuß*, in NZA 2007, 290 (291).

527 *Horcher*, in BB 2007, 2065 (2067); auch *Lischka*, Zielvereinbarungen, S. 108 mit einer Meinungswidergabe ohne eigene Stellungnahme bzgl. des konkreten Verhältnisses; offen gelassen von *Deich*, Beurteilung, S. 132f.

528 *Berwanger*, in BB 2003, 1499 (1502), der allerdings grundsätzlich eine vollständige Flexibilisierung zulässt, die Frage jedoch als theoretisches Problem behandelt wissen will, da in der Praxis der Anteil eben jene Grenze nicht überschreitet.

529 *Röder/Göpfert*, in BB 2001, 2002 (2004f.); ihnen folgend *Deich*, Gestaltung, S. 57; auch *Horcher*, in BB 2007, 2065 (2066f.), der jedoch bei Berücksichtigung der konkreten Umstände nach § 310 II Nr. 3 BGB im Einzelfall einen 50%igen Anteil zulässt; *Tschöpe*, in BB 2006, 213 (220) stellt vollends auf den Einzelfall ab.

530 *Wank*, in RdA 2002, 110 (116).

dass lediglich eine Flexibilisierung von 20%[531] oder gar Abweichung nach unten und oben von nur 10% des Regellohns zugelassen werden kann.[532]

Allein das Verhältnis der variablen Vergütung zum Fixeinkommen kann jedoch keine Sittenwidrigkeit begründen. Dies zeigt folgendes Beispiel.

> **Beispiel**: A ist als normaler Außendienstmitarbeiter eines Pharmakonzerns eingestellt worden. Sein Grundgehalt beträgt EUR 15.000 monatlich (= EUR 180.000 / Jahr). Sein maximal zu erreichendes Zielentgelt für das Jahr 2008 beträgt EUR 360.000.

Nach der gegenteiligen Auffassung wäre hier Sittenwidrigkeit gegeben. Und dies nur deshalb, weil die erfolgsabhängige Vergütung zwei Drittel seines Gesamteinkommens ausmacht, obwohl seine Fixvergütung sicherlich erheblich über den Branchendurchschnitt und des Tariflohnes liegt. Auch das Arbeitsrecht und damit das Verhältnis zwischen Arbeitgeber und Arbeitnehmer werden von der Privatautonomie erfasst. Die Parteien sind grundsätzlich frei, welche Form der Vergütung sie wählen. Sichergestellt muss lediglich, dass der Arbeitnehmer unter normalen Einsatz seiner Arbeitskraft ein angemessenes Gehalt beziehen kann.[533] Gleich nach welcher Ansicht man die Angemessenheit bestimmt, der Tariflohn und erst Recht ein darüber liegendes Entgelt wird aber von niemandem als sittenwidrig angesehen werden. Wenn nun aber durch den Fixanteil diese Grenze erreicht wird, kann kein auffälliges Missverhältnis vorliegen, auch wenn zusätzlich noch eine (deutlich) höhere Verdienstchance besteht.[534] Andernfalls wäre die Vergütungsregelung im gezeigten Beispiel ohne Zielvereinbarung/-vorgabe angemessen und nicht sittenwidrig; durch die zusätzliche Chance auf einen noch höheren Verdienst – gleich wie unsicher die Chance ist – ist die Vergütungsregelung plötzlich sittenwidrig, obwohl die Fixvergütung gleich geblieben ist. Diesen Widerspruch zu lösen bleibt die gegenteilige Meinung schuldig.[535]

b) Auch vollständige Flexibilisierung der Gesamtvergütung möglich

Neben dem Anteil an der Fixvergütung wird auch die vollständige Flexibilisierung problematisiert. Nach Ansicht mancher, muss dem Arbeitnehmer eine fixe Mindestvergütung verbleiben. Die vollständige Flexibilisierung des Entgelts durch Zielvereinbarungen/-vorgaben sei unzulässig.[536] Andere halten sie dagegen grundsätzlich für möglich.[537]

---

531 *Friedrich*, in PersF 2006, 22 (26).

532 *Loritz*, in AuA 1997, 224 (227); *Hergenröder*, in AR-Blattei SD 1855, Rn 60, bei rein unternehmensbezogenen Zielen.

533 *Annuß*, in NZA 2007, 290 (291); *Mauer*, in NZA 2002, 540 (542); *Rieble*, in NZA 2000, Beilage 3, 34 (43).

534 So auch *Riesenhuber/v.Steinau-Steinrück*, in NZA 2005, 785 (791); *Berwanger*, in BB 2003, 1499 (1502); *Pelzer*, Zielvereinbarungen, S. 158.

535 Im Ergebnis ebenso *Mohnke*, Zielvereinbarungen, S. 115; *Moll*, in AG Arbeitsrecht, 91 (109f.).

536 Wobei die Höhe des Grundgehaltes ebenfalls umstritten ist. *Lischka*, Zielvereinbarungen, S. 106f., verlangt mind. 2/3 des Tariflohnes als erfolgsunabhängiges Grundgehalt; *Pelzer*, Zielvereinbarungen, S. 158, dagegen stellt auf die Branchenüblichkeit ab; vgl. auch *LAG Hamm* vom 16.10.1989; Az 19 (13) Sa 1510/88; *Bieder*, in NZA 2007, 1135 (1136); *Schrader/Müller*, in RdA 2007, 145 (152); *Friedrich*, in PersF 2006, 22 (26); *Wank*, in RdA 2002, 110 (115); *Reinecke*, in NZA 2000, Beilage 3, 23 (32); *Krause*, Zielvereinbarungen, S. 259; wohl auch *Horcher*, in BB 2007, 2065 (2066f.); nur als Empfehlung von *MüKo/Müller-Glöge*, § 611 BGB Rn 769.

537 *Annuß*, in NZA 2007, 290 (291); *Berwanger*, in BB 2003, 1499 (1502); *Bauer/Diller/Göpfert*, in BB 2002, 882 (883); *Mauer*, in NZA 2002, 540 (542f.); *Rieble*, in NZA 2000, Beilage 3, 34 (43); im Ergebnis auch *Diepold*, Vergütung, S. 138; vgl. auch *BAG* vom 20.06.1989, Az 3 AZR 504/87; *BAG* vom

Heiden hat schon ausführlich dargesteilt, dass grundsätzlich auch die gesamte Vergütung durch Zielvereinbarungen/-vorgaben flexibel ausgestaltet werden kann.[538] Ausgehend von dei Prämisse, dass bei der Beurteilung der Umstände auf den Zeitpunkt des Vertragsschlusses abzustellen ist,[539] kann nicht der Wert der tatsächlich geleisteten Arbeit und des gezahlten Entgelts, sondern allein der Wert der im Gegenseitigkeitsverhältnis stehenden Leistungsversprechen die Sittenwidrigkeit begründen. Insofern kann die Sittenwidrigkeit nicht nachträglich eintreten.[540] Auf der einen Seite steht eine, vom Inhalt her mehr oder weniger feststehende Leistungspflicht des Arbeitnehmers, während auf der anderen Seite eine bloße Verdienstchance besteht.[541] Für den Arbeitnehmer besteht somit (nur) das Risiko eines Verdienstausfalls, nicht dagegen ein Risiko im Sinne eines Verlustes.[542] Diese Verdienstchance ist, ebenso wie der Akkordlohn oder auch allgemein Aktienoptionen, eine geldwerte Leistung. Mit der herrschenden Meinung ist eine vollständige variable Vergütung beim reinen Leistungsentgelt möglich.[543] Insofern kann auch bei der Zielvereinbarung/-vorgabe kein fixes Mindestentgelt gefordert werden.[544] Ansonsten wäre es auch nicht möglich, äußerst niedrige Ziele zu formulieren, die ausschließlich in den Machtbereich des Arbeitnehmers fallen, z.B. schon volles Zielentgelt bei pünktlichem Erscheinen an mindestens 80% der Arbeitstage. Auch wenn derart niedrige Ziele wohl eher selten vorkommen werden, erscheint es befremdlich, warum nicht theoretisch mit diesen eine vollständige Flexibilisierung des Entgelts möglich sein soll.[545] Auch die Anlehnung an die Rechtsprechung zum Widerrufsvorbehalt trägt nicht.[546] Beim Widerruf stellt sich die Frage, ob in den Kernbereich des Arbeitsverhältnisses eingegriffen wird und dem Arbeitnehmer etwas Zugesichertes wieder genommen werden darf. Hier ist zu prüfen, ob von Anfang an das Zugesicherte angemessen war. Dies ist miteinander schlicht nicht zu vergleichen.[547]

Der Ansatz von *Hümmerich* ist ein anderer. Er nimmt an, dass das zu zahlende Zielentgelt lediglich ein Zusatz zu einer fixen Gehaltszahlung sei. Er stellt maßgeblich auf die unternehmerische Verantwortung ab, die gleichzeitig mit der Zielvereinbarung im engeren Sinne[548] zum Teil übertragen wird. Es würde dem Sinn des Systems widersprechen, wenn im Zuge dessen dem Arbeitnehmer ein Bestandsschutz zugesprochen werden würde. Der freie Wettbewerb gebietet einen solchen gerade nicht. In Folge dessen problematisiert er aufgrund der Privatautonomie die Sittenwidrigkeit nicht weiter und sieht die Zielvereinbarung im engeren

---

14.11.1966, Az 3 AZR 158/66; *LAG Berlin* vom 03.11.1986, Az 9 Sa 65/86; MüHArbR/*Hanau*, § 63 Rn 7; MüHArbR/*Richardi* § 46 Rn 18; Staudinger/*Sack* § 138 Rn 392.

538 Vgl. *Heiden*, Zielvereinbarungen, S. 154ff.; *Heiden*, in DB 2006, 2401 (2402ff.).

539 *BGH* vom 28.02.1989; Az IX ZR 130/88; *BGH* vom 14.07.1952; Az IV ZR 1/52.

540 A.A. wohl *LAG Berlin* vom 03.11.1986, Az 9 Sa 65/86.

541 *Heiden*, Zielvereinbarungen, S. 155.

542 Ein solches wäre unzulässig vgl. *BAG* vom 10.10.1990, Az 5 AZR 404/89; unzutreffend *Riesenhuber*/*v.Steinau-Steinrück*, in NZA 2005, 785 (790) soweit sie „auch Risiko" annehmen.

543 *BAG* vom 14.11.1966, Az 3 AZR 158/66; *LAG Berlin* vom 03.11.1986, Az 9 Sa 65/86; MüHArbR/*Hanau*, § 63 Rn 7; MüHArbR/*Kreßel*, § 68 Rn 5; Staudinger/*Richardi*, § 611 Rn 688; *Diepold*, Vergütung, S. 138; *Annuß*, in NZA 2007, 290 (291); *Bauer/Diller/Göpfert*, in BB 2002, 882 (883); *Rieble*, in NZA 2000, Beilage 3, 34 (43).

544 So auch *Hergenröder*, in AR-Blattei SD 1855, Rn 59; *Mohnke*, Zielvereinbarungen, S. 117; Schaub/*Linck*, AHdB, § 77 Rn 9; auf den Einzelfall abstellend *Deich*, Beurteilung, S. 131ff.

545 Für den Fall der erschwerten/verhinderten Zielerreichungsmöglichkeit durch nachträgliche Änderung der Rahmenbedingungen, siehe § 11; zur Berechnung bei Fehlzeiten, wie z.B. Krankheit, siehe § 10 II.

546 So aber *Röder*, in AG Arbeitsrecht, 139 (146).

547 Zum Widerrufsvorbehalt, siehe § 8 II.

548 *Hümmerich*, in NJW 2006, 2294 (2295f.), die Zielvorgabe sieht er als dem Zweck zuwiderlaufend an.

Sinne einer Äquivalenzbetrachtung als nicht zugänglich. Dabei verkennt *Hümmerich* aber einerseits, dass das Zielentgelt gerade nicht immer als bloßer Zusatz zu einem marktüblichen fixen Zeitlohn ausgestaltet sein kann. Andererseits ist es gerade die Frage, in welchem Umfang die unternehmerische Verantwortung auf den Arbeitnehmer übertragen werden kann. Die Privatautonomie ist gerade hier begrenzt, denn der Arbeitnehmer wird eben nicht zum Unternehmer, sondern bleibt weisungsgebunden und vom Arbeitgeber abhängig. Allein der Sinn des Systems, Leistung zu betonen und gleichzeitig am wirtschaftlichen Erfolg des Unternehmens partizipieren zu können, kann nicht ein eventuell auffälliges Missverhältnis zwischen Leistung und Gegenleistung begründen. Unternehmerische Verantwortung kann nur dann im Zuge der Privatautonomie unbegrenzt auf jemanden übertragen werden, wenn er eben nicht mehr Arbeitnehmer, sondern ein wirklicher Unternehmer ist.

c) Berechnung des sittengemäßen Zielentgelts

Als Zwischenergebnis kann festgehalten werden, dass allein das Verhältnis der variablen Vergütung zum Fixgehalt ebenso wenig eine Sittenwidrigkeit begründen kann wie die grundsätzlich mögliche vollständige Flexibilisierung der Entlohnung. Allerdings herrscht Einigkeit, dass der Arbeitnehmer unter normalen Einsatz seiner Arbeitskraft ein angemessenes Gehalt beziehen können muss.[549]

Insofern ist Grundvoraussetzung, dass mit dem Zielentgelt auch die Normalleistung des Arbeitnehmers vergütet werden soll. Daher darf nicht erst das Erreichen eines gewissen Schwellenwertes bei den mitarbeiterbezogenen Zielen notwendig sein, um überhaupt ein Entgelt zu verdienen. Andernfalls ist wohl nur die Entlohnung einer überobligatorischen, nicht dagegen der normalen Leistung gewollt.[550] Dann wiederum wäre eine fixe Mindestvergütung zu verlangen, da ansonsten die Normalleistung unvergütet bliebe.[551] Im Ergebnis wird eine vollständige Flexibilisierung auch die Anzahl der Ziele erhöhen, um die umfangreichen Aufgaben des Arbeitnehmers widerspiegeln zu können.[552]

Zur Berechnung der sittengemäßen, vollständig flexibilisierten Vergütung sind nun die Besonderheiten bei der Ausgestaltung der Zielvereinbarung/-vorgabe zu berücksichtigen. Diese knüpfen eben nicht nur an der persönlichen Leistung, sondern mit den unternehmensbezogenen Zielen auch an vom Arbeitnehmer nicht zu beeinflussende Ergebnisse an.

aa) Ausschließliche Berücksichtigung der mitarbeiterbezogenen Ziele

Deich stellte richtigerweise den Grundsatz auf, dass je weiter sich der für die Vergütung maßgebliche Erfolg von der individuellen Beeinflussungsmöglichkeit des Arbeitnehmers entfernt, umso unsicherer sich für diesen das Arbeitsentgelt gestaltet. Er ist weiterhin dem Einfluss des Arbeitgebers ausgeliefert.[553] Es bedarf aber einer tatsächlichen Einflussmöglichkeit des Ar-

---

549 *Annuß*, in NZA 2007, 290 (291); *Mauer*, in NZA 2002, 540 (542); *Rieble*, in NZA 2000, Beilage 3, 34 (43); *Lischka*, Zielvereinbarungen, S. 107; *Pelzer*, Zielvereinbarungen, S. 159; *Deich*, Beurteilung, S. 130f.; *Mohnke*, Zielvereinbarungen, S. 117; *Heiden*, Zielvereinbarungen, S. 159.

550 *Breisig*, Entgelt, S. 142.

551 Ebenso *Heiden*, Zielvereinbarungen, S. 156.

552 Ideal gelten jedoch drei bis fünf Ziele, siehe § 4 III.

553 *Deich*, Beurteilung, S. 131, allerdings für die Frage, in welchem Verhältnis der variable Teil der Vergütung zur Fixvergütung stehen darf.

beitnehmers auf den Erfolgsanteil der Vergütung.[554] Insofern sind bei der Prüfung, ob die Zielvereinbarung/-vorgabe der Sittenwidrigkeit unterfällt, diese Faktoren heraus zu rechnen.[555] Dabei ist unerheblich, ob die unternehmensbezogenen Ziele das Leistungsentgelt (mitarbeiterbezogene Ziele) korrigieren und damit selbst zum Leistungsentgelt gehören oder eine unabhängige Beteiligung am Unternehmensergebnis darstellen sollen und damit zum Arbeitsentgelt im weiteren Sinne gehören. Ist das Zielentgelt z.B. zu 20% vom Unternehmensergebnis abhängig, ist dieser Teil nicht zu berücksichtigen. Gleiches gilt auch, wenn das Unternehmensergebnis einen bestimmten Multiplikationsfaktor bestimmt. Allerdings nur, sofern dieser über 1,0 liegt. Kann bei einem bestimmten Ergebnis das Zielentgelt mit einem Faktor von 0,X multipliziert werden, ist schon allein dies sittenwidrig, da diese Art der Kürzung des Zielentgelts einer (teilweisen) Verlustübernahmepflicht gleich käme.[556] Hier zeigt sich auch deutlich, warum unternehmensbezogene Ziele an sich keine Sittenwidrigkeit begründen können.[557] Sie spielen für die Ermittlung des angemessenen Gehalts keine Rolle. Wo die Einflussnahme des Arbeitnehmers anfängt und die des Arbeitgebers aufhört, ist letztlich jedoch eine Frage des Einzelfalls. Eine pauschale Aussage, der Arbeitnehmer habe im Grunde nie die alleinige Einflussnahme – auch der beste Verkäufer kann keine schlechten Produkte verkaufen – lässt sich jedenfalls nicht treffen.[558]

Weiter ist nun zu prüfen, wie hoch das Zielentgelt, bei heraus gerechnetem „Unternehmensfaktor", bei normaler Leistung des Arbeitnehmers ausfallen wird.[559] Hierbei ist die objektive ex ante Position einzunehmen.[560] Einzelne Monate, in denen das Zielentgelt tatsächlich unterhalb der Grenze der Sittenwidrigkeit fällt, bleiben ebenso unberücksichtigt wie die Monate die oberhalb dieser Grenze sind. Es kommt auf den Durchschnitt an. Jedoch bildet die tatsächliche Entwicklung ein gewisses Indiz.[561] So wird wohl kaum auch nach der objektiven ex-ante Sicht die Angemessenheit angenommen werden können, wenn der Arbeitnehmer darlegt, dass er auch bei großer Anstrengung die Ziele nur sehr selten erreichen konnte. Je mehr Monate tatsächlich unterhalb der Sittenwidrigkeitsgrenze liegen, umso eher muss man auch bei der ex-ante Betrachtung von einer entsprechenden Vorhersehbarkeit ausgehen. Dem Arbeitgeber bleibt es dann unbenommen, gegenteiliges zu beweisen.

---

554 *BAG* vom 20.06.1989, Az 5 AZR 504/87; *LAG Berlin* vom 03.11.1986, Az 9 Sa 65/86; *Riesenhuber/v.Steinau-Steinrück*, in NZA 2005, 785 (791).

555 Ähnlich *Heiden*, Zielvereinbarungen, S. 175.

556 Vgl. *BAG* vom 10.10.1990, Az 5 AZR 404/89; *LAG Berlin* vom 17.02.1997, Az 9 Sa 124/96 für den Vorausverzicht auf Gehaltsteile bei Ausbleiben von Drittmitteln; a.A. *Hoß*, in ArbRB 2002, 154 (155), der es sogar für unbedenklich hält, das Zielentgelt vollständig entfallen zu lassen, wenn die Schwelle eines Unternehmensziels nicht erreicht wird; ebenso *Femppel/Böhm*, Ziele, S. 51; wohl auch *Mohnke*, in AuA 2008, 342 (342); *LAG Hessen* vom 14.08.2008, Az 20 Sa 1172/07.

557 A.A. *Brors*, in RdA 2004, 273 (280).

558 A.A. *Pelzer*, Zielvereinbarungen, S. 158f.; *Deich*, Beurteilung, S. 131; *Rieble/Gutzeit*, in Jahrbuch 2000, 41 (49).

559 A.A. *Heiden* Zielvereinbarung, S. 157; *Friedrich*, in PersF 2006, 22 (26); *LAG Berlin* vom 03.11.1986, Az 9 Sa 65/86; die jeweils schon allein die Tatsache als sittenwidrig ansehen, wenn der Arbeitnehmer die Ziele nicht erreichen kann. Dies kann zwar im Ergebnis richtig sein, die Frage der Erreichbarkeit der Ziele ist aber keine der möglichen vollständigen Flexibilisierung – also erste Ebene –, sondern ist bei der Prüfung, die Höhe des Zielentgelts bei angenommener Normalleistung des Arbeitnehmers – zweite Ebene – relevant. Ist die Grundvergütung sittengemäß, so sind evtl. unmöglich zu erreichen Ziele nach dem Unmöglichkeitsrecht zu lösen.

560 *BGH* vom 28.02.1989, Az IX ZR 130/88; *BGH* vom 14.07.1952, Az IV ZR 1/52.

561 Beruft sich der Arbeitnehmer auf die Sittenwidrigkeit, so hat er nach den allgemeinen Grundsätzen auch das auffällige Missverhältnis zu beweisen.

bb) Maßstab allgemeines Branchenniveau

Unabhängig von der Frage der Flexibilisierung, ist auch umstritten, welcher Maßstab bei der Prüfung des objektiv auffälligen Missverhältnisses zwischen Leistung und Gegenleistung anzusetzen, wann der Ausbeutungstatbestand des Lohnwuchers nach § 138 Abs. 2 BGB bzw. § 134 BGB iVm § 291 Abs. 1 S. 1 Nr. 3 StGB erfüllt ist. Es wird hierbei auf Art. 4 Abs. 1 Nr. 1 Europäische Sozialcharta[562], auf Tarifentgelte[563] oder auf das übliche Entgelt[564] abgestellt.

Nach Art. 4 Abs. 1 Nr. 1 Europäische Sozialcharta ist die Vergütung dann angemessen, wenn diese 68% des durchschnittlichen nationalen Bruttoeinkommens übersteigt.[565] Da hier jedoch sämtliche Einkommen des Bundesgebietes erfasst sind, stellt das generelle Abstellen auf diesen Maßstab bei der konkreten Prüfung der Sittenwidrigkeit ein deutlich zu grobes und ungenaues Netz dar. Die regionalen, branchenspezifischen und auch strukturellen Unterschiede werden hier nicht beachtet.[566] Lohnwucher wäre so nur in den unteren bzw. untersten Gehaltsklassen gegeben. Im Übrigen ist die innerstaatliche Wirkung der Europäischen Sozialcharta umstritten.[567]

Es wird zwar richtigerweise angenommen, dass die Tarifparteien ein angemessenes Entgelt bestimmen können. Es darf aber nicht außer Acht gelassen werden, dass die Tarifbindung in Deutschlang seit Jahren zurückgeht. Immer weniger Arbeitgeber sind im Arbeitgeberverband, immer weniger Arbeitnehmer in Gewerkschaften.[568] Insofern kann durchaus ein deutlicher Unterschied zwischen der tariflichen Bezahlung und der tatsächlich in der Branche üblichen bestehen. Hier hilft es dann auch nicht weiter, auf verwandte Tarifverträge zurückzugreifen, wenn kein einschlägiger Tarifvertrag vorhanden sein sollte.[569] Insofern sollte und muss auf das allgemeine Entgeltniveau der Branche unter Berücksichtigung des jeweiligen Wirtschaftsgebietes zurückgegriffen werden.

Als Grenze, die unterschritten werden muss, bildete die Rechtsprechung die Marke von 33% heraus.[570] Die Vergütung darf nicht weniger als 2/3 des üblichen Gehaltes betragen. Wird

---

562 *Krause*, Zielvereinbarungen, S. 258; KasselerHdB1/*Künzl*, S. 316 Rn 314; MüHArbR/*Hanau*, § 63 Rn 3; *Reinecke*, in NZA 2000, Beilage 3, 23 (32); *Lörcher*, in AuR 1991, 97 (101).

563 *BGH* vom 22.04.1997, Az 1 StR 701/96; *Lischka*, Zielvereinbarungen, S. 107.

564 *Heiden*, Zielvereinbarungen, S. 175; *Pelzer*, Zielvereinbarungen, S. 158; *Mohnke*, Zielvereinbarungen, S. 118; *BAG* vom 11.01.1973, Az 5 AZR 322/72; offengelassen von *BAG* vom 23.05.2001, Az 5 AZR 527/99.

565 Vgl. MüHArbR/*Hanau*, § 63 Rn 3; *Lakies*, in NZA-RR 2002, 337 (339).

566 So auch *Diepold*, Vergütung, S. 147.

567 KasselerHdB1/*Künzl*, S. 316 Rn 314; MüHArbR/*Hanau*, § 63 Rn 3; offengelassen von *BVerfG* vom 20.10.1981, Az 1 BvR 404/78; gegen unmittelbare Wirkung DLW/*Dörner*, S. 285 Rn 400a; auch *BAG* vom 24.03.2004, Az 5 AZR 303/03.

568 Vgl. Däubler/*Däubler*, Einl. TVG Rn 58; den Bedeutungsverlust nicht befürchtend Wiedemann/*Thüsing*, § 1 TVG Rn 27ff.; nach einer Studie der Hans-Böckler-Stiftung (abrufbar unter: www.boeckler.de/549_19392.html, abgerufen im Februar 2009) betrug die Tarifbindung der Beschäftigen im Jahre 1998 noch 76% in West- und 63% in Ostdeutschland, im Jahre 2007 dagegen nur noch 63% bzw. 54%, die Tarifbindung der Betriebe liegt dagegen im Jahr 2007 lediglich bei 39% bzw. 24%; ebenfalls dramatische Zahlen bei *Lakies*, in NZA-RR 2002, 337 (339); die Tendenz ist jedenfalls eindeutig.

569 So aber *Lischka*, Zielvereinbarungen, S. 108.

570 Vgl. *BAG* vom 23.05.2001, Az 5 AZR 527/99; *BAG* vom 22.03.1989, Az 5 AZR 151/88; *LAG Berlin* vom 20.02.1998, Az 6 Sa 145/97; *LAG Düsseldorf* vom 23.08.1977, Az 11 Sa 466/77; *ArbG Bremen* vom 30.08.2000, Az 5 Ca 5152, 5198/00.

weniger gezahlt, ist die Vergütungsregelung sittenwidrig. Die Literatur ist zum Teil zurückhaltender, und verlangt ein Unterschreiten um die Hälfte.[571] Der maßgebliche Zeitpunkt ist der Vertragsschluss. Ist bereits die eventuelle fixe Grundvergütung nicht sittenwidrig, kann auch die gesamte Entlohnung nicht sittenwidrig sein, egal ob und in welcher Konstellation eine variable Vergütung zusätzlich zugesagt wird. Ebenso einfach zu beurteilen ist die Sittenwidrigkeit, wenn selbst bei voller Zielerreichung die gesamte Vergütung unter der Sittenwidrigkeitsschwelle liegt. Denn hier ist auch bei bester Anspannung der Kräfte durch den Arbeitnehmer ein angemessener Lohn nicht zu erreichen.

Einer konkreten Beurteilung im Einzelfall bedürfen die Fälle, bei denen entweder vollständige Flexibilität vorliegt oder die fixe Vergütung zwar unterhalb der Sittenwidrigkeitsgrenze liegt, unter Hinzuziehung des variablen Anteils jedoch eine angemessene Entlohnung zu erreichen ist. Hier ist nach der objektiven ex ante Beurteilung zu ermitteln, ob der Arbeitnehmer unter Einsatz normaler Arbeitsleistung eine angemessene Vergütung erzielen kann.[572]

3. Folge bei Sittenwidrigkeit der Vergütungsregelung

Steht die Sittenwidrigkeit fest, ist grundsätzlich nach § 139 BGB der gesamte Vertrag nichtig. Damit bestünde lediglich ein faktisches Arbeitsverhältnis, dessen Entlohnung sich nach § 612 Abs. 2 BGB an der üblichen Vergütung orientiert.[573]

a) Übliche Vergütung bei ansonsten wirksamen Arbeitsvertrag

Dies wird aber der Interessenlage nicht gerecht. Ein faktisches Arbeitsverhältnis kann jederzeit beendet werden.[574] Die Nichtigkeit wirkt beim faktischen Arbeitsverhältnis ex nunc, bei noch nicht erfolgter Invollzugsetzung sogar ex tunc.[575] Sieht man den Arbeitsvertrag im Ganzen als nichtig an, wenn lediglich die Vergütungsregelung sittenwidrig ist, beraubte man den Arbeitnehmer den Schutz, dem man ihm gerade geben will. Er kann zwar für die Vergangenheit, sofern er schon gearbeitet hat, die übliche Vergütung verlangen, für die Zukunft muss das Arbeitsverhältnis aber nicht fortgeführt werden. So erhält er überhaupt keine Vergütung mehr. Im Ergebnis stünde der Arbeitnehmer durch die Gesamtnichtigkeit wegen Sittenwidrigkeit kaum besser. Insofern kann lediglich die Vergütungsregelung nichtig sein.[576] Hier ist, bei Wirksamkeit des restlichen Arbeitsvertrages, auf die übliche Vergütung gemäß § 612 Abs. 2 BGB abzustellen.[577] Dies folgt auch daraus, da § 612 Abs. 2 BGB die vorrangige Regelung ist, so dass eine geltungserhaltende Reduktion mit Erhöhung auf den gerade noch an-

---

571 ErfK/*Preis*, § 612 BGB Rn 3; MüHArbR/*Hanau*, § 63 Rn 6; der Rechtsprechung folgend: DLW/*Dörner*, S. 285 Rn 400; HWK/*Thüsing*, § 611 BGB Rn 78.

572 Ebenso im Ganzen auch *Mohnke*, Zielvereinbarungen, S. 119f.

573 So *Mauer*, in NZA 2002, 540 (542f.).

574 ErfK/*Preis*, § 611 BGB Rn 147; Schaub/*Koch*, AHdB, § 36 Rn 51; MüKo/*Müller-Glöge*, § 611 BGB Rn 639; MüHArbR/*Richardi*, § 46 Rn 59.

575 DLW/*Dörner*, S. 291 Rn 436; a.A. wenn auch im Ergebnis gleich Staudinger/*Richardi*, § 611 BGB Rn 246ff.

576 *BAG* vom 04.10.1978, Az 5 AZR 886/77; Staudinger/*Roth*, § 139 BGB Rn 15; ErfK/*Preis*, § 611 BGB Rn 342f.; MüHArbR/*Richardi*, § 46 Rn 71; DLW/*Dörner*, S. 293 Rn 453; *Deich*, Beurteilung, S. 134; *Lischka*, Zielvereinbarungen, S. 108; *Mohnke*, Zielvereinbarungen, S. 121; *Heiden*, Zielvereinbarungen, S. 174; wohl auch *Pelzer*, Zielvereinbarungen, S. 158; *Krause*, Zielvereinbarungen, S. 259.

577 *BAG* vom 13.03.1991; Az 5 AZR 160/90; *Friedrich*, in PersF 2006, 22 (26); MüHArbR/*Richardi*, § 46 Rn 76; Staudinger/*Richardi*, § 611 BGB Rn 256.

gemessenen Lohn, abzulehnen ist.[578] Letztere ist nur in Ausnahmefällen zulässig und kann nicht zur Regel erhoben werden.[579] Vom Wortlaut her ist zwar § 612 Abs. 2 BGB nur anzuwenden, wenn weder ausdrücklich noch konkludent eine Vergütungsabrede besteht. Über den Wortlaut hinaus ist diese Vorschrift auch dann anzuwenden, wenn entweder der gesamte Arbeitsvertrag oder auch nur die Vergütungsvereinbarung nichtig ist.[580]

Nun stellt sich die Frage, welche Vergütung als üblich anzusehen ist. Auf den Betrieb abzustellen, hilft gerade hier nicht weiter, da die Regelung in diesem Betrieb sittenwidrig und damit nichtig ist.[581] Im Gleichklang mit dem Prüfungsmaßstab der Sittenwidrigkeit muss daher auf das allgemeine Entgeltniveau der Branche unter Berücksichtigung des jeweiligen Wirtschaftsgebietes abgestellt werden.[582] Hier kommt es auf eine Einzelfallprüfung an, so dass gerade nicht pauschal angenommen werden kann, im Ergebnis wird dies dem Tariflohn entsprechen.[583] Bei einer geringen Tarifbindung ist es durchaus möglich, dass die übliche Vergütung für die Branche im jeweiligen Wirtschaftsgebiet unterhalb des Tariflohnes liegt, umgekehrt aber auch bei Tarifbindung übertarifliche Zulagen, höherer Lohn etc. üblich sind. Beides wäre zu berücksichtigen. Nur hilfsweise kann auf den Tariflohn zurückgegriffen werden.[584] Eine pauschale Aussage ist hier jedenfalls nicht zu treffen.

b) Zusammenfassung

Zusammenfassend ist festzuhalten, dass grundsätzlich die gesamte Vergütung variabel ausgestaltet werden kann.[585] Dies gilt ebenso für die Zielvereinbarung/-vorgabe. Die Grenze ist allerdings dann erreicht, wenn der Arbeitnehmer unter normaler Anspannung seiner Arbeitskraft kein angemessenes Gehalt erzielen kann. Angemessenheit liegt vor, wenn die Vergütung mindestens 2/3 des allgemeinen Entgeltniveaus der Branche unter Berücksichtigung des jeweiligen Wirtschaftsgebietes erreicht. Liegt schon die Fixvergütung über diese Grenze, liegt keine Sittenwidrigkeit vor. Umgekehrt ist Sittenwidrigkeit zu bejahen, wenn auch bei völliger Zielerreichung diese Grenze nicht überschritten wird. In den anderen Fällen ist aus objektiver ex ante Sicht zu prüfen, ob das Zielentgelt bei durchschnittlicher Arbeitsleistung ein angemessenes Volumen erreicht. Hierbei sind die unternehmensbezogenen Ziele heraus zu rechnen. Liegt Sittenwidrigkeit vor, so ist im Gleichklang mit dem Prüfungsmaßstab das allgemeine Entgeltniveau der Branche unter Berücksichtigung des jeweiligen Wirtschaftsgebietes

---

578 A.A. Staudinger/*Sack*, § 138 BGB Rn 395.

579 *Diepold*, Vergütung, S. 159f. m.w.N.

580 *BAG* vom 26.05.1993, Az 4 AZR 461/92; *BAG* vom 05.08.1963, Az 5 AZR 79/63; ErfK/*Preis*, § 612 BGB Rn 2; MüKo/*Müller-Glöge*, § 612 BGB Rn 32; Erman/*Edenfeld*, § 612 BGB Rn 1.

581 Es kann angenommen werden, dass der Arbeitgeber mit allen Arbeitnehmern wohl ähnliche (sittenwidrige) Vergütungsregelungen vereinbart hat.

582 Palandt/*Weidenkaff*, § 612 BGB Rn 8; Staudinger/*Richardi*, § 612 BGB Rn 47; HWK/*Thüsing*, § 612 BGB Rn 2; *BAG* vom 23.05.2001, Az 5 AZR 527/99; *BGH* vom 24.10.1989, Az X ZR 58/88.

583 So aber *Deich*, Beurteilung, S. 134; auch *Mohnke*, Zielvereinbarungen, S. 121, der im Übrigen damit aber gerade im Widerspruch zu seinem Prüfungsmaßstab (S. 118) steht.

584 MüKo/*Müller-Glöge*, § 612 BGB Rn 32; Staudinger/*Richardi*, § 612 BGB Rn 45ff.; *BAG* vom 26.05.1993, Az 4 AZR 461/92; genau anders herum (von der tariflichen Vergütung ausgehend und im Einzelfall Anpassung) im Ergebnis aber gleich ErfK/*Preis*, § 612 BGB Rn 38f.

585 *BAG* vom 14.11.1966, Az 3 AZR 158/66; *LAG Berlin* vom 03.11.1986, Az 9 Sa 65/86; MüHArbR/*Hanau*, § 63 Rn 7; MüHArbR/*Kreßel*, § 68 Rn 5; Staudinger/*Richardi*, § 611 Rn 688; *Diepold*, Vergütung, S. 138; *Annuß*, in NZA 2007, 290 (291); *Riesenhuber/v.Steinau-Steinrück*, in NZA 2005, 785 (791); *Bauer/Diller/Göpfert*, in BB 2002, 882 (883); *Rieble*, in NZA 2000, Beilage 3, 34 (43).

gemäß § 612 Abs. 2 BGB geschuldet. Jedenfalls ist festzustellen, dass weder durch das Personalführungssystem an sich noch durch die konkrete Zielvereinbarung/-vorgabe das vom Arbeitgeber zu tragende Wirtschafts- und Betriebsrisiko auf den Arbeitnehmer in unzulässiger Weise abgewälzt werden kann.[586] Auch die befürchtete extreme Leistungsverdichtung[587] ist nicht möglich. Diese Vorbehalte und Sorgen sind unberechtigt.

VI. AGB-Kontrolle im Personalführungssystem Zielvereinbarung/-vorgabe

In diesem Kapitel wird das Recht der Allgemeinen Geschäftsbedingungen beleuchtet. Dabei liegt der Schwerpunkt auf der Frage der Anwendbarkeit und der Prüfungsschemata. Die verzunehmende Inhaltskontrolle selbst wird bei den jeweiligen Klauseln gesondert geprüft.[588] Auch das Personalführungssystem Zielvereinbarung/-vorgabe wird durch das AGB-Recht beeinflusst.

1. Allgemeine Grundsätze

Allgemeine Geschäftsbedingungen liegen nach § 305 BGB vor, wenn es sich um für eine Vielzahl von Verträgen vorformulierte Vertragsbedingungen handelt, die der anderen Vertragspartei bei Abschluss eines Vertrages gestellt werden. Bei Verbraucherverträgen findet nach § 310 Abs. 3 Nr. 2 BGB die AGB-Kontrolle auch bei einmaliger Anwendung statt, wenn der Verbraucher auf den Inhalt keinen Einfluss nehmen konnte. Ferner stellt § 310 Abs. 3 Nr. 1 BGB die Vermutung auf, dass die Vertragsbedingungen vom Unternehmer gestellt wurden.

a) Unternehmer und Verbraucher

Der Unternehmerbegriff ist in § 14 BGB definiert. Hiernach ist jede natürliche oder juristische Person oder rechtsfähige Personengesellschaft als Unternehmer zu qualifizieren, die bei Abschluss eines Rechtsgeschäfts in Ausübung ihrer gewerblichen oder selbstständigen beruflichen Tätigkeit handelt. Nach Anerkennung der Rechtsfähigkeit der Gesellschaft bürgerlichen Rechts[589] ist mithin jeder Arbeitgeber unproblematisch Unternehmer.

Nach § 13 BGB ist jede natürliche Person Verbraucher, die ein Rechtsgeschäft zu einem Zwecke abschließt, das weder ihrer gewerblichen noch ihrer selbstständigen beruflichen Tätigkeit zugerechnet werden kann. Kurz nach der Schuldrechtsreform wurde – teilweise vehement – die Verbrauchereigenschaft des Arbeitnehmers bestritten.[590] Mittlerweile kann dieser Streit[591] als überholt, zumindest aber als im akademischen Randbereich angesiedelt, gelten. Es entspricht ständiger Rechtsprechung des *BAG*, dass der Arbeitnehmer als Verbraucher einzu-

---

586 So aber *Trittin*, in AiB 2002, 90 (91).
587 Vgl. *Breisig*, Entlohnen und Führen, S. 95f.; siehe oben § 3 II 2 g.
588 Zur Stichtags- und Rückzahlungsklausel, siehe § 6 VII; zum Freiwilligkeitsvorbehalt, siehe § 8 I; zum Widerrufsvorbehalt, siehe § 8 II; zur Befristung, siehe § 8 III.
589 Vgl. *BGH* vom 29.01.2001, Az II ZR 331/00.
590 *Annuß*, in NJW 2002, 2844 (2844ff.); *Hromadka*, in NJW 2002, 2523 (2524); *Bauer/Diller*, in NJW 2002, 1609 (1610); *Richardi*, in NZA 2002, 1004 (1008f.); *Lingemann*, in NZA 2002, 181 (184); *Henssler*, in RdA 2002, 129 (133f.); *Löwisch*, in NZA 2001, 465 (466).
591 Vgl. zum Überblick hierzu DDBD/*Däubler*, Einleitung Rn 60ff; *Preis*, in NZA 2003, Beilage 16, 19 (21ff.).

stufen ist.[592] Diese Auffassung ist auch vom *BVerfG* bestätigt,[593] und weitgehend von der Literatur übernommen worden, sofern sie nicht auch schon vorher vertreten wurde.[594]

b) Vertragsbedingungen einseitig gestellt

Vertragsbedingungen sind solche, die die Regelungen des Vertrages gestalten sollen, wenn auch nicht erforderlich ist, dass diese tatsächlich Vertragsinhalt werden.[595] Es ist zunächst unerheblich, ob die Hauptleistungspflicht oder nur Nebenleistungen geregelt werden. Diese Unterscheidung betrifft erst den Kontrollmaßstab nach § 307 BGB.[596] Es muss sich jedoch um zweiseitige Rechtsgeschäfte handeln. Einseitige Rechtsgeschäfte des Verwenders fallen nicht unter § 305 Abs. 1 BGB. Der Verwender nimmt nicht fremde, sondern lediglich eigene rechtsgeschäftliche Gestaltungsmacht in Anspruch.[597] Vorformuliert sind die Vertragsbedingungen, wenn sie für eine mehrfache Verwendung schriftlich oder in sonstiger Weise fixiert sind. Die Schriftform ist dabei kein Erfordernis. Es genügt sogar die Speicherung im Kopf des Verwenders. Für die Schutzbedürftigkeit spielt es keine Rolle, ob der Wortlaut der Klauseln auf einem stofflichen Träger festgehalten ist.[598] Die Klauseln müssen für eine Vielzahl von Verträgen aufgestellt worden sein. Entscheidend ist nicht die tatsächliche mehrmalige Verwendung, sondern auch die erstmalige Anwendung reicht aus, wenn der Schöpfer im Zeitpunkt des Vertragsschlusses an eine Verwendung bei einer Vielzahl von Verträgen gedacht hat.[599] Für Verbraucherverträge, also auch für den Arbeitnehmer, stellt § 310 Abs. 3 Nr. 2 BGB jedoch eine Besonderheit auf. Es reicht auch eine einmalige Verwendung, sofern der Verbraucher auf den Inhalt aufgrund der Vorformulierung keinen Einfluss nehmen konnte.

Ferner müssen die Vertragsbedingungen vom Arbeitgeber gestellt worden sein. Dies ist dann erfüllt, wenn er die einseitige Einbeziehung konkret verlangt.[600] Zwar kann auch der wirtschaftlich Schwächere Verwender von AGB sein,[601] es stellt aber den praktischen Ausnahmefall dar, wenn der Arbeitnehmer gegenüber dem Arbeitgeber einen Formulararbeitsvertrag stellt. Im Übrigen wird nach § 310 Abs. 3 Nr. 1 BGB auch vermutet, dass der Arbeitgeber die Vertragsbedingungen gestellt hat. Dieser trägt die Beweislast für das Gegenteil.[602]

---

592   *BAG* vom 15.02.2007, Az 6 AZR 286/06; *BAG* vom 07.12.2005, Az 5 AZR 535/04; *BAG* vom 31.08.2005, Az 5 AZR 545/04; *BAG* vom 25.05.2005, Az 5 AZR 572/04.

593   *BVerfG* vom 23.11.2006, Az 1 BvR 1909/06.

594   *Benecke/Pils*, in ZIP 2005, 1956 (1956ff.); Palandt/*Ellenberger*, § 13 BGB Rn 3; ErfK/*Preis*, §§ 305-310 BGB Rn 23; *Schmidt-Räntsch*, in Bamberger/Roth, § 13 BGB Rn 11; Jauernig/*Jauernig*, § 13 Rn 3; Schaub/*Vogelsang*, AHdB, § 8 Rn 10; HWK/*Gotthardt*, § 310 BGB Rn 2; Staudinger/*Coester*, § 310 BGB Rn 92; a.A. *Heiden*, Zielvereinbarungen, S. 62ff.; auch MüKo/*Basedow*, § 310 BGB Rn 26, der allerdings auf die neuere Rechtsprechung nicht eingeht.

595   Palandt/*Grüneberg*, § 305 BGB Rn 3; Erman/*Roloff*, § 305 BGB Rn 3; Jauernig/*Stadler*, § 305 BGB Rn 3; *BGH* vom 03.07.1996, Az VIII ZR 211/95.

596   *BGH* vom 10.11.1989, Az V ZR 201/88; *Schrader/Müller*, in RdA 2007, 145 (147).

597   Staudinger/*Schlosser*, § 305 BGB Rn 10; *Heinrichs*, in NJW 1997, 1407 (1408).

598   *BGH* vom 19.05.2005, Az III ZR 437/04; *BGH* vom 12.06.2001, Az XI ZR 274/00; *BGH* vom 30.09.1987, Az IVa ZR 6/86; Staudinger/*Schlosser*, § 305 BGB Rn 22; HWK/*Gotthardt*, § 305 BGB Rn 5.

599   HWK/*Gotthardt*, § 305 Rn 4; Staudinger/*Schlosser*, § 305 Rn 19; Jauernig/*Stadler*, § 305 BGB Rn 4.

600   *Becker*, in Bamberger/Roth, § 305 BGB Rn 25; Erman/*Roloff*, § 305 BGB Rn 12.

601   Palandt/*Grüneberg*, § 305 BGB Rn 10; a.A. *LG Köln* vom 28.04.1986, Az 7 O 321/85.

602   ErfK/*Preis*, §§ 305-310 BGB Rn 23; nur um ein Versehen kann es sich bei *Mohnke*, Zielvereinbarungen, S. 130, handeln, soweit es heißt „*un*widerleglich vermutet".

c) Vorrang der Individualabrede

Die AGB-Kontrolle nach §§ 305 ff. BGB findet gemäß § 305 Abs. 3 S. 3 BGB nicht statt, soweit die Vertragsbedingungen zwischen den Parteien ausgehandelt wurden. Mit § 310 Abs. 3 Nr. 2 BGB ist ein weiteres Ausschlusskriterium normiert worden. Hier wird der Tatbe- stand der AGB zwar erweitert, in dem auch die einmalige Verwendung ausreicht. Aber dies gilt nur, sofern der Arbeitnehmer keinen Einfluss auf den Inhalt nehmen konnte. Hier wird zwar nicht auf § 305 Abs. 3 S. 3 BGB verwiesen, im Grunde liegen also zwei Prüfungspunkte vor. In der Sache aber macht dies keinen Unterschied.[603]

Die Individualabrede hat Vorrang. Aushandeln bedeutet aber mehr als bloßes Verhandeln.[604] Die Möglichkeit, zwischen mehreren vorformulierten Regelungen auswählen zu können, reicht ebenso wenig aus, wie die allgemein geäußerte Bereitschaft, einzelne Klauseln abzuändern.[605] Insofern ist auch nicht ausreichend, wenn der Arbeitnehmer ausdrücklich sein Einver- ständnis gegeben hat oder die Unterzeichnung freigestellt wurde.[606] Entscheidendes Kriterium ist, ob der gesetzesfremde Kerngehalt inhaltlich zur Disposition gestellt und dem anderen Teil Gestaltungsfreiheit eingeräumt wurde.[607]

Ferner haben nach § 305b BGB individuelle Vertragsabreden Vorrang. Dies sind zunächst alle Vereinbarungen, die im Sinne von § 305 Abs. 1 S. 3 BGB ausgehandelt gelten.[608] Inso- fern hat die Vorschrift im Grunde einen rein deklaratorischen Charakter. Solche Vertragsbe- dingungen sind ohnehin der AGB-Kontrolle entzogen. Nach dem Schutzzweck sind aber auch Regelungen, die diesen strengen Anforderungen nicht genügen, erfasst. Hier schlägt sich aber im Grunde nur das allgemeine Rechtsprinzip des Vorrangs der spezielleren Regelung nie- der.[609] Insofern kann eine individuelle Regelung iSv § 305b BGB vorliegen, wenn spezielle Anmerkungen, Ergänzungen oder sonstige individuelle Regelungen innerhalb des als Einheit zu betrachtenden Klauselwerkes vorgenommen werden. Diese speziellen Vereinbarungen gehen denen der allgemeinen AGB vor. Es sind solche Regelungen gemeint, die das allge- meine Klauselwerk individualisieren (Vermerk: Liefertermin fest 01.09.2008, statt allgemein in AGB: Liefertermin unverbindlich).[610]

d) Berücksichtigung der rechtlichen Besonderheiten des Arbeitsrechts

Nach § 310 Abs. 4 S. 2 BGB sind bei der Anwendung der AGB-Kontrolle die im Arbeitsrecht geltenden Besonderheiten angemessen zu berücksichtigen. Soweit ersichtlich, herrscht Einig- keit, dass eine zweistufige Prüfung vorzunehmen ist.[611] Zunächst ist zu prüfen, ob die Klausel

---

603 Erman/*Roloff*, § 310 BGB Rn 20; Palandt/*Grüneberg*, § 310 BGB Rn 17.

604 *BGH* vom 27.03.1991, Az IV ZR 90/90; *Preis*, in NZA 2003, Beilage 16, 19 (20).

605 Staudinger/*Schlosser*, § 305 BGB Rn 38; *BGH* vom 14.04.2005, Az VII ZR 56/04; *BGH* vom 07.02.1996, Az IV ZR 16/95; *BGH* vom 03.12.1991, Az XI ZR 77/91.

606 *BGH* vom 19.05.2005, Az III ZR 437/04; *OLG Schleswig-Holstein* vom 14.09.2000, Az 7 U 83/99; *Gott- schalk*, in NJW 2005, 2493 (2495).

607 Palandt/*Grüneberg*, § 305 BGB Rn 21; MüKo/*Basedow*, § 305 BGB Rn 34; *Becker*, in Bamberger/Roth, § 305 BGB Rn 34ff.; *Preis*, in NZA 2003, Beilage 16, 19 (20).

608 Erman/*Roloff*, § 305b BGB Rn 4; DDBD/*Däubler*, § 305b BGB Rn 3; Palandt/*Grüneberg*, § 305b BGB Rn 2.

609 MüKo/*Basedow*, § 305b BGB Rn 1; Staudinger/*Schlosser*, § 305b BGB Rn 12.

610 Beispiele bei Erman/*Roloff*, § 305b Rn 8f.; MüKo/*Basedow*, § 305b BGB Rn 7.

611 ErfK/*Preis*, §§ 305-310 BGB Rn 11; *Birnbaum*, in NZA 2003, 944 (945); *Singer*, in RdA 2003, 194 (199).

der AGB-Kontrolle an sich standhält. Bei einer Verneinung ist weiter zu prüfen, ob die Regelung aufgrund der arbeitsrechtlichen Besonderheiten dennoch Gültigkeit erlangen kann.

Hier begibt man sich aber auf unsicheres Terrain.[612] Denn es ist unklar, was als Besonderheit zu verstehen ist. Nach einer Ansicht fallen unter die im Arbeitsrecht geltenden Besonderheiten nicht nur rechtliche, sondern auch tatsächliche Besonderheiten des Arbeitslebens.[613] Hier wird sich auf die Gesetzesbegründung gestützt,[614] die von der Berücksichtigung der besonderen Bedürfnisse eines Arbeitsverhältnisses spricht. Hier werde deutlich, dass auch die tatsächlichen Besonderheiten zu berücksichtigen seien.[615] Teilweise werden die Erwägungen, tatsächliche Besonderheiten auszunehmen, auch als spitzfindig bezeichnet.[616]

Aber der Wortlaut der Vorschrift weist nur auf rechtliche Besonderheiten hin. Nur diese sind einer Geltung fähig.[617] Tatsächliche Besonderheiten kommen vor, sind vorhanden, existieren oder sind gewöhnlich, nicht jedoch „gelten". Für die Berücksichtigung allein der rechtlichen Besonderheiten spricht ebenso die Verwendung des Begriffes „Arbeits*recht*" statt „Arbeits*verhältnisse*". „Im Arbeits*recht* geltende Besonderheiten" kann sich aber nur auf rechtliche Besonderheiten beziehen. Hierfür spricht auch Sinn und Zweck der Regelung des § 310 Abs. 4 S. 2 BGB. Grundsätzlich sind die §§ 307 ff. BGB auf sämtliche Schuldverträge des Zivilrechts anzuwenden. Hier liegt jedoch eine Ausnahmeregelung, die als solche grundsätzlich eng auszulegen ist. Die erweiterte Auslegung auf tatsächliche Besonderheiten ist daher systemwidrig. Auch die Auswertung der Gesetzesmaterialien führt zu dieser Ansicht. Es soll den Besonderheiten spezifischer Bereiche, z.B. des kirchlichen Arbeits*rechts*, angemessen Rechnung getragen werden können. Grundsätzlich ist die Inhaltskontrolle jedoch auf das gesamte Arbeitsrecht auszudehnen.[618] Auch eine ergebnisorientierte Sicht muss zu diesem Ergebnis kommen. An sich zwingende gesetzliche Normen sollen nicht im Handstreich umgangen werden können, nur weil im Arbeitsrecht dies allgemein Gewohnheit ist. Die tatsächliche Überlegenheit des Arbeitgebers ist angemessen zu berücksichtigen, aber zu Gunsten des Arbeitnehmers. Als Ergebnis sind es daher allein die rechtlichen Besonderheiten, die unter den Vorbehalt des § 310 Abs. 4 S. 2 BGB fallen.[619]

Die Unterscheidung zwischen rechtliche und tatsächliche Besonderheiten ist zugegebenermaßen äußerst schwierig. So wird z.B. die Rechtsnatur des Arbeitsverhältnisses als langfristiges Dauerschuldverhältnis zum Teil als rechtliche,[620] zum Teil als tatsächliche[621] Besonderheit angesehen. Gleiches gilt für die Nichtvollstreckbarkeit der Verurteilung zur Arbeitsleis-

---

612 *Lakies*, AGB, S. 72 Rn 341.
613 *BAG* vom 25.05.2005, Az 5 AZR 572/04; *BAG* vom 04.03.2004, Az 8 AZR 196/03; so auch schon *ArbG Duisburg* vom 14.08.2002, Az 3 Ca 1676/02, das damit konträr zur anderen Instanzenrechtsprechung stand.
614 BT-Drs 14/6857, S. 54.
615 *Morgenroth/Leder*, in NJW 2004, 2797 (2798); *Brors*, in DB 2004, 1778 (1780); *v.Steinau-Steinrück/Hurek*, in NZA 2004, 965 (967); *Birnbaum*, in NZA 2003, 944 (948).
616 *Singer*, in RdA 2003, 194 (199).
617 *Thüsing*, in NZA 2002, 591 (592); *Lakies*, AGB, S. 73 Rn 345.
618 BT-Drs 14/7052, S. 189.
619 Ebenso *Linnemannstöns*, Auswirkungen, S. 107ff.; DDBD/*Dorndorf/Deinert*, § 310 BGB Rn 64ff.; *Thüsing*, AGB-Kontrolle, S. 41 Rn 108f.; ErfK/*Preis*, §§ 305-310 BGB Rn 11; *Annuß*, in BB 2006, 1333 (1334); *Lakies*, in NZA 2004, 569 (575); a.A. *Schrader/Schubert*, in NZA-RR 2005, 169 (172) legen zwar den Schwerpunkt auf rechtliche Besonderheiten, lassen dies im Ergebnis aber offen.
620 *Preis*, in NZA 2003, Beilage 16, 19 (26).
621 *Hromadka*, in NJW 2002, 2523 (2528).

tung.[622] Aus diesem Grund wird die Rechtsprechung des *BAG* als pragmatische Lösung angesehen.[623] Im Ergebnis sind wohl als Besonderheiten des Arbeitsrechts im Sinne von § 310 Abs. 4 S. 2 BGB alle Eigenarten des Arbeitsrechts, die rechtliche Anerkennung gefunden haben, anzusehen.[624]

2. AGB-Kontrolle der Zielvereinbarung im weiteren Sinne

Die AGB-Kontrolle kann durchaus auf die Zielvereinbarung im weiteren Sinne anzuwenden sein. Jedoch finden die §§ 305 ff. BGB gemäß § 310 Abs. 4 S. 1 BGB keine Anwendung auf Tarifverträge und Betriebsvereinbarungen. Ist die Zielvereinbarung im weiteren Sinne in den genannten kollektivrechtlichen Vereinbarungen geregelt, findet daher keine AGB-Kontrolle statt. Beim Tarifvertrag folgt dies aus der verfassungsrechtlich garantierten Tarifautonomie, im Übrigen wird bei Kollektivverträgen Verhandlungsparität und damit eine Richtigkeitsgewähr des Vertragsinhalts vorausgesetzt.[625] Dies gilt auch dann, wenn die kollektivrechtlichen Bestimmungen lediglich aufgrund einzelvertraglicher Verweisung Anwendung finden.[626]

a) Nur bei individualrechtlichem Vertrag

Die Zielvereinbarung im weiteren Sinne findet sich aber häufiger im Arbeitsvertrag selbst. Im Grunde ergeben sich hier keine Besonderheiten. Die AGB-Kontrolle ist grundsätzlich durchzuführen. Es kommt hier entscheidend darauf an, ob der Arbeitsvertrag eine vorformulierte Vertragsbedingung darstellt oder nicht. In den meisten Fällen wird dies der Fall sein, so dass die Zielvereinbarung im weiteren Sinne, die im Arbeitsvertrag geregelt ist, eine Allgemeine Geschäftsbedingung darstellt, die der Kontrolle nach §§ 305 ff. BGB unterworfen ist.[627] So verwundert es nicht, dass dieser Aspekt, in der Literatur nicht weiter problematisiert wird.

Probleme stellen sich im Grunde nur bei einzelnen Prüfungspunkten. Der Widerrufs- und Freiwilligkeitsvorbehalt, Befristung des gesamten Systems und eine eventuelle Stichtagsklausel sind häufig in der Zielvereinbarung im weiteren Sinne geregelt.[628] Für die übrigen Probleme, die sich allgemein für sämtliche vorformulierten Arbeitsverträge ergeben, wird auf die einschlägige Spezialliteratur verwiesen.

Zur Einbeziehungskontrolle ist freilich ist das Verbot überraschender Klauseln nach § 305c Abs. 1 BGB zu beachten. Zwischen den Erwartungen, die durch die Umstände bei Vertragsschluss hervorgerufen wurden, und dem tatsächlichen Vertragsinhalt darf kein deutlicher Wi-

---

622 Rechtlich: *BAG* vom 04.03.2004, Az 8 AZR 196/03; tatsächlich: *Hromadka*, in NJW 2002, 2523 (2528)

623 *Thüsing*, AGB-Kontrolle, S. 42 Rn 109; *Ebeling*, AGB-Kontrolle, S. 89 stützt sich gerade auf diese praktischen Schwierigkeiten bei der Ansicht, auch tatsächliche Besonderheiten seien zu berücksichtigen; ebenso v.*Steinau-Steinrück/Hurek*, in NZA 2004, 965 (967).

624 Vgl. *Aretz*, AGB; S. 120ff., die eben genau in der Unterscheidung, was rechtliche, was tatsächliche Besonderheit ist, den Streit begründet sieht, in der Sache die Meinungen jedoch nicht weit auseinander analysiert.

625 Staudinger/*Coester*, § 310 Rn 87; DDBD/*Däubler*, § 310 BGB Rn 25, 30; Erman/*Roloff*, § 310 BGB Rn 33.

626 *Schrader/Müller*, in RdA 2007, 145 (147); *Lakies*, in BB 2004, 1903 (1904); *Annuß*, in BB 2002. 458 (460).

627 *Horcher*, in BB 2007, 2065 (2065); *Schrader/Müller*, in RdA 2007, 145 (147); *Hergenröder*, in AR-Blattei SD 1855, Rn 63; *Thüsing*, AGB-Kontrolle, S. 179 Rn 461; *Heiden*, Zielvereinbarungen, S. 61ff.

628 Siehe für Widerrufs-, Freiwilligkeitsvorbehalt und Befristung § 8; für Stichtagsklausel § 6 VII.

derspruch bestehen.[629] Es darf kein sogenannter Überrumpelungseffekt bestehen. So dürfen einzelne Klauseln nicht an unerwarteten Stellen versteckt werden.[630] In einem vorformulierten Arbeitsvertrag wird eine Zielvereinbarung im weiteren Sinne nicht Vertragsbestandteil, wenn dies zum einen in einem vergleichbaren Arbeitsverhältnis völlig unüblich ist und zum anderen auch im Arbeitsvertrag an unerwarteter Stelle platziert ist. Dies dürfte aber eher selten der Fall sein. Zur Erreichung des vom Arbeitgeber gewollten Motivationszwecks bedarf es einer Identifikation des Arbeitnehmers mit den Zielen und einer klaren Kommunikation der Arbeitsvertragsparteien untereinander. Werden Zielvereinbarungen/-vorgaben „durch die Hintertür" eingeführt, wird dieser Zweck wohl kaum erreicht werden.

b) Inhaltskontrolle, insbesondere Transparenz

Im Wesentlichen ist auf die Inhaltskontrolle, insbesondere auf das Transparenzgebot des § 307 Abs. 1 S. 2 BGB einzugehen. Eine unangemessene Benachteiligung kann sich schon daraus ergeben, dass die Klausel nicht klar und verständlich formuliert ist. Rein deklaratorische, preisbestimmende und leistungsbeschreibende Klauseln sind der AGB-Kontrolle grundsätzlich entzogen.[631] Klauseln, die lediglich das Gesetz, ungeschriebene Rechtsgrundsätze oder Richterrecht widergeben, sind ebenso ausgenommen, wie Klauseln, die das Verhältnis Leistung und Gegenleistung betreffen. Regelungen, die die Hauptleistungen, bei Arbeitsverhältnissen insbesondere die Arbeitsleistung selbst und Art und Höhe der Vergütung regeln, werden nicht kontrolliert. Damit sind das Zielentgelt an sich,[632] der Anteil an der Gesamtvergütung, die mögliche vollständige Flexibilisierung und auch die Ziele selbst nur nach den §§ 134, 138 BGB zu überprüfen.[633] Aufgrund § 307 Abs. 3 S. 2 BGB folgt jedoch, dass auch diese Vertragsbedingungen, die an sich von der Inhaltskontrolle ausgenommen werden, dem Transparenzgebot unterwerfen müssen.[634]

In der Regel wird in der Zielvereinbarung im weiteren Sinne lediglich das insgesamt zu erreichende Entgelt bestimmt. Die Höhe ist der Inhaltskontrolle nicht unterworfen. Allerdings finden sich hier auch Regelungen zur Zielfestlegung und Zielbestimmung. Hier ist geregelt, ob eine Zielvereinbarung im engeren Sinne oder eine Zielvorgabe erfolgen soll. Ebenso das Verfahren zur Zielfestlegung, ob dies einvernehmlich oder einseitig zu erfolgen hat. Auch können hier Verfahrungsregeln bei Meinungsverschiedenheit vereinbart sein.[635]

Das Transparenzgebot ergibt, dass die Klausel aus sich heraus verständlich, bestimmt genug und erkennbar abschließend formuliert sein muss.[636] Ferner darf die Klausel nicht objektiv irreführend sein.[637] Mit anderen Worten, für den Arbeitgeber dürfen keine ungerechtfertigten

---

629 *BAG* vom 13.07.2005, Az 10 AZR 532/04; Erman/*Roloff*, § 305c Rn 8; Palandt/*Grüneberg*, § 305c Rn 3f.
630 Kittner/Zwanziger-*Kittner/Deinert*, § 8 Rn 14; DDBD/*Däubler*, § 305c BGB Rn 12.
631 *BGH* vom 13.07.2005, Az IV ZR 83/04; *BAG* vom 31.08.2005, Az 5 AZR 545/04; *BAG* vom 27.05.2005, Az 7 AZR 486/04; ErfK/*Preis*, §§ 305-310 Rn 35f.; MüKo/*Kieninger*, § 307 BGB Rn 12; *Lakies*, AGB, S. 55 Rn 262ff.; *Schrader/Schubert*, in NZA-RR 2005, 169 (177).
632 Eine Ausnahme besteht nur dann, wenn eine gesetzliche Vergütungsregelung besteht, wie etwa HOAI für Architekten oder GOÄ für Ärzte, vgl. *BGH* vom 19.02.1998, Az III ZR 106/97.
633 Zur Sittenwidrigkeitskontrolle, siehe § 6 V; zum Verstoß gegen ein Verbotsgesetz, siehe § 6 V.
634 *Thüsing*, AGB-Kontrolle, S. 39 Rn 102; *BAG* vom 12.12.2007, Az 10 AZR 97/07.
635 Siehe § 4 III.
636 *BAG* vom 31.08.2005, Az 5 AZR 545/04; *BGH* vom 26.10.2005, Az VIII ZR 48/05; DDBD/*Däubler*, § 307 BGB Rn 154ff.; Staudinger/*Coester*, § 307 BGB Rn 180ff.
637 Erman/*Roloff*, § 307 BGB Rn 20; Palandt/*Grüneberg*, § 307 Rn 24.

Beurteilungsspielräume bestehen und die Klausel muss die wirtschaftlichen Nachteile und Belastungen so weit als möglich erkennen lassen.[638] Daher müssen die einzelnen Regelungen möglichst klar und präzise formuliert werden. Es muss eindeutig geregelt sein, ob eine einvernehmliche oder einseitige Zielfestlegung erfolgen soll. Gleiches gilt auch für die Zielfeststellung.[639] Auch das Verfahren zur Beilegung von Meinungsverschiedenheiten muss klar und verständlich geregelt sein. Hierbei ist allerdings zu beachten, dass nicht jede auslegungsbedürftige Klausel zugleich intransparent ist. Die Auslegungsbedürftigkeit allein bewirkt nicht die Unangemessenheit.[640] Zweifel bei der Auslegung gehen nach § 305c Abs. 2 BGB zu Lasten des Verwenders, hier meist des Arbeitgebers.

Im Prozess folgt daraus, dass bei einer mehrdeutigen Klausel zunächst zu prüfen ist, ob bei der arbeitnehmerfeindlichsten Auslegung diese nach §§ 307 bis 309 BGB überhaupt wirksam ist. Ist die Klausel danach nicht unwirksam, ist sie nach § 305c Abs. 2 BGB zu Gunsten des Arbeitnehmers auszulegen. In der arbeitnehmerfreundlichen Auslegung wird die Klausel dann so Vertragsinhalt.[641] Ist eine Klausel als unwirksam anzusehen, tritt an deren Stelle zunächst die gesetzliche Regelung. Besteht eine solche nicht, ist die fällt die Klausel ersatzlos weg. Eine geltungserhaltende Reduktion ist ebenso wie eine ergänzende Vertragsausauslegung abzulehnen.[642]

3. AGB-Kontrolle der Zielvereinbarung im engeren Sinne

Deutlich problematischer und auch heftig umstritten ist, ob die Zielvereinbarung im engeren Sinne der AGB-Kontrolle unterfallen kann oder nicht. Dies hängt im Ergebnis entscheidend davon ab, wie weit bzw. eng die Grenze zur einvernehmlichen Zielfestlegung gezogen wird.

a) Entscheidende Abgrenzung durch freies Aushandeln

Häufig wird einfach festgestellt, dass die Ziele individuell ausgehandelt wurden und daher keine allgemeinen Geschäftsbedingungen vorliegen können.[643] Die entgegengesetzte Meinung sieht die AGB-Kontrolle dagegen auch auf die Zielvereinbarung im engeren Sinne als anwendbar an, ohne sich näher mit dem Problem zu befassen, ob vorformulierte Bedingungen noch eine einvernehmliche Zielfestlegung darstellen können.[644] Letztere Meinung ist zwar vorzugswürdig, es bedarf aber einer näheren Begründung.

---

638 *Thüsing*, AGB-Kontrolle, S. 40 Rn 103; *BAG* vom 31.08.2005, Az 5 AZR 545/04; *BGH* vom 23.02.2005, Az IV ZR 273/03.

639 Zum im Zweifel dem Arbeitgeber zustehendem Recht zur Zielvorgabe, siehe § 4 IV; zur einseitigen Zielfeststellung, siehe § 4 V.

640 *BGH* vom 17.12.1998, Az VII ZR 243/97; ErfK/*Preis*, §§ 305-310 BGB Rn 44; *Schmidt*, in Bamberger/Roth, § 307 BGB Rn 43; *Lakies*, AGB, S. 68 Rn 323.

641 ErfK/*Preis*, §§ 305-310 BGB Rn 31; Palandt/*Grüneberg*, § 305c BGB Rn 20; MüKo/*Basedow*, § 305c BGB Rn 35; *Reinecke*, in NZA 2005, 953 (956).

642 Palandt/*Grüneberg*, Vorb v § 307 BGB Rn 8; DDBD/*Dorndorf*, § 307 BGB Rn 133; a.A. MüKo/*Basedow* § 306 BGB Rn 13.

643 *Lischka*, Zielvereinbarungen, S. 114; *Heiden*, Zielvereinbarungen, S. 240; *Deich*, Beurteilung, S. 136; sehr deutlich *Deich*, Gestaltung, S. 59.

644 *Schrader/Müller*, in RdA 2007, 145 (151f.); *Hümmerich*, in NJW 2006, 2294 (2297); *Trittin/Fischer*, in AuR 2006, 261 (262); *Friedrich*, in PersF 2006, 22 (25); *Riesenhuber/v.Steinau-Steinrück*, in NZA 2005, 785 (787); *Portz*, in ArbRB 2005, 374 (375f.); *Hergenröder*, in AR-Blattei SD 1855, Rn 63ff.; *Däubler*, in ZIP 2004, 2209 (2210f.); *Bauer/Diller/Göpfert*, in BB 2002, 882 (884); ErfK/*Preis*, § 611 BGB

Die ablehnende Meinung nimmt hierbei aber lediglich den Idealfall an und setzt diesen damit als gegeben voraus. Die Zielvereinbarung im engeren Sinne wird im Rahmen einer gleichberechtigten Verhandlung zwischen den Arbeitsvertragsparteien frei ausgehandelt. Geradezu vorbildlich wäre es sogar, wenn nicht der Arbeitgeber, sondern der Arbeitnehmer zunächst die zu erreichenden Ziele in die Verhandlung mit einbringt. In diesem Fall wären sie tatsächlich ausgehandelt im Sinne von § 305 Abs. 1 S. 3 BGB und der AGB-Kontrolle entzogen.[645]

Hierbei wird aber übersehen, dass in der betrieblichen Praxis häufig ein anderes Vorgehen vorherrscht. Die Welt ist nicht ideal.[646] Der Grund liegt in der praktischen Anwendung des Personalführungssystems Zielvereinbarung/-vorgabe. Die Ziele werden von der Geschäftsleitung über die einzelnen Abteilungen bis hin zum einzelnen Arbeitnehmer herunter gebrochen. Während im Bereich der oberen und obersten Führungskräfte noch ein relativ freies Aushandeln möglich erscheint, bestehen dadurch bei den unteren Abteilungen bzw. dem einzelnen Arbeitnehmer bestimmte Rahmenbedingungen, die es einzuhalten gilt, um die strategischen Ziele auch zu erreichen. Der Verhandlungsspielraum ist naturgemäß eingegrenzt. Um die Praktikabilität zu erhöhen werden eben nun häufig die Ziele vereinheitlicht, d.h. vorformuliert.[647] Hier kann die Mitwirkung des Arbeitnehmers sich darauf beschränken, die einzelnen Zielerreichungsstufen auf ein ihm günstigeres Maß zu beschränken.[648] Wollte man hier keine Zielvereinbarung im engeren Sinne annehmen, sondern lediglich eine Zielvorgabe, so wäre eine einvernehmliche Zielfestlegung in diesem Sinne in der Praxis so gut wie ausgeschlossen.

Pelzer setzt sich mit der Frage auseinander, ob eine Zielvereinbarung im engeren Sinne nur dann vorliegt, wenn die Ziele auch als ausgehandelt im Sinne von § 305 Abs. 1 S. 3 BGB gelten.[649] Letztendlich bejaht er dies. Er erkennt zwar richtigerweise, dass dies bei dieser Sichtweise gleichzeitig den Kern der Frage darstellt, ob die AGB-Kontrolle auf die Zielvereinbarung im engeren Sinne anwendbar ist oder nicht. Hierbei dreht sich die Frage auch darum, ob bei einer Vorformulierung der Ziele von einer einvernehmlichen Einigung ausgegangen oder vielmehr ein einseitiges Diktat angenommen werden kann. Er erkennt aber letztlich, dass hier nur scheinbar eine vollständige Parallele besteht. Endlich bestehen die Prüfungspunkte Zielvereinbarung im engeren Sinne oder Zielvorgabe sowie AGB-Kontrolle anwendbar oder nicht, unabhängig voneinander. Es hilft hier der grundsätzliche Blick auf die allgemeinen Geschäftsbedingungen. Niemand wird bezweifeln können, dass hier ein Vertrag vorliegt, also zwei übereinstimmende Willenserklärungen, wenn auch die Verhandlungsparität unterschiedlich sein kann.[650] Gerade wegen der strukturellen Ungleichheit der Parteien ist die Einbeziehungs- und Inhaltskontrolle der Allgemeinen Geschäftsbedingungen entwickelt worden. Die unterlegene Partei soll vor Übervorteilungen durch die stärkere Partei geschützt

---

Rn 505; *Röder*, in AG Arbeitsrecht, 139 (141); wohl auch *Horcher*, in BB 2007, 2065 (2066); *Brors*, in RdA 2004, 273 (281); MüKo/*Müller-Glöge*, § 611 BGB Rn 768.
645 *Horcher*, in BB 2007, 2065 (2066); *Schrader/Müller*, in RdA 2007, 145 (152).
646 *Datzmann*, in Personal 2001, 510 (510).
647 So auch *Mohnke*, Zielvereinbarungen, S. 132f.; DDBD/*Däubler*, Anhang zu § 307 BGB Rn 76; a.A. *Heiden*, Zielvereinbarungen, S. 240.
648 *LAG Berlin* vom 13.12.2006, Az 15 Sa 1135/06; die Revision beim *BAG* vom 12.12.2007, Az 10 AZR 97/07, ist zwar begründet, dieser Punkt wird beim *BAG* aber nicht diskutiert, vielmehr wird auch hier ohne weiteres eine Zielvereinbarung im engeren Sinne angenommen.
649 *Pelzer*, Zielvereinbarungen, S. 74ff.
650 Vgl. *Becker*, in Bamberger/Roth, § 305 BGB Rn 11; MüKo/*Basedow*, § 305 BGB Rn 9ff.; *Lakies*, AGB S. 2 Rn 5; HWK/*Gotthardt*, § 305 BGB Rn 2; ErfK/*Preis*, §§ 305-310 BGB Rn 22.

werden.[651] Diesen Schutz bedarf es nicht, sofern der Vertrag das Ergebnis einer gleichberechtigten Verhandlung darstellt. In beiden Fällen liegt aber ein Vertrag, zweiseitiges Rechtsgeschäft, vor.

Im Arbeitsrecht gibt es vorformulierte Arbeitsverträge. Auch diese stellen ein zweiseitiges Rechtsgeschäft dar. Auch Änderungen der Arbeitsverträge können grundsätzlich in vorformulierten Vertragsbedingungen erfolgen. Nun wurde dargestellt, dass Ziele, die nicht vom Weisungsrecht gedeckt sind, lediglich in Zielvereinbarungen im engeren Sinne vereinbart, nicht aber in Zielvorgaben einseitig vorgegeben werden können.[652] Diese stellen eine Änderung des Arbeitsvertrages dar, die der Zustimmung des Arbeitnehmers bedürfen.

Dies vorausgeschickt, wäre bei der Annahme, Zielvereinbarungen im engeren Sinne liegen nur vor, sofern die Ziele auch ausgehandelt worden sind im Sinne von § 305 Abs. 1 S. 3 BGB, eine Änderung der Arbeitsbedingungen durch vorvorformulierte Vertragsbedingungen im Rahmen einer Zielvereinbarung im engeren Sinne niemals möglich. Dagegen soll die gleiche Änderung außerhalb einer Zielvereinbarung im engeren Sinne unstreitig möglich sein. Dies ist nicht nachwollziehbar. Der Arbeitnehmer hat den gleichen Schutz, wenn dies im Rahmen einer Zielvereinbarung im engeren Sinne erfolgt. Liegen die Ziele außerhalb des Weisungsrechts, kann er die Zustimmung zu Recht verweigern.

b) Vereinbarung auch bei Vorformulierung mit Änderungsmöglichkeit

Es gibt mehr Anwendungsformen, als das freie Aushandeln iSv § 305 Abs. 1 S. 3 BGB und dem einseitigen Stellen völlig ohne Einwirkungsmöglichkeiten durch die andere Partei. Es ist durchaus möglich, dass einzelne Ziele zur Wahl gestellt werden. So kann der Arbeitnehmer aus mehreren Zielen die nach seiner Vorstellung und Erwartung günstigsten auswählen.

> Beispiel: Der angestellte Rechtsanwalt A soll sich drei der folgenden Ziele aussuchen: drei Beiträge in einschlägigen Fachzeitschriften; Akquise neuer Mandate mit einem abrechenbaren Gesamtvolumen von EUR 50.000; Durchführung zweier Mandantenseminare; Ausbildung der Referendare; Betreuung von zwei Associates; Durchführung zweier Inhouse-Fortbildungen; Erhöhung des persönlichen Umsatzes um 10%; Pflege des internationalen Netzwerkes.

Diese Wahlmöglichkeit bedeutet aber noch nicht das Vorliegen einer Individualvereinbarung und Aushandeln im Sinne von § 305 Abs. 1 S. 3 BGB.[653] Aber auch hier übt der Arbeitnehmer seinen Einfluss auf die Zielgestaltung mit aus. Nach der gegenteiligen Ansicht läge hier eine Zielvorgabe vor, obwohl der Arbeitnehmer die Ziele aus einem, möglicherweise sehr umfangreichen, „Zielkatalog" ausgewählt hat. Gleiches gilt, wenn zwar die Ziele feststehen, dafür aber die Gewichtung der Ziele untereinander, Zielentgelthöhe oder Zielerreichungsgrade vom Arbeitnehmer mitbestimmt werden.

Freilich muss sich diese Meinung vorwerfen lassen, dass die Grenzen der einvernehmlichen und einseitigen Zielfestlegung unscharf werden. Dies erscheint jedoch nur auf den ersten Blick. Ebenso unscharf und nur durch Einzelkasuistik herausgearbeitet ist der Begriff des

---

651 Vgl. Palandt/*Grüneberg*, Überbl v § 305 BGB Rn 3ff.; Staudinger/*Schlosser*, Vorbem zu §§ 305ff. BGB Rn 1ff.; MüKo/*Basedow*, Vor § 305 BGB Rn 4.
652 Zum Einfluss des Weisungsrechts auf die Zielvereinbarung/-vorgabe, siehe § 6 III.
653 *BGH* vom 03.12.1991, Az XI ZR 77/91; *BGH* vom 07.02.1996, Az IV ZR 16/95; Staudinger/*Schlosser*, § 305 BGB Rn 38; *Becker*, in Bamberger/Roth, § 305 BGB Rn 35.

Aushandelns im Sinne von § 305 Abs. 1 S. 3 BGB.[654] Unstreitig liegt eine Zielvorgabe dann vor, wenn der Arbeitnehmer keinerlei Einfluss hat auf die einzelnen Ziele, Zielentgelt, Gewichtung der Ziele untereinander und Zielerreichungsgrade. Können jedoch die Ziele vom Mitarbeiter mitbestimmt werden, sei es auch nur durch die Auswahl einiger von mehreren vorgegebenen, liegt eine Zielvereinbarung im weiteren Sinne vor. Dies in der Praxis konkret zu entscheiden, ist eine Frage des Einzelfalls und nicht immer von Leichtigkeit.[655]

c) Überprüfung jeder einzelnen Klausel

Die Begründung, die (gesamte) Zielvereinbarung im engeren Sinne unterliegt deshalb nicht der Kontrolle nach §§ 305 ff. BGB, da es sich im eine Entgeltabrede handelt, ist unzutreffend.[656] Freilich unterliegen das Zielentgelt und grundsätzlich auch die damit verknüpften Ziele nicht der Inhaltskontrolle.[657] Aber es können durchaus noch weitere Vereinbarungen, insbesondere ein Widerrufs- oder Freiwilligkeitsvorbehalt in einer Zielvereinbarung im engeren Sinne geregelt sein. Diese Klauseln sind jedoch einer Inhaltskontrolle zugänglich.[658] Liegt nach dem vorstehenden eine Zielvereinbarung im engeren Sinne vor, müssen diese Klauseln daraufhin überprüft werden, ob sie iSv § 305 Abs. 1 S. 3 BGB ausgehandelt worden ist.[659] Hierfür ist der Arbeitgeber grundsätzlich darlegungs- und beweispflichtig.[660] Dabei kann eine Klausel aber auch dann als ausgehandelt gelten, wenn sie zwar vorformuliert wurde, aber nach Aushandeln und Veränderung anderer Klauseln letztlich so akzeptiert wurden.

(Nur) die Entgeltregelung selbst unterliegt nicht der Inhaltskontrolle.[661] Daher ist weder das Zielentgelt noch die Gewichtung der Ziele untereinander kontrollierbar. Dennoch ist hier eine Transparenz zu fordern.[662] *Mohnke* nimmt generell auch die Ziele von der Inhaltskontrolle aus.[663] Dem ist nur insofern zuzustimmen, dass nicht die Ziele aus Zweckmäßigkeitserwägungen verworfen und durch andere ersetzt werden dürfen. Die Hauptleistungspflichten sind der Inhaltskontrolle entzogen. Der Begriff Hauptleistungen wird jedoch sehr eng ausgelegt, deswegen gehören Klauseln, die das Hauptleistungsversprechen (z.B. Arbeitsleistung für Außendienstmitarbeiter) abweichend verändern, ausgestalten oder modifizieren (Ziel: Gewinnung von mind. 5 Neukunden) nicht zur Leistungsbeschreibung und unterliegen der Inhaltskontrolle.[664] Es darf nicht übersehen werden, dass die Erreichung der Ziele auch mittelbar die

---

654 Vgl. DDBD/*Dorndorf/Deinert*, § 305 BGB Rn 22ff; *Preis*, in NZA 2003, Beilage 16, 19 (20).

655 *Bauer/Diller/Göpfert*, in BB 2002, 882 (884); *Lakies*, AGB, S. 184 Rn 893.

656 A.A. *BAG* vom 12.12.2007, Az 10 AZR 97/07; Preis-*Preis/Lindemann*, AV, II Z 5 Rn 10.

657 A.A. ErfK/*Preis*, § 611 BGB Rn 505, nur bei Individualvereinbarung keine Inhaltskontrolle der Ziele.

658 Zur Prüfung siehe § 8 I und II. Selbst die Ansichten, die eine AGB-Kontrolle bei den frei ausgehandelten Zielen ablehnen, halten diese dagegen bei den genannten Klauseln regelmäßig für anwendbar, vgl. *Lischka*, Zielvereinbarungen, S. 114; *Heiden*, Zielvereinbarungen, S.209ff.; auch *Deich*, Beurteilung, S. 136f., die diese Regelungen allerdings nur in der Zielvereinbarung im weiteren Sinne platziert wissen will.

659 *BGH* vom 16.07.1998, Az VII ZR 9/97; Staudinger/*Schlosser*, § 305 BGB Rn 41ff.; *Becker*, in Bamberger/Roth, § 305 BGB Rn 33; Erman/*Roloff*, § 305 BGB Rn 22.

660 Staudinger/*Schlosser*, § 305 BGB Rn 52f.; MüKo/*Basedow*, § 305 BGB Rn 43; DDBD/*Dorndorf/Deinert*, § 305 BGB Rn 34; Palandt/*Grüneberg*, § 305 BGB Rn 24.

661 MüKo/*Kieninger*, § 307 BGB Rn 12; HWK/*Gotthardt*, § 307 BGB Rn 6; Erman/*Roloff*, § 307 BGB Rn 42; *BAG* vom 31.08.2005, Az 5 AZR 545/04; *BGH* vom 22.11.2000, Az IV ZR 235/99.

662 Ebenso *BAG* vom 12.12.2007, Az 10 AZR 97/07.

663 *Mohnke*, Zielvereinbarungen, S. 139; in diese Richtung auch *Singer*, in RdA 2006, 362 (373); unklar *BAG* vom 12.12.2007, Az 10 AZR 97/07.

664 *BAG* vom 27.07.2005, Az 7 AZR 486/04; *BGH* vom 30.06.1995, Az V ZR 184/94; MüKo/*Kieninger*, § 307 BGB Rn 12; Erman/*Roloff*, § 307 BGB Rn 42; Palandt/*Grüneberg*, § 307 BGB Rn 57.

Arbeitszeit beeinflusst. Unangemessen sind daher Ziele, die nicht in der vereinbarten Arbeitszeit erreicht werden können. Freilich kann durch die Zielvereinbarung im engeren Sinne gleichzeitig auch eine Erhöhung der vertraglichen Arbeitszeit vereinbart werden. Dies muss aber als Regelung klar zum Ausdruck kommen. Ansonsten wäre die Klausel wegen Intransparenz unwirksam.[665] Sind die Ziele nur bei Überschreitung der nach dem ArbZG zulässigen Arbeitszeit zu erreichen, ist die Vereinbarung nicht nur unangemessen iSv § 307 Abs. 1 BGB, sondern auch nichtig nach § 134 BGB.[666] Beide Unwirksamkeitsgründe bestehen nebeneinander.[667] Sind die Ziele dagegen unmöglich, ist dies keine Frage der Unangemessenheit, sondern des allgemeinen Leistungsstörungsrechts.[668]

d) Transparenz der weichen Ziele

§ 305c Abs. 2 BGB kommt eine erhebliche Bedeutung zu. Unklarheiten bei der Feststellung, welchen Bedeutungsgehalt die formulierten Ziele haben, gehen zu Lasten des Verwenders, also Arbeitgebers.[669] Dies betrifft insbesondere die weichen Ziele. Diese sind ohnehin schon objektiv schwer zu fassen und bedürfen zusätzlich noch einer Beurteilung durch den Arbeitgeber.

> **Beispiel**: Das Ziel heißt „Steigerung der Kundenzufriedenheit im Verkauf".
> Unklar ist, wie diese erreicht werden soll. Damit könnte gemeint sein, (a) freundliches Auftreten gegenüber den Kunden, (b) Professionalität der Beratung, (c) Schnelligkeit der Bearbeitung der Reklamationen oder (d) alles zusammen.
> Ferner ist unklar, wie die Zielerreichung gemessen werden soll.

Manche sehen allein darin schon eine intransparente Regelung als eine Art betriebliche Geheimpolitik.[670] Diese pauschale Ablehnung ist nicht gerechtfertigt. Im Kern besteht der Vorwurf darin, dass der Arbeitnehmer nicht erkennen kann, wann das Ziel erreicht ist und welche Vergütungsfolge sich daran anschließt. Deshalb wird gefordert, dass die Beurteilung transparent und fair erfolgen muss.[671] Dem ist freilich zuzustimmen. Dies heißt aber nicht, der alleinige Ausweg ist bei einer unabhängigen dritten Person als Schiedsgutachter zu finden.[672] Es dürfen keine unzumutbaren Anforderungen an die konkrete Ausformulierung der Klauseln gestellt werden.[673] Es muss bei den weichen Zielen eine möglichst genaue Beschreibung ausreichen. Ist diese erfolgt (hier z.B. Steigerung der Freundlichkeit des Verkaufspersonals gegenüber Kunden), muss es ausreichend sein, wenn der Arbeitgeber in der Zielvereinbarung im weiteren Sinne seine Beurteilungskriterien weitestgehend darlegt.[674] So kann die Freundlichkeit z.B. darin beurteilt werden, wieviel Zeit die Beratung in Anspruch nimmt oder ob grund-

665 Ebenso *Thüsing*, AGB-Kontrolle, S. 180 Rn 465; DDBD/*Däubler*, Anhang zu § 307 BGB Rn 80; ähnlich *Hergenröder*, in AR-Blattei SD 1855, Rn 70.
666 Zum Einfluss des ArbZG auf die Zielvereinbarung/-vorgabe, siehe § 6 IV 2.
667 *BGH* vom 25.09.2002, Az VIII ZR 253/99; MüKo/*Kieninger*, Vor § 307 BGB Rn 9; *Schmidt*, in Bamberger/Roth, § 307 BGB Rn 11; Palandt/*Grüneberg*, Vorb v § 307 BGB Rn 15.
668 *Trittin/Fischer*, in AuR 2006, 261 (262); wohl ebenso *Berwanger*, in BB 2004, 551 (554).
669 *LAG Hessen* vom 29.01.2002, Az 7 Sa 836/01; *Bauer*, in Brennpunkte, 93 (99); *Horcher*, in BB 2007, 2065 (2066); *Friedrich*, in PersF 2006, 22 (25).
670 *Däubler*, in ZIP 2004, 2209 (2213).
671 *Annuß*, in NZA 2007, 290 (290); *Bauer/Diller/Göpfert*, in BB 2002, 882 (883).
672 So aber DDBD/*Däubler*, Anhang zu § 307 BGB Rn 78.
673 *BGH* vom 10.03.1993, Az VIII ZR 85/92; *BGH* vom 10.07.1990, Az XI ZR 275/89; Erman/*Roloff*, § 307 BGB Rn 22; HWK/*Gotthardt*, § 307 BGB Rn 20; *Schmidt*, in Bamberger/Roth, § 307 BGB Rn 44.
674 *Thüsing*, AGB-Kontrolle, S. 181 Rn 467; ebenso *Mohnke*, Zielvereinbarungen, S. 149.

sätzlich sog. Give-aways[675] angeboten werden. So erhält der Arbeitnehmer eine sehr genaue Vorstellung, wie das an sich nicht messbare Ziel erfüllt werden kann und welche Beurteilungskriterien der Arbeitgeber zur Zielfeststellung zu Grunde legt. Das weiche Ziel wird damit greifbar, transparent und in gewissermaßen messbar.

4. Auf Grund Einseitigkeit keine AGB-Kontrolle der Zielvorgabe

Die Zielvorgabe ist kein zweiseitiges Rechtsgeschäft, sondern die Ziele werden vom Arbeitgeber auf Grundlage seines Weisungsrechts einseitig vorgegeben. Voraussetzung für die Anwendbarkeit der §§ 305 ff. BGB sind jedoch grundsätzlich zweiseitige Vertragsbedingungen.[676] Auf Grund der einseitigen Erklärung durch den Arbeitgeber ist die AGB-Kontrolle auf Zielvorgaben nicht anwendbar.[677] Es liegen keine Vertragsbedingungen im Sinne von § 305 Abs. 1 S. 1 BGB vor.

Unzutreffend ist jedoch die Begründung, auf Grund der individuellen Vorgabe liegen keine Allgemeinen Geschäftsbedingungen vor.[678] Zum einen können auch Zielvorgaben vereinheitlicht werden, dies ist aus Arbeitgebersicht gerade der Vorteil derselben. Anstatt bei einer Zielvereinbarung im engeren Sinne unterschiedliche Ergebnisse zu erhalten, können bei der einseitigen Zielvorgabe die Ziele der einzelnen Arbeitnehmer untereinander und mit den strategischen Zielen des Unternehmens abgestimmt werden. So ist es durchaus denkbar, dass sämtliche Arbeitnehmer einer Abteilung exakt die gleichen Zielvorgaben erhalten. Zum anderen wird hier die Bedeutung der Individualvereinbarung des § 305b BGB verkannt. Im Grunde ist hier nur der Grundsatz des Vorranges des speziellen vor dem allgemeinen normiert. Aber die individuelle Regelung selbst kann auch eine Allgemeine Geschäftsbedingung darstellen bzw. einer Kontrolle hiernach unterworfen sein.[679] Die §§ 305 ff. BGB sind aus dem Grund nicht anwendbar, weil es sich um eine einseitige Vorgabe handelt. Es ist ein einseitiges Rechtsgeschäft. Ob dies individuell erfolgt oder nicht, ist unerheblich.[680]

Aber auch bei der Zielvorgabe ist der Arbeitnehmer nicht schutzlos. Die Kontrolle erfolgt zwar nicht über §§ 305 ff. BGB, sondern über § 315 Abs. 3 BGB.[681]

VII. Mögliche Stichtags- und Rückzahlungsklauseln

Eine Stichtags- und Rückzahlungsklausel ist grundsätzlich bei Entgeltleistungen möglich, die die Entlohnung der Betriebstreue bezwecken. Gegenstand ist damit das Entgelt im weiteren Sinne. Als Stichtagsklausel sind zwei Varianten möglich. Entweder wird der bloße Bestand des Arbeitsverhältnisses zur Voraussetzung der Leistung des Arbeitgebers erklärt, unabhängig von einer etwaigen Kündigung. Hier steht die Entlohnung der vergangenen Betriebstreue im Vordergrund. Oder es bedarf eines ungekündigten Arbeitsverhältnisses. In diesem Fall soll damit auch die zukünftige Betriebstreue entlohnt werden.

---

675 Z.B. begleitenden Kindern der Kunden Süßigkeiten oder den Kunden selbst Kugelschreiber, Kataloge etc.
676 Vgl. *Becker*, in Bamberger/Roth, § 305 BGB Rn 11ff.; MüKo/*Basedow*, § 305 BGB Rn 11; Staudinger/*Schlosser*, § 305 BGB Rn 10; Erman/*Roloff*, § 305 BGB Rn 6; HWK/*Gotthardt*, § 305 BGB Rn 2.
677 A.A. *Moll*, in AG Arbeitsrecht, 91 (108).
678 So aber *Deich*, Beurteilung, S. 152.
679 *BAG* vom 25.05.2005, Az 5 AZR 572/04; Staudinger/*Schlosser*, § 305b BGB Rn 1.
680 Ebenso *Heiden*, Zielvereinbarungen, S. 240f.
681 Zu den Grenzen der Zielvorgabe durch das Weisungsrecht, siehe § 6 III 2.

Der Schwerpunkt auf die Entlohnung der zukünftigen Betriebstreue wird dadurch verlagert, dass der Arbeitnehmer nur dann einen Anspruch auf die Leistung hat, wenn er nicht nur zu einem bestimmten Stichtag in einem ungekündigten Arbeitsverhältnis, sondern darüberhinaus auch nicht vor einem bestimmten Stichtag aus dem Unternehmen ausscheidet. Da die Auszahlung der Prämie durch den Arbeitgeber regelmäßig jedoch vor dem letzten (und entscheidenden) Stichtag erfolgt, ist sie dann ggf. zurückzuzahlen.[682]

Beide Klauseln knüpfen bei der Zulässigkeit an die Art des Entgelts an. Bei Vergütungen des Arbeitnehmers mit reinem Entgeltcharakter sind Stichtags- und erst recht Rückzahlungsklauseln unzulässig.[683] Hier besteht ein untrennbares Synallagma zur Arbeitsleistung des Arbeitnehmers, der in Vorleistung gegangen ist und deshalb Anspruch auf ein der Leistung entsprechendes Entgelt hat. Bei Zahlungen dagegen, die ausschließlich die Betriebstreue belohnen, sind grundsätzlich beide Arten der Klauseln möglich. Im Hinblick auf Art. 12 GG, die Berufsfreiheit des Arbeitnehmers, dürfen jedoch keine unangemessenen Kündigungserschwerungen durch die Regelung entstehen. Gleiches gilt auch für die sog. Zahlungen mit Mischcharakter. Diese vergüten einerseits die Arbeitsleistung, andererseits auch die Betriebstreue.[684]

Die Zielvereinbarung/-vorgabe knüpft hauptsächlich durch die mitarbeiterbezogenen Ziele an die Arbeitsleistung des Arbeitnehmers an und stellt damit eine besondere Art der leistungsorientieren Vergütung dar. Sie ist für diesen Teil Entgelt im engeren Sinne. Die Erreichung der unternehmensbezogenen Ziele hängen in der Regel nicht von der Arbeitsleistung des Arbeitnehmers ab. Für diesen Teil kann sie ebenfalls Elemente der Belohnung der Betriebstreue enthalten. Die Vergütung der Betriebstreue müsste aber hier entsprechend kenntlich gemacht worden sein, so dass es auf die Ausgestaltung der Zielvereinbarung/-vorgabe im Einzelfall ankommt, um das Zielentgelt als reines Arbeitsentgelt im engeren Sinne oder als eine Art Gratifikation mit Mischcharakter einzustufen.

1. Enge Grenzen für Stichtagsklausel

Selbst wenn das Zielentgelt nach dem Verständnis beider Parteien grundsätzlich als eine Art Gratifikation mit Mischcharakter, also eine (jährliche) Einmalzahlung für erbrachte Arbeitsleistung und Betriebstreue darstellen soll, ist bei der Prüfung zu beachten, dass sich die Zielvereinbarung/-vorgabe deutlich von den herkömmlichen Gratifikationen unterscheidet.[685] Die Gratifikation ist nicht erfolgsbezogen bzw. zielorientiert. Aber genau hier besteht der entscheidende Unterschied zur Zielvereinbarung/-vorgabe. Nur wenn die einzelnen Ziele erfüllt werden, besteht der Anspruch für diesen Teil des Zielentgelts. Und die Ausgestaltung der Ziele ist der Ansatzpunkt für die Prüfung der Zulässigkeit der Stichtagsklausel.

Bei der Gratifikation mit Mischcharakter besteht das Problem der Bestimmung des Zwecks der Leistung. Zu einem bestimmten Anlass wird eine Leistung des Arbeitgebers gewährt, ohne konkret die Gegenleistung des Arbeitnehmers zu bestimmen. Die Zwecksetzung dieser Leistung ist sorgfältig zu ermitteln.[686] Hierbei ist zum einen auf die Bezeichnung der Leistung

682   ErfK/*Preis*, § 611 BGB Rn 547; HWK/*Thüsing*, § 611 BGB Rn 111; Schaub/*Linck*, AHdB, § 78 Rn 50; *Vossen*, in NZA 2005, 734 (735).
683   *BAG* vom 13.08.1974, Az 5 AZR 48/74; Küttner/*Griese*, Gratifikation, Rn 10; HWK/*Thüsing*, § 611 BGB Rn 113.
684   HWK/*Thüsing*, § 611 BGB Rn 109; DLW/*Dörner*, S. 483 Rn 841.
685   Zur Abgrenzung der Zielvereinbarung/-vorgabe von der Gratifikation, siehe § 5 VI.
686   *BAG* vom 21.05.2003, Az 10 AZR 408/02; vgl. Schaub/*Linck*, AHdB, § 78 Rn 4f.

(13. Monatsgehalt oder Weihnachtsgeld), aber auch auf andere, den Parteiwillen dokumentierende Umstände abzustellen. Die Annahme der hM, bei Vorliegen einer Stichtags- oder Rückzahlungsklausel wird gleichzeitig auch die Entlohnung der Betriebstreue dokumentiert, ist insofern kritisch zu würdigen, als dass sie an einen Zirkelschluss erinnert. Das Vorliegen einer Klausel soll gleichzeitig auch die grundsätzliche Zulässigkeit begründen.[687] Diese Unsicherheit ist praktisch jedoch darin begründet, dass bei einer Gratifikation mit Mischcharakter nur wenige Anhaltspunkte zur Zweckbestimmung vorhanden sind. Nicht so aber bei der Zielvereinbarung/-vorgabe.

In dieser sind klar die einzelnen Ziele dargestellt. Wenn man das Zielentgelt als eine Art Gratifikation mit Mischcharakter bezeichnen möchte, wird bei dieser aber die „Mischung" – im Gegensatz zur herkömmlichen Gratifikation – deutlich. Die mitarbeiterbezogenen Ziele stellen in jedem Fall den Teil der Gegenleistung für die bereits erbrachte Arbeitsleistung des Arbeitnehmers dar. Allenfalls die unternehmensbezogenen Ziele können als Entlohnung der Betriebstreue gewertet werden. Insofern ist in jedem Falle eine Stichtagsklausel, die die gesamte Zielvereinbarung/-vorgabe betrifft unzulässig. Denn hier werden auch die mitarbeiter- und damit rein arbeitsleistungsbezogenen Ziele erfasst.[688]

a) Unzulässig bei mitarbeiterbezogenen Zielen

Der Schlüssel liegt in der Inhaltskontrolle des § 307 Abs. 1 S. 1 BGB. Zwar sind die Hauptleistungspflichten hiervon ausgenommen. Stichtags- und Rückzahlungsklauseln sind jedoch als sog. Preisnebenabreden der Inhaltskontrolle zugänglich.[689] Vorausgesetzt, man kommt überhaupt zum Ergebnis, dass auch die Betriebstreue entlohnt werden soll, darf die Stichtagsklausel den Arbeitnehmer nicht unangemessen benachteiligen. Unangemessenheit liegt dann vor, wenn ein rechtlich anerkanntes Interesse des Arbeitnehmers beeinträchtigt wird, und die Beeinträchtigung nicht durch das begründete und billigenswerte Interesse des Arbeitgebers gerechtfertigt wird oder durch gleichwerte Vorteile ausgeglichen wird. Es bedarf einer umfassenden Würdigung beiderseitiger Positionen, wobei der Kompensationsgedanke maßgeblich ist.[690] Zu fragen ist, welcher adäquate Vorteil gegenüber dem bestehenden Nachteil für den Arbeitnehmer besteht. Bei den mitarbeiterbezogenen Zielen wird diese Frage schon mit der Gegenfrage beantwortet, wo der Vorteil für den Arbeitnehmer überhaupt liegen soll. Die Erfüllung dieser Ziele, die nur durch die Leistung des Arbeitnehmers erfolgen kann, setzt notwendigerweise eine Betriebstreue voraus. Ohne bestehendes Arbeitsverhältnis ist es nicht möglich, z.B. fünf Neukunden zu gewinnen. Insofern ist es unangemessen, den Anspruch des Arbeitnehmers beim Zielentgelt bezüglich der mitarbeiterbezogenen Ziele davon abhängig zu machen, ob zu einem bestimmten Datum das Arbeitsverhältnis (noch) besteht.[691] Hier kommt auch die von manchen vorgebrachte unzulässige Kündigungserschwerung nach § 622 Abs. 6

---

687 Statt aller HWK/*Thüsing*, § 611 BGB Rn 113, der schreibt: Liegt eine Rückzahlungsvereinbarung vor, handelt es sich jedoch nicht mehr um eine Leistung mit reinem Entgeltcharakter; ebenso *LAG Rheinland-Pfalz* vom 24.04.2008, Az 11 Sa 87/08; kritisch zu dieser Argumentation auch *Freihube*, in DB 2008, 124 (125).

688 So im Ergebnis auch *BAG* vom 24.10.2007, Az 10 AZR 825/06.

689 *Worzalla*, in NZA 2006, Beilage 3, 122 (126).

690 *BAG* vom 27.07.2005, Az 7 AZR 486/04; Schaub/*Linck*, AHdB, § 32 Rn 43; Palandt/*Grüneberg*, § 307 BGB Rn 9f.; vgl. die ausführliche Prüfung zu Rückzahlungsvereinbarungen der Weiterbildungskosten bei *Lakies*, in BB 2004, 1903 (1904ff.).

691 So auch *Horcher*, in BB 2007, 2065 (2068), der allerdings nicht zwischen mitarbeiter- und unternehmensbezogene Ziele differenziert; a.A. *LAG Rheinland-Pfalz* vom 24.04.2008, Az 11 Sa 87/08.

BGB in Betracht. Zum Teil wird vertreten, dies sei insgesamt für das Zielentgelt einschlägig und daher sei eine Stichtagsklausel unzulässig.[692] Dieser Ansicht ist zuzugestehen, dass es sich beim gesamten Zielentgelt auch im Leistungsentgelt handelt. Zumindest bei den mitarbeiterbezogenen Zielen ist der Anknüpfungspunkt das Erreichen der Ziele durch den Arbeitnehmer, mithin seine Leistung. Dieser Teil ist in jedem Falle Leistungsentgelt und eine Stichtagsregelung diesbezüglich wäre unzulässig.[693]

Vertreten wird, in der Zielvereinbarung/-vorgabe kann eine Bestimmung enthalten sein, dass die Entlohnung nach dem Zielerreichungsgrad der mitarbeiterbezogenen Zielen auch die Entlohnung der Betriebstreue darstellt. Damit läge eine Vergütung mit Mischcharakter vor und bei dieser sei die Möglichkeit einer Stichtagsregelung anerkannt.[694] Diese Ansicht beantwortet aber nicht die sich aufdrängende Gegenfrage, dass konsequenterweise hiernach fast das gesamte Entgelt als „Entlohnung auch der Betriebstreue" bezeichnet werden könnte. Dann bestünde bei einem extrem hohen Anteil der Mischvergütung an der Gesamtvergütung die Gefahr, dass bei einer Kündigung dem Arbeitnehmer lediglich ein gerade noch sittengemäßer Lohn zusteht. Hierin kann durchaus auch eine Kündigungserschwerung nach § 622 Abs. 6 BGB gesehen werden. Es mag zwar möglich sein, als Zweck auch die Entlohnung der Betriebstreue zu formulieren. Hat diese Vergütung jedoch gemessen am Anteil der Festvergütung einen hohen Anteil, spricht sehr viel dafür das Entgelt als Vergütung für geleistete Arbeit anzusehen, bei der der Zweck der Betriebstreue zurückzutreten hat.[695] Gleiches muss aber auch bei einem geringen Anteil an der Festvergütung gelten, wenn deutlich wird, dass die Entlohnung der Arbeitsleistung im Vordergrund steht. Dem Arbeitgeber wird für bestimmte Erfolge ein Zielentgelt in Aussicht gestellt. Die Zielvereinbarung/-vorgabe jedoch differenziert sehr stark nach den jeweiligen erbrachten Leistungen. Bei den unternehmensbezogenen Zielen ist die Leistung des Arbeitnehmers jedoch unerheblich. Damit kann bei den mitarbeiterbezogenen Zielen nur in erster Linie die Vergütung der vom Arbeitnehmer erbrachten Arbeitsleistung gewollt sein. Die Betriebstreue muss zurücktreten.[696] Alles andere wäre letztlich bei der Zielvereinbarung im weiteren Sinne unangemessen nach § 307 Abs. 1 S. 1 BGB, bei der Zielvorgabe unbillig nach § 315 BGB.[697]

---

692 So *Lischka*, Zielvereinbarungen, S. 124; *Pelzer*, Zielvereinbarungen, S. 163f.; *Horcher*, in BB 2007, 2065 (2068); *Hidalgo/Rid*, in BB 2005, 2686 (2690); *Däubler*, in ZIP 2004, 2209 (2213); *Berwanger*, in BB 2003, 1499 (1501); *Kolmhuber*, in ArbRB 2003, 117 (118); *Lindemann/Simon*, BB 2002, 1807 (1813); *Mauer*, in NZA 2002, 540 (545f.); *BSG* vom 23.03.2006, Az B 11a AL 29/05 R; *ArbG Wiesbaden* vom 19.12.2000, Az 8 Ca 1897/00; auf § 612a BGB abstellend *Friedrich*, in PersF 2006, 22 (28); auf Rechtsmissbrauch abstellend *Heiden*, Zielvereinbarungen, S. 344ff.; widersprüchlich *Deich*, S. 82 einerseits, S. 224 andererseits; auch Preis-*Preis/Lindemann*, AV, II Z 5 Rn 7 und 28.

693 A.A. *LAG Rheinland-Pfalz* vom 24.04.2008, Az 11 Sa 87/08; *Behrens/Rinsdorf*, in NZA 2006, 830 (831); *Grobys*, in NJW-Spezial 2004, 177 (178); *Hergenröder*, in AR-Blattei SD 1855, Rn 102; *Bauer*, in Brennpunkte, 93 (105f.); *Göpfert*, in AuA 2003, 28 (30); *Bauer*, in FA 2002, 295 (298); *Bauer/Diller/Göpfert*, in BB 2002, 882 (885); *Mohnke*, Zielvereinbarungen, S. 361ff.; die jeweils eine Stichtagsregelung für die gesamte Zielvereinbarung/-vorgabe für zulässig halten; lediglich Bedenken hierzu hat *Röder*, in AG Arbeitsrecht, 139 (149).

694 So *Mohnke*, Zielvereinbarungen, S. 361ff.; ähnlich *Fischer/Döring*, in AuA 2008, 684 (685).

695 *BAG* vom 24.10.2007, Az 10 AZR 825/06; nach *Behrens/Rinsdorf*, in NZA 2005, 830 (831) sind aber in der Praxis solche Zielvereinbarungen/-vorgaben nicht als Mischgratifikation ausgestaltet.

696 In diese Richtung auch *Reinecke*, in BB 2008, 554 (556); *Friedrich*, in PersF 2006, 22 (28).

697 §§ 305ff. finden auf die Zielvorgabe zwar keine Anwendung, jedoch kann bei der Interessenabwägung bei § 315 III BGB auf die Wertung der Interessenabwägung des § 307 BGB zurückgegriffen werden; *Erman/Hager*, § 315 BGB Rn 2.

b) Unternehmensbezogene Ziele mit Klausel kombinierbar

Anders hingegen bei den unternehmensbezogenen Zielen. Hier ist zur Erreichung derselben im Grunde keine konkrete Arbeitsleistung des Arbeitnehmers erforderlich.[698] Dies ist ein Vorteil, bei dem der Nachteil, die Erfüllung der Betriebstreue, angemessen erscheint. Dieser Nachteil ist im Grunde genommen die Gegenleistung des Arbeitnehmers, deren „Preis" nur anhand der jeweiligen unternehmensbezogene Ziele berechnet wird. Zu fragen bleibt hier allerdings, wann die Entlohnung der Betriebstreue als gewollt angesehen werden kann.[699]

Allein die Tatsache der Formulierung der unternehmensbezogenen Ziele kann dies nicht ausdrücken, denn mit dieser kann ebenso auch nur eine Anpassung des Zielentgelts an die wirtschaftliche Situation des Unternehmens bezweckt sein. Die Arbeitsleistung soll höher entlohnt werden, sofern das Betriebsergebnis dies erlaubt. Dann wären auch die unternehmensbezogenen Ziele dem Arbeitsentgelt im engeren Sinne, somit dem Leistungsentgelt zuzurechnen.[700] Insofern bedarf es weiterer Anhaltspunkte.

Diese liegen dann sogar ausdrücklich vor, wenn das Ziel der Betriebstreue mit in die Zielvereinbarung/-vorgabe aufgenommen wurde. Ist dies nicht der Fall, sind für die Beantwortung der Frage sämtliche Umstände zu berücksichtigen. Ist lediglich eine Stichtagsklausel bei den unternehmensbezogenen Zielen mit aufgenommen, die Betriebstreue aber nicht angesprochen worden, stellt sich die eingangs dargestellte Problematik, ob von dem Vorliegen einer Klausel auch von deren grundsätzlichen Zulässigkeit ausgegangen werden kann. Die Lösung bei der Erforschung des Parteiwillens liegt aber in der zwingenden Beachtung sämtlicher Umstände. Ein solcher Umstand ist eben auch die Vereinbarung einer Stichtagsklausel. Nicht, weil sie vereinbart wurde, ist sie zulässig. Sondern weil sie vereinbart wurde, kann unter Umständen darauf geschlossen werden, dass auch die Betriebstreue entlohnt werden soll.[701]

> **Beispiel**: Arbeitnehmer A hat folgende zwei Ziele:
> **(a)** Ab Steigerung des persönlichen Umsatzes um 5% oder mehr, Zielentgelt in Höhe EUR 1.000 pro Prozentpunkt, ab 10% EUR 1.500 pro Prozentpunkt, max. EUR 40.000
> **(b)** Bei einem EBIT über EUR 20 Mio., für je EUR 1 Mio. darüber, ein Zielentgelt von EUR 1.000, sofern zum Ende der Zielperiode das Arbeitsverhältnis noch besteht.

Die Voraussetzung, dass zum Ende der Zielperiode das Arbeitsverhältnis bestehen muss, um das unternehmensbezogene Zielentgelt zu erhalten, deutet darauf hin, dass dieses Zielentgelt die Betriebstreue entlohnen soll. Hier sind jedoch auch weitere Anhaltspunkte zu prüfen. So kann z.B. die Tatsache, dass zusätzlich ein Weihnachtsgeld (ebenfalls mit einer Stichtagsklausel) vereinbart wurde, dafür sprechen, dass mit diesem schon die Betriebstreue abgegolten werden soll. Dann könnten die unternehmensbezogenen Ziele lediglich ein Instrument zur Anpassung des Leistungsentgelts des Arbeitnehmers an die wirtschaftliche Situation des Un-

---

698 Eine Ausnahme hingegen besteht bei solchen Führungskräften, deren Arbeitsleistung einen direkten Einfluss auf das Unternehmensergebnis hat.
699 Wohl ebenso differenzierend *Lembke*, in BB 2008, 166 (170); *Hoß*, in ArbRB 2002, 154 (155); in diese Richtung *Riesenhuber/v.Steinau-Steinrück*, in NZA 2005, 785 (790); *Schaub/Linck*, AHdB, § 77 Rn 23; unklar *Deich*, Beurteilung, S. 222; DLW/*Dörner*, S. 484 Rn 846; a.A. Moll/*Kolvenbach/Glaser*, MAH, § 18 Rn 79, keinesfalls Honorierung der Betriebstreue.
700 Zu den einzelnen Anknüpfungspunkten und deren Zweck, siehe § 4 III 1.
701 So auch *Freihube*, in DB 2008, 124 (125); vgl. zur Vertragsauslegung auch *BAG* vom 21.05.2003, Az 10 AZR 408/02; a.A. *Bauer*, in Brennpunkte, 93 (106), der stets vom Mischcharakter bei Vorliegen einer Stichtagsklausel ausgeht und dabei auch die mitarbeiterbezogenen Ziele einbezieht.

ternehmens darstellen. Sollte dies das Ergebnis der Prüfung sein, wäre die Stichtagsklausel aus den genannten Gründen unzulässig. Liegen jedoch keinerlei weitere Indizien für die Entlohnung der Betriebstreue vor, so kann aus dem Vorliegen einer Stichtagsklausel auch aus dem Grund auf den Parteiwillen, Entlohnung der Betriebstreue, geschlossen werden, da dies den in der Arbeitswelt üblichen Ausdruck hierfür darstellt.

c) Mögliche Anknüpfungspunkte

Bei der Stichtagsklausel sind zwei Varianten möglich. Entweder ist bestimmt, dass das Arbeitsverhältnis zum Ende der Zielperiode (noch) bestehen muss, eine eventuell schon erfolgte Kündigung also keine Rolle spielt. Oder das Arbeitsverhältnis muss ungekündigt bestehen. Auszugehen ist vom Kompensationsgedanken. Für einen Nachteil muss dem Arbeitnehmer ein adäquater Vorteil gewährt werden. Die Belohnung der Betriebstreue ist im Grunde die Belohnung der Auslassung einer Kündigungsmöglichkeit. Knüpft die Klausel an den bloßen Bestand des Arbeitsverhältnisses an und scheidet der Arbeitnehmer vorzeitig aus dem Betrieb aus, so hat er die Betriebstreue gerade nicht erbracht, der Entfall ist wirksam. Für die Bindung des Arbeitnehmers über einen Stichtag hinaus, also die Voraussetzung des ungekündigten Arbeitsverhältnisses, sind vom *BAG* folgende Grundsätze entwickelt worden. Sowohl bei einer Kleinprämie von bis zu EUR 100 als auch bei einer Bindung über den 30.06. hinaus ist diese unzulässig. Dazwischen gilt folgende Staffelung: Bei einem Volumen bis zu einem Monatsgehalt ist die Bindung bis zum 31.03. des Folgejahres, bei einem höheren bis zum 30.06. des Folgejahres.[702]

aa) Bei bloßem Bestand ungewisse Höhe des Zielentgelts unerheblich

Es ist völlig ungewiss, ob und in welcher Höhe ein Zielentgeltanspruch besteht, denn es ist unsicher, ob und wie das Ziel erreicht wird.[703] Aber selbst wenn nicht eine variable Vergütung, sondern ein fester Bonus (z.B. Weihnachtsgeld EUR 3.000) vereinbart worden wäre, entfiele dieser, sofern die Betriebstreue nicht erbracht worden ist. Die Höhe ist dabei unerheblich. Der Anspruch kann erst bestehen, wenn sämtliche Anspruchsvoraussetzungen gegeben sind. Da aber in diesem Fall bei vorzeitigem Ausscheiden die Anspruchsvoraussetzungen nicht erfüllt wurden, wird dem Arbeitnehmer auch nichts genommen, was zu einer unzulässigen Kündigungserschwerung nach § 622 Abs. 6 BGB führen könnte. Gleiches muss gelten, wenn die Höhe der Leistung ungewiss ist.

> **Beispiel: (a)** Unternehmensbezogenes Ziel: Bei einem EBIT über EUR 20 Mio., für je EUR 1 Mio. darüber, ein Zielentgelt von EUR 1.000, sofern zum Ende der Zielperiode das Arbeitsverhältnis noch besteht. Ist ebenso wirksam, wie:
> **(b)** Mit der Lohnabrechnung November besteht ein Anspruch auf Weihnachtsgeld EUR 3000, sofern zu diesem Zeitpunkt das Arbeitsverhältnis noch besteht.

Erwirtschaftet das Unternehmen einen geringeren EBIT als EUR 20 Mio., besteht ebenso wenig ein Anspruch auf das Zielentgelt, wie wenn der Arbeitnehmer im Laufe der Zielperiode

---

702 *BAG* vom 24.10.2007, Az 825/06; *BAG* vom 25.04.2007, Az 10 AZR 634/06; *BAG* vom 28.03.2007, Az 10 AZR 261/06; *BAG* vom 21.05.2003, Az 10 AZR 390/02; HWK/*Thüsing*, § 611 BGB Rn 113; ErfK/*Preis*, § 611 BGB Rn 550.

703 Auf diesen Punkt geht *Mohnke*, Zielvereinbarungen, S. 361ff., der die Stichtagsklausel bzgl. des gesamten Zielentgelts für wirksam erachtet, nicht ein; ebenso *LAG Rheinland-Pfalz* vom 24.04.2008, Az 11 Sa 87/08.

ausscheidet. Beide Ausschlussgründe stehen nebeneinander. Eine Stichtagsklausel ist möglich, die auf unternehmensbezogene Ziele abstellt und zum Stichtag lediglich ein Arbeitsverhältnis voraussetzt, unabhängig davon, ob dieses schon gekündigt wurde.[704] Die bloße Verdienstchance stellt auch einen Wert dar.[705] Die Betriebstreue wird mit dieser Verdienstchance belohnt, die sich realisieren kann oder auch nicht. Auch wenn das Arbeitsverhältnis zum Stichtag gekündigt wurde, besteht dieses am Stichtag (noch) und daher auch der Anspruch auf die Entlohnung der vergangenen Betriebstreue. Zwar liegt hier ein Ausscheiden mit Ablauf des Tages (24:00 Uhr) vor, jedoch ist aus der Klausel gerade nicht ableitbar, dass eine Bindung über diesen Tag hinaus gewollt ist.[706]

Wenn aber der Arbeitnehmer über die Zielperiode hinaus durch die Stichtagsklausel an das Unternehmen gebunden werden soll, bedarf es tatsächlich eines adäquaten Ausgleichs, um nicht in unzulässiger Weise in seine durch Art. 12 GG garantierte Berufsfreiheit einzugreifen. Dieser Ausgleich liegt aber nicht nur in der Gewährung einer bloßen Chance, sondern in der tatsächlichen Auszahlung eines entsprechenden Entgelts. Der Arbeitnehmer soll für das bewusste Verstreichenlassen einer Kündigungsmöglichkeit eine angemessene Entschädigung erhalten. Wird der Arbeitnehmer durch die Klausel über den Zeitraum der Zielperiode hinaus an das Unternehmen gebunden, so muss ihm eine entsprechend hohe Prämie gewährt werden. Bei einer Stichtagsklausel, die auf ein ungekündigtes Arbeitsverhältnis setzt, liegt jedoch hierin die unangemessene Benachteilung des Arbeitnehmers nach § 307 Abs. 3 S. 1 BGB.[707]

bb) Ungekündigtes Arbeitsverhältnis nur bei garantiertem Zielentgelt

Es wird vorgeschlagen, die Stichtagsklausel offen zu formulieren. Nur bei einer tatsächlich entsprechenden Höhe des Zielentgelts soll die Bindungswirkung bestehen.[708] Selbst wenn aber das Unternehmen dem Arbeitnehmer vor Ende der Zielperiode mitteilt, wie hoch das Zielentgelt ausfallen wird, kann dies nicht zulässig sein. Planungen für einen Arbeitsplatzwechsel beginnen langfristig. Diese sind aber ebenso vom Schutzbereich der Berufsfreiheit nach Art. 12 GG umfasst. Insofern müsste die Mitteilung sehr frühzeitig erfolgen. In diesem Zeitpunkt dürfte aber die Höhe des Zielentgelts noch nicht absehbar sein und daher ist die Mitteilung keine konkrete Zusage, sondern vielmehr eine Schätzung. Mit einer unverbindlichen Schätzung darf aber nicht in die Berufsfreiheit eingegriffen werden. Eine sichere Planung des Arbeitnehmers lässt sich nur durch einen garantiertes Zielentgelt erreichen.

Daher kann nur dann eine Stichtagsklausel – anknüpfend an ein ungekündigtes Arbeitsverhältnis – aufgenommen werden, wenn diese sich allein auf die unternehmensbezogenen Ziele

---

704   Die Stichtagsklausel für unternehmensbezogene Klauseln bejahen auch Schaub/*Link*, AHdB, § 77 Rn 23; *Riesenhuber/v.Steinau-Steinrück*, in NZA 2005, 785 (790), ohne allerdings auf die Problematik der ungewissen Höhe einzugehen.

705   Zur möglichen vollständigen Flexibilisierung, siehe § 6 V 2 b.

706   *BAG* vom 21.05.2003, Az 10 AZR 390/02; *LAG Düsseldorf* vom 28.01.1998, Az 17 Sa 1715/97; a.A. *LAG Düsseldorf* vom 25.03.1997, Az 16 Sa 1724/96.

707   So auch *BAG* vom 24.10.2007, Az 10 AZR 825/06, allerdings für eine Stichtagsklausel, die die gesamte Zielvereinbarung im engeren Sinne betraf; zu Stichtagsklauseln in Betriebsvereinbarungen vgl. *Albicker/Wiesenecker*, in BB 2008, 2631 (2632ff.).

708   Vgl. *Lingemann/Gotham*, in NZA 2008, 509 (512); a.A. *LAG Rheinland-Pfalz* vom 24.04.2008, Az 11 Sa 87/08, das das maximal zu erreichende Zielentgelt als Maßstab für die Bindungsdauer ansieht, die Ungewissheit der tatsächlichen Auszahlung ist dagegen unerheblich.

bezieht und gleichzeitig ein Zielentgelt in entsprechender Höhe garantiert. Die Höhe richtet sich nach der sich ergebenden Bindungsdauer.[709]

Beispiel: Arbeitnehmer A hat eine zweimonatige Kündigungsfrist zum Monatsende, sein Monatsgehalt beträgt EUR 3.500 brutto. Zielperiode ist das Kalenderjahr. Sein unternehmensbezogenes Ziel: Bei einem EBIT über EUR 20 Mio., für je EUR 1 Mio. darüber ein Zielentgelt von EUR 1.000, sofern nicht am 31.12. das Arbeitsverhältnis aus Gründen, die der Arbeitnehmer zu verantworten hatte, gekündigt ist. Garantiert ist ein Zielentgelt in Höhe von EUR 1.000.

Hier wird der Arbeitnehmer zwar bis zum 28.02. an das Unternehmen gebunden, erhält dafür aber ein garantiertes Zielentgelt in Höhe von EUR 1.000. Der Arbeitnehmer erhält einen adäquaten Anspruch als Ausgleich für das Verstreichenlassen der Kündigungsmöglichkeit. Unzulässig wäre es jedoch, wenn das garantierte Zielentgelt sich (auch) auf mitarbeiterbezogene Ziele bezöge. Mitarbeiterbezogenes Zielentgelt ist Entgelt im engeren Sinne und gänzlich einer Stichtagsklausel entzogen. Daher kann eine derartige Garantie auch nicht die Zulässigkeit einer Stichtagsklausel zur Folge haben. Sollte die Vergütung vollständig flexibilisiert werden, besteht kein festes Monatseinkommen, an das angeknüpft werden könnte. Für diesen Fall kommt es auf die voraussichtliche durchschnittliche Höhe an.

Das Erfordernis eines garantierten Zielentgelts schließt aber gleichzeitig einen Freiwilligkeitsvorbehalt aus.[710] Denn bei diesem steht gerade nicht fest, ob und in welcher Höhe das Zielentgelt auch tatsächlich ausgezahlt wird.[711]

Ohne eine Mindestvergütung ist nur die Stichtagsklausel zulässig, die lediglich das Bestehen des Arbeitsverhältnisses voraussetzt, unabhängig davon, ob dieses gekündigt wurde. Sofern allerdings die Zielvereinbarung im engeren Sinne iSv § 305 Abs. 1 S. 3 BGB frei ausgehandelt wurde, kommt keine Inhaltskontrolle in Betracht. Daher kann auch keine Unangemessenheit nach § 307 BGB vorliegen, bezüglich unternehmensbezogener Ziele ist daher in diesem Fall jede Stichtagsklausel möglich.

cc) Kein Entfall durch betriebsbedingte Kündigung

Beim Ausscheiden zum Stichtag urteilte das *BAG* früher, dass eine betriebsbedingte Kündigung dem Anspruch auf die Entlohnung der Betriebstreue nicht entgegensteht.[712] Mittlerweile ist jedoch nach der Rechtsprechung der Ausschluss vom Anspruch auch bei betriebsbedingten Kündigungen zulässig.[713] Zu Recht ist dies in der Literatur auf Kritik gestoßen, da dies dem Arbeitnehmer gegenüber unbillig ist. Er hat weit überwiegend den Zweck erfüllt und die Verhinderung der weiteren Betriebstreue stammt nicht aus seiner Späre. Insofern kann nur die Klausel angemessen sein, die den Anspruch nur bei einer vom Arbeitnehmer getätigten oder

---

709   A.A. *Laber/Reinartz*, in ArbRB 2008, 125 (127), die auf die Unsicherheit der Höhe des Zielentgelts nicht eingehen, sondern in der empfohlenen Klausel lediglich nach der tatsächlichen Höhe differenzieren.

710   Zum Freiwilligkeitsvorbehalt, siehe § 8 I.

711   So auch *Dzida*, in NJW 2008. 680 (685).

712   *BAG* vom 26.06.1975, Az 5 AZR 412/74.

713   *BAG* vom 25.04.1991, Az 6 AZR 183/90; allerdings nur zum Tarifvertrag bzw. Betriebsvereinbarung; nach *BAG* vom 19.11.1992, Az 10 AZR 264/91, soll dies jedoch auch für einzelvertragliche Zusagen gelten; vgl. auch *BAG* vom 14.11.2001, Az 10 AZR 238/01.

veranlassten Kündigung entfallen lässt.[714] Eine betriebsbedingte Kündigung dagegen steht dem Anspruch auf Entlohnung der Betriebstreue nicht entgegen.

> **Beispiel:** Bei einem EBIT über EUR 20 Mio., für je EUR 1 Mio. darüber ein Zielentgelt von EUR 1.000, sofern nicht am 31.12. das Arbeitsverhältnis aus Gründen, die der Arbeitnehmer zu verantworten hatte, gekündigt ist. Garantiert ist ein Zielentgelt in Höhe von EUR 1.000.

Ist die Klausel dagegen zu weit gefasst (ungekündigtes Arbeitsverhältnis), ist diese unangemessen und fällt ersatzlos weg. Eine geltungserhaltene Reduktion scheidet ebenso aus, wie die ergänzende Vertragsauslegung.

2. Parallel gelagerte Grenzen für Rückzahlungsklausel

Das vorgenannte zur Stichtagsklausel ist auch auf die Rückzahlungsklausel entsprechend zu übertragen.[715] Eine solche ist nur bei den unternehmensbezogenen Zielen grundsätzlich möglich und auch nur dann, wenn die Betriebstreue (mit-)entlohnt werden soll. Dies erfordert eine entsprechende vertragliche Vereinbarung.

Auch wenn im Falle der Rückzahlungsklausel für die Zeit zwischen Auszahlung des Zielentgelts und Ende der Bindungsdauer die Höhe des Zielentgelts feststeht, kommt dennoch eine offene Formulierung mit der vom *BAG* geforderten Staffelung nicht in Betracht.[716] Das Zielentgelt steht erst mit dem Ende der Zielperiode fest. Damit stünde auch erst zu diesem Zeitpunkt fest, ob und wie lange die Bindung an das Unternehmen besteht. Endet die Zielperiode erst am 31.12., erfährt somit der Arbeitnehmer frühestens an diesem Tag, ob und für welchen Zeitraum er gebunden ist. Je nach Zielerfüllung besteht eventuell sogar überhaupt keine Bindung. Daher kann es aufgrund längerer Kündigungsfristen unter Umständen unmöglich sein, mit Kenntnis der Zielentgelthöhe das Arbeitsverhältnis so zu kündigen, dass die zulässige Bindungswirkung exakt eingehalten wird.

> **Beispiel:** Arbeitnehmer A hat eine dreimonatige Kündigungsfrist zum Monatsende, sein Monatsgehalt beträgt EUR 3.500 brutto. Zielperiode ist das Kalenderjahr. Sein unternehmensbezogenes Ziel: Bei einem EBIT über EUR 20 Mio., für je EUR 1 Mio. darüber, ein Zielentgelt von EUR 1.000. Übersteigt das Zielentgelt EUR 100, jedoch nicht EUR 3.500, darf der Arbeitnehmer das Arbeitsverhältnis nicht zum 31.03 oder eher gekündigt haben; übersteigt das Zielentgelt EUR 3.500, muss das Arbeitsverhältnis mind. bis zum 30.06. bestehen. Für den Fall einer schon erfolgten Auszahlung ist bei einer Kündigung zu einem früheren Termin das Zielentgelt zurückzuzahlen.
> Der EBIT beträgt für die betreffende Zielperiode EUR 22 Mio.

Hier weiß der Arbeitnehmer frühestens am 01.01., dass ein Anspruch in Höhe von EUR 2.000 besteht. Eine „rechtzeitige" Kündigung ist dann aber zu diesem Zeitpunkt nicht mehr möglich. Selbst wenn dies aber der Fall sein sollte, beginnen die Planungen zu einem Arbeitsplatzwechsel in der Regel langfristig. Hierzu erfolgen auch Überlegungen, zu welchem Datum der Wechsel erfolgen soll. Bei einer derart offenen Rückzahlungsklausel wird einerseits eine

---

714 Vgl. Küttner/*Griese*, Gratifikation, Rn 11; *Laber/Reinartz*, in ArbRB 2008, 125 (126); kritisch (mittlerweile wieder) auch *BAG* vom 24.10.2007, Az 10 AZR 825/06; ebenso für Rückzahlung der Ausbildungskosten *BAG* vom 11.04.2006, Az 9 AZR 610/05; a.A. Schaub/*Linck*, AHdB, § 78 Rn 52; DLW/*Dörner*, S. 483 Rn 836; *LAG Rheinland-Pfalz* vom 24.04.2008, Az 11 Sa 87/08.

715 Einen solchen Gleichlauf sieht offenbar auch *BAG* vom 24.10.2007, Az 10 AZR 825/07; ebenso *Lingemann/Gotham*, in NZA 2008, 509 (511).

716 A.A. *Lingemann/Gotham*, in NZA 2008, 509 (511f.).

sicherere Planbarkeit behindert, andererseits der Arbeitnehmer angeregt, in der Hoffnung auf ein hohes Zielentgelt erst zum Ende der maximalen Bindungsdauer zu kündigen. Das Risiko, ein zu geringes Zielentgelt zu erhalten und des damit verbundenen Entfalls der Bindung, trägt in diesem Fall der Arbeitnehmer. Auch mit einer offenen Rückzahlungsklausel besteht damit eine faktische Bindung. Eine solche Rückzahlungsklausel verstößt gegen § 307 Abs. 1 BGB und ist unangemessen.

Daher ist auch eine Rückzahlungsklausel nur möglich, wenn für die unternehmensbezogenen Ziele ein garantiertes Zielentgelt festgeschrieben wird. Dies ist jedoch in der Praxis, wenn überhaupt nur für die gesamte Zielvereinbarung/-vorgabe der Fall, jedoch nicht für den Teil des Zielentgelts der auf die unternehmensbezogenen Ziele fällt. Eine solche Garantie umfasst aber auch die mitarbeiterbezogenen Ziele, damit das leistungsbezogene Zielentgelt. Dieses ist jedoch von einer Stichtags- und Rückzahlungsklausel nicht erfassbar. Insofern ist die Garantie einer leistungsbezogenen Leistung für die Stichtags- und Rückzahlungsklausel bedeutungslos. Die Garantie muss sich gerade auf das Entgelt im weiteren Sinne, den unternehmensbezogenen Zielen, beziehen. Aus diesem Grund dürfte für die meisten angewandten Zielvereinbarungssysteme eine Rückzahlungsklausel, aber auch Stichtagsklausel unwirksam sein.

VIII. Keine Diskriminierung im und durch das Personalführungssystem

Nicht erst seit Inkrafttreten des AGG ist der Gleichbehandlungsgrundsatz im Arbeitsrecht zu beachten. Dies gilt ebenso bei der Anwendung des Personalführungssystems Zielvereinbarung/-vorgabe.

1. Allgemeines zur Gleichbehandlung und Diskriminierung

Der allgemeine Gleichbehandlungsgrundsatz erfordert ebenso die Beachtung wie das Allgemeine Gleichbehandlungsgesetz. Beides besteht nebeneinander, wobei die Ungleichbehandlung wegen eines vom AGG erfassten Merkmals sich zunächst nach diesem richtet.[717] Nicht immer, wenn eine Benachteiligung nach dem AGG zu bejahen ist, liegt auch gleichzeitig ein Verstoß gegen den allgemeinen Gleichbehandlungsgrundsatz vor. Jedoch wird vorgeschlagen, diesen richtlinienkonform weiterzuentwickeln, dass ein Verstoß immer dann angenommen wird, wenn eine unterschiedliche Behandlung auf ein verpöntes Merkmal gestützt wird.[718]

a) Allgemeiner Gleichbehandlungsgrundsatz

Der Allgemeine Gleichbehandlungsgrundsatz kommt bei allgemeingültigen arbeitsvertraglichen Regelungen zur Anwendung, die der Arbeitgeber bezogen auf eine kollektive Gruppe stellt. Eine willkürliche Schlechterstellung einzelner Arbeitnehmer innerhalb einer Gruppe ist ebenso verboten ist, wie die sachfremde Gruppenbildung.[719] Die dogmatische Begründung mag zwar umstritten sein, im Ergebnis aber herrscht Einigkeit, dass inhaltlich der allgemeine

---

717 Küttner/*Kania*, Gleichbehandlung, Rn 3; HWK/*Thüsing*, § 611 BGB Rn 183f.; a.A. *Maier/Mehlich*, in DB 2007, 110 (113), die den allgemeinen Gleichbehandlungsgrundsatz als vollständig durch das AGG abgelöst ansehen, vgl. aber hierzu Erwiderung von *Hinrichs/Zwanziger*, in DB 2007, 574 (574ff.).

718 Däubler/Bertzbach-*Däubler*, Einl AGG Rn 60.

719 Ständige Rechtsprechung, vgl. *BAG* vom 24.06.2006, Az 9 AZR 681/05; *BAG* vom 25.10.2001, Az 6 AZR 560/00; *BAG* vom 21.06.2000, Az 5 AZR 806/98; *BAG* vom 05.03.1980, Az 5 AZR 881/78.

Gleichbehandlungsgrundsatz durch den allgemeinen Gleichheitssatz des Art. 3 Abs. 1 GG bestimmt wird.[720]

Zunächst ist eine Vergleichsgruppe zu bilden und das Vorliegen eines kollektiven Bezugs zu prüfen. Das Zahlenverhältnis allein stellt lediglich ein Indiz dar. Es zwar nicht erforderlich, dass mehr als 50% der vergleichbaren Arbeitnehmer begünstigt werden.[721] Aber es liegt kein kollektiver Bezug vor, wenn die Anzahl der begünstigten Arbeitnehmer im Verhältnis zur Gesamtzahl der Betroffenen sehr gering – weniger als 5% – ist.[722] Jedenfalls ist der Gleichbehandlungsgrundsatz anwendbar, sofern der Arbeitgeber Leistungen nach einem erkennbar generalisierenden Prinzip gewährt.[723] Es muss eine Gruppe von Arbeitnehmern gebildet werden, die sich mit der mutmaßlich benachteiligten Person aufgrund bestimmter Umstände bzw. Merkmale in einer im Wesentlichen vergleichbaren Situation befindet. Vollkommene Gleichheit zwischen Arbeitnehmern ist in der Arbeitswelt äußerst selten. Deshalb ist abzustellen auf eine vergleichbare Lage. Es kommt nicht primär auf die einzelnen Arbeitsvorgänge, sondern mehr auf die insgesamt auszuübende Tätigkeit an.[724] Schon alleine die sachfremde Gruppenbildung stellt ein Verstoß gegen das Gleichbehandlungsgebot dar.[725] Ferner bedarf es einer Ungleichbehandlung, d.h. Ausnahme einzelner Arbeitnehmer von einer begünstigenden Regelung. Im Vordergrund steht das Verbot der Benachteiligung. Insofern ist die Besserstellung einzelner Arbeitnehmer mit dem Gleichbehandlungsgrundsatz vereinbar.[726]

Liegt eine Ungleichbehandlung vor, so muss diese durch einen sachlichen Grund gerechtfertigt sein. Andernfalls liegt ein Verstoß gegen den Gleichbehandlungsgrundsatz vor. Ein sachlicher Grund liegt vor, sofern die Unterscheidung einem legitimen Ziel dient und zur Erreichung dieses Ziels angemessen und erforderlich ist.[727] Erforderlich ist ein vernünftiger, sich aus der Natur der Sacher ergebender oder sonstwie einleuchtender Grund für die Differenzierung.[728] Willkürliche und sachfremde Differenzierungen sind ebenso unzulässig, wie die in Art. 3 GG, § 1 AGG, § 75 BetrVG und § 67 BPersVG genannten Differenzierungskriterien.[729] Im Hinblick auf Art. 9 Abs. 3 GG ist eine Unterscheidung nach Gewerkschaftszugehörigkeit

720 *BAG* vom 21.06.2000, Az 5 AZR 806/98; *BAG* vom 17.11.1998, Az 1 AZR 147/98; Zusammenfassung der verschiedenen dogmatischen Begründungen bei MüHArbR/*Richardi*, § 14 Rn 6ff.; HWK/*Thüsing*, § 611 BGB Rn 181.

721 ErfK/*Preis*, § 611 BGB Rn 579; Küttner/*Kania*, Gleichbehandlung, Rn 13.

722 DLW/*Dörner*, S. 104 Rn 474; Schaub/*Linck*, AHdB, § 112 Rn 7; *BAG* vom 13.02.2002, Az 5 AZR 713/00.

723 *BAG* vom 21.03.2002, Az 6 AZR 144/01; *BAG* vom 25.10.2001, Az 6 AZR 560/00; *BAG* vom 23.08.1995, Az 5 AZR 293/94; *Thüsing*, Diskriminierung, S. 364 Rn 894 sieht allein dies als entscheidend an.

724 Schaub/*Linck*, AHdB, § 112 Rn 12; ErfK/*Preis*, § 611 BGB Rn 579; HWK/*Thüsing*, § 611 BGB Rn 196; *BAG* vom 23.08.1995, Az 5 AZR 942/93.

725 *BAG* vom 14.06.2006, Az 5 AZR 584/05; Schaub/*Linck*, AHdB, § 112 Rn 5.

726 HWK/*Thüsing*, § 611 BGB Rn 188; Küttner/*Kania*, Gleichbehandlung, Rn 6; Schaub/*Linck*, AHdB, § 112 Rn 6; *BAG* vom 13.02.2002, Az 5 AZR 713/00.

727 *BAG* vom 25.11.1993, Az 2 AZR 324/93; *BAG* vom 20.07.1993, Az 3 AZR 52/93; *BAG* vom 05.03.1980, Az 5 AZR 881/78; *Thüsing*, Diskriminierung, S. 370 Rn 909.

728 HWK/*Thüsing*, § 611 BGB Rn 202; DLW/*Dörner*, S. 102 Rn 469; Schaub/*Linck*, AHdB, § 122 Rn 21; *BAG* vom 27.10.1998, Az 9 AZR 299/97; *BAG* vom 11.09.1985, Az 7 AZR 371/83.

729 ErfK/*Preis*, § 611 BGB Rn 591; *Thüsing*, Diskriminierung, S. 370 Rn 910; vgl. zu besonderen Gleichbehandlungsgebote auch *Mohnke*, Zielvereinbarungen, S. 170ff.

unzulässig.[730] Letztlich ist hier keine generalisierende Aussage möglich und es bedarf einer Prüfung im Einzelfall.

Die Gleichbehandlungspflicht ist – da kompetenzbezogen – auf das ganze Unternehmen zu erstrecken.[731] Auch wenn früher nach der Rechtsprechung die Pflicht nur betriebsbezogen bestand, in der Praxis hat sich wenig geändert, da die unterschiedliche Behandlung verschiedener Betriebe eines Unternehmens oftmals sachlich gerechtfertigt ist.[732] Liegt ein Verstoß gegen den Gleichbehandlungsgrundsatz vor, ist grundsätzlich die benachteiligende Maßnahme unwirksam. Die gleichheitswidrige begünstigende Maßnahme gegenüber den anderen Arbeitnehmern bleibt jedoch bestehen. In der Regel erfolgt dann eine Anpassung nach oben, d.h. dem Benachteiligten ist für die Vergangenheit dieselbe Leistung zuzusprechen, wie sie den anderen Arbeitnehmern der Vergleichsgruppe gewährt wurde.[733]

b) Allgemeines Gleichbehandlungsgesetz

Nach § 1 AGG ist Ziel des Allgemeinen Gleichbehandlungsgesetzes die Verhinderung und Beseitigung von Benachteiligungen aus Gründen der Rasse oder wegen der ethnischen Herkunft, des Geschlechts, der Religion oder Weltanschauung, einer Behinderung, des Alters oder der sexuellen Identität.

Sachlich gilt das Benachteiligungsverbot nach § 2 Abs. 1 Nr. 1 AGG für alle Zugangsbedingungen und nach § 2 Abs. 1 Nr. 2 AGG für alle Arbeitsbedingungen. Letzterer Begriff ist weit gefasst und erstreckt sich auf alle mit dem Arbeitsverhältnis verbundenen Umstände.[734] § 7 AGG regelt als arbeitsrechtliche Grundnorm das zentrale Verbot der Benachteiligung Beschäftigter.[735] Der Begriff des Beschäftigten und damit auch der persönliche Geltungsbereich, wird in § 6 AGG, die Begriffe unmittelbare und mittelbare Benachteiligung in § 3 AGG definiert. Eine unmittelbare Benachteiligung liegt nach § 3 Abs. 1 AGG vor, wenn eine Person aufgrund der genannten Merkmale eine weniger günstige Behandlung erfährt, als eine andere Person in einer vergleichbaren Situation erfährt, erfahren hat oder erfahren würde. Verboten ist also die Benachteiligung als eine Handlung und Unterlassung, die durch eines der genannten Merkmale motiviert ist, wobei jedoch eine darüberhinausgehende subjektive Komponente im Sinne einer Absicht, nicht erforderlich ist.[736] Jede unmittelbare Begünstigung einer Gruppe aufgrund eines verpönten Merkmals stellt gleichzeitig eine unmittelbare Benachteiligung derjenigen dar, die dieses Merkmal nicht haben.[737] Die Benachteiligung muss entweder noch andauern oder abgeschlossen sein, eine potenzielle Gefahr der Benachteiligung allein reicht

730 *BAG* vom 05.03.1987, Az 2 AZR 187/86; MüHArbR/*Richardi*, § 14 Rn 25; a.A. *Krause*, Zielvereinbarungen, S. 261.

731 *BAG* vom 17.11.1998, Az 1 AZR 147/98; *Thüsing*, Diskriminierung, S. 369 Rn 906; MüHArbR/*Richardi*, § 14 Rn 9; sich nicht festlegend DLW/*Dörner*, S. 101 Rn 463.

732 Schaub/*Linck*, AHdB, § 112 Rn 15f.; ErfK/*Preis*, § 611 BGB Rn 586.

733 ErfK/*Preis*, § 611 BGB Rn 606f.; vgl. auch *Thüsing*, Diskriminierung, S. 373 Rn 918 mit Ausnahmen von diesem Grundsatz.

734 Vgl. *EuGH* vom 13.07.1995, Az C-116/94; *Löwisch*, in DB 2006, 1729 (1729); Küttner/*Kania*, Diskriminierung, Rn 5ff.

735 *Richardi*, in NZA 2006, 881 (882f.); *Annuß*, in BB 2006, 1629 (1629); ErfK/*Schlachter*, § 7 AGG Rn 1.

736 HWK/*Annuß/Rupp*, § 3 AGG Rn 3; Däubler/Bertzbach-*Schrader/Schubert*, § 3 AGG Rn 15; Schaub/*Linck*, AHdB, § 33 Rn 30f.; *Bauer/Göpfert/Krieger*, § 3 AGG Rn 9.

737 *Löwisch*, in DB 2006, 1729 (1729) mit dem anschaulichen Beispiel der Bevorzugung von Chinesen, was gleichzeitig eine Benachteiligung aller Nicht-Chinesen darstellt.

nicht aus.[738] Die Beurteilung der Ungleichbehandlung erfolgt stets über den Vergleich mit mindestens mit einer anderen Person.[739] Eine mittelbare Benachteiligung liegt nach § 3 Abs. 2 AGG vor, wenn dem Anschein nach neutrale Vorschriften, Kriterien oder Verfahren Personen wegen eines der genannten Merkmale besonders benachteiligen können. Abzustellen ist somit auf eine hypothetische Betrachtungsweise.[740] Allerdings wird das an sich sehr weitgehende Verbot dergestalt eingegrenzt, als dass die Ungleichbehandlung durch ein rechtmäßiges Ziel gerechtfertigt sein kann, sofern die Mittel angemessen und erforderlich sind. Dann liegt schon tatbestandlich keine Benachteiligung vor.[741] Die Verhältnismäßigkeitsprüfung zur Ermittlung der sachlichen Rechtfertigung erfolgt in mehreren Schritten. Zunächst bedarf es eines Ziels, dass durch berechtigte Interessen des Arbeitgebers legitimiert ist. Ferner muss die Differenzierung zur Erreichung des Ziels geeignet sein und es muss erforderlich, also kein milderes Mittel vorhanden sein. Bei der Angemessenheit ist abzuwägen zwischen der Schwere des Eingriffs und die Bedeutung des Ziels. Hier liegt regelmäßig der Schwerpunkt der Prüfung, die sich nach den Umständen des Einzelfalls zu orientieren hat.[742]

§ 8 Abs. 1 AGG schafft eine allgemeine Ausnahme vom Benachteiligungsverbot. Einschlägig ist diese nur für die unmittelbare Benachteiligung.[743] Das Fehlen eines sachlichen Grundes gehört bei der mittelbaren Benachteiligung schon zur Tatbestandsebene. Nach § 8 Abs. 1 AGG ist die unterschiedliche Behandlung wegen eines der genannten Merkmale zulässig, wenn dieses Merkmal wegen der Art der auszuübenden Tätigkeit oder der Bedingung ihrer Ausübung eine wesentliche und entscheidende berufliche Anforderung darstellt, sofern der Zweck rechtmäßig und die Anforderung angemessen ist. Das (negative) Schulbeispiel ist das männliche Model für Frauenkleider oder die Sängerin für Rolle des „Figaro" im Barbier von Sevilla.[744] § 8 Abs. 2 AGG setzt den Entgeltgleichheitsgrundsatz voraus und verdeutlicht, dass ein unterschiedliches Entgelt nicht mit teuren Schutzvorschriften begründet werden kann.[745] Inhaltlich entspricht die Norm der früheren Vorschrift des § 612 Abs. 3 BGB, erweitert wurde die Regelung jedoch auf alle verpönten Merkmale.[746]

Verstößt eine Entgeltvereinbarung gegen das Benachteiligungsverbot, kann der Benachteiligte grundsätzlich die Gleichstellung mit den nicht benachteiligten Beschäftigten verlangen.[747] Ferner kommt insbesondere der Schadensersatzanspruch des § 15 AGG in Betracht.

2. Bedeutung für Zielvereinbarung im weiteren Sinne

Sowohl der allgemeine Gleichbehandlungsgrundsatz als auch das Diskriminierungsverbot des AGG findet auch beim Personalführungssystem Zielvereinbarung/-vorgabe Beachtung. Im

---

738 *Annuß*, in BB 2006, 1629 (1631); *Adomeit/Mohr*, § 3 AGG Rn 31; *Thüsing*, Diskriminierung, S. 96 Rn 237ff.

739 *Küttner/Kania*, Diskriminierung, Rn 51; Däubler/Bertzbach-*Schrader/Schubert*, § 3 AGG Rn 17ff.

740 ErfK/*Schlachter*, § 3 AGG Rn 8; *Annuß*, in BB 2006, 1629 (1631).

741 *Willemsen/Schweibert*, in NJW 2006, 2583 (2585); Schaub/*Linck*, AHdB, § 33 Rn 34.

742 *Bauer/Göpfert/Krieger*, § 3 AGG Rn 31ff.; HWK/*Annuß/Rupp*, § 3 AGG Rn 10

743 HWK/*Annuß/Rupp*, § 8 AGG Rn 1; ErfK/*Schlachter*, § 8 AGG Rn 2; a.A. Däubler/Bertzbach-*Brors*, § 8 AGG Rn 2; keine praktische Relevanz dieses Streits nimmt *Adomeit/Mohr*, § 8 AGG Rn 3 an.

744 Vgl. *Richardi*, in NZA 2006, 881 (883); *Willemsen/Schweibert*, in NJW 2006, 2583 (2585).

745 ErfK/*Schlachter*, § 8 AGG Rn 6; *Bauer/Göpfert/Krieger*, § 8 AGG Rn 48f.

746 Schaub/*Linck*, AHdB, § 33 Rn 52; *Adomeit/Mohr*, § 8 AGG Rn 9.

747 *Willemsen/Schweibert*, in NJW 2006, 2583 (2588); *Löwisch*, in DB 2006, 1729 (1731).

Wesentlichen ergeben sich hieraus aber kaum Probleme. So verwundert es nicht, dass in der Literatur dieser Punkt – wenn überhaupt – auch nur am Rande angesprochen wird.[748]

a) Mögliche Ausnahme des einzelnen Arbeitnehmers vom System

Das Diskriminierungsverbot und der Gleichbehandlungsgrundsatz sind zunächst auf der ersten Stufe, der Zielvereinbarung im weiteren Sinne zu beachten. Ob diese als Betriebsvereinbarung oder individualrechtliche Vereinbarung abgeschlossen wurde, ist für die Anwendbarkeit des AGG unerheblich. Beim allgemeinen Gleichbehandlungsgrundsatz aber kommt es darauf an, ob der Arbeitgeber nach einem generalisierenden Prinzip vorgegangen ist. Bei einer kollektiven Vereinbarung ist dies ohne weiteres zu bejahen, bei einer Individualvereinbarung dagegen nur, wenn vorformulierte Vertragsbedingungen verwendet worden sind.[749]

Führt der Arbeitgeber das Personalführungssystem Zielvereinbarung/-vorgabe ein, so erfolgt dies in aller Regel zum bestehenden Arbeitsvertrag. Zusätzlich zu bestehenden Fixvergütung erhalten zukünftig die Arbeitnehmer eine Zielvereinbarung/-vorgabe, die die Chance auf das Zielentgelt beinhaltet. Für die Ausnahme einzelner Arbeitnehmer von einer Zielvereinbarung im weiteren Sinne insgesamt oder für unterschiedliche Zielentgelthöhen bedarf es eines Grundes. Dieser darf weder einer der in § 1 AGG genannten Merkmale sein, noch ein Verstoß gegen die besonderen Gleichbehandlungsgebote darstellen.

In der Praxis wird aber ein Arbeitgeber wohl kaum einzelne Arbeitnehmer sachgrundlos von der Teilhabe ausschließen. Das Hauptziel liegt in der Motivation der einzelnen Arbeitnehmer, die durch die sachgrundlose Ausnahme gerade gefährdet ist. Ebenso wäre hierdurch wohl kaum möglich, dass die strategischen Ziele des Unternehmens einheitlich umgesetzt werden. Sollte dennoch ein Verstoß gegeben sein, hat der ungleich behandelte bzw. diskriminierte Arbeitnehmer einen ebensolchen Anspruch auf Teilhabe am Personalführungssystem Zielvereinbarung/-vorgabe wie die Begünstigten.[750]

b) Begründet durch sachlichen Grund

Deich knüpft das Interesse des Arbeitnehmers und damit auch die Ungleichbehandlung an die wirtschaftliche Situation des Unternehmens.[751] Je besser das Unternehmen gestellt ist, um so eher seien die Ziele zu erreichen. Dies mag bedingt für die unternehmensbezogenen Ziele gelten. Da aber auch diese situativ gestaltbar sind, ist es auch in wirtschaftlich schwierigen Zeiten möglich, erreichbare Ziele zu formulieren. Das Ziel muss nicht immer am Gewinn, sondern kann auch z.B. an der Verringerung des negativen Betriebsergebnisses festgemacht werden. In jedem Fall aber sind die mitarbeiterbezogenen Ziele grundsätzlich unabhängig von

---

748   *Lischka*, Zielvereinbarungen, behandelt diesen gar nicht; *Deich*, Beurteilung, S. 72ff., beschäftigt sich nur kurz mit diesem Thema; ebenso *Heiden*, Zielvereinbarungen, S. 125ff., der jedoch auf das AGG nicht eingeht; *Pelzer*, Zielvereinbarungen, S. 210, weist nur kurz darauf hin, dass der Grundsatz der Gleichbehandlung zu beachten ist; lediglich *Mohnke*, Zielvereinbarungen, S. 163ff. beschäftigt sich intensiv mit diesem Thema, dass AGG wird zwangsläufig nicht angesprochen, es war zur Zeit der Bearbeitung noch nicht in Kraft.

749   *Thüsing*, Diskriminierung, S. 364 Rn 894; a.A. *Hergenröder*, in AR-Blattei SD 1855, Rn 72, nur bei kollektivrechtlichen Vereinbarungen.

750   Ebenso *Mohnke*, Zielvereinbarung, S. 178.

751   *Deich*, Beurteilung, S. 73f.

der wirtschaftlichen Lage.[752] Diese werden in regelmäßigen Abständen den reellen Verhältnissen angepasst. So wird in Zeiten eines extremen Wirtschaftswachstums das Ziel der Neukundengewinnung in der absoluten Zahl höher sein, als bei einer Rezession, wo ein Erfolg schon allein das Halten des vorhandenen Kundenstammes darstellen kann. Im Übrigen verkennt *Deich* damit, dass allein die Chance, das Zielentgelt zu erhalten, auch schon einen Wert darstellt.[753] Dieser Wert darf nicht in benachteiligender Weise vorenthalten werden.

Die mangelnde Eignung eines Arbeitnehmers stellt ebenfalls keinen sachlichen Grund dar.[754] Zwar steht es dem Arbeitgeber natürlich frei, zu bestimmen, welche Gruppe am Personalführungssystem teilnehmen sollen – manche Arbeitsplätze erscheinen hierfür besser, manche weniger geeignet.[755] Innerhalb einer Gruppe kann er jedoch auf die einzelnen Bedürfnisse in der konkreten Zielvereinbarung/-vorgabe eingehen. In dieser erhält jeder Arbeitnehmer zunächst die bloße Chance, das Zielentgelt zu erreichen. Wie diese Chance dann tatsächlich genutzt wird, ist eine Frage der zweiten Stufe und rechtfertigt nicht von vorneherein die Ausnahme einzelner Arbeitnehmer. Da das Fixgehalt regelmäßig bestandsfest ist, widerfährt dem Arbeitnehmer auch kein Nachteil, sollte er die Ziele verfehlen.

Ein sachlicher Grund kann aber durchaus darin bestehen, dass lediglich für neueintretende Arbeitnehmern die Zielvereinbarung im weiteren Sinne gilt und die maximal zu erreichende Gesamtvergütung zwar höher im Vergleich zum Fixgehalt der Alt-Arbeitnehmer ist, dies aber ein Ausgleich für die Ungewissheit der tatsächlichen Zielerreichung darstellt. Sofern aber das maximal zu erreichende Zielentgelt so hoch sein sollte, dass ein deutlicher Unterschied zwischen dem Fixgehalt (alt) und maximal zu erreichenden Gehalt (neu) besteht, wird diese Differenz wohl nicht mehr als bloßer Ausgleich des Risikos, sondern auch als Zulage gewertet werden müssen. Insofern stellt sich dann die Frage, ob nicht der Arbeitnehmer mit den schon vorhandenen Arbeitnehmern eine Zielvereinbarung im weiteren Sinne abschließen muss, die zwar vom Volumen her geringer ist, jedoch letztlich eine ebensolche Chance auf ein entsprechend hohes Gehalt enthält. Der Grundsatz „Gleicher Lohn für gleiche Arbeit" ist keine Anspruchsgrundlage, sondern bedarf einer Umsetzung, die über § 613 Abs. 3 BGB a.F. und nun AGG erfolgt ist.[756] Im Einzelfall ist zu prüfen, ob auch die Alt-Arbeitnehmer die Aufnahme in das Personalführungssystem verlangen können.

Die Erprobung des Personalführungssystems stellt keinen sachlichen Grund dar, der eine Ungleichbehandlung rechtfertigen kann.[757] Auch wenn das Interesse des Arbeitgebers zu bejahen ist, ein neues und entgeltrelevantes Personalführungssystem vor der flächendeckenden Einführung zu erproben. Der Arbeitgeber kann deshalb die Anwendung zunächst befristen.[758] Ebenso könnte er einen nichtentgeltrelevanten „Probelauf" starten. Erprobt er das Personalführungssystem entgeltrelevant zunächst nur bei einem Teil der Belegschaft, ist hier der Gleichbehandlungsgrundsatz und nicht zuletzt das AGG zu beachten. Bildet der Arbeitgeber eine solche „Testgruppe", so muss die Gruppenbildung einer Prüfung nach dem AGG und

---

752 Vgl. *BSG* vom 23.03.2006, Az B 11a AL 29/05 R, ausdrücklich auch für die Insolvenz.
753 Entscheidend auf die Chance an sich stellen auch *Mohnke*, Zielvereinbarungen, S. 178 und *Heiden*, Zielvereinbarungen, S. 128 ab.
754 A.A. *Deich*, Beurteilung, S. 74; auch Preis-*Preis/Lindemann*, AV, II Z 5 Rn 9.
755 Ebenso *Heiden*, Zielvereinbarungen, S. 129.
756 *BAG* vom 21.06.2000, Az 5 AZR 806/98; *Richardi*, in NZA 2006, 881 (886).
757 A.A. *Heiden*, Zielvereinbarungen, S. 129, allerdings nur für eine vertretbare Dauer, ohne jedoch darzustellen, welcher Zeitraum vertretbar ist; ähnlich auch *Mohnke*, Zielvereinbarungen, S. 186.
758 Zur Befristung, siehe § 8 III.

Allgemeinen Gleichbehandlungsgrundsatz standhalten können. Denn auch in der Testphase erhalten die Arbeitnehmer die Chance auf ein zusätzliches Entgelt. Diese Chance muss aber benachteiligungs- und diskriminierungsfrei verteilt werden. Ansonsten wäre es möglich, innerhalb einer Abteilung mit identischen Arbeitsplätzen, mit der einen Hälfte der Belegschaft Zielvereinbarungen/-vorgaben durchzuführen, mit der anderen Hälfte jedoch nicht. Hier ist es aber nicht zu begründen, warum z.B. gerade den Frauen als „Testlauf" die Chance auf ein zusätzliches Entgelt verwehrt bleiben soll.

3. Bedeutung für konkrete Zielvereinbarung/-vorgabe

Ist die Teilhabe am Personalführungssystem benachteiligungsfrei gewährt worden, besteht für die Praxis die wohl drängendere Frage auf der zweiten Stufe, mithin in der Ausgestaltung der konkreten Zielvereinbarung/-vorgabe. Hier ist aber zu differenzieren.

a) Bei freier Vereinbarung Einfluss nur durch das AGG

Liegt eine Zielvereinbarung im engeren Sinne vor, die wirklich frei ausgehandelt wurde, so scheidet der Gleichbehandlungsgrundsatz aus. Eine individuelle Vereinbarung schließt grundsätzlich den kollektiven Bezug aus, die Vertragsfreiheit rückt in den Vordergrund.[759] Anders jedoch beim AGG. Der Begriff der Bedingung in § 2 Abs. 1 Nr. 1 und 2 AGG umfasst auch individualrechtliche Vereinbarungen.[760] Das Arbeitsentgelt, ohnehin von einem weiten Veständnis umfasst,[761] ist in § 2 Abs. 1 Nr. 2 AGG sogar ausdrücklich genannt und umfasst auch das Zielentgelt. Insofern ist zu prüfen, inwieweit eine Zielvereinbarung im engeren Sinne, die frei ausgehandelt wurde, eine Benachteiligung im Sinne des AGG darstellen kann. Unternehmensbezogene Ziele an sich schließen denknotwendig eine Diskriminierung aus. Es liegt überhaupt kein Bezug zum einzelnen Arbeitnehmer vor. Eine unmittelbare Benachteiligung bei den mitarbeiterbezogenen Zielen ist aber ebenso kaum anzunehmen. Ein Ziel, z.B. nicht schwanger zu werden,[762] ist schwer vorstellbar. Die Ziele knüpfen in aller Regel entweder an konkrete Arbeitsergebnisse (z.B. Neukundengewinnung) oder an andere, durch den Arbeitnehmer beeinflussbare Ergebnisse (Erwerb einer Fremdsprache) an. Hier ist lediglich eine mittelbare Benachteiligung anzudenken. Aber auch bei den mitarbeiterbezogenen Zielen stellt sich die Frage, wann eine Zielvereinbarung im engeren Sinne, die frei mit dem einzelnen Arbeitnehmer ausgehandelt ist, diesen mittelbar diskriminieren kann. Ist ein Ziel z.B. der Transport einer bestimmten Menge in einer bestimmten Zeit, könnte man eine mittelbare Diskriminierung der Frauen annehmen. Männer haben im Durchschnitt eine höhere Muskelkraft, und das alleinige Abstellen auf diese ist diskriminierend.[763] Jedoch wird bei der Zielvereinbarung im engeren Sinne allein auf das Arbeitsergebnis abgestellt. Das Ergebnis selbst ist aber neutral. Wie dieses erreicht wird, ist Sache des Arbeitnehmers. Selbst bei identischen Arbeits-

---

759   HWK/*Thüsing*, § 611 BGB Rn 187; Schaub/*Linck*, AHdB, § 112 Rn 10; *BAG* vom 13.02.2002, Az 5 AZR 713/00.

760   *Bauer/Göpfert/Krieger*, § 2 AGG Rn 19; *Adomeit/Mohr*, § 2 Rn 74f.; *Thüsing*, Diskriminierung, S. 42 Rn 98.

761   Vgl. *EuGH* vom 30.03.2000, Rs C-236/98.

762   Beispiel nach *Friedrich*, in PersF 2006, 22 (26), der dieses „Ziel" im Rahmen der Sittenwidrigkeitsprüfung scheitern lässt; nunmehr stellt dies aber nach § 3 I AGG eine unmittelbare Benachteilung dar, *Richardi*, in NZA 2006, 881 (883); *Thüsing*, Diskriminierung, S. 99 Rn 244ff.; kritisch hierzu *Annuß*, in BB 2006, 1629 (1630).

763   So *BAG* vom 27.04.1988, Az 4 AZR 707/87; nach *BAG* vom 29.07.1992, Az 4 AZR 502/91, haben Frauen im Übrigen eine höhere Geschicklichkeit.

plätzen, kann die Möglichkeit des Erreichens des Ziels für die einzelnen Arbeitnehmer unabhängig von einem verpönten Merkmal nach § 1 AGG unterschiedlich sein. Ist das Erreichen des Ziels für einen Arbeitnehmer nicht möglich, z.b. die transportierende Menge zu schwer, ist dies eher eine Frage der Unmöglichkeit als eine Frage der Diskriminierung.[764] Im Ergebnis wird bei einer frei ausgehandelten Zielvereinbarung das AGG kaum eine Rolle spielen. Der Gleichbehandlungsgrundsatz kommt mangels kollektiver Regelung gar nicht zur Anwendung.

b) Bei Vorformulierung AGG und Gleichbehandlungsgrundsatz

Bei vorformulierten Zielvereinbarungen im engeren Sinne oder Zielvorgaben liegt ein kollektiver Bezug vor, auch der allgemeine Gleichbehandlungsgrundsatz ist – neben dem AGG – zu beachten. Extreme Beispiele, wie allgemein höhere Ziele für z.b. Frauen bzw. Muslime oder willkürlich ausgewählte einzelne Arbeitnehmer, werden – da kaum vorstellbar – hier nicht weiter behandelt. Drängender ist die Frage, inwieweit eine mittelbare Benachteiligung bzw. Ungleichbehandlung vorliegen kann. In Betracht kommen hier hauptsächlich die Gruppe der Teilzeitbeschäftigten und die Frauen. § 4 Abs. 1 TzBfG verbietet die Diskriminierung teilzeitbeschäftigter Arbeitnehmer und konkretisiert den ohnehin geltenden Gleichbehandlungsgrundsatz.[765] Nach § 4 Abs. 1 S. 2 TzBfG ist diesen Arbeitsentgelt mindestens in dem Umfang zu gewähren, der dem Anteil seiner Arbeitszeit an der Arbeitszeit eines vergleichbaren vollzeitbeschäftigten Arbeitnehmers entspricht. Es gilt damit der pro-rata-temporis-Grundsatz.[766] Sind die Ziele nun so gefasst, dass diese nur im Rahmen eines Vollzeitbeschäftigungsverhältnisses erreicht werden können oder auch hier gar nur durch Mehrarbeit, so liegt eine unzulässige Diskriminierung vor. Diese sind nach dem Verhältnis der Arbeitszeit des Teilzeitarbeitnehmers gegenüber der Arbeitszeit einer Vollzeitkraft anzupassen.[767] Die Schwierigkeit liegt aber darin, zu erkennen, wann eine solche unzulässige Diskriminierung vorliegt. So sagt das Ziel, z.b. Akquise fünf neuer Kunden, noch nichts über den Zeitansatz aus. Ein Indiz könnte sein, dass Voll- und Teilzeitkräfte exakt die gleichen Ziele erhalten. Generelle Aussagen sind aber hier nicht möglich, wobei eine Ungleichbehandlung wohl nur bei den harten Zielen vorkommen kann. Die Teamfähigkeit oder Kundenfreundlichkeit beispielsweise hängt nicht mit der zu leistenden Arbeitszeit zusammen. In der Diskriminierung Teilzeitbeschäftigter liegt oftmals gleichzeitig ein klassischer Fall der mittelbaren Diskriminierung des weiblichen Geschlechts vor.[768]

c) Gleiche Ziele unabhängig vom Geschlecht

Fraglich ist, ob durch gleiche Ziele für Frauen und Männer ein unzulässiger mittelbarer Verstoß gegen den Gleichbehandlungsgrundsatz und gegen das Diskriminierungsverbot des AGG vorliegen kann. *Tondorf* bejaht dies mit dem Argument, dass Frauen oftmals eine zusätzliche

---

764 Wohl auch Preis-*Preis/Lindemann*, AV, II Z 5 Rn 37; *Trittin/Fischer*, in AuR 2006, 261 (262); *Berwanger*, in BB 2004, 551 (554).

765 Schaub/*Linck*, AHdB, § 43 Rn 34; ErfK/*Preis*, § 4 TzBfG Rn 8; auf Konkretisierung des § 612a BGB abstellend Küttner/*Reineke*, Teilzeitbeschäftigung, Rn 14.

766 DLW/*Dörner*, S. 376 Rn 157; HWK/*Schmalenberg*, § 4 TzBfG Rn 6.

767 Ebenso *Mohnke*, Zielvereinbarungen, S. 191; zum umgekehrten Fall, wenn den Teilzeitkräften die Zielerreichung ungleich leichter fällt, vgl. *Breisig*, Entgelt, S. 292; dies wäre aber eine umgekehrte Ungleichbehandlung und ebenso unzulässig, vgl. Schaub/*Linck*, AHdB, § 43 Rn 51.

768 Däubler/Bertzbach-*Schrader/Schubert*, § 3 AGG Rn 46a; ErfK/*Schlachter*, § 3 AGG Rn 7; *Adomeit/Mohr*, § 3 AGG Rn 86; vgl. auch *BVerfG* 18.06.2008, Az 2 BvL 6/07; *EuGH* vom 23.10.2003, Rs C 4/02.

Belastung durch die Familienbetreuung und dadurch engere zeitliche Spielräume hätten.[769] Insofern seien Ziele, die zur Mehrarbeit anregen ebenso kritisch zu beurteilen, wie das Kriterium der Weiterbildung oder Flexibilität. Diese Argumente lassen sich auch ohne weiteres auch auf die – nachträglich erforderlich gewordene – Diskriminierungsprüfung des AGG übertragen. Unabhängig davon, ob bei der Vergleichsgruppenbildung nur statistische Werte heranzuziehen sind[770] oder diese Daten durch eine Plausibilitätsprüfung ersetzt werden können,[771] definiert Art. 141 Abs. 2 S. 2 lit. a) EGV die geschlechterdiskriminierungsfreie Gleichheit des Arbeitsentgelts als die Festsetzung gleicher Maßstäbe bei einer nach Akkord bezahlten Arbeit. Nun unterscheidet sich zwar die Zielvereinbarung/-vorgabe vom Akkordlohn,[772] der Grundsatz ist jedoch sichtbar. Sind die Maßeinheiten für beide Geschlechter gleich festgelegt worden, liegt keine Diskriminierung vor.[773] Die Maßeinheit ist hier das Ziel, also das Ergebnis. Dieses ist für beide Geschlechter gleich. Insofern ist eine mittelbare Ungleichbehandlung oder Benachteiligung nicht zu erkennen. Im Gegenteil, *Tondorfs* vorgeschlagene Lösung wäre geschlechterdiskriminierend. Erhielten Frauen leichter zu erreichende Ziele, läge darin eine Benachteiligung der Männer.

d) Keine Ungleichbehandlung der „High-Performer"

Letztlich bleibt noch die Frage, ob die Erhöhung der Ziele für einzelne Arbeitnehmer möglich ist, wenn diese in der Vergangenheit regelmäßig eine deutliche Übererfüllung aufgewiesen haben. Bei einer frei ausgehandelten Zielvereinbarung im engeren Sinne ist dies – wenn sie der Arbeitgeber durchsetzt – ohne weiteres möglich. Der Arbeitgeber könnte aber auch in den vorformulierten Erscheinungsformen der Zielvereinbarung/-vorgabe ebengleiches versuchen, nur einseitig. Für diesen Arbeitnehmer sind die Ziele aufgrund der subjektiven Leichtigkeit nicht mehr motivierend genug, auch können so Personalkosten gespart werden. Dies ist hier eine Frage des Allgemeinen Gleichbehandlungsgrundsatzes. Bei einer vorhandenen Vergleichsgruppe besteht das erkennbare generalisierende System aber nicht nur in der einheitlichen Höhe des Zielentgelts, sondern auch in der einheitlichen Formulierung der Ziele. Zu fragen ist, ob für die Erhöhung der Ziele für einen einzelnen Arbeitnehmer, also die Ungleichbehandlung bei der Voraussetzung zum Anspruch auf das Zielentgelt, ein sachlicher Grund bestehen kann. Dafür spricht zwar, dass das System darauf angelegt ist, zu besonderen Leistungen zu motivieren und die Definition besonderer Leistungen für jeden Arbeitnehmer unterschiedlich ist. Aber letztlich widerspricht dies dem auch hier in Frage kommenden Grundsatz „Gleiches Geld für gleiche Arbeit". Nur weil z.B. einem Verkäufer durch seine gewinnende Art es leichter fällt, einen hohen Umsatz zu generieren, ist es nicht gerechtfertigt diesem für das gleiche Zielentgelt eine höhere Aufgabe zu erteilen. Denn im Gegenzug müsste wiederum bei einem schüchternen Verkäufer geringere Maßstäbe angelegt werden. Das Ergebnis wäre wiederum die gleiche Vergütung für ungleiche Leistung, also das exakte Gegenteil vom eigentlich gewollten. Die Leistungsträger sollen gerade mehr erhalten.[774]

Hier gewährt der Arbeitgeber nach einem bestimmten, erkennbaren und generalisierendem Prinzip das Zielentgelt. Nach Erfüllung bestimmter Voraussetzungen besteht ein Anspruch

---

769   *Tondorf*, Leistung und Entgelt, S. 122f.
770   *Adomeit/Mohr*, § 3 AGG Rn 78; *Bauer/Göpfert/Krieger*, § 3 AGG Rn 25 m.w.N.
771   HWK/*Annuß/Rupp*, § 3 AGG Rn 8; Däubler/Bertzbach-*Schrader/Schubert*, § 3 AGG Rn 4 m.w.N.
772   Zur Abgrenzung, siehe § 5 V.
773   Däubler/Bertzbach-*Dette*, § 7 AGG Rn 101; DLW/*Diller*, S. 1016 Rn 3850.
774   Zur erhofften leistungsgerechten Vergütung, siehe § 3 II 1 b.

auf die Leistung. Dann ist auch der Gleichbehandlungsgrundsatz anwendbar.[775] Insofern verstößt es gegen den Allgemeinen Gleichbehandlungsgrundsatz, wenn der Arbeitgeber einzelnen Arbeitnehmern erhöhte Zielvorgaben und vorformulierte Zielvereinbarungen im engeren Sinne erteilt.[776] Will der Arbeitgeber sich eine individuelle Anpassung an die Leistungsfähigkeit des Einzelnen vorbehalten, so bedarf es einer frei ausgehandelten Zielvereinbarung im engeren Sinne oder zumindest eine individuell angepasst Zielvorgabe für jeden Arbeitnehmer. Auch bei der Zielbewertung sind das AGG und der Gleichbehandlungsgrundsatz zu beachten. Harte Ziele sind messbar, insofern bleibt nur bei den weichen Zielen Raum für eine Prüfung.[777] Die Bewertung hat anhand einheitlicher Kriterien objektiv zu erfolgen. Ohne sachlichen Grund ist auch eine andere Bewertung nicht möglich. Die unterschiedliche individuelle Leistungsfähigkeit eines jeden Arbeitnehmers stellt keinen sachlichen Grund dar.

IX. Tarifvertragliche Grenzen

Ist das Arbeitsverhältnis einem Tarifvertrag unterworfen, stellt sich die Frage, innerhalb welcher Grenzen das Personalführungssystem Zielvereinbarung/-vorgabe durchgeführt werden kann.[778] Der Tarifvertrag muss jedoch unmittelbar und zwingend gelten. Bei einer Geltung auf Grund bloßer individualvertraglicher Verweisung darf von diesem auch zum Nachteil des Arbeitnehmers abgewichen werden.[779]

1. Allgemeines zum TVG

Regelungen eines Tarifvertrages stellen nach § 3 Abs. 1, § 4 Abs. 1 TVG Mindestarbeitsbedingungen dar. Auf Grund der unmittelbaren und zwingenden Wirkung darf hiervon bei gegenseitiger Tarifbindung nicht abgewichen werden.[780] Dieses Prinzip wird nach § 4 Abs. 3 TVG durch zwei Ausnahmen durchbrochen. Entweder gestattet der Tarifvertrag selbst abweichende Abmachungen (Öffnungsklausel) oder es wird zu Gunsten des Arbeitnehmers vom Tarifvertrag abgewichen (Günstigkeitsprinzip).

Die Tarifvertragsparteien als Normgeber sind frei, dispositives Recht zu setzen. Während Öffnungsklauseln zunächst zurückhaltend vereinbart wurden, haben diese in der letzten Zeit erheblich an Bedeutung gewonnen. Gerade für wirtschaftliche Notlagen und zur Beschäftigungssicherung wird eine ausreichende Flexibilität gefordert und auch vereinbart.[781] Die Tariföffnungsklausel muss ausdrücklich im Tarifvertrag vereinbart werden und ist restriktiv aus-

---

775　ErfK/*Preis*, § 611 BGB Rn 580; HWK/*Thüsing*, § 611 BGB Rn 187; vgl. *BAG* vom 23.08.1995, Az 5 AZR 293/94.

776　So auch *Friedrich*, in PersF 2006, 22 (25); *Röder*, in AG Arbeitsrecht, 139 (148); *Bauer*, in Brennpunkte, 93 (101); *Bauer/Diller/Göpfert*, in BB 2002, 882 (884); jeweils allerdings nur für Zielvorgaben, da sie vorformulierte Zielvereinbarung im engeren Sinne nicht (an-)erkennen; ähnlich auch *Hergenröder*, in AR-Blattei SD 1855, Rn 72, allerdings nur bei Betriebsvereinbarung oder Tarifvertrag.

777　Das Argument, bei weichen Zielen werde das Engagement der Frauen häufig geringer eingeschätzt, so *Tondorf*, Leistung und Entgelt, S. 123, deshalb sollte auf persönliche Ziele verzichtet und statt dessen nur fachliche Ziele formuliert werden, geht daher fehl.

778　Hierzu ausführlich *Krause*, Zielvereinbarungen, S. 264ff.

779　*BAG* vom 23.03.2005, Az 4 AZR 203/04; *BAG* vom 24.11.2004, Az 10 AZR 202/04; Wiedemann/*Oetker*, § 3 TVG Rn 345; Däubler/*Lorenz*, § 3 TVG Rn 250.

780　HWK/*Henssler*, § 4 TVG Rn 51; ErfK/*Franzen*, § 4 TVG Rn 2.

781　ErfK/*Franzen*, § 4 TVG Rn 27; Däubler/*Deinert*, § 4 TVG Rn 549a.

zulegen.[782] Der Tarifvertrag kann sowohl zu Gunsten einer Individualvereinbarung als auch Betriebsvereinbarung geöffnet werden, wobei dann die Regelungssperren der §§ 77 Abs. 3, 87 Abs. 1 BetrVG beseitigt werden.[783] Liegt eine solche Öffnungsklausel vor, so kann von der vorliegenden tariflichen Regelung abgewichen werden. Wird davon kein Gebrauch gemacht, verbleibt es bei der (vollständigen) Tarifregelung. Von der Öffnungsklausel ist die tarifliche Rahmenregelung zu unterscheiden. Hier liegt gerade keine vollständige, aber dispositive tarifliche Regelung vor, sondern lediglich eine unvollständige Norm, die gerade der Ausfüllung durch die Betriebs- oder Arbeitsvertragsparteien bedarf.[784] Aufgrund der Normsetzungspräro-gative dürfen die Tarifvertragsparteien jedoch nicht sämtliche, im Grunde nur ihnen zuste-hende, Kompetenzen übertragen.[785]

Das Günstigkeitsprinzip grenzt die zwingende Wirkung des Tarifvertrages auf eine „halb-zwingende" ein und belässt die Privatautonomie oberhalb des tariflichen Niveaus unberührt, da sonst in unzulässiger Weise Höchstarbeitsbedingungen festgesetzt werden könnten.[786] Für den Günstigkeitsvergleich sind zunächst Sachgruppen zu bilden. Weder kommt eine Prüfung der Gesamtheit aller Arbeitsbedingungen in Frage, noch dürfen einzelne Regelungen aus ihrem Sachzusammenhang (sog. Rosinentheorie) gerissen und verglichen werden.[787] Ent scheidend für den Sachgruppenvergleich ist, ob die Tarifnorm und die abweichende Abma-chung denselben Regelungsgegenstand betreffen.[788] Der sachliche Zusammenhang wird – im hier interessierenden Entgeltbereich – regelmäßig vorliegen. Nicht die subjektive Sicht des Einzelnen ist entscheidend, sondern der Vergleichsmaßstab ist objektiv. Er richtet sich nach der Einschätzung eines verständigen Arbeitnehmers, der die Verkehrsauffassungen und die Wertungen der Arbeitsrechtsordnung berücksichtigt.[789] Zwar kann der Günstigkeitsvergleich grundsätzlich individuell oder kollektiv durchgeführt werden, im Entgeltbereich kommt aber nur ein individueller Günstigkeitsvergleich in Betracht.[790] Als maßgeblicher Zeitpunkt für den Vergleich gilt derjenige, zu dem die unterschiedlichen Regelungen erstmals konkurrieren.[791]

2. Bedeutung für Zielvereinbarung/-vorgabe

Der Einfluss tariflicher Normen auf die Zielvereinbarung/-vorgabe ist nur dann vorhanden, wenn das Arbeitsverhältnis der unmittelbaren und zwingenden Geltung eines Tarifvertrages unterworfen ist. Aber auch hier ist zu differenzieren.

---

782 Däubler/*Deinert*, § 4 TVG Rn 557; wohl für konkludente Gestattung Wiedemann/*Wank*, § 4 TVG Rn 379.

783 *BAG* vom 29.10.2002, Az 1 AZR 573/01; *BAG* vom 20.02.2001, Az 1 AZR 233/00; HWK/*Hergenröder*, Art. 9 GG Rn 131; Schaub/*Koch*, AHdB, § 231 Rn 27.

784 DLW/*Wildschütz*, S. 2216 Rn 1183; ErfK/*Franzen*, § 4 TVG Rn 28.

785 HWK/*Hergenröder*, Art. 9 GG Rn 130; *Henssler*, in ZfA 1994, 487 (498).

786 MüHArbR/*Löwisch/Rieble*, § 272 Rn 3; Däubler/*Deinert*, § 4 TVG Rn 583ff. m.w.N.

787 ErfK/*Franzen*, § 4 TVG Rn 36; Küttner/*Kreitner*, Günstigkeitsprinzip, Rn 10.

788 *BAG* vom 20.04.1999, Az 1 ABR 72/98; *BAG* vom 23.05.1984, Az 4 AZR 129/82; DLW/*Pfeiffer*, S. 1969 Rn 243;.

789 Wiedemann/*Wank*, § 4 TVG Rn 451ff.; HWK/*Henssler*, § 4 TVG Rn 32; DLW/*Pfeiffer*, S. 1969 Rn 245.

790 Däubler/*Deinert*, § 4 TVG Rn 668; kollektiver Vergleich nur bei Betriebsnormen, vgl. ErfK/*Franzen*, § 4 TVG Rn 35.

791 HWK/*Henssler*, § 4 TVG Rn 34; MüHArbR/*Löwisch/Rieble*, § 272 Rn 57ff.

a) Zielentgelt als Zusatz oder bei Öffnungsklausel zulässig

Wird die Zielvereinbarung im weiteren Sinne zusätzlich („on-top") zum tariflich geschuldeten Arbeitsentgelt geschlossen, stellt sich das Problem mit den Mindestarbeitsbedingungen nicht. Diese werden eingehalten, jede weitere zusätzliche Chance auf einen Mehrverdienst ist für den Arbeitnehmer ohne weiteres günstiger und daher zulässig. Auch die Gefahr der Überschreitung der tariflichen Arbeitszeit führt zu keinem anderen Ergebnis. Zwar sollen die Ziele ehrgeizig sein, insofern könnte sich – was auch gewünscht ist – der Arbeitnehmer zu überobligatorischer Arbeit veranlasst fühlen. Aber die Zielvereinbarung/-vorgabe beinhaltet keine Erreichungspflicht. Der Arbeitgeber hat dahingehend keinen einklagbaren Anspruch gegen den Arbeitnehmer. Die Pflichtenstellung des Arbeitnehmers, auch die der Arbeitszeit, bleibt durch die Zielvereinbarung/-vorgabe an sich unberührt. Der Druck zu Mehrarbeit allein kann nicht ausreichen, um einen Verstoß gegen tarifliche Höchstarbeitszeiten festzustellen.[792] Ein solcher existiert auch beim Akkordlohn, bei dem wie auch bei der Zielvereinbarung/-vorgabe lediglich das Arbeitsergebnis Berechnungsgrundlage für die Vergütung ist. Geschuldet ist aber lediglich das Tätigwerden innerhalb einer bestimmten Arbeitszeit.[793]

Ferner kann der einschlägige Tarifvertrag Öffnungsklauseln enthalten.[794] Sofern die Zielvereinbarung im weitern Sinne lediglich den „geöffneten Bereich" betrifft, ist sie ohne weiteres zulässig. Ferner sind auch tarifliche Rahmenregelungen möglich, wie in manchen Tarifverträgen geschehen. Nach § 18 TVöD sind bis zu 8% des tariflichen Entgelts variabel gestaltbar. Ähnliches gilt für den ERA-TV. Hiernach sind ab dem Jahr 2009 Leistungszulagen sogar verpflichtend. Betrachtet man die Tarifnormen genau, erkennt man in diesen keine Öffnungsklauseln, sondern Rahmenregelungen, die die konkrete Ausgestaltung des Leistungsentgelts den Betriebsparteien überlassen.[795] Gleiches gilt für den TV-LEV Banken.[796] Der Unterschied besteht darin, dass bei einer Öffnungsklausel von der an sich vollständigen Tarifnorm abgewichen werden darf, aber nicht muss. Während die Rahmenregelung unvollständig ist und einer Ausfüllung durch die Betriebs- oder Arbeitsvertragsparteien bedarf.

b) Keine Variabilisierung des festen Tarifgehalts

Diskussionswürdig bleibt allein die Frage, ob die tarifliche Fixvergütung zum Teil flexibel ausgestaltet werden kann, wenn dem Arbeitnehmer im Gegenzug die Chance zu einem Mehrverdienst gegeben wird.

Beispiel: Tariflohn ist EUR 3.000 brutto.
Die Gesamtvergütung des Tarifarbeitnehmers wird geändert in Fixvergütung EUR 2.500 und Zielentgelt EUR 1.000 monatlich. Unter normalen Umständen ist ein Zielentgelt von EUR 700 erreichbar.

---

792 *Mohnke*, Zielvereinbarungen, S. 160f.; es kann aber eine Unangemessenheit nach § 307 BGB vorliegen, siehe § 6 VI 3 c.

793 Vgl. ErfK/*Preis*, § 611 BGB Rn 391ff.; *Schwab*, in AR-Blattei SD 40, Rn 24ff.; HWK/*Thüsing*, § 611 BGB Rn 299f.

794 Vgl. hierzu *Benrath*, Öffnungsklausel, S. 98; *Krause*, Zielvereinbarungen, S. 287ff.

795 *Schaub*, in RdA 2006, 374 (375f.); *Wurm*, in ZfPR 2006, 90 (91ff.); zu den unterschiedlichen Umsetzungen in den Betrieben, vgl. *Vesper/Feiter*, in ZTR 2008, 2 (11ff.).

796 Vgl. § 1 ff. TV-LEV, abgedruckt in *Benrath*, Öffnungsklausel, S. 156 ff.; entgegen *Mohnke*, Zielvereinbarungen, S. 155 handelt es sich hier um Rahmenregelungen, nicht um Öffnungsklauseln.

Dies ist aber nach fast einhelliger Meinung zu Recht unzulässig,[797] auch wenn der Tarifarbeitnehmer unter normalen Umständen ein höheres Entgelt erhält. Eine solche Regelung ist im Vergleich zum tariflichen Zeitlohn ungünstiger. Der Tariflohn wird zum einen von weiteren Faktoren abhängig gemacht, die der Tarifvertrag so nicht vorsieht. Der Arbeitnehmer hat nach diesem ausschließlich nach der geleisteten Arbeitszeit einen Anspruch auf eine bestimmte Vergütung. Bei einer Zielvereinbarung/-vorgabe dagegen muss das Ziel erreicht werden, die geleistete Arbeitszeit wird nur bei einem entsprechenden Arbeitserfolg vergütet. Zum anderen kommt es entscheidend auf den Zeitpunkt des Günstigkeitsvergleich an. Dieser bemisst sich nach dem, zu dem die Regelungen erstmals kollidieren.[798] Dies ist hier am Anfang der Zielperiode. Zu diesem Zeitpunkt ist es aber völlig ungewiss, ob der Arbeitnehmer die Ziele erreichen wird, auch wenn sie noch so erreichbar erscheinen. Das Risiko, die tarifliche Vergütung auch verfehlen zu können, ist ungünstiger. Vorgeschlagen wird, dieses Risiko in Form eines Bonus-Kontos, das nicht ins Minus geraten kann, auszuschalten.[799] Diese etwas komplizierte Lösung ließe sich vermeiden, in dem der Arbeitgeber schlicht die Auszahlung des Tarifentgelts garantiert. Dies kann dadurch erreicht werden, indem dem Arbeitnehmer ein Mindestzielentgelt garantiert wird, das addiert mit der Fixvergütung dem Tarifentgelt entspricht und monatlich abschlagsweise ausgezahlt wird. Im Ergebnis besteht aber dann kein Unterschied zur schon oben dargestellten „on-top"-Lösung.

797 *Mohnke*, Zielvereinbarungen, S. 161; *Deich*, Beurteilung, S. 150f.; *Heiden*, Zielvereinbarung, S. 144f.;
     Pelzer, Zielvereinbarungen, S. 154; DLW/*Diller*, S. 477 Rn 821c; *Tschöpe*, in BB 2006, 213 (220); *Riesenhuber/v.Steinau-Steinrück*, in NZA 2005, 785 (790); *Hergenröder*, in AR-Blattei SD 1855, Rn 73f.;
     Kolmhuber, in ArbRB 2003, 117 (117); *Mauer*, in NZA 2002, 540 (542); wohl auch *Friedrich*, in
     PersF 2006, 22 (25); *Brors*, in RdA 2004, 273 (278); unklar *Röder*, in AG Arbeitsrecht, 139 (146); a.A.
     wohl *Annuß*, in NZA 2007, 290 (291).
798 MüHArbR/*Löwisch/Rieble*, § 272 Rn 57ff.; HWK/*Henssler*, § 4 TVG Rn 34.
799 *Rieble/Gutzeit*, in Jahrbuch 2000, 41 (43); *Deich*, Beurteilung, S. 151.

§ 7 Zusammenfassung

Grundsätzlich ist auf Grund der Privatautonomie das Personalführungssystem Zielvereinbarungen/-vorgaben frei ausgestaltbar.[800] In der Zielvereinbarung im weiteren Sinne wird festgelegt, ob die Ziele einvernehmlich oder einseitig definiert werden. Auch die Zielentgelthöhe ist regelmäßig hier festgelegt. Möglich und sinnvoll ist ebenso die Regelung des Procedere, wie Streitigkeiten einvernehmlich und endgültig beigelegt werden sollen.[801] Die Zielentgelthöhe variiert, je nachdem ob mit diesem nur überdurchschnittliche Leistung oder auch die normale Leistung entlohnt werden soll. Stellen die Ziele lediglich überobligatorische Leistungen dar, wird regelmäßig die Fixvergütung eine marktübliche Größe haben.

Ist die Zielvereinbarung im weiteren Sinne ein Tarifvertrag oder eine Betriebsvereinbarung, scheidet eine Inhaltskontrolle gemäß § 310 Abs. 4 BGB aus. Dies gilt auch für den Fall eines frei ausgehandelten Arbeitsvertrages, §§ 305 Abs. 1 S. 3, 310 Abs. 3 Nr. 2 BGB.[802] In diesem Fall unterliegt die Zielvereinbarung im weiteren Sinne nur einer Sittenwidrigkeitskontrolle. Aus dieser folgt aber keine Beschränkung des variablen Anteils am Gesamtentgelt. Es ist sogar eine völlig variable und zielorientierte Vergütung möglich. Dies setzt jedoch voraus, dass der Arbeitnehmer mindestens 2/3 des allgemeinen Entgeltniveaus der Branche unter Berücksichtigung des jeweiligen Wirtschaftsgebietes durch eigene Leistung erreichen kann. Sittenwidrigkeit liegt in jedem Falle vor, wenn selbst bei bester Zielerreichung diese Schwelle nicht überschritten wird. Liegt schon die Fixvergütung über dieser Marke, beeinflusst das Zielentgelt die Sittenwidrigkeit nicht. Lediglich bei geringer oder gar keiner Fixvergütung, aber möglichem sittengemäßen Gesamteinkommen, bedarf es einer genauen Prüfung. Bei dieser sind die unternehmensbezogenen Ziele nicht zu berücksichtigen, da auf diese der Arbeitnehmer keinen Einfluss hat. Kann der Arbeitnehmer mit eigener normaler Leistung ein sittengemäßes Einkommen erreichen, so scheidet die Nichtigkeit nach § 138 BGB aus.[803]

Nur ein unmittelbar und zwingend wirkender Tarifvertrag beeinflusst das Zielentgelt. Das Tarifgehalt ist „zielvereinbarungsfest" und nicht variabilisierbar, selbst wenn der Arbeitnehmer die Chance auf ein höheres Einkommen erhält und diese regelmäßig realisiert wird.[804] Wendet der Arbeitgeber ein generalisierendes Prinzip an, was nur bei einem frei ausgehandelten Arbeitsvertrag zu verneinen ist, muss der Allgemeine Gleichbehandlungsgrundsatz beachten werden. Weder dürfen sachgrundlos einzelnen Arbeitnehmer die Chance auf das Zielentgelt vorenthalten werden, noch willkürlich Gruppen gebildet werden. Durch das Personalführungssystem Zielvereinbarung/-vorgabe darf kein Arbeitnehmer diskriminiert werden. Zu prüfen ist, ob eine unmittelbare oder mittelbare Benachteiligung nach § 3 AGG vorliegt, was aber regelmäßig zu verneinen sein dürfte.[805]

§ 2 NachwG verpflichtet zur schriftlichen Fixierung der wesentlichen Arbeitsbedingungen. Dies gilt auch für die Zielvereinbarung im weiteren Sinne. Es sind die konkrete Zusammensetzung des Zielentgelts sowie die Modalitäten zur Zielfestlegung und Zielfeststellung schriftlich zu fixieren. Die Ziele selbst werden erst auf der zweiten Stufe, der konkreten Zielverein-

---

800 Zum Grundsatz der Privatautonomie, siehe § 6 I.
801 Zu den vorkommenden Inhalten, siehe § 4 III.
802 Zur AGB-Kontrolle der Zielvereinbarung im weiteren Sinne, siehe § 6 VI 2.
803 Zur Sittenwidrigkeitskontrolle, siehe § 6 V.
804 Zu den tariflichen Grenzen, siehe § 6 IX.
805 Zu den Grenzen durch das Diskriminierungsverbot, siehe § 6 VIII.

barung/-vorgabe formuliert. Erst dann sind diese bekannt und sind als wesentliche Arbeitsbedingung – da Bemessungsgrundlage für das Zielentgelt – schriftlich zu fixieren.[806]

Bei der Bestimmung der Ziele gibt es kaum Begrenzungen. Ausnahmen ergeben sich bei werdenden/stillenden Müttern, Jugendlichen und Mitgliedern des Fahrpersonals. Den ersten beiden Gruppen dürfen keine Ziele gesetzt werden, die einen spürbaren Anreiz zur Erhöhung des Arbeitstempos geben. Dies betrifft in erster Linie fachliche Ziele. Mitglieder des Fahrpersonals dürfen keine Ziele erhalten, die eine Gefährdung des Straßenverkehrs in sich bergen. Dies gilt insbesondere für die Anknüpfung an Transportmenge oder Fahrzeit. Für alle Arbeitnehmer gilt das ArbZG, insofern dürfen keine Ziele formuliert werden, die nur bei Überschreitung der gesetzlich vorgeschriebenen Höchstarbeitszeit erreicht werden können. Gleiches gilt bei Unterschreitung des gesetzlichen Mindesturlaubes nach dem BUrlG.[807]

Das Weisungsrecht beeinflusst die Zielfestlegung, wie auch die einmal formulierten Ziele das Weisungsrecht beeinflussen.[808] Die Parteien sind bei einer Zielvereinbarung im engeren Sinne zwar frei, welche Ziele konkret festgelegt werden. Aber der Arbeitnehmer kann zu Recht die Zustimmung zu Zielen außerhalb des Weisungsrechts verweigern. Nur einvernehmlich sind Änderungen der Arbeitspflichten durchsetzbar. Bringen die Verhandlungen zu einer Zielvereinbarung im engeren Sinne kein Ergebnis hervor, so hat der Arbeitgeber die Zielvereinbarung im engeren Sinne auch ohne ausdrückliche Regelung durch eine Zielvorgabe zu ersetzen. Bei der Erteilung einer Zielvorgabe sind die Grenzen des Weisungsrechts jedoch zu beachten. Ziele, die nur durch Leistungen des Arbeitnehmers erreichbar sind, die nicht mehr von der Arbeitspflicht umfasst sind, sind unbillig nach § 315 Abs. 3 BGB. Die hiernach vorzunehmende Interessenabwägung wird auch durch die erfolgte Zielfestlegung beeinflusst. Erteilt der Arbeitgeber Weisungen, ist das Interesse des Arbeitnehmers an einer ungestörten Zielerreichung gegen das Interesse des Arbeitgebers, ggf. andere Arbeiten zu erledigen, abzuwägen.

Die Zielvorgabe unterliegt als einseitige Handlung des Arbeitgebers und Ausfluss seines Weisungsrechts der Billigkeitskontrolle nach § 315 Abs. 3 BGB. Bei der Zielvereinbarung im engeren Sinne dagegen ist zu differenzieren. Ist diese im Sinne von § 305 Abs. 1 S. 3 BGB frei ausgehandelt worden, so findet keine AGB-Kontrolle statt. In der Praxis sind aber häufig vorformulierte Zielvereinbarungen im engeren Sinne vorzufinden. Auch wenn der einzelne Arbeitnehmer die Formulierung der Ziele in einem vorgegebenen Rahmen beeinflussen kann, ändert dies nichts an der vorzunehmenden Inhaltskontrolle nach §§ 305 ff. BGB.[809] Maßgebliche Bedeutung erlangt hier das Transparenzgebot.

Stichtags- und Rückzahlungsklauseln sind nur unter engen Voraussetzungen möglich. Diese sind bzgl. unternehmensbezogener Ziele vereinbar. Mitarbeiterbezogene Ziele dagegen stellen leistungsbezogenes Entgelt dar, das einer Stichtags- oder gar Rückzahlungsklausel entzogen ist. Ferner muss bei den unternehmensbezogenen Zielen die Entlohnung der Betriebstreue bezweckt sein und dies auch zum Ausdruck kommen. Es bedarf einer genauen Auslegung. Knüpft der Stichtag lediglich am Bestand des Arbeitsverhältnisses an, so ist die ungewisse Höhe des Zielentgelts unerheblich. Sollte jedoch ein ungekündigtes Arbeitsverhältnis Voraus-

---

806 Zur Nachweispflicht, siehe § 6 II.
807 Zu den Grenzen durch Verbotsgesetze, siehe § 6 IV.
808 Zum Einfluss auf und durch das Weisungsrecht, siehe § 6 III.
809 Zur AGB-Kontrolle im Personalführungssystem Zielvereinbarung/-vorgabe, siehe § 6 VI.

setzung sein, so bedarf es eines garantierten Mindestzielentgelts. Andernfalls wird unzulässig in die Berufsfreiheit des Arbeitnehmers eingegriffen. Betriebsbedingte Kündigungen müssen hierbei außer Betracht bleiben, dem Arbeitnehmer wird durch den Arbeitgeber die Chance genommen, seine Betriebstreue zu erbringen. Gleiches gilt auch für die Rückzahlungsklausel.[810]

---

810   Zur Stichtags- und Rückzahlungsklausel, siehe § 6 VII.

Dritter Teil
Zusätzliche und weitergehende Flexibilisierung des Personalführungssystems

Das Personalführungssystem Zielvereinbarung/-vorgabe ist ohnehin schon sehr flexibel. Durch die, meist im Jahresrhythmus wechselnde Zielfestlegung kann auf die wechselseitigen Bedürfnisse eingegangen werden. Manchen erscheint dies jedoch nicht ausreichend. Eine zusätzliche Flexibilität wird gefordert.

§ 8 Die einzelnen Flexibilisierungsklauseln

Das Stichwort Flexibilität – in aller Munde und ein Zauberwort der heutigen Arbeitswelt[811] – führt zwangsläufig zur Betrachtung des Freiwilligkeits- und/oder Widerrufsvorbehaltes sowie der Befristung.

I. Freiwilligkeit im Personalführungssystem Zielvereinbarung/-vorgabe

Ein Freiwilligkeitsvorbehalt ist bei der Zielvereinbarung im weiteren Sinne – erste Stufe – und bei der konkreten Zielvereinbarung/-vorgabe – zweite Stufe – denkbar. Die Kombination eines Freiwilligkeitsvorbehalts mit der Zielvereinbarung im weiteren Sinne wird teilweise als zulässig angesehen,[812] wobei nach Ansicht mancher in Parallele zum Widerruf der Umfang der betroffenen Vergütung nicht mehr als 30% des Gesamtverdienstes ausmachen darf.[813] Andere dagegen halten einen Freiwilligkeitsvorbehalt im Personalführungssystem Zielvereinbarung/-vorgabe für gänzlich unzulässig.[814]

Bei der zweiten Stufe wird dagegen häufiger die Ansicht vertreten, dass ein Freiwilligkeitsvorbehalt unzulässig sei. Sind die Ziele konkret festgelegt worden, richtet der Arbeitnehmer sein Handeln auf die Erreichung derselben aus. Der Arbeitgeber kann sich dann nicht auf den Freiwilligkeitsvorbehalt zurückziehen bei Zielerreichung, oder gar Zielübererfüllung, die Auszahlung des Zielentgeltes verweigern.[815] Dies widerspricht dem Grundsatz pacta sunt servanda und ist deshalb nach § 307 Abs. 1 BGB, teilweise nach § 308 Nr. 4 BGB unwirksam. Zum Teil wird diese Ansicht damit begründet, dass das Zielentgelt leistungsorientierte Vergütung darstellt, und es dem Arbeitnehmer gegenüber unangemessen wäre, seine Leistung un-

811   *Schmiedl*, in NZA 2006, 1195 (1196).
812   *Lingemann/Gotham*, in DB 2008, 2307 (2310); *Range-Ditz*, in ArbRB 2003, 123 (125); *Bauer*, in Brennpunkte, 93 (107); *Lindemann/Simon*, in BB 2002, 1807 (1810); *Mauer*, in NZA 2002, 540 (543); wohl auch *Oetter*, in ArbRB 2007, 258 (258); *Moll/Reufels*, in FS Bartenbach, 559 (563); *Pelzer*, Zielvereinbarungen, S. 202ff. verlangt zusätzlich bei Einstellung eine Ersetzung durch Fixvergütung.
813   *Horcher*, in BB 2007, 2065 (2069); *Hidalgo/Rid*, in BB 2005, 2686 (2689); wohl auch *Strick*, in NZA 2005, 723 (725), die grundsätzlich Freiwilligkeits- und Widerrufsvorbehalt gleich behandeln will, da im Ergebnis sei kein Unterschied festzustellen; *Schmiedl*, in NZA 2006, 1195 (1198) zieht dagegen die Parallele zur Befristung.
814   *Reiserer*, in NJW 2008, 609 (612); *Laber/Reinartz*, in ArbRB 2008, 125 (125); *Freihube*, in DB 2008, 124 (125); *Schrader/Müller*, in RdA 2007, 145 (149); *Friedrich*, in PersF 2006, 22 (29); *Riesenhuber/v.Steinau-Steinrück*, in NZA 2005, 785 (792); *Schrader/Schubert*, in NZA-RR 2005, 169 (178); *Däubler*, in ZIP 2004, 2209 (2214); ErfK/*Preis*, § 611 BGB Rn 504; *Deich*, Beurteilung, S. 173ff.; *Lischka*, Zielvereinbarungen, S. 60; *Krause*, Zielvereinbarungen, S. 353.
815   *Lingemann/Gotham*, in DB 2007, 1754 (1756); *Horcher*, in BB 2007, 2065 (2069); *Schmiedl*, in NZA 2006, 1195 (1198); *Hidalgo/Rid*, in BB 2005, 2686 (2688); *Bauer*, in Brennpunkte, 93 (107); *Range-Ditz*, in ArbRB 2003, 123 (125); *Lindemann/Simon*, in BB 2002, 1807 (1810); *Heiden*, Zielvereinbarungen, S. 213.

vergütet zu belassen. Das Zielentgelt stellt eine sogenannte Vergütung im engeren Sinne dar und steht im unmittelbaren Gegenseitigkeitsverhältnis Arbeit gegen Lohn.

1. Qualifikation des Zielentgelts unerheblich für Vorbehalt

Dabei ist es für den Freiwilligkeitsvorbehalt gleichgültig, um welche Art der Vergütung es sich handelt. Darauf, ob es sich um eine Vergütung im engeren oder im weiteren Sinne, also vergleichbar mit einer Gratifikation mit Mischcharakter,[816] handelt, kommt es nicht an. Voraussetzung für eine Überprüfung nach § 307 Abs. 1 BGB oder § 308 Nr. 4 BGB ist zunächst ein bindender Vertrag. Mit einem eindeutig formulierten Freiwilligkeitsvorbehalt erklärt jedoch der Arbeitgeber, sich eben nicht binden zu wollen. Der Freiwilligkeitsvorbehalt verhindert von vornherein die Entstehung eines Anspruches. Der Anspruch – Rechtsgrund im Sinne von § 812 Abs. 1 BGB für das Behaltendürfen – entsteht erst mit der vorbehaltlosen Zusage bzw. mit der tatsächlichen Auszahlung. Ist die Freiwilligkeit deutlich genug, d.h. transparent im Sinne von § 307 Abs. 1 S. 2 BGB, muss dem Arbeitnehmer klar sein, dass nicht nur die Erfüllung der Ziele den Anspruch begründet, sondern eben auch der Wille des Arbeitgebers, entsprechend das Zielentgelt auszuzahlen. Insofern kann auch kein Verstoß gegen den Grundsatz pacta sunt servanda vorliegen. Es ist nämlich gerade kein entsprechender Vertrag geschlossen worden.[817]

In einer jüngeren Entscheidung stellte auch das *BAG* bei einem Freiwilligkeitsvorbehalt nicht auf die leistungsbezogene Vergütung ab. Ansonsten ist es nicht zu erklären, dass der Freiwilligkeitsvorbehalt einer Zielvereinbarung im weiteren Sinne ausschließlich wegen Intransparenz für unwirksam erklärt und in den Urteilsgründen überhaupt nicht darauf eingegangen wurde, dass schon eine Zielvereinbarung im engeren Sinne zu Stande gekommen ist und das Zielentgelt zu 60% von dem Erreichen der mitarbeiterbezogenen Zielen abhängt.[818] Dies steht auch mit einer anderen Entscheidung im Einklang, die den Freiwilligkeitsvorbehalt bei einer Sonderzahlung als zulässig erachtete, die vorwiegend gerade auch der zusätzlichen Vergütung der während des Bezugszeitraumes tatsächlich geleisteten Arbeit diente.[819]

2. Zulässig bei der Zielvereinbarung im weiteren Sinne

Die Möglichkeit eines Freiwilligkeitsvorbehaltes gilt zunächst für die Zielvereinbarung im weiteren Sinne. Es muss berücksichtigt werden, dass das Personalführungssystem Zielverein

---

816 So *BAG* vom 30.07.2008, Az 10 AZR 606/07; auch *Behrens/Rinsdorf*, in NZA 2006, 830 (831); *Bauer/Diller/Göpfert*, in BB 2002, 882 (885);

817 *BAG* vom 30.07.2008, Az 10 AZR 606/07; *Bieder*, in NZA 2007, 1135 (1137ff.); *Moderegger*, in ArbRB 2006, 367 (368); *Hanau/Hromadka*, in NZA 2005, 73 (74); *Swoboda/Kinner*, in BB 2003, 418 (421); *Moll*, in AG Arbeitsrecht, 91 (94ff.); *Mohnke*, Zielvereinbarungen, S. 341; in diese Richtung auch *Schramm*, in NZA 2007, 1325 (1326); *Worzalla*, in NZA 2006, Beilage 3, 122 (125f.); *Schimmelpfennig*, in NZA 2005, 603 (604); a.A. *Krause*, Zielvereinbarungen, S. 353; Maschmann/*Linck*, Mitarbeitervergütung, S. 47.

818 Vgl. *BAG* vom 24.10.2007, Az 10 AZR 825/06; gleiche Folgerung bei *Lingemann/Gotham*, in NZA 2008, 509 (510); kritisch gerade zu diesem Punkt *Lembke*, in BB 2008, 166 (170); ausdrücklich nun *BAG* vom 30.07.2008, Az 10 AZR 606/07.

819 *BAG* vom 07.08.2002, Az 10 AZR 709/01; ein anderer Senat (*BAG* vom 25.04.2007, Az 5 AZR 627/06) jedoch urteilte bei einer monatlich zu zahlenden Leistungszulage mit der Begründung der gegenteiligen Ansicht. Die monatliche Leistungszulage stehe im Synallagma zur Arbeitsleistung, ein Freiwilligkeitsvorbehalt widerspreche dem Grundsatz pacta sunt servanda; dem folgend *Gaul*, in Gaul, Akt.AR 2008, S. 121; a.A. Küttner/*Kania*, Widerrufsvorbehalt/Freiwilligkeitsvorbehalt, Rn 11.

barung/-vorgabe auch auf einer Betriebsvereinbarung basieren könnte. Dann bestünde die Möglichkeit, das gesamte System jederzeit durch den Arbeitgeber – als freiwillige Leistung desselben – ohne Mitwirkung des Betriebsrates einzustellen.[820] Eine Unterscheidung dahingehend, dass Zielvereinbarungen/-vorgaben basierend auf einer kollektivrechtlichen Vereinbarung einstellbar sind, auf einer individualrechtlichen Vereinbarung dies jedoch nicht möglich sein soll, ist nicht sinnvoll.[821] Insofern kann ausdrücklich der zukünftige Abschluss einer Zielvereinbarung/-vorgabe dem freien Willen des Arbeitgebers vorbehalten sein. Mit diesem Freiwilligkeitsvorbehalt wird (auch) das Entstehen einer betrieblichen Übung verhindert, auch wenn in drei aufeinander folgenden Jahren eine Zielvereinbarung/-vorgabe zu Stande kommen sollte. Ein pactum, mithin ein Anspruch auf Abschluss einer Zielvereinbarung/-vorgabe besteht mit dem Freiwilligkeitsvorbehalt nicht, insofern kann auch kein Verstoß gegen den Grundsatz pacta sunt servanda vorliegen. Für die Zielperiode selbst kann die Zielvereinbarung/-vorgabe jedoch verbindlich sein. Um den Anspruch auf Abschluss für die Zukunft auszuschließen, kann der Freiwilligkeitsvorbehalt auch in der Zielvereinbarung/-vorgabe selbst mit aufgenommen werden.[822] Dies ist insbesondere dann sinnvoll, wenn keine Zielvereinbarung im weiteren Sinne existieren sollte, aber auch nur dann möglich, sofern kein Anspruch auf Erhalt einer Zielvereinbarung/-vorgabe besteht.

Beispiel: (a) Klausel in Zielvereinbarung um weiteren Sinne: Beabsichtigt ist, dass jährlich eine Zielvereinbarung im engeren Sinne zu Stande kommt [Zielvorgabe erteilt wird]. Hierauf besteht jedoch kein Anspruch. Das tatsächliche Zustandekommen [Erteilen] begründet keinen Anspruch auf eine erneute Zielfestlegung nach Ablauf der jeweiligen Zielperiode.

(b) Klausel in Zielvereinbarung/-vorgabe: Diese Zielvereinbarung im engeren Sinne [Zielvorgabe] ist nur für die Zielperiode verbindlich. Ein Anspruch auf eine erneute Zielfestlegung nach Ablauf dieser Zielperiode besteht nicht.

Im Ergebnis wird mit dieser Art des Freiwilligkeitsvorbehaltes nur die betriebliche Übung verhindert. Dann bedarf es aber auch nicht mehr des nicht überzeugenden Kunstgriffes von *Lischka*, die die Verhandlungen zur Zielvereinbarung im engeren Sinne isoliert betrachtet, um so dem Synallagma zu entkommen, und diese Verhandlungen als freiwillig ausgestaltbar ansieht. Wenn keine Verhandlungen stattfinden, kommt dann im Ergebnis auch keine Zielvereinbarung im engeren Sinne zu Stande.[823] Mag man hierin eine gekünstelte Aufteilung eines an sich zusammenhängenden Vorganges sehen,[824] diese Ansicht versagt schon dann, wenn Zielvorgaben vom Arbeitgeber zu erteilen sind, also es überhaupt keine Verhandlungen gibt.

Der Freiwilligkeitsvorbehalt auf der ersten Stufe sagt allerdings noch nichts darüber aus, ob auch die tatsächlich erfolgte Zielvereinbarung/-vorgabe – zweite Stufe – lediglich unverbindlich ist. Dies ist zwar möglich, jedoch nicht zwingend.

---

820 Vgl. *Fitting*, § 87 BetrVG Rn 423; *Heiden*, Zielvereinbarungen, S. 209; *Bauer/Diller/Göpfert*, in BB 2002, 882 (886); a.A. *Däubler*, NZA 2005, 793 (795).
821 Eine solche unternehmen allerdings offenbar *Preis* und *Lindemann*, vgl. Preis-*Preis/Lindemann*, AV, II Z 5 Rn 19 und Rn 51.
822 *Mauer*, in NZA 2002, 540 (543); auch *Pelzer*, Zielvereinbarungen, S. 205; *Deich*, Beurteilung, S. 180; *Heiden*, Zielvereinbarung, S. 214; GLP/*Lischka*, Ziel- und Leistungsvereinbarungen, S. 34.
823 *Lischka*, Zielvereinbarungen, S. 57f.
824 So *Pelzer*, Zielvereinbarungen, S. 204.

3. Zulässig bei der Zielvereinbarung/-vorgabe

Zunächst ist geklärt, dass für die Zukunft mit einem erklärten Freiwilligkeitsvorbehalt das Personalführungssystem jederzeit wieder eingestellt werden kann. Aber auch die Zielverein-barung/vorgabe selbst ist mit einem Freiwilligkeitsvorbehalt kombinierbar.[825] Es ist möglich, dass auch die Zielvereinbarung/-vorgabe nur unverbindlich ist, wenn die Zielvereinbarung im weiteren Sinne dies entsprechend zulässt. Ist der Arbeitgeber jedoch zu einer verbindlichen Zielvereinbarung/-vorgabe verpflichtet, ist für einen Freiwilligkeitsvorbehalt kein Raum. Dann wäre ein Verstoß gegen den Grundsatz pacta sunt servanda festzustellen.

Beispiel (unwirksam): In Zielvereinbarung im weiteren Sinne: Der Arbeitnehmer erhält zum 01.01. ei-nes jeden Jahres eine entgeltrelevante Zielvorgabe. Sind sämtliche festgelegten Ziele erfüllt, hat der Ar-beitnehmer Anspruch auf ein Zielentgelt von EUR 20.000.
In der Zielvorgabe dagegen: Die Auszahlung des Zielentgelts ist freiwillig, auch die volle Zielerrei-chung begründet keinen Anspruch auf das Zielentgelt.

Eine unverbindliche Zielvorgabe ist nur dann möglich, wenn auch das gesamte Personalführ-ungssystem jederzeit auf Grund eines Freiwilligkeitsvorbehaltes eingestellt werden könnte. Gleiches gilt für die vorformulierte Zielvereinbarung im engeren Sinne. Nur wenn die Ziel-vereinbarung im engeren Sinne vollkommen frei ausgehandelt wurde, liegt mit der Vereinba-rung eines Freiwilligkeitsvorbehaltes gleichzeitig eine entsprechend wirksame Änderung vor. Freilich ist dies auf Grund der zwingenden Wirkung der Kollektivvereinbarungen nur bei ei-ner individualrechtlichen Zielvereinbarung im weiteren Sinne zulässig.

Andernfalls bestünde ein Widerspruch. Ist dies entsprechend klar formuliert worden, liegt aber kein Verstoß gegen den Grundsatz pacta sunt servanda vor.[826] Der Arbeitgeber will sich gerade nicht binden, ein pactum liegt gerade nicht vor. Die Zielerreichung begründet dann keinen Anspruch auf das Zielentgelt, sondern der Arbeitgeber entscheidet nach Abschluss der Zielperiode, ob entsprechend der Zielerfüllung – oder auch weniger – das Zielentgelt ausge-zahlt wird. Zwar stellt sich die Frage, inwiefern der Motivationseffekt erreicht werden kann, wenn der Arbeitnehmer davon ausgehen muss, auch bei Zielerfüllung ggf. kein Zielentgelt zu erhalten. Diese ist jedoch vom Arbeitgeber selbst zu beantworten. Er wird sich aber wohl kaum der Auszahlung des Zielentgelts bei Zielerfüllung verweigern, da spätestens im Folge-jahr der Motivationseffekt gleich null wäre.

Prinzipiell ist die gesamte Vergütung des Arbeitnehmers variabel auf Basis von Zielverein-ba-rungen/-vorgaben gestaltbar. Es muss nur sichergestellt werden, dass der Arbeitnehmer bei normaler Leistung ein sittengerechtes Entgelt erhalten kann.[827] Bis zu dieser Grenze ist damit kein Freiwilligkeitsvorbehalt möglich.[828] Dem Arbeitnehmer muss ein Anspruch zumindest auf ein sittengemäßes Entgelt verbleiben. Liegt aber die Festvergütung oberhalb der Sitten-widrigkeitsgrenze, ist kein Grund ersichtlich, den Umfang des vom Freiwilligkeitsvorbehalt

---

825 *Sprenger*, in BB 2007, 1900 (1903); wohl auch *Annuß*, in NZA 2007, 290 (292).
826 So wohl auch *Mohnke*, Zielvereinbarungen, S. 341; vgl. auch *BAG* vom 30.07.2008, Az 10 AZR 606/07 zu Sonderzahlungen; a.A. *Lischka*, in BB 2007, 552 (554); *Bauer*, in Brennpunkte, 93 (107); GLP/*Lischka*, Ziel- und Leistungsvereinbarungen, S. 41; Preis-*Preis/Lindemann*, AV, II Z 5 Rn 16.
827 Zur Prüfung des sittengemäßen Zielentgelts, siehe § 6 V 2.
828 Gleiches gilt auch für andere Flexibilisierungsklauseln, vgl. *Heiden*, Zielvereinbarungen, S. 210.

betroffenen Entgelts zur Festvergütung in ein Verhältnis zu setzen.[829] Es wird eben nicht in den Kernbereich des Arbeitsverhältnisses eingegriffen. Die vertragliche Zusage ist die Fixvergütung. Aber nur das, was vertraglich zugesichert wurde, kann auch den Kernbereich darstellen. Dem Arbeitnehmer wird nichts genommen, auf das er mal einen Anspruch hatte. Sondern dem Arbeitnehmer wird nur etwas nicht gegeben, auf das er aber auch niemals Anspruch hatte. Dem Arbeitnehmer steht es frei, diese Bedingungen zu akzeptieren und unter Umständen für ein äußerst geringes fixes Entgelt zu arbeiten oder den Freiwilligkeitsvorbehalt entweder abzubedingen bzw. gleich ein anderes Arbeitsverhältnis einzugehen, das für ihn günstigere Bedingungen enthält.

Jedenfalls steht fest, dass mit einem Freiwilligkeitsvorbehalt bei dem Personalführungssystem Zielvereinbarung/-vorgabe nicht nur das Entstehen einer betrieblichen Übung ausgeschlossen werden kann, sondern auch die Leistung des Arbeitgebers als freiwillig im eigentlichen Wortsinn ausgestaltbar ist. Der Begriff „Freiwilligkeitsvorbehalt" ist daher zutreffend.[830] Im Übrigen, sollte wirklich der Wille des Arbeitgebers dahingehen, Arbeitnehmer mit einer großzügigen, aber freiwilligen Zielvereinbarung/-vorgabe zu locken, um dann letztlich nur ein gerade noch sittengemäßes Entgelt auszuzahlen, wird das auf Dauer keinen Bestand haben. Spätestens nach der ersten Zielperiode wechseln die Arbeitnehmer die Arbeitsstelle, die frei werdenden Stellen neu zu besetzen wird mit diesem Ruf für den Arbeitgeber deutlich schwieriger. Kurzum, kein vernünftiger Arbeitgeber wird auf diese Weise den Freiwilligkeitsvorbehalt ausnutzen.

4. Transparenz zwingende Voraussetzung

Voraussetzung ist die Einhaltung des Transparenzgebotes, die Freiwilligkeit muss deutlich werden. Aber auch der Begriff der Freiwilligkeit muss klar sein. Der Arbeitnehmer muss wissen, dass kein Anspruch besteht.

a) Klare Bedeutung des Begriffs „Freiwillig"

„Freiwilligkeit" ist in drei Alternativen möglich. (i) Zur Einführung des Personalführungssystems Zielvereinbarung/-vorgabe besteht keinerlei Verpflichtung. Die Einführung ist freiwillig, zukünftig soll es jedoch verbindlich im Unternehmen installiert sein. (ii) Oder das System soll jederzeit eingestellt werden können. Die Fortführung ist also freiwillig. Oder (iii) die konkrete Zielvereinbarung/-vorgabe soll unverbindlich sein und damit ist die Auszahlung des jeweiligen Zielentgelts freiwillig. Hier dürfen keine Zweifel bestehen, welche Alternative gewollt ist.

Bei der Auslegung ist ein sehr strenger Maßstab anzulegen. Bekannt ist dies bei der Kombination aus Widerrufs- und Freiwilligkeitsvorbehalt, die unzulässig ist.[831]

---

829   So aber *Swoboda/Kinner*, in BB 2003, 418 (422), die grundsätzlich dieser Ansicht folgen, jedoch den Freiwilligkeitsvorbehalt nur bis 30% gemessen an der Gesamtvergütung zulassen wollen; so auch *Hanau/Hromadka*, in NZA 2005, 73 (74); DDBD/*Dorndorf/Bonin*, § 307 BGB Rn 199.

830   Vgl. *Hunold*, in AuA 2007, 562 (563).

831   *BAG* vom 11.10.2006, Az 5 AZR 721/05; *LAG Brandenburg* vom 13.10.2005, Az 9 Sa 141/05; *LAG Hamm* vom 27.07.2005, Az 6 Sa 29/05; ErfK/*Preis*, §§ 305-310 BGB Rn 70; a.A. *LAG Thüringen* vom 22.03.2007, Az 3 Sa 66/07; *Range-Ditz*, in ArbRB 2003, 123 (125); wohl auch MüKo/*Müller-Glöge*, § 611 BGB Rn 767, „Bonuszusage als freiwillig und/oder widerruflich kennzeichnen".

Beispiel: Die Leistung ist freiwillig und steht unter dem Vorbehalt des jederzeitigen Widerrufs.

Beim Widerrufsvorbehalt besteht zunächst ein Anspruch, der beseitigt werden kann, beim Freiwilligkeitsvorbehalt dagegen soll dieser Anspruch gerade verhindert werden. Der Unterschied zwischen Widerruf- und Freiwilligkeitsvorbehalt mag zwar nur hauchdünn sein,[832] dogmatisch ist er wesentlich.[833] Die genannte Erklärung ist daher widersprüchlich und damit intransparent. Es könnte mit dieser Formulierung lediglich gemeint sein, dass der Abschluss der Vereinbarung zwar freiwillig ist, nach Abschluss diese jedoch verbindlich sein soll, aber widerrufen werden kann. Eine solche Klausel könnte sowohl als Widerrufsvorbehalt ausge legt werden[834] oder wegen Intransparenz gleich vollständig unwirksam.[835] Sind keine Widerrufsgründe mit aufgenommen worden, kann diese Frage im Ergebnis dahingestellt bleiben, da damit auch der Widerrufsvorbehalt unwirksam wäre. Jedenfalls gehen Zweifel nach § 305c Abs. 2 BGB zu Lasten des Verwenders. Die Klausel kann nur so zu interpretieren sein, dass der Arbeitgeber sich freiwillig vertraglich bindet und nur vorbehalten wollte, dieses pactum zu widerrufen. In diesem Fall muss der für den Arbeitnehmer günstigere Widerrufsvorbehalt dann den entsprechenden Anforderungen gerecht werden.[836]

Es muss also klar sein, was genau freiwillig ist. Sollen sämtliche Regelungen unter einen Freiwilligkeitsvorbehalt gestellt werden, muss deshalb nicht nur in der Zielvereinbarung im weiteren Sinne die Freiwilligkeit betont, sondern gerade auch in der jeweiligen Zielvereinbarung/-vorgabe diese noch einmal verdeutlicht werden. Ansonsten entstünde der Eindruck, dass zwar das System freiwillig installiert wurde oder jederzeit wieder eingestellt werden könnte, für die entsprechende Zielperiode der Arbeitgeber jedoch eine konkrete Zusage erteilen und sich dementsprechend binden will, auch wenn er durch die Zielvereinbarung im weiteren Sinne hierzu nicht verpflichtet wäre.[837]

b) Exakte Formulierung wesentlich

Eine transparente Regelung ist auch sehr genau formuliert. Deshalb wird nicht an einer Stelle dem Arbeitnehmern ein Anspruch zugesagt, an anderer Stelle jedoch dieser Anspruch unter einen Freiwilligkeitsvorbehalt gestellt. So muss es statt „der Arbeitnehmer erhält" „der Arbeitnehmer kann erhalten" heißen.[838]

---

832 So *Strick*, in NZA 2005, 723 (725); nach *Schmiedl*, in NZA 2006, 1195 (1198) hat das Institut des Freiwilligkeitsvorbehaltes neben der Teilbefristung gar keine eigenständige Bedeutung mehr.

833 *BAG* vom 30.07.2008, Az 10 AZR 606/07.

834 So *Worzalla*, in NZA 2006, Beilage 3, 122 (123); *Bauer/Chwalisz*, in ZfA 2007, 339 (342); *Mohnke*, Zielvereinbarungen, S. 339.

835 So *Lingemann/Gotham*, in DB 2008, 2307 (2307); *Moderegger*, in ArbRB 2006, 367 (369); *Singer*, in RdA 2003, 194 (203).

836 Zum Widerrufsvorbehalt, siehe § 8 II.

837 Dies ist gerade der Unterschied zur gewöhnlichen Sonderzahlung, bei der nach *BAG* vom 30.07.2008, Az 10 AZR 606/07, bei der Auszahlung nicht nochmals auf den Freiwilligkeitsvorbehalt hingewiesen werden muss. Hier liegt mit der Zielvereinbarung/-vorgabe eine zusätzliche Regelung vor, die über die bloße Auszahlung einer Sonderzahlung hinausgeht.

838 Vgl. *BAG* vom 30.07.2008, Az 10 AZR 606/07; *BAG* vom 24.10.2007, Az 10 AZR 825/06; Formulierungsbeispiele auch bei *Simon/Greßlin*, in BB 2008, 2465 (2468); kritisch hierzu *Bayreuther*, in BB 2009, 102 (105ff.); *Lingemann/Gotham*, in DB 2008, 2307 (2307); a.A. *Schrader/Müller*, in RdA 2007, 145 (149); ungenau auch Maschmann/*Reiserer*, Mitarbeitervergütung, S. 52.

Beispiel:
(a) Der Arbeitnehmer *erhält* bei Zielerreichung ein Zielentgelt in Höhe von X. Auf diese Leistung besteht kein Rechtsanspruch, sie ist *freiwillig* und kann jederzeit *widerrufen* werden. (unwirksam)
(b) Der Arbeitnehmer *kann* ein Zielentgelt bei Zielerreichung in Höhe von X *erhalten.* Diese Leistung ist *freiwillig*, ein Rechtsanspruch auf sie besteht nicht. (wirksam)

Das erste Beispiel ist allein schon wegen der Kombination aus Widerrufs- und Freiwilligkeitsvorbehalt unwirksam. Aber es muss auch klar und deutlich sein, dass die Zielerreichung nicht ausreicht, um das Zielentgelt zu erhalten. Der Arbeitgeber muss die Auszahlung auch wollen. So kann eben kein Vertrauenstatbestand begründet werden, auf denen manche Autoren zur Verneinung eines Freiwilligkeitsvorbehaltes in einer Zielvereinbarung/-vorgabe sich stützen.[839] Diese Transparenz ist auch bei der Aufstellung der Vergütungsbestandteile im Arbeitsvertrag zu beachten. Wird das insgesamt zu erreichende Entgelt als Zielentgelt bezeichnet, wird damit konkludent ausgedrückt, dass erst auch die Auszahlung des variablen Teils die Vergütung des Arbeitnehmers vervollständigt. Insofern darf mit Zielentgelt lediglich das mit Zielvereinbarungen/-vorgaben zu erreichende Entgelt bezeichnet werden.[840] Ob eine so deutlich formulierte freiwillige Zielvereinbarung/-vorgabe dann allerdings noch den gewünschten Motivationseffekt hat, darf bezweifelt werden.[841]

Abzulehnen ist die Forderung, auch beim Freiwilligkeitsvorbehalt bedarf es der Aufnahme der Gründe, wegen derer der Arbeitgeber den Vorbehalt auch ausüben wird. Denn durch die Freiwilligkeit weiß der Arbeitnehmer, dass hierfür der schlichte Wille des Arbeitgebers ausreicht. Auf ähnliche Leistungen in der Zukunft darf er sich nicht verlassen. Er weiß mithin, was auf ihn zukommt. Die Aufnahme zusätzlicher Gründe bringt keinen Gewinn an Transparenz,[842] sondern bindet den Arbeitgeber. Liegen die genannten Gründe nämlich nicht vor, so dürfte der Arbeitgeber die Leistung nicht einstellen. Sie wäre damit nicht mehr freiwillig. Intransparenz wäre die Folge.

II. Der Widerruf im Personalführungssystem Zielvereinbarung/-vorgabe

Im Gegensatz zum Freiwilligkeitsvorbehalt, bei dem von Anfang an kein Anspruch auf eine Leistung besteht, entzieht der ausgeübte Widerruf einen bestehenden Anspruch. Dem Arbeitnehmer wird etwas wieder genommen. Aus diesem Grund ist der dogmatische Unterschied zwischen einem Freiwilligkeits- und Widerrufsvorbehalt wesentlich.

1. Allgemeine Grundsätze zum Widerrufsvorbehalt

Grundsätzlich wird der Widerrufsvorbehalt als zulässig angesehen. Vor der Schuldrechtsreform war ein solcher nach § 134 BGB jedoch unwirksam, wenn damit zwingendes Kündigungsschutzrecht umgangen wurde.[843] Dieser Prüfungsmaßstab wurde teilweise kritisiert, da das Kündigungsschutzrecht den Arbeitnehmer lediglich vor der einseitigen Beendigung des

---

839 A.A. *Heiden*, Zielvereinbarungen, S. 213.
840 Zum Begriff „Zielentgelt", siehe § 4 II.
841 Insofern unzutreffend *Lingemann/Gotham*, in DB 2008, 2307 (2310), die einen Freiwilligkeitsvorbehalt bei einer Zielvereinbarung/-vorgabe als unzulässig erachten, da diese die Leistung des Arbeitnehmers steuert. Sie verkennen jedoch, dass bei einer transparenten Regelung wohl kaum ein wirklicher Steuerungseffekt möglich ist.
842 A.A. ErfK/*Preis*, §§ 305-310 BGB Rn 70, der andernfalls einen Wertungswiderspruch zum Widerrufsvorbehalt sieht. Dieser liegt jedoch auf Grund des dogmatischen Unterschieds gerade nicht vor.
843 *BAG* vom 07.10.1982, Az 2 AZR 455/80; ausführlich hierzu *Benecke*, Gesetzesumgehung, S. 196ff.

Arbeitsverhältnisses schützen will, nicht aber vor unangemessener Vertragsgestaltung. Auch ergäbe sich im Übrigen ein Wertungswiderspruch, sofern das KSchG an sich nicht anwendbar wäre.[844] Mit der Schuldrechtsreform hat sich jedoch der Prüfungsmaßstab geändert. Nun ist die Angemessenheitskontrolle des § 307 BGB und die Zumutbarkeitskontrolle des § 308 Nr. 4 BGB durchzuführen.[845] Streng genommen hilft auch hier der Grundsatz pacta sunt servanda nicht weiter, denn ein erklärter Widerruf, der vorher vertraglich vereinbart wurde, baut gerade auf den bestehenden Vertrag auf.[846]

Der Widerrufsvorbehalt muss materiell und formell der Zumutbarkeit des § 308 Nr. 4 BGB mit den Wertungen des § 307 BGB genügen. Eingriffe in den Kernbereich des Arbeitsverhältnisses sind unzulässig. Deshalb darf der widerrufliche Anteil am Gesamtentgelt 30%[847] nicht überschreiten, die Widerruflichkeit muss auf sachlichen Gründen basieren und nach Widerruf muss dem Arbeitnehmer noch die tarifliche Vergütung – in Kongruenz mit dem Prüfungsmaßstab beim Lohnwucher[848] wohl eher die ortsübliche Vergütung – verbleiben.[849] Die Grenze von 25% bis 30% gilt nicht für jede Widerrufsklausel für sich, sondern es ist ein Sachgruppenvergleich zu bilden. Nur diejenigen Klauseln, zwischen denen ein sachlicher Zusammenhang besteht, sind bei der Prüfung des Volumens zusammenzufassen. Es kann hier ein Summierungseffekt entstehen.[850]

Ferner müssen die Widerrufsgründe bereits in der vertraglichen Regelung benannt worden sein. Nur so kann die Bestimmung die Angemessenheit und Zumutbarkeit erkennen lassen. Sowohl Umfang als auch Voraussetzungen müssen so weit als möglich konkretisiert werden, um dem Transparenzgebot des § 307 Abs. 1 S. 2 BGB zu genügen. Es muss klar sein, aus welchem Grund welche Leistung widerrufen werden kann, damit der Arbeitnehmer erkennen kann, „was auf ihn zukommt".[851]

Der Widerruf selbst ist nach § 315 BGB einer Ausübungskontrolle zu unterziehen. Da jedoch schon bei der Inhaltskontrolle die Widerrufsgründe vollumfänglich geprüft werden, geht die Relevanz der Billigkeitskontrolle zurück und begrenzt sich im Wesentlichen auf die Kontrolle der Einhaltung der vorher benannten Widerrufsgründe.[852]

---

844 *Preis*, Grundfragen, S. 156ff.; *Lindemann*, Flexible Gestaltung, S. 40ff.

845 *BAG* vom 12.01.2005, Az 5 AZR 364/04; gegen die Anwendung von § 308 Nr. 4 BGB *Deich*, Beurteilung, S. 194; differenzierend ErfK/*Preis*, §§ 305-310 BGB Rn 53; immer noch für Umgehung des Kündigungsschutzes *Friedrich*, in PersF 2006, 22 (31f.).

846 *Benecke*, in AuR 2006, 337 (338); *Schimmelpfennig*, in NZA 2005, 603 (604); *Hanau/Hromadka*, in NZA 2005, 73 (74); *Moll*, in AG Arbeitsrecht, 91 (98).

847 Bei ausschließlich im Gegenseitigkeitsverhältnis stehenden Leistungen höchstens 25%, vgl. *BAG* vom 07.12.2005, Az 5 AZR 535/04; nach Schaub/*Linck*, AHdB, § 32 Rn 84 stets 25%.

848 Siehe § 6 V 2 c bb.

849 DDBD/*Dorndorf/Benin*, § 308 BGB Rn 33a; HWK/*Gotthardt*, Anh. §§ 305-310 BGB Rn 31; *Worzalla*, in NZA 2006, Beilage 3, 122 (123).

850 *Annuß*, in BB 2006, 1333 (1339); Maschmann/*Linck*, Mitarbeitervergütung, S. 44; *Willemsen/Grau*, in NZA 2005, 1137 (1138f.).

851 *BAG* vom 11.10.2006, Az 5 AZR 721/05; *BAG* vom 12.01.2005, Az 5 AZR 364/04; ErfK/*Preis*, §§ 305-310 BGB Rn 60; *Willemsen/Grau*, in NZA 2005, 1137 (1138f.).

852 *Moll*, in AG Arbeitsrecht, 91 (99f.); *Thüsing/Leder*, in BB 2005, 1563 (1567); a.A. *Lischka*, Zielvereinbarungen, S. 125, die die Intensität der Ausübungskontrolle von der Konkretheit der Regelung abhängig macht.

2. Zulässig bei der Zielvereinbarung im weiteren Sinne

Das Personalführungssystem Zielvereinbarung/-vorgabe kann nach diesen Grundsätzen mit Wirkung für die Zukunft widerrufen werden. Voraussetzung ist allerdings, dass das Zielentgelt maximal 30% der Gesamtvergütung beträgt.[853] Für viele Arbeitsverhältnisse dürfte dies kein wesentliches Problem darstellen, wird doch diese Art der Vergütung meist „on top" zum Tarifgehalt gewährt.[854] Bei Führungskräften kann jedoch ein höherer Anteil verbreitet sein.

a) Formale Voraussetzung für Widerrufsvorbehalt

Schwierigkeiten bestehen aber in der formellen Voraussetzung, der Nennung der Widerrufsgründe. Das *BAG* nennt beispielhaft wirtschaftliche Gründe oder Leistung und Verhalten des Arbeitnehmers. Weiter muss der Grad der Störung konkretisiert werden.[855]

Gerade hier besteht jedoch die Schwierigkeit. Mögen wirtschaftliche Schwierigkeiten als solche denkbar sein, sämtliche möglichen Varianten sind es aber nicht. Hier besteht somit die Gefahr, dass der Arbeitgeber nicht alle Eventualitäten bedacht hat und damit die Leistung nicht widerrufen kann. Aus diesem Grund ist die geforderte Konkretisierung zum Teil heftig kritisiert und lediglich generalisierende Gründe als ausreichend angesehen worden.[856] Andernfalls bestünde die Gefahr, dass der aus Arbeitgebersicht vorzugswürdigere Freiwilligkeitsvorbehalt gewählt, somit dem Arbeitnehmer überhaupt kein Anspruch gewährt wird. Der Arbeitnehmer steht sich im Ergebnis schlechter. Dieses personalpolitische Argument ist zwar durchaus nicht zu vernachlässigen, trägt aber nicht. Diese Gefahr besteht stets.

Die Ansicht, das Maß der Konkretisierung nicht zu überspannen, geht aber in die richtige Richtung. Allerdings verwässern generalisierende Widerrufsgründe die formalen Voraussetzungen. Denn es bleibt unklar, was unter dem Begriff „wirtschaftlicher Grund" zu verstehen ist. Es darf keine Leerformel bestehen, die keine Klarheit bringen. Die Kritik an der Rechtsprechung erscheint insoweit überzogen, als befürchtet wird, es könne nicht sämtliche Eventualitäten bedacht und dementsprechend als Widerrufsgrund formuliert werden Die Richtung, aus welcher der Widerruf kommen kann, ist anzugeben.[857] Dementsprechend wird eine schlagwortartige Bezeichnung der Widerrufsgründe (Rückgang des Betriebsergebnis um mehr als 10%; Auftragseinbruch um mehr als 10% etc.) ausreichen.[858] Schlussendlich muss der Arbeitnehmer wissen, aus welchem Grund er wann mit dem Widerruf einer Leistung zu rechnen hat.

---

853   *Reiserer*, in NJW 2008, 609 (612); a.A. ErfK/*Preis*, § 611 BGB Rn 504, max. 25%.

854   Wobei auch eine vollständige Flexibilisierung der Vergütung möglich wäre, siehe § 6 V 2 b.

855   *BAG* vom 12.01.2005, Az 5 AZR 364/04.

856   *Bieder*, in NZA 2007, 1135 (1137); *Worzalla*, in NZA 2006, Beilage 3, 122 (124); *Diekmann/Bieder*, in DB 2005, 722 (725); *Schimmelpfennig*, in NZA 2005, 603 (607).

857   HWK/*Gotthardt*, Anh. §§ 305-310 BGB Rn 31; *Küttner/Kania*, Widerrufsvorbehalt/Freiwilligkeitsvorbehalt, Rn 6; *Moderegger*, in ArbRB 2006, 367 (368).

858   *Horcher*, in BB 2007, 2065 (2069); in diese Richtung auch *Pelzer*, Zielvereinbarungen, S. 193; *Mohnke*, Zielvereinbarungen, S. 347; offengelassen von *Benecke*, in AuR 2006, 337 (339); *Bauer/Chwalisz*, in ZfA 2007, 339 (345) stellen die unscharfe Formel auf, je höher der Anteil der widerrufbaren Vergütung an der Gesamtvergütung ist, umso konkreter müssen die Widerrufsgründe angegeben werden.

b) Die möglichen Widerrufsgründe

Als Widerrufsgründe kommen zunächst sämtliche wirtschaftliche Gründe in Betracht. Ein Widerrufsvorbehalt in einer Zielvereinbarung im weiteren Sinne ist ohnehin nur möglich, wenn das Zielentgelt als Zulage „on top" zu einem (tariflichen) Festgehalt gezahlt wird. Schwierigkeiten bestehen nur dann, wenn kein Tarifvertrag existiert, an der als Maßstab herangezogen werden könnte. In diesem Fall wird wohl auf die übliche Vergütung abzustellen sein.[859] Bei Zulagen besteht anerkanntermaßen für den Arbeitgeber ein Flexibilisierungsinteresse. Der Arbeitgeber kann sich deshalb den Widerruf vorbehalten, sofern die wirtschaftliche Lage eine Anpassung der Vergütung erfordert. Da aber die Nennung des „wirtschaftlichen Grundes" allein eine Leerformel wäre, muss diese weiter konkretisiert werden. So kann der Umsatzrückgang um einen gewissen Prozentsatz oder ein negatives Ergebnis der Abteilung, Betriebes, Unternehmens oder Konzerns den Widerruf sachlich begründen.

Dringende betriebliche Gründe als Erfordernis erscheinen zu hoch,[860] ist doch von der Wertigkeit der Kündigungsschutz daraufhin ausgelegt, den Arbeitnehmer vor der vermeidbaren Beendigung des Arbeitsverhältnisses zu bewahren, während der Widerrufsvorbehalt gerade die Fortführung garantierten soll.[861] Es mag auch ein anderer Wertungsunterschied bestehen Die Kündigung kommt „aus dem Nichts", während der Widerruf vertraglich vorbehalten wurde und der Arbeitnehmer sich darauf einstellen kann, mit einer Änderung auch rechnen muss.[862] Letztlich ist es unerheblich, ob der Grund als sachlich, hinreichend, triftig oder schwerwiegend bezeichnet wird. Der Widerrufsgrund muss unter Berücksichtigung aller Umstände den Widerruf typischerweise rechtfertigen.[863] Es reicht daher ein willkürfreier, nachvollziehbarer Grund aus. Jedoch steigen die Anforderungen, je höher der Anteil des zu widerrufenden Entgelts im Verhältnis zur Gesamtvergütung ist. Ebenso, wenn der widerrufbare Teil nicht kompensiert wird, z.B. Ersetzung durch Fixvergütung.

Sofern für den Fall einer Versetzung auf einen Arbeitsplatz, auf den das Personalführungssystem Zielvereinbarung/-vorgabe nicht passt, der Widerruf vorbehalten wird, ist dies zulässig Hier sind aber zumindest beispielhaft einige solcher Stellen aufzuführen. Aber auch die Erprobung des Personalführungssystems stellt einen sachlichen Grund für den Widerruf dar. Funktioniert es nicht, so kann es widerrufen werden. Allerdings müssen schon in der Zielvereinbarung im weiteren Sinne die Parameter genannt werden, anhand derer der Erfolg oder Misserfolg gemessen werden soll.[864] Dies kann vom Umfang des administrativen Aufwands bis hin zum durchschnittlichen Grad der Zielerfüllung reichen.

Da durch die mitarbeiterbezogenen Ziele die Leistung des Arbeitnehmers berücksichtigt wird und das Zielentgelt entsprechend geringer ausfällt, kann die mangelhafte Leistung des Arbeitnehmers keinen Widerruf begründen. Wohl aber andere, nicht leistungsbezogene grobe

---

859   *Benecke*, in AuR 2006, 337 (339); kritisch zu diesem Punkt auch Küttner/*Kania*, Widerrufsvorbehalt/Freiwilligkeitsvorbehalt, Rn 5.

860   A.A. ErfK/*Preis*, §§ 305-310 BGB Rn 61; *Lindemann*, Flexible Gestaltung, S. 326; *Lischka*, Zielvereinbarungen, S. 122; *Deich*, in AuA 2004, 8 (11).

861   Ebenso *Singer*, in RdA 2006, 362 (365f.); *Herbert/Oberrath*, in NJW 2005, 3745 (3752); *Hanau/Hromadka*, in NZA 2005, 73 (77f.); *Thüsing*, AGB-Kontrolle, S. 104 Rn 261.

862   So *Heiden*, Zielvereinbarungen, S. 93f.; wobei es zu einer Kündigung einer (absehbaren) Begründung bedarf, diese also nicht unbedingt „aus dem Nichts" entsteht.

863   *BAG* vom 11.10.2006, Az 5 AZR 721/05; *BAG* vom 12.01.2005, Az 5 AZR 364/04.

864   So auch *Deich*, Beurteilung, S. 210, allerdings für die Befristung.

Pflichtverletzungen, berechtigten diese zur Beendigung des ganzen Arbeitsverhältnisses, können diese ebenso auch einen bloßen Widerruf begründen. Hier ist aber aus Arbeitgebersicht aufgrund des ultimo-ratio Grundsatzes Vorsicht geboten. Es wäre bei einer beabsichtigten Kündigung zu prüfen, ob nicht vorrangig vom Widerruf Gebrauch gemacht werden müsste.[865]

3. Unzulässig bei der Zielvereinbarung/-vorgabe

Der Widerruf des gesamten Personalführungssystems Zielvereinbarung/-vorgabe ist möglich. Das maximal zu erreichende Zielentgelt wird als die relevante Größe im Verhältnis zum Gesamtverdienst angesehen. Wie bei jeder Sonderzulage gibt es sachliche Gründe für den Widerruf, sie müssen nur genannt werden. Soll die konkrete Zielvereinbarung/-vorgabe widerrufen werden, stellt sich die Frage, ob er hierzu sachliche Gründe gibt, die einen Widerruf zumutbar und angemessen erscheinen lassen können.[866]

Die Erprobung beispielsweise stellt keinen sachlichen Grund zum Widerruf dar. Denn zum einen kann der Erfolg notwendigerweise erst nach Abschluss zumindest einer Zielperiode umfassend bewertet werden. Zum anderen bedarf es bei einem Misserfolg des Widerrufs der Zielvereinbarung im weiteren Sinne, nicht aber der einzelnen Zielvereinbarung/-vorgabe. Es stellt sich die Frage, ob aber wirtschaftliche Gründe einen Widerruf begründen können. Die Antwort liegt hier in der Angemessenheit. Die Frage ist, aus welchem Grund kann dem Arbeitnehmer es zugemutet werden, im angemessenen Umfang einen schon bestehenden Anspruch zu widerrufen, §§ 307 Abs. 1, 308 Nr. 4 BGB.

a) Widerrufsgrund ist als Ziel zu formulieren

Die Zielvereinbarung/-vorgabe kann sowohl an unternehmens- als auch mitarbeiterbezogene Ziele anknüpfen und wird sehr häufig über den Zeitraum eines Jahres geschlossen. Dieser Zeitraum ist aber so überschaubar, dass diejenigen Gründe, die einen Widerruf begründen sollen, als Ziel umformuliert werden können.

So kann z.B. mit einem unternehmensbezogenen Ziel der wirtschaftlichen Lage des Unternehmens angemessen Rechnung getragen werden. Ein Teil des Zielentgeltes kann davon abhängig gemacht werden, ob ein Gewinn oder eine Umsatzsteigerung erzielt werden konnte. Die Gewichtung der Ziele untereinander kann ebenso unterschiedlich sein, so dass bei einer wirtschaftlich schwierigen Lage dieses Ziel einen entsprechend höheren Anteil am Zielentgelt zugeteilt werden kann, um so die Vergütung den Gegebenheiten anzupassen.

> **Beispiel:** Der betriebsbezogene Umsatzrückgang um 10% soll den Widerruf begründen. Der Umsatz beträgt zurzeit EUR 20 Mio. Das Ziel wäre dementsprechend umzuformulieren in: Umsatz des Betriebes mind. EUR 18 Mio.

Mit dieser Möglichkeit erscheint es unangemessen, wenn dann auch der mitarbeiterbezogene Zielentgeltanteil widerrufen werden kann. Immerhin werden diese durch die Leistung des Arbeitnehmers erarbeitet, stehen somit in einem Synallagma. Im Ergebnis ist der Widerruf

---

865 *Schimmelpfennig*, in NZA 2005, 603 (607).
866 Dies bejaht *Lischka*, Zielvereinbarungen, S. 122, ohne nähere Begründung; wohl ebenso MüKo/*Müller-Glöge*, § 611 BGB Rn 767.

einer Zielvereinbarung/-vorgabe unangemessen, da in dieser selbst dem Flexibilisierungsinteresse des Arbeitgebers entsprechend Rechnung getragen wird.[867]

b) Daher Widerruf unzumutbar

Die Vereinbarung eines Widerrufes ist nach § 308 Nr. 4 BGB zumutbar, wenn er wegen der unsicheren Entwicklung der Verhältnisse als Instrument der Anpassung notwendig ist.[868] Da Arbeitsverhältnisse im Normalfall auf längere Zeit angelegt sind, ist es unmöglich, zum Zeitpunkt des Vertragsschlusses die zukünftigen Ereignisse angemessen zu berücksichtigen. Aus diesem Grund ist der Widerrufsvorbehalt für einen Teil der Arbeitsbedingungen zulässig. Es ist das kleinere Übel, wenn Leistungen des Arbeitgebers widerrufen werden, als wenn sie auf Grund der Ungewissheit der Zukunft erst gar nicht gewährt werden.

Dies ist bei der Zielvereinbarung/-vorgabe aber nicht der Fall. Die Zielperiode ist vom Zeitfenster überschaubar. Es ist daher möglich ist, diejenigen Gründe, die aus Arbeitgebersicht einen Widerruf begründen sollen, in entsprechende Ziele umzuformulieren. Damit ist auch ein eventueller Widerrufsvorbehalt, der sich nur auf den unternehmensbezogenen Teil des Zielentgelts bezieht, unzulässig. Es ist für den Arbeitnehmer unzumutbar, einerseits ihm einen Anspruch bei einem bestimmten Betriebsergebnis zuzusprechen, andererseits jedoch diesen Anspruch insofern unsicher zu gestalten, als dass er noch vom Arbeitgeber widerrufen werden könnte. Selbst wenn die Parameter des unternehmensbezogenen Ziels erfüllt sind, ist es ungewiss, ob dieser Teil des Zielentgelts widerrufen wird, wenn gleichzeitig auch die Widerrufsgründe erfüllt sein sollten. Dagegen erscheint es interessengerechter, die Widerrufsgründe – die ohnehin von Anfang an bestimmt sein müssen – von vornherein mit in die Anspruchsbegründung mit aufzunehmen, um so eine zusätzliche Unsicherheit der tatsächlichen Auszahlung für den Arbeitnehmer zu vermeiden.

Im Übrigen ist ein Widerruf nur für die Zukunft möglich,[869] was ebenso gegen die Möglichkeit eines solchen in der laufenden Zielperiode spricht. Der Arbeitnehmer hat seine Tätigkeit auf die Zielerreichung bis zum Ende der Zielperiode ausgerichtet. Zur Neukundengewinnung z.B. sind entsprechende Vorbereitungshandlungen nötig. Im Falle eines Widerrufs stellt sich jedoch die Frage, wie diese schon erbrachten Arbeitsleistungen zu berücksichtigen sind. Sollten tatsächlich Ereignisse eintreten, die die Fortführung der Zielvereinbarung/-vorgabe in der jeweiligen Ausgestaltung unzumutbar erscheinen lassen, kann diese entsprechend angepasst werden.[870] Der Widerruf der konkreten Zielvereinbarung/-vorgabe ist jedenfalls kein taugliches Mittel.[871]

---

867   Ähnlich auch *Annuß*, in NZA 2007, 290 (292); a.A. wohl GLP/*Lischka*, Ziel- und Leistungsvereinbarungen, S. 35f.

868   *BAG* vom 11.10.2006, Az 5 AZR 721/06; *BAG* vom 12.01.2005, Az 5 AZR 364/04.

869   MüHArbR/*Hanau* § 62 Rn 106; Preis-*Preis/Lindemann*, AV, II Z 5 Rn 17; Küttner/*Griese*, Zielvereinbarung, Rn 12; *Bauer/Chwalisz*, in ZfA 2007, 339 (343).

870   Zum Korrekturanspruch bei veränderten Rahmenbedingungen, siehe § 11 I.

871   Ebenso für die Unwiderruflichkeit der Zielvereinbarung/-vorgabe: Preis-*Preis/Lindemann*, AV, II Z 5 Rn 17ff.; *Deich*, Beurteilung, S. 186f.; *Pelzer*, Zielvereinbarungen, S. 188; *Heiden*, Zielvereinbarungen, S. 211; *Riesenhuber/v.Steinau-Steinrück*, in NZA 2005, 785 (793); *Däubler*, in ZIP 2004, 2209 (2214); *Bauer*, in Brennpunkte, 93 (107f.).

III. Befristung im Personalführungssystem Zielvereinbarung/-vorgabe

Ein weiteres Instrument zur flexiblen Gestaltung von Arbeitsverträgen ist die Befristung einzelner Arbeitsbedingungen, deren Zulässigkeit höchstrichterlich grundsätzlich anerkannt worden ist.[872] Das TzBfG kommt als Maßstab der Kontrolle nicht in Betracht. Dieses Gesetz regelt lediglich die Befristung des gesamten Arbeitsverhältnisses, nicht jedoch das einzelner Bedingungen.[873]

Vor der Schuldrechtsreform galt das sogenannte Umgehungsverbot. Der Leitgedanke war, dass das Kündigungsschutzgesetz nicht nur Bestands-, sondern auch Inhaltsschutz vermittelt. Insofern bedurfte es für die Befristung einzelner Arbeitsbedingungen eines sie rechtfertigenden Sachgrundes, wenn dem Arbeitnehmer durch die Befristung der gesetzliche Änderungskündigungsschutz entzogen wurde. Maßstab war hier § 2 KSchG.[874] Es waren diejenigen Vertragsbedingungen betroffen, die bei unbefristeter Vereinbarung dem Änderungsschutz unterlagen, der sogenannte Kernbereich.[875]

Mit der Schuldrechtsreform erfolgt nun die Kontrolle der Befristung einzelner Arbeitsbedingungen anhand der §§ 305 ff. BGB. Es ließe sich allerdings streiten, ob die Befristung nicht die Bestimmung einer Leistungspflicht – essentialia negotii – ist und damit eigentlich einer AGB-Kontrolle entzogen wäre.[876] Da eine ausdrückliche Regelung für die Befristung einzelner Arbeitsbedingungen sich nicht findet, ist die Generalklausel § 307 BGB einschlägig.[877]

1. Allgemeine Grundsätze zur Teilbefristung

Anhand § 307 Abs. 1 S. 1 BGB ist zu prüfen, ob der Arbeitnehmer durch die Befristung unangemessen benachteiligt wird. Nach § 307 BGB ist der Grund der Befristung zu erfragen und dessen Tragfähigkeit zu beurteilen. Es ist das anerkannte Interesse des Arbeitgebers einerseits dem berechtigten Interesse des Arbeitnehmers gegenüberzustellen. Bei dieser Abwägung muss die Art und Höhe des befristeten Vergütungsbestandteils und die Höhe der verbleibenden Vergütung berücksichtigt werden. Der Eingriff in den Kernbestandteil des Arbeitsvertrages ist nicht zulässig.[878] Diese Rechtssprechungsänderung, sämtliche Änderungsvorbehalt einer Inhaltskontrolle gemäß §§ 305 ff. BGB zu unterwerfen, wurde von der Literatur teilweise begrüßt, aber teilweise auch angemerkt, dass mehr Fragen aufgeworfen als beantwortet werden.[879]

---

872 *BAG* vom 27.07.2005, Az 7 AZR 486/04; *BAG* vom 23.01.2002, 7 AZR 563/00; *Moll*, in AG Arbeitsrecht, 91 (105).

873 *Schrader/Müller*, in RdA 2007, 145 (151); *Benecke*, in RdA 2005, 47 (48); *BAG* vom 08.08.2007, Az 7 AZR 855/06; *BAG* vom 27.07.2005, Az 7 AZR 486/04; *BAG* vom 14.01.2004, Az 7 AZR 213/03.

874 *BAG* vom 04.06.2003, Az 7 AZR 159/02; *BAG* vom 23.01.2002, 7 AZR 563/00; *BAG* vom 24.01.2001, 7 AZR 208/99; *BAG* vom 13.06.1986, Az 7 AZR 650/84.

875 *Preis/Bender*, in NZA-RR 2005, 337 (338); Schaub/*Koch*, AHdB, § 38 Rn 79.

876 *Benecke*, in AuR 2006, 337 (340).

877 Schaub/*Linck*, AHdB, § 32 Rn 62; DDBD/*Dorndorf/Bonin*, § 307 BGB Rn 203; *BAG* vom 27.07.2005, Az 7 AZR 486/04; noch offengelassen von *BAG* vom 14.01.2004, Az 7 AZR 342/03; immer noch für Umgehung des Kündigungsschutzes *Friedrich*, in PersF 2006, 22 (31f.).

878 *BAG* vom 27.07.2005, Az 7 AZR 486/04; *BAG* vom 12.01.2005, Az 5 AZR 364/04.

879 Vgl. *Preis/Lindemann*, in NZA 2006, 632 (632); *Benecke*, in AuR 2006, 337 (341); *Worzalla*, in NZA 2006, Beilage 3, 122 (125); *Hümmerich*, in NJW 2005, 1759 (1760).

a) Die möglichen Befristungsgründe

Es kommt nun darauf an, ob der Arbeitnehmer durch die Befristung entgegen Treu und Glauben unangemessen benachteiligt wird. Hierbei ist eine umfassende Abwägung beiderseitiger Interessen vorzunehmen. Einigkeit besteht darin, dass die Befristung begründet sein muss. Allerdings ist umstritten, welchen Anforderungen der Grund genügen muss. So wird vertreten, dass im Gegenseitigkeitsverhältnis stehende Leistungen eine dem Maßstab des § 2 KSchG genügenden Grund für die Befristung enthalten müssen. Andere Leistungen bedürfen lediglich eines sachlichen und nachvollziehbaren Grundes.[880] Ebenso ist umstritten, ob der Grund überhaupt in der Regelung mit aufgenommen werden muss. Mit dem Argument, bei der Befristung des gesamten Arbeitsverhältnisses müsste der Grund auch nicht benannt werden, sondern nur objektiv vorliegen, wird dies teilweise verneint.[881] Andererseits werden die formalen Anforderungen der Befristung einzelner Arbeitsbedingungen an denen des Widerrufsvorbehalt angeglichen und somit die Angabe der Befristungsgründe verlangt.[882]

Die Parallele zum Widerruf ist in der Tat nicht zu übersehen. Das Widerrufsrecht ist dogmatisch eine Bedingung, deren Eintritt von der Willensentscheidung des Arbeitgebers abhängig ist.[883] Mit der Befristung ist die Willensentscheidung schon erfolgt – der Widerruf also schon ausgesprochen – und deshalb kann ohne eine weitere Handlung des Arbeitgebers die Leistung eingestellt werden.[884] Insofern ist auch die Befristung einzelner Arbeitsbedingungen in formelle und materielle Voraussetzungen zu unterteilen. In materieller Hinsicht dürfen Leistungen im Synallagma lediglich nur bis zu einer Schwelle von 25% Prozent, bei Leistungen ohne Gegenseitigkeitsverhältnis bis 30%, befristet werden. Eine darüberhinausgehende Befristung wäre regelmäßig unangemessen. Ferner muss der Befristungsgrund unter Berücksichtigung aller Umstände die Befristung typischerweise rechtfertigen.[885] Letztlich ist es dann unerheblich, ob der Grund als sachlich, hinreichend, triftig oder schwerwiegend bezeichnet werden kann.

Um Wertungswidersprüche zu vermeiden, können an den sachlichen Grund bei der Befristung einzelner Arbeitsbedingungen nicht die gleich hohen qualitativen Anforderungen gestellt werden wie im TzBfG, das für die Befristung des gesamten Arbeitsverhältnisses gilt.[886] Im Ergebnis sind die gleichen Anforderungen zu stellen, wie bei der Begründung des Widerrufs. Liegt ein Sachgrund des § 14 Abs. 1 TzBfG vor, so kann regelmäßig davon ausgegangen werden, dass die Interessen des Arbeitgebers überwiegen.[887] Hieraus kann aber nicht gefolgert werden, dass auch eine sachgrundlose Teilbefristung möglich wäre, sofern das gesamte Arbeitsverhältnis nach § 14 Abs. 2 und 3 TzBfG befristet werden könnte.[888] Unabhängig davon,

---

880 Preis-*Preis*, AV, II V 70 Rn 80; *Moll*, in AG Arbeitsrecht, 91 (106); *Diekmann/Bieder*, in DB 2005, 722 (723); *Preis/Bender*, in NZA-RR 2005, 337 (342).

881 *Willemsen/Grau*, in NZA 2005, 1137 (1142); *Schimmelpfennig*, in NZA 2005, 603 (606); *Hanau/Hromadka*, in NZA 2005, 73 (77); offen gelassen von *BAG* vom 27.07.2005, Az 7 AZR 486/04.

882 *Friedrich*, in PersF 2006, 22 (32); *Preis/Bender*, in NZA-RR 2005, 337 (340f.).

883 *Benecke*, in AuR 2006, 337 (337).

884 So auch *Pelzer*, Zielvereinbarung, S. 198f.

885 Vgl. *BAG* vom 11.10.2006, Az 5 AZR 721/05; a.A. *Bauer/Chwalisz*, in ZfA 2007, 339 (347), die überhaupt keinen Befristungsgrund verlangen.

886 *Willemsen/Grau*, in NZA 2005, 1137 (1142); a.A. *Mohnke*, Zielvereinbarungen, S. 351; *Range-Ditz*, in ArbRB 2003, 123 (125).

887 *BAG* vom 08.08.2007, Az 7 AZR 855/06.

888 Ebenso *Heiden*, Zielvereinbarungen, S. 220; a.A. *Lunk/Leder*, in NZA 2008, 504 (507); *Bauer/Chwalisz*, in ZfA 2007, 339 (348).

dass diese Regelungen einen beschäftigungspolitischen Zweck verfolgen, wäre dieser Erst-Recht-Schluss auch deshalb abzulehnen, weil er die Angemessenheitsprüfung des § 307 Abs. 1 BGB verkennt. Nicht das TzBfG ist entscheidend, sondern die Interessenabwägung. Ist ein Grund vorhanden, z.b. Vertretung eines Arbeitnehmers in Elternzeit, der sogar die Befristung des gesamten Arbeitsverhältnisses ermöglichen könnte, wird dies regelmäßig auch die bloße Befristung einzelner Arbeitsbedingungen begründen. Bei § 14 Abs. 2 und 3 TzBfG muss aber gerade kein Grund vorhanden. Die bloße Tatsache aber, dass sogar eine sachgrundlose Befristung des gesamten Arbeitsverhältnisses möglich wäre, stellt an sich noch kein Grund im Sinne von § 307 Abs. 1 BGB dar. Beim TzBfG wird das Interesse des Arbeitnehmers an einem festen Arbeitsplatz, bei der Angemessenheitskontrolle der Arbeitnehmer (nur) vor unangemessenen Arbeitsbedingungen geschützt. Die Option, das gesamte Arbeitsverhältnis zu befristen, berechtigt nicht, unangemessene Arbeitsbedingungen zu stellen.

b) Transparenz auch ohne Nennung des Befristungsgrundes

In formeller Hinsicht muss die Befristung transparent sein. Eine klare Bestimmung, welche Leistung bis zu welchem Zeitpunkt befristet wird, ist mit oder ohne § 307 Abs. 1 S. 2 BGB ebenso erforderlich wie auch selbstverständlich.[889] Beim Widerruf sind die Widerrufsgründe deshalb mit aufzunehmen, damit der Arbeitnehmer selbst erkennen kann, aus welcher Richtung der Widerruf kommt. Es ist noch unklar, wann bzw. ob überhaupt der Widerruf erklärt wird. Insofern muss der Grund genannt werden, damit bei Vorliegen der Widerrufsgründe der Arbeitgeber sich auf den Entzug der Leistung einstellen kann.

Gerade dies ist bei der Befristung jedoch nicht nötig. Der Arbeitnehmer kann klar erkennen, welche Leistung zu welchem Zeitpunkt eingestellt wird. Die Aufnahme der Befristungsgründe bringt insofern keine größere Klarheit. Allerdings könnte die Aufnahme der Befristungsgründe zu einer größeren Transparenz im Sinne einer besseren Nachvollziehbarkeit des tatsächlichen Vorliegens der Gründe führen. Mit der Aufnahme der Gründe liegt insoweit auch eine Selbstbindung des Arbeitgebers vor, als dass er nicht nachträglich – bei der gerichtlichen Überprüfung – einen Befristungsgrund benennen kann, an den ursprünglich nicht anknüpfen wollte. Dies führt aber zu einem zu weiten Verständnis des Transparenzgebotes. Nicht die gerichtliche Überprüfung soll erleichtert, sondern die Klarheit und das Verständnis der einzelnen Klauseln für den Vertragspartner gefördert werden.[890] Dies ist aber bei der klar ausformulierten Befristung der Fall. Es wird deutlich dargestellt,[891] wann die Leistung beendet wird. Die Aufnahme der Befristungsgründe schafft daher keiner weitere Transparenz, wie sie § 307 Abs. 1 S. 2 BGB fordert.[892]

2. Naturgemäß bei der einzelnen Zielvereinbarung/-vorgabe

Bei der einzelnen Zielvereinbarung/-vorgabe ergibt sich der Befristungsgrund schon aus dem System an sich. Die Ziele sollen an die sich stetig verändernden Gegebenheiten angepasst

---

889 *Moll*, in AG Arbeitsrecht, 91 (106).
890 Palandt/*Grüneberg*, § 307 BGB Rn 16f.; DDBD/*Dorndorf/Bonin*, § 307 BGB Rn 146ff.; Staudinger/*Coester*, § 307 BGB Rn 178; *Schmidt*, in Bamberger/Roth, § 307 BGB Rn 42.
891 Vgl. *BGH* vom 24.11.1988, Az III ZR 188/87; *BGH* vom 19.10.1999, Az XI ZR 8/99; *BGH* vom 09.05.2001, Az IV ZR 121/00.
892 So auch *Moll*, in AG Arbeitsrecht, 91 (106); *Pelzer*, Zielvereinbarung, S. 199; *Lunk/Leder*, in NZA 2008, 504 (508); *Benecke*, in AuR 2006, 337 (340); *Willemsen/Grau*, in NZA 2005, 1137 (1142); a.A. ErfK/*Preis*, §§ 305-310 BGB Rn 75; DDBD/*Dorndorf/Bonin*, § 307 BGB Rn 204b.

werden, diese müssen insofern in einem regelmäßigen Rhythmus verändert werden. Es versteht sich nahezu von selbst, dass die Zielvereinbarung/-vorgabe nur für die laufende Zielperiode gilt, d.h. dementsprechend befristet ist.[893]

Die Befristung der Zielvereinbarung/-vorgabe ist insofern auch angemessen, da sie vom System her nach Ablauf der Zielperiode durch andere und neu zu formulierende Ziele ersetzt werden soll. Da das Zielentgelt vom Umfang her regelmäßig in der Zielvereinbarung im weiteren Sinne festgelegt wird, bleibt die maximal zu erreichende Höhe bestehen. Letztlich werden lediglich die Parameter zum Erreichen – meist jährlich – geändert. Auf der anderen Seite muss dem Arbeitnehmer zur Zielerreichung auch ein gewisser Zeitrahmen vorgegeben werden, da sonst wohl kaum die gewünschte Motivationswirkung herzustellen wäre. Innerhalb der Zielperiode obliegt es dem Arbeitnehmer, sich um die Zielerreichung zu bemühen. Insofern können die Zielvereinbarungen/-vorgaben nur befristet sein.

3. Zulässig auch bei der Zielvereinbarung im weiteren Sinne

Die problematischere Frage ergibt sich bei den Anforderungen an den Befristungsgrund bei der Zielvereinbarung im weiteren Sinne. Insofern wird in der Literatur überwiegend auch nur dieser Punkt erörtert.[894] Erfolgt die Befristung auf Wunsch des Arbeitnehmers, liegt eine Individualabrede nach § 305 Abs. 1 S. 3 BGB vor, eine Inhaltskontrolle scheidet aus.[895] Regelmäßig sind die möglichen Widerrufsgründe auch die angemessenen Gründe zur Befristung. Die Erprobung des Systems stellt einen solch angemessenen Grund dar.[896] Vereinzelt wird vertreten, dass die Kontrolle der Befristungsgründe strenger zu erfolgen hat, da die Leistung mit dem vereinbarten Ende automatisch wegfällt und daher keiner Ausübungskontrolle mehr zu unterliegt.[897] Hierbei wird aber verkannt, dass der Vertrauensschutz des Arbeitnehmers deutlich geringer ist, da er von Anfang an Kenntnis hat, dass und wann die Leistung wegfallen wird. Insofern ist ein sachlicher Grund, ebenso wie beim Widerrufsvorbehalt, ausreichend.[898]

Sollten wirtschaftliche Gründe die Befristung begründen, müssen diese zumindest absehbar sein.[899] Ansonsten wird das typischerweise vom Arbeitgeber zu tragende Markt- und Wirtschaftsrisiko in unzulässiger Weise auf den Arbeitgeber übertragen. Zeitlich begrenzte Veränderungen im Unternehmen, wie z.B. eine Produktionsumstellung oder die Erschließung eines neuen Marktes, können die Befristung der Zielvereinbarung im weiteren Sinne sachlich begründen. Ist es doch nicht unangemessen, den Arbeitnehmern für die Zeit erhöhter Anforde-

---

893 *Horcher*, in BB 2007, 2065 (2069); *Hidalgo/Rid*, in BB 2005, 2686 (2690); *Deich*, in AuA 2004, 8 (12); *Bauer*, in Brennpunkte, 93 (108); *Range-Ditz*, in ArbRB 2003, 123 (125); *Lindemann/Simon*, in BB 2002, 1807 (1811f.); *Mohnke*, Zielvereinbarungen, S. 351.

894 Vgl. *Annuß*, in NZA 2007, 290 (292); *Riesenhuber/v.Steinau-Steinrück*, in NZA 2005, 785 (792f.); *Mohnke*, Zielvereinbarungen, S. 349ff.; *Lischka*, Zielvereinbarungen, S. 113f.; *Deich*, Beurteilung, S. 204ff.; *Pelzer*, Zielvereinbarungen, S. 194ff.

895 *Preis/Bender*, in NZA-RR 2005, 337 (339); a.A. wohl *Deich*, in AuA 2004, 8 (12), die den Wunsch im Rahmen der Angemessenheit prüft.

896 *Annuß*, in NZA 2007, 290 (292); *Bauer*, in Brennpunkte, 93 (108).

897 *Preis/Lindemann*, in NZA 2006, 632 (638); aus diesem Grund seien Teilbefristungen oftmals unwirksam nach *Mayer*, in AiB 2008, 557 (559).

898 DLW/*Dörner*, S. 1615 Rn 2204; auch ErfK/*Preis*, §§ 305-310 BGB Rn 74, der allerdings für den Widerrufsvorbehalt dringende betriebliche Gründe iSd § 2 KSchG fordert.

899 A.A. wohl *Mohnke*, Zielvereinbarungen, S. 351, der wirtschaftliche Gründe grundsätzlich nicht als Grund ausreichen lässt.

rungen, einen zusätzlichen Anreiz zu gewähren und diesen jedoch wieder für den Zeitpunkt zu beenden, wenn die Umgewöhnungsphase voraussichtlich vorbei ist und insofern den Arbeitnehmern keine über den normalen Arbeitsalltag hinaus gehende Belastungen entstehen.

Am Ende ist die Befristung mit den gleichen Gründen wie der Widerruf möglich ist. Es muss ein sachlicher Grund vorliegen. Dieser liegt naturgemäß bei der Zielvereinbarung/-vorgabe vor. Bei der Zielvereinbarung im weiteren Sinne ist die Befristung dann nicht unangemessen, wenn ein sachlicher Grund zur Zeit der Vereinbarung vorliegt, der die Einstellung zum vereinbarten Datum rechtfertigt.

§ 9 Unwirksamkeit der Altverträge

Mit der Schuldrechtsreform hat sich der Prüfungsmaßstab seit dem 01.01.2002 bei Arbeitsverträgen verändert. Nun ist eine AGB-Kontrolle nach §§ 305 ff. BGB durchzuführen. Nach der Überleitungsvorschrift Art. 229 § 5 S. 2 EGBGB gelten diese Vorschriften seit dem 01.01.2003 auch für Dauerschuldverhältnisse, die vor diesem Stichtag entstanden sind. Damit besteht ein einheitlicher Prüfungsmaßstab, unabhängig vom Tag des Vertragsschlusses.

Nun finden sich in älteren Arbeitsverträgen durchaus noch Klauseln, die den Stand der damaligen Gesetzgebung oder Rechtsprechung widergeben. So ist z.b. noch oft die Kombination aus einem Freiwilligkeits- und Widerrufsvorbehalt zu finden. Grundsätzlich ist eine solche Klausel unwirksam[900] und fällt, sofern nicht eine gesetzliche Regelung an deren Stelle treten kann, ersatzlos weg. Es entsteht daher an sich eine Vertragslücke. Diese könnte entweder geschlossen werden oder nicht, mit der Folge, dass es dann überhaupt keine entsprechende Flexibilisierung im Arbeitsvertrag gibt. Der neunte und der fünfte Senat des *BAG* nehmen hierzu unterschiedlich Stellung. Einerseits wird konsequent die neue Rechtslage angewendet mit der Begründung, die einjährige Übergangszeit wäre zu nutzen gewesen und die entsprechenden Klauseln hätten auf das zulässige Maß zurückgeführt werden können.[901] Andererseits wird argumentiert, der ersatzlose Wegfall der Klausel verstößt gegen das verfassungsmäßige Rückwirkungsverbot und deshalb sei eine ergänzende Vertragsauslegung vorzunehmen.[902] Der zehnte Senat dagegen bedient sich eines Kunstgriffes. Er folgt zwar grundsätzlich dem Vertrauensschutzgedanken, sieht aber in der teilweisen Änderung des Arbeitsvertrages nach dem Stichtag einen Neuabschluss und hält damit allein das neue Recht für anwendbar. Dies gilt auch dann, wenn im Übrigen die bestehende Vereinbarung unberührt bleiben soll.[903] Auch die Literatur ist geteilter Ansicht, vertreten wird aus unterschiedlichen Gründen sowohl die Ansicht der ergänzenden Vertragsauslegung bei Altverträgen,[904] als auch der ersatzlose Wegfall der Klausel.[905]

I. Keine geltungserhaltende Reduktion

Gegen die Möglichkeit der ergänzenden Vertragsauslegung bestehen mehrere Bedenken. Nach zutreffender hM kommt grundsätzlich eine geltungserhaltende Reduktion einer an sich unangemessenen Klausel, auch bei Berücksichtigung der Besonderheiten des Arbeitsrechts, nicht in Betracht.[906] Ließe man diese zu, bestünde die Gefahr, dass der Verwender bewusst gesetzeswidrige Klauseln benutzt. Dies reichte ihm insofern zum Vorteil, da entweder der

---

900   Siehe § 8 I 4 a.
901   *BAG* vom 19.12.2006, Az 9 AZR 294/06; *BAG* vom 11.04.2006, Az 9 AZR 610/05; auch *LAG Hamm* vom 11.05.2004, Az 19 Sa 2132/03.
902   *BAG* vom 11.10.2006, Az 5 AZR 721/05; *BAG* vom 12.01.2005, Az 5 AZR 364/04; offengelassen von *BAG* vom 25.04.2007. Az 5 AZR 627/06.
903   BAG vom 30.07.2008, Az 10 AZR 606/07; kritisch hierzu *Lingemann/Gotham*, in DB 2008, 2307 (2308).
904   *Gaul*, in Gaul, Akt.AR 2008, S. 122; *Hunold*, in AuA 2007, 562 (563); *Bauer/Chwalisz*, in ZfA 2007, 339 (346); *Stoffels*, in NZA 2005, 726 (730); *Schimmelpfennig*, in NZA 2005, 603 (608); *Hanau/Hromadka*, in NZA 2005, 73 (78); *Henssler*, in RdA 2002, 129 (139); ErfK/*Preis*, §§ 305-310 BGB Rn 20.
905   DDBD/*Dorndorf/Deinert*, § 307 BGB Rn 137; *Singer*, in RdA 2006, 362 (373); *Diekmann/Bieder*, in DB 2005, 722 (726); wohl auch *Annuß*, in BB 2002, 458 (461f.).
906   *BGH* vom 17.05.1982, Az VII ZR 316/81; Palandt/*Grüneberg*, Vorb v § 307 BGB Rn 8; HWK/*Gotthardt*, § 306 BGB Rn 4; DDBD/*Dorndorf/Deinert*, § 307 BGB Rn 133; ErfK/*Preis*, §§ 305-310 BGB Rn 104; a.A. MüKo/*Basedow* § 306 BGB Rn 13f.

Vertragspartner sich von der unangemessenen Vertragsformulierung täuschen lässt oder maximal dem Verwender nur die Reduktion auf das gerade noch zulässige Maß droht. Dies widerspräche aber dem Sinn und Zweck der Inhaltskontrolle nach §§ 305 ff. BGB, unangemessene Vertragsbedingungen zu verhindern. Derjenige, der die Vertragsfreiheit dahingehend nutzt, einseitig Vertragsbedingungen zu stellen, muss auch das Risiko der Unwirksamkeit tragen. Auch eine salvatorische Klausel führt zu keinem anderen Ergebnis, da diese selbst wegen des Verstoßes nach § 307 Abs. 1 S. 1, Abs. 2 Nr. 1 BGB unwirksam ist.[907]

Nun ist es aber – vom Ergebnis her – inkonsequent, wenn eine an sich unangemessene Klausel zwar nicht durch eine geltungserhaltende Reduktion, aber durch eine ergänzende Vertragsauslegung „am Leben" gehalten wird.[908] Im Übrigen müssten für eine ergänzende Vertragsauslegung entsprechende Anhaltspunkte im Vertrag selbst vorhanden sein. Bei Fehlen einer prinzipiellen Wertung für das Ergebnis der Lückenfüllung ist die ergänzende Vertragsauslegung unzulässig. Der Richter darf lediglich im Ergebnis den Vertrag ausfüllen und ergänzen, nicht jedoch erst einen Vertragsinhalt erschaffen.[909] Die Voraussetzungen einer ergänzenden Vertragsauslegung sind jedoch bei manchen Klauseln, insbesondere beim sachgrundlosen Widerrufsvorbehalt, oftmals nicht gegeben. Etwas anderes kann nach dem Maßstab des § 306 Abs. 3 BGB nur dann in Betracht kommen, wenn die Durchführung des lückenhaften Vertrages für eine Vertragspartei unzumutbar ist. Die Anforderungen hierzu sind hoch.[910] Dies ist nur bei einem erheblichen Eingriff in das Synallagma und einer gleichzeitigen Negierung des wirtschaftlichen Sinns der Regelung durch die ersatzlose Teilunwirksamkeit der Fall, wie z.B. bei einer Finanzierung einer Ausbildung durch den Arbeitgeber und einer unangemessen langen Bindungsklausel.[911]

II. Unwirksamkeit zum Schutz vor unangemessenen Klauseln

Auch die Überlegungen zum Vertrauensschutz, der diesen Widerspruch auflösen soll, greifen nicht durch. Zwar handelt es sich hier in der Tat um eine unechte Rückwirkung. Diese ist problematisch, wenn durch das Gesetz ein solch entwertender Eingriff vorgenommen wird, mit dem der Berechtigte nicht zu rechnen braucht. Aber Unzulässigkeit wird man nur dann annehmen können, wenn das Vertrauen schutzwürdiger ist als die mit dem Gesetz verfolgten Anliegen.[912] Aber genau am schutzwürdigeren Vertrauen mangelt es hier.

Es gab die einjährige Übergangszeit. Schon in dieser hätte der Arbeitgeber sich bemühen können, eine entsprechende Änderung der Klausel herbeizuführen. Selbst wenn man aber bezweifelt, dass die einjährige Übergangsfrist den Gegebenheiten bei Arbeitsverhältnissen an-

907 ErfK/*Preis*, §§ 305-310 BGB Rn 95; Palandt/*Grüneberg*, § 306 BGB Rn 9; HWK/*Gotthardt*, Anh. §§ 305-310 BGB Rn 45; *BAG* vom 25.05.2005, Az 5 AZR 572/04.
908 So auch *Diekmann/Bieder*, in DB 2005, 722 (726); a.A. HWK/*Gotthardt*, § 306 BGB Rn 5; *Bauer/Chwalisz*, in ZfA 2007, 339 (342); *Preis*, in NZA 2003, Beilage 16, 19 (28) gibt offen zu, dass das Ergebnis gleich ist.
909 *BAG* vom 24.10.2007, Az 10 AZR 825/06; *BGH* vom 01.02.1984, Az VIII ZR 54/83; *Wendtland*, in Bamberger/Roth, § 157 BGB Rn 42; Staudinger/*Roth*, § 157 BGB Rn 43; hierauf geht die Gegenseite nicht ein, vgl. *Hanau/Hromadka*, in NZA 2005, 73 (78).
910 ErfK/*Preis*, §§ 305-310 BGB Rn 104.
911 *Annuß*, in BB 2006, 1333 (1338); HWK/*Gotthardt*, § 306 BGB Rn 6.
912 *BVerfG* vom 05.02.2004, Az 2 BvR 2029/01; *BVerfG* vom 03.12.1997; Az 2 BvR 882/97; *BVerfG* vom 28.11.1984, Az 1 BvL 13/81.

gemessen Rechnung trägt,[913] sind nun mehrere Jahre seit der Schuldrechtsreform verstrichen. Und spätestens nach den ersten Entscheidungen des *BAG* musste klar werden, dass Handlungsbedarf besteht. Auch die Argumentation, bei einer Änderung der gefestigten Rechtsprechung gilt der Vertrauensschutz und dies sei auch auf diesen Fall anzuwenden, greift insofern zu kurz, als dass es sich hier um eine Gesetzesänderung handelt.[914] Insofern ist und war eine Vertragsanpassung aufgrund zwischenzeitlicher Änderung der Sach- und Rechtslage nach § 313 BGB möglich, aber auch erforderlich.

Der Arbeitnehmer wird sich auch kaum der Änderung einer unangemessenen, da zu weit gefasst, Klausel verwehren. Rein aus vertraglicher Sicht bedeutet die Änderung eine Verbesserung. Letztlich besteht aber sogar eine Mitwirkungspflicht des Arbeitnehmers. Er verhält sich widersprüchlich, wenn er das Angebot des Arbeitgebers auf Vertragsanpassung an die Anforderungen des AGB-Rechts ablehnt, sich aber gleichzeitig auf die Unangemessenheit der (alten) Klausel beruft.[915] Gleichzeitig besteht auch eine Handlungspflicht des Arbeitgebers. Denn die Intention des AGB-Rechts, Vertragspartner vor unangemessenen Klauseln zu schützen, kann nur dergestalt Rechnung getragen werden, indem solche unwirksam sind. Ansonsten besteht auch weiterhin – mitunter lange Jahre – die Gefahr, dass ein, in diesem Zusammenhang, Arbeitnehmer sich von der mittlerweile unwirksamen Klausel täuschen lässt und damit unangemessene Arbeitsbedingungen erfährt.

Der sog. Blue-Pencil-Test ist kein besonderes Thema bei Altverträgen. Auch bei Verträgen nach dem 01.01.2002 ist zu prüfen, ob die Klausel aufteilbar ist und lediglich der unwirksame Teil wegfallen kann. Wenn die Klausel neben dem unwirksamen, auch einen unbedenklichen, sprachlich und inhaltlich abtrennbaren Bestandteil enthält, bliebt dieser wirksam, auch wenn der gleiche Sachkomplex betroffen ist.[916] Ergibt, nach der schlichten Streichung des unwirksamen Teils, der Rest der Klausel noch einen eigenständigen Sinn, so wird die Nichtigkeit insoweit begrenzt, als dass nicht die gesamte Klausel für unwirksam erklärt wird. Die Anwendung des Blue-Pencil-Tests ist in kein Fall der geltungserhaltenden Reduktion, sondern der strikten Anwendung des § 306 Abs. 1 BGB, der die übrigen von den Unwirksamkeitsgrund erfassten Vertragsbestandteile unberührt belässt.[917]

Zusammengefasst bedeutet dies, dass selbst wenn dem Arbeitgeber ein längerer Vertrauensschutz als die einjährige Übergangsregelung zugesprochen werden muss, dieser jedoch spätestens nach den eindeutigen Entscheidungen des *BAG* nicht mehr besteht. Klauseln in Altverträgen, die nach der neuen Rechtslage unwirksam sind, müssen angepasst werden. Ist dies nicht geschehen, ist die unangemessene Klausel unwirksam und an deren Stelle tritt das Gesetz. Der Arbeitgeber trägt damit insbesondere bei Flexibilisierungsklauseln das Risiko, dass die ursprünglich sehr flexiblen Arbeitsbedingungen erstarrt sind.[918]

913   *Stoffels*, in NZA 2005, 726 (727); kritisch auch *Stück*, in AuA 2007, 631 (632).
914   *Heinrichs*, in NZM 2003, 6 (9).
915   DDBD/*Däubler*, Einleitung Rn 174; auch *Singer*, in RdA 2006, 362 (373), der allerdings wohl nur während der Übergangsfrist eine Vertragsanpassung für möglich hielt; ausführlich zum Grundsatz venire contra factum proprium im Arbeitsrecht, *Kühn*, in NZA 2008, 1328 (1328ff.).
916   *BAG* vom 21.04.2005, Az 8 AZR 425/04; Palandt/*Grüneberg*, Vorb v § 307 Rn 11; HWK/*Gotthardt*, § 306 BGB Rn 3; ErfK/*Preis*, §§ 305-310 BGB Rn 103.
917   *Annuß*, in BB 2006, 1333 (1338).
918   Im Ergebnis ebenso *Kriebitzsch*, Inhaltskontrolle, S. 198ff.

Vierter Teil
Mögliche Störungen im Personalführungssystem Zielvereinbarung/-vorgabe

Der vierte Teil stellt die verschiedenen möglichen Störungen in einem bestehenden Personalführungssystem Zielvereinbarungen/-vorgaben dar und führt diese einer Lösung zu. Besonders bedarf die in der Praxis häufig auftretende Tatsache einer gänzlich unterlassenen Zielvereinbarung/-vorgabe einer Betrachtung. Die Lösung dieses Problems ist höchst umstritten.

§ 10 Keine (vollständige) Zielerreichung

Die Ziele müssen erreichbar sein. Da sie gleichzeitig aber auch herausfordernd sein sollen, ist es nicht unwahrscheinlich, dass diese nicht vollständig erreicht werden. Die Zielverfehlung hat Folgen. Allein eine entsprechende Kürzung des Zielentgelts aber ist zu kurz gedacht.

Die einmalige Zielverfehlung wird sich bei der Zeugniserteilung wohl nur bei sehr kurzen Arbeitsverhältnissen auswirken. Da das Zeugnis die Leistung und Führung während des gesamten Arbeitsverhältnisses widerspiegeln soll, ist die einmalige Zielverfehlung bei ansonsten tadelloser Leistung nicht charakteristisch für den Arbeitnehmer und bleibt deswegen außen vor.[919] Anders dagegen, wenn ständig die Ziele verfehlt werden.

I. Allgemeine Folgen der Zielverfehlung

Der Anspruch auf das Zielentgelt besteht mit Erteilung der Zielvereinbarung/-vorgabe, nur die Höhe desselben errechnet sich aus der Zielerreichung.[920] Damit ist lediglich der Umfang des Anspruches aufschiebend bedingt im Sinne von § 158 Abs. 1 BGB. Die Ansicht, dass gar die Anspruchsbegründung aufschiebend bedingt durch die Zielerreichung ist, mag zum gleichen Ergebnis kommen. Da aber bei dieser eine Nähe zu werkvertraglichen Elementen besteht, ist diese Ansicht abzulehnen. Die Zielvereinbarung/-vorgabe ist lediglich Bemessungsgrundlage zur Ermittlung der konkreten Höhe des Zielentgelts. Wurden die Ziele verfehlt, ist die Höhe des Anspruches grundsätzlich gleich null.

1. Entsprechende Kürzung des Zielentgelts

Es entspricht der Natur der Sache, dass bei entgeltrelevanten Zielvereinbarungen/-vorgaben der Zielerreichungsgrad ausschlaggebend für die Höhe des Zielentgelts ist. Insofern kommt bei einer Zielverfehlung eine Kürzung oder gar völliger Wegfall des Zielentgelts in Betracht.

Zunächst bedarf es überhaupt einer Feststellung der Zielerreichung. Ausgangspunkt für das Verfahren ist die Zielvereinbarung im weiteren Sinne. Bei harten Zielen ist im Grunde nur eine reine Tatsachenfeststellung notwendig, während bei den weichen Zielen eine Beurteilung erfolgen muss.[921] Ist ein Verfahren festgelegt worden, z.B. zunächst einseitiges Bestimmungs-

---

919 A.A. *Geffken*, in PersR 1997, 518 (518), der grundsätzlich den Zielerreichungsgrad ausschlaggebend für die Zeugnisbewertung ansieht; *Breisig*, Entlohnen und Führen, S. 98 spricht nur eine dahingehend Befürchtung aus.

920 A.A. *Heiden*, Zielvereinbarungen, S. 299.

921 A.A. *Deich*, Beurteilung, S. 233, Preis-*Preis/Lindemann*, AV, II Z 5 Rn 31, die „ausnahmsweise" auch bei harten Zielen eine Beurteilung für erforderlich halten, ohne diese Ansicht allerdings näher zu begründen.

recht durch den Arbeitgeber mit Schiedskommission bei Streitigkeiten, ist dieses maßgeblich. Ansonsten steht im Zweifel dem Arbeitgeber die Zielfeststellungskompetenz zu.[922]

In der Zielvereinbarung/-vorgabe ist jedenfalls geregelt, ob dem Arbeitnehmer bei Zielverfehlung ein entsprechend seiner prozentualen Verfehlung ein gekürztes Zielentgelt zusteht oder ein völliger Wegfall in Betracht kommt. So kann beim Ziel, Akquise von fünf Neukunden, vereinbart werden, dass das Zielentgelt (dann zu 100%) nur für den Fall ausgezahlt wird, dass auch tatsächlich fünf oder mehr Neukunden gewonnen wurden. Möglich ist auch eine entsprechende Kürzung oder Erhöhung, so dass bei vier Neukunden 80%, bei sechs Neukunden 120% des Zielentgelts usw. ausgezahlt werden.

Steht letztendlich fest, dass die Ziele durch den Arbeitnehmer nicht erreicht worden sind, so ist entsprechend seinem Zielerreichungsgrad das Zielentgelt zu kürzen. Im Extremfall, bei völliger Zielverfehlung, kommt auch ein gänzlicher Wegfall in Betracht. Gegen die Kürzung oder gar völligen Wegfall bestehen auch keinerlei rechtlichen Bedenken. Denn meist wird das Zielentgelt zusätzlich zu einem festen Zeitlohn ausbezahlt. Liegt dieser oberhalb der Sittenwidrigkeitsgrenze, ist ein Verstoß gegen § 138 BGB selbst beim völligen Wegfall des Zielentgelts nicht feststellbar.[923] Die Fixvergütung darf den Tariflohn nicht unterschreiten, selbst wenn der variable Anteil der Vergütung die Chance auf einen Mehrverdienst beinhaltet.[924] Insofern ist beim völligen Wegfall auch kein Verstoß gegen § 4 Abs. 1 TVG festzustellen.

Einzig bei der – durchaus möglichen – völligen Flexibilisierung des Entgelts durch Zielvereinbarung/-vorgabe, scheint ein Verstoß gegen § 138 BGB denkbar. Dieses Problem stellt sich aber nur vordergründig, denn eine solche vertragliche Regelung ist nur zulässig, wenn der Arbeitnehmer unter normalen Einsatz seiner Arbeitskraft ein sittengemäßes Entgelt beziehen kann.[925] Ist dies der Fall, so wird eine Zielverfehlung, die den völligen Wegfall des Zielentgelts und damit hier der gesamten Vergütung zur Folge hat, regelmäßig nicht eintreten. Lediglich Störungen aus der Sphäre des Arbeitnehmers sind denkbar. So kann es nicht als sittenwidrig bezeichnet werden, wenn die Ziele äußerst niedrig gesteckt worden sind, aber aufgrund einer Arbeitsverweigerung diese nicht erreicht worden sind. Die Ziele müssen bei der völligen Flexibilisierung so niedrig angesiedelt sein, bzw. der Anspruch auf das Zielentgelt muss bei äußerst niedriger Zielerreichung schon beginnen, dass bei normaler Arbeitsleistung ein völliger Wegfall des Zielentgelts schlicht nicht denkbar ist. Andernfalls ist schon die Vergütungsvereinbarung sittenwidrig, nicht erst deren Auswirkung. Der Schutz des Arbeitnehmers beginnt hier also schon eher – im ersten Schritt – der konkreten Zielvereinbarung/ -vorgabe und nicht erst beim zweiten, der Korrektur der Zielfeststellung. Bei einer nachträglichen Änderung der Rahmenbedingungen und damit verbundenen Einfluss auf die Zielerreichung steht dem Arbeitnehmer ein Änderungsanspruch auf Zielanpassung zu.[926]

Kurzum, sind die Ziele nicht erreicht worden, so ist das Zielentgelt entsprechend der Zielverfehlung zu kürzen und kann im Extremfall sogar gänzlich entfallen. Welche der beiden Lösungen in Betracht kommt, ergibt sich aus der Zielvereinbarung im weiteren Sinne bzw. Zielvereinbarung/-vorgabe.

---

922   Siehe § 4 V.
923   Siehe § 6 V 2 a.
924   Siehe § 6 IX 2.
925   Zur vollständigen Variabilisierung der Vergütung, siehe § 6 V 2 b.
926   Zum unterjährigen Korrekturanspruch, siehe § 11 I.

2. Unter Umständen Schadensersatz bei Verletzung des Integritätsinteresses

Eine weitere Folge, neben der Kürzung des Zielentgelts, könnte ein Schadensersatzanspruch des Arbeitgebers darstellen. Die aus den strategischen Zielen des Unternehmens entwickelten Ziele des einzelnen Arbeitnehmers wurden nicht erreicht. Hierdurch könnte ein Schaden entstanden sein. Zuweilen wird diese Folge jedoch abgelehnt oder zumindest als unerwünscht betrachtet.[927] Grundsätzlich lassen Zielvereinbarungen/-vorgaben die Möglichkeiten der allgemeinen arbeitsrechtlichen Konsequenzen jedoch unberührt, sofern nicht deren Zuhilfenahme (kollektiv-)vertraglich ausgeschlossen ist. Deshalb bedarf es auch einer Beleuchtung des Schadensersatzanspruchs. Das Arbeitsrecht kennt keine Gewährleistungsrechte.[928] Daher kommt nur das allgemeine Leistungsstörungsrecht nach §§ 280 ff. BGB und § 311a Abs. 2 BGB in Betracht.

a) Kein Schadensersatz allein wegen Zielverfehlung

Ein Schadensersatzanspruch allein wegen der Zielverfehlung kommt nicht in Betracht. Denn der Anspruch nach § 280 Abs. 1 BGB erfordert eine Pflichtverletzung. Die Zielverfehlung als solche ist jedoch keine Pflichtverletzung, der Arbeitnehmer hat keine Pflicht zur Zielerreichung.[929] Die Zielvereinbarung/-vorgabe ist kein Werkvertrag. Der Arbeitnehmer schuldet lediglich das Bemühen zur Zielerreichung. Insofern kann allein die Zielverfehlung keinen Schadenssatzanspruch des Arbeitgebers begründen.[930]

b) Schadensersatz wegen Minderleistung

Für den Arbeitnehmer besteht die Verpflichtung, mit angemessener Anspannung seiner geistigen und körperlichen Kräfte die Arbeitsleistung zu erbringen.[931] Abzustellen ist auf den subjektiven Maßstab, d.h. ein Vergleich mit der Leistung eines durchschnittlichen Arbeitnehmers ist aufgrund der höchstpersönlichen Leistungsverpflichtung nach § 613 S. 1 BGB einerseits und mangelnder Gewährleistungsansprüche andererseits abzulehnen.[932] Erbringt der Arbeitnehmer eine geringere Leistung, als er eigentlich könnte, so kann ein Schadensersatzanspruch in Betracht kommen.[933] Die Pflichtverletzung nach § 280 Abs. 1 BGB besteht in der Verlet-

---

927   *Tondorf*, in AiB 1998, 322 (325); *Breisig*, Entlohnen und Führen, S. 98.
928   ErfK/*Preis*, § 611 BGB Rn 683; Schaub/*Linck*, AHdB, § 52 Rn 5; MüHArbR/*Blomeyer*, § 58 Rn 3; DLW/*Dörner*, S. 423 Rn 478.
929   Siehe § 5 I 1.
930   Ebenso *Lischka*, in BB 2007, 552 (553); *Friedrich*, in PersF 2006, 22 (31); *Däubler*, in ZIP 2004, 2209 (2211); *Hergenröder*, in AR-Blattei SD 1855, Rn 100; *Plander*, in ZTR 2002, 402 (405); *Bauer*, in Brennpunkte, 93 (109); *Köppen*, in DB 2002, 374 (376); *Bauer*, in FA 2002, 295 (298); *Heiden*, Zielvereinbarungen, S. 385; *Mohnke*, Zielvereinbarungen, S. 270; auch *Deich*, Beurteilung, S. 283, jedoch mit unzutreffender Begründung, da sie das Ungewissheit der Zielerreichung ausgeht und deshalb eine Pflichtverletzung ablehnt; a.A. *Berwanger*, in BB 2003, 1499 (1500), der eine Erfolgsherbeiführungspflicht des Arbeitnehmers annimmt.
931   *BAG* vom 21.05.1992, Az 2 AZR 551/91; *BAG* vom 17.07.1970, Az 3 AZR 423/69; *BAG* vom 20.03.1969, Az 2 AZR 283/68; MüHArbR/*Blomeyer*, § 48 Rn 66; ErfK/*Preis*, § 611 BGB Rn 643; Staudinger/*Richardi*, § 611 BGB Rn 402.
932   ErfK/*Preis*, § 611 BGB Rn 643; MüKo/*Müller-Glöge*, § 611 BGB Rn 19f.; *Maschmann*, in NZA 2006, Beilage 1, 13 (15f.); a.A. *Hunold*, in BB 2003, 2345 (2346); *Berkowsky*, in NZA-RR 2001, 1 (3f.); *ArbG Celle* vom 14.05.2001, Az 2 Ca 73/01.
933   *Hergenröder*, in AR-Blattei SD 1855, Rn 100; *Bauer*, in Brennpunkte, 93 (109); *Köppen*, in DB 2002, 374 (379); *Bauer*, in FA 2002, 295 (298); auch *Lischka*, in BB 2007, 552 (553), jedenfalls für Ziele in-

zung der arbeitsvertraglichen Hauptleistungspflicht, nämlich der geschuldeten Arbeitsleistung, dem Bemühen um Zielerreichung. Jedoch kann lediglich das Integritätsinteresse des Arbeitgebers geschützt werden. Das Äquivalenzinteresse dagegen ist nur durch Feststellung eines Integritätsschadens mittelbar geschützt. Gewährleistungsrechte gibt es im Dienstvertragsrecht nicht, so können diese auch nicht im Rahmen eines Schadensersatzanspruches über die Hintertür in das Arbeitsverhältnis zurückkehren.[934] Für Schäden an Rechtsgütern gilt zusätzlich der innerbetriebliche Schadensausgleich.[935]

Der Arbeitnehmer kann die unternehmensbezogenen Ziele nicht beeinflussen, insofern können lediglich die mitarbeiterbezogenen Ziele eine mangelhafte Arbeitsleistung begründen.[936] Aber die Zielverfehlung der mitarbeiterbezogenen Ziele ist letztlich nur ein Indiz der Pflichtverletzung – hier Minderleistung – an sich. Inwieweit diese mangelhafte Arbeitsleistung das Integritätsinteresse des Arbeitgebers verletzt, bleibt weiterhin offen. Hierfür ist der Arbeitgeber, ebenso wie für das Verschulden gemäß § 619a BGB, voll beweispflichtig.

Es ist aber fraglich, inwieweit die Zielverfehlung, eine bestimmte Anzahl an Neukunden zu gewinnen oder gar einen Sprachkurs zu absolvieren, das Integritätsinteresse verletzten kann. Hier kommt es entscheidend auf die formulierten Ziele an. Nur wenn etwa ein sorgsamer Umgang mit dem Eigentum des Arbeitgebers als Ziel formuliert wurde,[937] kann dies auch ein Indiz für die Kausalität des Schadens darstellen. Nicht jede Zielvereinbarung/-vorgabe eignet sich daher zur Erleichterung der Beweisführung des Arbeitgebers. Hier bedarf es letztlich einer Prüfung im Einzelfall. Gleichwohl wird das Personalführungssystem auch gerne in diesem Zusammenhang genannt. Mag auch die Darlegungs- und Beweislast des Arbeitgebers für den Schadensersatzanspruch letztlich kaum erleichtert werden, so wird doch durch die Kürzung des Zielentgelts immerhin die Vergütung an die Minderleistung angepasst.[938]

c) Schadensersatz wegen Übernahmeverschulden

Der Arbeitnehmer hat zu tun, was er soll, und zwar so gut wie er kann.[939] Auf Grund des subjektiven Leistungsbegriffes kann der Arbeitgeber vom Arbeitnehmer nicht mehr verlangen, als er subjektiv zu leisten im Stande ist. Ist dem Arbeitnehmer unmöglich, die Arbeitsleistung zu erbringen, so wird er nach § 275 BGB von der Leistungspflicht befreit.[940] Allerdings muss

---

nerhalb des Direktionsrechts; *Plander*, in ZTR 2002, 402 (405), allerdings nur für den Fall, dass keine besonderen Leistungen vereinbart worden sind; differenzierend *Friedrich*, in PersF 2006, 22 (30f.), der bei einem ausschließlich bezweckten Motivationsanreiz durch die Zielvereinbarung/-vorgabe eine Pflicht des Arbeitnehmers ablehnt; a.A. wohl *Däubler*, in ZIP 2004, 2209 (2211), der von einer Obliegenheit des Arbeitnehmers spricht und weitere Sanktionen außer Minderung/Entfallen des Zielentgelts ausschließt.

934 *BAG* vom 06.06.1972, Az 1 AZR 438/ 71; *Marschner*, in AR-Blattei SD 1110, Rn 110; *Beuthien*, in ZfA 1972, 73 (75f.).

935 Vgl. *Brune*, in AR-Blattei SD 1420, Rn 89ff.; MüHArbR/*Blomeyer*, § 59 Rn 8f.; HWK/*Krause*, § 619a BGB Rn 11ff.; ErfK/*Preis*, § 619a BGB Rn 9ff.; *Küttner/Griese*, Arbeitnehmerhaftung, Rn 8.

936 Ebenso *Mohnke*, Zielvereinbarungen, S. 271.

937 So z.B. unfallfreies Fahren mit Firmenwagen, regelmäßige Wartung der anvertrauten Maschinen oder exakte Buchführung über das ausgeliehene Werkzeug durch den Lagerverwalter.

938 Vgl. *Römermann/Haase*, in MDR 2006, 853 (854); *Tschöpe*, in BB 2006, 213 (220); *Maschmann*, in NZA 2006, Beilage 1, 13 (13); *Wellhöner/Barthel*, in AuA 2005, 400 (402).

939 *BAG* vom 11.12.2003, Az 2 AZR 667/02; *BAG* vom 17.03.1988, Az 2 AZR 576/87; *Maschmann*, in NZA 2006, Beilage 1, 13 (15).

940 Vgl. zum Begriff der Unmöglichkeit Schaub/*Linck*, AHdB, § 49 Rn 1ff.; HWK/*Thüsing*, § 611 BGB Rn 390; DLW/*Dörner*, S. 385 Rn 196ff.

der Arbeitnehmer der Arbeitsleistung, zu der er sich verpflichtet, prinzipiell auch gewachsen sein.[941] Der Wirksamkeit eines Vertrages steht es nach § 311a Abs. 1 BGB nicht entgegen, wenn der Schuldner nach § 275 BGB nicht zu leisten braucht und das Leistungshindernis schon bei Vertragsschluss vorliegt. Nach § 311a Abs. 2 BGB kann in diesem Falle der Gläubiger Schadensersatz statt der Leistung oder Ersatz seiner Aufwendungen nach § 284 BGB verlangen, sofern der Schuldner das Leistungshindernis bei Vertragsschluss kannte und seine Unkenntnis auch zu vertreten hat.

Bei der Zielvorgabe gibt der Arbeitgeber die Ziele einseitig vor. Hier kann auf Grund der Einseitigkeit kein Übernahmeverschulden nach § 311a Abs. 2 BGB begründet sein. Anders dagegen bei der Zielvereinbarung im engeren Sinne. Vereinbart der Arbeitnehmer mit dem Arbeitgeber Ziele, die er nicht erreichen kann, kommt ein Schadensersatzanspruch in Betracht. Dieser ist dann begründet, wenn der Arbeitnehmer Ziele vereinbart und dabei fahrlässig verkennt, dass er diese z.B. wegen mangelnder Fachkenntnisse nicht erreichen kann. Nach § 311a Abs. 2 S. 2 BGB hätte der Arbeitnehmer das Nichtvertretenmüssen zu beweisen. § 619a BGB wäre nach seinem Wortlaut her nicht anzuwenden. Um jedoch Wertungswidersprüche zu vermeiden, bedarf es einer teleologischen Erweiterung der Norm, so dass entgegen § 311a Abs. 2 S. 2 BGB der Arbeitgeber das Verschulden des Arbeitnehmers zu beweisen hat.[942]

Der Arbeitnehmer hat sich im Vorfeld Gedanken zu machen, ob er die Ziele mit seinen Fähigkeiten und Qualifikationen erreichen kann. Unterlässt er diese Überlegungen, kann er sich grundsätzlich schadensersatzpflichtig machen. Der Vorwurf liegt dabei nicht in der Zielverfehlung selbst, sondern in der Vereinbarung von Tätigkeiten, die er nicht erfüllen kann. Er hätte von Anfang an klarstellen müssen, dass er der Aufgabe nicht gewachsen ist und nur andere Ziele erreichen, damit auch nur andere Ziele vereinbaren kann.

3. Mögliche Kündigung wegen Minderleistung

Der Schadensersatzanspruch scheitert in der Praxis oftmals an der schwierigen Beweislage. Auch geht das Interesse des Arbeitgebers mehr in Richtung endgültige Trennung als auf Ersatz des Schadens. Die Kündigung des Arbeitnehmers muss aber eigenständig begründet werden, allein die Zielverfehlung an sich reicht nicht aus. Die Kündigung muss sozial gerechtfertigt sein. Nach § 1 Abs. 2 S. 1 KSchG ist dies der Fall, wenn sie durch Gründe, die in der Person oder in dem Verhalten des Arbeitnehmers liegen, oder durch dringende betriebliche Erfordernisse, die einer Weiterbeschäftigung entgegenstehen, bedingt sind.[943] Mit Zielvereinbarungen/-vorgaben sind betriebsbedingte Kündigungsgründe denknotwendigerweise nicht begründbar, in Betracht kommen allein personen- oder verhaltensbedingte Kündigungen.

Hier handelt es sich wohl um eine Kündigung wegen Minderleistung. Der Arbeitnehmer erbringt die Arbeitsleistung nicht in der geforderten Qualität oder Quantität. Dabei ist für die Begründung der Kündigung wesentlich, ob die Minderleistung willentlich erfolgt oder nicht.[944] Zielvereinbarungen/-vorgaben erleichtern im Ergebnis dem Arbeitgeber die Kündi-

---

941 MüKo/*Müller-Glöge*, § 611 BGB Rn 20.
942 ErfK/*Preis*, § 619a BGB Rn 3; Erman/*Belling*, § 619a BGB Rn 5; MüKo/*Henssler*, § 619a BGB Rn 48; unentschlossen *Mohnke*, Zielvereinbarungen, S. 272; a.A. Schaub/*Linck*, AHdB § 49 Rn 3.
943 Zum persönlichen Anwendungsbereich siehe § 1 1 KSchG, zum sachlichen § 23 KSchG. In den kleineren Unternehmen (weniger als 10 Arbeitnehmern) findet das Personalführungssystem Zielvereinbarung/-vorgabe selten Anwendung, deshalb wird die Kündigung nur anhand des KSchG dargestellt.
944 *Glanz*, in NJW-Spezial 2008, 82 (82); Schaub/*Linck*, AHdB, § 131 Rn 12.

gung wesentlich.[945] Die Darstellung der Minderleistung kann auf Grund eines objektiven Maßstabes vereinfacht werden, sofern nicht in der Zielvereinbarung im weiteren Sinne arbeitsrechtliche Konsequenzen, über die Kürzung des Zielentgelts hinaus, ausgeschlossen wurden. Dann kann weder ein Schadensersatzanspruch noch eine Kündigung mit Hilfe des Zielerreichungsgrades begründet werden.[946]

a) Verhaltensbedingte Kündigung

Zunächst kommt eine verhaltensbedingte Kündigung wegen willentlicher Minderleistung in Betracht. Der Arbeitnehmer hat zu tun, was er soll, und zwar so gut, wie er kann.[947] Das vorwerfbare Fehlverhalten liegt damit in der willentlichen Zurückhaltung der dem Arbeitnehmer möglichen Arbeitsleistung.[948]

aa) Anknüpfungspunkt subjektiver Leistungswille

Auszugehend ist von der subjektiv möglichen Arbeitsleistung.[949] Die Leistungsverpflichtung des Arbeitnehmers besteht nicht lediglich entsprechend § 243 Abs. 1 BGB in einer Arbeitsleistung mittlerer Art und Güte. Andernfalls wird nicht ausreichend der mangelnde Erfolgsbezug der Leistungspflicht des Arbeitnehmers berücksichtigt. Nicht das „Werk", sondern das „Wirken" ist geschuldet.[950] Ausgehend von der Höchstpersönlichkeit der Arbeitsverpflichtung nach § 613 BGB verpflichtet der Arbeitgeber den Arbeitnehmer mit all seinen Fähigkeiten aber auch Defiziten. Hat der Arbeitnehmer besondere Fähigkeiten oder Kenntnisse, kann der Arbeitgeber verlangen, dass der Arbeitnehmer diese einsetzt und damit im Vergleich zum Durchschnittsarbeitnehmer besondere Leistungen erbringt, ebenso wie er grundsätzlich hinnehmen muss, dass der Arbeitnehmer bestimmte Leistungen nicht erbringen kann, obwohl er unter angemessener Anspannung seiner Kräfte, also nach dem ihm subjektiv möglichen, die Dienste erbringt.

Dies bedeutet aber nicht, dass der Arbeitgeber jede unterdurchschnittliche Leistung des Arbeitnehmers hinnehmen muss. Vielmehr ist nach der Ursache derselben zu fragen. Im Rahmen der abgestuften Darlegungs- und Beweislast ist es zunächst ausreichend, wenn der Arbeitgeber Tatsachen vorträgt, aus denen ersichtlich ist, dass die Arbeitsleistung des zu kündigenden Arbeitnehmers deutlich hinter denen vergleichbarer Arbeitnehmer zurückbleibt.[951] Wenn auch in der Praxis eher selten, aber in der Konsequenz der subjektiven Bestimmung der Arbeitsleistung, muss es ebenso möglich sein, wenn der Arbeitgeber darlegt, dass die Arbeitsleistung des Arbeitnehmers zwar der durchschnittlichen Leistung der Vergleichsgruppe entspricht, aber deutlich hinter der in der Vergangenheit schon erbrachten Leistung des Arbeit-

---

945 Kritisch hierzu *Breisig*, Entlohnen und Führen, S. 98; *Geffken*, in PersR 1997, 518 (518).

946 Dies wird von den Kritikern auch dringend empfohlen.

947 *BAG* vom 11.12.2003, Az 2 AZR 667/02; *BAG* vom 17.03.1988, Az 2 AZR 576/87; *Maschmann*, in NZA 2006, Beilage 1, 13 (15).

948 *Küttner/Eisemann*, Kündigung verhaltensbedingte, Rn 38; *Schaub/Linck*, AHdB, § 131 Rn 47; *APS/Dörner*, § 1 KSchG Rn 282; *Glanz*, in NJW-Spezial 2008, 82 (82).

949 *HWK/Quecke*, § 1 KSchG Rn 239; *ErfK/Preis*, § 611 BGB Rn 643; *DLW/Dörner*, S. 1367 Rn 1261; a.A. *Mohnke*, Zielvereinbarungen, S. 274; *Hunold*, in BB 2003, 2345 (2346); *Berkowsky*, in NZA-RR 2001, 1 (3f); *ArbG Celle* vom 14.05.2001, Az 2 Ca 73/01.

950 *BAG* vom 11.12.2003, Az 2 AZR 667/02; *Maschmann*, in NZA 2006, Beilage 1, 13 (16).

951 *V.Hoyningen-Huene/Linck*, § 1 KSchG Rn 653; *BAG* vom 17.01.2008, Az 2 AZR 536/06; *BAG* vom 03.06.2004, Az 2 AZR 386/03; *BAG* vom 11.12.2003, Az 2 AZR 667/02.

nehmers zurückbleibt. Damit kann sich ein „High-Performer" nicht auf eine vergleichsweise durchschnittliche Leistungserbringung beschränken.[952] Auch wenn der objektive Maßstab abzulehnen ist, erhält damit auch die Ansicht der subjektiven Leistungsbestimmung einen objektiven Ansatz.[953]

Die nicht weiter begründete Behauptung, der Arbeitnehmer sei ein Low-Performer, reicht nicht aus. Es bedarf einer zeitlich nachgelagerten verifizierbaren Vergleichsbetrachtung entweder mit sich selbst oder mit einer repräsentativen Arbeitnehmergruppe.[954] Genau an dieser Stelle werden Zielvereinbarungen/-vorgaben relevant.[955] Dies gilt aber ebenso positiv für den Arbeitnehmer. So kann der Arbeitgeber sich nicht in Widerspruch mit der ergangenen Leistungsbeurteilung setzen, indem er behauptet, der Arbeitnehmer sei ein Low-Performer, jedoch diesem ein Zielerreichungsgrad von 102,5% bescheinigt und die Anforderungen bei 100% in vollem Umfang erfüllt sind.[956]

bb) Dokumentation der Minderleistung durch Zielerreichungsgrad

In der Praxis besteht die Schwierigkeit gerade darin, die Minderleistung des Arbeitnehmers objektiv darzustellen. Der im Vergleich schlechte Zielerreichungsgrad ist ein Indiz für die erbrachte Minderleistung. Zielvereinbarungen/-vorgaben tragen daher erheblich dazu bei, die Leistungsbewertung des Arbeitnehmers zu erleichtern.[957] Allerdings ist zu beachten, dass lediglich die mitarbeiterbezogenen Ziele vom Arbeitnehmer beeinflusst werden können. Unternehmensbezogene Ziele können daher zur Begründung nicht herangezogen werden. Die Differenzierung, ob die Ziele innerhalb oder außerhalb des Direktionsrechts liegen, ist für die Kündigung unerheblich. Bei der Zielvorgabe stellt sich die Frage nicht, die Ziele müssen ohnehin innerhalb des Weisungsrechts liegen.[958] Bei der Zielvereinbarung im engeren Sinne dagegen vereinbaren Arbeitnehmer und Arbeitgeber einvernehmlich die Ziele, insofern ist auch von einem entsprechenden Verpflichtungswillen des Bemühens zum Erreichen aller Ziele auszugehen.[959] Der Arbeitnehmer hätte die Vereinbarung der Ziele außerhalb des Weisungsrechts verweigern können.[960]

So ist Voraussetzung, aber zunächst auch ausreichend, wenn der Arbeitgeber darlegt, der Zielerreichungsgrad des betreffenden Arbeitnehmers liegt unterhalb des Durchschnitts entweder der Vergleichsgruppe in der betreffenden Zielperiode oder der Zielerreichungsgrade der

952 *Römermann/Haase*, in MDR 2006, 853 (853); *Friemel/Walk*, in NJW 2005, 3669 (3670); *Brune*, in AR-Blattei SD 1420, Rn 17.
953 Kritisch hierzu *Maschmann*, in NZA 2006, Beilage 1, 13 (18); *Schul/Wichert*, in DB 2005, 1906 (1908); *Schaub/Linck*, AHdB, § 131 Rn 48; *v.Hoyningen/Linck*, § 1 KSchG Rn 653.
954 *BAG* vom 11.12.2003, Az 2 AZR 667/02; *Glanz*, in NJW-Spezial 2008, 82 (82); DLW/*Dörner*, S. 1368 Rn 1265.
955 *V.Hoyningen/Linck*, § 1 KSchG Rn 654; *Hergenröder*, in AR-Blattei SD 1855, Rn 89f.; *Berwanger*, in BB 2003, 1499 (1503f.); *Bauer/Diller/Göpfert*, in BB 2002, 882 (886); *Plander*, in ZTR 2002, 402 (406); *Köppen*, in DB 2002, 374 (379); *Heiden*, Zielvereinbarungen, S. 387; wohl nur für verhaltensbedingte Kündigung *Friedrich*, in PersF 2006, 22 (31).
956 *LAG Köln* vom 23.05.2002, Az 7 Sa 71/02.
957 Vgl. *Knist/Fichtner/Kuhnert*, in PersF 2003, 40 (43) im Zusammenhang mit IT-gestützten Zielvereinbarungen/-vorgaben.
958 Zum Einfluss des Weisungsrechts auf die Zielvorgabe, siehe § 6 III 2.
959 A.A. wohl *Köppen*, in DB 2002, 374 (379); auch *Lischka*, Zielvereinbarungen, S. 93f., die den Verpflichtungswillen nur bei Vorliegen deutlicher Anhaltspunkte annimmt.
960 Siehe § 6 III 3 a.

vergangenen Zielperioden des Arbeitnehmers.[961] Dabei kann schon die einmalige Unterschreitung des durchschnittlichen Zielerreichungsgrades ausreichend sein. Dies ist abhängig von der Dauer der Zielperiode, die jedoch meist ein Jahr beträgt. Hält der Arbeitnehmer für die Dauer eines Jahres jedoch willentlich seine Arbeitsleistung zurück, so kann von einer längerfristigen Störung des Gegenseitigkeitsverhältnisses gesprochen werden. Entscheidend ist aber die Pflichtverletzung, weniger zu arbeiten als man könnte. Die Schwere des Verstoßes, ob einmalige, geringe oder häufige deutliche Minderleistung, ist erst in der Interessenabwägung zu berücksichtigen.

> **Beispiel:** A wies in der Vergangenheit stets einen Zielerreichungsgrad zwischen 110% und 130% auf. Die Zielperiode ist das Kalenderjahr. In diesem Jahr waren es plötzlich nur noch 60%. Hatte A in der vergangenen Zielperiode schlicht keine Lust, ist dies kündigungsrelevant, auch wenn vergleichbare Arbeitnehmer im Durchschnitt den Zielerreichungsgrad von 80% haben.

Teilweise wird auch vertreten, dass nicht der Vergleich mit den vergangenen Zielerreichungsgraden, sondern die Zielverfehlung an sich eine Minderleistung dokumentieren kann. Entscheidend sei hier nicht die Zielverfehlung, sondern das maßgebliche Kriterium, ob mit dem Zielentgelt überobligatorische Leistung oder die Normalleistung abgegolten werden soll. Vereinbaren die Parteien die Vergütung der Normalleistung auf Basis von Zielvereinbarungen im engeren Sinne, so spricht viel dafür, dass die Ziele unter normaler Anspannung der Kräfte auch erreichbar waren. Ansonsten hätte der Arbeitnehmer diese nicht vereinbart. Verfehlt der Arbeitnehmer diese, besteht eine Minderleistung.[962] Dieser im Ansatz richtige Gedanke berücksichtigt jedoch nicht, dass auch vorformulierte Zielvereinbarungen im engeren Sinne existieren. Hier hat der Arbeitnehmer nur einen geringen Einfluss auf die Zielgestaltung. Insofern lässt sich hier eine pauschale Aussage kaum treffen, sondern es ist auf den Einzelfall abzustellen.

Deutlicher erscheint der Vergleich mit den eigenen Zielerreichungsgraden der Vergangenheit oder mit denen vergleichbarer Arbeitnehmer. Der Vergleich muss jedoch nach objektiven Kriterien erfolgen. So darf der Zielerreichungsgrad des zu kündigenden Arbeitnehmers lediglich mit denen vergleichbarer Arbeitnehmer verglichen werden. Die Vergleichsgruppe muss die gleiche oder zumindest ähnliche Tätigkeiten verrichten und auch ähnliche, wenn nicht die gleichen Zielvereinbarungen/-vorgaben erhalten haben. Aus diesen Mitarbeitern ist der durchschnittliche Zielerreichungsgrad zu entwickeln. Der Vergleich lediglich mit den Besten ist ebenso unzulässig, wie deren Nichteinbeziehung. Es ist ein Durchschnitt aller vergleichbaren Arbeitnehmer zu bilden, in deren Gruppe sämtliche Leistungserbringer vorhanden sind.[963] Sofern der Arbeitnehmer mit den eigenen Zielerreichungsgraden der Vergangenheit verglichen wird, so darf sich die Tätigkeit nicht wesentlich verändert haben.[964] So ist es nicht ausreichend, sofern der Arbeitnehmer vom Außen- in den Innendienst versetzt wurde, und im ersten Jahr der Zielerreichungsgrad vom durchschnittlichen der letzten Jahre abweicht. Ein Vergleich nach objektiven Kriterien wäre hier nicht möglich.

---

961   Vgl. *BAG* vom 11.12.2003, Az 2 AZR 667/02 zu objektiv messbaren Arbeitsergebnissen; DLW/*Dörner*, S. 1369 Rn 1266; Küttner/*Eisemann*, Kündigung verhaltensbedingte, Rn 38.

962   So *Heiden*, Zielvereinbarungen, S. 387; *Tschöpe*, in BB 2006, 213 (221).

963   *Glanz*, in NJW-Spezial 2008, 82 (82); *Greiner*, in RdA 2007, 22 (32); *Maschmann*, in NZA 2006, Beilage 1, 13 (19), der (boshaft) von Olympioniken bis Schnarchzapfen spricht.

964   *Römermann/Haase*, in MDR 2006, 853 (854); wohl auch *Hunold*, in BB 2003, 2345 (2347).

cc) Geringes Defizit schon ausreichend

Der Arbeitnehmer hat (immer) zu tun, was er soll, und zwar so gut wie er kann. Der Arbeitnehmer hat damit grundsätzlich 100% seiner subjektiv möglichen Arbeitsleistung zu erbringen. Insofern muss nicht erst ein bestimmter Schwellenwert, weder in zeitlicher, quantitativer noch qualitativer Hinsicht, überschritten werden, um von einer kündigungsrechtlich relevanten Minderleistung ausgehen zu können.[965] Ruft der Arbeitnehmer willentlich nur 90% seiner ihm möglichen Arbeitskraft ab und schlägt sich dies in der Zielerreichung nieder, ist dies ebenso tatbestandlich eine Pflichtverletzung, wie wenn er nur 50% der subjektiv möglichen Leistung erbringt.[966] Der Grad der Leistungsabweichung kann erst im Rahmen der Interessenabwägung berücksichtigt werden. Andernfalls könnte der Arbeitnehmer sanktionslos willentlich seine Arbeitsleistung teilweise zurückbehalten. Außerdem gibt es auch bei den anderen verhaltensbedingten Kündigungsgründen keinen Toleranzbereich. Weder muss sich der Arbeitgeber bis zu einem Drittel bestehlen lassen noch dürfen bis 30% der Betriebsgeheimnisse verraten werden.[967] Der Kündigungsgrund bei der verhaltensbedingten Kündigung ist die Pflichtverletzung, nicht die Störung des Vertragsgleichgewichts. Die Pflicht wird aber bei jedem, auch geringem Abweichen des Ist- vom Soll-Zustand verletzt, nicht erst ab einem gewissen Schwellenwert.

> **Beispiel:** A wies stets einen Zielerreichungsgrad zwischen 110% und 130% auf. Die Zielperiode ist das Kalenderjahr, das Zielentgelt wird in der Spanne von 80% bis 120% ausbezahlt. Ende September erreicht A sämtliche Ziele zu 100%. Dies reicht ihm, ab diesem Zeitpunkt bemüht er sich nicht weiter um die Zielerreichung, bzw. in diesem Fall um Zielübererfüllung bis zu 120%.
> Ab Oktober hält er willentlich seine Arbeitsleistung zurück, dies ist kündigungsrelevant.

Allerdings ist ebenso zu berücksichtigen, dass in einer Vergleichsgruppe immer jemand das Schlusslicht darstellt.[968] Hat der gute Arbeitnehmer das Pech, in einer Gruppe nur mit sehr guten Arbeitnehmern verglichen zu werden, so kann er ebenso wenig ein Low-Performer darstellen, wie wenn er als schlechter Arbeitnehmer nicht als Normalleister gelten kann, wenn er das Glück hat, in einer Gruppe mit unterdurchschnittlichen Arbeitnehmer verglichen zu werden. Insofern kann der Arbeitgeber als Vergleichsmaßstab zur Not auch auf arbeitswissenschaftliche Erkenntnisse zurückgreifen.[969]

---

965 *Maschmann*, in NZA 2006, Beilage 1, 13 (14); *Friemel/Walk*, in NJW 2005, 3669 (3670); a.A.
     APS/*Dörner*, § 1 KSchG Rn 278; *LAG Baden-Württemberg* vom 06.09.2006, Az 13 Sa 84/05.
966 A.A *BAG* vom 11.12.2003, Az 2 AZR 667/02, das erst bei der Unterschreitung von 33% eine nicht mehr
     hinnehmbare und grundlegende Störung des Leistungsgleichgewichts annehmen will; dem *BAG* folgt
     Heiden, Zielvereinbarungen, S. 387; *Deich*, Gestaltung, S. 145 vertritt gar die Schwelle von 50%; ähnlich
     auch *Hunold*, in BB 2003, 2345 (2347f.).
967 *Maschmann*, in NZA 2006, Beilage 1, 13 (20); *Mauer*, Anm. zu BAG, AP Nr. 48 zu § 1 KSchG 1969
     Verhaltensbedingte Kündigung.
968 *BAG* vom 11.12.2003, Az 2 AZR 667/02; *Küttner/Eisemann*, Kündigung verhaltensbedingte, Rn 38;
     DLW/*Dörner*, S. 1368 Rn 1264.
969 *Römermann/Haase*, in MDR 2006, 853 (854); *Hunold*, in AuA 2004, 8 (9); *Schul/Wichert*, in DB 2005,
     1906 (1907); a.A. *Tschöpe*, in BB 2006, 213 (215), der grundsätzlich einen Vergleich ablehnt und vom
     Anforderungsprofil des Arbeitsplatzes an sich ausgeht, dabei aber verkennt, dass dieses durch entsprechende Weisungen leicht durch den Arbeitgeber veränderbar ist und dieser daher unzulässigerweise selbst
     die Kündigungsgründe herbeiführen kann.

dd) Entkräftung der Darlegung des Arbeitgebers durch Arbeitnehmer

Hat der Arbeitgeber ein Leistungsdefizit des Arbeitnehmers dargelegt, so obliegt es dem Arbeitnehmer die willentliche Zurückhaltung der individuellen vollen Leistungsfähigkeit zu bestreiten. Hierbei kann sich der Arbeitnehmer auch auf die Argumentation stützen, es handelt sich um eine Zielvorgabe, obwohl eine Zielvereinbarung im engeren Sinne zu Stande hätte kommen müssen. Eine solche ist nach § 315 Abs. 3 BGB unwirksam und kann daher auch kündigungsrechtlich keine negativen Folgen nach sich ziehen.[970] Gleiches gilt, wenn in einer an sich möglichen Zielvorgabe unzulässige Ziele vorgegeben wurden, und die Zielvorgabe aus diesem Grund unwirksam ist.[971] Auch der Freiwilligkeitsvorbehalt in einer Zielvereinbarung/-vorgabe begründet keine Verbindlichkeit. Ist die Auszahlung des Zielentgelts trotz Zielerreichung für den Arbeitgeber nicht verpflichtend, so ist ebenso das Bemühen um die Zielerreichung für den Arbeitnehmer freiwillig.[972]

Sofern jedoch eine Zielvorgabe rechtmäßig erteilt wurde, so können die Zielerreichungsgrade durchaus als Vergleich genutzt werden.[973] Sind die Ziele zu hoch vorgegeben worden, so sind auch die Zielerreichungsgrade der vergleichbaren Arbeitnehmer entsprechend geringer. Liegen ähnliche oder gar identische Zielvorgaben vor und weicht der zu kündigende Arbeitnehmer von den Zielerreichungsgraden vergleichbarerer Arbeitnehmer ab, so kann durchaus auf eine Minderleistung geschlossen werden. Jedenfalls der Einwand, die Ziele waren nicht realistisch, trägt nicht. Die vergleichbaren Arbeitnehmer beweisen durch ihren besseren Zielerreichungsgrad das Gegenteil.

Er kann sich aber zur Rechtfertigung auf individuelle Defizite, wie Krankheit, Alter oder Behinderung, und auf betriebliche Defizite, wie z.B. schlechte Ausstattung des Arbeitsplatzes, berufen. Ferner hat er Auskunft zu geben, ob und warum in Zukunft mit einer Besserung zu rechnen ist. Legt der Arbeitnehmer derartige Umstände plausibel dar, so ist es Sache des Arbeitgebers, diese zu widerlegen. Trägt der Arbeitnehmer derartige Umstände nicht vor, so gilt das schlüssige Vortragen des Arbeitgebers nach § 138 Abs. 3 ZPO als zugestanden und es ist davon auszugehen, dass der Arbeitnehmer seine Leistungsfähigkeit nicht voll ausgeschöpft hat.[974]

ee) Stets vorzunehmende Interessenabwägung

Auch wenn nach der vorgenommenen Prüfung eine Kündigung in Betracht kommt, die gegenteiligen Interessen sind stets gegeneinander abzuwägen. Hierbei ist nach den Gesamtumständen zu prüfen, ob das Interesse des Arbeitgebers an einer Beendigung des Arbeitsverhältnisses das des Arbeitnehmers an einer Fortsetzung überwiegt. Dabei sind auf der einen Seite der Grad und Dauer des Defizites sowie die betriebliche Auswirkungen, auf der anderen Seite die Sozialdaten des Arbeitnehmers in die „Waagschale zu werfen".[975]

---

970 Ähnlich *Tschöpe*, in BB 2006, 213 (221); *Hunold*, in BB 2003, 2345 (2347).

971 Siehe § 6 III 2 c.

972 Siehe § 8 I 3.

973 A.A. *Schul/Wichert*, in DB 2005, 1906 (1908); *Wellhöner/Barthel*, in AuA 2005, 400 (402); *Brune*, in AR-Blattei SD 1420, Rn 27; *Hunold*, in BB 2003, 2345 (2347); *Tschöpe*, in BB 2006, 213 (221), der allerdings zu diesem Ergebnis kommt, da er einen Vergleich mit anderen Arbeitnehmern ablehnt.

974 *BAG* vom 11.12.2003, Az 2 AZR 667/02; *v.Hoyningen-Huene/Linck*, § 1 KSchG Rn 653.

975 *BAG* vom 17.01.1991, Az 2 AZR 375/90; *BAG* vom 16.08.1991, Az 2 AZR 604/90; *BAG* vom 27.02.1997, Az 2 AZR 302/96; *Küttner/Eisemann*, Kündigung verhaltensbedingte, Rn 11.

Je stärker das Defizit ist und je länger dieses andauert, um so eher überwiegt das Interesse des Arbeitgebers an der Beendigung. So wird bei einer einmaligen Unterschreitung der subjektiven Leistungsfähigkeit um lediglich 10% bei langjährigem beanstandungsfreien Arbeitsverhältnis das Interesse des verheirateten und unterhaltspflichtigen Arbeitnehmers an der Fortführung überwiegen, während bei einer ständigen Unterschreitung von mehr als 40% durch einen ledigen und kinderlosen Arbeitnehmer das Interesse des Arbeitgebers an der Beendigung überwiegt. Hier ist letztlich eine Einzelfallbetrachtung nötig.

ff) Ultimo-ratio und Abmahnung

Grundsätzlich ist bei einer verhaltensbedingten Kündigung jedoch eine Abmahnung erforderlich.[976] Nur wenn der Arbeitnehmer die Fehlleistung erkennen und ihm ausreichend Zeit eingeräumt wurde, diese abzustellen, ist die Kündigung wirksam. Etwas anderes kann nur dann gelten, wenn der Arbeitnehmer ohne weiteres erkennen konnte, dass die Vertragsverletzung (Minderleistung) vom Arbeitgeber keines Falls hingenommen wird und mit einer Kündigung zu rechnen ist. Im Bereich der Schlechtleistung ist aber nur in wirklichen Extremfällen eine Abmahnung nicht erfolgversprechend und deshalb entbehrlich.[977] In der Praxis ist daher stets eine Abmahnung erforderlich.

Ebenso ist auf Grund des ultimo-ratio-Grundsatzes zu prüfen, ob der Arbeitnehmer auf einen anderen (freien) Arbeitsplatz weiterbeschäftigt werden kann, auf dem die Minderleistung nicht mehr zu erwarten ist.[978] Dabei ist jedoch nicht das mildere Mittel bei einer ansonsten zulässigen Kündigung der Wegfall oder Kürzung einer Verdienstchance.[979]

b) Personenbedingte Kündigung

Die personenbedingte Kündigung dagegen kommt in den Fällen in Betracht, in denen die Minderleistung des Arbeitnehmers nicht willensbedingt ist. Der Arbeitnehmer will zwar besser arbeiten, kann es aber nicht.

aa) Anknüpfungspunkt subjektive Eignung

Als Voraussetzung einer personenbedingten Kündigung muss der Arbeitnehmer auf Grund seiner persönlichen Fähigkeiten und Eigenschaften nicht mehr in der Lage sein, künftig seine arbeitsvertraglichen Verpflichtungen ganz oder teilweise zu erfüllen.[980] Ferner bedarf es auf Grund des ultimo-ratio-Grundsatzes konkrete betriebliche Beeinträchtigungen, wobei auch zu prüfen ist, ob es eine Weiterbeschäftigungsmöglichkeit – ggf. zu geänderten Bedingungen – auf einen freien Arbeitsplatz gibt. Auf der dritten Stufe muss die Interessenabwägung dazu

---

976 DLW/*Dörner*, S. 1381 Rn 1315; *Hunold*, in BB 2003, 2345 (2351); *v.Hoyningen/Linck*, § 1 KSchG Rn 652; vgl. auch *Berkowsky*, in NZA-RR 2001, 57 (71ff.).

977 Vgl. *Römermann/Haase*, in MDR 2006, 853 (855); *Brune*, in AR-Blattei SD 1420, Rn 132; *BAG* vom 29.07.1976, Az 3 AZR 50/75.

978 APS/*Dörner*, § 1 KSchG Rn 273; vgl. auch *Houben*, in NZA 2008, 851 (852), nach seiner Ansicht kommen auch höherwertige Arbeitsplätze in Betracht.

979 Staudinger/*Preis*, § 626 BGB Rn 86ff.; *Bauer/Diller/Göpfert*, in BB 2002, 882 (886).

980 *BAG* vom 20.05.1988, Az 2 AZR 682/87; *BAG* vom 10.10.2002, Az 2 AZR 472/01; *v.Hoyningen-Huene/Linck*, § 1 KSchG Rn 273; KR/*Griebeling*, § 1 KSchG Rn 266.

führen, dass die betrieblichen Beeinträchtigungen zu einer billigerweise nicht mehr hinzunehmenden Belastung des Arbeitgebers führen.[981]

Die personenbedingte Kündigung kommt bei subjektiven Eignungsmängeln in Betracht, also solchen Umstände, die unmittelbar in der Person des Arbeitnehmers liegen. Daher bedarf es weder einer Abmahnung noch eines Verschuldens des Arbeitnehmers.[982] Beides wäre sinnlos, da ein Verschulden im technischen Sinne regelmäßig nicht vorliegt und daher eine Abmahnung mit ihrer Rüge- und Warnfunktion leer liefe. Denn Eignungsmängel sind dem Arbeitnehmer nicht vorwerfbar, auch wenn sie der Arbeitgeber nicht akzeptieren muss, sondern unter Umständen mit einer Kündigung reagieren kann.[983]

Eine personenbedingte Kündigung kommt auch dann in Betracht, wenn der Arbeitgeber zunächst von einem steuerbaren Fehlverhalten ausging und deshalb eine Abmahnung oder gar eine verhaltensbedingte Kündigung aussprach. Wendet der Arbeitnehmer hiergegen ein, er schöpft seine Leistungsfähigkeit unter Berücksichtigung seines Alters oder körperlicher Beeinträchtigungen voll aus, „präsentiert" er durch sein substanziiertes Bestreiten dem Arbeitgeber gleichzeitig die Gründe zu einer personenbedingten Kündigung.[984] Der Arbeitnehmer mag dann mit der Argumentation gegen eine verhaltensbedingten Kündigung zwar eine Schlacht gewinnen, den Krieg gegen die Beendigung des Arbeitsverhältnisses kann er aber verlieren.

Bevor ein Arbeitnehmer eingestellt wird, prüft der Arbeitgeber intensiv sowohl die Anforderungen, die der zu besetzende Arbeitsplatz stellt und die Erfüllung derselben durch den Bewerber. Daher ist das Fehlen konkreter Eigenschaften für die Erfüllung der Arbeitsleistung eher selten.[985] Dies wird meist schon in der Bewerbungsphase oder wird zumindest noch innerhalb der Probezeit festgestellt und der Bewerber aus diesen Gründen abgelehnt bzw. ohne Anwendung des KSchG gekündigt. Ähnliches gilt für die objektiven Eignungsmängel (z.B. Fluglizenz). Fehlen diese, wird der Bewerber nicht eingestellt. Fallen diese jedoch nachträglich weg, so kann die personenbedingte Kündigung ausgesprochen werden, sofern nicht der objektive Eignungsmangel in absehbarer Zeit behoben werden kann, z.B. durch Erneuerung der Fluglizenz, und keine andere Weiterbeschäftigungsmöglichkeit besteht.[986]

bb) Vertragsgleichgewicht erst bei erheblichem Defizit gestört

Abzustellen ist auf die geschuldete Arbeitsleistung. Diese wird individuell bestimmt, der Arbeitnehmer muss unter angemessener Anspannung seiner individuellen Kräfte und Fähigkeiten, ohne Körper und Geist zu schädigen, ständig arbeiten. Wirkt sich der personenbedingte

981 HWK/*Thies*, § 1 KSchG Rn 99, 106ff; Küttner/*Eisemann*, Kündigung personenbedingte, Rn 6; *BAG* vom 24.11.2005, Az 2 AZR 514/04.

982 *Berkowsky*, in NZA-RR 2001, 393 (394); v.*Hoyningen/Linck*, § 1 KSchG Rn 326; Küttner/*Eisemann*, Kündigung personenbedingte, Rn 2; a.A. und auf den Einzelfall abstellend KR/*Etzel*, § 1 KSchG Rn 269f.

983 *Maschmann*, in NZA 2006, Beilage 1, 13 (14); ErfK/*Oetker*, § 1 KSchG Rn 99.

984 *Glanz*, in NJW-Spezial 2008, 82 (83); *Tschöpe*, in BB 2006, 213 (218); *Schul/Wichert*, in DB 2005, 1906 (1910).

985 Vgl. zur fehlenden, aber erforderlichen Führungseigenschaft des Konzertmeisters eines Sinfonieorchesters, *BAG* vom 29.07.1976, Az 3 AZR 50/75.

986 Vgl. *BAG* vom 07.12.2000, Az 2 AZR 459/99.

Mangel (z.B. Krankheit) auf die Arbeitsleistung nicht aus, so scheidet eine Kündigung aus.[987] Eine Kündigung kommt erst dann in Betracht, wenn der Arbeitnehmer nicht mehr in der Lage ist, seine vertraglich geschuldete Arbeitsleistung zu erbringen.[988] Daraus folgt dann auch der Vergleichsmaßstab zur Prüfung des Umfangs der Minderleistung. Es kann nicht auf die Arbeitsleistung mittlerer Art und Güte, bezogen auf die Anforderungen des Arbeitsplatzes, und einen Leistungsvergleich mit anderen Arbeitnehmern abgestellt werden.[989] Diese schuldet der Arbeitnehmer nicht.

Auch wenn der Prüfungsmaßstab der geschuldeten Arbeitsleistung bei der personenbedingten und bei der verhaltensbedingten Kündigung ähnlich ist, eine personenbedingte Kündigung ist erst dann möglich, wenn über eine längere Zeit eine erhebliche Leistungsschwäche festgestellt wurde und auch für die Zukunft mit einer schweren Störung des Vertragsgleichgewichts zu rechnen ist. Kündigungsgrund ist hier nicht die Pflichtverletzung des Arbeitnehmers, der weniger arbeitet als er könnte, sondern die Störung des Austauschverhältnisses durch die dauerhafte Beeinträchtigung des Verhältnisses von Leistung und Gegenleistung.[990]

cc) Negative Prognose erforderlich

Der Kündigungsgrund ist zukunftsbezogen und nicht Sanktion für vergangene Zeiträume, deshalb ist – insbesondere bei der krankheitsbedingten Kündigung – eine negativen Prognose erforderlich.[991] Insofern bedarf es entsprechende Trainingsmaßnahmen zur Leistungsverbesserung, deren Erfolglosigkeit ein starkes Indiz für die negative Zukunftsprognose darstellt. Das umfasst auch das betriebliche Eingliederungsmanagement nach § 84 Abs. 2 SGB IX, unabhängig davon, ob der Arbeitnehmer behindert ist oder nicht.[992] Ferner darf kein milderes Mittel, wie Versetzungsmöglichkeit, zur Verfügung stehen.[993]

Im Prozess hat der Arbeitgeber im Rahmen der abgestuften Darlegungslast zunächst die Leistungsmängel vorzutragen, woraus sich eine unterdurchschnittliche Leistung ergibt. Hiernach ist es Sache des Arbeitnehmers zu erklären, inwiefern er trotzdem seine Leistungsfähigkeit ausgeschöpft hat und die Gründe für die Minderleistung darzulegen. Im obliegt ebenfalls darzustellen, ob in Zukunft eine Besserung zu erwarten ist. Kann der Arbeitnehmer nicht plausibel erklären, dass in Zukunft keine beträchtliche Beeinträchtigung des Leistungsungleichge-

---

987 ErfK/*Oetker*, § 1 KSchG Rn 104; HWK/*Thies*, § 1 KSchG Rn 106; Schaub/*Linck*, AHdB, § 131 Rn 3; KR/*Griebeling*, § 1 KSchG Rn 282.

988 *BAG* vom 11.12.2003, Az 2 AZR 667/02; *Schul/Wichert*, in DB 2005, 1906 (1909); *Friemel/Walk*, in NJW 2005, 3669 (3671f.).

989 So aber *Mohnke*, Zielvereinbarungen, S. 274; DLW/*Dörner*, S. 1358 Rn 1226f.; *Hunold*, in BB 2003, 2345 (2346); *Berkowsky*, in NZA-RR 2001, 1 (3f.); *ArbG Celle* vom 14.05.2001, Az 2 Ca 73/01.

990 KR/*Griebeling*, § 1 KSchG Rn 272; vgl. auch hierzu ausführlich *Greiner*, in RdA 2007, 22 (26ff).

991 *V.Hoyningen-Huene/Linck*, § 1 KSchG Rn 274; HWK/*Quecke*, § 1 KSchG Rn 61; Schaub/*Linck*, AHdB, § 131 Rn 35.

992 Dies ist allerdings kein formelle Voraussetzung für die Wirksamkeit der Kündigung, vgl. *BAG* vom 12.07.2007, Az 2 AZR 716/06; Schaub/*Linck*, AHdB, § 131 Rn 5.

993 Vgl. zu den Voraussetzungen im einzelnen *BAG* vom 03.06.2004, Az 2 AZR 386/03; *BAG* vom 11.12.2003, Az 2 AZR 667/02; *Friemel/Walk*, in NJW 2005, 3669 (3672); *Berkowsky*, in NZA-RR 2001, 393 (401); nach *Houben*, in NZA 2008, 851 (852) sind auch höherwertige Arbeitsplätze mit einzubeziehen.

wichts bestehen wird, so ist gilt der Vortrag vom Arbeitgeber nach § 138 Abs. 3 ZPO als zugestanden.[994] Andernfalls obliegt es dem Arbeitgeber, den Gegenbeweis anzutreten.

dd) Dokumentation der Mindereignung durch Zielerreichungsgrad

Wie bei der verhaltensbedingten Kündigung wird auch bei der personenbedingten Kündigung die Zielvereinbarung/-vorgabe bei der abgestuften Darlegungs- und Beweislast relevant. Der mangelhafte Zielerreichungsgrad der mitarbeiterbezogenen Ziele ist ebenso ein Indiz für die eignungsbedingte Minderleistung, wie er es für die verhaltensbedingte Minderleistung dar stellt.

Im Gegensatz zur verhaltensbedingten Kündigung kann aber nicht jede Minderleistung eine Störung des Gegenseitigkeitsverhältnisses begründen. Nicht die vorwerfbare Vertragsverletzung, sondern die Störung des Leistungs-Gegenleistungsverhältnisses ist der Ansatzpunkt für die Kündigung. Deshalb bedarf es einer gewissen Erheblichkeit. Teilweise wird diese pau schal bei einer längerfristigen Unterschreitung des Durchschnittswertes um 30% angenommen.[995] Da aber hier im Grunde der Wegfall der Geschäftsgrundlage seine arbeitsrechtliche Ausprägung findet, ist pauschaler Toleranzbereich abzulehnen. Ausgehend von der Wertigkeit, Schwierigkeit und dem Anforderungsprofil der Arbeit bedarf es einer Einzelfallbetrachtung. Der Toleranzbereich kann kleiner und größer sein, sogar auf null schrumpfen.[996]

Wie bei der verhaltensbedingten Kündigung sind auch hier nur die mitarbeiterbezogenen Ziele zu berücksichtigen. Unternehmensbezogene Ziele liegen außerhalb des Einflussbereichs des Arbeitnehmers und lassen keinerlei Rückschlüsse auf Eignungsmängel zu. Freilich müssen auch beim Vergleich im Rahmen der personenbedingten Kündigung sowohl die Arbeitnehmer als auch deren Zielvereinbarungen/-vorgaben vergleichbar sein.

Die stets vorzunehmende Interessenabwägung bei einer personenbedingten Kündigung[997] wird durch Zielvereinbarungen/-vorgaben nicht beeinflusst.

II. Zielverfehlung bei Fehlzeiten

Liegen zwar Fehlzeiten vor, sind aber sämtliche Ziele erreicht worden, so besteht der volle Anspruch auf das Zielentgelt. Die Fehlzeiten sind dann unerheblich.[998] Fraglich ist aber, ob im Gegenzug bei Fehlzeiten ebenso stets auf die tatsächliche Zielerreichung abzustellen ist. Im Ergebnis ist einerseits zwischen den Gründen für die Abwesenheit und andererseits zwischen den Zielen selbst zu differenzieren. Möglich ist die Fiktion der Zielerreichung, eine

---

994 *Friemel/Walk*, in NJW 2005, 3669 (3672); *Berkowsky*, in NZA-RR 2001, 393 (405); APS/*Dörner*, § 1 KSchG Rn 210, jedoch auf § 138 II ZPO abstellend.

995 So *Glanz*, in NJW-Spezial 2008, 82 (83); *Greiner*, in RdA 2007, 22 (31); *Heiden*, Zielvereinbarungen, S. 390; *BAG* vom 11.12.2003, Az 2 AZR 667/02.

996 *Maschmann*, in NZA 2006, Beilage 1, 13 (21); wie z.B. bei einem Orchestermusiker, der veranlagungsbedingt nicht immer jeden Ton trifft und damit das gemeinsame Ergebnis seiner Kollegen völlig entwertet, vgl. *LAG Brandenburg* vom 21.03.1994, Az 4 (5/4) Sa 369/92.

997 Vgl. hierzu *v.Hoyningen/Linck*, § 1 KSchG Rn 283ff.; APS/*Dörner*, § 1 KSchG Rn 168ff.; KR/*Griebeling*, § 1 KSchG Rn 273ff.

998 *Behrens/Rinsdorf*, in NZA 2006, 830 (831); *Riesenhuber/v.Steinau-Steinrück*, in NZA 2005, 785 (790); *Deich*, in AuA 2004, 8 (13); wohl auch *Grobys*, in NJW-Spezial 2004, 177 (178); a.A. *Heiden*, Zielvereinbarungen, S. 352; zweifelnd *Annuß*, in NZA 2007, 290 (293).

proportionale Kürzung des Zielentgelts pro rata temporis entsprechend der Fehlzeit und das Abstellen auf die tatsächliche Zielerreichung.

1. Innerhalb des Zeitraums des § 3 EFZG

Der bedeutendste und wohl auch häufigste Fall der unvorhergesehenen Fehlzeit des Arbeitnehmers ist die Verhinderung an der Arbeitsleistung durch Arbeitsunfähigkeit infolge Krankheit. § 3 Abs. 1 EFZG ordnet für die Dauer von sechs Wochen die Entgeltfortzahlung im Krankheitsfall an.[999]

a) Meinungsüberblick

Nur vereinzelt wird vertreten, dass das Zielentgelt nur im Erfolgsfall geschuldet ist und die Entgeltfortzahlung im Krankheitsfall zu keinem anderen Ergebnis führt.[1000] Die ganz überwiegende Ansicht ist sich im Ergebnis einig, dass dem Arbeitnehmer kein Nachteil entstehen darf, wenn er die Ziele infolge Krankheit nicht erreichen konnte. Ist der Entgeltfortzahlungszeitraum des § 3 Abs. 1 EFZG nicht überschritten, so erhält der Arbeitnehmer das volle Zielentgelt, sofern er nur wegen der Krankheit die Ziele verfehlt hat.[1001]

Umstritten ist lediglich die Herleitung des Entgeltfortzahlungsanspruches und dessen Berechnung. Teilweise wird vertreten, dass der Anspruch auf das Zielentgelt durch die Zielerreichung bedingt ist. Folgerichtig bedarf es eines Kunstgriffes, da §§ 3, 4 EFZG entgegen § 326 Abs. 1 BGB den Entgeltanspruch nur aufrecht erhalten, nicht aber begründen. Da aber kein Anspruch besteht, muss deswegen die ergänzende Vertragsauslegung nach §§ 133, 157 BGB bemüht werden, um den Anspruch des Arbeitnehmers dogmatisch zu begründen.[1002] Diese Ansicht ist aber abzulehnen. Der Anspruch des Arbeitnehmers auf das Zielentgelt entsteht mit der Zielvereinbarung/-vorgabe. Lediglich dessen Höhe wird durch die Zielerreichung bestimmt. Die hier vertretene Ansicht stellt nicht nur eine deutlichere Abgrenzung zum Werkvertrag dar,[1003] sondern erleichtert auch wesentlich die Begründung des Entgeltfortzahlungsanspruches. Die Zielvereinbarung/-vorgabe ist im Grunde eine reine Bemessungsgrundlage zur Errechnung des Zielentgeltanspruchs.

Die Grundsätze der Vertragsanpassung bevorzugt auch *Lischka*.[1004] Sie hält es für am praktikabelsten, wenn die Ziele so angepasst werden, dass sie innerhalb der ohne krankheitsbedingten Ausfälle verbleibenden Zielperiode erreichbar sind. Das Ergebnis unterscheidet sich nicht von der Fiktion der Zielerreichung. Die Annäherung erfolgt nur von einer anderen Seite. Es

999   Zu den einzelnen Voraussetzungen DLW/*Dörner*, S. 585 Rn 1426ff.; Schaub/*Linck*, AHdB, § 98 Rn 9ff.; HWK/*Schliemann*, § 3 EFZG Rn 2ff.; MüKo/*Müller-Glöge*, § 3 EFZG Rn 4ff.

1000 *Kolmhuber*, in ArbRB 2003, 117 (118); *Bauer*, in Brennpunkte, 93 (104); *Bauer/Diller/Göpfert*, in BB 2002, 882 (885); *Bauer*, in FA 2002, 295 (297); wohl auch *Baum*, in PersF 2007, 74 (80f.).

1001 *Annuß*, in NZA 2007, 290 (293); *Riesenhuber/v.Steinau-Steinrück*, in NZA 2005, 785 (790); *Hidalgo/Rid*, in BB 2005, 2686 (2690); *Däubler*, in ZIP 2004, 2209 (2213); *Berwanger*, in BB 2003, 1499 (1503); *Lindemann/Simon*, in BB 2002, 1807 (1812f.); *Mauer*, in NZA 2002, 540 (544); *Pelzer*, Zielvereinbarungen, S. 170; *Heiden*, Zielvereinbarungen, S. 354; *Mohnke*, Zielvereinbarungen, S. 293; *Deich*, Beurteilung, S. 212; *Lischka*, Zielvereinbarungen, S. 127; unklar *Röder*, in AG Arbeitsrecht, 139 (150).

1002 *Heiden*, Zielvereinbarungen, S. 356ff; ungenau daher Schaub/*Linck*, AHdB, § 77 Rn 1 und 20.

1003 Zur Abgrenzung der Zielvereinbarung/-vorgabe vom Werkvertrag, siehe § 5 I.

1004 *Lischka*, Zielvereinbarung, S. 127; so auch *Hergenröder*, in AR-Blattei SD 1855, Rn 94ff.

macht keinen Unterschied, ob man die Leistung des Arbeitnehmers fiktiv erhöht oder das Ziel der krankheitsbedingten Minderleistung anpasst.

Zunächst krankt diese Ansicht aber daran, dass sie entgegen *Lischka* weniger praktikabel ist. Bei der Zielanpassung in der laufenden Zielperiode ist es nicht absehbar, ob ein weiterer Entgeltfortzahlungszeitraum entsteht oder ob dieser überhaupt kausal für eine in der Zukunft liegende eventuelle Zielverfehlung ist. Naturgemäß wird der Arbeitnehmer nach jeder Krankheit eine Zielanpassung verlangen, der Arbeitgeber dagegen sich auf den Standpunkt stellen, die Ziele sind immer noch leicht erreichbar. Eine endgültige Beurteilung ist aber nur nach Ablauf der Zielperiode möglich. Die laufende Anpassung schon während der Zielperiode bedarf einer stetigen Überprüfung, die ständig Differenzen hervorrufen kann. Dabei begründet *Lischka* ihre Ansicht damit, dass sie weniger konfliktträchtig sei. Die Gründe, warum aber weniger Streit entstehen soll, wenn man die Ziele senkt anstatt die Leistung zu fingieren, nennt sie nicht. Derweil ist es unerheblich, ob man auf der einen Seite (Leistung fiktiv nach oben) oder auf der anderen Seite (Ziel nach unten) eine Anpassung vornimmt. Beides beinhaltet gleichermaßen Konfliktpotential. Sollen die Ziele laufend angepasst werden, entstehen die Differenzen mehrmals in der laufenden Zielperiode. Werden diese erst nach Abschluss der Zielperiode angepasst, so ist es aber schwieriger zu bestimmen, in welchem Maß die Ziele abgesenkt werden müssen, als darzulegen, warum welches Ziel nicht erreicht worden ist. Daher ist diese Ansicht entgegen *Lischka* erheblich weniger praktikabel und abzulehnen.

b) Keine Kürzung des Leistungsentgelts wegen Krankheit

Die Ansicht, der Zielentgeltanspruch sei nicht vom Entgeltfortzahlungsanspruch umfasst, ist schlicht mit dem Gesetz nicht vereinbar.[1005] Sämtliches Entgelt im Rahmen des Gegenseitigkeitsverhältnisses „Lohn gegen Arbeit" fällt unter den Begriff des Arbeitsentgelts nach § 4 EFZG.[1006] Dass auch Leistungsentgelt darunter zählt, wird durch § 4 Abs. 1a S. 2 EFZG deutlich. Der Anspruch wird in dieser Norm vorausgesetzt, lediglich die Berechnung geregelt. Insofern fallen sämtliche mitarbeiterbezogenen Ziele unter den im Rahmen der Entgeltfortzahlung maßgeblichen Begriff des Arbeitsentgeltes.

Bei den unternehmensbezogenen Zielen dagegen kann anderes gelten. Nach § 4a EFZG ist eine Vereinbarung über eine Kürzung von Sondervergütungen möglich. Hier kommt es maßgeblich darauf an, welchen Zweck die unternehmensbezogenen Ziele verfolgen. Sind sie als eine Anpassung der leistungsbezogenen Vergütung, also mitarbeiterbezogenen Ziele, an die wirtschaftliche Situation gewollt, so stellen sie selbst eine leistungsbezogene Vergütung dar.[1007] Eine Vereinbarung nach § 4a EFZG über deren Kürzung wäre dann nicht möglich.[1008]

1005 A.A. *Bauer/Diller/Göpfert*, in BB 2002, 882 (885), die konsequent die Ansicht vertreten, nur mit der Zielerreichung wird das Zielentgelt geschuldet; Inkonsequent aber *Kolmhuber*, in ArbRB 2003, 117 (118), der bei der Entgeltfortzahlung einerseits nur auf das tatsächliche Erreichen der Ziele abstellt, andererseits beim unterjährigen Ausscheiden jedoch einen Anspruch pro rata temporis annimmt.

1006 HWK/*Schliemann*, § 4 EFZG Rn 17; ErfK/*Dörner*, § 4 EFZG Rn 11ff.; Schaub/*Linck*, AHdB, § 98 Rn 83.

1007 Zu den einzelnen Anknüpfungspunkten und deren Zweck, siehe § 4 III 1.

1008 *BAG* vom 26.09.2001, Az 5 AZR 539/00; *BAG* vom 25.07.2001, Az 10 AZR 502/00; *Schmitt*, EFZG, § 4a Rn 20; *Treber*, EFZG, § 4 a Rn 6f.; a.A. *Pelzer*, Zielvereinbarungen, S. 174 lässt die unternehmensbezogenen Ziele immer unter § 4a EFZG fallen; *Lindemann/Simon*, in BB 2002, 1807 (1813), halten § 4a EFZG für das gesamte Zielentgelt für anwendbar; ebenso *Röder*, AG Arbeitsrecht, 139 (150); wohl auch *Hümmerich*, in NJW 2006, 2294 (2299); offengelassen von *Annuß*, in NZA 2007, 290 (293).

Stellen sie aber eine Entlohnung der Betriebstreue, unabhängig von der Leistung des Arbeitnehmers dar, so wäre eine Kürzungsvereinbarung nach § 4a EFZG möglich.[1009] Eine solche Vereinbarung kann sich in der Zielvereinbarung im weiteren Sinne, aber auch in der einzelnen Zielvereinbarung/-vorgabe finden. Die Einseitigkeit der Zielvorgabe steht dem nicht entgegen. Der Begriff der Vereinbarung ist nicht wörtlich zu verstehen, sondern er umfasst sämtliche den Arbeitsvertrag beeinflussende Regelungen, vom Tarifvertrag bis hin zur einseitigen Zusage des Arbeitgebers.[1010] Hierbei ist allerdings die Obergrenze des § 4a S. 2 EFZG zu beachten.[1011] Überschreitet die Kürzungsvereinbarung diese Grenze, so ist sie nach § 12 EFZG iVm § 134 BGB nichtig, der Arbeitnehmer hat Anspruch auf das ungekürzte unternehmensbezogene Zielentgelt.

Fehlt eine solche Kürzungsvereinbarung, ist eine Arbeitsunfähigkeit infolge Krankheit für die unternehmensbezogenen Ziele irrelevant. Auf diese hat der Arbeitnehmer ohnehin keinen Einfluss, insofern stellen sich keinerlei Probleme bei der Zielverfehlung und gleichzeitiger Abwesenheit. Der Zielentgeltanspruch besteht (ungekürzt) in der Höhe, wie das unternehmensbezogene Ziel erreicht wurde.

c) Hypothetische Berechnung der harten mitarbeiterbezogenen Ziele

Anders dagegen die mitarbeiterbezogenen Ziele. Diese sind vom Arbeitnehmer beeinflussbar und insofern wirkt sich eine Abwesenheit unter Umständen auch auf die Zielerreichung aus. Freilich dürfte das eher nicht für eine Kurzerkrankung von z.B. nur einem Tag gelten. Die Zielperiode dauert meist ein Jahr und so dürfte nur in Ausnahmefällen eine kurzfristige Fehlzeit relevant sein. Gleiches gilt für die weichen Ziele.[1012] So kann z.B. das Ziel „Steigerung der Teamfähigkeit" durchaus auch mit Fehlzeiten vollends erreicht werden.

Ist die krankheitsbedingte Fehlzeit ausschlaggebend für einen niedrigeren Zielerreichungsgrad, so ist fiktiv zu errechnen, wie hoch dieser wäre, wenn der Arbeitnehmer nicht auf Grund Krankheit gefehlt hätte.[1013] Hierbei ist nicht automatisch eine vollständige Zielerreichung zu unterstellen, da ansonsten ein Arbeitnehmer mit krankheitsbedingten Fehlzeiten besser gestellt wird, als ein Kollege, der keinerlei Abwesenheitszeiten vorzuweisen hat. Es ist zu prüfen, ob der Arbeitnehmer ohne Krankheit das Ziel erreicht hätte.[1014]

1009 Ebenso *Mohnke*, Zielvereinbarungen, S. 292; *Kolmhuber*, in ArbRB 2003, 117 (118); wohl auch Schaub/*Linck*, AHdB § 77 Rn 20; *Grobys*, in NJW-Spezial 2004, 177 (178); a.A. *Deich*, Beurteilung, S. 212; *Heiden*, Zielvereinbarungen, S. 364; Moll/*Kolvenbach/Glaser*, MAH § 18 Rn 78; *Riesenhuber/v.Steinau-Steinrück*, in NZA 2005, 785 (790); *Hidalgo/Rid*, in BB 2005, 2686 (2690); *Däubler*, in ZIP 2004, 2209 (2213); zweifelnd *Annuß*, in NZA 2007, 290 (293); unklar *Mauer*, in NZA 2002, 540 (544f.).

1010 HWK/*Schliemann*, § 4a EFZG Rn 9; MüKo/*Müller-Glöge*, § 4a EFZG Rn 5; ErfK/*Dörner*, § 4a EFZG Rn 4.

1011 Zur Berechnung vgl. *Schmitt*, EFZG, § 4a Rn 24ff.; *Treber*, EFZG, § 4a Rn 17ff.

1012 Zu den einzelnen Definitionen im Überblick, siehe § 4 VI.

1013 *Reiserer*, in NJW 2008, 609 (611); *Däubler*, in ZIP 2004, 2209 (2213); *Berwanger*, in BB 2003, 1499 (1503); *Lindemann/Simon*, in BB 2002, 1807 (1812f.); Moll/*Kolvenbach/Glaser*, MAH § 18 Rn 77; *Pelzer*, Zielvereinbarung, S. 180; *Mohnke*, Zielvereinbarungen, S. 290; *Deich*, Beurteilung, S. 212; auch *Heiden*, Zielvereinbarungen, S. 359 über den Umweg der ergänzenden Vertragsauslegung; a.A. *Lischka*, Zielvereinbarungen, S. 127, die nur eine Anpassung der Ziele vorsieht, letztlich aber zum selben Ergebnis kommt.

1014 A.A. *Hidalgo/Rid*, in BB 2005, 2686 (2690), die offensichtlich stets eine 100%ige Zielerreichung zu Grunde legen.

Beispiel: Ein Ziel ist die Gewinnung von 5 Neukunden. A hat alles vorbereitet, um den potentiellen Kunden X zu gewinnen. X bittet um eine letztmalige Präsentation und deutet an, dass der Vertrag danach zu Stande kommt, wenn nichts wesentliches sich verändert. Am Tag der Präsentation ist A arbeitsunfähig erkrankt, die Präsentation fällt aus. Deswegen bucht X erbost die Konkurrenz. Dieser Kunde X ist fiktiv bei der Messung der Zielerreichung hinzuzurechnen.

Dabei erfolgt dies im Rahmen einer Schätzung nach § 287 ZPO. Für jedes einzelne Ziel ist zu prüfen, inwieweit die Fehlzeit sich auf den Zielerreichungsgrad ausgewirkt hat. Dabei kommt dem Arbeitnehmer eine entsprechende Darlegungslast zu. Dies ist nicht nur auf Grund der allgemeinen Darlegungs- und Beweislastregel gerechtfertigt,[1015] sondern auch dadurch, als der Arbeitnehmer „näher am Geschehen" ist. Er kann schlicht einfacher und besser darstellen, warum er welches Ziel aufgrund der Fehlzeit nicht erreicht hat. Hilfsweise kann er auch entsprechende Vergleichszahlen aus dem Vorjahr unter Einschluss der Steigerung oder Minderung des laufenden Jahres nutzen.[1016]

2. Außerhalb des Zeitraumes des § 3 EFZG

Ist der Sechs-Wochen-Zeitraum überschritten, besteht nach § 3 Abs. 1 EFZG kein Anspruch auf Entgeltfortzahlung. Dies gilt grundsätzlich sowohl für das laufende Arbeitsentgelt als auch für Sonderzahlungen, ohne dass es einer entsprechenden Vereinbarung bedarf.[1017] Insofern ist zumindest auch ein Teil des Zielentgelts hiervon umfasst.

Fraglich ist nur, wie das Zielentgelt für den nicht entgeltfortzahlungspflichtigen Zeitraum zu berechnen ist. Überwiegend wird vertreten, dass für diesen nicht entgeltfortzahlungspflichtigen Zeitraum das Zielentgelt zeitanteilig ohne entsprechende Vereinbarung gekürzt werden kann.[1018] Andere wiederum halten ausschließlich die tatsächliche Zielerreichung für maßgeblich. Für Zeiten außerhalb des § 3 EFZG ist die Zielvereinbarung/-vorgabe auch ausschließlich erfolgsbezogen.[1019]

a) Differenzierung nach Zielen

Beide Ansichten beinhalten richtige Ansätze. Sie bedürfen jedoch einer weitergehenden Differenzierung. Im Ergebnis ist zunächst zwischen den unternehmensbezogenen und mitarbeiterbezogenen Zielen zu unterscheiden. Bei den unternehmensbezogenen Zielen ist zu unterscheiden, ob diese nur die Betriebstreue entlohnen, oder das mitarbeiterbezogene Zielentgelt an das Unternehmensergebnis anpassen sollen.

Bei den unternehmensbezogenen Zielen ist, sofern nur die Betriebstreue entlohnt werden soll, ist auch während des Entgeltfortzahlungszeitraums eine Kürzung nach § 4a EFZG mög-

---

1015 So wohl auch *Behrens/Rinsdorf*, in NZA 2003, 364 (364).

1016 *Berwanger*, in BB 2003, 1499 (1503).

1017 *BAG* vom 21.03.2001, Az 10 AZR 28/00; *BAG* vom 19.04.1995, Az 10 AZR 49/94; DLW/*Dörner*, S. 494 Rn 890; *Treber*, EFZG, § 3 Rn 121.

1018 So *Riesenhuber/v.Steinau-Steinrück*, in NZA 2005, 785 (790); *Deich*, in AuA 2004, 8 (12f.); *Grobys*, in NJW-Spezial 2004, 177 (178); *Däubler*, in ZIP 2004, 2209 (2214); *Lindemann/Simon*, in BB 2002, 1807 (1812); wohl auch *Mauer*, in NZA 2002, 540 (544); *Röder*, in AG Arbeitsrecht, 139 (150); auch *Annuß*, in NZA 2007, 290 (293), jedoch nur im Fall einer entsprechenden Vereinbarung.

1019 So *Baum*, in PersF 2007, 74 (81); *Bauer*, in Brennpunkte, 93 (104); *Kolmhuber*, in ArbRB 2003, 117 (118); *Bauer/Diller/Göpfert*, in BB 2002, 882 (885); nur für Zeiten außerhalb des § 3 EFZG: *Pelzer*, in Zielvereinbarungen, S. 172; *Deich*, Beurteilung, S. 213.

lich.[1020] Insofern kommt folgerichtig bei dem nicht entgeltfortzahlungspflichtigen Zeitraum auch sogar eine überproportionale Kürzung in Betracht. Dies setzt aber eine entsprechende Vereinbarung voraus. Liegt diese nicht vor, so kann das unternehmensbezogene Zielentgelt, das die Betriebstreue entlohnen soll, überhaupt nicht gekürzt werden. Trotz krankheitsbedingter Fehlzeit wurde die Gegenleistung – Betriebstreue – erbracht. Daher kommt es auf die tatsächlich erbrachte Arbeitsleistung nicht an. Ohne Vereinbarung ist keine Kürzung möglich.[1021] Dieser Grundsatz für Sonderzahlung als Entgelt für die Betriebstreue ist freilich insofern zu modifizieren, als dass es auf die konkrete Zielerreichung der unternehmensbezogenen Ziele ankommt. Der Anspruch auf dieses unternehmensbezogene Zielentgelt besteht in der Höhe des tatsächlichen Zielerreichungsgrades.

Anders dagegen bei den leistungsbezogenen Zielen, also den mitarbeiterbezogenen und den unternehmensbezogenen Zielen, die lediglich eine Anpassung des (leistungsbezogenen) Zielentgelts an die wirtschaftliche Situation des Unternehmens bezwecken.[1022] Hier handelt es sich um Entgelt im engeren Sinne, das lediglich im Rahmen des § 3 Abs. 1 EFZG fort zu zahlen ist. Ist der Sechs-Wochen-Zeitraum überschritten, so entfällt der Anspruch auf Entgeltfortzahlung. Jedoch ist nur der Zeitraum nach der entgeltfortzahlungspflichtigen Zeit zu betrachten. Für den Zeitraum des § 3 Abs. 1 EFZG bedarf es weiterhin einer hypothetischen Betrachtung. Eine proportionale Kürzung des Zielentgelts analog der gesamten Fehlzeit liefe auf eine doppelte Kürzung hinaus, das ohnehin geringere Zielentgelt wird nochmals um die Abwesenheitszeit gekürzt.[1023]

Andererseits besteht der Anspruch in voller Höhe, sofern der Arbeitnehmer die Ziele, z.B. durch überobligatorische Arbeitsleistung (Nacharbeit) tatsächlich erreicht. Fehlzeiten sind in diesem Fall unerheblich.[1024] Insofern geht der Ansatz, dass lediglich der tatsächliche Zielerreichungsgrad für die Höhe des Zielentgelts entscheidend ist, zwar in die richtige Richtung, bedarf aber einer weitergehenden Differenzierung.

b) Die Berechnung im Einzelnen

Die pauschale Aussage, außerhalb des Entgeltfortzahlungszeitraumes ist lediglich der tatsächliche Zielerreichungsgrad entscheidend, übersieht, dass den Fehlzeiten außerhalb des § 3 Abs. 1 EFZG meist Zeiten der Entgeltfortzahlungspflicht vorangehen. Insofern bedarf es dennoch einer Fiktion. Sind die Ziele verfehlt worden, ist der Zielerreichungsgrad für die Zeiten der Entgeltfortzahlungspflicht zu fingieren und nur darüberhinaus kommt es auf den tatsächlichen Zielerreichungsgrad an. Sind also die Ziele zu 80% erreicht worden und kann der Arbeitnehmer darlegen, dass er im Entgeltfortzahlungszeitraum weitere 5% erreicht hätte, so besteht der Anspruch auf 85% des Zielentgelts. Es ist also nicht nur der tatsächliche Zielerreichungsgrad maßgebend, sondern dieser ist fiktiv entsprechend den entgeltfortzahlungspflichtigen Zeitraum zu korrigieren. Dies betrifft in erster Linie mitarbeiterbezogene harte Ziele.

1020 Siehe § 10 II 1 b.
1021 *Treber*, EFZG, § 4a Rn 13; ErfK/*Preis*, § 611 BGB Rn 542; HWK/*Thüsing*, § 611 BGB Rn 106; MüKo/*Müller-Glöge*, § 611 BGB Rn 775; a.A. Moll/*Kolvenbach/Glaser*, MAH § 18 Rn 79f.; *Reiserer*, in NJW 2008, 609 (611), vollständiger Wegfall des gesamten Zielentgelts bei entgeltfortzahlungsfreier Zeit.
1022 Zu den Anknüpfungspunkten und deren Zweck, siehe § 4 III 1.
1023 So aber, sehr deutlich, *Deich*, in AuA 2004, 8 (13).
1024 *Behrens/Rinsdorf*, in NZA 2006, 830 (831); *Riesenhuber/v.Steinau-Steinrück*, in NZA 2005, 785 (790); *Deich*, in AuA 2004, 8 (13); wohl auch *Grobys*, in NJW-Spezial 2004, 177 (178); a.A. *Heiden*, Zielvereinbarungen, S. 352; *Hidalgo/Rid*, in BB 2005, 2686 (2690); zweifelnd *Annuß*, in NZA 2007, 290 (293).

Bei weichen Zielen dagegen, z.B. Steigerung der Teamfähigkeit, ist unabhängig von der Dauer der Zielperiode das Ziel entweder erreicht oder eben nicht erreicht. Hier bedarf es keiner fiktiven Berechnung. Stellte man hier aber nur auf den tatsächlichen Zielerreichungsgrad ab,[1025] erhielte der Arbeitnehmer das volle Zielentgelt. Dieses Zielentgelt ist deshalb pro rata temporis zu kürzen.

Ferner kann es bei den unternehmensbezogenen Zielen, die als Entgelt im engeren Sinne einzustufen sind, ebenfalls nicht auf den tatsächlichen Zielerreichungsgrad ankommen. Der Arbeitnehmer hat auf diese Ziele keinerlei Einfluss, seine Anwesenheit ist für das Erreichen an sich unerheblich. Kommt es dann bloß auf den tatsächlichen Zielerreichungsgrad an, berücksichtigt dies in keiner Weise eine Abwesenheit außerhalb des Entgeltfortzahlungszeitraumes. In diesem Fall muss der Wert des unternehmensbezogenen Ziels errechnet werden. Dieser ergibt sich aus der Zielvereinbarung/-vorgabe. Dieser Wert ist dann um die entgeltfortzahlungsfreie Zeit pro rata temporis zu kürzen.

Beispiel: Die Zielvereinbarung im engeren Sinne sieht folgende Ziele vor: Bei fünf Neukunden Zahlung von EUR 10.000, bei vier Neukunden EUR 8.000, bei weniger kein Zielentgelt, bei sechs oder mehr EUR 12.000; bei Verbesserung der Kundenzufriedenheit (auch Altbestand) EUR 4.000; bei Unternehmensergebnis X: Variante (a): Zahlung EUR 10.000 mit wirksamer Stichtagsklausel; Variante (b): doppeltes Zielentgelt ohne Stichtagsklausel. A ist während der Zielperiode vier Monate und zwei Wochen durchgehend erkrankt. Am Ende der Zielperiode wurden drei Neukunden gewonnen, alle Kunden sind zufrieden, unternehmensbezogenes Ziel erreicht.

Lösung: Käme es lediglich auf die tatsächliche Zielerreichung an, bekommt A (a) EUR 14.000 oder (b) EUR 8.000; Kundenzufriedenheit plus Unternehmensergebnis bzw. Kundenzufriedenheit gerechnet. Es sind lediglich drei Neukunden gewonnen worden, dieses Ziel ist vollends verfehlt. Müsste das Zielentgelt auch noch proportional gekürzt werden, bekäme A lediglich (a) EUR 10.500 oder (b) EUR 6.000; jeweils um das fehlende Quartal (ohne Sechs-Wochen-Zeitraum) gekürzt. Konnte er aufgrund der Erkrankung den vierten und entscheidenden Neukunden nicht gewinnen, wird bei letzterer Lösung doppelt gekürzt. Hätte er aber in den ersten sechs Wochen (Entgeltfortzahlung) den vierten Neukunden gewonnen, ist dies zu fingieren. Hätte er in den weiteren drei Monaten (kein Entgeltfortzahlung) zwei weitere Neukunden gewonnen, bleibt dies unberücksichtigt. Damit erhält A als Zielentgelt (a) EUR 21.000 oder (b) EUR 19.250. Das weiche Ziel der Kundenzufriedenheit kann stets gekürzt werden. Variante (a) soll wohl die Betriebstreue entlohnen, hier erfolgt beim unternehmensbezogenen Ziel keine Kürzung; bei Variante (b) wird das Leistungsentgelt angepasst, eine Kürzung kann daher hier erfolgen. Dieses Ziel ist EUR 11.000 „wert", daher nach Kürzung nur noch EUR 8.250.

Der tatsächliche Zielerreichungsgrad ist bei Überschreiten des Sechs-Wochen-Zeitraumes nicht immer entscheidend. Zumindest bei den weichen Zielen bedarf es einer Kürzung. Sofern vor dem entgeltfortzahlungsfreien Zeitraum ein entgeltfortzahlungspflichtiger besteht, muss für diesen Zeitraum die Zielerreichung der harten Ziele entsprechend fingiert werden. Es ist aber zwischen mitarbeiterbezogenen und unternehmensbezogenen Zielen zu unterscheiden, wobei es bei letzteren darauf ankommt, ob damit die Betriebstreue entlohnt oder das Leistungsentgelt angepasst werden soll.

3. Weitere relevante Fehlzeiten

Als weitere (berechtigte) Fehlzeiten kommen noch der Mutterschutz, Wehr- oder Ersatzdienst, Elternzeit, Betriebsratstätigkeit und Urlaub in Betracht.

1025 So aber *Pelzer*, Zielvereinbarungen, S. 179; *Deich*, Beurteilung, S. 213.

Die Fälle des § 616 BGB spielen keine Rolle. Tatbestand ist das Fehlen für eine nicht erhebliche Zeit. Dies sind nur wenige Tage.[1026] Selbst wenn § 616 BGB abbedungen wurde,[1027] wird sich dies nur im Extremfall auf die Zielerreichung auswirken. Dies ist z.b. dann der Fall, wenn ein Ziel der erfolgreiche Besuch eines Sprachkurses ist und genau am Tag der Prüfung das Kind des Arbeitnehmers erkrankt, er deshalb an der Prüfung nicht teilnehmen kann und es auch keine Wiederholungsmöglichkeit gibt. Dann kommt es für die Fiktion der Zielerreichung darauf an, ob § 616 BGB abbedungen wurden oder nicht.

Auch die urlaubsbedingte Abwesenheit und das Urlaubsentgelt nach § 11 BUrlG ist nur scheinbar relevant. Bei der Definition der Ziele ist regelmäßig diese Abwesenheit mit eingerechnet worden.[1028] Zumindest der Mindesturlaub nach § 3 Abs. 1 BUrlG (ggf. auch der tarifliche Urlaub) muss bei der Erreichbarkeit mit berücksichtigt worden sein. Ansonsten wäre die Zielvereinbarung/-vorgabe nach § 134 BGB nichtig.[1029]

a) Mutterschutz

Nach §§ 3 Abs. 2, 6 Abs. 1 MuSchG darf in den dort genannten Zeiten keine Arbeitsleistung erbracht werden. Nach § 11 MuSchG ist das Arbeitsentgelt für die Zeit eines Beschäftigungsverbotes weiterzuzahlen. Dies gilt aber nicht für eben genannte Zeiten. Für diese besteht nach § 13 MuSchG Anspruch auf Mutterschaftsgeld, das nach § 14 MuSchG aufzustocken ist. Die Höhe des Aufstockungsbetrages errechnet sich nach § 14 Abs. 1 S. 2 MuSchG aus den letzten drei abgerechneten Kalendermonaten. Hier könnte sich eine Diskrepanz ergeben, da bei einer Zielperiode von einem Jahr die Abrechnung derselben nicht in den letzten drei Monaten erfolgen könnte. Aber eine Kürzung des Zuschusses verstieße gegen Art. 141 EG, aber auch gegen §§ 1, 7 AGG und wäre dementsprechend unwirksam.[1030] Insofern bedarf es einer fiktiven Berechnung des mitarbeiterbezogenen Zielerreichungsgrades auch für die Zeit des gesamten Mutterschutzes.[1031]

b) Betriebsratsarbeit

Nach § 37 Abs. 2 BetrVG sind Mitglieder des Betriebsrats ohne Minderung des Arbeitsentgelts von ihrer beruflichen Tätigkeit zu befreien, wenn und soweit es nach Umfang und Art des Betriebs zur ordnungsgemäßen Durchführung ihrer Aufgaben erforderlich ist. Gleiches gilt nach § 14 Abs. 1 SprAuG für Mitglieder des Sprecherausschusses. Das Mitglied hat nach dem Lohnausfallprinzip Anspruch auf das Entgelt, was es erhalten hätte, wenn die Tätigkeit

---

1026 Staudinger/*Oetker*, § 616 BGB Rn 97; HWK/*Krause*, § 616 BGB Rn 42; Schaub/*Linck*, AHdB, § 97 Rn 25; Palandt/*Weidenkaff*, § 616 BGB Rn 9; a.A. und für bis zu sechs Wochen ErfK/*Dörner*, § 616 BGB Rn 10a.

1027 *BAG* vom 18.01.2001, Az 6 AZR 492/99; *BAG* vom 25.04.1960, Az 1 AZR 16/58.

1028 A.A. offenbar *Mohnke*, Zielvereinbarungen, S. 294.

1029 Siehe § 6 IV 3.

1030 *BAG* vom 02.08.2006, Az 10 AZR 425/05; ErfK/*Preis*, § 611 BGB Rn 545; MüKo/*Müller-Glöge*, § 611 BGB Rn 783; Küttner/*Griese*, Gratifikation, Rn 16.

1031 Freilich nur für die mitarbeiterbezogenen Ziele, ungenau daher *Pelzer*, Zielvereinbarungen, S. 170f.; *Deich*, Beurteilung, S. 221; Schaub/*Linck*, AHdB, § 77 Rn 21; a.A. *Kolmhuber*, in ArbRB 2003, 117 (118); wohl auch *Bauer/Diller/Göpfert*, in BB 2002, 882 (885).

für den Betriebsrat oder Sprecherausschuss nicht ausgeübt worden wäre. Dazu gehören auch sämtliche Zulagen und Zuschläge.[1032]

Insofern ist die Zielerreichung fiktiv zu errechnen, sofern das Mitglied des Betriebsrates oder Sprecherausschusses nachweist, dass die Ziele durch diese Tätigkeit nicht erreicht wurden.[1033] Eine Zielanpassung der mitarbeiterbezogenen Ziele kommt deswegen nicht in Betracht, da bei einem nicht freigestellten Mitglied der tatsächliche Aufwand nicht vorhersehbar ist. Anders dagegen bei einem freigestellten Mitglied. Hier steht mit der Freistellung fest, dass das Betriebsratsmitglied sich nicht weiter um die Zielerreichung bemühen kann. Eine Zielanpassung ist aber auch hier nicht möglich, da überhaupt keine Ziele mehr erreicht werden können. Andererseits hat das Mitglied weiterhin Anspruch auf die Vergütung, die es ohne Freistellung erreicht hätte. In der laufenden Zielperiode ist daher der Zielerreichungsgrad entsprechend zu fingieren. Ist das Betriebsratsmitglied die gesamte Zielperiode freigestellt, hat es einen Anspruch auf das Zielentgelt entsprechend den Zielerreichungsgraden, die es ohne die Freistellung erreicht hätte.[1034] Hierzu bedarf es letztlich einer fiktiven Ausgestaltung der gesamten Zielperiode. Dabei ist davon auszugehen, dass der Arbeitnehmer ähnliche Zielerreichungsgrade wie in der Vergangenheit erreicht hätte.

4. Zielverfehlung und ruhendes Arbeitsverhältnis

Mit Inanspruchnahme der Elternzeit nach § 15 BEEG ruht das Arbeitsverhältnis.[1035] Die gegenseitigen Hauptpflichten entfallen und damit auch der Anspruch auf das Arbeitsentgelt und Zielentgelt. Dies gilt auch bei Überschneidung der Mutterschutz- und Elternzeit. Der Arbeitgeber ist bei einem ruhenden Arbeitsverhältnis nicht zur Zahlung von Entgelt und damit auch nicht zum Zuschuss zum Mutterschaftsgeld verpflichtet.[1036] Auch bei Wehrdienst oder Wehrübung ruht das Arbeitsverhältnis nach § 1 Abs. 1 ArbPlSchG. Gleiches gilt für den Grenzschutzdienst bei der Bundespolizei nach § 59 BGSG und für den Zivildienst nach § 78 Abs. 1 Nr. 1 ZDG. Für die Zeit des Ruhens des Arbeitsverhältnisses entfällt die Vergütungspflicht des Arbeitgebers ebenso wie die Arbeitspflicht des Arbeitnehmers.

Kein Problem bei der Errechnung des Zielentgelts ergibt sich, wenn der Arbeitnehmer die gesamte Zielperiode von seiner Arbeitspflicht suspendiert wurde. Er erhält schlicht nichts, muss aber auch nichts leisten. Eine Ausnahme besteht bei den unternehmensbezogenen Zielen, die die bloße Betriebstreue entlohnen sollen. Diese wird auch erbracht, sofern das Arbeitsverhältnis lediglich ruht, der Anspruch auf den Betriebstreuebonus bleibt erhalten.[1037] Dieses Zielentgelt ist deshalb auszuzahlen. Ein Punkt, den der Arbeitgeber bei der Vereinbarung einer Stichtagsklausel[1038] bedenken muss.

1032 *BAG* vom 23.06.2004, Az 7 AZR 514/04; *BAG* vom 16.08.1995, Az 7 AZR 103/95; HWK/*Reichold*, § 37 BetrVG Rn 15; ErfK/*Eisemann/Koch*, § 37 BetrVG Rn 8.

1033 Ebenso *Pelzer*, Zielvereinbarungen, S. 171; a.A. *Bauer*, in Brennpunkte, 93 (104); *Bauer/Diller/Göpfert*, in BB 2002, 882 (885).

1034 Vgl. ErfK/*Eisemann/Koch*, § 37 BetrVG Rn 8; HWK/*Reichold*, § 37 BetrVG Rn 24ff.; *Fitting*, § 37 BetrVG Rn 116ff.

1035 *BAG* vom 10.02.1993, Az 10 AZR 450/91; *BAG* vom 10.05.1989, Az 6 AZR 660/87.

1036 *BAG* vom 29.01.2003, Az 5 AZR 701/01.

1037 Küttner/*Griese*, Gratifikation, Rn 13; *LAG Düsseldorf* vom 28.10.1992, Az 4 Sa 1075/92; a.A. wohl Moll/*Kolvenbach/Glaser*, § 18 Rn 82.

1038 Zur Stichtags- und Rückzahlungsklausel, siehe § 6 VII.

Problematisch dagegen ist die Berechnung, wenn innerhalb der Zielperiode das Arbeitsverhältnis zu ruhen beginnt. Sind sämtliche Ziele erreicht worden, besteht der volle Anspruch auf das Zielentgelt.[1039] Sind dagegen einige Ziele nicht erreicht worden, kann das Zielentgelt entsprechend gekürzt werden. Im Ergebnis erfolgt die Berechnung des Zielentgelts gleich wie in der entgeltfortzahlungsfreien Zeit. Bei den harten mitarbeiterbezogenen Zielen ist die tatsächliche Zielerreichung maßgeblich, eine Kürzung pro rata temporis erfolgt bei den weichen mitarbeiterbezogenen Zielen. Ebenso bei den unternehmensbezogenen Zielen, sofern diese Leistungsentgelt darstellen.[1040] Am Rande sei erwähnt, dass Wehrübungen oftmals nur wenige Tage dauern und daher nur einen geringen – wenn überhaupt – Einfluss auf das Erreichen der mitarbeiterbezogenen Ziele haben können.

5. Zielverfehlung durch Freistellung

Es versteht sich von selbst, dass bei einer einvernehmlichen Freistellung (Sabbatical) die Vergütungspflicht entfällt. Letztlich ruht das Arbeitsverhältnis, die Lösung hierfür wurde gerade erörtert. Bei ausgesprochenen Kündigungen aber ist es seitens des Arbeitgebers oftmals gewünscht, den Arbeitnehmer sofort von der Arbeitsleistung freizustellen. In der Praxis erfolgt dies entweder einseitig oder auf vertraglicher Grundlage. In jedem Fall stellen sich die Fragen der Vergütungspflicht und deren Auswirkungen auf die Zielvereinbarung/-vorgabe.

Ohne ein gesetzliches oder (tarif-)vertragliches Freistellungsrecht kann der Arbeitgeber den Arbeitnehmer nicht von der Arbeitsleistung freistellen, zumindest nicht ohne Vergütung. Der Arbeitgeber trägt das Betriebsrisiko.[1041] Auch bei Anwendung der Grundsätze des allgemeinen Weiterbeschäftigungsanspruchs bei Ausspruch einer Kündigung und Verneinung dieses Anspruchs bis zur Entscheidung der ersten Instanz,[1042] kommt der Arbeitgeber bei einer Freistellung in Annahmeverzug und hat nach § 615 BGB die Vergütung fortzuzahlen.[1043] Nach dem Lohnausfallprinzip hat der Arbeitnehmer Anspruch auf das Entgelt, was er bei Weiterarbeit erzielt hätte.[1044] Dies umfasst auch das Zielentgelt.[1045] Für die mitarbeiterbezogenen harten Ziele, auf deren Erreichen der Arbeitnehmer Einfluss hat und deswegen sich die Freistellung auf den Zielerreichungsgrad negativ auswirkt, ist dieser insofern entsprechend zu fingieren.[1046] Bei den unternehmensbezogenen Zielen dagegen kommt es, wie bei den weichen mitarbeiterbezogenen Zielen, auf die tatsächliche Zielerreichung an.[1047] Auf diese wirkt sich die Freistellung nicht aus.

1039 Behrens/Rinsdorf, in NZA 2006, 830 (831); Riesenhuber/v.Steinau-Steinrück, in NZA 2005, 785 (790); A.A. Heiden, Zielvereinbarungen, S. 352.
1040 Siehe § 10 II 2; a.A. und auf Unmöglichkeit abstellend Baum, in PersF 2007, 74 (81).
1041 Schaub/Linck, AHdB, § 101 Rn 11; BAG vom 18.05.1999, Az 9 AZR 13/98.
1042 BAG vom 27.02.1985, Az GS 1/84.
1043 Vgl. hierzu ausführlich Behrens/Rinsdorf, in NZA 2006, 830 (832).
1044 ErfK/Preis, § 615 BGB Rn 76; MüKo/Henssler, § 615 BGB Rn 51; HWK/Krause, § 615 BGB Rn 79; Schaub/Linck, AHdB, § 95 Rn 66.
1045 A.A. Reiserer, in NJW 2008, 609 (611f.); Bauer/Diller/Göpfert, in BB 2002, 882 (885f.); offengelassen von DLW/Diller, S. 479 Rn 821m.
1046 Ähnlich auch Pelzer, Zielvereinbarungen, S. 176; Deich, Beurteilung, S. 227; a.A. LAG Hamm vom 14.02.2008, Az 15 Sa 483/07, das das vollständige Zielentgelt im Annahmeverzug als geschuldet ansieht.
1047 A.A. Deich, Beurteilung, S. 226, die auch die unternehmensbezogenen Ziele fiktiv errechnen will.

Vereinzelt wird vertreten, dass im Falle eines vertraglichen Freistellungsrechts allein der tatsächliche Zielerreichungsgrad maßgeblich sein soll.[1048] Zwar ist die einvernehmliche Freistellung ebenso möglich, wie grundsätzlich auch das vertragliche vorbehaltene Freistellungsrecht,[1049] dies ändert jedoch nichts an der Vergütungspflicht. Bliebe die Zeit der Freistellung unberücksichtigt, ist also lediglich die tatsächliche Zielerreichung zum Beginn der Freistellung maßgeblich für das Zielentgelt, wird mit der Entscheidung des Arbeitgebers für die Freistellung dem Arbeitnehmer die Chance genommen, den Zielerreichungsgrad zumindest im Hinblick auf die mitarbeiterbezogenen Ziele positiv zu verändern. Im Ergebnis wäre dies eine Freistellung ohne Vergütungspflicht, die aber grundsätzlich unzulässig ist.[1050] Insofern ist auch bei einem vertraglichen Freistellungsrecht des Arbeitgebers die Zielerreichung entsprechend zu fingieren.

Im Ergebnis ist die Frage nach dem Zielentgelt bei der Freistellung nach den allgemeinen Grundsätzen zu lösen. Besteht die Vergütungspflicht, so ist die Erreichung der mitarbeiterbezogenen harten Zielen entsprechend zu fingieren, bei den unternehmensbezogenen kommt es – wie auch bei den weichen mitarbeiterbezogenen Zielen – auf den tatsächlichen Zielerreichungsgrad an. Kann die Vergütungspflicht verneint werden, so kommt es auf die tatsächliche Zielerreichung bei den mitarbeiterbezogenen Zielen an, die unternehmensbezogenen sind pro rata temporis zu kürzen. Dies dürfte aber die Ausnahme darstellen.[1051]

6. Zielverfehlung durch unberechtigte Abwesenheit

Arbeitnehmer sind Menschen. Menschen machen Fehler. So kommt es, dass Arbeitnehmer auch mal unberechtigt nicht am Arbeitsplatz anwesend sind. Die Gründe sind vielfältig und reichen von der Verspätung auf dem Weg zur Arbeit, schlichtem Verschlafen oder gar richtigem „Blau machen". Teilweise wird in diesem Falle eine proportionale Kürzung des Zielentgelts für berechtigt gehalten.[1052] Teilweise wird sogar eine überproportionale Kürzung bei entsprechender Vereinbarung für möglich gehalten.[1053] Jedenfalls soll eine Kürzung des gesamten Zielentgelts, unabhängig vom Zielerreichungsgrad, bei unberechtigter Abwesenheit vorgenommen werden können. Die restliche Literatur schweigt zur diesem Thema.

Aus gutem Grund. Die Kürzung des Zielentgelts bei unberechtigter Abwesenheit kann nur ein theoretisches Problem darstellen. Wiederholte unentschuldigte Abwesenheit, Zuspätkommen oder unbefugtes Verlassen des Arbeitsplatzes berechtigen nach Abmahnung zur verhaltensbe-

---

1048 *Röder*, in AG Arbeitsrecht, 139 (150); *Hergenröder*, in AR-Blattei SD 1855, Rn 103; *Grobys*, in NJW-Spezial 2004, 177 (177); *Bauer*, in Brennpunkte, 93 (106); *Göpfert*, in AuA 2003, 28 (30); *Bauer/Diller/Göpfert*, in BB 2002, 882 (885f); wohl konsequenterweise auch *Heiden*, Zielvereinbarungen, S. 340ff.; *Hoß*, in ArbRB 2002, 154 (156) bejaht sogar den gänzlichen Wegfall des Anspruches.
1049 MüKo/*Hesse*, Vor § 620 BGB Rn 46; Schaub/*Linck*, AHdB § 32 Rn 72; ErfK/*Müller-Gröge* (wohl *Müller-Glöge*), § 620 BGB Rn 43; HWK/*Thüsing*, § 611 BGB Rn 176; *Ohlendorf/Salamon*, in NZA 2008, 856 (858ff.).
1050 DLW/*Hoß*, S. 1684 Rn 2450; MüKo/*Müller-Glöge*, § 611 BGB Rn 979; *Baum*, in PersF 2007, 74 (81); *Friedrich*, in PersF 2006, 22 (26); a.A. *Behrens/Rinsdorf*, in NZA 2006, 830 (833f.); *Mauer*, in NZA 2002, 540 (541f).
1051 Ebenso *Pelzer*, Zielvereinbarungen, S. 176f.; *Deich*, Beurteilung, S. 225f.
1052 *Deich*, Beurteilung, S. 221; *Heiden*, Zielvereinbarungen, S. 365.
1053 *Mauer*, in NZA 2002, 540 (545).

dingten Kündigung.[1054] Kein Arbeitgeber wird dauerhaft eine unberechtigte Abwesenheit tolerieren. Kurze, lediglich abmahnungswürdige Abwesenheitszeiten werden in aller Regel keinen Einfluss auf die mitarbeiterbezogenen Ziele haben. Unternehmensbezogene Ziele werden ohnehin nicht vom Arbeitnehmer beeinflusst, auch nicht durch die Abwesenheit.

Bei der unberechtigten Abwesenheit kommt es bei den mitarbeiterbezogenen Zielen allein auf den tatsächlichen Zielerreichungsgrad an. Sind sämtliche Ziele erreicht worden, ist eine Kürzung nicht möglich. Andererseits kann eine empfindliche Verdiensteinbuße erfolgen, wenn auf Grund der unberechtigten Abwesenheit ein mitarbeiterbezogenes Ziel nicht erreicht wurde. Die Kürzung erfolgt hier nicht proportional, sondern bezogen auf den Wert des verfehlten Ziels. Der Arbeitnehmer ist nicht schutzwürdig, so dass eine Fiktion der Zielerreichung nicht in Betracht kommt. So kann das Verschlafen des Prüfungstermins eines Sprachtests für den Arbeitnehmer teuer werden, sofern das Ziel „erfolgreicher Besuch eines Sprachkurses" deswegen nicht erreicht werden konnte.

Allein bei den unternehmensbezogenen Zielen kann dagegen eine Kürzung angedacht werden. Dies aber auch nur proportional im Verhältnis zur Abwesenheitszeit. Eine überproportionale Kürzung dagegen könnte nur im Rahmen einer Vertragsstrafe vereinbart werden, für die es durch die Inhaltskontrolle nach §§ 305 ff. BGB enge Grenzen gibt. Da aber die Höhe der Vertragsstrafe eine Begrenzung nach oben hin enthalten muss,[1055] diese aber auf Grund der Ungewissheit des Zielerreichungsgrades gerade nicht möglich ist, ist die überproportionale Kürzung des unternehmensbezogenen Zielentgelts ausgeschlossen.[1056]

Bevor jedoch der Arbeitgeber zum Mittel der Kürzung des Zielentgelts greift, wird eher eine Kündigung des Arbeitnehmers in Betracht kommen. Daher wird sich dieses Problem in der Praxis wohl eher selten stellen.

III. Bei nachträglicher Zielerreichung kein Anspruch

Nur sehr vereinzelt wird die Frage behandelt, welche Folgen eine nachträgliche Zielerreichung für das Zielentgelt bedeutet. Zunächst ist hier freilich der Parteiwille maßgeblich. Kommt hinlänglich zum Ausdruck, dass auch eine nachträgliche Zielerreichung maßgeblich für das Zielentgelt sein soll, kann sich der Anspruch des Arbeitnehmers nachträglich noch erhöhen. Selbst wenn aber keine entsprechende Vereinbarung getroffen wurde, soll nach teilweise vertretener Ansicht in Parallele zur Überhangprovision nach § 87 Abs. 3 HGB ein Anspruch des Arbeitnehmers bestehen, wenn dieser in der laufenden Zielperiode ausscheidet und das Ziel ohne sein Zutun, aber unter der Ausnutzung seiner Vorarbeit erreicht wird. Das verspätete Erreichen der Ziele bei Fortführung des Arbeitsverhältnisses sei dagegen unerheblich.[1057]

Letzter Punkt verdient Zustimmung. Allein die Tatsache, dass die Zielvereinbarung/-vorgabe einen Zeitrahmen vorgibt, in denen die Ziele erreicht werden sollen, zeigt, dass eine nachträg-

1054 *V.Hoyningen-Huene/Linck*, § 1 KSchG Rn 678; APS/*Dörner*, § 1 KSchG Rn 287; KR/*Griebeling*, § 1 KSchG Rn 438ff; *BAG* vom 17.01.1991, Az 2 AZR 375/90; *BAG* vom 27.03.1988, Az 2 AZR 576/87; *BAG* vom 13.03.1987, Az 7 AZR 601/85.
1055 Vgl. *BGH* vom 11.05.1989, Az VII ZR 305/87.
1056 Angedeutet auch von *Heiden*, Zielvereinbarungen, S. 365; a.A. *Mauer*, in NZA 2002, 540 (545).
1057 *Deich*, Beurteilung, S. 256ff.; Preis-*Preis/Lindemann*, AV, II Z 5 Rn 47.

liche Zielerreichung unerheblich ist. Gerade das Erreichen innerhalb der Zielperiode ist entscheidend. Für den Arbeitgeber kann ein verspätetes Erreichen wertlos sein. Sonst könnte im Extremfall der Arbeitnehmer, der als Ziel die Durchführung einer Werbekampagne über ein neues Produkt hat, das neue Produkt in fünf Jahren endlich umfangreich bewerben, obwohl schon längst ein Nachfolger auf dem Markt ist. Begründen lässt sich dieses Ergebnis mit dem Fixschuldcharakter der Arbeitsleistungspflicht.[1058] Die maßgebliche Arbeitszeit ist hier nicht die täglich geschuldete Arbeitszeit, sondern die Zielvereinbarung/-vorgabe bestimmt mit der Zielperiode einen Erfüllungszeitraum, innerhalb dessen die Leistung zu erbringen ist. Solange dieser andauert, solange hat der Arbeitnehmer die Leistung, hier Bemühen um die Zielerreichung, zu erbringen. Nach Ablauf desselben wird dem Arbeitnehmer die Erfüllung der Arbeitspflicht unmöglich. Nur die zur vereinbarten Arbeitszeit erbrachte Arbeitsleistung hat Erfüllungswirkung.[1059] Die vereinbarte Arbeitszeit besteht hier in der Zielperiode. Innerhalb dieser hat der Arbeitnehmer sich um die Zielerreichung zu bemühen. Mit Ablauf wird die Bemühung unmöglich, die nachträgliche Zielerreichung damit unerheblich.

Aber auch die Zielerreichung nach Ausscheiden des Mitarbeiters begründet kein höheres Zielentgelt. Der Arbeitnehmer hat einen Anspruch auf das Zielentgelt bei Ausscheiden pro rata temporis.[1060] Hiermit sind seine Vorbereitungsarbeiten entsprechend abgegolten. Eine Zielerreichung nach Ausscheiden des Mitarbeiters ist unerheblich. Der Handelsvertreter ist kein Arbeitnehmer, es besteht ein deutlicher Unterschied. Nur auf den selbstständigen Handelsvertreter sind die §§ 85 ff. HGB anzuwenden, für den Arbeitnehmer gilt das Arbeitsrecht.[1061] Auch die Wertungen des § 87 Abs. 3 HGB sind kaum zu übernehmen. Denn der Arbeitnehmer bekommt seine Vorbereitungsarbeiten zum Erreichen der Ziele bei Ausscheiden pro rata temporis vergütet, der Handelsvertreter bekäme dagegen ohne § 87 Abs. 3 HGB beim Ausscheiden überhaupt keine Provision. Die Schutzbedürftigkeit des Arbeitnehmers ist in diesem Punkt entgegen *Deich* nicht höher, sondern ihr ist schon ausreichend Rechnung getragen worden.[1062] Der Arbeitnehmer erhält einen Ausgleich seiner geleisteten Arbeit, einen irgend gearteten Ausgleichsanspruch im Sinne von § 89b HGB bedarf es eben nicht. Im Übrigen wird andernfalls verkannt, dass der Arbeitnehmer regelmäßig auch bei einer reinen Zeitvergütung die Ergebnisse des Arbeitnehmers nach seinem Ausscheiden übernimmt und von anderen Arbeitnehmern weiternutzen lässt, ohne dass dies eine Vergütungspflicht nach sich zöge. Nichts anderes kann auch hier gelten, trotz der Ergebnisbezogenheit der Zielvereinbarung/-vorgabe Der Arbeitnehmer ist nur zur Bemühung der Zielerreichung verpflichtet. Diese Leistung bekommt er entsprechend vergütet. Dass seine Arbeiten weitergenutzt werden und letztlich zum eigentlichen Erfolg führen können, ist unerheblich. Die weitere Nutzung unterliegt nicht mehr einer Vergütungspflicht durch den Arbeitgeber.

1058   Vgl. HWK/*Thüsing*, § 611 BGB Rn 390; ErfK/*Preis*, § 615 BGB Rn 7.
1059   DLW/*Dörner*, S. 415 Rn 436; MüHArbR/*Blomeyer*, § 57 Rn 14ff.; *BAG* vom 17.03.1988. Az 2 AZR 576/87.
1060   Siehe § 11 III 2.
1061   Baumbach/Hopt-*Hopt*, § 84 HGB Rn 39; zur Abgrenzung ErfK/*Preis*, § 611 BGB Rn 96f.
1062   A.A. *Deich*, Beurteilung, S. 258f.; ihr folgend Preis-*Preis/Lindemann*, AV, II Z 5 Rn 48.

§ 11 Die Zielvereinbarung/-vorgabe unter veränderten Rahmenbedingungen

Die Zielperiode dauert meist ein Jahr. Im Hinblick auf die den Unternehmen abgeforderte Flexibilität ist dies ein erheblicher Zeitraum, der Markt kann sich in diesem deutlich verändern. Manche mögliche Veränderungen sind absehbar, manche dagegen nicht. Auch wenn die Zielvereinbarung/-vorgabe erheblich zur Flexibilität beiträgt,[1063] ist es möglich, dass während der laufenden Zielperiode sich die externen Rahmenbedingungen zum Erreichen der Ziele unvorhergesehen sowohl zu Lasten als auch zu Gunsten des Arbeitnehmers verändern. Auch können unternehmerische Entscheidungen notwendig werden, die sich auf die Möglichkeit der Zielerreichung auswirken. Fraglich und umstritten ist, wie diese Veränderungen während der laufenden Zielperiode zu berücksichtigen sind.

Ebenso ist es nicht fern jeglicher Praxisrelevanz, dass die Parteien erst nach Abschluss der Zielperiode – trotz unterjähriger Veränderungen der Rahmenbedingungen – diese berücksichtigen wollen. Sowohl der Arbeitnehmer als auch der Arbeitgeber könnten keine Veranlassung sehen, den unterjährigen Anpassungsbedarf zu realisieren, da aus Ihrer Sicht die Umstände sich positiv entwickeln. Hier stellt sich ebenfalls die Frage, ob und wie bei der Zielbewertung und damit beim Anspruch auf das Zielentgelt die Nichtänderung berücksichtigt werden muss.

Ferner ist grundsätzlich zwar den Parteien bewusst, dass der Arbeitnehmer auch während der Zielperiode ausscheiden kann, häufig unterlassen sie es dennoch, entsprechende Regelungen aufzustellen. Hier ist die Berechnung des Zielentgelts problematisch. Auch bedarf die Berechnung der Abfindung hinsichtlich des Zielentgelts einer Beleuchtung.

I. Anspruch auf unterjährige Zielkorrektur

Eine unterjährige Zielkorrektur kommt in Betracht, wenn schon in der laufenden Zielperiode absehbar wird, dass die Ziele nicht oder zumindest nicht in dem erwarteten Umfang erreichbar sein werden. Gleiches gilt, wenn die Zielerreichung aus unvorhergesehenen Umständen erheblich erleichtert wird. Die Zielvereinbarung/-vorgabe ist grundsätzlich verbindlich. Ihr zuwider laufende Weisungen bedürfen einer genauen Interessenabwägung.[1064] Die unternehmerische Entscheidungsfreiheit darf aber nicht eingeschränkt werden. Dem Arbeitgeber muss es möglich bleiben, jederzeit die Unternehmensstrategie zu ändern. Dies kann die Möglichkeit der Zielerreichung tangieren. Ebenso muss dem Arbeitnehmer es möglich sein, z.B. von Voll- in die Teilzeit zu wechseln. Auch hierdurch kann die Zielerreichung erheblich erschwert werden. Die Frage ist, unter welchen Voraussetzungen die Arbeitsvertragsparteien einen Anspruch auf unterjähriger Zielkorrektur haben.

1. Ausgangspunkt Parteiwille

Nicht schwer erweist sich die Beurteilung, wenn der Parteiwille ausdrücklich zum Ausdruck gekommen ist. Die Zielvereinbarung im weiteren Sinne kann Regelungen enthalten, unter welchen Voraussetzungen und wie eine unterjährige Zielkorrektur zu erfolgen hat. Als Rahmenregelung werden diese Vereinbarungen allgemeiner Natur sein. Bleiben für den jeweiligen Anwendungsfall keine offenen Fragen, ist die Lösung ebenso unproblematisch, wie wenn

---

1063   Zur erhofften Flexibilität durch das Personalführungssystem Zielvereinbarung/-vorgabe, siehe § 3 II 1 d.
1064   Zur Einfluss auf das Weisungsrecht durch die Zielvereinbarung/-vorgabe, siehe § 6 III 4.

die Arbeitsvertragsparteien sich trotz fehlender Regelungen einvernehmlich auf eine neue Zielvereinbarung im engeren Sinne einigen.

Aber auch die Zielvereinbarung/-vorgabe selbst kann Regelungen der Zielkorrektur enthalten. Die Ziele wurden zwar konkret formuliert, können aber unterschiedliche Tatbestandsvoraus· setzungen enthalten. Sind Unsicherheiten vorhanden, kann die Zielvereinbarung/-vorgabe entsprechend offen gestaltet werden. Z.B. kann die Anzahl der zu gewinnenden Neukunden von der Anzahl der vereinbarten Wochenarbeitsstunden abhängen. Ebenso kann ein „Reserveziel" vorhanden sein, falls ein Ziel nicht erreichbar werden sollte.

Beispiel: Ein Ziel ist die selbstverantwortliche Durchführung einer Werbekampagne über ein neues Produkt. Die Einführung des Produktes ist aber noch nicht sicher. Sollte diese bis zum 31.03. nicht erfolgen, so besteht ab dem 01.04. als „Reserveziel" die Durchführung einer Werbekampagne zu einem anderen Produkt.

a) Parteiwille oftmals durch Ziele selbst manifestiert

Auch kann das Ziel selbst Aufschluss darüber geben, ob überhaupt Anpassungsbedarf besteht. Der Sinn einer Zielvereinbarung/-vorgabe besteht in der Erhöhung der Motivation, Stärkung des eigenverantwortlichen Handelns des Arbeitnehmers und der leistungsgerechten Entlohnung. Wird im Laufe der Zielperiode absehbar, dass ein mitarbeiterbezogenes Ziel unerreichbar wurde, dies aber auf die Minderleistung des Arbeitnehmers zurückzuführen ist, besteht gerade kein Anpassungsbedarf. Soll z.B. der Arbeitnehmer beim Kunden ein Projekt durchführen, ist die Leistung des Arbeitnehmers aber derart unzureichend und stellt der Kunde deswegen das Projekt in der laufenden Zielperiode wieder ein, so hat der Arbeitnehmer das Ziel schlicht nicht erreicht. Ein Anpassungsbedarf besteht hier gerade nicht. In der Zielvereinbarung/-vorgabe ist hinreichend zum Ausdruck gekommen, dass der vom Arbeitnehmer verschuldete Abbruch eine Zielverfehlung darstellt, und damit kein unvorhergesehener Verlauf ist. Gleichzeitig verdeutlicht eine vorzeitige Zielerreichung durch den Arbeitnehmer lediglich dessen erhöhten Einsatz. Selbst wenn dies durch glückliche Umstände begünstigt wurde, besteht grundsätzlich kein Anpassungsbedarf. Will der Arbeitgeber für die restliche Zielperiode andere Ziele vorgeben, bedarf es einer neuen Zielvereinbarung/-vorgabe mit einem weiteren Anspruch auf ein Zielentgelt.

Letztlich kommt es darauf an, ob die Parteien ein Risiko einkalkuliert haben.[1065] Wird dies bejaht, kam der Parteiwille hinreichend zum Ausdruck und ist entsprechend zu berücksichtigen.

b) Keine Anpassung der unternehmensbezogenen Ziele

So besteht auch bei den unternehmensbezogenen Zielen kein Anpassungsbedarf. Diese sollen den Arbeitnehmer letztlich am Unternehmenserfolg beteiligen.[1066] Arbeitgeber und Arbeitnehmer bilden hier eine Art Schicksalsgemeinschaft. Der Arbeitnehmer nimmt hinsichtlich der unternehmensbezogenen Ziele teil am Betriebs- und Wirtschaftsrisiko. Dieses Risiko besteht jedoch nicht in der Form einer Verlustbeteiligung,[1067] sondern lediglich in der Chance,

---

1065 Im Ergebnis ebenso *Heiden*, Zielvereinbarung, S. 284; *Lischka*, Zielvereinbarungen, S. 76.
1066 Es ist dabei – für diese Frage – unerheblich, ob das unternehmensbezogene Ziel Entgelt im engeren oder weiteren Sinne darstellt.
1067 Eine solche wäre auch unzulässig, siehe § 6 V 2 c.

bei einem entsprechenden Erfolg auch eine entsprechend hohe Vergütung zu erhalten. So, wie bei einem unverhofft positiven Verlauf ein Anspruch des Arbeitgebers auf Verringerung der Vergütung abzulehnen ist, muss dieser auch bei einer negativen Entwicklung für den Arbeitnehmer verneint werden.[1068]

> **Beispiel**: Das unternehmensbezogene Ziel besteht im Betriebsergebnis X. Auf Grund (a) einer unvorhergesehenen weltweiten Finanzkrise ist dieses nicht zu erreichen oder (b) auf Grund der unvorhergesehenen Insolvenz des Hauptkonkurrenten wird dieses weit übertroffen.

In beiden Fällen wurde in zulässiger Weise[1069] der Arbeitnehmer an der unternehmerischen Chance beteiligt. Sein Risiko besteht lediglich darin, dass diese Chance sich nicht realisiert. Auch wenn einzelne Umstände, die einen Einfluss auf das Unternehmensergebnis haben, außerhalb des gewöhnlichen Geschäftsablaufes anzusiedeln sind, ist dies gerade Teil des – im negativen wie im positiven Sinne – unternehmerischen Risikos. Hierzu gehört gerade auch der Einfluss externer, konkret unvorhergesehener Einflüsse.[1070] Deshalb besteht hier kein Anpassungsbedarf.

2. Änderungsanspruch bei Überwiegen des Interesses

Damit kommt ein – beiderseitiger – unterjähriger Korrekturanspruch nur bei den mitarbeiterbezogenen Zielen in Betracht. Problematisch ist dieser jedoch, wenn keine entsprechenden Regelungen vorhanden sind. Insofern stellt sich die Frage, ob und unter welchen Voraussetzungen nach den allgemeinen Regeln welche Partei einen Anspruch auf unterjährige Korrektur der Zielvereinbarung/-vorgabe hat. Denn die Annahme, die Arbeitsvertragsparteien einigen sich stets einvernehmlich auf eine Korrektur der Ziele, erscheint praxisfremd.[1071] Im Zweifel weigert sich diejenige Partei, die vom tatsächlichen Verlauf der Umstände profitiert.

a) Meinungsüberblick

Der Anspruch auf Änderung einer Zielvereinbarung/-vorgabe nach veränderten Rahmenbedingungen ist hoch umstritten. Im Wesentlichen sind jedoch zwei Strömungen vorhanden, der Anspruch wird einerseits abgelehnt, andererseits bejaht. Innerhalb der beiden Hauptmeinungen bildete sich eine Vielzahl von verschiedenen Differenzierungen heraus, für deren vollständige Darstellung der hier vorhandene Platz nicht ausreicht. Deswegen muss ein grober Überblick genügen.

Überwiegend wird der Änderungsanspruch pauschal mit § 313 BGB, dem Störung der Geschäftsgrundlage begründet.[1072] Zu prüfen sei, ob die Geschäftsgrundlage der Zielvereinbarung/-vorgabe durch die Änderung gestört oder weggefallen ist und deswegen ein Anspruch

---

1068 So auch *Baum*, in PersF 2007, 74 (82); *Riesenhuber /v.Steinau-Steinrück*, in NZA 2005, 785 (792); *Mohnke*, Zielvereinbarungen, S. 355; vgl. auch *BSG* vom 23.03.2006, Az B 11a AL 29/05 R, für den Fall der Insolvenz.

1069 Zu den Grenzen durch die Sittenwidrigkeitskontrolle, siehe § 6 V.

1070 A.A. *Röder*, in AG Arbeitsrecht, 139 (142); differenzierend *Annuß*, in NZA 2007, 290 (293).

1071 So aber *Plander*, in ZTR 2002, 155 (159); *Deich*, Beurteilung, S. 294.

1072 *Annuß*, in NZA 2007, 290 (292f.); *Lischka*, in BB 2007, 552 (555); *Baum*, in PersF 2007, 74 (82); *Trittin/Fischer*, in AuR 2006, 261 (263); *Riesenhuber/v.Steinau-Steinrück*, in NZA 2005, 785 (792); *Däubler*, in ZIP 2004, 2209 (2213); *Hergenröder*, in AR-Blattei SD 1855, Rn 96; *Bauer*, in Brennpunkte, 93 (103); *Kolmhuber*, in ArbRB 2003, 117 (119); *Bauer/Diller/Göpfert*, in BB 2002, 882 (884); *Mauer*, in NZA 2002, 540 (546); Moll/*Kolvenbach/Glaser*, MAH, § 18 Rn 87.

auf Anpassung der Ziele besteht. Regelmäßig begnügt sich die Literatur mit einer kurzen Darstellung dieses Anspruchs ohne größere Ausführungen. Vereinzelt wird angedeutet, dass die Pflicht zur Tragung des Risikos entscheidend ist.[1073] Die Bereitschaft zur Bejahung der Störung der Geschäftsgrundlage variiert, wird im Allgemeinen aber eher zurückhaltend vertreten.

Andere lehnen einen vorschnellen Rückgriff auf die Grundsätze der Störung der Geschäftsgrundlage ab. § 313 BGB ist subsidiär, deshalb seien die allgemeinen Regeln der §§ 326, 615 BGB vorrangig.[1074] Hier wird teilweise vertreten, dass auch bei unvorhergesehenen Änderungen kein Anspruch auf Änderung der Zielvereinbarung/-vorgabe besteht. Aber es werden die Wertungen des § 87a Abs. 3 S. 2 HGB herangezogen, der Anspruch des Arbeitnehmers auf das Zielentgelt bleibt in gewissen Konstellationen erhalten.[1075] Andere übernehmen die Wertung, leiten diese aber aus der Bedingungsvereitelung des § 162 BGB her.[1076] Will der Arbeitgeber eine Änderung der Zielvereinbarung im engeren Sinne erreichen, bedarf es einer Änderungskündigung.[1077] Andere gehen nicht soweit, sondern unterscheiden im Rahmen des § 326 BGB nach dem Grund der Unmöglichkeit. Beruht die Entscheidung des Arbeitgebers, die die Unmöglichkeit hervorgerufen hat, auf einem sachlichen Grund, so geht zunächst der Anspruch auf das Zielentgelt unter. Aber dem Arbeitnehmer muss die Chance auf das Zielentgelt erhalten bleiben und daher besteht über §§ 313, 242 BGB dann wiederum der Anspruch auf die Änderung der Zielvereinbarung/-vorgabe.[1078]

b) Stellungnahme

Keine der vorgeschlagenen Lösungen führt zu einer befriedigenden Lösung. Gegen die Anwendung der Grundsätze der Geschäftsgrundlage bestehen schon im Hinblick auf die Zielvorgabe rechtliche Bedenken. Weder wird stets die Zielerreichung unmöglich noch der Annahmeverzug des Arbeitgebers ist stets zu bejahen. Jedenfalls führt die Anwendung des allgemeinen Leistungsstörungsrechts zu einer nicht mehr von den Parteien gewollte Starrheit des Personalführungssystems Zielvereinbarung/-vorgabe – soll es doch gerade die Flexibilität erhöhen.[1079]

aa) Subsidiarität der Störung der Geschäftsgrundlage

Der Weg über § 313 BGB ist zumindest für die Zielvorgabe versperrt. Die Zielvorgabe ist ein einseitiges Rechtsgeschäft, als solches unterfällt sie nicht dem Anwendungsbereich dieser Norm.[1080] Selbst wenn man nicht der hierzu kritischen Gegenmeinung[1081] folgen möchte, ver-

---

1073 So *Annuß*, in NZA 2007, 290 (292f.).
1074 Preis-*Preis/Lindemann*, AV, II Z 5 Rn 37; *Deich*, Beurteilung, S. 290ff.; *Berwanger*, in BB 2003, 1499 (1503).
1075 Vgl. Küttner/*Griese*, Zielvereinbarungen, Rn 16.
1076 *Rieble/Gutzeit*, in Jahrbuch 2000, 41 (53ff.).
1077 So *Mohnke*, Zielvereinbarungen, S. 357; *Deich*, Beurteilung, S. 295.
1078 *Lischka*, Zielvereinbarungen, S. 72ff.; *Pelzer*, Zielvereinbarungen, S. 230ff.; *Lischka*, in BB 2007, 552 (554).
1079 Siehe § 3 II 1 d.
1080 Erman/*Holoch*, § 313 BGB Rn 14; Palandt/*Grüneberg*, § 313 BGB Rn 8; Jauernig/*Stadler*, § 313 BGB Rn 6; *BGH* vom 25.11.1992, Az IV ZR 147/91; *OLG Düsseldorf* vom 29.03.1996, Az 7 U 45/95; Anwendungsbereich zweifelhaft nach *BAG* vom 06.02.1992, Az 2 AZR 408/91.
1081 *Unberath*, in Bamberger/Roth, § 313 BGB Rn 10; MüKo/*Roth*, § 313 BGB Rn 127.

bleibt dennoch ein grundsätzlicher Anwendungsbereich. Die Zielvereinbarung im engeren Sinne ist ein zweiseitiges Rechtsgeschäft.

Aber § 313 BGB ist subsidiär. Die allgemeinen Vorschriften gehen vor. Erst wenn diese unanwendbar sind oder zu unzumutbaren Ergebnissen führen sollten, wäre an einer Korrektur über § 313 BGB zu denken.[1082] Insofern ist jedenfalls die pauschale Aussage, die Zielvereinbarung/-vorgabe ist nach den Grundsätzen der Störung der Geschäftsgrundlage zu ändern, abzulehnen. Hinsichtlich der Zielvorgabe ist dieser Weg dogmatisch bedenklich, hinsichtlich der Zielvereinbarung im engeren Sinne bedarf es einer vorherigen Prüfung der allgemeinen Vorschriften.

bb) Nur selten wirkliche Unmöglichkeit gegeben

Aber auch der vorgeschlagene Weg über §§ 326, 615 BGB führt zu keinem befriedigendem Ergebnis. § 326 BGB hat zur Voraussetzung die Unmöglichkeit der Leistung im Sinne von § 275 BGB.[1083] Die Leistung des Arbeitnehmers, zu der er verpflichtet ist, besteht aber lediglich im Bemühen um die Zielerreichung, nicht aber, das Ziel auch tatsächlich zu erreichen. Mit der ganz herrschenden Meinung ist die das Arbeitsergebnis umfassende Leistungspflicht des Arbeitnehmers abzulehnen.[1084] Aber in vielen Fällen ist das (bloße) Bemühen um die Zielerreichung noch möglich.

Beispiel: (a) Das Ziel besteht in der Absatzerhöhung eines bestimmten Produktes. Auf Grund einer allgemeinen Rezession bricht der Markt fast vollständig ein.
(b) Das Ziel besteht in der eigenverantwortlichen Durchführung einer Werbekampagne. Das beworbene Produkt wird aus dem Angebot genommen.

Auch bei einer Rezession ist es noch möglich, sich um den Verkauf eines Produktes zu bemühen. Nur das gewünschte Ergebnis zu erreichen, wird so gut wie unmöglich. Aber letzteres ist gerade nicht von der Arbeitspflicht des Arbeitnehmers umfasst. Gleiches gilt bei der Einstellung des Verkaufs eines Produktes. Das Bemühen des Arbeitnehmers um eine Werbekampagne wäre noch möglich, sie ist nur für den Arbeitgeber sinnlos. Die Fälle der Verwendungszweckstörung sind aber nicht von § 275 BGB erfasst.[1085] Hier wird der unterjährige Anspruch auf Zielkorrektur behandelt, der Erfüllungszeitraum der Leistungspflicht des Arbeitnehmers ist noch nicht abgelaufen.[1086] Die Unmöglichkeit ist damit auch nicht über den Fixschuldcharakter herzuleiten.

Nur in Ausnahmefällen wird eine Unmöglichkeit im Sinne von § 275 BGB tatsächlich gegeben sein. So kann der Arbeitnehmer das Projekt beim Kunden nicht mehr betreuen, wenn dieser hiervon Abstand genommen hat. Die subjektive Unmöglichkeit im Sinne von § 275 Abs. 1 BGB wäre hier zu bejahen.[1087] Damit ist bei veränderten Rahmenbedingungen streng zu prü-

---

1082   Palandt/*Grüneberg*, § 313 BGB Rn 12ff.; Erman/*Holoch*, § 313 BGB Rn 32; *Unberath*, in Bamberger/Roth, § 313 BGB Rn 21f., jeweils m.w.N.
1083   MüKo/*Ernst*, § 326 Rn 8; Jauernig/*Stadler*, § 326 BGB Rn 4; Staudinger/*Otto*, § 326 BGB Rn B2.
1084   Zur Abgrenzung zum Werkvertrag, siehe § 5 I.
1085   Palandt/*Heinrichs*, § 275 BGB Rn 20; MüKo/*Ernst*, § 275 BGB Rn 21; Staudinger/*Löwisch*, § 275 BGB Rn 23f.; auch *Pelzer*, Zielvereinbarungen, S. 231; *Lischka*, Zielvereinbarungen, S. 61.
1086   Zur Zielperiode als Leistungszeitraum, siehe § 10 III.
1087   A.A. *Heiden*, Zielvereinbarung, S. 280f., der die Pflicht zum Bemühen des Erreichens der Ziele nur als nicht im Gegenseitigkeitsverhältnis stehende Nebenpflicht einordnet, dabei jedoch im gewissen Wider-

fen, ob tatsächlich eine Unmöglichkeit vorliegt. Bei der Vielseitigkeit einer Zielvereinbarung/-vorgabe wird dies nicht immer der Fall sein. Sollte tatsächlich auch das Bemühen um die Zielerreichung für den Arbeitnehmer unmöglich sein, ist § 326 BGB dagegen grundsätzlich anwendbar.

cc) Nicht stets Annahmeverzug des Arbeitgebers gegeben

Aber auch der Annahmeverzug ist nicht immer gegeben. § 615 BGB hat den Verzug des Arbeitgebers mit der Annahme der Arbeitsleistung des Arbeitnehmers als Voraussetzung und regelt selbst nur die Rechtsfolgen.[1088] Zur Nichtannahme bedarf es eines Verhaltens, das den Erfüllungseintritt verhindert.[1089] Ein solches ist aber bei der Unverkäuflichkeit eines Produktes – zumindest beim allgemeinen Markteinbruch – gerade nicht zu erkennen. Auch der Wechsel von Voll- in die Teilzeit beruht eher auf ein Verhalten des Arbeitnehmers (Antrag nach § 8 Abs. 1 TzBfG) als auf das des Arbeitgebers.

Jedoch kann unter Umständen der Arbeitgeber tatsächlich in Verzug mit der Annahme der Arbeitsleistung, in diesem Fall mit dem Bemühen um die Zielerreichung, kommen. So ist bei der Einstellung einer Produktlinie die dafür vorgesehene Werbekampagne für den Arbeitgeber sinnlos. Insofern liegt es nahe, dass der Arbeitgeber den Arbeitnehmer mit anderen Aufgaben beauftragt, zumindest aber die erforderlichen Vorarbeiten einstellen lässt oder dem Arbeitnehmer keine entsprechenden Arbeitsmittel mehr zur Verfügung stellt. Für den Annahmeverzug reicht es schon aus, wenn der Arbeitgeber die zur Verrichtung der geschuldeten Tätigkeit hier Werbekampage, erforderlichen Mitwirkungshandlungen im Sinne von § 295 BGB unterlässt.[1090] Es kommt hier nicht auf die Arbeitsleistung grundsätzlich an.[1091] Freilich bleibt es dem Arbeitnehmer selbst bei Annahmeverweigerung der Arbeitsleistung hinsichtlich eines bestimmten Ziels unbenommen, die Arbeitsleistung hinsichtlich anderer Aufgaben zu erbringen. In der Regel werden diese auch vom Arbeitnehmer erfüllt. Aber nimmt der Arbeitgeber weniger Arbeitsleistung an, als der Arbeitnehmer schuldet, so kommt er teilweise in Annahmeverzug.[1092] Dies kann man auch auf die Zielvereinbarung/-vorgabe übertragen. Jedenfalls bei der Zielvereinbarung im engeren Sinne wurden bestimmte Aufgaben des Arbeitnehmers einvernehmlich festgelegt. Nimmt der Arbeitgeber die Arbeitsleistung – Bemühen um die Zielerreichung – hinsichtlich einiger Ziele nicht mehr an, so kommt hier in Bezug auf diesen Teil in Annahmeverzug. Gleiches muss wohl auch für die Zielvorgabe gelten. Der tatsächlichen Befolgung der Weisung des Arbeitgebers kommt kein Erklärungswert im Sinne einer Willenserklärung zu.[1093] Insofern kann auch nicht von einer einvernehmlichen Änderung ausgegangen werden, sofern sich der Arbeitnehmer der Übertragung neuer und anderer Aufgaben fügt. Die

spruch steht, wenn er bei der verhaltensbedingten Kündigung auf das mangelnde Bemühen abstellt, vgl. ebenda S. 386f.

1088 Jauernig/Mansel, § 615 BGB Rn 2; ErfK/Preis, § 615 BGB Rn 3; Staudinger/Richardi, § 615 BGB Rn 17ff.; Palandt/Weidenkaff, § 615 BGB Rn 7.

1089 HWK/Krause, § 615 BGB Rn 60; Fuchs, in Bamberger/Roth, § 615 BGB Rn 24; MüKo/Henssler, § 615 BGB Rn 35.

1090 Staudinger/Richardi, § 615 BGB Rn 84; MüHArbR/Boewer, § 78 Rn 23; Erman/Hanau, § 615 BGB Rn 10; BAG vom 09.08.1984, Az 2 AZR 374/83.

1091 A.A. Heiden, Zielvereinbarungen, S. 280; Pelzer, Zielvereinbarungen, S. 231.

1092 BAG vom 07.11.2002, Az 2 AZR 742/00; ErfK/Preis, § 615 BGB Rn 67; MüKo/Henssler, § 615 BGB Rn 37; HWK/Krause, § 615 Rn 62; Palandt/Weidenkaff, § 615 BGB Rn 8/9.

1093 Siehe § 2 I 2 b.

Ziele, die Pflicht um die Zielerreichung sich zu bemühen und damit der Anspruch auf das Zielentgelt bleiben vielmehr grundsätzlich bestehen.

Im Übrigen darf ebenfalls nicht übersehen werden, dass auch wenn der Arbeitgeber inhaltlich die Arbeitspflicht des Arbeitnehmers neu bestimmt und diese vollständig angeboten und angenommen wird, dem Arbeitnehmer die Vergütungschance durch diese Neustrukturierung genommen wurde. Im Ergebnis liefe es ansonsten auf eine für den Arbeitgeber unverbindliche Zielvereinbarung/-vorgabe hinaus, die jederzeit änderbar ist. Insofern kann durchaus der Arbeitgeber auch hinsichtlich einzelner Ziele in Annahmeverzug geraten.[1094]

dd) Flexibilisierungsinteresse der Parteien beachten

Auch wenn in einzelnen Fällen Unmöglichkeit und Annahmeverzug gegeben sein sollte, wird hierdurch jedoch die grundsätzliche Frage des Anspruchs auf unterjährige Anpassung der Zielvereinbarung/-vorgabe nicht beantwortet. Diese Regelungen sind erst dann von Bedeutung, wenn keine Änderung mehr stattfinden kann, mithin nach Beendigung der Zielperiode. Also führte die konsequente Anwendung dieser Regelungen zu einer Starrheit der Ziele, die sicherlich nicht mehr vom Interesse beider Parteien gedeckt ist.

Ist der Arbeitgeber weit überwiegend für die Unmöglichkeit verantwortlich oder gerät er in Annahmeverzug, hat er – ohne die Möglichkeit, neue Ziele zu formulieren – das Zielentgelt zu zahlen. Sind die Voraussetzungen hierfür dagegen nicht gegeben, so geht der Anspruch des Arbeitnehmers auf das Zielentgelt ersatzlos unter. Sofern man an dieser Stelle wiederum die unternehmerische Freiheit schützen möchte und für eine Änderung der Rahmenbedingungen lediglich einen sachlichen Grund fordert, um einen Anpassungsanspruch zu begründen,[1095] führt dies bei externen Einflüssen, z.B. Markteinbruch, dennoch zu einer Risikotragung, die sicherlich nicht mehr vom Parteiwillen so gedeckt ist. Im Übrigen ist § 313 BGB bei der Zielvorgabe auf Grund der Einseitigkeit nicht anwendbar.

c) Anspruchsbegründung durch ergänzende Vertragsauslegung

Bevor jedoch überhaupt der Anspruch auf unterjähriger Zielkorrektur mit § 313 BGB begründet wird, ist die Anwendbarkeit der Regeln der ergänzenden Vertragsauslegung zu prüfen. §§ 133, 157 BGB gehen § 313 BGB vor.[1096] Beide Institute weisen zwar in Bezug auf den maßgeblichen hypothetischen Parteiwillen Ähnlichkeiten auf. Aber die Frage des rechtlichen „Sollen" im Sinne von § 242 BGB bzw. § 313 BGB stellt sich erst dann, wenn das durch Auslegung ermittelte „Wollen" der Parteien nicht zu einer sicheren Entscheidungsgrundlage führt.[1097] Durch die ergänzende Vertragsauslegung wird nur eine planwidrige Regelungslücke behoben. Die gewollte Regelung bleibt erhalten, sie wird lediglich zur Durchführung gebracht. Über § 313 BGB dagegen wird die Unangemessenheit des Vertrages korrigiert, in die Regelung der Parteien wird also korrigierend eingegriffen.[1098] Aus diesem Grund sind an der

---

1094 A.A. *Pelzer*, Zielvereinbarungen, S. 231; *Heiden*, Zielvereinbarungen, S. 280f.

1095 So *Lischka*, in BB 2007, 552 (554); ähnlich *Pelzer*, Zielvereinbarungen, S. 238.

1096 *BGH* vom 02.07.2004, Az V ZR 209/03; *BGH* vom 24.11.1998, Az X ZR 21/97; Palandt/*Grüneberg*, § 313 BGB Rn 10; *Unberath*, in Bamberger/Roth, § 313 BGB Rn 17; MüKo/*Roth*, § 313 Rn 130.

1097 *BGH* vom 02.07.2004, Az V ZR 209/03; *BGH* vom 01.06.1994, Az V ZR 278/92; Erman/*Armbrüster*, § 157 BGB Rn 3.

1098 Staudinger/*Roth*, § 157 BGB Rn 9; vgl. auch *Riesenhuber*, in BB 2004, 2697 (2701f.).

Anwendung von § 313 BGB auch deutlich strengere Maßstäbe zu stellen als bei der ergänzenden Vertragsauslegung, mit der auch geringfügigere Lücken behoben werden können.[1099]

aa) Planwidrige Lücke

Die Voraussetzungen einer ergänzenden Vertragsauslegung sind hier grundsätzlich zu bejahen.[1100] Zunächst fallen hierunter nicht nur die zweiseitigen Rechtsgeschäfte, sondern auch einseitige. Die Zielvorgabe ist Ausfluss des Weisungsrechts.[1101] Dieses ist als einseitiges Leistungsbestimmungsrecht eine einseitige empfangsbedürftige Willenserklärung.[1102] Gegenstand der ergänzenden Auslegung ist die Willenserklärung selbst.[1103] Damit sind sowohl die Zielvereinbarung im engeren Sinne als auch die Zielvorgabe einer ergänzenden Vertragsauslegung zugänglich. Dies gilt erst Recht für die Zielvereinbarung im weiteren Sinne, sofern sie ein Individualvertrag ist. Bei einem Kollektivvertrag dagegen kommen die für diese Vereinbarungen allgemeinen Auslegungsregeln zur Anwendung.[1104]

Ferner ist auch eine planwidrige Regelungslücke vorhanden. Die Lücke besteht jedoch nicht in den neu zu formulierenden Zielen. Mangels Anhaltspunkte wäre diese Lücke auch nicht zu schließen. Die planwidrige Lücke besteht allein im Anspruch auf unterjährige Zielkorrektur. Nur hier greift die ergänzende Vertragsauslegung. Hätten die Parteien die eingetretene Veränderung der Rahmenbedingungen bedacht, so hätten sie einen Änderungsanspruch verankert. Ist ein solcher in der Zielvereinbarung/-vorgabe nicht vorhanden, stellt sich die Frage, unter welchen Voraussetzungen die Parteien einen solchen als gegeben angesehen hätten.

Dabei kommt es entscheidend sowohl auf den Zweck der Ziele als auch auf die Richtung des Einflusses auf die Zielerreichung an. Das Procedere der Erfüllung des Anspruchs auf Zielkorrektur selbst richtet sich danach, wie die Zielfestlegung zu erfolgen hat, entweder einvernehmlich in einer Zielvereinbarung im engeren Sinne oder einseitig in einer Zielvorgabe.

Beispiel: Der angestellte Investmentbanker A erhält jährlich Zielvorgaben. A hat unter anderem das Ziel, den prozentualen Anteil der Leerverkäufe[1105] zu steigern. Im Zuge einer weltweiten unvorhergesehenen Finanzkrise wird dieser Handel jedoch gesetzlich untersagt.
A hat Anspruch auf Änderung der Zielvorgabe, d.h. Erteilung einer entsprechend geänderten neuen Zielvorgabe. Welche Ziele nun gesetzt werden, steht weiterhin im billigen Ermessen des Arbeitgebers.

1099   Vgl. *Wendtland*, in Bamberger/Roth, § 157 BGB Rn 32; Palandt/*Grüneberg*, § 313 BGB Rn 18.

1100   Den Weg über die ergänzende Vertragsauslegung beschreitet grundsätzlich auch *Heiden*, Zielvereinbarungen, S. 281ff.; angedeutet auch von *Röder*, in AG Arbeitsrecht, 139 (142).

1101   Siehe § 6 III 2.

1102   HWK/*Lembke*, § 106 GewO Rn 6; Palandt/*Grüneberg*, § 315 BGB Rn 11; Erman/*Hager*, § 315 BGB Rn 16; MüKo/*Gottwald*, § 315 BGB Rn 34.

1103   Erman/*Armbrüster*, § 157 BGB Rn 2; Staudinger/*Roth*, § 157 BGB Rn 12; *Wendtland*, in Bamberger/Roth, § 157 BGB Rn 2f.; *BGH* vom 22.04.1953; Az II ZR 143/52.

1104   Vgl. ErfK/*Franzen*, § 1 TVG Rn 92ff.; DLW/*Pfeiffer*, S. 1944 Rn 113ff.; Schaub/*Koch*, AHdB, § 231 Rn 12; DLW/*Wildschütz*, S. 2213 Rn 1159; ErfK/*Kania*, § 77 BetrVG Rn 31.

1105   Ein Leerverkauf ist der Handel mit geliehenen Aktien. Der Händler leiht sich Aktien aus und verkauft diese sofort weiter. Zu einem festen Termin sind diese zurückzugeben. Der Händler muss also bis dahin Aktien zurückkaufen, um sie an den Entleiher zurückgeben zu können. Damit ist bei fallenden Kursen ein Gewinn möglich.

bb) Nur bei mitarbeiterbezogenen Zielen

Bei den unternehmensbezogenen Zielen wird es keinen Anpassungsbedarf geben, hier ist ein Anspruch auf Änderung auf Grund der Schicksalsgemeinschaft abzulehnen.[1106] Bei mitarbeiterbezogenen Zielen dagegen ist zu differenzieren.

Handelt es sich um externe Einflüsse, die die Leistungsbewertung des Arbeitnehmers durch die Zielvereinbarung/-vorgabe verfälschen, so wird das Interesse beider Parteien einen Änderungsanspruch begründen können. Bricht der Markt ein und kann deshalb das Produkt nicht mehr verkauft werden, widerspräche es dem Sinn des Systems, wenn starr an den Zielen festgehalten würde. Weder ist der Arbeitnehmer zu höheren Leistungen zu motivieren; er kann sich noch so bemühen, die Ziele werden nicht erreicht werden. Noch erhält er durch realistische, erreichbare, aber anspruchsvolle Ziele eine wirkliche Chance auf eine Vergütung. Die Zielvereinbarung/-vorgabe wirkt letztlich demotivierend und verringert die Vergütung. Damit träte im Grunde exakt das Gegenteil ein von dem, was beide Parteien ursprünglich gewollt haben. Gleiches gilt auch für den Fall der Unmöglichkeit. Wenn der Kunde aus internen Gründen die Beziehung zum Arbeitgeber abbricht und deswegen auch die Arbeitsleistung des Arbeitnehmers unmöglich wird, kann nicht starr an den Zielen festgehalten werden. Gerade hier zeigt sich, dass die strenge Anwendung der §§ 326, 615 BGB zu unbilligen und von den Parteien nicht gewollten Ergebnissen führt. Fehlt es jedoch in diesem Fall an einer entsprechenden Regelung zur Änderung der Zielvereinbarung/-vorgabe, so ist dieselbe lückenhaft und ist dementsprechend auszufüllen.[1107]

Dies gilt jedoch nicht nur zu Gunsten des Arbeitnehmers, sondern auch zu seinen Lasten. Wird der Hauptkonkurrent insolvent und steigt die Nachfrage des abzusetzenden Produktes deswegen rasant an, so ist ebenfalls ein Anpassungsbedarf zu bejahen.

cc) Freie unternehmerische Entscheidung möglich

Wird die Zielerreichung auf Grund einer unternehmerischen Entscheidung erschwert, so kann an zwei Lösungswege gedacht werden. Die Zielvereinbarung/-vorgabe ist verbindlich, zuwiderlaufende Weisungen wären unwirksam.[1108] Entfällt durch die unternehmerische Entscheidung die Möglichkeit für den Arbeitnehmer, sich um die Zielerreichung zu bemühen, kommt der Arbeitgeber in Annahmeverzug und das Zielentgelt wäre in voller Höhe zu zahlen.[1109] Wechselt der Arbeitnehmer von Voll- in die Teilzeit, bleiben die Ziele ebenfalls bestehen. Werden diese auf Grund der geringeren Arbeitszeit nicht erreicht, besteht kein Anspruch auf das Zielentgelt. Damit besteht ein Lösungsweg in der Versagung der unterjährigen Korrektur und der strengen Anwendung der allgemeinen Regeln. Diese Lösung wird jedoch beiden Interessen nicht gerecht. Dem Arbeitgeber muss seine unternehmerische Entscheidungsfreiheit uneingeschränkt zustehen. Gleiches gilt für den Arbeitnehmer.

1106 Siehe § 11 I 1 b.
1107 *Heiden*, Zielvereinbarungen, S. 281, verkennt, dass trotz grundsätzlicher Anwendung von §§ 326 II, 615 BGB dennoch ein Anpassungsanspruch im Rahmen einer ergänzenden Vertragsauslegung vorhanden sein kann.
1108 Zum Einfluss auf das Weisungsrecht durch die Zielvereinbarung/-vorgabe, siehe § 6 III 4.
1109 So *Däubler*, in ZIP 2004, 2209 (2213).

Beim Wechsel in die Teilzeit ist auch das Verbot der Diskriminierung nach § 4 TzBfG zu beachten. Allein hieraus zeigt sich, dass eine Anpassung der Ziele notwendig wird.[1110] Aber auch der Arbeitgeber kann nicht für die Zeitspanne der Zielperiode in seiner unternehmerischen Entscheidungsfreiheit beschränkt werden.[1111] Dies darf auch nicht mittelbar durch die ersatzlose Aufrechterhaltung des Zielentgeltanspruchs erfolgen. Andernfalls könnte dies unter Umständen – bei hohen Personalkosten auf Grund einer Vielzahl an Arbeitnehmern – wirtschaftlich schwer schädigende Folgen nach sich ziehen, was wiederum nicht im Interesse beider Parteien sein dürfte. Hätten diese die dahingehende Vertragslücke erkannt, wäre ein Anpassungsanspruch mit aufgenommen worden. Die Zielvereinbarung/-vorgabe ist entsprechend zu ergänzen. Der zweite, richtige Lösungsweg sieht daher auch bei der Veränderung interner Einflüsse grundsätzlich einen unterjährigen Korrekturanspruch vor.

Aber die Zielvereinbarung/-vorgabe ist grundsätzlich verbindlich ist. Sie darf durch den Arbeitgeber nicht willkürlich geändert werden. Damit stellt sich die Frage, welche Schwelle überschritten werden muss, um einen Korrekturanspruch auf Grund einer unternehmerischen Entscheidung zu bejahen. Parallelen hierzu finden sich bei der betriebsbedingten Kündigung. Die unternehmerische Entscheidung, die zum Wegfall des gesamten Arbeitsplatzes führt, ist im Rahmen des § 1 Abs. 2 KSchG lediglich auf Gesetzesverstöße oder auf offensichtliche Unsachlichkeit, Unvernunft oder Willkür hin überprüfbar.[1112] Auch wenn die Vergütung für den Arbeitnehmer von erheblicher Bedeutung ist, kann für ein Teil derselben kein strengerer Maßstab gelten, als für den Wegfall des gesamten Arbeitsplatzes. Insofern bedarf die Entscheidung des Arbeitgebers, die die Zielerreichung erschwert oder gar unmöglich macht, ebenso lediglich eines sachlichen und nachvollziehbaren Grundes.[1113]

dd) Abgrenzung nach Risikozuweisung

Sowohl externe als auch interne Umstände können die Zielerreichungsmöglichkeit beeinflussen und damit einen Anpassungsbedarf begründen. Intern bedeutet hier jedoch nicht betriebsintern, sondern ist im Verhältnis der Parteien der Zielvereinbarung/-vorgabe zu sehen. Insofern ist auch der Ausfall eines Mitarbeiters, auf dessen Zuarbeit der Arbeitnehmer angewiesen ist, als externer Umstand zu werten. Hier kommt es entscheidend darauf an, ob das Risiko mit einkalkuliert wurde. Regelmäßig ist dies in Bezug auf den Einflussbereich des Arbeitnehmers zu bejahen. Grundsätzlich ist er selbst für die Zielerreichung verantwortlich. Schafft er diese aufgrund seiner eigenen Minderleistung nicht, besteht kein Anpassungsbedarf.[1114] Beim Einflussbereich des Arbeitgebers dagegen ist zu differenzieren. Ist das Risiko bei der Zielformulierung mit einkalkuliert worden, so entspricht das letztlich zu erreichende Ergebnis dem Willen der Parteien. Wurde dieses unberücksichtigt gelassen, besteht ein Anpassungsbedarf.

1110 Entgegen Kelber/Zeißig, in NZA 2001, 577 (581), ist eine automatische Anpassung der Ziele eher selten möglich; ferner ist grundsätzlich auch eine Anpassung der unternehmensbezogenen Ziele beim Wechsel in die Teilzeit möglich. Die Leistungspflicht des Arbeitnehmers verringert sich, damit muss auch grundsätzlich eine Anpassung der gesamten Gegenleistung des Arbeitgebers in Betracht kommen.

1111 Riesenhuber/v.Steinau-Steinrück, in NZA 2005, 785 (788).

1112 BAG 18.10.2006, Az 2 AZR 434/05; BAG vom 06.07.2006, Az 2 AZR 442/05; Schaub/Linck, AHdB, § 134 Rn 27f.; ErfK/Oetker, § 1 KSchG Rn 240; HWK/Quecke, § 1 KSchG Rn 267.

1113 Lischka, Zielvereinbarungen, S. 63ff.; Riesenhuber/v.Steinau-Steinrück, in NZA 2005, 785 (788).

1114 Siehe § 11 I 1 a.

Beispiel: Ziel ist der Verkauf eines völlig neuen Produktes.

(a) Aufgrund der üblichen Kinderkrankheiten erweist sich die Nachfrage als schleppend, durch ständige Verbesserung des Produktes steigt die Nachfrage jedoch zunehmend.

(b) Aufgrund eines Konstruktionsfehlers erweist sich plötzlich das Produkt als völlig unbrauchbar. Die notwendigen Verbesserungsmaßnahmen werden mehr als ein halbes Jahr andauern. Bis dahin ist es unverkäuflich.

Die Güte des Produktes liegt im Einflussbereich des Arbeitgebers. Er hat die Qualität zu verantworten. Während das erste Beispiel einen völlig normalen Verlauf einer Neueinführung darstellt, ist anzunehmen, dass beim zweiten Beispiel die Parteien mit der völligen Unbrauchbarkeit gerade nicht gerechnet haben. Für diesen Fall besteht damit Anpassungsbedarf und ein ebensolcher Anspruch.

Zusammenfassend lässt sich der Anspruch auf Änderung der Ziele aus dem einkalkulierten Risiko herleiten. Realisiert sich ein solches, ist die Zielvereinbarung/-vorgabe gerade nicht lückenhaft. Realisiert sich jedoch ein Risiko, das von den Parteien nicht vorhersehbar war, so weist die Regelung dahingehend eine Lücke auf. Im Rahmen der ergänzenden Vertragsauslegung ist damit ein Anspruch auf Änderung der Ziele begründbar. Die Zielentgelthöhe selbst ist aber änderungsfest.[1115] Die Änderung der Ziele kann sowohl zu Gunsten als auch zu Lasten des Arbeitnehmers ergeben. So, wie der Arbeitnehmer darauf vertrauen kann, stets zwar anspruchsvolle, aber erreichbare Ziele zu erhalten, und diese ggf. an die Umstände anzupassen, muss dies ebenso auch für den Arbeitgeber gelten. Auch der Arbeitgeber hat ggf. einen Anspruch auf Anpassung der Zielvereinbarung/-vorgabe.[1116]

Regelmäßig kommt lediglich die Änderung harter mitarbeiterbezogener Ziele in Betracht. Weiche Ziele unterliegen kaum dem Einfluss externer Einflüsse. Zwar ist theoretisch denkbar, dass beispielsweise überhaupt keine Kunden mehr kommen sollten, mit denen das Ziel Kundenfreundlichkeit erreicht werden könnte, aber dann wird zumeist das Unternehmen ohnehin insolvent sein oder gar der Betrieb ganz eingestellt werden, als dass das Problem der Änderung der Zielvereinbarung/-vorgabe relevant wird. Einzig bei der – grundsätzlich möglichen – Versetzung kommt eine Änderung auch der weichen Ziele in Betracht; beispielsweise der Verkäufer mit dem weichen Ziel Kundenfreundlichkeit, der in die Personalabteilung ohne Kundenkontakt versetzt wird.

d) Zielkorrektur bei der Zielvorgabe

Die Zielvorgabe unterliegt, da sie Ausfluss des Weisungsrechts ist, der Billigkeitskontrolle des § 315 Abs. 3 BGB.[1117] Das billige Ermessen bestimmt sich unter Berücksichtigung der Interessen beider Parteien. Maßgeblich ist der Zeitpunkt der Ausübung.[1118] Damit sind nachträgliche Änderungen grundsätzlich nicht zu berücksichtigen. Der Sondervorschrift des § 569 Abs. 3 Nr. 2 BGB ist zu entnehmen, dass eine nachträgliche automatische Unwirksamkeit einer besonderen Anordnung bedarf.[1119] Damit ist die einmal wirksam erteilte Zielvorgabe so lange verbindlich, bis sie durch eine andere ersetzt wird. Sie wird nicht durch die nachträgli-

---

1115 A.A. *Göpfert*, in AuA 2003, 28 (30).

1116 So auch *Heiden*, Zielvereinbarung, S. 290ff.

1117 Zum Einfluss des Weisungsrechts auf die Zielvorgabe, siehe § 6 III 2.

1118 *BAG* vom 23.09.2004, Az 6 AZR 567/03; Palandt/*Grüneberg*, § 315 BGB Rn 10; MüKo/*Gottwald*, § 315 BGB Rn 52; HWK/*Lembke*, § 106 GewO Rn 132.

1119 Staudinger/*Rieble*, § 315 BGB Rn 145.

che Veränderung der Rahmenbedingung unbillig und damit unwirksam. Die Ausübung einseitiger Leistungsbestimmungsrechte ist grundsätzlich unwiderruflich, die andere Partei muss auf die Verbindlichkeit vertrauen dürfen.[1120]

Bei Dauerschuldverhältnissen stellt sich aber die Frage, ob nachträgliche Veränderungen dennoch zu berücksichtigen sind und damit sogar eine Pflicht des Arbeitgebers zur Reaktion mit einer erneuten Leistungsbestimmung besteht. Dies wird überwiegend bejaht.[1121] Die Interessen beider Parteien sind gegeneinander abzuwägen. Hier kommt es aber auf die Verhältnisse bei Erteilung der ursprünglichen Zielvorgabe nicht an, sondern es ist das Interesse an der Abänderung zu prüfen und abzuwägen. Das „Muttergestaltungsrecht", für jede Zielperiode eine neue Zielvorgabe zu erteilen, spielt dabei keine Rolle.[1122] Es ist zu prüfen, ob ein Interesse an der Änderung der an sich verbindlichen Weisung überwiegt. Die (erstmalige) Erteilung der Zielvorgabe unterliegt der Billigkeitskontrolle. Die Kontrolle der einseitigen Leistungsbestimmung nach § 315 BGB ist als kompensierendes Ersatzinstrument für die Richtigkeitsgewähr eines zweiseitigen Vertrages zu werten.[1123] Nun kann dies aber nicht bedeuten, dass der Schutz des § 315 BGB mit der Ausübung entfallen soll. Vielmehr bedarf es bei einer sich über einen längeren Zeitraum erstreckenden Weisung, die mit der Zielvorgabe vorliegt, einer ständigen Überprüfung, ob der gewonnene Interessenausgleich noch den tatsächlichen Gegebenheiten entspricht. Das Ergebnis dieser Überprüfung kann eine Änderung der Zielvorgabe zu Gunsten, aber auch zu Lasten des Arbeitnehmers ergeben.

Erschwert sich die Zielerreichung für den Arbeitnehmer oder wird sie gar unmöglich, so ist zu prüfen, ob dieses Risiko schon im Interessenausgleich der erstmals erteilten Zielvorgabe berücksichtigt wurde. Dies ist bei unvorhergesehenen externen Einflüssen, z.B. Markteinbruch, regelmäßig zu verneinen. Aber auch bei einer unternehmerischen Entscheidung, die Einfluss auf die Zielerreichung hat, bedarf es einer neuen Abwägung. Das Interesse des Arbeitgebers zielt auf die zu schützende unternehmerische Freiheit ab. Diese soll und darf nicht beeinträchtigt werden. Andererseits hat der Arbeitnehmers Anspruch auf eine realistische Chance zum Erwerb des Zielentgelts. Dieses Interesse bedarf ebenso einer Berücksichtigung. Das Ergebnis der Abwägung beider Interessen kann nur sein, dass einerseits der Arbeitgeber in seiner unternehmerischen Freiheit nicht beeinträchtigt ist, andererseits der Arbeitnehmer seinen Anspruch auf Anpassung der Zielvorgabe behält. Dieses Ergebnis lässt sich nur durch eine unterjährige Korrektur erzielen. Letztlich entspricht deshalb die Anerkennung der Korrekturpflicht dem hypothetischen Willen beider Parteien.[1124]

Wird das Interesse des Arbeitnehmers geschützt, indem geprüft wird, ob die Ziele in der Realität noch erreichbar sind, so bedarf es gleichzeitig eines Schutzes des Arbeitgeberinteresses, ob die Ziele noch anspruchsvoll sind. Auch hier ist zu prüfen, ob das Risiko in der (erstmaligen) Interessenabwägung schon berücksichtigt wurde. Zwar ist die unbillige Leistungsbestimmung grundsätzlich für die bestimmende Partei verbindlich. § 315 Abs. 3 BGB ordnet

1120 BGH vom 24.01.2002, Az IX ZR 228/00; BAG 11.03.1981, Az 4 AZR 1070/79; LAG Düsseldorf vom 29.10.2003, Az 12 Sa 900/03; Palandt/Grüneberg, § 315 BGB Rn 11; a.A. Köppen, in DB 2002. 374 (378f.), die eine jederzeitige Änderung der Zielvorgabe für möglich erachtet.

1121 MüKo/Gottwald, § 315 BGB Rn 35; HWK/Lembke, § 106 GewO 124; Staudinger/Rieble, § 315 BGB Rn 145; LAG Köln vom 22.06.1994, Az 2 Sa 1087/93.

1122 A.A. Heiden, Zielvereinbarungen, S. 286.

1123 Staudinger/Rieble, § 315 BGB Rn 30; Erman/Hager, § 315 BGB Rn 1; MüKo/Gottwald, § 315 BGB Rn 4; Gehrlein, in Bamberger/Roth, § 315 BGB Rn 1.

1124 So auch Heiden, Zielvereinbarungen, S. 287.

nur die halbseitige Unwirksamkeit an, der Leistungsbestimmende benötigt keinen Schutz vor sich selbst.[1125] Aber bei nachträglicher Veränderung der tatsächlichen Umstände zu Lasten des Arbeitgebers besteht auch für diesen ein Anspruch auf Änderung.[1126]

> **Beispiel**: Ziel ist der Verkauf eines neu eingeführten Produktes. Man steht in unmittelbarer Konkurrenz mit dem Marktführer. Zielperiode ist das Kalenderjahr. Aus völlig unabsehbaren Gründen wird der Konkurrent insolvent. Die Nachfrage nach dem Produkt steigt deshalb explosionsartig an. Das formulierte Ziel ist deswegen schon im März deutlich überschritten.

Wäre hier der Arbeitgeber weiterhin an der Zielvorgabe fest gebunden, so wäre in den letzten drei Quartalen die Motivationswirkung schlicht nicht mehr vorhanden. Der Arbeitnehmer erreicht die Ziele aus unvorhergesehenen Gründen „im Schlaf". Dennoch wäre der Arbeitgeber verpflichtet, ein Zielentgelt zu zahlen, dem ursprünglich eine motivierte Gegenleistung gegenüber stand. Freilich bleibt es dem Arbeitgeber unbenommen, die Zielvorgabe dennoch so aufrecht zu erhalten.

Dies verstößt auch nicht gegen den Vertrauensgrundsatz. Das Vertrauen des Arbeitnehmers kann nur soweit gehen, dass bei unveränderten Rahmenbedingungen die Zielvorgabe nicht geändert wird. Das, was unvorhergesehen ist, war zum Zeitpunkt der Erteilung unbekannt; auf unbekanntes kann der Arbeitnehmer jedoch gerade nicht vertrauen. Bei einer tatsächlichen Veränderung der Rahmenbedingungen ist deshalb auch die Anpassung zu Lasten des Arbeitnehmers möglich.[1127] Hierzu gehört auch die Anpassung auf Grund einer unternehmerischen Entscheidung, die die weitere Zielverfolgung für den Arbeitgeber sinnlos werden lässt.[1128]

e) Zielkorrektur bei der Zielvereinbarung im engeren Sinne

Der Anspruch auf Korrektur einer Zielvereinbarung im engeren Sinne lässt sich nicht mit der Unbilligkeit des § 315 BGB begründen. Die Norm ist auf Grund der einvernehmlichen Einigung unanwendbar. Jedoch entspricht es auch hier dem hypothetischen Parteiwillen, auf Grund unvorhergesehener Änderungen einen Anspruch auf Korrektur zu bejahen. Im Ergebnis wird dieser unter den gleichen Voraussetzungen vorhanden sein, wie der Anspruch auf Änderung der Zielvorgabe. Die Zielvereinbarung im engeren Sinne weist bei der Verschiebung der Rahmenbedingungen eine Lücke auf, die Tatbestandsvoraussetzungen des Änderungsanspruchs sind nicht geregelt. Der Anspruch auf Änderung der Zielvereinbarung engeren Sinne ist im Wege der ergänzenden Vertragsauslegung herzuleiten.[1129]

Der Sinn einer Zielvereinbarung im engeren Sinne besteht einerseits in der Chance des Arbeitnehmers, durch Erreichen der Ziele und damit des Zielentgelts eine erhöhte Vergütung zu erhalten. Andererseits verspricht sich der Arbeitgeber durch den monetären Anreiz eine erhöhte Motivation des Arbeitnehmers und letztlich eine leistungsgerechte Bezahlung.[1130] Diese unterschiedlichen Interessen, die möglichst günstige Chance auf eine erhöhte Vergütung einerseits und die leistungsgerechte Bezahlung andererseits, werden einvernehmlich austariert und das Ergebnis in der Zielvereinbarung im engeren Sinne festgelegt. Hierfür berück-

---

1125 MüKo/*Gottwald*, § 315 BGB Rn 44; Staudinger/*Rieble*, § 315 BGB Rn 151.

1126 *BAG* vom 21.06.1971, Az 3 AZR 24/71; *BAG* vom 10.05.1960, Az 3 AZR 571/57.

1127 Ebenso *Heiden*, Zielvereinbarungen, S. 290.

1128 Siehe § 11 I 2 c bb.

1129 Zur Herleitung des Anspruchs aus ergänzender Vertragsauslegung, siehe § 11 I 2 c.

1130 Zum Motivationseffekt, siehe § 3 II 1 a; zur leistungsgerechten Vergütung, siehe § 3 II 1 b.

sichtigen die Parteien regelmäßig sämtliche vorhersehbaren Einflüsse Durch eine unvorhergesehene Verschiebung der externen Rahmenbedingungen jedoch ist die Ausgewogenheit des Ergebnisses der gegenläufigen Interessen gestört. Ließe man hier aber eine Änderung erst bei der Störung der Geschäftsgrundlage gemäß § 313 BGB zu,[1131] könnte diese erst nach deutlich strengeren Maßstäben erreicht werden. Die ergänzende Vertragsauslegung ermöglicht jedoch schon deutlich eher die Ausgewogenheit zu bewahren. Dies gilt sowohl zu Gunsten als auch zu Lasten des Arbeitnehmers, denn es ist durch nichts begründet, ihn gegenüber dem Arbeitgeber zu privilegieren.[1132]

f) Erbrachte Vorarbeiten sind zu berücksichtigen

Der Anspruch auf Änderung der Zielvereinbarung/-vorgabe kann mitunter erst in der fortgeschrittenen Zielperiode entstehen. Dies sagt aber noch nichts über eventuell schon erbrachte Vorarbeiten zur Zielerfüllung der „alten" Zielvereinbarung/-vorgabe. Der Arbeitnehmer hat in der Regel auf die Zielerreichung hingearbeitet, durch nachträgliche Änderung des Zieles kann dies wertlos geworden sein. Gleichzeitig ist aber auch nur das Bemühen um die Zielerreichung geschuldet, nicht dagegen auch die tatsächliche Zielerfüllung. Durch die Veränderung der Rahmenbedingungen ist die Bemessungsgrundlage zur Errechnung des Vergütungsanspruchs weggefallen, der Anspruch selbst bleibt jedoch bestehen. Diesen zu errechnen kann problematisch werden.

Keine Probleme ergeben sich, sofern die Ziele lediglich abgesenkt werden. Wenn z.B. anstatt fünf, nur noch drei Neukunden zu gewinnen sind, werden automatisch sämtliche vorherigen Bemühungen der Akquise berücksichtigt. Schwieriger wird es jedoch, wenn das Ziel gänzlich geändert wird. Die zuvor erbrachte Leistung darf im Hinblick auf das Zielentgelt nicht entwertet werden. Letztlich muss damit bezüglich auf das geänderte Ziel eine Art Zwischenabrechnung erfolgen.[1133] Die Erreichung weicher Ziele erfolgt ohnehin über eine Wertung, sie sind nicht messbar. Bei harten Zielen kommt es hier aber nicht auf die tatsächliche Zielerreichung an.[1134] Andernfalls erhielte der Arbeitnehmer das volle oder überhaupt kein Zielentgelt, denn gerade wegen der unvorhergesehenen Erleichterung, Erschwerung oder gar Unmöglichkeit der Zielerreichung wird die Zielvereinbarung/-vorgabe geändert.

Deshalb ist die Zwischenabrechnung letztlich eine fiktive Berechnung, freilich allein der zu ändernden Ziele. Zu prüfen ist, welche Ziele zu welchem Grad erreicht worden wären. Dabei ist zu berücksichtigen, dass manche Ziele einer Vorbereitung bedürfen, die erst am Ende der Zielperiode zum Erfolg führt. Diese fiktiven Zielerreichungsgrade ergeben die Höhe des Zielentgelts. Dieses Zielentgelt ist nun pro rata temporis im Verhältnis zur schon abgelaufenen Zielperiode zu kürzen. Damit sind die vom Arbeitnehmer geleisteten Vorarbeiten abgegolten.[1135]

1131 So *Annuß*, in NZA 2007, 290 (292f.); *Lischka*, in BB 2007, 552 (555); *Baum*, in PersF 2007, 74 (82);
      Trittin/Fischer, in AuR 2006, 261 (263); *Riesenhuber/v.Steinau-Steinrück*, in NZA 2005, 785 (792);
      Däubler, in ZIP 2004, 2209 (2213); *Hergenröder*, in AR-Blattei SD 1855, Rn 96; *Bauer*, in Brennpunkte,
      93 (103); *Kolmhuber*, in ArbRB 2003, 117 (119); *Bauer/Diller/Göpfert*, in BB 2002, 882 (884); *Mauer*,
      in NZA 2002, 540 (546).
1132 Ebenso *Heiden*, Zielvereinbarungen, S. 294.
1133 *Köppen*, in DB 2002, 374 (379); *Heiden*, Zielvereinbarungen, S. 288.
1134 A.A. offensichtlich *Heiden*, Zielvereinbarung, S. 288.
1135 Im Ergebnis läuft die Berechnung mit der des unterjährigen Austritts parallel, siehe hierzu § 11 III 2 a bb.

Beispiel: Der angestellte Vertreter V hat als mitarbeiterbezogenes Ziel die Steigerung des Verkaufs des Produktes P um 10%. Wird dieses Ziel erreicht oder übertroffen, erhält V das Zielentgelt von EUR 1000, wird es verfehlt, erhält er nichts. Zielperiode ist das Kalenderjahr. Das Produkt wird Ende Juni vom Markt genommen. Der persönliche Absatz ist zu diesem Zeitpunkt im Vergleich zum Vorjahreszeitraum um 6% höher, Tendenz steigend.
Es ist davon auszugehen, dass V das Ziel voll erreicht, wenn nicht gar übertroffen hätte. Dann bestünde der Anspruch auf das Zielentgelt EUR 1000 für die gesamte Zielperiode. Dieser ist pro rata temporis (hier ein halbes Jahr) zu kürzen. Damit hat V Anspruch auf EUR 500.

Beim den neu zu formulierenden Ziel ist ebenso zu berücksichtigen, dass die Zielperiode schon vorangeschritten ist. Im Hinblick auf die Erreichbarkeit muss daher ein geringeres Niveau angesetzt werden, als wenn die volle Zielperiode dem Arbeitnehmer zur Verfügung stünde.[1136] Das Zielentgelt ist ebenso zu verringern, da ansonsten der Arbeitnehmer von der Änderung der Rahmenbedingungen profitieren würde. Oben genannter Vertreter V müsste daher ein Ziel für die zweite Jahreshälfte erhalten, das einerseits erreichbar ist, andererseits auch nur einen Zielentgeltanspruch von EUR 500 beinhaltet. Bei einer Zielvereinbarung im engeren Sinne wird der Arbeitnehmer sich auch nur auf ein solches Ziel einlassen, bei einer Zielvorgabe folgt dies aus der Billigkeitsprüfung des § 315 Abs. 3 BGB.

Kurz zusammengefasst bedeutet die unvorhergesehene Änderung der Rahmenbedingungen einen Änderungsanspruch desjenigen, zu dessen Lasten die Verschiebung erfolgt. Dabei geht der Anspruch nur so weit, als er zur Bewahrung der Ausgewogenheit bzw. Billigkeit der Zielvereinbarung/-vorgabe nötig ist. Dies kann schon durch die bloße Absenkung eines Ziels erreicht werden, im Extremfall aber die völlige Neuformulierung sämtlicher Ziele zur Folge haben. Im Hinblick auf das zu ändernde Ziel wird die Zielperiode fiktiv berechnet, das sich ergebende Zielentgelt pro rata temporis ausgezahlt. Das neue Ziel und das Zielentgelt müssen entsprechend an die vorangeschrittene Zielperiode angepasst werden, und damit zwar anspruchsvoll, aber auch erreichbar sein.

II. Nachträgliche Korrektur des Zielerreichungsgrades

Wie dargestellt, besteht unter Umständen ein Anspruch auf unterjähriger Zielkorrektur. Dies setzt aber voraus, dass die Arbeitsvertragsparteien regelmäßig die Möglichkeit der Zielerreichung überprüfen. Dies wird jedoch oftmals – aus unterschiedlichen Gründen – unterlassen und die die Zielvereinbarung/-vorgabe bleibt für den Lauf der Zielperiode unverändert. Erst bei der Auswertung erkennen beide Parteien, dass ein Teil der Ziele durch veränderte Umstände nicht erreichbar geworden ist und eine Änderung nötig gewesen wäre. Hierbei ergeben sich einige Probleme, welche Auswirkungen diese verspätete Erkenntnis auf das Zielentgelt des Arbeitnehmers hat. Umso mehr erstaunt es, dass die Literatur sich zwar mit dem unterjährigen Zielkorrekturanspruch befasst, aber das Problem der nachträglichen Korrektur nur sehr spärlich behandelt. Zu den Folgen einer unterlassenen unterjährigen Zielkorrektur finden sich nur vereinzelt Stimmen, die in den meisten Fällen ihre Ansicht auch nur andeuten.

1. Meinungsüberblick

Im Ergebnis der wenigen Stimmen besteht Einigkeit. Dem Arbeitnehmer darf kein Nachteil entstehen, wenn die Zielerreichung aus Gründen, die nicht er zu vertreten hat, erschwert oder

---

1136 *Pelzer*, Zielvereinbarungen, S. 240; *Lischka*, Zielvereinbarungen, S. 76.

unmöglich geworden ist. Von der Pflicht zum Tragen des Risikos ausgehend besteht ein Anspruch auf das Zielentgelt oder nicht. Umstritten ist allerdings die Begründung.

Der Anspruch auf das Zielentgelt wird teilweise mit der ergänzenden Vertragsauslegung begründet. Mit diesen Grundsätzen wurde schon der unterjährige Korrekturanspruch hergeleitet. In Parallele hierzu wird auch die nachträgliche Korrektur im Rahmen der Zielbewertung als möglich erachtet. Sind die Regelungen der Zielvereinbarung/-vorgabe zur Zielbewertung im Hinblick auf unvorhergesehene Einflüsse lückenhaft, ist nach dem Interesse der Parteien diese Lücke zu schließen. Entweder sind die Ziele selbst entsprechend anzupassen oder es kommt eine Korrektur der Feststellung über die Zielerreichung in Betracht.[1137]

Dagegen ist nach anderer Ansicht der Schadensersatzanspruch nach § 280 Abs. 1 BGB einschlägig. Der Arbeitgeber hat die Pflicht, die Zielerreichung zu ermöglichen und entsprechende Rahmenbedingungen zu schaffen bzw. zu erhalten.[1138] Verletzt der Arbeitgeber diese Pflicht, so ist er nach § 280 Abs. 1 BGB zum Schadensersatz verpflichtet. Das Zielentgelt ist über § 287 Abs. 1 ZPO zu schätzen.[1139]

Andere wiederum begründen den Erhalt des Anspruchs auf das Zielentgelt mit Treu und Glauben. Jede Arbeitgeberentscheidung, die eine Erschwerung oder gar Unmöglichkeit der Zielerreichung zur Folge hat, bewirkt nach §§ 162, 242 BGB den Erhalt des Anspruchs auf das Zielentgelt. Selbst wenn der Arbeitgeber den Arbeitnehmer auf Grund eigenen Fehlverhaltens versetzt und dadurch die Zielerreichung unmöglich wird, so bleibt dennoch der Anspruch in voller Höhe erhalten.[1140] Eine Berufung auf die Nichterreichung der Ziele durch den Arbeitgeber wäre rechtsmissbräuchlich.[1141]

2. Auf Grund Unmöglichkeit keine Korrektur

Zunächst ist die ergänzende Vertragsauslegung abzulehnen. Zwar ist mit dieser der Anspruch auf unterjährige Korrektur herzuleiten.[1142] Hierbei ging es jedoch nur um den alleinigen Anspruch (ob), nicht dagegen um die konkrete Ausgestaltung der Korrektur (wie). Der Korrektur der Ziele selbst begegnen nämlich erhebliche Bedenken. Bei der Auslegung des Vertrages und bei der Schließung der Lücke ist auf den Zeitpunkt des Vertragsschlusses abzustellen.[1143] Zu dieser Zeit sind aber die veränderten Rahmenbedingungen mangels Vorhersehbarkeit noch nicht bekannt. Daher konnten die Parteien noch gar keinen Willen entwickeln, wie eine Anpassung vorzunehmen ist. In Betracht kommt von der bloßen Absenkung des Zielniveaus bis hin zur gänzlichen Änderung der Zielvereinbarung/-vorgabe eine Vielzahl an Möglichkeiten. Kann eine Regelungslücke auf unterschiedliche Weise geschlossen werden, bestehen aber keine Anhaltspunkte, welche der Alternativen die Parteien gewählt hätten, so ist die ergän-

1137 So *Heiden*, Zielvereinbarungen, S. 325ff.
1138 *Mohnke*, Zielvereinbarungen, S. 302ff.; nach *Deich*, Beurteilung, S. 167, gehört hierzu auch die Pflicht, zielerreichungserschwerende Weisungen zu unterlassen.
1139 *Mohnke*, Zielvereinbarungen, S. 321.
1140 So *Baum*, in PersF 2007, 74 (80); *Riesenhuber /v.Steinau-Steinrück*, in NZA 2005, 785 (792); *Kolmhuber*. in ArbRB 2003, 117 (119); auch *Pelzer*, Zielvereinbarungen, S. 238f., der aus diesem Grund einen Anspruch des Arbeitgebers auf unterjährige Zielkorrektur nach § 313 BGB herleitet.
1141 *LAG Hamm* vom 16.10.1989, Az 19 (13) Sa 1510/88.
1142 Zum unterjährigen Korrekturanspruch aus ergänzender Vertragsauslegung, siehe § 11 I 2 c.
1143 *BGH* vom 25.11.2004, Az I ZR 49/02; *BGH* vom 20.09.1993, Az II ZR 104/92.

zende Vertragsauslegung ausgeschlossen.[1144] Gleiches gilt auch hier, die Korrektur nach Ablauf der Zielperiode ist ausgeschlossen.

Auch die Begründung über § 280 Abs. 1 BGB führt zu keinem befriedigenden Ergebnis. Freilich ist grundsätzlich die Pflicht zur Schaffung der Leistungsbedingungen zu bejahen.[1145] Aber die darauf begründete Pflichtverletzung erfasst nur einen kleinen Teil der Fälle. Bricht der Markt völlig ein, so ist keine Pflichtverletzung des Arbeitgebers zu erkennen. Auch kann nicht dem Arbeitgeber zu Recht die unternehmerische Freiheit zugesprochen werden,[1146] gleichzeitig aber über § 280 Abs. 1 BGB die Ausübung derselben als Pflichtverletzung zu werten sein. Andernfalls bestünde ein Wertungswiderspruch. Der Arbeitgeber darf sein Produkt jederzeit vom Markt nehmen, ohne dass dies gegenüber dem Arbeitnehmer als Pflichtverletzung zu werten ist. Im Umkehrschluss bedeutete dies sonst, der Arbeitgeber ist gegenüber dem Arbeitnehmer verpflichtet, das Produkt weiterhin auf dem Markt anzubieten. Dies wird wohl kaum vertreten werden können. Aus dem gleichen Grund ist die Bedingungsvereitelung nach § 162 Abs. 1 BGB abzulehnen. Die Treuwidrigkeit als Voraussetzung dieser Vorschrift umfasst nur die Fälle, in denen der Arbeitgeber bewusst zum Nachteil des Arbeitnehmers handelt.[1147] Dies ist aber nur im Extremen der Fall. Im Übrigen umfasst § 280 Abs. 1 BGB lediglich den Anspruch auf Schadensersatz *neben* der Leistung. Hier stellt sich aber die Frage nach dem Anspruch auf das Zielentgelt, also der Leistung selbst. § 280 Abs. 1 BGB kann damit lediglich den Anspruch flankieren, dient aber nicht seiner Ersetzung wie beim Schadensersatz *statt* der Leistung.[1148]

a) Durch Zielperiode Fixschuldcharakter verdeutlicht

Lediglich dem gefundenen Ergebnis ist zuzustimmen. Dem Arbeitnehmer dürfen keine Nachteile daraus erwachsen, dass der Arbeitgeber – ob sachlich begründet oder nicht – die Zielerreichung behindert oder gar unmöglich gemacht hat. Auch soll grundsätzlich keine der Arbeitsvertragsparteien das Risiko unvorhergesehener Einflüsse tragen. Aus diesem Grund wurde im Rahmen der ergänzenden Vertragsauslegung ein entsprechender Anspruch der benachteiligten Partei auf unterjährige Zielkorrektur hergeleitet.[1149] Dieser Korrekturanspruch entspricht beiderseitigem Interesse. Genau an diesem Anspruch ist aber bei der nachträglichen Korrektur des tatsächlichen Zielerreichungsgrades anzusetzen.

Die Arbeitspflicht hat den Charakter einer absoluten Fixschuld.[1150] Die Zielperiode gibt dem Arbeitnehmer einen Erfüllungszeitraum vor, innerhalb dessen er seiner Arbeitspflicht nach-

---

1144 Palandt/*Ellenberger*, § 157 BGB Rn 10; Staudinger/*Roth*, § 157 BGB Rn 43; Erman/*Armbrüster*, § 157 BGB Rn 25; *Wendtland*, in Bamberger/Roth, § 157 BGB Rn 42; *BAG* vom 24.10.2007, Az 10 AZR 825/06; *BGH* vom 20.07.2005, Az VIII ZR 397/03; *BGH* vom 30.03.1990, Az V ZR 113/89; *BGH* vom 01.02.1984, Az VIII ZR 54/83; *BGH* vom 10.01.1974, Az VII ZR 28/72.

1145 Entgegen *Deich*, Beurteilung, S. 167, besteht aber keine Pflicht, zielerreichungserschwerende Weisungen zu unterlassen, diese wären ohnehin unbillig und unwirksam, siehe § 6 III 4.

1146 Siehe § 11 I 2 c cc.

1147 Ebenso *Heiden*, Zielvereinbarungen, S. 325; im Übrigen sind die Fälle bloßer Erschwerung ebenfalls nicht von § 162 I BGB erfasst, MüKo/*Westermann*, § 162 BGB Rn 15; auch *Mohnke*, Zielvereinbarungen, S. 322.

1148 Zur Abgrenzung zwischen Schadensersatz neben und statt der Leistung, vgl. Palandt/*Heinrichs*, § 280 BGB Rn 18; Erman/*Westermann*, § 280 BGB Rn 10; *Unberath*, in Bamberger/Roth, § 280 BGB Rn 13ff.; jeweils m.w.N.

1149 Siehe § 11 I 2 c.

1150 HWK/*Thüsing*, § 611 BGB Rn 390; ErfK/*Preis*, § 615 BGB Rn 7.

kommen muss. Ist dieser Zeitraum verstrichen, so wird dem Arbeitnehmer die Erfüllung der Arbeitspflicht unmöglich.[1151] Entgegen mancher Stimmen ist es dem Arbeitnehmer nach Ablauf der Zielperiode unmöglich, sich um die Zielerreichung zu bemühen.[1152] Das Argument, der Arbeitgeber könne den Arbeitnehmer mit anderen Aufgaben betreuen, trägt nicht. Freilich ist dem Arbeitnehmer an jedem neuen Tag die Erfüllung *einer* Arbeitsleistung möglich. Nur die Erfüllung *der* Arbeitsleistung, die am Tag zuvor hätte erfolgen müssen, ist unmöglich. Gleiches gilt, wenn die Arbeitspflicht sich im Falle der Zielvereinbarungen/-vorgaben über den Zeitraum der Zielperiode erstreckt. Der Arbeitnehmer kann sich innerhalb einer neuen Zielperiode erneut um eine Zielerreichung bemühen, das Bemühen innerhalb der alten Zielperiode ist unmöglich. Von der Pflicht, sich um das Erreichen der Ziele zu bemühen, ist der Arbeitnehmer mit Ablauf der Zielperiode damit nach § 275 Abs. 1 BGB befreit.[1153]

b) Bei überwiegendem Verschulden Anspruch auf Gegenleistung

Entscheidend ist die Pflicht, sich um die Zielerreichung zu bemühen. Die Zielperiode grenzt den Erfüllungszeitraum dahingehend ein. Nach Ablauf der Zielperiode ist auf Grund des Fixschuldcharakters die Erfüllung dieser Pflicht unmöglich. § 326 BGB ist daher direkt anwendbar.[1154] Ist der Schuldner von seiner Leistungspflicht befreit, entfällt der Anspruch auf die Gegenleistung, hier Zielentgelt. Dies gilt jedoch nach § 326 Abs. 2 BGB nicht, wenn der Arbeitgeber für den Umstand, auf Grund dessen der Arbeitnehmer nicht zu leisten braucht, überwiegend verantwortlich ist. Zu prüfen ist hier aber nicht, ob der Arbeitgeber für die Verschiebung der Rahmenbedingungen verantwortlich ist. Dies wäre z.B. beim unvorhergesehenen Markteinbruch zu verneinen. Sondern die Verantwortlichkeit beginnt eine Stufe später, beim Anspruch auf die unterjährige Korrektur der Zielvereinbarung/-vorgabe.

Die Zielvereinbarung/-vorgabe ist nicht starr. Realisieren sich Risiken, an die ursprünglich keine der Arbeitsvertragsparteien gedacht hatte oder beeinträchtigen die Folgen einer unternehmerischen Entscheidung die Zielerreichung, so besteht zunächst nur ein Anspruch auf Anpassung.[1155] Die Nichterfüllung dieses Anspruchs ist der Umstand, auf Grund dessen die Zielerreichung für den Arbeitnehmer unmöglich geworden ist. Die Unmöglichkeit bezieht sich dabei nicht auf die alten Ziele, sondern auf die an sich neu zu formulierenden Ziele. Die Änderung ist nicht erfolgt, die neuen Ziele standen damit während der Zielperiode nicht fest, ein Bemühung um die Erreichung derselben ist mit Ablauf der Zielperiode unmöglich geworden.

Eine Aussage, der Arbeitgeber ist verpflichtet, die Ziele unterjährig anzupassen und unterlässt er dies, ist er nach § 326 Abs. 2 BGB als weit überwiegend verantwortlich anzusehen, lässt sich aber nicht treffen. Denn oftmals sind ihm Schwierigkeiten bei der Zielerreichung nicht bewusst oder bekannt. Der Arbeitnehmer muss gegenüber dem Arbeitgeber den Anspruch auf

---

1151   Zur Zielperiode als Leistungszeitraum, siehe § 10 III.

1152   A.A. *Pelzer*, Zielvereinbarungen, S. 231; *Heiden*, Zielvereinbarungen, S. 322; *Lischka*, Zielvereinbarungen, S. 61.

1153   Vgl. Palandt/*Heinrichs*, § 275 BGB Rn 15; Staudinger/*Löwisch*, § 275 BGB Rn 9f.; *BAG* vom 28.06.2000, Az 7 AZR 904/98.

1154   Angedeutet von *Mauer*, in NZA 2002, 540 (546); a.A. *Lischka*, in BB 2007, 552 (554), die auf Grund der nicht existenten Zielerreichungspflicht nur eine analoge Anwendung vertritt; Annahmeverzug vertritt *Däubler*, in ZIP 2004, 2209 (2213); auch *Berwanger*, in BB 2003, 1499 (1503), der allerdings die Unmöglichkeit zur Zielerreichung (diese ist nach ihm die geschuldete Leistung!) annimmt.

1155   Zum unterjährigen Korrekturanspruch, siehe § 11 I.

unterjähriger Zielkorrektur geltend machen. Auch wenn eine Hinweispflicht nicht vertraglich geregelt worden, so lässt sie diese sich dennoch aus dem Rechtsgedanken des § 536c Abs. 2 S. 2 BGB herleiten.[1156] Die Anzeigenpflicht des Mieters wird mit seiner Obhutspflicht begründet.[1157] Da dem Mieter der alleinige Zugriff auf die Mietsache gewährt wird, hat er sorgsam damit umzugehen und Schäden hiervon abzuwehren bzw. dem Vermieter diese unverzüglich zu anzuzeigen. Gleichzeitig hat er jedoch auch die Obliegenheit zur Anzeige, denn bei deren Unterlassen ist es ihm untersagt, seine ansonsten geltend zu machenden Rechte geltend zu machen. Derjenige, der „näher am Geschehen" ist, darf keinen Vorteil erhalten, wenn er in unredlicher Weise Beeinträchtigungen in Kauf nimmt und diese durch einen Schadenersatzanspruch auszugleichen versucht.[1158] Vergleichbar ist die Situation auch hier.

Der Zweck einer Zielvereinbarung/-vorgabe ist es gerade, dem Arbeitnehmer mehr Freiheiten zu gewähren und die Eigenverantwortlichkeit durch monetäre Anreize zu stärken. Der Arbeitnehmer muss sich selbst organisieren, wird bei entsprechender Leistung aber auch entsprechend vergütet. Er kann am besten überblicken, inwieweit durch welche Umstände die Zielerreichung gefährdet sein könnte. Aus diesem Grund muss dem Arbeitnehmer auch die Obliegenheit zugesprochen werden, Veränderungen dem Arbeitgeber mitzuteilen und ggf. seinen Anspruch auf unterjährige Korrektur zu formulieren.[1159] Unterlässt er dies, kann oftmals der Arbeitgeber nicht erkennen, dass die Zielerreichung erschwert oder gar unmöglich wurde. Dann ist es auch gerechtfertigt, den Anspruch nach § 326 Abs. 2 BGB nicht aufrecht zu erhalten. Damit ist das überwiegende Verschulden des Arbeitgebers nur dann gegeben, wenn der Arbeitnehmer auf die veränderten Umstände aufmerksam gemacht hat. Ist dies erfolgt, besteht trotz Nichterreichen der Ziele ein Anspruch auf das Zielentgelt, freilich nur in der Höhe, die der Arbeitnehmer bei unverändertem Verlauf der Zielperiode erhalten hätte. Andernfalls ist die tatsächliche Zielerreichung maßgeblich.

c) Darüberhinaus theoretisch Schadensersatz

Neben der Aufrechterhaltung des Anspruches auf das Zielentgelt über § 326 Abs. 2 BGB kommt freilich auch der Schadensersatz *neben* der Leistung nach § 280 Abs. 1 BGB in Betracht. Der Anspruch auf Schadensersatz *statt* der Leistung hat nach § 281 Abs. 1 BGB eine Fristsetzung zur Voraussetzung. Diese wäre hier gleichzeitig die Geltendmachung des Anspruchs auf unterjährige Korrektur. Fordert der Arbeitnehmer den Arbeitgeber aber zur unterjährigen Änderung der Zielvereinbarung/-vorgabe auf, verweigert sich der Arbeitgeber jedoch der Korrektur, so bleibt der Anspruch auf das Zielentgelt nach § 326 Abs. 2 BGB erhalten. Ein Schaden, der statt der Leistung geltend gemacht werden könnte, ist damit nicht entstanden. Unterlässt der Arbeitnehmer jedoch den Arbeitgeber auf den unterjährigen Korrekturanspruch hinzuweisen, so sind auch mangels Fristsetzung die Voraussetzungen des § 281 Abs. 1 BGB nicht gegeben. Entbehrlichkeit der Fristsetzung nach § 281 Abs. 1 BGB wird nur in ganz besonderen Ausnahmefällen gegeben sein, z.B. wenn der Arbeitgeber bei Kenntnis der

---

1156   So schon *Riesenhuber/v.Steinau-Steinrück*, in NZA 2005, 785 (792).

1157   Staudinger/*Emmerich*, § 536c BGB Rn 1; Palandt/*Weidenkaff*, § 536c BGB Rn 1; *Ehlert*, in Bamberger/Roth, § 536c BGB Rn 2.

1158   *BGH* vom 14.11.2001, Az XII ZR 142/99.

1159   So auch *Baum*, in PersF 2007, 74 (82); *Riesenhuber /v.Steinau-Steinrück*, in NZA 2005, 785 (792); *Göpfert*, in AuA 2003, 28 (30); *Bauer/Diller/Göpfert*, in BB 2002, 882 (884); *Moll/Kolvenbach/Glaser*, MAH, § 18 Rn 88; a.A. *Köppen*, in DB 2002, 374 (379); *Plander*, in ZTR 2002, 155 (159), sieht es als Selbstverständlichkeit an, dass der Arbeitnehmer von sich aus auf eine Änderung drängen wird.

veränderten Rahmenbedingungen von vorneherein deutlich macht, keinesfalls die Zielverein-
barung/-vorgabe ändern zu wollen.

Der Schadensersatz neben der Leistung umfasst die Schäden, die durch die Pflichtverletzung
endgültig entstanden sind und tritt neben den Anspruch auf Nacherfüllung.[1160] Dies sind hier
nur diejenigen Schäden, die neben dem unterlassenen Zielentgeltanspruch entstanden sind. Es
stellt sich aber die Frage, welche Schäden zusätzlich entstanden sein könnten. Da vornehmlich Integritätsschäden – Schutz des Erhaltungsinteresses – davon umfasst sind,[1161] ist dieser
Schadensersatzanspruch wohl eher theoretischer Natur.

III. Unterjähriger Ein- oder Austritt des Arbeitnehmers

Auch wenn es nicht ungewöhnlich ist, dass der Arbeitnehmer während der laufenden Zielperiode aus dem Unternehmen ausscheidet, so finden sich in der Zielvereinbarung im weiteren
Sinne oftmals keine Regelungen für diesen Fall. Es stellt sich hier die Frage, wie das Zielentgelt zu berechnen ist. Andererseits ist auch ein Eintritt des Arbeitnehmers in das Unternehmen
während der laufenden Zielperiode möglich. Dieser Fall der verkürzten Zeit zur Zielerreichung bedarf ebenfalls einer Berücksichtigung.

1. Eintritt des Arbeitnehmers in laufende Zielperiode

Der Eintritt des Arbeitnehmers während der im Unternehmen laufenden Zielperiode[1162] zieht
keine größeren Probleme mit sich. Letztlich ist den Arbeitsvertragsparteien bekannt, dass die
auf Grund der vorangeschrittenen Zeit, die Zielerreichung erheblich erschwert sein dürfte. Zur
Lösung bieten sich drei Alternativen.[1163]

Zum einen kann der Arbeitnehmer dennoch identische bzw. ähnliche Ziele erhalten, wie seine
Kollegen, die zum Erreichen die gesamte Zielperiode zur Verfügung haben. Zum Ausgleich
wird dem neu eintretenden Arbeitnehmer jedoch ein Zielentgelt in einer gewissen Höhe garantiert.[1164] Insofern ist eine eventuelle Zielverfehlung bis zu diesem Betrag unerheblich. So
erreicht der Arbeitgeber, dass der Arbeitnehmer auf die gleichen Ziele hinarbeitet, wie alle
anderen auch. Dem Arbeitnehmer widerfährt jedoch insofern kein Nachteil, da er zumindest
einen Anspruch in garantierter Höhe hat.

Die Arbeitsvertragsparteien können aber auch Ziele und Zielentgelt individuell anpassen.[1165]
Der Arbeitnehmer erhält geringere Ziele, das Zielentgelt ist entsprechend geringer. Die Ziel-
vereinbarung/-vorgabe ist damit auf die verkürzte Zeit angepasst. Mit Beginn der neuen Zielperiode werden dann die Ziele wie auch das Zielentgelt auf das Normalmaß gesetzt. Diese
Alternative hat für den Arbeitgeber den Vorteil, mit der Bewertung des Arbeitnehmers möglichst frühzeitig zu beginnen. Die ersten sechs Monate sind regelmäßig Probezeit. Werden die

---

1160 MüKo/*Ernst*, § 280 BGB Rn 66; Erman/*Westermann*, § 280 BGB Rn 11f.; *Unberath*, in Bamberger/Roth,
      § 281 BGB Rn 3; Palandt/*Heinrichs*, § 280 BGB Rn 18.
1161 Staudinger/*Otto*, § 280 BGB Rn E11.
1162 Dies setzt freilich voraus, dass im Unternehmen für alle Arbeitnehmer einheitliche Zielperioden gelten.
      Sollte dies nicht der Fall sein und für jeden einzelnen Arbeitnehmer individuelle Zielperioden gelten,
      stellt sich das ohnehin geringe Problem des unterjährigen Eintritts überhaupt nicht.
1163 Ebenso *Pelzer*, Zielvereinbarungen, S. 161; *Deich*, Beurteilung, S. 222f.
1164 Vgl. *Röder*, in AG Arbeitsrecht, 139 (145); *Kolmhuber*, in ArbRB 2003, 117 (118).
1165 So der einzige Vorschlag von *Heiden*, Zielvereinbarungen, S. 337.

Ziele entsprechend der verkürzten Zielperiode angepasst, erfolgt mit der Zielfeststellung gleichzeitig eine individuelle Bewertung[1166] des neuen Arbeitnehmers, die dem Arbeitgeber bei der Entscheidung zur Probezeitkündigung auch eine Beurteilungsgrundlage liefern kann. Andererseits wird der Motivationseffekt der Zielvereinbarung/-vorgabe[1167] ebenso individuell auf den Arbeitnehmer zugeschnitten und damit erhöht.

Als dritte Alternative bietet sich auch an, eine Zielvereinbarung/-vorgabe für die fortgeschrittene Zielperiode gänzlich zu unterlassen. Hierin liegt auch kein Verstoß gegen den allgemeinen Gleichbehandlungsgrundsatz vor. Erfolgt der Ausschluss im Arbeitsvertrag, hat der Grundsatz der Vertragsfreiheit Vorrang vor dem Gleichbehandlungsgrundsatz. Der Arbeitnehmer kann sich mit einer ihm benachteiligenden ungleichen Behandlung einverstanden erklären.[1168] Aber auch wenn der Ausschluss in der Zielvereinbarung im weiteren Sinne selbst geregelt ist und diese eine, für die Anwendung des Gleichbehandlungsgrundsatzes notwendige abstrakte Regelung darstellt,[1169] ist ein sachlicher Grund für diese Ungleichbehandlung gegeben. Der sachliche Grund kann einerseits im Vergleich zur noch verbleibenden Zeit nicht gerechtfertigten administrativen Aufwand bestehen.[1170] Sollte die Zielperiode z.B. nur noch ein Monat dauern, ist der Aufwand im Hinblick zum Nutzen ökonomisch nicht mehr zu rechtfertigen. Andererseits kann der Zweck des Systems neben der leistungsgerechten Entlohnung auch in der Bindung der Arbeitnehmer an das Unternehmen bestehen. Während der erleichterten Kündigungsmöglichkeit während der Probezeit erscheint es daher gerechtfertigt, hiervon Abstand zu nehmen. Ferner wird auch die mangelnde Kenntnis über die Leistungsfähigkeit des Arbeitnehmers angeführt, die die sachliche Rechtfertigung für die anfängliche Ausnahme darstellen soll.[1171]

2. Austritt des Arbeitnehmers bei laufender Zielperiode

Schwierigkeiten ergeben sich jedoch beim unterjährigen Ausscheiden des Arbeitnehmers. Es wurde schon die grundsätzliche Möglichkeit einer Stichtagsklausel dargestellt.[1172] Sofern nur unternehmensbezogene Ziele von dieser erfasst sind und auch nur die Betriebstreue entlohnen werden soll, kann bei einem unterjährigen Austritt des Arbeitnehmers der Wert dieser Ziele außer Betracht bleiben. Ein Anspruch auf dieses Zielentgelt besteht dann nicht. Fraglich ist aber, wenn nicht oder nicht wirksam eine Stichtagsregelung vereinbart wurde. Im Übrigen sind Stichtagsklauseln bei mitarbeiterbezogenen Zielen nicht möglich. Insofern bedarf es jedenfalls in dieser Hinsicht einer Betrachtung.

Fast einhellig wird in der Literatur ein Anspruch auf das Zielentgelt „pro rata temporis" oder „anteilig" bejaht, ohne darauf einzugehen, wie genau der Zielentgeltanspruch zu berechnen ist oder wie eine schon vollständige Zielerreichung bewertet wird.[1173] Auch wird oftmals dieser

---

1166 Siehe § 3 II 1 e.
1167 Siehe § 3 II 1 a.
1168 *BAG* vom 01.12.2004, Az 5 AZR 664/03; *BAG* vom 29.09.2004, Az 5 AZR 43/04; *BAG* vom 13.02.2002, Az 5 AZR 713/00; DLW/*Dörner*, S. 103 Rn 472; Schaub/*Linck*, AHdB, § 112 Rn 8f.
1169 Siehe § 6 VIII 2.
1170 *Pelzer*, Zielvereinbarungen, S. 161.
1171 *Deich*, Beurteilung, S. 228; *Pelzer*, Zielvereinbarungen, S. 161.
1172 Zur Stichtagsklausel, siehe § 6 VII 1.
1173 *Annuß*. in NZA 2007, 290 (294); *Friedrich*, in PersF 2006, 22 (28); *Röder*, in AG Arbeitsrecht, 139 (149f.); *Riesenhuber/v.Steinau-Steinrück*, in NZA 2005, 785 (790); *Hergenröder*, in AR-Blattei SD 1855, Rn 55; *Däubler*, in ZIP 2004, 2209 (2213); *Kolmhuber*, in ArbRB 2003, 117 (118); *Linde-*

Grundsatz lediglich feststellend erwähnt, ohne ihn genauer zu begründen. Dagegen ergeben sich gerade hier die in der Praxis relevanten Schwierigkeiten.

a) Grundsätzlich Anspruch auf das Zielentgelt pro rata temporis

Die Ansicht, allein die tatsächliche Zielerreichung – auch bei unterjährigem Austritt – ist maßgeblich, ist abzulehnen.[1174] Andernfalls wird nicht berücksichtigt, dass nicht die Zielerreichung selbst von der Arbeitsleistungspflicht, sondern nur das Bemühen um die Zielerreichung geschuldet ist. Die Erbringung dieser Leistung erfordert eine entsprechende Gegenleistung. Das alleinige Abstellen auf den tatsächlichen Zielerreichungsgrad ist deshalb unzulässig, denn gerade bei einer erheblich verkürzten Zielperiode werden die Ziele noch nicht erreicht, Vorarbeiten dagegen schon geleistet worden sein. Diese blieben bei einem alleinigen Abstellen auf den tatsächlichen Zielerreichungsgrad unberücksichtigt und damit unvergütet.

aa) Berücksichtigung der Vorarbeiten

Zu Recht wird deshalb von der herrschenden Meinung ein anteiliger Anspruch auf das Zielentgelt bejaht. Manche leiten den Anspruch über die Wertung des § 628 Abs. 1 BGB her und wenden diese Vorschrift analog an.[1175] Allerdings greift § 628 Abs. 1 BGB nur bei der außerordentlichen Kündigung. Bei der ordentlichen Kündigung dagegen ist mangels Regelungslücke § 628 Abs. 1 BGB nicht anzuwenden. Auch der Wortlaut verbietet eine analoge Anwendung.[1176] Der Rückgriff auf § 612 BGB ist aber ebenso ausgeschlossen. Es liegt eine Vergütungsvereinbarung vor, sie ist weder unwirksam noch wurden Sonderleistungen erbracht, die durch die vereinbarte Vergütung nicht abgegolten werden.[1177] Die Vergütungsvereinbarung in Form der Zielvereinbarung/-vorgabe ist lediglich lückenhaft, sie sieht keine Regelung für das unterjährige Ausscheiden des Arbeitnehmers vor. Diese Lücke ist im Wege der ergänzenden Vertragsauslegung zu schließen.[1178]

bb) Berechnung des Anspruchs

Letztlich kann bei einem unterjährigen Ausscheiden die Lücke nur durch eine hypothetische Berechnung der Zielerreichung geschlossen werden. Eine Ansicht kürzt zunächst das gesamte Zielentgelt pro rata temporis und errechnet dann aus dem hypothetischen Zielerreichungsgrad der gesamten Zielperiode den Anspruch auf das Zielentgelt.[1179]

---

mann/Simon, in BB 2002, 1807 (1813); *Mauer*, in NZA 2002, 540 (545f.); *Pelzer*, Zielvereinbarungen. S. 164.; *Deich*, Beurteilung, S. 224; *Diepold*, Vergütung, S. 34; *Lischka*, Zielvereinbarungen, S. 123; Preis-*Preis/Lindemann*, AV, II Z 5 Rn 28; auch *BAG* vom 12.12.2007, Az 10 AZR 97/07; BSG vom 23.03.2006, Az B 11a AL 29/05 R; die in diesem Zusammenhang viel zitierte Entscheidung vom *ArbG Wiesbaden* vom 19.12.2000, Az 8 Ca 1897/00 hatte es bzgl. der Berechnung leicht, es war für das Jahr ein Mindestbonus garantiert worden.

1174 A.A. *Bauer*, in Brennpunkte, 93 (105f.); *Göpfert*, in AuA 2003, 28 (30); *Bauer/Diller/Göpfert*, in BB 2002, 882 (885).

1175 *Behrens/Rinsdorf*, in NZA 2006, 830 (831).

1176 Palandt/*Weidenkaff*, § 628 BGB Rn 1; HWK/*Sandmann*, § 628 BGB Rn 24; ErfK/*Müller-Glöge*, § 628 BGB Rn 8; *BAG* vom 08.08.2002, Az 8 AZR 574/01; *BGH* vom 26.01.1994, Az VIII ZR 39/93.

1177 MüKo/*Müller-Glöge*, § 612 BGB Rn 5ff.; Erman/*Edenfeld*, § 612 BGB Rn 1f.

1178 Vgl. *BAG* vom 20.08.1996, Az 9 AZR 471/95; ebenso schon *Heiden*, Zielvereinbarungen, S. 341; *Pelzer*, Zielvereinbarungen, S. 164; *Kolmhuber*, in ArbRB 2003, 117 (118); offen gelassen von *Baum*, in PersF 2007, 74 (81).

1179 So *Heiden*, Zielvereinbarungen, S. 341f.

Beispiel: Zielentgelt ist EUR 12.000, der Arbeitnehmer scheidet nach 2 Monaten während der laufenden Zielperiode aus. Für diese Zeit ist das Zielentgelt auf EUR 2.000 (12.000:12x2) zu kürzen. Bei einem prognostizierten Zielerreichungsgrad von 50% stehen dem Arbeitnehmer demnach EUR 1.000 zu.

Die vorzugswürdigere Ansicht dagegen prognostiziert zuerst den Zielerreichungsgrad und kürzt erst dann den Zielentgeltanspruch für die gesamte Zielperiode pro rata temporis für die tatsächlich erbrachte Zeit.[1180]

Beispiel: Zielentgelt ist EUR 12.000, der Arbeitnehmer scheidet nach 2 Monaten während der laufenden Zielperiode aus. Der Zielerreichungsgrad wird mit 50% prognostiziert. Demnach stehen dem Arbeitnehmer für die gesamte Zielperiode EUR 6.000 zu, dies wird pro rata temporis gekürzt, der Anspruch für die 2 Monate ist damit EUR 1.000

Auf den ersten Blick erscheint es unerheblich, welcher Berechnung man den Vorzug gibt. Aber der erste Lösungsweg lässt außer Acht, dass bei einer Zielverfehlung überhaupt kein Anspruch besteht. Hätte der Arbeitnehmer hier erst bei einem Zielerreichungsgrad von 80% einen Anspruch, entfällt das Zielentgelt. Der Anspruch geht ins Leere, auch eine anteilige Vergütung kommt nicht in Betracht. Demnach ist zunächst zu prüfen, ob überhaut ein Zielentgelt zu zahlen wäre und nur wenn dies zu bejahen ist, ist die anteilige Auszahlung zu errechnen. Dies zu überprüfen fällt aber erheblich leichter, wenn zuerst die gesamte Zielperiode prognostiziert wird. Anhand dieses Ergebnisses lässt sich dann besser der hypothetische Anspruch auf das Zielentgelt für die gesamte Zielperiode berechnen, der dann leicht pro rata temporis gekürzt werden kann.

Bei der Prognose der Zielerreichung ist aber zu berücksichtigen, dass nicht zwingend ein linearer Verlauf der Zielerreichung über die gesamte Zielperiode erfolgt. Oftmals sind Vorarbeiten notwendig, die erst am Ende sich in einen Erfolg niederschlagen. Die Akquise beispielsweise bedarf zunächst einer vorsichtigen Anbahnung des Kundenkontakts. Erst hiernach ist der Erfolg (Neukunde) möglich. Ebenso muss eine anfänglich erfolgsversprechende Entwicklung nicht stets anhalten. Hat der Arbeitnehmer z.B. in den ersten drei Monaten einige Neukunden gewonnen, können diese auch die einzigen Neukunden der Zielperiode darstellen, wenn der Arbeitnehmer es z.B. unterließ, weitere Kundenkontakte vorzubereiten. Durch die hypothetische Zielbewertung wird dies berücksichtigt. Insofern ist hier auf den Einzelfall abzustellen.

Es bedarf einer Schätzung nach § 287 Abs. 2 ZPO, inwieweit die Ziele erfüllt worden wären. Grundsätzlich hat der Arbeitnehmer die Tatsachen vorzutragen, aus denen sich die Prognose erstellen lässt. Dem Arbeitgeber wiederum obliegt es, die Prognose der Zielerreichung zu erschüttern, der Arbeitnehmer kann hiergegen den Gegenbeweis erbringen.[1181] Freilich ist umso mehr von einer höheren Zielerreichung auszugehen, je höher schon der tatsächliche Zielerreichungsgrad in der bereits verstrichenen Zielperiode ist. Oder anders herum, der Argumentationsbedarf steigt, je niedriger der schon erreichte Zielerreichungsgrad ist und höher der prognostizierte sein soll. Mit dieser Berechnung sind sämtliche schon erbrachte Leistungen des Arbeitnehmers vergütet. Eine zusätzliche Vergütung nach den Grundsätzen einer Überhangprovision in entsprechender Anwendung des § 87 Abs. 3 HGB scheidet demnach

---

1180 So *Behrens/Rinsdorf*, in NZA 2006, 830 (831); unklar *Delch*, Beurteilung, S. 224, soweit lediglich von einer „Zwischenanalyse" die Rede ist.
1181 *Behrens/Rinsdorf*, in NZA 2006, 830 (831f.).

selbst bei weiterer Verwendung der Ergebnisse durch den Arbeitgeber und nachträglicher Zielerreichung aus.[1182]

b) Zusätzliche Vergütung der überobligatorischen Leistungen

Man könnte geneigt sein, dem Arbeitnehmer aber das gesamte Zielentgelt zuzusprechen, wenn er vorzeitig die Ziele schon vollständig erfüllt hat. Nur wenn der Arbeitgeber in entsprechender Anwendung des § 628 Abs. 1 BGB darlegen und beweisen kann, dass er an der Leistung des Arbeitnehmers kein Interesse hat, scheidet der vollständige Anspruch aus.[1183] Dies wird jedoch mit dem Argument abgelehnt, dass mit dem Zielentgelt nicht nur allein das Bemühen um die Zielerreichung, sondern auch andere Tätigkeiten des Arbeitnehmers entlohnt werden. Mit dem Zielentgelt wird also auch die vertraglich geschuldete Arbeitsleistung an sich vergütet. Dies wird für den Fall deutlich, wenn sogar die gesamte Vergütung auf Zielvereinbarungen/-vorgaben basierend ausgestaltet werden kann. Hier wird aber kaum jede Aufgabe als Ziel formuliert sein; es steht außer Frage, dass diese Tätigkeiten ebenfalls mit dem Zielentgelt vergütet werden.[1184] Auch ist das Zielentgelt nicht die Gegenleistung für die Zielerreichung, sondern grundsätzlich nur für das Bemühen um die Zielerreichung. Insofern kann trotz vollständiger vorzeitiger Zielerreichung der Anspruch grundsätzlich pro rata temporis gekürzt werden.

Beide Ansichten überzeugen in ihrer Pauschalität jedoch nicht. Zu Recht wird angemerkt, dass mit dem Zielentgelt auch andere Tätigkeiten entlohnt werden. Dabei wird jedoch übersehen, dass auch (nur) überobligatorische Leistungen in einer Zielvereinbarung/-vorgabe formuliert werden können.[1185] Es ist genau zu prüfen, welche Leistung mit welcher Gegenleistung vergütet werden soll. Die normale Arbeitsleistung kann ebenso schon vollständig mit der Fixvergütung abgegolten sein, während die vertraglich an sich nicht geschuldete Leistung durch das Zielentgelt vergütet wird. So kann z.B. die erfolgreiche Vermittlung eines neuen Arbeitnehmers (Head-Hunting unter Bekannten) vereinbart worden sein. Hat der Arbeitnehmer diese überobligatorische Leistung schon vollständig erbracht, so ist sie auch entsprechend zu vergüten. Ist als Ziel die Vermittlung drei neuer Arbeitnehmer formuliert worden, werden die Bemühungen zum Erreichen dieses Ziels nicht durch das Ausscheiden während der Zielperiode negiert. Insofern besteht dann auch der Anspruch auf das dementsprechende volle Zielentgelt.[1186] Im Übrigen ist § 628 BGB einer entsprechenden Anwendung nicht zugänglich.

aa) Regelmäßig formuliert durch harte mitarbeiterbezogene Ziele

Es stellt sich jedoch die Frage, welche Ziele überobligatorische Leistungen formulieren und welche nicht. Die unternehmensbezogenen Ziele scheiden auf Grund der Unabhängigkeit von der Leistung des Arbeitnehmers von vorne herein aus. Lediglich mitarbeiterbezogene Ziele können daher überobligatorische Leistungen formulieren. Weiche mitarbeiterbezogenen Ziele (Teamfähigkeit, Kundenfreundlichkeit) bedürfen einer Bewertung. Sie sind unabhängig von der Dauer der Zielperiode erfüllt oder eben nicht erfüllt. Eine unterjährige, vorzeitige Bewer-

1182 A.A. *Deich*, Beurteilung, S. 258f.; Preis-*Preis/Lindemann*, AV, II Z 5 Rn 48; siehe hierzu § 10 III.

1183 So *Behrens/Rinsdorf*, in NZA 2006, 830 (831f.); wohl auch *Bauer*, in Brennpunkte, 93 (106); *Göpfert*, in AuA 2003, 28 (30); *Bauer/Diller/Göpfert*, in BB 2002, 882 (885) für den Fall fehlender Stichtagsklausel.

1184 Hierauf macht *Heiden*, Zielvereinbarungen, S. 343 zu Recht aufmerksam.

1185 Dies wird teilweise sogar gefordert, vgl. *Becker/Schwarz*, PersW 1998, 56 (58); *Tondorf*, in AiB 1998, 323 (325f.); *Breisig*, Entgelt, S. 142.

1186 *Grobys*, in NJW-Spezial 2004, 177 (178); a.A. *Heiden*, Zielvereinbarungen, S. 343.

tung kommt – bei unterstellter konstanter Leistung des Arbeitnehmers – zum gleichen Ergebnis, wie die abschließende Bewertung am Ende der Zielperiode. Der Arbeitnehmer kann auch in kurzer Zeit als teamfähig zu bewerten sein oder einen professionellen Kundenumgang pflegen. Deshalb müssen auch weiche mitarbeiterbezogene Ziele unberücksichtigt bleiben. Im Übrigen ist auch nicht erkennbar, welche weichen mitarbeiterbezogenen Ziele als überobligatorische Leistungen in Betracht kommen könnten.

Nur mit den harten mitarbeiterbezogenen ist es möglich, überobligatorische Ziele zu formulieren. Sind diese Ziele schon (vorzeitig) erfüllt worden sind, so kann der diesbezügliche Zielentgeltanspruch durchaus in ungekürzter Höhe bestehen.[1187] In ungekürzter Höhe besteht der Anspruch nur dann, wenn der Zielerreichungsgrad vollständig erreicht wurde und keine Steigerungsmöglichkeiten mehr vorhanden sind. Sofern die vorzeitige vollständige Zielerreichung verneint wird, bedarf es einer Prüfung, ob der momentane Zielerreichungsgrad dem Zielentgeltanspruch pro rata temporis entspricht. Ist dies nicht der Fall, so erhöht sich der anteilige Anspruch entsprechend. Im Ergebnis kommt es dann auf den tatsächlichen, momentanen Zielerreichungsgrad an.

Beispiel: Hat der Arbeitnehmer nach einem halben Jahr das überobligatorische Ziel zu 80% erreicht, wird wohl für die gesamte Zielperiode der Zielerreichungsgrad 100% prognostiziert. Ein Erreichen des Grades von mehr als 100% ist für den Zielentgeltanspruch unerheblich.
Bei der alleinigen Berechnung pro rata temporis (100% : halbes Jahr) erhielte der Arbeitnehmer lediglich 50% des Zielentgelts, obwohl er schon 80% geleistet hat. Deshalb erhöht sich der diesbezügliche Zielentgeltanspruch um 30% und damit auf insgesamt 80%. Hätte der Arbeitnehmer schon 100% erreicht, bestünde der diesbezügliche Zielentgeltanspruch in ungekürzter Höhe.

Die überobligatorische Leistung wird mit dem Zielentgelt abgegolten. Hat der Arbeitnehmer diese Leistung jedoch zu 80% erbracht, besteht in diesem Fall kein Anlass, das Zielentgelt dennoch pro rata temporis zu kürzen. Soweit der Arbeitnehmer seine Leistung erbracht hat, soweit ist sie auch zu vergüten. Gleiches gilt erst recht, wenn die Leistung schon vollständig erbracht wurde.

bb) Abgrenzung durch Weisungsrecht

Die Frage ist aber, wann die Zielvereinbarung/-vorgabe nur überobligatorische Leistungen vergütet oder lediglich exemplarisch einige Arbeitsaufgaben nennt, mit deren diesbezüglichen Zielentgelt auch die „normale" Arbeitsleistung entlohnt werden soll. Die Abgrenzungskriterien Verhältnis zwischen Fixvergütung und Zielentgelt oder allein die absolute Höhe der Fixvergütung scheiden aus.[1188] Die Vergütung ist der Preis für die Leistung des Arbeitnehmers. Der Preis einer Leistung ist aber – als Hauptleistungspflicht – jeglicher Inhaltskontrolle entzogen.[1189] Der Wert wird von den Parteien frei festgelegt und in diese Vertragsfreiheit darf durch den Richter nicht eingegriffen werden. Die Arbeitsvertragsparteien bestimmen selbst,

1187 So auch, allerdings undifferenziert *Behrens/Rinsdorf*, in NZA 2006, 830 (831); *Bauer*, in Brennpunkte, 93 (106); *Göpfert*, in AuA 2003, 28 (30); *Bauer/Diller/Göpfert*, in BB 2002, 882 (885) für den Fall fehlender Stichtagsklausel; a.A. *Heiden*, Zielvereinbarungen, S. 343.
1188 Für ersteres jedoch, aber aus einem anderen Blickwinkel *Behrens/Rinsdorf*, in NZA 2006, 830 (831), die grundsätzlich eine Stichtagsklausel für wirksam erachten, aber bei 20% oder mehr variabler Vergütung eine Mischgratifikation ablehnen.
1189 MüKo/*Kieninger*, § 307 Rn 12; HWK/*Gotthardt*, § 307 BGB Rn 6; Erman/*Roloff*, § 307 BGB Rn 42; Palandt/*Grüneberg*, § 307 BGB Rn 59; *BAG* vom 31.08.2005, Az 5 AZR 545/04; *BGH* vom 18.04.2002, Az III ZR 199/01; *BGH* vom 24.09.1998, Az III ZR 219/97; *BGH* vom 24.11.1988, Az III ZR 188/87.

zu welchem Anteil die Vergütung variabel ausgestaltet oder wie hoch die Fixvergütung ist. Eine Vermutung, die je nach Konstellation damit nur die überobligatorischen Leistungen vergütet sehen will, greift in die freie Preisgestaltung der Parteien ein und ist daher unzulässig

Ein taugliches Abgrenzungsmerkmal ist aber das Weisungsrecht. Soweit die Ziele von diesem gedeckt sein, kann der Arbeitgeber das Bemühen um die Zielerreichung ebenso einseitig durch Weisung dem Arbeitnehmer anordnen. Diese Ziele bilden damit bloß exemplarisch einige Tätigkeiten aus dem gesamten Aufgabenbereich ab. Das Zielentgelt vergütet damit auch die „normale" Leistung des Arbeitnehmers. Anders dagegen, wenn die Ziele nicht mehr vom Weisungsrecht gedeckt sind. Diese könnte der Arbeitgeber nicht mehr einseitig anordnen, hier wird die überobligatorische Leistung des Arbeitnehmers deutlich. Für eine an sich nicht geschuldete Leistung wird ein gesondertes Entgelt in Aussicht gestellt. Wenn der Arbeitnehmer sich aber zu einer Leistung verpflichtet, die außerhalb seiner eigentlichen, im Rahmen des Arbeitsverhältnisses geschuldeten Leistungspflicht liegt, und diese Leistung – Bemühen um Zielerreichung – bei entsprechendem Erfolg vergütet wird, so kann nicht davor ausgegangen werden, dass mit diesem Zielentgelt auch die „normale" Arbeitsleistung entlohnt werden soll. Daher muss der Arbeitnehmer auch Anspruch auf das volle Zielentgelt haben, wenn er vorzeitig diese Ziele erreichen sollte, auch wenn er das Unternehmen während der laufenden Zielperiode verlässt.[1190]

Dass diese Ziele nur im Rahmen einer Zielvereinbarung im engeren Sinne vereinbart werden können, die Zielvorgabe durch das Weisungsrecht dergestalt beschränkt ist und bei Zielen außerhalb des Weisungsrechts unwirksam sind,[1191] ist für diesen Punkte unerheblich. Erfüllt der Arbeitnehmer die Ziele dennoch – erbringt er also eine Leistung, zu die er an sich überhaupt nicht verpflichtet wäre – erhielte der Arbeitgeber jedoch aus seinem eigenen unredlichen Vorverhalten Vorteile, wenn er anführt, die Zielvorgabe ist unwirksam und deshalb ist er zur Zahlung des Zielentgelts nicht verpflichtet. Aus der Unredlichkeit dürfen aber keine rechtlichen Vorteile gezogen werden.[1192]

Insofern bedarf es einer Prüfung des Einzelfalls. Liegen die harten mitarbeiterbezogenen Ziele innerhalb des Weisungsrechts, so besteht die Vermutung, dass diese nur exemplarisch ausgewählt wurden und das Zielentgelt die gesamte Arbeitsleistung entlohnen soll. Liegen die Ziele aber außerhalb des Weisungsrechts, so kann davon ausgegangen werden, dass das Zielentgelt als Gegenleistung für die Bemühungen zur Zielerreichung gewertet wird. Insofern besteht der Anspruch auf die volle Gegenleistung bei vorzeitigem vollständigem Erfüllen dieser Pflicht auch dann, wenn der Arbeitnehmer während der laufenden Zielperiode aus dem Unternehmen ausscheiden sollte.

c) Vorrang anderweitiger vertraglicher Regelungen

Freilich gehen stets und damit auch hier eventuelle vertragliche Regelungen vor. Eine Stichtagsklausel ist zwar nur unter engen Voraussetzungen möglich,[1193] häufig wird aber ein anteiliger Anspruch pro rata temporis festgeschrieben. Entgegen mancher Stimmen in der Literatur

---

1190 A.A. *Heiden*, Zielvereinbarungen, S. 343.
1191 Zum Einfluss des Weisungsrechts auf die Zielvorgabe, siehe § 6 III 2.
1192 *BGH* vom 21.03.1985, Az VII ZR 192/83; *BGH* vom 09.11.1978, Az VII ZR 17/76.
1193 Zur Stichtagsklausel, siehe § 6 VII 1.

ist diese Regelung grundsätzlich aber nur deklaratorisch.[1194] Die Kürzung ergibt sich aus dem soeben darstellten auch ohne Vereinbarung. Aber sie ist aus Klarstellungsgründen dennoch sinnvoll. Überdies kann auch klargestellt werden, dass mit dem Zielentgeltanspruch nicht nur das Bemühen um die Zielerreichung, sondern auch sämtliche andere Leistungen des Arbeitnehmers mit abgegolten werden. In diesem Fall stellt sich dann die Frage nach einem höheren Zielentgelt für überobligatorische Leistungen nicht.

Ferner können die Parteien aber pauschal einen Abgeltungsanspruch vereinbaren, um den Unsicherheitsfaktor bei der hypothetischen Zielbewertung zu umgehen. Auch dies wird teilweise empfohlen.[1195] Vereinbaren die Parteien z.B. für jeden Monat der Zielperiode 1/12 des Zielentgelts, so ist dies ohne weiteres zulässig. Für den Arbeitgeber besteht bei dieser Regelung allerdings die Gefahr, dass für den Arbeitnehmer im Jahr des unterjährigen Ausscheidens keine Motivation vorhanden ist, sich um die Zielerreichung zu bemühen. Im Extremfall könnte der Arbeitnehmer sich bei einer Kündigung sogar besser stellen, als wenn er im Unternehmen bliebe. Insofern ist ein Interesse des Arbeitgebers, den Pauschalanspruch geringer als das volle Zielentgelt auszugestalten. Jedoch darf die Pauschale nicht zu gering bemessen werden, da ansonsten faktisch eine unzulässige Stichtagsklausel[1196] vorhanden ist, die das gesamte Zielentgelt umfasst. Auch im Hinblick auf §§ 307, 309 Nr. 5 BGB ergeben sich Bedenken. Mehr als einen Risikoabschlag von 25% wird wohl als nicht mehr hinnehmbar gelten. Ferner muss dem Arbeitnehmer der Nachweis einer höheren Prognose weiterhin möglich bleiben.

Beispiel für Klausel: Für den Fall des Ausscheidens während der laufenden Zielperiode erhält der Arbeitnehmer anteilig für jeden Monat des Bestehens des Arbeitsverhältnisses innerhalb der Zielperiode pauschal 6,25% des gesamten Zielentgelts. Dem Arbeitnehmer bleibt es vorbehalten, nachzuweisen, dass er einen höheren Zielerreichungsgrad erreicht hätte und ihm daher ein höheres Zielentgelt zusteht. (6,25% x 12 Monate = 75% des gesamten Zielentgelts)

d) Berechnung des Abfindung

Sollte der Arbeitnehmer beim Ausscheiden aus dem Unternehmen eine Abfindung erhalten, ergeben sich bei der Berechnung keine großen Probleme. In der Praxis hat sich die Formel durchgesetzt, zunächst für jedes Beschäftigungsjahr ein halbes Bruttomonatsgehalt anzusetzen.[1197] Nach § 10 Abs. 3 KSchG gilt als Monatsverdienst, was dem Arbeitnehmer bei der für ihn maßgebenden regelmäßigen Arbeitszeit in dem Monat, in dem das Arbeitsverhältnis endet, an Geld und Sachbezügen zusteht. Als Geldbezüge zählen sämtliche Zuwendungen mit Entgeltcharakter, einschließlich Zulagen, Tantiemen und 13. Monatsgehälter. Bezüglich des Zeitraumes, für den diese gezahlt werden, sind sie zur Bestimmung des Monatsverdienstes auf den Monatszeitraum herunter zu brechen.[1198] Damit gehört das Zielentgelt ebenso zum zu berechnenden Monatsverdienst. Zwar ist für den Monat des Ausscheidens zunächst unbekannt, wie hoch der Anspruch auf das Zielentgelt tatsächlich ist. Soeben wurde aber darge-

---

1194 Missverständlich daher *Baum*, in PersF 2007, 74 (81); *Röder*, in AG Arbeitsrecht, 139 (149f.); *Riesenhuber/v.Steinau-Steinrück*, in NZA 2005, 785 (790); *Grobys*, in NJW-Spezial 2004, 177 (177); *Bauer*, in Brennpunkte, 93 (106); die nur von einer Kürzungs*möglichkeit* sprechen; auch *BAG* vom 12.12.2007, Az 10 AZR 97/07, soweit es annimmt, [nur] „auf Grund der Abrede steht dem Kläger ein anteiliger Bonus zu".

1195 *Annuß*, in NZA 2007, 290 (294); *Baum*, in PersF 2007, 74 (81); *Hergenröder*, in AR-Blattei SD 1855, Rn 37; *Mauer*, in NZA 2002, 540 (545).

1196 Zur Stichtagsklausel, siehe § 6 VII 1.

1197 DLW/*Dörner*, S. 1550 Rn 1926; *Küttner/Eisemann*, Abfindung, Rn 34.

1198 HWK/*Thies*, § 10 KSchG Rn 6; MüKo/*Hergenröder*, § 10 KSchG Rn 10.

stellt, dass ein Anspruch pro rata temporis besteht und wie dieser zu errechnen ist. Damit lässt sich ebenfalls die eventuelle Abfindung berechnen.

Strittig ist aber, ob Zuwendungen mit Gratifikationscharakter mit zum Monatsverdienst zu zählen sind. Für die Zielvereinbarung/-vorgabe ist dies insofern relevant, als dass unternehmensbezogene Ziele als solche ausgestaltet sein können. Letztlich wird man aber auch die Zuwendungen mit Gratifikationscharakter zum Monatsverdienst hinzurechnen müssen.[1199] Es ist darauf abzustellen, was er erhalten hätte, wenn er weiter gearbeitet hätte. Dann hätte er ebenso die Gratifikation erhalten. Deshalb ist das gesamte Zielentgelt für die Abfindung maßgeblich; darauf, ob unternehmensbezogene Ziele als Gratifikationen zu werten sind, kommt es nicht an.[1200]

1199 ErfK/*Kiel*, § 10 KSchG Rn 3; a.A. Schaub/*Schaub*, AHdB, § 141 Rn 49; HWK/*Thies*, § 10 KSchG Rn 6; *v.Hoyningen-Huene/Linck*, § 10 KSchG Rn 16.

1200 Dies gilt freilich nur für die Berechnung der Abfindung, nicht dagegen für den Anspruch auf das unternehmensbezogene Zielentgelt selbst. Scheidet der Arbeitnehmer unterjährig aus, besteht bei einer wirksamen Stichtagsklausel kein Anspruch auf das unternehmensbezogene Zielentgelt.

§ 12 Grundsätzliche Zahlungspflicht trotz unterlassener Zielvereinbarung/-vorgabe

Häufig kommt es in der Praxis vor, dass trotz bestehender Zielvereinbarung im weiteren Sinn, keine Zielvorgabe oder keine Zielvereinbarung im engeren Sinne für die jeweilige Zielperiode zu Stande kam. Dies betrifft jedoch nicht die Fälle, in denen lediglich die schriftliche Dokumentation der Zielvereinbarung/-vorgabe fehlt oder gar das System insgesamt wirksam eingestellt wurde. Im ersten Fall sind Ziele formuliert worden, nur der Inhalt müsste bewiesen werden. Hierfür gelten die allgemeinen Beweisregeln.[1201] Im zweiten Fall wird die Frage nur dann relevant, wenn das System nicht wirksam eingestellt werden konnte, z.B. weil der Widerruf der Zielvereinbarung im weiteren Sinne unwirksam war.[1202]

Sondern die Frage stellt sich, wenn weder mündlich noch schriftlich Ziele formuliert wurden, obwohl dies hätte erfolgen sollen und damit die Bemessungsgrundlage zur Ermittlung des Zielentgelts fehlt. Die Gründe hierzu sind unterschiedlich. Schlichte Nachlässigkeit kann einer davon sein. Auch zeigt die Instanzenrechtsprechung, dass häufig im Zeitraum zwischen Kündigung und tatsächlicher Beendigung des Arbeitsverhältnisses wohl oft keine Zielvereinbarung/-vorgabe mehr zu Stande kommt.[1203]

I. Meinungsstand zur Begründung des Anspruchs auf das Zielentgelt

Das Ergebnis erscheint klar. Der Arbeitnehmer soll den Anspruch auf das Zielentgelt auch bei unterlassener Zielvereinbarung/-vorgabe grundsätzlich nicht verlieren.[1204] Teilweise werden allerdings – mit verschiedenen Begründungen – Zweifel angemeldet.[1205] Problematisch erscheinen der Grund und die Höhe des auszuzahlenden Zielentgelts. Einige sprechen schlicht von in der Praxis kaum zu bewältigende Problemen, andere gar von einem gordischen Knoten.[1206] Dies hängt wohl mit den sich teilweise diametral unterscheidenden Meinungen in Literatur und Rechtsprechung zusammen. Fast sämtliche möglichen Anspruchsgrundlagen werden genannt. Gegen jede Ansicht werden Bedenken hervorgebracht, wobei es eine wirklich

---

1201 *Baum,* in PersF 2007, 74 (79); wobei auf Grund der Verletzung des NachwG (siehe § 6 II) auch eine Erleichterung der Beweisführungslast des Arbeitnehmers bis hin zu einer Beweislastumkehr die Folge sein kann, vgl. ErfK/*Preis,* Einf. NachwG Rn 23.

1202 Zu den einzelnen Flexibilisierungsklauseln, siehe § 8.

1203 Die meisten Prozesse wegen unterlassener Zielvereinbarung/-vorgabe wurden für den Zeitraum zwischen Kündigung und tatsächlichem Ausscheiden geführt. Dies zeigt auch, dass entweder im laufenden Arbeitsverhältnis stets eine Zielvereinbarung/-vorgabe zu Stande kommt oder – wovon eher auszugehen ist – sich die Parteien einvernehmlich auf die Zahlung eines entsprechenden Zielentgelts (mit oder ohne Ziele) einigen.

1204 *BAG* vom 12.12.2007, Az 10 AZR 97/07; *BSG* vom 23.03.2006; Az B 11a AL 29/05 R; *LAG München* vom 12.12.2007, Az 11 Sa 453/07; *LAG Köln* vom 22.08.2007, Az 3 Sa 358//07; *Gaul/Rauf,* in DB 2008, 869 (870ff.); *Simon/Greßlin,* in BB 2008, 617 (619f.); *Annuß,* in NZA 2007, 290 (295); *Gehlhaar,* in NZA-RR 2007, 113 (117); *Klein,* in NZA 2006, 1129 (1131); *Behrens/Rinsdorf,* in NZA 2006, 830 (836); *Mauer,* in NZA 2002, 540 (547); *Bauer,* in FA 2002, 295 (296); *Röder,* in AG Arbeitsrecht, 139 (148f.); *Gravenhorst,* in jurisPR-ArbR 19/2007 (4); *Moll/Reufels,* in FS Bartenbach, 559 (563); *Küttner/Griese,* Zielvereinbarung, Rn 14; *Heiden,* Zielvereinbarungen, S. 375ff; *Mohnke,* Zielvereinbarungen, S 319ff.; *Lischka,* Zielvereinbarungen, S. 130ff; *Deich,* Beurteilung, S. 266ff.

1205 Vgl. *LAG Berlin-Brandenburg* vom 13.07.2007, Az 9 Sa 522/07; *LSG NRW* vom 14.03.2005, Az L 19 (9) AL 188/04; MüHArbR/*Kreßel* § 67 Rn 120; *Hümmerich,* in NJW 2006, 2294 (2297); *Hergenröder,* in AR-Blattei SD 1855, Rn 105; *Göpfert,* in AuA 2003, 28 (30); *Berwanger,* in BB 2003, 1499 (1502); *Bauer/Diller/Göpfert,* in BB 2002, 882 (883); *Bauer,* in FA 2002, 295 (296).

1206 *Annuß,* in NZA 2007, 290 (294); *Mauer,* in NZA 2002, 540 (547).

herrschende Meinung nicht gibt. Im Folgenden werden nun die vertretenen Lösungsvorschläge dargestellt und jeweils kritisch beleuchtet.

1. Anspruch nach Treu und Glauben

Einige wollen den „gordischen Knoten" mit dem „Schwertschlag" des Treu-und-Glauben-Grundsatzes nach § 242 iVm § 611 BGB lösen. Die Vertreter dieser Ansicht bezeichnen dies als den ehrlichsten aller Lösungswege. Im Ergebnis wird auf die Festlegung auf eine bestimmte Anspruchsgrundlage verzichtet und lediglich festgestellt, dass letztlich das Zielentgelt– von einem dogmatischen Ansatz unabhängig –vom Gericht festzusetzen ist.[1207]

Dies ist jedoch nicht die ehrlichste, sondern schlicht die einfachste Möglichkeit, sich dem Problem zu nähern. Im Ergebnis wird es dadurch sogar umgangen und ist unzulässig. Zwar überspannt die Generalklausel des § 242 BGB das gesamte Zivilrecht, vor dem Rückgriff auf den Treu-und-Glauben-Grundsatz ist aber zunächst zur prüfen, ob die vorhandenen gesetzlichen Regelungen zu einem tragbaren, mit Recht und Gesetz vereinbarenden Ergebnis führen. Ist dies der Fall, ist § 242 BGB nicht anwendbar.[1208] Eine solche rein ergebnisorientierte Sicht mag zwar der Pragmatiker begrüßen, das juristische Kernproblem bleibt indes ungelöst. Selbst den Befürwortern dieser Lösung bleibt deswegen ein Unbehagen zurück.[1209]

Deshalb gilt es zunächst, bestehende Rechtsnormen auf die Passgenauigkeit dieses Problems hin zu überprüfen. Erst wenn dies nicht gegeben ist, ist ein Rückgriff auf den Treu-und Glauben-Grundsatz möglich. Im Folgenden wird dargestellt, dass die allgemeinen Regeln des Leistungsstörungsrechts durchaus anwendbar sind und zu einem befriedigenden Ergebnis führen. Ein Rückgriff ist damit nicht notwendig.

2. Anspruch wegen Bedingungsvereitelung

Eine – allein von der Anzahl – vielleicht als herrschende Meinung zu bezeichnende Ansicht begründet zwar ebenfalls die Lösung mit Treu und Glauben, unterstützt dies jedoch mit dem Rechtsgedanken aus § 162 BGB.[1210] Der Arbeitnehmer hat einen Anspruch auf Abschluss der Zielvereinbarung im engeren Sinne bzw. auf Erhalt der Zielvorgabe. Dies ist Voraussetzung für den Anspruch auf das Zielentgelt. Der Arbeitgeber trägt die Initiativlast, dem Arbeitneh-

1207 So im Ergebnis *BSG* vom 23.03.2006, Az B 11a AL 29/05 R; *Gehlhaar*, in NZA-RR 2007, 113 (116); *Mauer*, in NZA 2002, 540 (548).
1208 MüKo/*Roth*, § 242 BGB Rn 110; Palandt/*Heinrichs*, § 242 BGB Rn 2, 16; Staudinger/*Looschelders/Olzen*, § 242 BGB Rn 335ff.; *Grüneberg/Sutschet*, in Bamberger/Roth, § 242 BGB Rn 2; Erman/*Hohloch*, § 242 BGB Rn 6f.; AnwK-ArbR/*Elz*, § 315 BGB Rn 39; jeweils m.w.N.
1209 *Gehlhaar*, in NZA-RR 2007, 113 (116).
1210 LAG Köln vom 22.08.2007, Az 3 Sa 358/07; LAG Baden-Württemberg vom 18.10.2006, Az 13 Sa 55/05; LAG Düsseldorf vom 28.07.2006, Az 17 Sa 465/05; LAG Köln vom 23.05.2002, Az 7 Sa 71/02; in diese Richtung: *BSG* vom 23.03.2006, Az B 11a AL 29/05; dem *BSG* folgend *Lingemann/Gotham*, in DB 2007, 1754 (1756); *Baum*, in PersF 2007, 74 (80); *Klein*, in NZA 2006, 1129 (1130); *Kolmhuber*, in ArbRB 2003, 117 (119), der allerdings auch einen konkludenten Verzicht auf Zielerreichung annimmt; *Bauer/Diller/Göpfert*, in BB 2002, 882 (883); für Zielvorgabe *Gaul/Rauf*, in Gaul, Akt.AR 2008, S. 149; *Röder*, in AG Arbeitsrecht, 139 (148); *Berwanger*, Einführung, S. 187; *Diepold*, Vergütung, S. 34f.; bei Zielvereinbarung im engeren Sinne: *Deich*, Beurteilung, S. 267ff.; in diese Richtung *Pelzer*, Zielvereinbarungen, S. 122f.; unentschlossen Schaub/*Linck*, AHdB, § 77 Rn 16f.; Moll/*Kolvenbach/Glaser*, MAH, § 18 Rn 67ff.

mer ein entsprechendes Angebot zu machen.[1211] Kommt er dieser nicht nach, muss nach Meinung mancher fiktiv die Zielerreichung von 100% zu Grunde gelegt werden. Dies hat zur Folge, dass der Arbeitnehmer einen Anspruch auf das ungekürzte Zielentgelt hat. Andere folgen diesem Ergebnis, fordern jedoch als Voraussetzung, dass der Arbeitnehmer zunächst tatsächlich erfolglos den Abschluss der Zielvereinbarung bzw. den Erhalt der Zielvorgabe verlangt haben muss, da er ansonsten den Anspruch verliert.[1212]

Dieses Ergebnis mag zwar wünschenswert sein, ist aber äußerst praxisfremd, da in den seltensten Fällen die Zielvorgabe bzw. Zielvereinbarung im engeren Sinne fingiert werden kann. Eine Bedingung ist eine durch den Parteiwillen erhobene Bestimmung, welche die Rechtswirksamkeit des Geschäfts von einem künftigen Ereignis abhängig macht, dessen Eintritt jetzt noch ungewiss ist. Dabei kommt als ungewisses Ereignis grundsätzlich jede künftige Begebenheit in Betracht, so insbesondere eine Handlung der Geschäftsbeteiligten oder auch eines Dritten.[1213] Bedingt sind die Rechtswirkungen eines Rechtsgeschäfts als Ganzes.[1214]

Umstritten ist zwar, ob es sich noch um ein Rechtsgeschäft handelt, wenn die Rechtswirkungen ausschließlich vom Willen einer Partei abhängen sollen. Während die Rechtssprechung dies bejaht, lehnt die Literatur dies weitgehend ab.[1215] Aber hier liegt nicht eine Potestativbedingung vor, sondern das objektive Ereignis – die Bedingung – ist in der konkreten Zielvereinbarung/-vorgabe zu finden. Wenn eine Partei das maßgebliche objektive Ereignis gewollt eintreten lassen kann, ist eine Bedingung anzuerkennen.[1216] Insofern kommt es auf die Streitentscheidung nicht an. Zwar bedarf es auch hier eines Willen des Arbeitgebers zur Erteilung bzw. zum Abschluss. Nicht aber der Wille, sondern die Erteilung bzw. Vereinbarung an sich ist die Bedingung, somit ein objektives Ereignis.

Aber bedingt ist hier sicherlich nicht die Rechtswirksamkeit des Arbeitsvertrages an sich, sondern nur ein einzelner Anspruch. Die Regelungen der §§ 158 ff. BGB haben aber nur die Wirksamkeit des gesamten Vertrages an sich zum Gegenstand.[1217] Daher scheidet bei der unterlassenen Zielvereinbarung/-vorgabe die direkte Anwendung des § 162 Abs. 1 BGB aus. Allenfalls eine analoge Anwendung kommt in Betracht.

a) Kritische Begründung der Treuwidrigkeit

Die Tatbestandsvoraussetzungen des § 162 BGB sind zunächst eine Beeinflussung des Kausalverlaufs durch eine Partei, der zum Bedingungseintritt führen soll. An der objektiven Be-

1211 A.A. bzgl. Zielvereinbarung im engeren Sinne: *Hümmerich*, in NJW 2006, 2294 (2297); ebenso *BAG* vom 12.12.2007, Az 10 AZR 97/07.

1212 *Berwanger*, in BB 2003, 1499 (1502f.); *Bauer/Diller/Göpfert*, in BB 2002, 882 (883).

1213 Staudinger/*Bork*, Vorbem zu §§ 158-163 BGB Rn 4; Palandt/*Heinrichs*, Einf v § 158 Rn 10; *OLG Frankfurt* vom 22.09.1997, Az 24 U 221/95; *BayObLG* vom 08.11.1985, Az BReg 2 Z 119-122/84; *LG Köln* vom 15.07.1992, Az 10 S 119/92.

1214 Jauernig/*Jauernig*, § 158 BGB Rn 7; Erman/*Armbrüster*, § 158 BGB Rn 3; Staudinger/*Bork*, Vorbem zu §§ 158-163 BGB Rn 6.

1215 Vgl. einerseits *BGH* vom 24.06.1992, Az VIII ZR 203/91; *BGH* vom 21.04.1967, Az V ZR 75/64; *BGH* vom 09.11.1966, Az V ZR 39/64; und andererseits *Medicus*, in JuS 1988, 1 (2f.); MüKo/*Westermann*, § 158 BGB Rn 21ff.; Staudinger/*Bork*, Vorbem zu §§ 158-163 BGB, Rn 17.

1216 *BGH* vom 26.11.1984, Az VIII ZR 217/83; MüKo/*Westermann*, § 158 Rn 19; Soergel/*Wolf* Vor § 158 Rn 23.

1217 Palandt/*Heinrichs*, Einf. v § 158 Rn 8; Erman/*Armbrüster*, § 158 BGB Rn 3; *Rövekamp*, in Bamberger/Roth, § 158 BGB Rn 20.

einflussbarkeit desselben durch den Arbeitgeber besteht bei der Zielvorgabe kein Zweifel. Dies gilt ebenso für die Zielvereinbarung im engeren Sinne. Auch hier hat der Arbeitgeber durch seine Verhandlungen eine Beeinflussungsmöglichkeit auf das Ergebnis. Für die tatsächliche Einflussnahme genügt jede auch nur mittelbare Einwirkung.[1218] Es ist sowohl ein positives Tun, als auch ein Unterlassen möglich. Bei Letzterem ist jedoch eine Rechtspflicht zum Handeln Voraussetzung.[1219] Der Arbeitgeber unterließ die Zielvorgabe, eine Rechtspflicht zur Vornahme ergibt sich aus der Zielvereinbarung im weiteren Sinne. Dies gilt ebenso bei unterlassener Verhandlung zum Abschluss der Zielvereinbarung im engeren Sinne, auch wenn eine ebensolche Pflicht auch dem Arbeitnehmer zukommt. Der Erfolg der Einflussnahme auf den Kausalverlauf besteht im Nichtexistieren der Zielvereinbarung/-vorgabe. Ferner muss der Arbeitgeber auch treuwidrig gehandelt haben. Dabei ist das Gesamtverhalten nach Anlass, Zweck und Beweggrund unter Berücksichtigung aller Umstände des Einzelfalls zu würdigen.[1220] Was für ein Verhalten zu erwarten wäre, ist durch Auslegung zu ermitteln. Dabei ist ein Verschulden im technischen Sinne nicht erforderlich.[1221]

Der Arbeitgeber hat die Pflicht, die Zielvorgabe zu erteilen, um dem Arbeitnehmer die Möglichkeit des Erdienens des Zielentgelts zu ermöglichen. Dies folgt unmittelbar aus der Zielvereinbarung im weiteren Sinne. Seine Pflicht zum Handeln verletzte er jedoch. Damit könnte die Treuwidrigkeit durch bloßes Unterlassen begründet werden. Die geringere Motivation des Arbeitnehmers und der damit einhergehende Nachteil des Arbeitgebers vermindern die Treuwidrigkeit dabei nicht.[1222] Nämlich die Arbeitspflicht des Arbeitnehmers bleibt bestehen und er ist weiterhin verpflichtet, seine Arbeitskraft entsprechend seiner individuellen und angemessenen Leistungsfähigkeit vollständig zu erbringen. Schwieriger gestaltet sich jedoch die Begründung der Treuwidrigkeit, wenn keine Zielvereinbarung im engeren Sinne zu Stande kam. Hier müsste nach den Gründen geforscht werden. Wenn der Arbeitgeber trotz Aufforderung des Arbeitnehmers nicht in eine Verhandlung über die zu treffende Zielvereinbarung im engeren Sinne eintritt, ist die Treuwidrigkeit wohl begründbar. Anders dagegen, wenn eine echte Uneinigkeit der Grund für die fehlende Vereinbarung ist. Hier mögen die Gründe für die Uneinigkeit eine Rolle spielen. Diese Frage kann aber letztlich offen bleiben.

Auf der Rechtsfolgenseite wird über § 162 BGB nämlich nur fingiert, dass die Bedingung eingetreten ist. Als mögliche Anspruchsgrundlage für die Zahlungshöhe eignet sie sich aber nicht.[1223] Diese Bedingung kann hier aber nur das Vorhandensein der jeweiligen Zielvereinbarung/-vorgabe an sich darstellen.

1218 Jauernig/*Jauernig*, § 162 BGB Rn 4; Palandt/*Heinrichs*, § 162 BGB Rn 2; *BGH* vom 17.05.1965, Az III ZR 239/64.

1219 MüKo/*Westermann*, § 162 BGB Rn 9; Staudinger/*Bork*, § 162 BGB Rn 5; *LG Gießen* vom 18.09.1996, Az 1 S 146/96.

1220 Soergel/*Wolf*, § 162 BGB Rn 7; Erman/*Armbrüster*, § 162 BGB Rn 4; *OLG Hamm* vom 14.04.1989, Az 26 U 159/88; *OLG Düsseldorf* vom 06.11.1986, Az 6 U 29/86.

1221 *BGH* vom 18.12.1990, Az X ZR 57/89; MüKo/*Westermann*, § 162 BGB Rn 10; Staudinger/*Bork*, § 162 BGB Rn 10 m.w.N.

1222 A.A. *BAG* vom 12.12.2007, Az 10 AZR 97/07.

1223 Erman/*Armbrüster*, § 162 BGB Rn 5; *BAG* vom 12.12.2007, Az 10 AZR 97/07; *LAG Berlin-Brandenburg* vom 13.07.2007, Az 9 Sa 522/07; a.A. *Gaul/Rauf*, in Gaul, Akt.AR 2008, S. 140, die trotz der grundsätzlichen Befürwortung der Lösung über Schadensersatz, einen Rückgriff auf § 162 BGB nicht ausschließen.

b) Jedenfalls keine Fiktion der Ziele

§ 162 BGB kann allein die fehlende Zielvereinbarung/-vorgabe an sich fingieren. Die Ziele selbst sind und bleiben dagegen unklar. Bei § 162 BGB geht es nicht so sehr um eine Sanktion für treuwidriges Verhalten als vielmehr um eine flankierende Maßnahme zur Durchsetzung des ursprünglichen rechtsgeschäftlichen Parteiwillens.[1224] Deshalb müsste eine an Treu und Glauben orientierte Vertragsauslegung Vorrang genießen.[1225] Dazu muss aber die Zielvereinbarung im weiteren Sinne geeignet sein, mithin der Parteiwillen muss zum Ausdruck gebracht worden sein. Eine ergänzende Vertragsauslegung ist hier aber nicht möglich.[1226]

Nur wenn aus der Zielvereinbarung im weiteren Sinne sich also genau ergeben würde, welche Ziele vorgegeben bzw. vereinbart und wie sie zueinander gewichtet worden wären, ließe sich die Bedingung – Zielvereinbarung/-vorgabe – fingieren. Unabhängig davon, dass zumindest bei der Zielvereinbarung im engeren Sinne dies die Vereinbarung im Sinne eines Ergebnisses einer echten Verhandlung obsolet machte, ist auch bei den Zielvorgaben dies äußerst selten der Fall. Die Zielvereinbarung/-vorgabe soll doch gerade das Arbeitsverhältnis flexibilisieren. Der Arbeitgeber möchte sich vorbehalten, auf die Gegebenheiten des Marktes reagieren zu können.[1227] Wäre die Zielvereinbarung im weiteren Sinne derart eng formuliert, liefe sie dem eigentlichen Sinn zuwider und wäre damit praktisch wertlos.

c) Erst Recht keine zwingende Zielerreichung

Auch stellt das gleichzeitige Fingieren einer 100%-igen Zielerreichung eine einseitige Bevorzugung des Arbeitnehmers dar. Dies trüge zwar zur Disziplinierung der Arbeitgeber bei und könnte daher reizvoll sein, jedoch ist die Vorschrift keine Strafvorschrift für diesen Zweck.[1228] Der allgemeine Rechtsgedanke, dass niemand aus einem treuwidrig hergeleiteten Ereignis Vorteile für sich ziehen darf, mag auch hier anwendbar sein. Einen ansonsten nicht entstehenden Nachteil aber, soll der treuwidrig Handelnde nicht erleiden.[1229] Genau dies wäre aber hier der Fall. Selbst wenn über § 162 BGB sich die Zielvereinbarung/-vorgabe fingieren ließe, sagt dies aber nichts über die hypothetische Zielerreichung aus.

Auch die andere Meinung innerhalb der Bedingungsvereitelung, die mit der Nichtfestlegung der Ziele auch die tatsächliche Erfüllung vereitelt sieht, überzeugt nicht. Die Arbeitsleistung und -pflicht des Arbeitnehmers bleibt ohne weiteres bestehen. Mangelnde Ziele haben insofern nur mittelbare Auswirkungen. Sie bedeuten (nur) weniger Motivation und weniger deutliche Richtungsvorgabe. Letzteres wird durch das Weisungsrecht kompensiert. Selbst bei einer vorhandenen Zielvereinbarung/-vorgabe verliert der Arbeitgeber nicht sein Weisungsrecht.[1230] Erst recht behält er das Weisungsrecht, wenn überhaupt keine zustande kam. Die

---

1224 MüKo/*Westermann*, § 162 BGB Rn 3; *LAG Hamm* vom 24.11.2004, Az 3 Sa 1325/04; *OLG Düsseldorf* vom 07.01.1980, Az 5 U 27/79.

1225 Staudinger/*Bork*, § 162 BGB Rn 15.

1226 Siehe § 12 I 4.

1227 Zur erhofften Flexibilität, siehe § 3 II 1 d.

1228 *BAG* vom 12.12.2007, Az 10 AZR 97/07; *LAG Berlin-Brandenburg* vom 13.07.2007, Az 9 Sa 522/07; *LAG Hamm* vom 24.11.2004, Az 3 Sa 1325/04; *Schmiedl*, in BB 2004, 329 (331).

1229 Erman/*Armbrüster*, § 162 BGB Rn 7; *Gehlhaar*, in NZA-RR 2007, 113 (116); a.A. *LAG Düsseldorf* vom 28.07.2006, Az 17 Sa 465/05, das die evtl. mangelnde Zielerreichung als pure Spekulation bezeichnet und mit der vom Arbeitgeber treuwidrig verhinderten Motivation und mangelnden Leistungsanreiz begründet.

1230 Zum Einfluss der Zielvereinbarung/-vorgabe auf das Weisungsrecht, siehe § 6 III 4.

Nichtfestlegung der Ziele bedeutet letztlich nur ein fehlendes Parameter der zu vergütenden Leistung des Arbeitnehmers. Nur wenn feststünde, dass die Ziele zwingend erfüllt worden wären, könnte hier von Vereitelung gesprochen werden. Dies ist aber alles andere als sicher. Zutreffend weist *Gehlhaar* darauf hin, dass ein solcher Schluss bedeuten würde, dass letztlich jede Zielvereinbarung/-vorgabe regelmäßig zu einem Zielentgelt von 100% führen müsste.[1231] Dies ist aber eben nicht der Fall. Zweck der Zielvereinbarung/-vorgabe ist eine leistungsorientierte Vergütung.[1232] Dabei ist auch eine Zielverfehlung grundsätzlich möglich. Eine andere Bewertung ergeben auch nicht die Besonderheiten des Arbeitsrechts.[1233] Die gesetzliche Zweckrichtung des § 162 BGB ist eindeutig. Sie darf nicht ignoriert werden und nicht bis zum Erreichen des gewünschten Ergebnisses ausgedehnt werden, auch wenn es in manchen Fallkonstellationen wünschenswert wäre.

Zusammenfassend bedeutet dies, dass über § 162 BGB allein der Erhalt der Zielvereinbarung/-vorgabe an sich fingiert werden könnte. Dies hilft aber insoweit nicht weiter, als dass die Ziele schlicht unbekannt sind und es auch bleiben. Nur im äußerst seltenen Fällen, wenn die Zielvereinbarung im weiteren Sinne genügend Anhaltspunkte vorgibt, könnte eine Zielvorgabe und (noch seltener) eine Zielvereinbarung im engeren Sinne fingiert werden. Aber selbst wenn dies der Fall wäre, könnte § 162 BGB nur analog angewandt werden. Voraussetzung für die analoge Anwendung wäre aber eine Regelungslücke. Dies ist aber nicht der Fall, dem Arbeitnehmer kann – was noch dazustellen ist – ein Schadensersatzanspruch statt der Leistung zustehen. Insofern bedarf es keiner analogen Anwendung und sie ist deshalb unzulässig.[1234] Selbst wenn man aber einer analogen Anwendung zustimmt, darf aber keinesfalls stets eine Zielerreichung von 100% angenommen werden. Vielmehr müsste die Arbeitsleistung des Arbeitnehmers anhand der fingierten Ziele bewertet und daraus das Zielentgelt errechnet werden. Der Arbeitnehmer wird aber kaum die fingierten Ziele erreicht haben, er kannte sie nicht.

3. Leistungsbestimmung nach billigem Ermessen

Im Kern dreht sich die Frage darum, welche Ziele festgelegt worden wären und wie die (schon vom Arbeitnehmer erbrachte) Arbeitsleistung zu bewerten ist; also welches Zielentgelt der Arbeitnehmer durch seine Leistung verdient hat. Die Leistung des Arbeitnehmers soll nach einer anderen Ansicht dergestalt nachträglich bewertet werden, als dass das Gericht (nur) das geschuldete Zielentgelt nach § 315 Abs. 3 BGB nach billigem Ermessen festsetzt.[1235] Andere folgen diesem Weg, lehnen jedoch eine unmittelbare Anwendung ab. Bei einer Zielvorgabe sei noch eine direkte Anwendung möglich, aber zumindest im Hinblick auf die unterlassene Zielvereinbarung im engeren Sinne sei § 315 Abs. 3 BGB analog anzuwenden.[1236]

1231 *Gehlhaar*, in NZA-RR 2007, 113 (116); auch *LAG Berlin-Brandenburg* vom 13.07.2007, Az 9 Sa 522/07.
1232 Siehe § 3 II 1 b.
1233 A.A. *Klein*, in NZA 2006, 1129 (1130).
1234 So auch *BAG* vom 12.12.2007, Az 10 AZR 97/07.
1235 *Horcher*, in BB 2007, 2065 (2066); *Lingemann/Gotham*, in DB 2007, 1754 (1756); *Annuß*, in NZA 2007, 290 (295); *Hergenröder*, in AR-Blattei SD 1855, Rn 105f.; *Mauer*, in NZA 2002, 540 (547); *Moll/Reufels*, in FS Bartenbach, 559 (566f.); AnwK-ArbR/*Elz*, § 315 BGB Rn 40; *Küttner/Griese*, Zielvereinbarung, Rn 14; *LAG Hamm* vom 26.11.2004; Az 10 Sa 2236/03; *LAG Düsseldorf* vom 29.10.2003, Az 12 Sa 900/03; ErfK/*Preis*, § 611 BGB Rn 504 für Zielvorgabe; unentschlossen Schaub/*Linck*, AHdB, § 77 Rn 16f.
1236 *ArbG Düsseldorf* vom 13.08.2003, Az 10 Ca 10348/02; *Deich*, Gestaltung, S. 133; *Annuß*, in NZA 2007, 290 (295); *Behrens/Rinsdorf*, in NZA 2006, 830 (835); *Riesenhuber/v.Steinau-Steinrück*, in NZA 2005,

Die Lösung über § 315 Abs. 3 BGB wird mit der Flexibilität der Billigkeit begründet. Diese erlaube, den Besonderheiten des Einzelfalls gerecht zu werden. Die Vergleichbarkeit mit den Fällen des Leistungsvorbehaltes bzw. der planwidrigen Unvollständigkeit der vertraglichen Vereinbarung unterstützt die Leistungsbestimmung nach § 315 Abs. 3 BGB.[1237] Zumindest bei bestehender Initiativlast des Arbeitgebers ist die Situation vergleichbar mit dem echten Leistungsbestimmungsrecht des Arbeitgebers.[1238] Auch bietet das billige Ermessen des § 315 Abs. 3 BGB einen enormen Spielraum, den manche als verlockend ansehen.[1239]

Dieser Spielraum wird in zwei Stufen ausgeschöpft. Zunächst ist zu prüfen, welche Ziele für den konkreten Zeitraum die Parteien vereinbart bzw. vorgegeben hätten. Die Ziele aus dem Vorjahr können hier eine geeignete Richtschnur darstellen. Danach ist hypothetisch zu prüfen, inwiefern der Arbeitnehmer diese Ziele auch tatsächlich erfüllt hätte.[1240] Danach ist der Anspruch auf das Zielentgelt zu errechnen.

a) Ebenfalls Spekulation über Ziele

Selbst die Anhänger dieser Ansicht räumen ein, dass letztlich offene Spekulation bleibt, welche Ziele vereinbart bzw. vorgegeben worden wären und dass diese Spekulation sogar zum Maßstab der Rechtsfindung gemacht wird.[1241] Das Gericht kann schlicht nicht feststellen, welche Ziele an sich vereinbart bzw. vorgegeben worden wären. Diese beruhen nämlich auf einer unternehmerischen Entscheidung oder auf dem Verhandlungsergebnis zweier Parteien. Eine Nachvollziehbarkeit ist nicht immer gegeben. Erst Recht ist es für das Gericht unmöglich, die zwischen den Zielen bestehende Gewichtung festzulegen. Die Hilfe eines Sachverständigen hilft in diesem Fall auch nicht weiter. Ebenso ist es nicht hilfreich, sich an den Vorjahreszielen zu orientieren. Dies könnte allenfalls ein Ansatzpunkt sein, sofern denn konkrete Indizien dafür sprechen, ähnliche Ziele wären auch für das Folgejahr vereinbart bzw. vorgegeben worden. Dies indes wird nicht oft vorkommen, ist doch gerade die Flexibilität eine der Vorteile des Personalführungssystems Zielvereinbarungen.[1242]

Kritisiert wird weiterhin, dass nicht feststellbar sei, inwiefern der Arbeitnehmer die fiktiven Ziele auch tatsächlich erfüllt hätte. Eine ausufernde Überprüfung der gesamten Tätigkeit des Arbeitnehmers auf ihre Effizienz sei nicht möglich.[1243] Ein tatsächliches Problem würde dabei auch übersehen werden. Die Motivationswirkung der Zielvereinbarung/-vorgabe ist nicht nachholbar. Ihre Wirkung ist nur dann vorhanden, wenn sie im Vorhinein vereinbart bzw. vorgegeben wurde und der Arbeitnehmer insofern sein Verhalten auf diese Ziele ausrichten kann.[1244]

---

785 (791), analoge Anwendung, aber nur bei Zielvorgaben; vgl. auch *BGH* vom 09.05.1994, Az II ZR 128/93 bei fehlender Erarbeitung einer Bemessungsgrundlage; a.A. *BAG* vom 12.12.2007, Az 10 AZR 97/07, dass jedoch für die Zielvorgabe die Anwendung des § 315 III BGB ausdrücklich offen lässt.

1237 *Behrens/Rinsdorf*, in NZA 2006, 830 (835); *Mauer*, in NZA 2002, 540 (547).

1238 *ArbG Düsseldorf* vom 13.08.2003, Az 10 Ca 10348/02.

1239 So die Vermutung von *Gehlhaar*, in NZA-RR 2007, 113 (114).

1240 *Gehlhaar*, in NZA-RR 2007, 113 (114); *Bauer/Diller/Göpfert*, in BB 2002, 882 (883); *Mauer*, in NZA 2002, 540 (548); *BSG* vom 23.03.2006, Az B 11a AL 29/05.

1241 *Behrens/Rinsdorf*, in NZA 2006, 830 (835).

1242 Siehe § 3 II 1 d.

1243 *Behrens/Rinsdorf*, in NZA 2006, 830 (836), die deshalb grundsätzlich einen Risikoabschlag von 20% für geboten erachten.

1244 *LAG Düsseldorf* vom 28.07.2006, Az 17 Sa 465/05.

b) Anwendung des § 315 BGB ausgeschlossen

Diese Argumente weisen zwar zutreffend auf Schwachstellen hin, sind aber noch nicht vollständig überzeugend. Es bestehen grundsätzliche Bedenken gegen die Anwendung von § 315 BGB. Der direkten Anwendung des § 315 Abs. 3 BGB steht zunächst entgegen, dass bei Zielvereinbarungen im engeren Sinne kein einseitiges Leistungsbestimmungsrecht des Arbeitgebers vorhanden ist. Eine Einseitigkeit ist nur bei Zielvorgaben gegeben. Die Zielvereinbarung im engeren Sinne ist eben keine einseitige, sondern eine von beiden Seiten zu verhandelnde Bestimmung der Bemessungsgrundlage. Nur dort, wo die Parteien vereinbaren, sich der richterlichen Ersatzleistungsbestimmung zu unterwerfen, greift § 315 Abs. 3 S. 2 BGB. Bei gemeinsam festzulegenden Zielen ist dies nicht der Fall. Diese Vorschrift ist keine allgemeine richterliche Vertragshilfe.[1245] Der analogen Anwendung aber fehlt eine Regelungslücke. Es kommt ein – noch darzustellender – Schadensersatzanspruch statt der Leistung in Betracht.

Aber auch bei der Zielvorgabe kommt die Anwendung des § 315 Abs. 3 S. 2 BGB nicht in Frage. Zwar ist daran zu denken, dass der Arbeitnehmer im Wege der richterlichen Ersatzleistungsbestimmung nach § 315 Abs. 3 S. 2 BGB[1246] bzw. im Wege der Leistungsklage auf Vornahme der Leistungsbestimmung[1247] sein Recht auf Erhalt der Zielvorgabe geltend machen könnte. Dies ist jedoch nur zu Beginn der Zielvereinbarungsperiode sinnvoll, sofern man dies überhaupt – wegen der eigentlichen gewünschten Motivationswirkung –als sinnvoll betrachten möchte. Jedoch bei der nachträglichen Beanspruchung des Zielentgelts handelt es sich hier um eine gerichtliche Erstbestimmung der Leistung.[1248] Ein angemessenes Zielentgelt wird festgelegt, obwohl keine Zielfestlegung stattfindet und auch die Zielerreichung nicht gemessen wird. Damit würden die Gerichte auch Dritte im Sinne des § 317 ff. BGB. Dies ist aber unzulässig, weil ihr gesetzlicher Aufgabenbereich nicht der Parteidisposition unterliegt.[1249]

Selbst wenn man aber die richterliche Erstleistungsbestimmung zulassen will, stellt sich bei den Zielvereinbarungen/-vorgaben die mangelnde Justiziabilität des Ermessens in den Weg. Aufgrund fehlender Bemessungsgrundlage konnte der Arbeitnehmer die zu erreichenden Ziele nicht erfüllen. Es standen keine Ziele fest. Welche Leistung anstatt der mehr feststehenden Ziele zu bewerten ist, ergibt sich nicht aus dem Arbeitsvertrag. Bei der Vielfalt an möglichen Zielen ist es schlicht unmöglich festzustellen, welche Ziele konkret vorgegeben worden wären.[1250] Die Leistung wäre anhand konkreter Ziele zu bewerten, obwohl weder die Ziele noch die Gewichtung untereinander bekannt ist und auch nicht fiktiv feststellbar ist. Es bedürfte einer Ersatzbestimmung, die jedoch ausgeschlossen ist.[1251] Das Gericht könnte daher entweder nur eine Leistungsbeurteilung aufgrund der allgemeinen Arbeitsleistung des Arbeitneh-

---

1245 *Gaul/Rauf*, in Gaul, Akt.AR 2008, S. 139; *BAG* vom 12.12.2007, Az 10 AZR 97/07.
1246 *Hergenröder*, in AR-Blattei SD 1855, Rn 105; *Deich*, Beurteilungen, S. 278; in diese Richtung *BAG* vom 12.12.2007, Az 10 AZR 97/07.
1247 *Gaul/Rauf*, in Gaul, Akt.AR 2008, S. 139; *Heiden*, Zielvereinbarungen, S. 372; Staudinger/*Rieble*, § 315 BGB Rn 300; wohl auch *Bauer*, in FA 2002, 295 (296).
1248 Staudinger/*Rieble*, § 315 BGB Rn 18ff.
1249 MüKo/*Gottwald*, § 317 BGB Rn 16; Palandt/*Grüneberg*, § 317 BGB Rn 2; Erman/*Hager*, § 317 BGB Rn 4; *Gehrlein*, in Bamberger/Roth, § 317 BGB Rn 2; *BAG* vom 12.12.2007, Az 10 AZR 97/07; *BGH* vom 06.11.1997; Az III ZR 177/96; *BGH* vom 03.02.1995, Az V ZR 222/93.
1250 So auch *BAG* vom 12.12.2007, Az 10 AZR 97/07 für die Zielvereinbarung im engeren Sinne.
1251 Staudinger/*Rieble*, § 315 BGB Rn 172; MüKo/*Gottwald*, § 315 BGB Rn 67.

mers vornehmen oder die übliche Vergütung zusprechen; beides zur gerichtlichen Ermessensentscheidung alternative Bemessungsgrundlagen.[1252]

Somit kann eine Lösung über § 315 Abs. 3 BGB weder unmittelbar noch analog in Betracht kommen. Das Gericht kann und darf nicht im Wege der Erstbestimmung der Leistung das Zielentgelt feststellen. Eine analoge Anwendung kommt auch mangels Regelungslücke nicht in Betracht. Im Folgenden wird dargestellt, dass die allgemeinen Regeln des Leistungsstörungsrechts durchaus anwendbar sind und zu einem befriedigenden Ergebnis führen. Eine analoge Anwendung ist damit nicht nur nicht notwendig, sondern sogar unzulässig.

4. Anspruch durch ergänzende Vertragsauslegung

Nach anderer Ansicht hat das Gericht eine ergänzende Vertragsauslegung vorzunehmen.[1253] Zunächst sei der Dienst- oder Arbeitsvertrag, bzw. die Zielvereinbarung im weiteren Sinne, mit den darin enthaltenen Vorgaben und Wertungen heranzuziehen. Beim weiteren Vorgehen habe das Gericht sich daran zu orientieren, was die Vertragsparteien unter der Berücksichtigung von Treu und Glauben bei angemessener Würdigung ihrer Interessen redlicherweise vereinbart hätten bzw. welche Ziele durch den Arbeitgeber vorgegeben worden wären. Hierbei sei zu berücksichtigen, dass lediglich erreichbare Ziele innerhalb des Aufgabengebietes des Arbeitnehmers formuliert worden wären. Dabei kommen nur solche Ziele in Betracht, die dem Arbeitnehmer es ermöglichen, das volle Zielentgelt bei durchschnittlicher oder gering überdurchschnittlicher Arbeitsleistung zu erreichen. Im zweiten Schritt ist zu prüfen, inwieweit der Arbeitnehmer die hypothetisch vereinbarten Ziele auch tatsächlich erreicht hätte. Der Arbeitnehmer trägt dafür die Beweislast.[1254]

a) Keine Anhaltspunkte für Ziele

Eine echte Vertragsauslegung kann aber auch nur dann in Betracht kommen, wenn die Zielvereinbarung im weiteren Sinne Anhaltspunkte für die Ziele an sich und deren Gewichtung gibt.[1255] Da die Zielvereinbarung/-vorgabe aber gerade eine flexible Anpassung an die jeweiligen Umstände ermöglichen soll und auch auf ständige Änderung ausgelegt ist, wird das nur selten der Fall sein. Eine Vertragsergänzung kommt auch dann in Betracht, wenn die Parteien bewusst eine Regelungslücke gebildet haben, dies jedoch in der (fehlgeschlagenen) Erwartung, diese zu einem späteren Zeitpunkt zu schließen.[1256] Die Zielvereinbarung im weiteren Sinne ist aber in diesem Punkt nicht lückenhaft. Sieht man die Lücke darin, dass keine Ziele formuliert wurden, ist dies keine Lücke des Vertrages an sich, sondern das Fehlen einer zusätzlichen Bewertungsgrundlage als Voraussetzung der Zahlung. Gerade die Vereinbarung, dass zu einem anderen Zeitpunkt die konkreten Ziele festgelegt werden sollen und dies in

---

1252 So auch *Heiden*, Zielvereinbarungen; S. 372f.

1253 *LAG München* vom 12.12.2007, Az 11 Sa 453/07; *LAG Berlin* vom 13.12.2006, 15 Sa 1135/06; *LAG Köln* vom 14.03.2006, Az 9 Sa 1152/05; *LAG Hamm* vom 24.11.2004, Az 3 Sa 1325/04; Maschmann/*Reiserer*, Mitarbeitervergütung, S. 60; *Schmiedl*, in BB 2006, 2417 (2418); *Hümmerich*, in NJW 2006, 2294 (2299); *Schmiedl*, in BB 2004, 329 (331); *Däubler*, ZIP 2004, 2209 (2212); *Deich*, Beurteilung, S. 272ff.; in diese Richtung *Bauer/Chwalisz*, in ZfA 2007, 339 (351).

1254 *Schmiedl*, in BB 2004, 329 (331).

1255 *Gaul/Rauf*, in Gaul, Akt.AR 2008, S. 137; *Gehlhaar*, in NZA-RR 2007, 113 (115); *LAG Berlin-Brandenburg* vom 13.07.2007, Az 9 Sa 522/07.

1256 *Wendtland*, in Bamberger/Roth, § 157 BGB Rn 36; Jauernig/*Jauernig*, § 157 BGB Rn 2; Staudinger/*Roth*, § 157 BGB Rn 17.

bestimmten Zeitabschnitten zu wiederholen ist, zeigt, dass es sich nicht um eine Lücke in ein und denselben Vertrag handelt. Aber selbst wenn man dies als bewusste Lücke der Zielvereinbarung im weiteren Sinne bewerten sollte, kann auch deshalb keine ergänzende Vertragsauslegung in Betracht kommen, da diese nicht zu einer freien richterlichen Vertragsgestaltung ausufern darf.[1257] Wenn verschiedene Gestaltungsmöglichkeiten in Betracht kommen und keine Anhaltspunkte bestehen, welche dieser Regelungen die Parteien getroffen hätten, ist die ergänzende Vertragsauslegung ausgeschlossen.[1258] Hier ist das der Fall. Es liegen keine Anhaltspunkte vor, welche Ziele formuliert worden wären. Die Ziele müssten völlig frei und rein hypothetisch gebildet werden.

Die Vertreter der ergänzenden Vertragsauslegung greifen auf das zweistufige Modell zurück. Zuerst wird der maximale Betrag des Zielentgelts ermittelt, sodann der konkrete Inhalt der Zielvereinbarung/-vorgabe festgesetzt.[1259] Ziele im Rahmen der Billigkeit anzunehmen, kann indes jedoch nur für die Zielvorgabe gelten. Bei der Zielvereinbarung im engeren Sinne allerdings ist auch die Privatautonomie der Arbeitsvertragsparteien zu beachten. Denn bei der ein vernehmlichen Zielfestlegung können durchaus auch Ziele vereinbart werden, die außerhalb des Weisungsrechts liegen und damit an sich unbillig wären.[1260] Jedoch ist auch bei der Ziel vorgabe eine Vielzahl von Gestaltungsmöglichkeiten denkbar mit jeweils unterschiedlichen Folgen für die Arbeitsvertragsparteien. Hier verbietet sich die ergänzende Vertragsauslegung. Es liegen schlicht keinerlei Anhaltspunkte dafür vor, welche Ziele und welche Gewichtung vorgegeben worden wären. Selbst wenn ausnahmsweise trotzdem Anhaltspunkte existieren sollten, ist immer noch eine Vielzahl von Gestaltungsmöglichkeiten denkbar. Mag das Zielentgelt der Höhe nach feststehen – da in der Zielvereinbarung im weiteren Sinne festgelegt die Ziele selbst ändern sich regelmäßig in jedem Jahr. Den Erfordernissen der Globalisierung begegnen die Unternehmen mit Flexibilität. Abteilungen werden ausgelagert, Unternehmen umstrukturiert oder neue Produkte eingeführt. Daher kann und darf man sich nicht an den Vorjahreszielen orientieren, auch wenn in manchen Fällen Ziele des Vorjahres übernommen werden. Gerade das zweistufige System (Zielvereinbarung im weiteren Sinne mit anschließender Zielvereinbarung/-vorgabe) macht deutlich, dass die Ziele durchaus variieren können und auch sollen. Sonst hätte es dieser Differenzierung nicht bedurft und die Ziele hätten im Arbeitsvertrag selbst festgeschrieben werden können.[1261]

b) Keine Anhaltspunkte für Konfliktlösungsregelung

Gleiches gilt, wenn man die Lücke darin zu sehen meint, dass keine Regelung für den Fall getroffen wurde, wenn keine Ziele bestimmt bzw. vereinbart worden sind. Eine Vertragsergänzung scheidet ebenso deswegen aus, weil nicht ersichtlich ist, welche der mehreren Möglichkeiten zur Konfliktbewältigung die Vertragsparteien gewollt haben. Von einem pauschalen Schadensersatz bis hin zum gänzlichen Entfallen des Zielentgelts ist alles denkbar. Bei Fehlen einer prinzipiellen Wertung für das Ergebnis der Lückenfüllung ist die ergänzende Vertragsauslegung unzulässig. Der Richter darf lediglich im Ergebnis den Vertrag ausfüllen

---

1257 Erman/*Armbrüster*, § 157 BGB Rn 25; Palandt/*Ellenberger*, § 157 BGB Rn 8; *BAG* vom 12.12.2007, Az 10 AZR 97/07.

1258 MüKo/*Busche*, § 157 BGB Rn 54; *BGH* vom 10.12.1998, Az IX ZR 262/97; *BGH* vom 01.02.1984, Az VIII ZR 54/83; *LAG Berlin-Brandenburg* vom 13.07.2007, Az 9 Sa 522/07.

1259 Vgl. nur *Schmiedl*, in BB 2004, 329 (331).

1260 Zum Einfluss des Weisungsrechts auf die Zielvereinbarung im weiteren Sinne, siehe § 6 III 3.

1261 A.A. Maschmann/*Reiserer*, Mitarbeitervergütung, S. 60; wie hier *BAG* vom 12.12.2007, Az 10 AZR 97/07.

und ergänzen, nicht jedoch erst einen Vertragsinhalt erschaffen.[1262] Im Grunde stellen sich bei der ergänzenden Vertragsauslegung dieselben Probleme, wie bei der Billigkeitsentscheidung nach § 315 Abs. 3 BGB. Das Fehlen eines geeigneten Maßstabes macht diese Lösung ebenso ungeeignet.[1263]

Die hier geäußerte Kritik steht nicht im Widerspruch mit der gefundenen Lösung der unterjährigen Korrektur einer Zielvereinbarung/-vorgabe. Dort wurde lediglich der Anspruch auf Korrektur (ob) mit der ergänzenden Vertragsauslegung begründet, die Korrektur selbst (wie) dagegen nicht.[1264] Dieses wäre auf Grund der vielfältigen Möglichkeiten auch nicht möglich.

5. Anspruch wegen Annahmeverzug des Arbeitgebers

Sofern der Arbeitnehmer den Arbeitgeber zur Erteilung der Zielvorgabe oder Aufnahme der Verhandlungen zur Zielvereinbarungen im engeren Sinne aufgefordert hat, kommen andere zum Ergebnis, dass ein Anspruch gegen den Arbeitgeber aus Annahmeverzug nach §§ 294 ff. BGB bzw. § 615 BGB besteht.[1265] Der Arbeitgeber hat seine Mitwirkungspflicht verletzt, während der Arbeitnehmer seine Leistungsbereitschaft deutlich gemacht hat.

Jedoch geht diese Ansicht ins Leere. Der Arbeitnehmer ist nicht gehindert, seine Arbeitspflicht trotz unterlassener Zielvereinbarung/-vorgabe zu erbringen. Im Gegenteil, er bleibt sogar zur allgemeinen Arbeitsleistung verpflichtet. Der Arbeitgeber kann somit nicht in Verzug mit der Annahme der Arbeitsleistung kommen. Dies setzt aber gerade § 293 BGB und § 615 BGB voraus.[1266] Die Zielvereinbarung/-vorgabe konkretisiert zwar die Arbeitspflicht und beschränkt auch das Weisungsrecht dahingehend. Sie hebt es aber nicht auf.[1267] Das Weisungsrecht bleibt im allgemeinen Rahmen bestehen und wird in aller Regel vom Arbeitgeber auch wahrgenommen. Insofern kann der Arbeitnehmer seine allgemeine Arbeitspflicht auch erbringen. Ein Annahmeverzug ist nicht begründbar. Selbst wenn der Arbeitnehmer den Arbeitgeber zur Formulierung der Ziele aufgefordert haben sollte, ist dies nicht als Angebot der Leistung und – bei Unterlassen des Arbeitgebers – als Nichtannahme zu qualifizieren. Weder hat der Arbeitnehmer bestimmte Leistungen angeboten, noch hat der Arbeitgeber diese nicht angenommen. Durch das Fehlen der Ziele steht gerade die zu erbringende Leistung nicht fest.[1268] Regelmäßig wird der Arbeitgeber durch entsprechende Weisungen die Arbeitspflicht ausreichend konkretisiert und dem Arbeitnehmer entsprechend beschäftigt haben. Es wurde lediglich versäumt, die Bemessungsgrundlage für das Zielentgelt zu schaffen.

1262 Erman/*Armbrüster*, § 157 BGB Rn 25; Staudinger/*Roth*, § 157 BGB Rn 43; *Wendtland*, in Bamberger/Roth, § 157 BGB Rn 42; *BGH* vom 01.02.1984, Az VIII ZR 54/83.
1263 So auch *Gehlhaar*, in NZA-RR 2007, 113 (114); *Heiden*, Zielvereinbarungen, S. 375.
1264 Siehe § 11 I 2 c.
1265 *Portz*, in ArbRB 2005, 374 (375); *Deich*, Beurteilungen, S. 277f. bei Zielvorgabe; siehe auch *Deich*, in Arbeitsformen, S. 611; *Röder*, in AG Arbeitsrecht, 139 (148) für Zielvereinbarung; *LAG Hessen* vom 29.01.2002, Az 7 Sa 836/01.
1266 ErfK/*Preis*, § 615 BGB Rn 9ff.; HWK/*Krause*, § 615 BGB Rn 25; *Fuchs*, in Bamberger/Roth, § 615 BGB Rn 16; MüKo/*Henssler*, § 615 BGB Rn 18ff.
1267 Zum Einfluss der Zielvereinbarung/-vorgabe auf das Weisungsrecht, siehe § 6 III 4.
1268 Dies ist auch der entscheidende Unterschied beim unter Umständen möglichen Annahmeverzug bei Veränderung der Rahmenbedingungen. Dort ist eine Zielvereinbarung/-vorgabe vorhanden, nur durch eine unternehmerische Entscheidung wird die Zielerreichung behindert, siehe § 11 I 2 b cc.

Die Situation der unterlassenen unterjährigen Korrektur einer Zielvereinbarung/-vorgabe ist nur scheinbar vergleichbar mit der einer gänzlich unterlassenen.[1269] Während im ersten Fall die Aufgaben des Arbeitnehmers wenigstens einmal konkretisiert wurden und durch geänderte Rahmenbedingungen die Zielerreichung erheblich erschwert bzw. erleichtert wurde, sind die Aufgaben des Arbeitnehmers im zweiten Fall gänzlich unbekannt. Da der Arbeitgeber dennoch die Arbeitspflicht mit entsprechenden Weisungen wohl ausfüllen wird, ist es ebenso fraglich wie unmöglich zu bestimmen, mit welcher Annahme welcher Leistung der Arbeitgeber in Verzug kommen soll. Schlussendlich ist der Anspruch auf das Zielentgelt bei unterlassener Zielvereinbarung/-vorgabe über den Annahmeverzug abzulehnen.

6. Anspruch auf übliche Vergütung

Eine andere Ansicht begründet den Anspruch mit § 612 BGB.[1270] Es wird akzeptiert, dass keine Zielvereinbarung/-vorgabe existiert und eine nachträgliche objektive Bemessungsgrundlage zu schaffen, schlicht unmöglich ist. Viele Möglichkeiten sind denkbar, die Vergütung zu bestimmen, wenn keine Regelung über das Verfahren für den Fall einer unterlassenen Zielvereinbarung/-vorgabe vorhanden ist. Dann kann aber nicht im Wege von § 315 Abs. 3 BGB oder der ergänzenden Vertragsauslegung eine alternative Entgeltbemessungsmethode geschaffen werden. Ein solcher Wille ist im Vertrag nicht zum Ausdruck gekommen. Daher kann nur § 316 BGB oder § 612 Abs. 2 BGB in Betracht kommen. Da aber § 316 BGB durch die speziellere Vorschrift des § 612 BGB ausgeschlossen ist, kann nur letztere angewendet werden. Die Höhe bestimmt sich danach, was ein Arbeitnehmer in vergleichbarer Position mit ähnlichen Aufgaben verdient hätte. Nicht das Branchenniveau ist heranzuziehen, sondern es soll auf die durchschnittliche Vergütung vergleichbarer Arbeitnehmer desselben Betriebes abgestellt werden.[1271]

Dieser Ansicht ist – bei all ihrem Reiz – jedoch vorzuwerfen, dass § 612 BGB nur dann anwendbar ist, wenn zwar die Hauptleistungspflicht des Arbeitnehmers feststeht, aber eine Vergütungsregelung nicht getroffen wurde. Die Vorschrift überbrückt somit den Dissens, der an sich den Vertrag unwirksam machte.[1272] Auf Sonderleistungen, die über die vertraglich geschuldete Tätigkeit hinausgehen, ist zwar § 612 BGB ebenso anzuwenden.[1273] Dies hilft aber bei einer nicht existenten Zielvereinbarung/-vorgabe nicht weiter. Nicht zwingend werden nur überobligatorische Leistungen des Arbeitnehmers als Ziele formuliert. Oftmals werden lediglich normale, wenn auch besonders wichtige Aufgaben exemplarisch als Ziel formuliert. Dann besteht aber an sich eine Entgeltabrede, sie ist nur unvollständig.[1274] Richtigerweise gilt § 612 Abs. 2 BGB nur für die Gegenleistung und findet nur Anwendung, wenn durch die bestehende Vergütungsregelung erbrachte Leistungen nicht abgegolten worden sind.[1275] Somit kann,

1269 A.A., aber widersprüchlich *Heiden*, Zielvereinbarungen, S. 334, der einerseits die ergänzende Vertragsauslegung bemüht, bei gänzlich unterlassener Zielvereinbarung/-vorgabe jedoch den Anspruch über § 612 BGB begründet.
1270 Staudinger/*Rieble*, § 315 Rn 178; *Heiden*, Zielvereinbarungen, S. 378.
1271 *Heiden*, Zielvereinbarungen, S. 378.
1272 ErfK/*Preis*, § 612 BGB Rn 1; HWK/*Thüsing*, § 612 BGB Rn 3; MüKo/*Müller-Glöge*, § 612 BGB Rn 5; Erman/*Edenfeld*, § 612 BGB Rn 1.
1273 MüKo/*Müller-Glöge*, § 612 BGB Rn 19; Palandt/*Weidenkaff*, § 612 BGB Rn 2; *Fuchs*, in Bamberger/*Roth*, § 612 BGB Rn 8; kritisch hierzu Staudinger/*Richardi*, § 612 BGB Rn 29ff.
1274 So auch *Moll/Reufels*, in FS Bartenbach, 559 (565); *Klein*, in NZA 2006, 1129 (1131).
1275 *BAG* vom 21.03.2002, Az 6 AZR 456/01; ErfK/*Preis*, § 612 BGB Rn 35; HWK/*Thüsing*, § 612 BGB Rn 17; Erman/*Edenfeld*, § 612 BGB Rn 2.

wenn überhaupt, § 612 BGB nur bei der vollständig variablen Vergütung basierend auf Ziel-vereinbarungen/-vorgaben in Betracht gezogen werden.

Ungenau ist zwar die Argumentation, mit der fehlenden Zielvereinbarung stünde auch die Hauptleistung nicht fest und insofern sei § 612 BGB nicht anwendbar.[1276] Die Arbeitspflicht des Arbeitnehmers besteht auch ohne Zielvereinbarung/-vorgabe nach wie vor als Hauptleistungspflicht. Lediglich die Chance auf eventuelle Sonderzahlungen wurde ihm genommen. Sofern der Arbeitnehmer jedoch keine Sonderleistungen erbracht hat, die an sich vergütet hätten werden müssen, ist auch kein Platz für § 612 BGB.[1277] Um jedoch die Sonderleistungen bestimmen zu können, bedarf es einer Zielvereinbarung/-vorgabe.[1278] Diese existiert aber nicht. Diese fiktiv zu bestimmen, ist schlicht unmöglich. Insofern kann nicht über § 612 BGB eine übliche Vergütung bestimmt werden, sofern die Sonderleistungen noch nicht einmal bekannt sind. Vorjahresziele sind ebenso wenig ein Anhaltspunkt, wie die übliche Höhe. Man könnte zwar die Höhe heranziehen zur Ermittlung des Erwartbaren, jedoch nicht zur Ermittlung der festgelegten Ziele. Diese sind schlicht unbekannt und werden es auch bleiben. Sollen bestimmte Ziele für eine bestimmte Tätigkeit nach deren konkreten Umständen auf die Leistungsfähigkeit des einzelnen Arbeitnehmers zugeschnitten werden, steht dies in einem unvereinbaren Widerspruch zu dem generalisierenden Kriterium der Üblichkeit.[1279]

Insofern haftet der Begründung über § 612 BGB ebenso die schlichte Unkenntnis der Ziele an und stellt eine unüberbrückbare Schranke dar, wie allen anderen bis jetzt vorgestellten Lösungen. Sollte der Arbeitnehmer dagegen (irgendwelche) Sonderleistungen erbracht haben, ist die keine Frage der unterlassenen Zielvereinbarung/-vorgabe, sondern der allgemeinen Anwendung von § 612 BGB.

II. Eigene Auffassung

Nur dem bislang gefundenen Ergebnis ist zuzustimmen. Der Arbeitgeber darf nicht durch Untätigkeit verhindern können, dass der Anspruch des Arbeitnehmers auf das Zielentgelt ins Leere führt. Die bislang angeführten Begründungen zur Lösung allerdings sind mit den genannten Argumenten abzulehnen. Die bislang vorgeschlagenen Lösungswege der Literatur und Instanzgerichte passen nicht auf die Vielseitigkeit der Erscheinungsformen der Zielvereinbarungen im weiteren Sinne. Insbesondere das Alles-oder-Nichts-Prinzip erscheint im Hinblick auf die Mitverantwortung des Arbeitnehmers bei der Zielvereinbarung im engeren Sinne für überzogen. Die Mitverantwortung des Arbeitnehmers ist beim Personalführungssystem Zielvereinbarung/-vorgabe auch ein wichtiger Grund für dessen Installierung. Auch eine hypothetische Zielfestlegung mit einer hypothetischen Zielbewertung, wie sie manche vertreten, ist schlicht unmöglich. Kein Arbeitnehmer kann seine Leistung an Zielen ausrichten, die er nicht kennt. Selbst wenn man hypothetisch Ziele festlegt, ist daher die Zielerreichung reiner Zufall. Dennoch ist eine sachgerechte, beiden Seiten gerecht werdende Lösung zu suchen. Sie kann auch gefunden werden.

1276 So aber *Mauer*, in NZA 2002, 540 (547).
1277 *BAG* vom 03.05.2006, Az 10 AZR 310/05.
1278 Zur Abgrenzung, ob in der Zielvereinbarung/-vorgabe überobligatorische Leistungen festgelegt oder nur normale Aufgaben exemplarisch genannt wurden, siehe § 11 III b.
1279 *ArbG Frankfurt* vom 11.12.2002, Az 2 Ca 2816/02.

Ausgangspunkt der Betrachtung muss die vertragliche Regelung sein, in der das variable Vergütungssystem installiert wurde. Hier kann schon die Lösung enthalten sein. Sofern dies nicht der Fall ist, ergibt sich ein Schadensersatzanspruch des Arbeitnehmers gegen den Arbeitgeber. Allerdings ergeben sich für die Zielvorgabe und für die Zielvereinbarung im engeren Sinne unterschiedliche Lösungsansätze.

1. Ausgangspunkt Zielvereinbarung im weiteren Sinne

Zunächst ist von der Zielvereinbarung im weiteren Sinne auszugehen. In dieser können Regelungen für den Fall der unterlassenen Zielvereinbarung/-vorgabe enthalten sein. Dies wird teilweise sogar dringend empfohlen.[1280] Es ist eine Vielzahl an Möglichkeiten denkbar. Sie können von einem pauschalen Zielentgeltanspruch, über ein Ersetzungsrecht des Arbeitgebers bei einer Nichteinigung zur Zielvereinbarung im engeren Sinne, bis hin zu einem komplizierten System der „Einigungshilfe" reichen.[1281] Im letzten Fall wird oftmals die Anrufung einer Clearingstelle, deren Besetzung unterschiedlich ausgestaltet sein kann, genannt.[1282]

Diese Regelungen sind freilich vorrangig. Problematisch wird es aber dann, wenn sie unvollständig sind. Für den Fall einer individualrechtlichen Zielvereinbarung im weiteren Sinne kann letztlich auf die ergänzende Vertragsauslegung zurückgegriffen werden. Dies betrifft hier nicht aber nicht die Ersetzung der Zielfindung, sondern dient lediglich der Umsetzung des zum Ausdruck gekommenen Parteiwillens für die Fälle, bei denen keine Zielfestlegung stattfand. Insofern ist hier kein Widerspruch gegeben. Nicht die Ziele werden im Rahmen der ergänzenden Vertragsauslegung formuliert, sondern die vorhandenen Regelungen für den Fall der unterlassenen Zielvereinbarung/-vorgabe ergänzt. Sind diese nicht vorhanden, scheidet eine ergänzende Vertragsauslegung jedoch aus.[1283]

Sind die Vorschriften nicht ausreichend oder unvollständig, ist jedoch der Wille der Vertragsparteien hinreichend zum Ausdruck gekommen, bietet sich die ergänzende Vertragsauslegung – bei einer Kollektivvereinbarung Auslegung nach den allgemeinen Regeln – insofern an, als die übereinstimmenden Willenserklärungen erhalten bleiben und zur Durchführung gebracht werden. Bei einer unbewussten Lücke in der vertraglichen Regelung ist zu fragen, was die Parteien bei Bewusstsein dieser Lücke vereinbart hätten und die Antwort innerhalb des durch den Vertrag selbst gezogenen Rahmens zu suchen.[1284] Hierbei ist allerdings nicht die subjektive Vorstellung einer Vertragspartei maßgebend, sondern das, was Arbeitgeber und Arbeitnehmer bei angemessener Abwägung ihrer Interessen nach Treu und Glauben als redliche

---

1280 Simon/Greßlin, in BB 2008, 617 (620); Annuß, in NZA 2007, 290 (290); Riesenhuber/v Steinau-Steinrück, in NZA 2005, 785 (788); Portz, in ArbRB 2005, 374 (377); Femppel/Böhm, Ziele, S. 29.

1281 Vgl. Klein, in NZA 2006, 1129 (1132); Moll/Reufels, in FS Bartenbach, 559 (567); Berwanger, in BB 2004, 551 (552f.); Röder, in AG Arbeitsrecht, 139 (148); Range-Ditz, in ArbRB 2003, 123 (126); Bauer, in FA 2002, 295 (296); Datzmann, in Personal 2001, 510 (510); Deich, Gestaltung, S. 130ff.; Breisig, Entlohnen und Führen, S. 148ff. mit weiteren Praxisbeispielen; Westermann, in Personal 2001, 82 (83) empfiehlt möglichst unattraktive Regelungen, damit die Parteien gezwungen werden, „sich zusammen zu raufen".

1282 Baum, in PersF 2007, 74 (77); Hümmerich, in NJW 2006, 2294 (2299); Hergenröder, in AR-Blattei SD 1855, Rn 28.

1283 Siehe § 12 I 4.

1284 Erman/Armbrüster, § 157 BGB Rn 20; Wendtland, in Bamberger/Roth, § 157 BGB Rn 40; BAG vom 24.10.2007, Az 10 AZR 825/06.

Vertragspartner vereinbart hätten.[1285] Was dies letztlich für ein Ergebnis nach sich zieht, kann pauschal nicht beantwortet werden. Auf Grund der Vielzahl an Regelungsmöglichkeiten und dadurch einer noch größeren Anzahl an Interpretations- und Fehlermöglichkeiten, muss auf den Einzelfall abgestellt werden.

Ferner ist ebenfalls zu prüfen, ob die Arbeitsvertragsparteien die Zielvereinbarung im weiteren Sinne ausdrücklich oder konkludent aufhoben haben und damit bewusst von der Festlegung der Ziele absehen. Dieser Ausnahmefall ist denkbar, wenn der Anteil der erfolgsabhängigen Vergütung im Vergleich zum restlichen Entgelt gering ist und der Arbeitnehmer die Ziele in der Vergangenheit deutlich verfehlt hat. Die Aufhebung dieser Zielvereinbarung im weiteren Sinne kann einerseits im Interesse des Arbeitgebers liegen. Die Motivationswirkung ist fraglich, wenn der Arbeitnehmer davon ausgehen kann, das in Aussicht gestellte Zielentgelt nicht zu erhalten. Aber die Aufhebung kann ebenso im Interesse des Arbeitnehmers liegen, wenn er arbeitsrechtliche Konsequenzen wegen der Nichterfüllung der Ziele befürchtet.[1286]

2. Akzeptanz der Unkenntnis der Ziele

Die drängendere Frage nach einer Lösung stellt sich aber dann, wenn für den Fall der unterlassenen Zielvereinbarung/-vorgabe keine Regelungen in der Zielvereinbarung im weiteren Sinne zu finden sind, aber genau diese Situation eingetreten ist. Dies ist auch die Frage, die sowohl Literatur als auch Rechtsprechung am meisten beschäftigt und zu unterschiedlichen Ergebnissen führte.

Letztlich muss jedoch eingestanden werden, dass keine der bislang vorgestellten Ansichten zu einem befriedigenden Ergebnis führte. Im Ergebnis werden aus dem Unbekannten heraus Ziele fingiert, die Leistung des Arbeitnehmers anhand dieser Ziele – die er nicht kannte – gemessen und daraus das Zielentgelt errechnet. Oder dem Arbeitnehmer wird gleich das gesamte Zielentgelt zugesprochen, unabhängig davon, ob er den entsprechenden Zielerreichungsgrad auch erreicht hätte, vereinzelt wird deswegen pauschal ein Risikoabschlag vorgenommen. So problematisch diese Ergebnisse schon an sich sind, sie verkennen eine grundsätzliche Tatsache. Die Ziele selbst und auch die Leistung des Arbeitnehmers gemessen an den nicht vorhandenen Zielen, sind und bleiben unbekannt. Es ist schlicht unmöglich, im Nebel der Unkenntnis eine vernünftige Leistungsbewertung vorzunehmen. Andererseits soll der Arbeitnehmer auch nicht durch die unterlassene Zielvereinbarung/-vorgabe besser gestellt werden. Das, was ihm bei erfolgter Festlegung der Ziele zustünde, soll grundsätzlich sein Anspruch sein. Nicht mehr, aber auch nicht weniger. Anzusetzen ist jedoch nicht bei den Zielen, sondern beim Anspruch auf das Zielentgelt.

Der konkrete Zielentgeltanspruch ist nicht (mehr) errechenbar, wenn auch die gesamte Zielentgelthöhe feststehen mag;[1287] weder Ziele noch die Gewichtung untereinander sind bekannt.

1285 MüKo/*Busche*, § 157 BGB Rn 46; *BAG* vom 11.10.2006, Az 5 AZR 721/05; *BAG* vom 12.01.2005, Az 5 AZR 364/04.
1286 So auch *BAG* vom 12.12.2007, Az 10 AZR 97/07.
1287 Dies ist dann der Fall, wenn in der Zielvereinbarung im weiteren Sinne – wie zumeist – das insgesamt zu erreichende Zielentgelt festgelegt ist.

Deshalb kann im Ergebnis nur ein Ersatz für den Zielentgeltanspruch in Frage kommen. Dogmatisch zu begründen ist dieser Anspruch als Schadensersatz.[1288]

3. Der Ersatz für entgangenes Zielentgelt als Anknüpfungspunkt

Der Arbeitnehmer begehrt die Zahlung des Zielentgelts. Dieses zu errechnen ist aber nach Abschluss der Zielperiode nicht mehr möglich. Die Ziele stehen nicht fest. Zwar wäre grundsätzlich auch eine nachträgliche Zielfestlegung möglich, aber einerseits ist die Motivationswirkung für den Arbeitnehmer nicht nachträglich herstellbar. Nur wenn er im Voraus weiß, welche Ziele zu erfüllen sind, um das Zielentgelt zu erhalten, kann er seine Tätigkeiten hiernach ausrichten und die Zielerreichung anstreben. Andererseits ist damit aber auch die objektive und faire Zielfeststellung unmöglich. Wer die Ziele nicht kennt, um deren Erreichen er sich zu bemühen hat, erreicht den Erfolg höchstens zufällig. Es widerspricht schlicht dem Sinn und Zweck des Personalführungssystems Zielvereinbarung/-vorgabe, für einen vergangenen Zeitraum Ziele festzulegen. Dies ist unmöglich im Sinne von § 275 Abs. 1 BGB.[1289]

Im Hinblick auf den Fixschuldcharakter der Arbeitspflicht könnte man beim Stichwort Unmöglichkeit geneigt sein, den Anspruch des Arbeitnehmers auf das Zielentgelt nach § 326 Abs. 1, Abs. 2 BGB aufrecht zu erhalten. Der Arbeitnehmer wird nach Ablauf der Zielperiode von seiner Leistungspflicht, dem Bemühen um Zielerreichung, frei. Die Bestimmung der Gegenleistung ist aber hier problematisch. Es steht durch die unterlassene Zielfestlegung und damit unmögliche Zielbewertung gerade nicht fest, welches Zielentgelt der Arbeitnehmer als Gegenleistung erhalten hätte. § 326 BGB ist hier keine taugliche Anspruchsgrundlage.

Aber durch das Unterlassen der Erteilung einer Zielvorgabe oder der Verhandlung über eine Zielvereinbarung im engeren Sinne kann der Arbeitgeber eine Nebenpflicht verletzt haben. Diese Pflichtverletzung begründet einen Schadensersatzanspruch des Arbeitnehmers. Der Arbeitnehmer begehrt das Zielentgelt. Der Schadensersatzanspruch nach § 280 Abs. 1 BGB tritt jedoch nicht anstelle des eigentlichen Anspruchs, hier Zielentgelt, sondern *neben* der Leistung.[1290] Verlangt der Arbeitnehmer jedoch – wie hier – Schadensersatz für das entgangene Zielentgelt, also *statt* der Leistung, ist dieses nach § 280 Abs. 3 BGB nur unter den zusätzlichen Voraussetzungen der §§ 281ff. zu gewähren.[1291] Sollte der Arbeitnehmer auf Grund

---

1288 So schon, wenn auch allesamt im Detail mit unterschiedlichen Ansätzen und Differenzierungen und zum Teil nur knapp dargestellt: *Klein*, in NZA 2006, 1129 (1130); *Riesenhuber/v.Steinau-Steinrück*, in NZA 2005, 785 (792), *Mohnke*, Zielvereinbarungen, S. 320f.; *Deich*, Beurteilung, S. 269; *Lischka*, Zielvereinbarungen, S. 130ff.; *Preis-Preis/Lindemann*, AV, II Z 5 Rn 43; *BAG* vom 12.12.2007, Az 10 AZR 97/07; *LAG Köln* vom 23.05.2002, Az 7 Sa 71/02; *ArbG Frankfurt* vom 11.12.2002, Az 2 Ca 2816/02; als „denkbar" bezeichnet von Schaub/*Linck*, AHdB, § 77 Rn 17.

1289 Ebenso *Gaul/Rauf*, in Gaul, Akt.AR 2008, S. 140; *BAG* vom 12.12.2007, Az 10 AZR 97/07; *ArbG Frankfurt* vom 11.12.2002, Az 2 Ca 2816/02, ohne allerdings auf die unmögliche objektive Zielfeststellung einzugehen; a.A. *Annuß*, in NZA 2007, 290 (295); *Deich*, Gestaltung, S. 133; *Mauer*, in NZA 2002, 540 (547), die ohne weiteres eine nachträgliche Zielfestlegung zulassen; auch *LAG Düsseldorf* vom 29.10.2003, Az 12 Sa 900/03.

1290 *Erman/Westermann*, § 280 BGB Rn 20; *Palandt/Heinrichs*, § 280 BGB Rn 18; *MüKo/Ernst*, § 280 BGB Rn 66.

1291 Unzutreffend daher *Klein*, in NZA 2006, 1129 (1130); *LAG Köln* vom 23.05.2002, Az 7 Sa 71/02; *Deich*. Beurteilung, S. 269; Schaub/*Linck*, AHdB, § 77 Rn 17, die jeweils nur § 280 I BGB allein anwenden. *Deich* verneint im Übrigen das Verschulden des Arbeitgebers grundsätzlich und bevorzugt daher den Weg über die ergänzende Vertragsauslegung, vgl. *Deich*, Beurteilung, S. 271f.; endgültig legt sie sich auf eine Ansicht aber nicht fest, vgl. *Deich*, Gestaltung, S. 133ff.

einer verspätet erteilten Zielvorgabe oder zu Stande gekommenen Zielvereinbarung im engeren Sinne Schadensersatz begehren, ist dieses nach § 280 Abs. 2 BGB nur unter den Voraussetzungen den § 286 BGB möglich.

Da hier die Erteilung der Zielvorgabe bzw. das Vereinbarung der Zielvereinbarung im engeren Sinne für die nachträgliche Zielperiode unmöglich ist, ist der Schadensersatz nicht über § 281 BGB, sondern über § 283 BGB zu begründen.[1292] Das Bestehen einer Einrede – hier § 275 Abs. 1 BGB – schließt den Anspruch auf Schadensersatz nach § 281 BGB aus.[1293] Mit Ablauf der Zielperiode ist die Zielvereinbarung/-vorgabe unmöglich geworden, der Anspruch auf Erhalt derselben damit untergegangen. Der Arbeitnehmer kann demnach nur noch nach §§ 280 Abs. 1, Abs. 3, 283 BGB vorgehen.

Die Voraussetzungen des Schadensersatzes werden nun für die Zielvorgabe und Zielvereinbarung im engeren Sinne getrennt dargestellt.

4. Anspruchsbegründung bei der Zielvorgabe

Die Zielvorgabe kann aber durch den Arbeitgeber nicht nur gänzlich unterlassen, sondern auch lediglich verspätet, aber noch während der laufenden Zielperiode erteilt werden. Auch bei der verspätet erlassenen Zielvorgabe kann durch die verkürzte Zeit zur Erfüllung ein Schaden entstehen. Der Weg des Schadensersatzes statt der Leistung bei unterlassenen oder verspätet erteilten Zielvorgaben wird im Folgenden dargestellt.

a) Initiativpflicht des Arbeitgebers

Für einen Schadensersatzanspruch muss zunächst eine Pflichtverletzung vorliegen. Um das Unterlassen der Erteilung einer Zielvorgabe als eine solche werten zu können, muss eine entsprechende Handlungspflicht des Arbeitgebers bestehen. Die Pflicht, eine Zielvorgabe zu erteilen, kann an zwei Punkte ansetzen. Zum einen aus Gesetz, der Arbeitgeber hat nach dem NachwG sämtliche wesentliche Vertragsbedingungen nachzuweisen; zum anderen aus der Zielvereinbarung im weiteren Sinne, die eine entsprechende Initiativpflicht des Arbeitgebers begründen kann.

aa) Nachweispflicht kein tauglicher Anknüpfungspunkt

Nach § 2 Abs. 1 Nr. 6 NachwG ist der Arbeitgeber verpflichtet, die Zusammensetzung des Arbeitsentgelts einschließlich der Zulagen und andere Bestandteile dem Arbeitnehmer schriftlich nachzuweisen. Die Nachweispflicht umfasst auch die Zielvorgabe.[1294] Die Nachweis-

---

1292 A.A. *Lischka*, Zielvereinbarungen, S. 131; *Mohnke*, Zielvereinbarungen, S. 320 lässt offen, ob nach § 281 BGB oder nach § 283 BGB der Schadensersatz zu fordern ist; nach *Gehlhaar*, in NZA-RR 2007, 113 (115) und *Behrens/Rinsdorf*, in NZA 2006, 830 (835) sollen die Regeln des Leistungsstörungsrecht insgesamt „schlicht nicht passen".

1293 *Unberath*, in Bamberger/Roth, § 281 BGB Rn 10; Palandt/*Grüneberg*, § 281 BGB Rn 8; Staudinger/*Otto*, § 281 BGB Rn B5; Erman/*Westermann*, § 281 BGB Rn 6.

1294 Siehe § 6 II.

pflicht ist eine selbstständig einklagbare Nebenpflicht, die prinzipiell auch einen Schadensersatzanspruch nach § 280 Abs. 1 BGB begründen kann.[1295]

Aber die Nachweispflicht umfasst nur diejenigen Vertragsbedingungen, die auch tatsächlich vereinbart wurden. Regelungen, die nicht Vertragsbestandteil geworden sind, sind denknotwendigerweise nicht nachzuweisen.[1296] Die Zielvorgabe ist jedoch gerade nicht erteilt worden. Der Inhalt, der nachzuweisen wäre, steht nicht fest. Der Arbeitgeber kann aber das, was unbekannt ist, nicht schriftlich niederlegen. Insofern ist eine Pflichtverletzung gegen § 2 NachwG nicht zu erkennen.

Die Verletzung der Nachweispflicht des Arbeitgebers könnte allenfalls bei einer mündlich erteilten Zielvorgabe relevant werden. Aber auch hier ist zu bedenken, dass der Beweis der für den Arbeitnehmer günstigen Vereinbarungen, etwa ein geringeres Zielniveau, nicht abgeschnitten ist. Wenn dem Arbeitnehmer aber der Beweis gelingt, so fehlt es ihm an einem Schaden. Der Anspruch selbst ist damit bewiesen. Ist der Beweis allerdings nicht zu erbringen, kann der Arbeitnehmer regelmäßig den Schaden ebenfalls nicht nachweisen. Damit geht dann auch der Ersatzanspruch im Rahmen des Schadensersatzes ins Leere. Steht jedoch fest, dass eine Regelung existiert, nur ist der Inhalt derselben auf Grund der mündlichen Erteilung unklar, so kann eine erhebliche Erleichterung der Beweisführungslast zu Gunsten des Arbeitnehmers bis hin zu einer Beweislastumkehr in Betracht kommen.[1297] Hier hat dies insofern Bedeutung, dass bei einer mündlichen Zielvorgabe der Arbeitnehmer ein geringeres Zielniveau behaupten und damit ein höheres Zielentgelt fordern kann, während der Arbeitgeber das Gegenteil beweisen müsste.

bb) Allgemeine Pflicht zur Erteilung der Zielvorgabe

Die Nachweispflicht des Arbeitgebers erweist sich als untauglicher Ansatzpunkt. Der Inhalt der Zielvorgabe steht nicht fest, dementsprechend existiert nichts, was nachzuweisen wäre. Es ist aber ein Schritt eher anzusetzen, an der Pflicht, überhaupt die Zielvorgabe zu erteilen. Hier kann eine Initiativpflicht und damit Handlungspflicht des Arbeitgebers in Betracht kommen.

Diese Pflicht besteht jedenfalls dann, wenn sie in der Zielvereinbarung im weiteren Sinne festgeschrieben ist. Insbesondere in Kollektivvereinbarungen bietet es sich für die Arbeitnehmervertreter an, dem Arbeitgeber dementsprechendes aufzugeben.

> **Beispiel:** Der Arbeitgeber ist verpflichtet, spätestens eine Woche nach Beginn der Zielperiode eine vollständige Zielvorgabe schriftlich zu erteilen.

In Individualvereinbarungen, die in den meisten Fällen aus der Feder des Arbeitgebers stammen, fehlt eine solche klarstellende Regelung häufig. Es stellt sich die Frage, ob dennoch dem

---

1295 HWK/*Kliemt*, Vorb. NachwG Rn 32; ErfK/*Preis*, Einf. NachwG Rn 13; *Schrader/Schubert*, in NZA-RR 2005, 169 (170f.); *Benecke*, in SAE 2003, 141 (144f.); *Bepler*, in ZTR 2001, 241 (245f.); *BAG* vom 17.04.2002, Az 5 AZR 89/01.
1296 ErfK/*Preis*, § 2 NachwG Rn 8.
1297 Vgl. HWK/*Kliemt*, Vorb. NachwG Rn 41; *Schaefer*, Rn F 84; *LAG Nürnberg* vom 09.04.2002, Az 7 Sa 518/01; *LAG Hessen* vom 29.01.2002, Az 7 Sa 836/01.

Arbeitgeber eine Initiativlast zukommt. Dies wird in der Literatur indes uneinheitlich beantwortet.[1298]

Bei der Zielvorgabe hat allein der Arbeitgeber tätig zu werden. Er allein bestimmt – in den Grenzen des Weisungsrechts – die Ziele und die Gewichtung untereinander. Letztlich ist die Zielvorgabe ein Ausfluss des Weisungsrechts des Arbeitgebers. Es besteht aber nicht nur ein Recht des Arbeitgebers, sondern grundsätzlich auch eine Pflicht, die Weisung auszuüben.[1299] Der Arbeitgeber kann im Rahmen seines Weisungsrechts die Arbeitspflicht des Arbeitnehmers konkretisieren. Auch ohne Zielvorgabe wird er dies wohl vornehmen. Wenn aber die Formulierung der Ziele der Errechnung eines Vergütungsanspruchs dient und die Grenzen des Weisungsrechts ebenfalls eingehalten werden müssen, so muss auch die Pflicht des Arbeitgebers bestehen, sein Weisungsrecht dahingehend auszuüben, Zielvorgaben zu erteilen. Andernfalls entzieht er einseitig dem Arbeitnehmer die Bemessungsgrundlage seiner Vergütung. Dies wäre unzulässig. Damit ist jedenfalls bei der Zielvorgabe eine Initiativpflicht des Arbeitgebers zu bejahen.[1300] Gleichlautende Regelungen in der Zielvereinbarung im weiteren Sinne haben damit lediglich deklaratorischen Charakter.

b) Vor Ende der Zielperiode Verzugsschaden

Die Erteilung der Zielvorgabe kann nicht nur gänzlich unterlassen werden, sie kann ebenso lediglich verspätet erfolgen. Handelt es sich hierbei nur um wenige Tage, ergeben sich für den Arbeitnehmer wohl keine größeren Schwierigkeiten, die Ziele dennoch zu erreichen. Anders ist jedoch der Fall zu beurteilen, wenn der Arbeitgeber erst weit nach Beginn der Zielperiode, im Extremfall sogar kurz vor ihrem Ablauf, die Zielvorgabe erteilt. Der Arbeitgeber könnte die Ziele entsprechend anpassen. Der Arbeitnehmer kann dann dennoch die Ziele und damit einen vollen Zielentgeltanspruch erreichen. Hier wäre die verspätete Erteilung der Zielvorgabe unerheblich.

Meist werden die Ziele jedoch nicht, oder nur unzureichend angepasst. Der Arbeitnehmer kann damit den Standpunkt vertreten, wäre die Zielvorgabe rechtzeitig erteilt worden, so hätte er seine Tätigkeit eher auf die Zielerreichung ausrichten können und damit die Ziele erreicht.[1301] Er kann Schadensersatz wegen Verzögerung nach §§ 280 Abs. 1, Abs. 2, 286 BGB verlangen.[1302]

1298 Bejahend *Annuß*, in NZA 2007, 290 (295), nur für Zielvorgabe; *Gehlhaar*, in NZA-RR 2007, 113 (117); *Behrens/Rinsdorf*, in NZA 2006, 830 (835); *Kolmhuber*, in ArbRB 2003, 117 (118); verneinend *Hümmerich*, in NJW 2006, 2294 (2297), zumindest für Zielvereinbarung im engeren Sinne; ebenso *Hergenröder*, in AR-Blattei SD 1855, Rn 105; *Göpfert*, in AuA 2003, 28 (30); *Bauer*, in FA 2002, 295 (296); *Bauer/Diller/Göpfert*, in BB 2002, 882 (883); offen gelassen von *Baum*, in PersF 2007, 74 (79f.); *Schmiedl*, in BB 2006, 2417 (2418f.); *Riesenhuber/v.Steinau-Steinrück*, in NZA 2005, 785 (792); *Röder*, in AG Arbeitsrecht, 139 (148f.); *Mauer*, in NZA 2002, 540 (547).

1299 ErfK/*Preis*, § 106 GewO Rn 8; Erman/*Hager*, § 315 BGB Rn 19; *Gehrlein*, in Bamberger/Roth, § 315 BGB Rn 7; Palandt/*Grüneberg*, § 315 BGB Rn 12; *LAG München* vom 18.09.2002, Az 5 Sa 619/02.

1300 *BAG* vom 12.12.2007, Az 97/07; *Annuß*, in NZA 2007, 290 (295); MüKo/*Müller-Glöge*, § 611 BGB Rn 767.

1301 Unzutreffend daher *Mauer*, in NZA 2002, 540 (547); *Deich*, Gestaltung, S. 133, soweit das Nachholen einer vergessenen Zielvereinbarung/-vorgabe mit rückwirkender Kraft als völlig problemlos darstellt wird.

1302 Nach *Lischka*, Zielvereinbarungen, S. 131 entspricht der Schadensersatz wegen Verzögerung nicht den Zielen des Arbeitnehmers.

Voraussetzung für den Schadensersatzanspruch wegen Verzögerung ist zunächst eine Pflichtverletzung. Diese liegt in der unterlassenen – hier verspätet erteilten – Zielvorgabe. Der Arbeitnehmer hat einen Anspruch auf die Erteilung derselben. Ferner ist zwar grundsätzlich eine Mahnung erforderlich, um den Schuldner in Verzug zu setzen. Mahnt also der Arbeitnehmer ausdrücklich den Erhalt der Zielvorgabe an, kommt der Arbeitgeber in Verzug, es besteht der Anspruch. Jedoch hat die Mahnung des Arbeitnehmers hier lediglich deklaratorischen Charakter. Sie ist überflüssig, denn auch ohne Mahnung kommt der Arbeitgeber in Verzug. Denn sie ist nach § 286 Abs. 2 Nr. 1 BGB entbehrlich.[1303]

Die Zielperiode ist in der Zielvereinbarung im weiteren Sinne geregelt. Sie kann einerseits ausdrücklich nach Kalendertagen bestimmt sein, so z.B. der Gleichlauf der Zielperiode mit dem Kalenderjahr. Andererseits kann der Zeitraum der Zielperiode auch zeitlich bestimmbar beschrieben werden, z.B. die Zielperiode ist das Geschäftsjahr. Beides ist gleichbedeutend. Als Leistungszeit muss nicht nur unmittelbar ein Kalendertag festgelegt sein, es reicht aus, wenn dieser Tag mittelbar bestimmbar ist.[1304] Sollte die Zielperiode das Geschäftsjahr sein, ist dieses mittelbar nach Kalendertagen bestimmbar. Aus dem Sinn einer Zielvorgabe ergibt sich, dass diese nicht nur am Anfang der Zielperiode, sondern vom ersten Tag an zu erteilen ist. Erfolgt dies nicht, befindet sich der Arbeitgeber ohne weiteres in Verzug, eine Mahnung des Arbeitnehmers ist entbehrlich.[1305]

Der Arbeitgeber kommt zwar nach § 286 Abs. 4 BGB nicht in Verzug, wenn die Erteilung der Zielvorgabe infolge eines Umstands unterbleibt, den er nicht zu vertreten hat. Der Maßstab des Vertretenmüssens ist in den §§ 276 - 278 BGB geregelt.[1306] Aber rechtliche wie tatsächliche Leistungshindernisse,[1307] eine Zielvorgabe zu erteilen, sind ohne einen Vorwurf gegenüber dem Arbeitgeber schlicht nicht denkbar. Er hat seinen Betrieb so zu organisieren, dass die Erteilung der Zielvorgabe zur rechten Zeit erfolgt. Ein Verschulden des Arbeitnehmers ist ebenfalls ausgeschlossen. Denn entweder der Arbeitgeber die Zielvorgabe einseitig erteilt oder eben nicht. Ein Verschulden des Arbeitnehmers ist hier nicht denkbar. Nur bei der Zielvereinbarung im engeren Sinne gibt es ein Mitwirkungsrecht, bei der Zielvorgabe ist dieses gerade ausgeschlossen.

Beim Verzug hat der Arbeitgeber (nur) den Verzugsschaden zu ersetzen.[1308] Dieser besteht in der erschwerten Möglichkeit, die vorgegebenen Ziele zu erreichen. Hierfür trägt der Arbeitnehmer die Darlegungs- und Beweislast. Der Schaden ist im Rahmen von § 287 Abs. 1 ZPO zu schätzen. Kann der Arbeitnehmer also darlegen, dass der Zielerreichungsgrad bei pünktlicher Erteilung der Zielvorgabe höher gewesen wäre, so kann die Differenz zwischen tatsächlicher und hypothetischer Zielerreichung im Rahmen des Schadensersatzanspruchs geltend gemach werden. Freilich kann dies nur für harte mitarbeiterbezogene Ziele gelten. Nur diese unterliegen dem Einfluss des Arbeitnehmers und nur bezogen auf diese hätte er eher seine Tätigkeit ausrichten können. Bei den weichen mitarbeiterbezogenen Zielen ist zu differenzie-

---

1303 A.A. *ArbG Frankfurt* vom 11.12.2002, Az 2816/02; *Mohnke*, Zielvereinbarungen, S. 319; *Riesenhuber/v.Steinau-Steinrück*, in NZA 2005, 785 (792); wohl auch *Gaul/Rauf*, in Gaul, Akt.AR 2008, S. 146f.; *Gehrlein*, in Bamberger/Roth, § 315 BGB Rn 10.

1304 Erman/*Hager*, § 286 BGB Rn 41; *Unberath*, in Bamberger/Roth, § 286 BGB Rn 30; Staudinger/*Löwisch*, § 286 BGB Rn 67ff.; *BGH* vom 21.10.2003, Az X ZR 218/01.

1305 So auch *BAG* vom 12.12.2007, 10 AZR 97/07.

1306 MüKo/*Ernst*, § 286 BGB Rn 103; Palandt/*Grüneberg*, § 286 BGB Rn 32.

1307 Vgl. allgemeine Beispiele bei Erman/*Hager*, § 286 BGB Rn 59ff.

1308 Palandt/*Grüneberg*, § 286 Rn 42; Staudinger/*Löwisch*, § 286 BGB Rn 171.

ren. Kurze Verzögerungen dürften die Bewertung nicht beeinflussen. Wurde die Zielperiode durch die verspätete Erteilung aber erheblich verkürzt, so kann dem Arbeitnehmer die Möglichkeit genommen werden, seine Leistung und damit die Bewertung der Zielerreichung zu verbessern. Er hätte in einem Jahr besser lernen können, was z.B. Kundenfreundlichkeit für den Arbeitgeber bedeutet, als in nur vier Monaten. Dies wäre ebenso zu berücksichtigen. Unternehmensbezogene Ziele dagegen bleiben bei der Schadensberechnung außer Betracht. Sie unterliegen nicht dem Einflussbereich des Arbeitnehmers.

c) Nach Ende der Zielperiode Schadensersatz statt der Leistung

Nach Abschluss der Zielperiode ist die Erteilung der Zielvorgabe unmöglich geworden. Der Arbeitnehmer hat demnach einen Anspruch auf Schadensersatz statt der Leistung nach §§ 280 Abs. 1, Abs. 3, 283 BGB.[1309] Dieser Schadensersatzanspruch hat einerseits die Unmöglichkeit der Leistung zur Voraussetzung, andererseits das Verschulden des Schuldners am Eintritt der Unmöglichkeit, wobei letzteres vermutet wird.[1310] Die Voraussetzungen liegen hier vor. Die Leistung – Erteilung der Zielvorgabe – ist nunmehr unmöglich (geworden). Das Vertretenmüssen des Arbeitgebers wird nach § 280 Abs. 1 BGB vermutet, wobei eine Exkulpation ausscheiden dürfte. Wenn schon kein Grund ersichtlich ist, die Zielvorgabe verspätet zu erteilen,[1311] so ist erst Recht keine Argumentation denkbar, die Zielvorgabe während der gesamten Zielperiode nicht zu erteilen. Nach Ablauf der Zielperiode hat der Arbeitnehmer gegen den Arbeitgeber einen Schadensersatzanspruch statt des Zielentgelts nach §§ 280 Abs. 1, Abs. 3, 283 BGB.

Eines darf hierbei jedoch nicht übersehen werden. Während der laufenden Zielperiode hat der Arbeitnehmer Anspruch auf Ersatz des Verzögerungsschadens einerseits, andererseits auch weiterhin auf Erhalt der Zielvorgabe. Mit Eintritt der Unmöglichkeit endet zwar der Verzug.[1312] Der Schadensersatzanspruch wegen Verzögerung bleibt aber für den Zeitraum der Zielperiode aber bestehen. Der Anspruch auf Erhalt der Zielvorgabe wandelt sich in einen Schadensersatz statt der Leistung um. Damit stehen dem Arbeitnehmer an sich zwei Schadensersatzansprüche zu, einerseits wegen Verzögerung, andererseits statt der Leistung. Es darf allerdings nicht derselbe Schadensposten zweimal berechnet werden.[1313]

Im Ergebnis hat allerdings der Arbeitnehmer die Wahl. Entweder er verlangt den Verzögerungsschaden. Dieser wird hinsichtlich des gesamten Zielentgelts geltend gemacht werden, da für die gesamte Zielperiode eine Verzögerung vorliegt. Oder er verlangt den Schadensersatz statt der Leistung. Ebenfalls hinsichtlich des gesamten Zielentgelts, da die Erteilung der Zielvorgabe nunmehr unmöglich geworden ist. Die Berechnung des Anspruchs selbst ist identisch, der Arbeitnehmer ist so zu stellen, als wenn ordnungsgemäß die Zielvorgabe erteilt worden wäre. Welche Anspruchsgrundlage der Arbeitnehmer damit wählt, ist unerheblich. Festzuhalten bleibt nur, dass jeder Schadensposten nur einmal ersetzt verlangt werden darf.

1309 Für die Zielvorgabe ausdrücklich offengelassen von *BAG* vom 12.12.2007, Az 10 AZR 97/07.
1310 Erman/*Westermann*, § 283 BGB Rn 4ff.; MüKo/*Ernst*, § 283 BGB Rn 4; *Unberath*, in Bamberger/Roth, § 283 BGB Rn 2f.; Palandt/*Grüneberg*, § 283 BGB Rn 3f.
1311 Siehe § 12 II 4 b.
1312 MüKo/*Ernst*, § 286 BGB Rn 45; Erman/*Hager*, § 286 BGB Rn 75.
1313 Vgl. Staudinger/*Löwisch*, § 286 BGB Rn 172.

d) Kaum ein Mitverschulden des Arbeitnehmers

Bei jedem Schadensersatzanspruch ist nach § 254 BGB das Mitverschulden zu prüfen. Die Vorschrift ist auf sämtliche Schadensersatzansprüche anwendbar.[1314] Es bedarf also der Feststellung, inwieweit der Arbeitnehmer für die unterlassene (oder auch verspätete) Erteilung der Zielvorgabe mitverantwortlich ist.

Manche Autoren verlangen eine Mahnung des Arbeitnehmers. So wird von einer Obliegenheit des Arbeitnehmers gesprochen, die Erteilung der Zielvorgabe zu fordern.[1315] Andere fordern im Rahmen von § 281 Abs. 1 BGB eine Fristsetzung.[1316] Ohne eine solche Mahnung des Arbeitnehmers soll nach teilweise Vertretenem sogar der Anspruch auf das Zielentgelt vollständig entfallen können.[1317] Eine Entscheidung bedarf es nicht, soweit der Arbeitnehmer tatsächlich den Arbeitgeber aufgefordert haben sollte, eine Zielvorgabe zu erteilen. Indes wird dies in vielen Fällen jedoch nicht erfolgt sein.

Es bedarf jedenfalls bei der Zielvorgabe allerdings keiner Aufforderung oder Fristsetzung des Arbeitnehmers. Es wurde schon dargestellt, dass der Arbeitgeber auch ohne Mahnung in Verzug gerät.[1318] Zwar sind die Anforderungen für die Entbehrlichkeit der Fristsetzung nach § 281 Abs. 2 BGB im Vergleich zu § 286 Abs. 2 BGB wesentlich strenger.[1319] Aber § 281 Abs. 1 BGB ist ohnehin nur während der laufenden Zielperiode anwendbar. Mit Ablauf wird die Erteilung der Zielvorgabe unmöglich, anstatt über § 281 BGB ist der Schadensersatz über § 283 BGB zu fordern. Bei der Lösung über § 283 BGB bedarf es wegen des fehlenden Verweises auf § 281 Abs. 1 Satz 1 BGB jedoch keiner Nachfrist.

Weder der Anspruch selbst ist ohne Mahnung des Arbeitnehmers ausgeschlossen, noch ist er regelmäßig auf Grund eines Mitverschuldens nach § 254 BGB zu kürzen. Nicht der Arbeitnehmer hat bei der Zielvorgabe tätig zu werden, sondern allein der Arbeitgeber. Ihm obliegt die Durchführung des Personalführungssystems Zielvereinbarung/-vorgabe. Er hat bewusst die Mitwirkung des Arbeitnehmers durch die Wahl der einseitigen Zielvorgabe ausgeschlossen. Damit ist es nicht gerechtfertigt, wenn man dem Arbeitnehmer dennoch „durch die Hintertür" ein Mitverschulden anlasten will, sofern er den Erhalt einer Zielvorgabe nicht angemahnt hat.

Allerdings kann es hier Ausnahmen geben.[1320] So kann es sein, dass der Arbeitgeber versucht hat, Zielvorgaben zu erteilen, dies aber aus irgendwelchen Gründen missling. Durch einen einfachen Hinweis des Arbeitnehmers wäre die Erteilung der Zielvorgabe nachholbar; der Schaden entsprechend geringer.

1314 *Unberath*, in Bamberger/Roth, § 254 BGB Rn 3f.; MüKo/*Oetker*, § 254 BGB Rn 7; Erman/*Ebert*, § 254 BGB Rn 7; Palandt/*Heinrichs*, § 254 BGB Rn 2.

1315 *Berwanger*, in BB 2003, 1499 (1502); *Bauer/Diller/Göpfert*, in BB 2002, 882 (883).

1316 *Lischka*, Zielvereinbarungen, S. 131.

1317 So *ArbG Frankfurt* vom 11.12.2002, Az 2 Ca 2816/02; im Rahmen der positiven Vertragsverletzung nach § 280 I BGB: *Klein*, in NZA 2006, 1129 (1130); auch *Röder*, in AG Arbeitsrecht, 139 (149).

1318 Siehe § 12 II 4 b.

1319 Erman/*Westermann*, § 281 BGB Rn 15; Staudinger/*Otto*, § 281 BGB Rn B116ff.

1320 A.A. *Gaul/Rauf*, in Gaul, Akt.AR 2008, S. 149.

Beispiel: An sämtliche Arbeitnehmer einer Abteilung wurden Zielvorgaben ausgeteilt. A war zum Zeitpunkt der Erteilung im Urlaub. Nach der Rückkehr stellt er fest, dass alle Kollegen schriftliche Zielvorgaben erhalten haben – nur die von A fehlt. Wo sie geblieben ist, lässt sich nicht mehr aufklären.

Die Zielvorgabe muss zwar dem Arbeitnehmer auch zugehen. Das Übermittlungsrisiko trägt der Arbeitgeber. Aber in diesem Beispiel ist erkennbar, dass für jeden Arbeitnehmer eine Zielvorgabe besteht. Dass ein einzelner Arbeitnehmer bewusst ausgenommen wurde, ist eher unwahrscheinlich. Vielmehr scheint es am Urlaub zu liegen, dass die Zielvorgabe A noch nicht zugegangen ist. Hier darf aber vom Arbeitnehmer durchaus erwartet werden, dass er den Arbeitgeber darauf aufmerksam macht, keine Zielvorgabe erhalten zu haben. Freilich wäre eventuell immer noch ein Verzögerungsschaden gegeben. Aber der Schaden ist entsprechend geringer, als wenn der Arbeitnehmer einfach den Ablauf der Zielperiode abwartet und dann versucht, das gesamte Zielentgelt als Schaden zu beanspruchen, als wenn er um Nachholung der Zielfestlegung bittet.

Solche Ausnahmen sind allerdings regelmäßig nicht gegeben. Ein Mitverschulden wird dem Arbeitnehmer wohl selten angelastet werden können. Denn oftmals beruht das Unterlassen einer Zielvorgabe auf schlichte Nachlässigkeit des Arbeitgebers. Hierfür ist der Arbeitnehmer jedoch keinesfalls (mit-)verantwortlich.

5. Anspruchsbegründung bei der Zielvereinbarung im engeren Sinne

Auch bei der Zielvereinbarung im engeren Sinne ist grundsätzlich die Lösung im Wege des Verzögerungsschadens einerseits oder Schadensersatz statt der Leistung andererseits zu suchen. Allerdings besteht im Vergleich zur einseitigen Zielvorgabe der Unterschied, dass die Zielfestlegung einvernehmlich zu erfolgen hat. Auch dem Arbeitnehmer kommt daher eine gewisse Verantwortung zu.[1321] Diese Verantwortung bedarf bei der Lösung einer angemessenen Würdigung.

a) Beiderseitige Initiativlast Anknüpfungspunkt

Auch hier hilft die Verletzung des § 2 Abs. 1 Nr. 6 NachwG nicht weiter. Entweder ist keine Zielvereinbarung im engeren Sinne zu Stande gekommen. Dann existiert auch nichts, was nachgewiesen werden müsste. Oder die Zielvereinbarung im engeren Sinne ist zwar nur mündlich abgeschlossen worden, der Arbeitnehmer kann aber die festgelegten Ziele nicht beweisen. Dann misslingt ihm ebenfalls der Beweis eines Schadens.[1322]

Die Initiativlast zur Aufnahme der Verhandlungen über die neue Zielvereinbarung im engeren Sinne kann ebenfalls in der Zielvereinbarung im weiteren Sinne festgelegt sein. Auf Grund der gemeinsamen Verantwortung bedarf es hier aber einer deutlichen, transparenten Regelung.[1323]

1321 *Hümmerich*, in NJW 2006, 2294 (2297); a.A. *LAG Köln* vom 23.05.2002, Az 7 Sa 71/02; *Behrens/Rinsdorf*, in NZA 2006, 830 (834f.).

1322 Siehe § 12 II 4 a aa.

1323 Nicht plausibel erscheint die Prüfung des *BAG* vom 12.12.2007, Az 10 AZR 97/07, das aus der Formulierung „gemeinsam mit dem Mitarbeiter" anstatt „gemeinsam mit dem Arbeitgeber" eine alleinige Initiativlast des Arbeitgebers folgern will.

Beispiele: (a) Der Arbeitgeber hat spätestens eine Woche vor Beginn der neuen Zielperiode den Arbeitnehmer zu Verhandlungen über eine neue Zielvereinbarung im engeren Sinne aufzufordern.
(b) Der Arbeitgeber hat spätestens eine Woche vor Beginn der neuen Zielperiode dem Arbeitnehmer einen Vorschlag zu einer neuen Zielvereinbarung im engeren Sinne zu unterbreiten.

Auch hier stellt sich die Frage nach der Initiativlast des Arbeitgebers nicht. Sie besteht uneingeschränkt. Problematisch ist jedoch, wenn keine solche Regelung vorhanden sind. Denn beide Arbeitsvertragsparteien haben einvernehmlich die Bemessungsgrundlage für die Vergütung des Arbeitnehmers zu finden. Nicht nur der Arbeitgeber, sondern ebenfalls der Arbeitnehmer kann (und soll) vor Beginn der neuen Zielperiode die Initiative ergreifen und zu Verhandlungen auffordern.

Aber ist keiner Arbeitsvertragspartei ausdrücklich die Initiativlast zugesprochen worden, so besteht auch bei der einvernehmlichen Zielvereinbarung im engeren Sinne weiterhin für den Arbeitgeber die Pflicht, Verhandlungen nicht nur aufzunehmen, sondern auch zu fördern. Eben diese Pflichtverletzung begründet den Schadensersatzanspruch. Inwieweit auch der Arbeitnehmer die Verzögerung bzw. das gänzliche Fehlen zu verantworten hat, ist im Rahmen des Mitverschuldens nach § 254 BGB zu prüfen.[1324]

Fraglich ist nur, ob die Initiativlast gänzlich dem Arbeitnehmer zugesprochen werden kann, z.b. indem der Arbeitnehmer die „Pflicht zu ersten Angebot" hat. Unterlässt der Arbeitnehmer die Aufforderung zum Verhandeln, so begeht nicht der Arbeitgeber, sondern allein der Arbeitnehmer die Pflichtverletzung. Ein Anspruch auf Schadensersatz wäre ausgeschlossen.

Eine solche Regelung wäre jedoch, zumindest bei vorformulierten Verträgen, unzulässig. Sie widerspricht dem wesentlichen Grundgedanken des Arbeitsverhältnisses und ist nach § 307 Abs. 1 BGB unwirksam. Der Arbeitnehmer wird unangemessen benachteiligt. Der Arbeitgeber hat grundsätzlich das Arbeitsverhältnis auszufüllen, die Arbeitspflicht zu konkretisieren und für die Beschäftigung des Arbeitnehmers zu sorgen. Dem Arbeitgeber steht auch das Weisungsrecht zu. Dieses nutzt er auch ohne Festlegung der Ziele. Hat der Arbeitnehmer nun allein die Pflicht, Verhandlungen über die Zielvereinbarung im engeren Sinne zu fordern, so kommt er ohne weitere Mahnung in Verzug. Letztendlich könnte der Arbeitnehmer sogar Schadensersatzforderungen ausgesetzt sein, sofern der Arbeitgeber nachweisen kann, wegen mangelnder Motivation des Arbeitnehmers sank die Leistungsbereitschaft und ihm ist dadurch ein Schaden entstanden. Zusätzlich verliert der Arbeitnehmer den Anspruch auf das Zielentgelt, während der Arbeitgeber weiterhin die volle Leistung des Arbeitnehmers beanspruchen kann. Dies ist aber nicht Sinn und Zweck des Personalführungssystems. So vordergründig vorteilhaft das erste Angebot für den Arbeitnehmer auch sein mag, es benachteiligt ihn unangemessen, wenn es als alleinige Pflicht ausgestaltet wurde.[1325]

Damit kommt allenfalls ein beiderseitiger Pflichtenverstoß in Betracht. Eine Pflichtverletzung wird jedoch nicht dadurch negiert, weil die andere Vertragspartei ebenfalls gegen ihre Pflichten verstoßen hat. Damit besteht zumindest dem Grunde nach auch bei der unterlassenen

---

1324 *BAG* vom 12.12.2007, Az 10 AZR 97/07; a.A. wohl *LAG Berlin-Brandenburg* vom 13.07.2007, Az 9 Sa 522/07, die keine Pflichtverletzung des Arbeitgebers erkennen kann; *Behrens/Rinsdorf*, in NZA 2006. 830 (834f.); *Kolmhuber*, in ArbRB 2003, 117 (118), die von einer alleinigen Initiativlast des Arbeitgebers ausgehen; *Hergenröder*, in AR-Blattei SD 1855, Rn 105; *Berwanger*, in BB 2003, 1499 (1502); *Bauer/Diller/Göpfert*, in BB 2002, 882 (883), die eine (alleinige) Obliegenheit des Arbeitnehmers annehmen.
1325 A.A. *Röder*, in AG Arbeitsrecht, 139 (149).

Zielvereinbarung im engeren Sinne ein Schadensersatzanspruch des Arbeitnehmers gegen den Arbeitgeber.

b) Dogmatische Begründung des Anspruchs gleich der Zielvorgabe

Auch bei der Zielvereinbarung im engeren Sinne bedarf es keiner Mahnung.[1326] Der Arbeitgeber kommt mit seiner Aufforderung zur Aufnahme der Verhandlungen ohne weiteres in Verzug. Bei einer verspäteten Verhandlungsaufnahme kann daher der Arbeitnehmer grundsätzlich Schadensersatz wegen Verzögerung nach §§ 280 Abs. 1, Abs. 2, 286 BGB verlangen. Insoweit laufen Zielvereinbarung im engeren Sinne und Zielvorgabe parallel.[1327]

Auch nach Abschluss der Zielperiode besteht ein Gleichlauf des Schadensersatzanspruches zwischen Zielvorgabe und Zielvereinbarung im engeren Sinne. Der Arbeitnehmer hat grundsätzlich einen Anspruch auf Schadensersatz wegen Unmöglichkeit nach §§ 280 Abs. 1, Abs. 3, 283 BGB. Freilich ist auch hier eine doppelte Berechnung ein und desselben Schadenspostens unzulässig.[1328]

c) Aber Mitverschulden (nur) für Verzögerung

Der wesentliche Unterschied besteht im Mitverschulden. Während es bei der Zielvorgabe regelmäßig nicht vorliegen dürfte,[1329] bedarf es bei der Zielvereinbarung im engeren Sinne einer genauen Untersuchung, warum die Zielfestlegung unterlassen worden ist.

Zum einen besteht die Möglichkeit, dass gänzlich die Verhandlung über eine Zielvereinbarung im engeren Sinne unterlassen worden ist. Obliegt allein dem Arbeitgeber die Initiativpflicht, so ist kein Mitverschulden des Arbeitnehmers erkennbar. Hat keine Partei allein die Pflicht, den Beginn der Verhandlungen zu fordern, so trägt auch der Arbeitnehmer eine Mitverantwortung für das Entfallen der Zielvereinbarung im engeren Sinne. Es bedarf ebenso einer Mitwirkung des Arbeitnehmers bei der Festlegung der Ziele. Verletzt er seine hieraus zu folgernde Pflicht, so ist dies im Rahmen des § 254 BGB zu würdigen. Der Anspruch ist entsprechend zu kürzen, entfällt aber nicht.[1330]

Ferner besteht noch die Möglichkeit, dass Verhandlungen zwar erfolgen, aber zu keinem Ergebnis führen. Hier differenzieren manche nach dem Grund für die Erfolglosigkeit des Einigungsversuches. Forderte der Arbeitgeber den Arbeitnehmer zwar zu Verhandlungen auf, war dieser aber zu Gesprächen über mögliche Ziele nicht bereit, so soll allein aus seinem Verschulden die Zielvereinbarung im engeren Sinne nicht zu Stande gekommen sein und der An-

---

1326 A.A. wohl Preis-*Preis/Lindemann*, AV, II Z 5 Rn 43.

1327 Siehe § 12 II 4 b; diese Parallele sehen auch *Gaul/Rauf*, in Gaul, Akt.AR 2008, S. 149, die bei der Zielvorgabe zusätzlich allerdings § 162 BGB anwenden wollen.

1328 Siehe § 12 II 4 c.

1329 Siehe § 12 II 4 d.

1330 *BAG* vom 12.12.2007, Az 10 AZR 97/07; *Gaul/Rauf*, in Gaul, Akt.AR 2008, S. 146, die allerdings dem Verschulden des Arbeitnehmers ein deutlich geringeres Gewicht zumessen; a.A. *Hergenröder*, in AR-Blattei SD 1855, Rn 105; *Bauer/Diller/Göpfert*, in BB 2002, 882 (883); *Bauer*, in FA 2002, 295 (296); *Lischka*, Zielvereinbarungen, S. 131.

spruch auf das Zielentgelt – oder genauer Schadensersatz – sogar gänzlich entfallen.[1331] Auch wollen manche über die Billigkeit der Ziele die Verantwortlichkeit des Arbeitnehmers beurteilen. Verweigert sich der Arbeitnehmer ohne Grund den vorgeschlagenen Zielen, so entfällt der Anspruch. Andererseits ist die Ablehnung des Arbeitnehmers dann gerechtfertigt, sofern der Arbeitgeber Ziele außerhalb des Weisungsrechts forderte.[1332]

Diese Ansicht geht zwar in die richtige Richtung, übersieht allerdings, dass der Arbeitgeber auch bei echter Uneinigkeit sein Weisungsrecht nicht verliert. Er kann weiterhin die Aufgaben des Arbeitnehmers konkretisieren. Dieses Gestaltungsrecht wird er regelmäßig auch wahrnehmen. Der Arbeitgeber hat deshalb notfalls die Zielvereinbarung im engeren Sinne durch eine Zielvorgabe zu ersetzen.[1333] Unterlässt er dies, begeht der Arbeitgeber eine (weitere) Pflichtverletzung. Für das Unterlassen der ersatzweise erlassenen Zielvorgabe an sich trägt der Arbeitnehmer aber keine Verantwortung. Dies gilt auch unabhängig davon, aus welchem Grund die Zielvereinbarung im engeren Sinne nicht zu Stande kam. Dieses Unterlassen der Ersetzung durch eine Zielvorgabe ist der Hauptvorwurf gegen den Arbeitgeber. Ein gänzliches Entfallen des Zielentgelts, bzw. des Ersatzanspruchs im Rahmen des Schadensersatzes, ist damit nicht zu begründen.[1334]

Andernfalls bliebe dem Arbeitgeber auch ein Vermögensvorteil, der ihm aber nicht zusteht. Das Zielentgelt kann eben nicht nur die Gegenleistung für das Bemühen um die Zielerreichung sein. Sondern es kann damit einerseits die Betriebstreue, andererseits auch die normale Tätigkeit des Arbeitnehmers mit abgegolten werden. Beide Leistungen hat aber der Arbeitnehmer auch ohne Zielfestlegung erbracht. Beschränkt man aber nun aber die Sicht auf die Zielvereinbarung im engeren Sinne und allein auf die Gründe des Nichtzustandekommens, so übersieht man, dass letztendlich der Arbeitnehmer eine Leistung erbracht hat, die unvergütet bleibt. Deutlich wird dies, wenn die gesamte Vergütung variabel ist und auf Zielvereinbarung/-vorgaben basiert. Es erscheint in diesem Fall aber widersprüchlich, wenn einerseits der Schadensersatzanspruch – und damit das Zielentgelt – gänzlich entfallen soll, sofern der Arbeitnehmer das Fehlen der Zielvereinbarung im engeren Sinne zu verantworten hat, andererseits aber seine Arbeitsleistung wohl über § 612 BGB zu vergüten wäre.

Der Hauptvorwurf besteht damit im Unterlassen der „Ersatzzielvorgabe". Ein eventuelles Mitverschulden des Arbeitnehmers am Fehlen der Zielvereinbarung im engeren Sinne, etwa die Verweigerung zu Verhandeln, wirkt sich damit letztendlich nur auf den Verzögerungsschaden aus, nicht aber auf den Schaden des gänzlichen Fehlens.

1331 So *Röder*, in AG Arbeitsrecht, 139 (149); *Ullrich*, in SAE 2008, 316 (318); *BAG* vom 10.12.2008, Az 10 AZR 889/07; *BAG* vom 12.12.2007, Az 10 AZR 97/07; wohl auch *Mayer*, in AiB 2008, 557 (558); Schaub/*Linck*, AHdB, § 77 Rn 17; MüKo/*Müller-Glöge*, § 611 BGB Rn 767.
1332 In diese Richtung *Lischka*, Zielvereinbarungen, S. 132f.; nach *Berwanger*, in BB 2004, 551 (552f.) besteht bei einer Zielvereinbarung im engeren Sinne stets das Recht, das Einverständnis zu verweigern; auch *Deich*, Beurteilung, S. 271, die deshalb regelmäßig kein Verschulden annimmt und den Weg über die ergänzende Vertragsauslegung wählt; ähnlich Preis-*Preis*/*Lindemann*, AV, II Z 5 Rn 45.
1333 Siehe § 6 III 3 b.
1334 A.A. *BAG* vom 12.12.2007, Az 10 AZR 97/07; *Röder*, in AG Arbeitsrecht, 139 (149); *Lischka*, Zielvereinbarungen, S. 131; wohl auch *Deich*, Beurteilung, S. 271.

6. Schadenshöhe und -berechnung

Der Umfang des Schadensersatzanspruchs berechnet sich nach den §§ 249 ff. BGB. Nach § 252 BGB umfasst der Anspruch auch den entgangenen Gewinn, den Verdienst aus abhängiger Tätigkeit und damit auch den des Zielentgelts.[1335] Als entgangen gilt der Gewinn, welcher nach dem gewöhnlichen Lauf der Dinge oder nach den besonderen Umständen mit Wahrscheinlichkeit erwartet werden konnte.[1336] Deshalb ist zu prüfen, welchen Umfang der Zielentgeltanspruch gehabt hätte, wenn eine Zielfestlegung stattgefunden hätte.

a) Beweiserleichterung für Arbeitnehmer

Die Beweispflicht für die Schadenshöhe liegt grundsätzlich beim Arbeitnehmer. Dabei hätte er konsequenterweise darzulegen, welche Ziele vereinbart bzw. vorgeben worden wären und inwiefern er diese Ziele tatsächlich erreicht hätte.[1337] Aber gerade dies ist unmöglich. Der Arbeitnehmer hat (nur) den Schaden darzustellen. Dieser liegt aber im entgangenen Zielentgelt. Deshalb kommen ihm die Darlegungs- und Beweiserleichterungen der §§ 252 BGB, 287 Abs. 1 ZPO zu Gute.[1338] Im Rahmen des § 287 ZPO hat der Arbeitnehmer den gewöhnlichen Lauf der Dinge für die hypothetische Schadensberechnung des § 252 BGB darzustellen.[1339] Zwar ist die Schätzung unzulässig, wenn sie mangels vorzutragender Anhaltspunkte völlig in der Luft hängen würde.[1340] Aber § 287 ZPO soll verhindern, dass der Kläger allein deshalb abgewiesen wird, weil er nicht in der Lage ist, den vollen Beweis für einen ihm erwachsenen Schaden zu erbringen. Der Sinn der Vorschrift liegt in einer Erleichterung für das Beweismaß und das Beweisverfahren.[1341] Dasselbe gilt für § 252 BGB, obwohl für die Praxis es keinen Unterschied macht, ob der Arbeitnehmer die Beweiserleichterung nach der einen oder anderen Vorschrift in Anspruch nimmt. Das Gericht wird kaum zu einem anderen Ergebnis kommen, wenn es auf die „freie Überzeugung" oder auf den „gewöhnlichen Lauf der Dinge" abstellt.[1342] Und dieses gilt ebenso bei der Klage auf das Zielentgelt bzw. Schadensersatz. Anknüpfungspunkt muss der hypothetische Zielerreichungsgrad sein, nicht die konkreten Ziele.

b) Vergangenheitsbezogene Betrachtung

Zwar aus Sicht des Arbeitnehmers wünschenswert, aber nicht begründbar ist deswegen, dass der Anspruch stets das volle Zielentgelt umfasst.[1343] Der Schadensersatzanspruch richtet sich

---

1335 *Gaul/Rauf*, in Gaul, Akt.AR 2008, S. 141; *BAG* vom 12.12.2007, Az 10 AZR 97/07; vgl. auch *Schubert*, in Bamberger/Roth, § 252 BGB Rn 9f.; Palandt/*Heinrichs*, § 252 BGB Rn 8f.

1336 Erman/*Ebert*, § 252 BGB Rn 1; MüKo/*Oetker*, § 252 BGB Rn 4.

1337 So *Riesenhuber/v.Steinau-Steinrück*, in NZA 2005, 785 (792); *Schmiedl*, in BB 2004, 329 (332); *LAG Berlin-Brandenburg*, vom 13.07.2007, Az 9 Sa 522/07; *ArbG Frankfurt* vom 11.12.2002, Az 2 Ca 2816/02; *LAG Hessen* vom 29.01.2002, Az 7 Sa 836/01.

1338 A.A. *LAG Berlin-Brandenburg* vom 13.07.2007, Az 9 Sa 522/07, das wegen mangelnden Sachvortrags des Arbeitnehmers die Klage abwies.

1339 *BAG* vom 12.12.2007, Az 10 AZR 97/07; *BGH* vom 18.02.2002, Az II ZR 355/00; *Gaul/Rauf*, in Gaul, Akt.AR 2008, S. 142; Palandt/*Heinrichs*, § 252 BGB Rn 5; *Baumbach/Hartmann*, § 287 ZPO Rn 25ff.

1340 *BGH* vom 26.11.1986, Az VIII ZR 260/85; MüKo/*Prütting*, § 287 ZPO Rn 14; *Zöller/Greger*, § 287 ZPO Rn 4; *Reichold*, in Thomas/Putzo, § 287 ZPO Rn 11.

1341 MüKo/*Prütting*, § 287 ZPO Rn 3; *Zöller/Greger*, § 287 ZPO Rn 1; *Baumbach/Hartmann*, § 287 ZPO Rn 2.

1342 Staudinger/*Schiemann*, § 252 BGB Rn 18; *Schubert*, in Bamberger/Roth, § 252 BGB Rn 32f.

1343 So aber *Klein*, in NZA 2006, 1129 (1130); *Kolmhuber*, in ArbRB 2003, 117 (119); *Bauer/Diller/Göpfert*, in BB 2002, 882 (883); *LAG Düsseldorf* vom 28.07.2006, Az 17 Sa 465/06; *LAG Köln* vom 23.05.2002,

auf das positive Interesse.[1344] Der Arbeitnehmer ist so zu stellen, als ob die Zielfestlegung erfolgt wäre, er sein Handeln danach ausgerichtet und ggf. die Ziele erfüllt hätte. Kurzum, im Grund bedarf es einer hypothetischen Betrachtung der vergangenen Zielperiode. Dies ist der zwingende Grundsatz der Naturalrestitution.[1345] Eine 100%ige Zielerreichung ist aber gerade nicht zwingend und so kann die Schadenshöhe auch nicht immer in 100% des zu erreichenden Zielentgelts bestehen.[1346] Diese Annahme bedeutete andernfalls im Umkehrschluss, dass der Arbeitnehmer grundsätzlich sämtliche Ziele voll erfüllen wird. Dies erscheint aber lebensfremd. Hier generell eine 100%ige Zielerreichung anzunehmen, wäre eine der Ausgleichsfunktion der Naturalrestitution zuwiderlaufende These, die auf eine Bestrafung des Arbeitgebers hinausliefe und ist daher unzulässig ist.[1347]

Man könnte zwar nicht zwingend, aber grundsätzlich von einer vollen Zielerreichung ausgehen. Die Parteien hätten lediglich erreichbare Ziele vereinbart bzw. der Arbeitgeber hätte lediglich im Rahmen der Billigkeit Ziele vorgeben dürfen. Insofern ist dann auch davon auszugehen, dass der Arbeitnehmer die Ziele und damit den vollen Zielentgeltanspruch erreicht hätte. Jedoch können besondere Umstände diese grundsätzliche Annahme ausschließen, hierfür wäre der Arbeitgeber darlegungs- und beweispflichtig.[1348] Im Grund wird hier eine Parallele zum Zeugnisrecht gezogen, bei dem auch stets von einer durchschnittlichen Leistung des Arbeitnehmers auszugehen ist.[1349] Hier soll die gewöhnliche Leistung bei 100%-iger Zielerreichung liegen.

Aber die Ziele haben die beste Motivationswirkung, wenn sie zwar erfüllbar, aber auch herausfordernd sind.[1350] Herausfordernd sind aber auch nur solche Ziele, deren Nichterreichung in gewisser Weise auch wahrscheinlich ist. Dies zeigt gerade auch die Praxis. Keineswegs ist eine Zielerreichung von 100% der Standard. Vielmehr erreichen Arbeitnehmer die vorgegebenen bzw. vereinbarten Ziele zu völlig unterschiedlichen Graden. Zwar hat der Arbeitnehmer mit hinreichender Anspannung seiner Kräfte sachgemäß zu arbeiten, aber die Erfahrung lehrte, dass die Arbeitsleistung einzelner Arbeitnehmer erheblich vom Durchschnitt – positiv wie negativ – abweicht. Mitunter sind die Zielvereinbarungen/-vorgaben deswegen auch kündigungsrelevant.[1351] Freilich wechseln die Ziele in jeder Zielperiode. Dies gilt aber auch nur für die Ziele selbst. Die Zielerfüllung korrespondiert mit der Qualität der Arbeitsleistung des Arbeitnehmers. Bei dieser kann man sich aber sehr wohl an der Leistung der Vorjahre orientiert

Az 7 Sa 71/02; vgl. auch *Behrens/Rinsdorf*, in NZA 2006, 830 (836), die pauschal einen 20%-igen Abschlag für gerechtfertigt halten.

1344 MüKo/*Ernst*, § 283 BGB Rn 9; *Unberath*, in Bamberger/Roth, § 283 BGB Rn 6; Jauernig/*Stadler*, § 283 BGB Rn 4.

1345 Palandt/*Heinrichs*, § 249 BGB Rn 2; Erman/*Ebert*, § 249 BGB Rn 1; Staudinger/*Schiemann*, § 249 BGB Rn 1.

1346 So aber *LAG Köln* vom 23.06.2002, Az 7 Sa 71/02, ohne nähere Begründung; vgl. auch AnwK-ArbR/*Elz*, § 315 BGB Rn 39; a.A. *ArbG Düsseldorf* vom 13.08.2003, Az 10 Ca 10348/02.

1347 Vgl. *BGH* vom 06.07.2004, Az VI ZR 266/03; *BGH* vom 07.05.2004, Az V ZR 77/03; MüKo/*Oetker*, § 249 BGB Rn 8.

1348 So *Gaul/Rauf*, in DB 2008, 869 (871); *v.Steinau-Steinrück/Ziegler*, in NJW-Spezial 2008, 722 (723); *Simon/Greßlin*, in BB 2008, 617 (620); *Mohnke*, in AuA 2008, 342 (343); *Ullrich*, in SAE 2008, 316 (318); *Gehlhaar*, in NZA-RR 2007, 113 (117); Preis-*Preis/Lindemann*, AV, II Z 5 Rn 44; *Lischka*, Zielvereinbarungen, S. 132; *BAG* vom 10.12.2008, Az 10 AZR 889/07; *BAG* vom 12.12.2007, Az 10 AZR 97/07.

1349 Vgl. ErfK/*Müller-Glöge*, § 109 GewO Rn 86f.; *Küttner/Reinecke*, Zeugnis, Rn 41.

1350 *Zoellner*, in AuA 1992, 216 (217); *Breisig*, Entlohnen und Führen, S. 51.

1351 Zur möglichen Kündigung wegen Minderleistung, siehe § 10 I 3.

werden. Erfüllte der Arbeitnehmer in den Jahren zuvor stets die Ziele z.b. zu 120%, muss dies ebenso berücksichtigt werden, wie wenn eine Zielerreichung von 80% die Regel war.[1352] Hierfür ist aber der Arbeitnehmer beweispflichtig. Verlangt er mehr, ist er ebenfalls beweispflichtig; der Arbeitgeber dagegen hat die Umstände darzulegen und zu beweisen, die eine niedrigere Zahlung rechtfertigen sollen.

Dies gilt auch für unternehmensbezogenen Ziele. Denn sollte in der Vergangenheit stets ein bestimmter Zielerreichungsgrad erreicht worden sein, so spricht zunächst nichts gegen die Annahme, ein ähnlicher wäre auch im betreffenden Jahr erreicht worden. Für Gegenteiliges ist derjenige beweispflichtig, der dies behauptet. So kann der Arbeitgeber einräumen, dass durch z.b. eine allgemeine Rezession das Betriebsergebnis erheblich schlechter ausgefallen ist, als in den vergangenen Jahren. Andersrum könnte der Arbeitnehmer darlegen, dass ein allgemeiner Aufschwung auch das Unternehmen erfasst hat.[1353]

c) Nur ausnahmsweise Grundsatz der vollen Zielerreichung

Etwas anderes kann nur dann gelten, wenn kein Vergleichsmaßstab vorhanden ist, sei es, weil der Arbeitnehmer zu kurz im Unternehmen war, sei es, weil in den Vorjahren keine Zielvereinbarung/-vorgabe existierte. Nur hier kann vom Grundsatz ausgegangen werden, dass der Arbeitnehmer die Ziele auch vollständig erreicht hätte. Für eine geringere Zahlung bleibt dem Arbeitgeber der Beweis offen. Ist ein Zeugnis ausgestellt worden, so muss der Arbeitgeber eine gute Bewertung des Arbeitnehmers gegen sich gelten lassen, sofern er behauptet, dieser hätte die Ziele wohl eher nicht erreicht.[1354]

d) Vergangenheitsbezogene Betrachtung auch bei Zielentgelthöhe

Schwieriger wird es, wenn auch die Zielentgelthöhe nicht feststeht. Dies kann dann der Fall sein, wenn die Zielvereinbarung im weiteren Sinne zwar die Rahmenbedingungen für das Personalführungssystem Zielvereinbarung/-vorgabe regelt, die Zielentgelthöhe jedes Jahr der einvernehmlichen Einigung der Arbeitsvertragsparteien bzw. im Ermessen des Arbeitgebers stellt. Damit schwankt die jedes Jahr zu erreichende variable Vergütung. Meist hat dann das Zielentgelt lediglich einen kleinen Teil an der Gesamtvergütung.

Allerdings kann auch hier ein Blick in die Vergangenheit helfen.[1355] Im Gegensatz zur Zielerreichung ist aber nicht der Durchschnittswert heranzuziehen, sondern die Tendenz zu ermitteln. Steigerte sich beispielsweise das Zielentgelt jedes Jahr, so ist mit einer ebensolchen Steigerung wohl auch im betreffenden Jahr zu rechnen. Im Rahmen der Schätzung nach § 287 ZPO ist dann von diesem Zielentgelt auszugehen und anhand des Durchschnittswerts der Zielerreichungsgrad und damit die Anspruchshöhe zu ermitteln. Nur notfalls, mangels Vergleichsmaßstäbe beträgt dieser 100%.

1352   Der Rückblick auf die vergangenen Jahre ist auch in der Praxis mitunter üblich, vgl. *Datzmann*, in Personal 2001, 510 (510); ähnlich *BSG* vom 23.03.2006, Az B 11a AL 29/05 R.

1353   A.A. *Gaul/Rauf*, in Gaul, Akt.AR 2008, S. 144; die auf die tatsächlichen Gegebenheiten abstellen wollen. Dies hilft aber nicht weiter, da die konkrete Ausformulierung der unternehmensbezogenen Ziele unbekannt ist und dementsprechend die tatsächlichen Gegebenheiten nicht entsprechend bewertet werden können.

1354   Genau andersrum *LAG Köln* vom 23.05.2002, Az 7 Sa 71/02, das eine leistungsbedingte Kündigung für unwirksam erklärte, weil zuvor ein hoher Zielerreichungsgrad festgestellt wurde.

1355   Wohl ebenso *v.Steinau-Steinrück/Ziegler*, in NJW-Spezial 2008, 722 (723).

§ 13 Schlussbetrachtung

Es zeigte sich, dass mit dem Personalführungssystem Zielvereinbarung/-vorgabe individuell auf die Bedürfnisse sowohl des einzelnen Arbeitnehmers als auch des Unternehmens eingegangen werden kann. Durch die Formulierung einzelner Ziele, um deren Erreichen sich der Arbeitnehmer innerhalb der Zielperiode zu bemühen hat, wird dem Arbeitnehmer ein hohes Maß an Vertrauen entgegengebracht. Erst nach Ablauf der Zielperiode – meist ein Jahr – wird das Ergebnis der Bemühungen bekannt.

Insofern eignet sich das Personalführungssystem Zielvereinbarung/-vorgabe besonders bei Arbeitnehmer, die ohnehin schon eine hohe Eigenverantwortung genießen. Der Freiheit des Arbeitnehmers kann der Arbeitgeber durch die Formulierung bestimmter Ziele eine gewisse Richtung vorgeben, gleichzeitig wird sie damit aber auch gestärkt. Für die Zeit der Zielperiode bleibt dem Arbeitnehmer die Wahl der richtigen Mittel zur Zielerreichung vorbehalten. Daher ist das Personalführungssystem Zielvereinbarung/-vorgabe ursprünglich nur für Führungskräfte entwickelt worden. Durch die notwendig gewordene Veränderung der Unternehmensführung wurde der Vorteil des MbO-Ansatzes jedoch erkannt und dieses System flächendeckend auf jeder Hierarchieebene des Unternehmens eingeführt.[1356] Die strategischen Ziele des Unternehmens werden herunter gebrochen und die Ziele des einzelnen Arbeitnehmers darauf angepasst. Dies ist der Ansatz der Balanced Scorecard, die letztlich dem Personalführungssystem Zielvereinbarung/-vorgabe zum Durchbruch verhalf.

Die Stärkung der Eigenverantwortung des Arbeitnehmers wird nur mit den mitarbeiterbezogenen Zielen erreicht.[1357] Durch die Aufnahme der unternehmensbezogenen Ziele erreicht jedoch der Arbeitgeber zusätzlich eine Kostenkontrolle, um nur in einer wirtschaftlich vertretbaren Situation des Unternehmens ein höheres Zielentgelt zu zahlen. Andererseits können die unternehmensbezogenen Ziele auch eine Entlohnung der Betriebstreue darstellen. Dem Arbeitnehmer wird damit ein Anreiz zum Verbleib im Unternehmen gegeben. Jedenfalls eignet sich das Personalführungssystem Zielvereinbarung/-vorgabe zur Stärkung der Motivation des einzelnen Arbeitnehmers und dessen leistungsgerechten Entlohnung.[1358] Gerade durch die monetären Anreize bei Zielerfüllung werden die Leistungsbereitschaft und damit auch die Leistungsfähigkeit gesteigert. Flankiert wird dies durch den Ansatz goal-setting-Theorie. Werden die Ziele vereinbart statt vorgegeben, identifiziert sich der Arbeitnehmer mehr mit den Zielen und sieht diese als die eigenen an. Ferner wird durch die notwendige Kommunikation zwischen den Hierarchieebenen eine Kultur des gegenseitigen Respekts und ständigen Lernens entwickelt. Auch ist das Unternehmen durch dieses Führungssystem deutlich beweglicher. Als nicht zu unterschätzendes Nebenprodukt wird auch die Bewertung des Arbeitnehmers erleichtert.

Ist das Arbeitsverhältnis stark durch einzelne Weisungen geprägt oder verbleibt kaum Raum für eine Eigenverantwortung des Arbeitnehmers, eignet sich das Personalführungssystem Zielvereinbarung/-vorgabe höchstens als Zusatz zur Fixvergütung. Zumeist sind solche Arbeitsverhältnisse auch einem Tarifvertrag unterworfen, dann wäre ohnehin nur das Zielentgelt als zusätzlich zum Tarifgehalt ausgestaltete Vergütung zulässig.[1359] Nur besonders wichtige

---

1356 Zum den historischen Wurzeln des Personalführungssystems Zielvereinbarung/-vorgabe, siehe § 3 I.
1357 Zum Überblick der einzelnen Definition, siehe § 4 VI.
1358 Zu den Chancen des Personalführungssystems Zielvereinbarung/-vorgabe, siehe § 3 II 1.
1359 Zu den Grenzen durch Tarifvertrag, siehe § 6 IX.

Aufgaben sollten in diesem Fall als Ziele formuliert werden. Bei reiner Fließbandarbeit oder einfachen Tätigkeiten dagegen bieten die herkömmlichen leistungsorientierten Vergütungen, wie Akkord- oder Prämienlohn, einen größeren Vorteil. Ein Beibehalten der reinen Zeitlohnvergütung erscheint hier ebenfalls bedenkenswert.[1360]

Denn der administrative Aufwand des Personalführungssystems Zielvereinbarung/-vorgabe ist nicht zu unterschätzen.[1361] Es bedarf nicht nur eines Zielmanagements, also der Kenntnis der Oberziele und der Ableitung für die einzelnen Abteilungen bzw. Arbeitnehmer, sondern auch einer Zielkommunikation. In der Praxis kann dies ein solches Ausmaß annehmen, dass zu Recht bemängelt wird, sich mehr mit dem System an sich als mit der eigentlichen Arbeit zu beschäftigen. Die Ziele werden vor der betreffenden Zielperiode zwischen Arbeitgeber und Arbeitnehmer im Idealfall vereinbart. Kritiker dagegen bemängeln, dass häufig Zielvereinbarungen als Vereinbarungen bezeichnet werden, die jedoch in Wahrheit Vorgaben sind. Im Ergebnis bestimmt allein der Arbeitgeber die Ziele, die mit jeder erneuten Festlegung auch steigen. Eine fast unmenschliche Leistungsverdichtung sei die Folge. Auch werden die Ziele häufig unklar formuliert, das Konfliktpotenzial wird dadurch erhöht. Einerseits ist nicht deutlich, welche Ziele nun verfolgt werden sollen, andererseits ist unklar, wann die Ziele erreicht werden. Auch können sich die einzelnen Arbeitnehmer durch die einseitige Fokussierung auf die Ziele fehlsteuern lassen. Nur die Zielerfüllung steht im Vordergrund, koste es was es wolle. Die Konfliktsituation wird noch verschärft, da einerseits die Zielerfüllungsgrade kündigungsrelevant werden können, andererseits Führungskräfte der mittleren Ebene eine Doppelrolle innehaben. Sie sind sowohl einfache Arbeitnehmer, die selbst Ziele erhalten, andererseits Vertreter des Arbeitgebers und geben damit auch Ziele vor.

Durch regelmäßige Mitarbeitergespräche sind aber die Gefahren des Personalführungssystems Zielvereinbarung/-vorgabe vermeidbar. Selbst die einseitige Zielvorgabe verspricht einige Vorteile. Sie verschlankt einerseits den administrativen Aufwand, andererseits werden die heruntergebrochenen strategischen Ziele des Unternehmens beim einzelnen Arbeitnehmer besser aufeinander abgestimmt. Im Wesentlichen kommt es darauf an, wie sie vom Arbeitgeber eingesetzt und dass sie nicht von diesem zur einseitigen Durchsetzung der eigenen Interessen missbraucht werden. Bei einer genauen Kenntnis der Leistungsfähigkeit des Einzelnen und einer entsprechenden Kommunikation untereinander bieten so auch die Zielvorgaben für den Arbeitnehmer große Chancen.

Begriffsbestimmung und Ausgestaltungsformen
Der Begriff der Zielvereinbarung wird in der Literatur und Rechtsprechung uneinheitlich verwendet. Wenn auch im Arbeitsrecht diesem besondere Bedeutung zukommt, wird er dennoch in weiten Teilen des Zivilrechts, aber auch des öffentlichen Rechts genannt. Der hier untersuchte arbeitsrechtliche Begriff hat drei unterschiedliche Stufen, in denen das Personalführungssystem Zielvereinbarung/-vorgabe gegliedert ist.[1362]

Als erste Stufe bedarf es einer Rahmenregelung, der Zielvereinbarung im weiteren Sinne. In dieser werden die Zielentgelthöhe, die Dauer der Zielperiode und Form der Zielformulierung festgelegt. Die Zielvereinbarung im weiteren Sinne kann sowohl als Individualvertrag, eventuell sogar als einfache Klausel in einem Arbeitsvertrag, aber auch als Betriebsvereinbarung

---

1360 Zur Abgrenzung von den bekannten leistungsbezogenen Vergütungen, siehe § 5.
1361 Zu den Gefahren des Personalführungssystems Zielvereinbarung/-vorgabe, siehe § 3 II 2.
1362 Zur Begriffsbestimmung, siehe § 2.

oder gar Tarifvertrag ausgestaltet sein. Im Ergebnis jedenfalls ist dies eine Vereinbarung zwischen zwei Parteien über die Einführung und Anwendung des Personalführungssystems Zielvereinbarung/-vorgabe.

Die zweite Stufe ist die konkrete Zielfestlegung. Diese kann – meist im Jahresrhythmus – entweder einvernehmlich oder einseitig durch den Arbeitgeber erfolgen. Im letzteren Fall ist von einer Zielvorgabe zu sprechen. Eine Zielvereinbarung im engeren Sinne liegt dagegen nicht nur dann vor, wenn die Arbeitsvertragsparteien völlig frei die konkreten Ziele verhandeln und festlegen. Dies stellt lediglich den Idealfall dar. Eine einvernehmliche Zielfestlegung ist ebenfalls gegeben, sofern der Arbeitgeber bestimmte Ziele vorformuliert, und der Arbeitnehmer lediglich die Möglichkeit hat, das Zielniveau in quantitativer Hinsicht zu beeinflussen. Möglich ist ebenso, dass der Arbeitnehmer sich von mehreren vorgeschlagenen Zielen einige aussucht und diese vereinbart. In all diesen Fällen ist zwar keine völlig freie Verhandlung gegeben, die Zielfestlegung ist dennoch das Ergebnis zweier übereinstimmender Willenserklärungen, die Zielvereinbarung im engeren Sinne. Hierzu reicht es aus, dass der Arbeitnehmer die Möglichkeit hatte, die Zielfestlegung zumindest im begrenzten Umfang zu beeinflussen. Mit dieser vorformulierten Zielvereinbarung im engeren Sinne werden die Vorteile der einvernehmlichen Vereinbarung mit denen der einseitigen Vorgabe vereint. Durch die Auswahl nur bestimmter Ziele wird die Einheitlichkeit im Unternehmen gewahrt, durch die Mitwirkung des Arbeitnehmers dessen Identifikation mit den Zielen gestärkt. Freilich sollte jedoch noch Raum für Verhandlungen verbleiben.

Als dritte Stufe erfolgt die Zielfeststellung und Zielbewertung. Anhand des Zielerreichungsgrades errechnet sich auch der Anspruch auf das Zielentgelt. Im Zweifel steht aber dem Arbeitgeber das Recht zu, einseitig die Ziele festzulegen und einseitig die Zielerreichung festzustellen bzw. zu bewerten.[1363]

Die Ziele selbst können sowohl unternehmensbezogen (am wirtschaftlichen Ergebnis der Abteilung, des Betriebs oder Unternehmen anknüpfend) als auch mitarbeiterbezogen (an der Leistung des Arbeitnehmers anknüpfend) ausgestaltet werden.[1364] Um die gewollte Motivation des Arbeitnehmers zu erreichen, bedarf es zwar anspruchsvolle, aber vom Arbeitnehmer erreichbare Ziele. Insofern dienen unternehmensbezogene Ziele zwar der Kostenkontrolle, erreichen sie aber einen zu großen Anteil am Zielentgelt, vermindert dies den motivierenden Effekt der Zielvereinbarung/-vorgabe. Es gibt harte Ziele, die konkret messbar sind, und weiche Ziele, deren Erreichen nur durch eine Bewertung festgestellt werden kann. Aus dem jeweiligen Zielerreichungsgrad errechnet sich das Zielentgelt. Dies kann sowohl aus einem einfachen Vergleich zwischen Ist und Soll erfolgen als auch durch eine – mitunter komplizierte – Berechnung und Gewichtung der einzelnen Ziele untereinander. Zur Transparenz und damit verbundenen Akzeptanz des Personalführungssystems Zielvereinbarung/-vorgabe sollte das Zielentgelt aber recht leicht errechenbar sein. Teilweise ist ein bestimmter Zielerreichungsgrad auch Voraussetzung, um überhaupt einen Anspruch auf das Zielentgelt zu haben.

Ausgestaltungsmöglichkeiten und rechtliche Grenzen
Die sich bei der Anwendung ergebenden Fragen zum Personalführungssystem Zielvereinbarung/-vorgabe lassen sich mit den allgemeinen Grundsätzen lösen.

1363 Für Einzelheiten hierzu, siehe § 4 IV und V.
1364 Zu den verschiedenen Ausgestaltungsformen, siehe § 4 III.

Die Zielvorgabe basiert auf dem Weisungsrecht.[1365] Deshalb muss der Weg zum Erreichen der einseitig vorgegebenen Ziele vom Weisungsrecht erfasst sein. Anderes ist nur durch die einvernehmliche Einigung zur Zielvereinbarung im engeren Sinne möglich. Die Änderung der Pflichten des Arbeitsvertrages kann nur einvernehmlich erfolgen. Dementsprechend kann der Arbeitnehmer die Vereinbarung von Zielen außerhalb des Weisungsrechts verweigern. Verweigert der Arbeitnehmer sich auch Zielen innerhalb des Weisungsrechts und kann daher keine Zielvereinbarung im engeren Sinne zu Stande kommen, hat der Arbeitgeber – auch ohne besondere Vereinbarung – das Recht und die Pflicht, eine Zielvorgabe zu erteilen. Enthält die Zielvorgabe Ziele außerhalb des Weisungsrechts, ist sie unverbindlich und dem Arbeitnehmer gegenüber unwirksam. Dies beinhaltet auch den Fall, dass die Ziele nur mit einem über die vertraglich vereinbarte Arbeitszeit hinausgehenden Aufwand erreichbar sind. Der Fall der unbilligen und damit unwirksamen Zielvorgabe ist gleich zu lösen, wie die Problematik der gänzlich unterlassenen Zielvereinbarung/-vorgabe.[1366] Die formulierten Ziele beeinflussen die Interessenabwägung bei anderen Weisungen des Arbeitgebers. Das Interesse des Arbeitnehmers an einer ungestörten Zielerreichungsmöglichkeit ist gegen das Interesse des Arbeitgebers an der Ausführung der, mitunter zielerreichungserschwerenden Weisung abzuwägen.

Mit der Zielvereinbarung/-vorgabe darf nicht gegen ein Arbeitnehmerschutzgesetz verstoßen werden. Das ArbZG, BUrlG, aber auch Schutzgesetze für bestimmte Arbeitnehmergruppen (z.b. werdende/stillende Mütter, Jugendliche) setzen hier Grenzen.[1367] Ferner ist das Maßregelungsverbot und das Persönlichkeitsrecht des Arbeitnehmers zu beachten. Eine Zielverfehlung berechtigt nicht, den betreffenden Arbeitnehmer „an den Pranger" zu stellen. Die statistischen Zielerreichungsdaten unterliegen dem Datenschutz und sind – wenn überhaupt – nur vollständig anonymisiert zu veröffentlichen. Auch der allgemeine Gleichbehandlungsgrundsatz und das AGG sind zu beachten.[1368] Die Chance auf das Zielentgelt, also die Teilhabe an dem Personalführungssystem Zielvereinbarung/-vorgabe ist diskriminierungsfrei zu gewähren. Gleiches gilt auch für die Formulierung der einzelnen Ziele. Durch diese Grenzen allein zeigt sich, dass die Befürchtungen, der Leistungsdruck werde immer höher und Arbeitnehmerschutzgesetze unterlaufen, schlicht unbegründet sind. Nach wie vor ist der Arbeitnehmer geschützt. Er erhält lediglich eine neue Form der Vergütung.[1369]

Als vorformulierte individualrechtliche Vereinbarung unterliegt die Zielvereinbarung im weiteren Sinne der AGB-Kontrolle. Gleiches gilt für die Zielvereinbarung im engeren Sinne. Eine Inhaltskontrolle ist nur bei einer völlig freien Vereinbarung abzulehnen. Die Zielvorgabe jedoch unterliegt als einseitiges Rechtsgeschäft nicht der Kontrolle nach §§ 305 ff. BGB, sondern wird über die Billigkeitskontrolle des § 315 BGB geprüft. In jedem Falle ist jedoch nicht nur im rechtlichen Sinne das Transparenzgebot einzuhalten. Für den Erfolg des Personalführungssystems Zielvereinbarung/-vorgabe ist es wesentlich, dass der Arbeitnehmer die genaue Bedeutung des Zieles erkennen kann. Nur so ist es ihm möglich, die vom Arbeitgeber gewünschten Ergebnisse zu erreichen. Zweifel gehen nach § 305c Abs. 2 BGB zu Lasten des Arbeitgebers.[1370]

1365 Zum Einfluss auf und durch das Weisungsrecht, siehe § 6 III.
1366 Zum Zielentgeltanspruch bei unterlassener Zielvereinbarung/-vorgabe, siehe § 12.
1367 Für Einzelheiten hierzu, siehe § 6 IV.
1368 Für Einzelheiten hierzu, siehe § 6 VIII.
1369 Zur Abgrenzung zu den bekannten leistungsorientierten Vergütungen, siehe § 5.
1370 Zur AGB-Kontrolle, siehe § 6 VI.

Das Zielentgelt selbst und damit auch die Ziele unterliegen als Hauptleistungspflichten keiner Inhaltskontrolle. Bis zur Grenze der Sittenwidrigkeit sind die Arbeitsvertragsparteien frei. Dabei ist weder nur ein maximaler Anteil der variablen Vergütung an der Fixvergütung zulässig, noch sind die Arbeitsvertragsparteien gehindert, sogar die gesamte Vergütung zu flexibilisieren. Es muss lediglich sichergestellt werden, dass durch die Leistung des Arbeitnehmers dieser ein sittengemäßes Entgelt erreichen kann.[1371] Insofern ist bei der Prüfung allein auf die mitarbeiterbezogenen Ziele abzustellen. Bei der vollständigen Flexibilisierung ist jedoch zu bedenken, dass auch Standardaufgaben als Ziele zu formulieren sind und der Zielentgeltanspruch schon bei einem sehr niedrigen Zielniveau beginnen muss. Der Umfang der Zielvereinbarung/-vorgabe steigt, ebenso der administrative Aufwand.

Bei einer vollständigen Flexibilisierung der Vergütung durch Zielvereinbarungen/-vorgaben ist es sinnvoll, auf weitergehende Flexibilisierungsklauseln zu verzichten. Bis zur Grenze der Sittenwidrigkeit wären diese ohnehin unzulässig. Ist das Zielentgelt dagegen als Zusatz zum mehr oder weniger marktüblichen Grundgehalt gedacht, so bietet es sich – gerade zur Erprobung – für den Arbeitgeber an, sich die weitere Fortführung des Personalführungssystems Zielvereinbarung/-vorgabe vorzubehalten[1372] oder von Anfang an zu befristen.[1373] Möglich ist auch die vollständige Freiwilligkeit, unabhängig von der Qualifizierung des Zielentgelts als Leistungsentgelt oder nicht.[1374] Zwingende Voraussetzung ist allerdings die Transparenz. Es muss die Bedeutung des Wortes freiwillig deutlich werden. Bloß die Einführung kann freiwillig, die Fortführung dagegen bindend sein. Ist auch die Weiterführung des Personalführungssystems freiwillig, kann dennoch die einzelne Zielvereinbarung/-vorgabe verbindlich ausgestaltet sein. Letztlich kann aber auch die Auszahlung des Zielentgelts bei Zielerreichung völlig freiwillig sein und vom bloßen Willen des Arbeitgebers abhängen. Hierzu bedarf es einer verständlichen und klaren Regelung. Dieses Zielentgelt ist bei der Prüfung der Sittenwidrigkeit nicht zu berücksichtigen. Im Rahmen des § 138 BGB ist das Zielentgelt einem Freiwilligkeitsvorbehalt nicht zugänglich.

Sollte die vollständige Freiwilligkeit gewollt sein, erscheint dies vordergründig ausschließlich für den Arbeitgeber günstig. Der Arbeitnehmer soll sich um die Zielerreichung bemühen, während der Arbeitgeber die Auszahlung des Zielentgelts – da freiwillig – verweigern kann. Auf Grund der transparenten Regelung ist es aber fraglich, ob sich der Arbeitnehmer durch eine solche Zielvereinbarung/-vorgabe überhaupt motivieren lässt. Er weiß von der Freiwilligkeit des Arbeitgebers und dem noch notwendigen Auszahlungswillen. Außerdem ist im Gegenzug ebenso das Bemühen um die Zielerreichung für den Arbeitnehmer bloß freiwillig.

Rechtsfolgen bei Störungen im Personalführungssystem Zielvereinbarung/-vorgabe
Nur wenn eine verbindliche Zielvereinbarung/-vorgabe vorliegt, lassen sich verhaltensbedingte und personenbedingte Kündigungen mit einem mangelhaften Zielerreichungsgrad begründen.[1375] Auf Grund des objektiven Bewertungsmaßstabes der Zielerreichung kann der Arbeitgeber darlegen, in welchem Umfang der Arbeitnehmer von seiner eigenen Leistung in der Vergangenheit abweicht oder unter dem Durchschnitt vergleichbarer Arbeitnehmer liegt. Kann der Arbeitgeber nachweisen, dass der Arbeitnehmer willentlich seine Leistung zurück-

---

1371 Zur Prüfung der Sittenwidrigkeit, siehe § 6 V.
1372 Zum Widerrufsvorbehalt, siehe § 8 II.
1373 Zur Befristung, siehe § 8 III.
1374 Zum Freiwilligkeitsvorbehalt, siehe § 8 I.
1375 Zum Einfluss der Zielvereinbarung/-vorgabe auf die Kündigung wegen Minderleistung, siehe § 10 I 3.

behält oder aus personenbedingten Gründen das Vertragssynallagma erheblich gestört ist, so kann die Kündigung sozial gerechtfertigt sein. Sogar ein Schadensersatz wäre denkbar, nicht aber auf Grund der alleinigen Zielverfehlung. Nicht die Zielerreichung, sondern lediglich das Bemühen darum schuldet der Arbeitnehmer. Der Anspruch wird aber zumeist an der Beweislast für Verschulden und Kausalität des Schadens scheitern.[1376] In jedem Falle sinkt oder gar entfällt der Zielentgeltanspruch mit einem niedrigen Zielerreichungsgrad.

Dies gilt jedoch nicht, sofern gewisse Fehlzeiten die Ursache sind.[1377] Ist die Zielverfehlung einzig auf entgeltfortzahlungspflichtige krankheitsbedingte bzw. mutterschutzrechtliche Fehlzeiten zurückzuführen, oder konnte der Arbeitnehmer auf Grund von Freistellungen zur Betriebsratsarbeit die Ziele nicht erreichen, so ist die Zielerreichung zu fingieren. Dies betrifft in erster Linie die harten mitarbeiterbezogenen Ziele. Bei den unternehmensbezogenen Zielen dagegen kommt es in diesem Fall auf den tatsächlichen Zielerreichungsgrad an. Dies kann ebenso beim ruhenden Arbeitsverhältnis gelten. Sofern mit dem unternehmensbezogenen Zielentgelt nur die Betriebstreue entlohnt werden soll, wird diese auch beim ruhenden Arbeitsverhältnis vom Arbeitnehmer erbracht. Der Vorteil, durch eine wirksame Stichtagsklausel das unternehmensbezogene Zielentgelt beim Ausscheiden vor dem Stichtag nicht zahlen zu müssen, bringt daher für den Arbeitgeber gleichzeitig den Nachteil, z.B. während der Elternzeit einer Zahlungspflicht ausgesetzt zu sein.

Stichtags- und Rückzahlungsklauseln sind aber nur in engen Grenzen möglich.[1378] Das Zielentgelt kann eine Art Gratifikation mit Mischcharakter darstellen. Einerseits soll die Betriebstreue, andererseits die Leistung des Arbeitnehmers entlohnt werden. Die Besonderheit liegt nur darin, dass hier die „Mischung" bekannt ist. Mitarbeiterbezogene Ziele sind von der Leistung des Arbeitnehmers abhängig, sie sind Leistungsentgelt und daher einer Stichtags- und erst recht Rückzahlungsklausel nicht zugänglich. Sofern bei den unternehmensbezogenen Zielen dagegen die Entlohnung der Betriebstreue zum Ausdruck kommt, wäre eine diesbezügliche Stichtagsklausel grundsätzlich zulässig.

Der Zahlungspflicht des Zielentgelts kann sich der Arbeitgeber nur durch einen wirksamen Freiwilligkeitsvorbehalt entziehen. Ein Widerruf der einzelnen Zielvereinbarung/-vorgabe ist ebenso wenig ein taugliches Mittel wie das gänzliche Unterlassen der konkreten Zielformulierung. In diesem Fall hat der Arbeitnehmer einen Anspruch auf das Zielentgelt als Schadensersatz.[1379] Zum einen kann der Verzögerungsschaden geltend gemacht werden, wenn die Zielvereinbarung/-vorgabe verspätet zu Stande kommt und deswegen manche Ziele nicht erreicht werden können. Zum anderen kann bei gänzlichem Unterlassen ein Schadensersatz wegen Unmöglichkeit beansprucht werden. Der Arbeitgeber hat bei der Zielvorgabe die alleinige Initiativpflicht. Durch die Bestimmung der Zielperiode steht auch der Zeitpunkt fest, zu dem die Zielvorgabe spätestens erteilt werden muss. Danach kommt der Arbeitgeber auch ohne Mahnung des Arbeitnehmers in Verzug. Für die Vergangenheit ist der Zweck der Zielvorgabe – die Motivation – unmöglich herzustellen. Außerdem ist nach Ablauf der Zielperiode die Leistungszeit beendet. Daher besteht nach Ablauf der Zielperiode ein Schadensersatzanspruch wegen Unmöglichkeit. Ähnliches gilt auch für die Zielvereinbarung im engeren Sinne, wobei allerdings zu berücksichtigen ist, dass auch dem Arbeitnehmer bei der Zielfestlegung eine

---

1376 Zum Schadensersatz bei Zielverfehlung, siehe § 10 I 2.
1377 Zu den einzelnen möglichen Fehlzeiten, siehe § 10 II.
1378 Für Einzelheiten hierzu, siehe § 6 VII.
1379 Zum Anspruch auf das Zielentgelt bei unterlassener Zielvereinbarung/-vorgabe, siehe § 12 II.

gewisse Verantwortung zukommt. Allerdings hat der Arbeitgeber notfalls die Zielvereinbarung im engeren Sinne durch eine Zielvorgabe zu ersetzen, deshalb kommt allenfalls ein Mitverschulden zur Verzögerung, nicht aber zum gänzlichen Unterlassen in Betracht. Der Schadensersatzanspruch selbst richtet sich auf das, was der Arbeitnehmer erhalten hätte, wäre die Zielvereinbarung/-vorgabe zu Stande gekommen. Hierbei kommen dem Arbeitnehmer Beweiserleichterungen zu Gute. Die volle Zielerreichung ist nicht stets zu Grunde zu legen. Vielmehr ist ein Vergleich mit der Vergangenheit des Arbeitnehmers notwendig. Erreichte der Arbeitnehmer in der Vergangenheit stets sämtliche Ziele, kann dies auch in der betreffenden Zielperiode angenommen werden, ebenso, wenn der Arbeitnehmer in der Vergangenheit einen geringeren Zielerreichungsgrad aufzuweisen hat. Für Gegenteiliges ist die jeweilige Partei darlegungs- und beweispflichtig. Auch die Zielerreichungsgrade vergleichbarer Arbeitnehmer können ein Indiz darstellen. Nur wenn es keinerlei Anhaltspunkte geben sollte, ist davon auszugehen, dass nur diejenigen Ziele festgelegt bzw. vorgegeben worden wären, die auch voll erreichbar gewesen wären.

Auch wenn die einmal erfolgt Zielfestlegung grundsätzlich für beide Arbeitsvertragsparteien verbindlich ist, sie ist nicht starr. Verändern sich die Rahmenbedingungen und realisiert sich ein Risiko, das ursprünglich nicht bedacht worden ist und auch nicht von einer Partei zu tragen ist, so hat die benachteiligte Partei einen Anspruch auf unterjährige Zielkorrektur.[1380] Dabei kommt es entscheidend auf das zu tragende Risiko an. Dies ist bei den unternehmensbezogenen Zielen zu bejahen, hier bilden die Arbeitsvertragsparteien eine Art Schicksalsgemeinschaft. Bei den mitarbeiterbezogenen Zielen ist zu differenzieren. Wird die Zielerreichung aus Gründen, die der Arbeitnehmer zu verantworten hat, erschwert oder erleichtert, kommt gerade kein Korrekturanspruch in Betracht. Der Sinn einer Zielvereinbarung/-vorgabe besteht gerade im eigenverantwortlichen Bemühen um Zielerreichung. Sofern der Arbeitnehmer die Erleichterung oder Erschwerung der Zielerreichung nicht zu verantworten hat, ist freilich zunächst die einvernehmliche Einigung bzw. schon vorhandene Regelungen vorrangig. Existieren solche nicht, so besteht ein Anspruch auf unterjähriger Korrektur, hergeleitet aus der ergänzenden Vertragsauslegung. Hätten die Parteien bedacht, dass die Rahmenbedingungen sich ändern können und daher die Zielerreichung erheblich erschwert oder erleichtert wird, so hätten sie in der Zielvereinbarung im weiteren Sinne bzw. in der jeweiligen Zielvereinbarung/-vorgabe einen entsprechenden Korrekturanspruch mit aufgenommen. Die Korrektur selbst obliegt den Parteien. Es ist das Procedere der Zielfestlegung anzuwenden, das in der Zielvereinbarung im weiteren Sinne vorgesehen ist.

Dieser unterjährige Korrekturanspruch, der im Übrigen auch zu Gunsten des Arbeitgebers und zu Lasten des Arbeitnehmers besteht, muss geltend gemacht werden. Wird dies unterlassen, so kommt eine nachträgliche Korrektur des Zielerreichungsgrades nicht in Betracht.[1381] Dagegen bedarf es beim Austritt des Arbeitnehmers aus dem Unternehmen bei laufender Zielperiode keiner gesonderten Regelung eines Anspruchs. Dieser besteht pro rata temporis hinsichtlich des leistungsbezogenen Zielentgelts.[1382] Damit werden die schon geleisteten Vorarbeiten vergütet. Sollte der Arbeitnehmer dagegen überobligatorische Leistungen erbracht haben, sind diese zusätzlich zu vergüten. Diese Leistungen sind regelmäßig die harten Ziele außerhalb des Weisungsrechts. Der unterjährige Eintritt des Arbeitnehmers dagegen ist von den Arbeitsvertragsparteien ohne weitere Probleme beherrschbar. Entweder nimmt der Arbeit-

---

1380   Zum Anspruch auf unterjährige Zielkorrektur, siehe § 11 I.
1381   Zur Ablehnung der nachträglichen Korrektur, siehe § 11 II.
1382   Zum unterjährigen Ein- oder Austritt, siehe § 11 III.

nehmer erst mit Beginn der neuen Zielperiode am Personalführungssystem Zielvereinbarung/ -vorgabe teil oder er erhält individuell angepasste Ziele. Möglich ist ebenso ein anfangs garantiertes Zielentgelt.

Ausblick

Die Vergangenheit zeigte, dass die absolute Mehrheit der Streitigkeiten im Zusammenhang mit dem Personalführungssystem Zielvereinbarung/-vorgabe im Rahmen einer ausgesprochenen Kündigung erfolgte. Es mag daran liegen, dass bei einer endgültigen Trennung die gegenseitige Rücksichtnahme keine Rolle mehr spielt. Auch könnten rechtliche Unsicherheiten der Grund für Streitigkeiten gewesen sein. Beim Ausscheiden aus dem Unternehmen sinkt die Einigungsbereitschaft der Parteien. Unterschiedliche Auffassungen werden nun notfalls gerichtlich durchgesetzt.

Auf der anderen Seite zeigt dies, dass das Personalführungssystem Zielvereinbarung/-vorgabe während der laufenden Anwendung bei weitem nicht so streitanfällig ist, wie von mancher behauptet. Die Kommunikation steht im Vordergrund, hiermit kann ein Missverständnis aus der Welt geschaffen, Streit und juristische Auseinandersetzungen damit vermieden werden. Freilich ist ebenso zu bedenken, dass eine gerichtliche Auseinandersetzung die Fortführung des Arbeitsverhältnisses belasten kann, der Arbeitnehmer sich deshalb häufig der Ansicht des Arbeitgebers unterwirft. Wird aber das Personalführungssystem Zielvereinbarung/-vorgabe als Chance wahrgenommen und nicht nur zur einseitigen Durchsetzung der eigenen Interessen missbraucht, so profitieren beide Arbeitsvertragsparteien von dieser neuen Art der Vergütung. Nicht das System, sondern die Umsetzung birgt Gefahren.

Die Vorteile wurden erkannt, das Personalführungssystem Zielvereinbarung/-vorgabe ist fast flächendeckend eingeführt. Es gibt kaum ein größeres Unternehmen, das nicht diese Art der Vergütung anwendet. Vor einigen Jahren wurde das Personalführungssystem Zielvereinbarung/-vorgabe als aufgehender Komet am Himmel der Leistungsentlohnung bezeichnet.[1383] Der Komet ist nun aufgegangen, wann er seinen Zenit erreichen wird und ob überhaupt ein Abstieg kommt, bleibt abzuwarten.

1383 *Bahnmüller*, Stabilität und Wandel, S. 20.

Literaturverzeichnis

Adomeit, Klaus / **Mohr**, Jochen	Kommentar zum Allgemeinen Gleichstellungsgesetz, Richard Boorberg Verlag 2007 zitiert als *Adomeit/Mohr, § ... Rn ...*
Albrecht, Anja	Zielvereinbarungen im öffentlichen Dienst, in Der Personalrat 2001, Heft 10, S. 406ff. zitiert als *Albrecht, in PersR 2001, 406 (...)*
Albicker, Steffen / **Wiesenecker**, Philipp	Sonderzahlungen und Stichtagsklauseln in Betriebsvereinbarungen, in Betriebsberater 2008, Heft 48, S. 2631ff. zitiert als *Albicker/Wiesenecker, in BB 2008, 2631 (...)*
Andresen, Bernd / **Winkler**, Wolfgang	Fahrpersonalgesetz und Sozialvorschriften für Kraftfahrer, 3. Auflage 2001, Erich Schmidt Verlag zitiert als *Andresen/Winkler, Fahrpersonalgesetz, S. ...*
Annuß, Georg	Arbeitsrechtliche Aspekte von Zielvereinbarungen in der Praxis, in Neue Zeitschrift für Arbeitsrecht 2007, Heft 6, S. 290ff. zitiert als *Annuß, in NZA 2007, 290 (...)*
Annuß, Georg	Das Allgemeine Gleichbehandlungsgesetz im Arbeitsrecht, in Betriebsberater 2006, Heft 30, S. 1629ff. zitiert als *Annuß, in BB 2006, 1629 (...)*
Annuß, Georg	Grundstrukturen der AGB-Kontrolle von Arbeitsverträgen, in Betriebsberater 2006, Heft 24, S. 1333ff. zitiert als *Annuß, in BB 2006, 1333 (...)*
Annuß, Georg	Der Arbeitnehmer als solcher ist kein Verbraucher, in Neue Juristische Wochenschrift 2002, Heft 39, S. 2844ff. zitiert als *Annuß, in NJW 2002, 2844 (...)*
Annuß, Georg	AGB-Kontrolle im Arbeitsrecht: Wo geht die Reise hin?, in Betriebsberater 2002, Heft 9, S. 458ff. zitiert als *Annuß, in BB 2002, 458 (...)*
Anzinger, Rudolf / **Koberski**, Wolfgang / **Wolters**, Karl-Heinz	Kommentar zum Arbeitszeitgesetz, 2. Auflage 2005, Verlag Recht und Wirtschaft zitiert als *Anzinger/Koberski, § ... Rn ...*
Aretz, Stephanie	Allgemeine Geschäftsbedingungen im Arbeitsvertrag, Eul Verlag 2006 zitiert als *Aretz, AGB, S. ...*

Ascheid, Reiner /
Preis, Ulrich /
Schmidt, Ingrid

Kündigungsrecht, Großkommentar zum gesamten Recht der Beendigung von Arbeitsverhältnissen, 3. Auflage 2007. C.H. Beck Verlag
zitiert als *APS/Bearbeiter, § ... Rn ...*

Baethge, Martin /
Denkinger, Joachim /
Kadritzke, Ulf

Das Führungskräfte-Dilemma. Manager und industrielle Experten zwischen Unternehmen und Lebenswelt, Campus Verlag 1995
zitiert als *Baethge/Denkinger/Kadritzke, S. ...*

Bahnmüller, Reinhard

Stabilität und Wandel in der Leistungsentlohnung, in WSI-Mitteilungen 2001, Heft 7, S. 426ff.
zitiert als *Bahnmüller, in WSI-Mit. 2001, 426 (...)*

Bahnmüller, Reinhard

Stabilität und Wandel der Entlohnungsformen, Rainer Hampp Verlag 2001
zitiert als *Bahnmüller, Stabilität und Wandel, S. ...*

Bamberger, Heinz Georg /
Roth, Herbert

Kommentar zum Bürgerlichen Gesetzbuch, Band 1, 2. Auflage 2007, C.H. Beck Verlag
zitiert als *Bearbeiter, in Bamberger/Roth, § ... Rn ...*

Bamberger, Heinz Georg /
Roth, Herbert

Kommentar zum Bürgerlichen Gesetzbuch, Band 2, 2. Auflage 2008, C.H. Beck Verlag
zitiert als *Bearbeiter, in Bamberger/Roth, § ... Rn ...*

Bauer, Jobst-Hubertus

Zielvereinbarungen auf dem arbeitsrechtlichen Prüfstand, in Brennpunkte des Arbeitsrechts 2003, ZAP Verlag für die Rechts- und Anwaltspraxis 2003, S. 93ff.
zitiert als *Bauer, in Brennpunkte, 93 (...)*

Bauer, Jobst-Hubertus

Zielvereinbarungen auf dem arbeitsrechtlichen Prüfstand, in Fachanwalt Arbeitsrecht 2002, Heft 10, S. 295ff.
zitiert als *Bauer, in FA 2002, 295 (...)*

Bauer, Jobst-Hubertus /
Chwalisz, Patrizia

Instrumente zur Entgeltflexibilisierung, in Zeitschrift für Arbeitsrecht 2007, Heft 4, S. 339ff.
zitiert als *Bauer/Chwalisz, in ZfA 2007, 339 (...)*

Bauer, Jobst-Hubertus /
Diller, Martin

Nachvertragliche Wettbewerbsverbote: Änderungen durch die Schuldrechtsreform, in Neue Juristische Wochenschrift 2002, Heft 22, S. 1609ff.
zitiert als *Bauer/Diller, in NJW 2002, 1609 (...)*

Bauer, Jobst-Hubertus /
Diller, Martin /
Göpfert, Burkard

Zielvereinbarungen auf dem arbeitsrechtlichen Prüfstand, in Betriebsberater 2002, Heft 17, S. 882ff.
zitiert als *Bauer/Diller/Göpfert, in BB 2002, 882 (...)*

Bauer, Jobst-Hubertus / **Göpfert**, Burkhard / **Krieger**, Steffen	Allgemeines Gleichbehandlungsgesetz, 2. Auflage 2008, C.H. Beck Verlag zitiert als *Bauer/Göpfert/Krieger, § ... Rn ...*
Bauer, Jobst-Hubertus / **Opolony**, Bernhard	Arbeitsrechtliche Änderungen in der Gewerbeordnung, in Betriebsberater 2002, Heft 31, S. 1590ff. zitiert als *Bauer/Opolony, in BB 2002, 1590 (...)*
Baum, Lothar W.	Arbeitsrechtliche Aspekte von Zielvereinbarungen – Konflikte antizipieren, Risiken minimieren, in Personalführung 2007, Heft 6, S. 74ff. zitiert als *Baum, in PersF 2007, 74 (...)*
Baumbach, Adolf / **Hopt**, Klaus	Handelsgesetzbuch mit GmbH & Co., Handelsklauseln, Bank- und Börsenrecht, Transportrecht, 33. Auflage 2008, C.H. Beck Verlag zitiert als *Baumbach/Hopt-Bearbeiter, § ... Rn ...*
Baumbach, Adolf / **Lauterbach**, Wolfgang / **Albers**, Jan / **Hartmann**, Peter	Zivilprozessordnung mit Gerichtsverfassungsgesetz und anderen Nebengesetzen, 67. Auflage 2009, C.H. Beck Verlag zitiert als *Baumbach/Hartmann, § ... Rn ...*
Bayreuther, Frank	Freiwilligkeitsvorbehalte: Zulässig, aber überflüssig, in Betriebsberater 2009, Heft 3, S. 102ff. zitiert als *Bayreuther, in BB 2009, 102 (...)*
Becker, Manfred / **Schwarz**, Volker	Führen durch Zielvereinbarungen bei dezentral organisierten Unternehmen, in Personalwirtschaft 1998, Heft 9, S. 56ff. zitiert als *Becker/Schwarz, in PersW 1998, 56 (...)*
Behrens, Walther / **Rinsdorf**, Hauke	Eingriff in die Weisungsunabhängigkeit von Vorständen durch Zielvereinbarungen, in Arbeitsgemeinschaft Arbeitsrecht, in Festschrift zum 25-jährigen Bestehen, Deutscher Anwalt Verlag 2006, S. 449ff. zitiert als *Behrens/Rinsdorf, in AG Arbeitsrecht, 449 (...)*
Behrens, Walther / **Rinsdorf**, Hauke	Am Ende nicht am Ziel? – Probleme mit der Zielvereinbarung nach einer Kündigung, in Neue Zeitschrift für Arbeitsrecht 2006, Heft 15, S. 830ff. zitiert als *Behrens/Rinsdorf, in NZA 2006, 830 (...)*
Behrens, Walther / **Rinsdorf**, Hauke	Beweislast für die Zielerreichung bei Vergütungsansprüchen aus Zielvereinbarungen, in Neue Zeitschrift für Arbeitsrecht 2003, Heft 7, S. 364ff. zitiert als *Behrens/Rinsdorf, in NZA 2003, 364 (...)*

Benecke, Martina	Flexibilisierungsklauseln im Arbeitsrecht und AGB-Kontrolle, in Arbeit und Recht 2006, Heft 10, S. 337ff. *zitiert als Benecke, in AuR 2006, 337 (...)*
Benecke, Martina	Befristete Arbeitszeiterhöhung – Sachgrund, in Recht der Arbeit 2005, Heft 1, S. 47ff. *zitiert als Benecke, in RdA 2005, 47 (...)*
Benecke, Martina	Gesetzesumgehung im Zivilrecht, Mohr Siebeck Verlag 2004 *zitiert als Benecke, Gesetzesumgehung, S. ...*
Benecke, Martina	Nachweis tarifvertraglicher Ausschlussfristen, Anmerkung zu BAG vom 17.04.2002, Az 5 AZR 89/01, in Sammlung Arbeitsrechtlicher Entscheidungen 2003, Heft 4, S. 141ff. *zitiert als Benecke, in SAE 2003, 141 (...)*
Benecke, Martina / **Pils,** Michael Johannes	Der Arbeitsvertrag als Verbrauchervertrag, in Zeitschrift für Wirtschaftsrecht und Insolvenzpraxis 2005, Heft 44, S. 1956ff. *zitiert als Benecke/Pils, in ZIP 2005, 1956 (...)*
Benrath, Gerd	Tarifvertragliche Öffnungsklausel zur Einführung variabler Entgeltbestandteile durch Betriebsvereinbarung, Nomos Verlag 2007 *zitiert als Benrath, Öffnungsklausel, S. ...*
Bepler, Klaus	Der Nachweis von Ausschlussfristen, in Zeitschrift für Tarif-, Arbeits- und Sozialrecht des öffentlichen Dienstes 2001, Heft 6, S. 241ff. *zitiert als Bepler, in ZTR 2001, 241 (...)*
Berkowsky, Wilfried	Die verhaltensbedingte Kündigung – Teil 1, in Neue Zeitschrift für Arbeitsrecht Rechtsprechungsreport 2001, Heft 1, S. 1ff. *zitiert als Berkowsky, in NZA-RR 2001, 1 (...)*
Berkowsky, Wilfried	Die verhaltensbedingte Kündigung – Teil 2, in Neue Zeitschrift für Arbeitsrecht Rechtsprechungsreport 2001, Heft 2, S. 57ff. *zitiert als Berkowsky, in NZA-RR 2001, 57 (...)*
Berkowsky, Wilfried	Die personenbedingte Kündigung – Teil 1, in Neue Zeitschrift für Arbeitsrecht Rechtsprechungsreport 2001, Heft 8, S. 393ff. *zitiert als Berkowsky, in NZA-RR 2001, 393 (...)*
Berwanger, Jörg	Einführung variabler Vergütungssysteme, insbesondere in Form entgeltlicher Zielvereinbarungen, in bestehende betriebliche Strukturen – soziologische Betrachtung unter Einschluss arbeitsrechtlicher Fragen, Verlag Alma Mater 2005 *zitiert als Berwanger, Einführung, S. ...*

Berwanger, Jörg — Noch einmal: Zielvereinbarungen auf dem Prüfstand, in Betriebsberater 2004, Heft 10, S. 551ff.
zitiert als *Berwanger, in BB 2004, 551 (...)*

Berwanger, Jörg — Zielvereinbarungen und ihre rechtlichen Grundlagen, in Betriebsberater 2003, Heft 28, S. 1499ff.
zitiert als *Berwanger, in BB 2003, 1499 (...)*

Beuthien, Volker — Lohnminderung bei Schlechtarbeit oder Arbeitsunlust?, in Zeitschrift für Arbeitsrecht 1972, Heft 1-2, S. 73ff.
zitiert als *Beuthien, in ZfA 1972, 73 (...)*

Bieder, Marcus — Arbeitsvertragliche Gestaltungsspielräume für die Entgeltflexibilisierung, in Neue Zeitschrift für Arbeitsrecht 2007, Heft 20, S. 1135ff.
zitiert als *Bieder, in NZA 2007, 1135 (...)*

Birk, Rolf — Das Nachweisgesetz zur Umsetzung der Richtlinie 91/533/EWG in das deutsche Recht, in Neue Zeitschrift für Arbeitsrecht 1996, Heft 6, S. 281ff.
zitiert als *Birk, in NZA 1996, 281 (...)*

Birnbaum, Christian — Was sind die „im Arbeitsrecht geltenden Besonderheiten"?, in Neue Zeitschrift für Arbeitsrecht 2003, Heft 17, S. 944ff.
zitiert als *Birnbaum, in NZA 2003, 944 (...)*

Brandt, Thomas /
Schache-Keil, Frank — Zielvereinbarung kontra Beurteilung?, in Personalführung 2000, Heft 12, S. 76ff.
zitiert als *Brandt/Schache-Keil, in PersF 2000, 76 (...)*

Breisig, Thomas — Entlohnen und Führen mit Zielvereinbarungen, 3. Auflage 2007, Bund-Verlag
zitiert als *Breisig, Entlohnen und Führen, S. ...*

Breisig, Thomas — Personalbeurteilung – Mitarbeitergespräche und Zielvereinbarungen regeln und gestalten, 3. Auflage 2005, Bund-Verlag
zitiert als *Breisig, Personalbeurteilung, S. ...*

Breisig, Thomas — Vergütung nach Leistung und Erfolg, in Arbeitsrecht im Betrieb 2004, Heft 7, S. 389ff.
zitiert als *Breisig, in AiB 2004, 389 (...)*

Breisig, Thomas — Entgelt nach Leistung und Erfolg, Bund-Verlag 2003
zitiert als *Breisig, Entgelt, S. ...*

Bronhofer, Nils — Teilnahme am betrieblichen Bonussystem, in Arbeit und Arbeitsrecht 2008, Heft 2, S. 115
zitiert als *Bronhofer, in AuA 2008, 115 (...)*

Brors, Christiane   „Neue" Probleme bei arbeitsvertraglichen Vertragsstrafe-
klauseln?, in Der Betrieb 2004, Heft 33, S. 1778ff.
zitiert als Brors, in DB 2004, 1778 (...)

Brors, Christiane   Die individualrechtliche Zulässigkeit von Zielvereinbarungen, in
Recht der Arbeit 2004, Heft 5, S. 273ff.
zitiert als Brors, in RdA 2004, 273 (...)

Brümmer, Malte Alexander   Systematik statt Wildwuchs: Vergütung strategisch sehen, in
Personalführung 2001, Heft 8, S. 32ff.
zitiert als Brümmer, in PersF 2001, 32 (...)

Brune, Ulrike   Schlechtleistung, in Arbeitsrechts-Blattei SD 1420, 133.
Aktualisierung 2004
zitiert als Brune, in AR-Blattei SD 1420, Rn ...

Brunhöber, Hanna   Das Weisungsrecht im Arbeitsverhältnis, Erich Schmidt
Verlag 2006
zitiert als Brunhöber, Weisungsrecht, S. ...

Bruse, Matthias   Zur Berücksichtigung Allgemeiner Geschäftsbedingungen bei
der Sittenwidrigkeitskontrolle von Konsumentenkreditverträgen
in Betriebsberater 1986, Heft 8, S. 478ff.
zitiert als Bruse, in BB 1986, 478 (...)

Bungard, Walter /
Kohnke, Oliver   Zielvereinbarungen erfolgreich umsetzen, 2. Auflage 2002,
Gabler-Verlag
zitiert als Bearbeiter, in Bungard/Kohnke, S. ...

Buschmann, Rudolf   Unterrichtungsanspruch des Betriebsrats – Besprechung des
Beschlusses BAG vom 10.10.2006 - 1 ABR 68/05, in Recht der
Arbeit 2008, Heft 1, S. 38ff.
zitiert als Buschmann, in RdA 2008, 38 (...)

Buschmann, Rudolf /
Ulber, Jürgen   Arbeitszeitgesetz, Basiskommentar mit Nebengesetzen und
Ladenschluss, 6. Auflage 2009, Bund-Verlag
zitiert als Buschmann/Ulber, § ... Rn ...

Conrad, Peter /
Manke, Gerd   Zielvereinbarung, Leistungsbeurteilung und flexible Vergütung,
in Personalführung 2001, Heft 5, S. 52ff.
zitiert als Conrad/Manke, in PersF 2001, 52 (...)

Datzmann, Peter   Ärger mit Bonusvereinbarungen, in Personal 2001, Heft 9,
S. 510ff.
zitiert als Datzmann, in Personal 2001, 510 (...)

Däubler, Wolfgang	Tarifvertragsgesetz mit Arbeitnehmer-Entsendegesetz, 2. Auflage 2006, Nomos Verlag zitiert als *Däubler/Bearbeiter, § ... Rn ...*
Däubler, Wolfgang	Zielvereinbarungen als Mitbestimmungsproblem, in Neue Zeitschrift für Arbeitsrecht 2005, Heft 14, S. 793ff. zitiert als *Däubler, in NZA 2005, 793 (...)*
Däubler, Wolfgang	Zielvereinbarungen und AGB-Kontrolle, in Zeitschrift für Wirtschaftsrecht und Insolvenzpraxis 2004, Heft 47, S. 2209ff. zitiert als *Däubler, in ZIP 2004, 2209 (...)*
Däubler, Wolfgang	Balanced Scorecard und Betriebsverfassung, in Arbeitsrecht im Betrieb 2001, Heft 4, S. 208ff. zitiert als *Däubler, in AiB 2001, 208 (...)*
Däubler, Wolfgang / **Bertzbach**, Martin	Allgemeines Gleichbehandlungsgesetz, 2. Auflage 2008, Nomos Verlag zitiert als *Däubler/Bertzbach-Bearbeiter, § ... Rn ...*
Däubler, Wolfgang / **Dorndorf**, Eberhard / **Bonin**, Birger / **Deinert**, Olaf	AGB-Kontrolle im Arbeitsrecht, Kommentierung zu den §§ 305 bis 310 BGB, 2. Auflage 2008, Verlag Franz Vahlen zitiert als *DDBD/Bearbeiter, § ... Rn ...*
Deller, Jürgen / **Münch**, Stephan	Das Zielvereinbarungssystem der DaimlerChrysler Services (debis) AG, in Personalführung 1999, Heft 10, S. 70ff. zitiert als *Deller/Münch, in PersF 1999, 70 (...)*
Deich, Svenja	Arbeitsvertragliche Gestaltung von Zielvereinbarungen, Erich Schmidt Verlag 2006 zitiert als *Deich, Gestaltung, S. ...*
Deich, Svenja	Die rechtliche Beurteilung von Zielvereinbarungen im Arbeitsverhältnis, Logos Verlag 2004 zitiert als *Deich, Beurteilung, S. ...*
Deich, Svenja	Flexibler durch Zielvereinbarungen, in Arbeit und Arbeitsrecht 2004, Heft 12, S. 8ff. zitiert als *Deich, in AuA 2004, 8 (...)*
Diekmann, Sabine / **Bieder**, Marcus A.	Wirksamkeit von Widerrufsvorbehalten in Formulararbeitsverträgen bei der Gewährung freiwilliger Leistungen, in Der Betrieb 2005, Heft 13, S. 722ff. zitiert als *Diekmann/Bieder, in DB 2005, 722 (...)*

Diepold, Markus   Die leistungsbezogene Vergütung, Duncker & Humblot Verlag 2005
zitiert als *Diepold, Vergütung, S. ...*

Dörner, Klemens /   Handbuch des Fachanwalts für Arbeitsrecht, 7. Auflage 2008,
Luczak, Stefan /   Luchterhand Verlag
Wildschütz, Martin   zitiert als *DLW/Bearbeiter, S. ... Rn ...*

Drexel, Ingrid   Zielvereinbarung und Interessenvertretung – ein Instrument dezentraler Leistungs- und Entlohnungspolitik in der Praxis, in WSI-Mitteilungen 2002, Heft 6, S. 341ff.
zitiert als *Drexel, in WSI-Mit. 2002, 341 (...)*

Drucker, Peter   The practice of management, deutsche Übersetzung, Econ-Verlag 1956
zitiert als *Drucker, The practice, S. ...*

Dzida, Boris   Transparenzgebot – Stichtagsregelung bei Bonuszahlung, in Neue Juristische Wochenschrift 2008, Heft 10, S. 680ff.
zitiert als *Dzida, in NJW 2008, 680 (...)*

Ebeling, Antje   AGB-Kontrolle von Arbeitsverträgen: Gegenstand und Maßstab, Verlag Dr. Kovac 2006
zitiert als *Ebeling, AGB-Kontrolle, S. ...*

Ehlscheid, Christoph   Entgelt und Leistung regeln, aber wie?, in Arbeitsrecht im Betrieb 2007, Heft 6, S. 339ff.
zitiert als *Ehlscheid, in AiB 2007, 339 (...)*

Ehlscheid, Christoph /   Neue Entgeltsysteme und die Rechtsprechung des BAG, in
Unterhinninghofen,   Arbeitsrecht im Betrieb 2002, Heft 5, S. 295ff.
Hermann   zitiert als *Ehlscheid/Unterhinninghofen, in AiB 2002, 295 (...)*

Erfurter Kommentar   Erfurter Kommentar zum Arbeitsrecht, 9. Auflage 2009, C.H. Beck Verlag
zitiert als *ErfK/Bearbeiter, § ... Rn ...*

Erman   Bürgerliches Gesetzbuch, Handkommentar, Band I, 12. Auflage 2008, Dr. Otto Schmidt Verlag
zitiert als *Erman/Bearbeiter, § ... Rn ...*

Etzel, Gerhard   Gemeinschaftskommentar zum Kündigungsschutzgesetz und zu sonstigen kündigungsschutzrechtlichen Vorschriften, 8. Auflage 2007, Luchterhand Verlag
zitiert als *KR/Bearbeiter, § ... Rn ...*

Eyer, Eckhard

Tarifliches Zielentgelt für Angestellte, in Arbeit und
Arbeitsrecht 2003, Heft 12, S. 36ff.
zitiert als *Eyer, in AuA 2003, 36 (...)*

Femppel, Kurt /
Böhm, Hans

Ziele und variable Vergütung in einem dynamischen Umfeld,
Bertelsmann Verlag 2007
zitiert als *Femppel/Böhm, Ziele, S. ...*

Ferguson, Ian

Management by Objektives in Deutschland – Fallstudien,
Herder & Herder Verlag 1973
zitiert als *Ferguson, MbO-Studien, S. ...*

Fischer, Stefan /
Döring, Antje

Variable Vergütung, Zielvereinbarung und Zielvorgaben,
in Arbeit und Arbeitsrecht 2008, Heft 11, S. 684ff.
zitiert als *Fischer/Döring, in AuA 2008, 684 (...)*

Fitting, Karl

Betriebsverfassungsgesetz, Handkommentar, 24. Auflage 2008,
Verlag Franz Vahlen
zitiert als *Fitting, § ... Rn ...*

Förderreuther, Rainer

Blickpunkt Vergütungsstrategie – Erfolgsgarant für das
Unternehmen, in Arbeit und Arbeitsrecht 2000, Heft 4, S. 144ff.
zitiert als *Förderreuther, in AuA 2000, 144 (...)*

Freihube, Dirk

Neue Spielregeln für arbeitsvertragliche Vereinbarungen von
Sonderzahlungen, in Der Betrieb 2008, Heft 3, S. 124ff.
zitiert als *Freihube, in DB 2008, 124 (...)*

Friedrich, Noël

Zielvereinbarungen, in Personalführung 2006, Heft 5, S. 22ff.
zitiert als *Friedrich, in PersF 2006, 22 (...)*

Friemel, Kilian /
Walk, Frank

Die Kündigung wegen Schlecht- und Minderleistung, in Neue
Juristische Wochenschrift 2005, Heft 51, S. 3669ff.
zitiert als *Friemel/Walk, in NJW 2005, 3669 (...)*

Gaul, Björn

Aktuelles Arbeitsrecht, Band 1/2008, Dr. Otto Schmidt Verlag
2008
zitiert als *Bearbeiter, in Gaul, Akt.AR 2008, S. ...*

Gaul, Björn

Der Zweck von Sonderzahlungen, Erster Teil: Die
Zweckbestimmung, in Betriebsberater 1994, Heft 7, S. 494ff.
zitiert als *Gaul, in BB 1994, 494 (...)*

Gaul, Björn /
Rauf, Birte

Bonusanspruch trotz unterlassener Zielvereinbarung – oder: Von
den Risiken arbeitgeberseitiger Untätigkeit, in Der Betrieb 2008,
Heft 16, S. 869ff.
zitiert als *Gaul/Rauf, in DB 2008, 869 (...)*

Geffken, Rolf	Gegen die schleichende Individualisierung von Arbeitnehmerrechten, in Arbeitsrecht im Betrieb 2007, Heft 9, S. 514ff. zitiert als *Geffken, in AiB 2007, 514 (...)*
Geffken, Rolf	Zielvereinbarungen – Eine Herausforderung für Personalwesen und Arbeitsrecht, in Neue Zeitschrift für Arbeitsrecht 2000, Heft 19, S. 1033ff. zitiert als *Geffken, in NZA 2000, 1033 (...)*
Geffken, Rolf	Mitbestimmung bei „Zielvereinbarungen", in Der Personalrat 1997, Heft 12, S. 518ff. zitiert als *Geffken, in PersR 1997, 518 (...)*
Gehlhaar, Daniel	Rechtsfolgen unterbliebener Zielvereinbarungen und Zielvorgaben – eine Übersicht, in Neue Zeitschrift für Arbeitsrecht Rechtsprechungsreport 2007, Heft 3, S. 113ff. zitiert als *Gehlhaar, in NZA-RR 2007, 113 (...)*
Glanz, Peter	Kündigung von leistungsschwachen Mitarbeitern („Low Performern"), in Neue Juristische Wochenschrift Spezial 2008, Heft 3, S. 82ff. zitiert als *Glanz, in NJW-Spezial 2008, 82 (...)*
Gola, Peter / **Schomerus**, Rudolf	Bundesdatenschutzgesetz, 9. Auflage 2007, C.H. Beck Verlag zitiert als *Gola/Schomerus, § ... Rn ...*
Göpfert, Burkhard	Zielvereinbarungen, in Arbeit und Arbeitsrecht 2003, Heft 1, S. 28ff. zitiert als *Göpfert, in AuA 2003, 28 (...)*
Gottschalk, Eckart	Neues zur Abgrenzung zwischen AGB und Individualabrede, in Neue Juristische Wochenschrift 2005, Heft 35, S. 2493ff. zitiert als *Gottschalk, in NJW 2005, 2493 (...)*
Gravenhorst, Anna Caroline	Ergänzende Vertragsauslegung bei Zielvereinbarung, in jurisPR-ArbR 19/2007, Anmerkung 4 zitiert als *Gravenhorst, in jurisPR-ArbR 19/2007 (4)*
Greiner, Stefan	Störungen des Austausch- und Äquivalenzverhältnisses als Kündigungstatbestand, in Recht der Arbeit 2007, Heft 1, S. 22ff. zitiert als *Greiner, in RdA 2007, 22 (...)*
Grobys, Marcel	Variable Vergütung – Besonderheiten aus arbeitsrechtlicher Sicht, in Neue Juristische Wochenschrift Spezial 2004, Heft 4, S. 177f. zitiert als *Grobys, in NJW-Spezial 2004, 177 (...)*

Grünberger, Johannes   Nachweisgesetz und Änderung des Kündigungsschutzgesetzes, in Neue Juristische Wochenschrift 1995, Heft 43, S. 2809ff.
zitiert als *Grünberger, in NJW 1995, 2809 (...)*

Grundmann, Stephan /   Ziel- und Leistungsvereinbarungen, Rieder Verlag 2006
Lischka, Sabine /   zitiert als
Peters, Harald   *GLP/Bearbeiter, Ziel- und Leistungsvereinbarungen, S. ...*

Halberstadt, Michael   Neues Bewertungs- und Bezahlsystem für die Deutsche Telekom AG, in Zeitschrift für Tarif-, Arbeits- und Sozialrecht des öffentlichen Dienstes 2001, Heft 9, S. 397ff.
zitiert als *Halberstadt, in ZTR 2001, 397 (...)*

Hamm, Ingo   Arbeiten im Zeitgeist: Die Vertrauensarbeitszeit hält Einzug in den Unternehmen, in Arbeitsrecht im Betrieb 2000, Heft 3, S. 152ff.
zitiert als *Hamm, in AiB 2000, 152 (...)*

Hanau, Peter /   Richterliche Kontrolle flexibler Entgeltregelungen in
Hromadka, Wolfgang   Allgemeinen Geschäftsbedingungen, in Neue Zeitschrift für Arbeitsrecht 2005, Heft 2, S. 73ff.
zitiert als *Hanau/Hromadka, in NZA 2005, 73 (...)*

Hansen, Jürgen Rolf   Optimale Personalarbeit – Stärke durch Innovation, in Arbeit und Arbeitsrecht 2006, Heft 11, S. 665ff.
zitiert als *Hansen, in AuA 2006, 665 (...)*

Heiden, Ralph   Entgeltrelevante Zielvereinbarungen aus arbeitsrechtlicher Sicht, Nomos Verlag 2007
zitiert als *Heiden, Zielvereinbarungen, S. ...*

Heiden, Ralph   Grenzen der Entgeltvariabilisierung am Beispiel zielvereinbarungsgestützter Vergütung, in Der Betrieb 2006, Heft 44, S. 2401ff.
zitiert als *Heiden, in DB 2006, 2401 (...)*

Heinrichs, Helmut   Das neue AGB-Recht und seine Bedeutung für das Mietverhältnis, in Neue Zeitschrift für Miet- und Wohnungsrecht 2003, Heft 1, S. 6ff.
zitiert als *Heinrichs, in NZM 2003, 6 (...)*

Heinrichs, Helmut   Die Entwicklung des Rechts der Allgemeinen Geschäftsbedingungen im Jahre 1996, in Neue Juristische Wochenschrift 1997, Heft 21, S. 1407ff.
zitiert als *Heinrichs, in NJW 1997, 1407 (...)*

Henssler, Martin	Arbeitsrecht und Schuldrechtsreform, in Recht der Arbeit 2002, Heft 3, S. 129ff. zitiert als *Henssler, in RdA 2002, 129 (...)*
Henssler, Martin	Flexibilisierung der Arbeitsmarktordnung, in Zeitschrift für Arbeitsrecht 1994, Heft 3, S. 487ff. zitiert als *Henssler, in ZfA 1994, 487 (...)*
Henssler, Martin / **Willemsen**, Heinz Josef / **Kalb**, Heinz Jürgen	Arbeitsrechtskommentar, 3. Auflage 2008, Otto Schmidt Verlag zitiert als *HWK/Bearbeiter, § ... Rn ...*
Herbert, Manfred / **Oberrath**, Jörg-Dieter	Arbeitsrecht nach der Schuldrechtsreform – eine Zwischen-bilanz, in Neue Juristische Wochenschrift 2005, Heft 52, S. 3745ff. zitiert als *Herbert/Oberrath, in NJW 2005, 3745 (...)*
Hergenröder, Silvia	Zielvereinbarungen, in Arbeitsrecht-Blattei SD 1855, 123. Lieferung 2004 zitiert als *Hergenröder, in AR-Blattei SD 1855, Rn ...*
Herrmann, Andreas / **Windmüller**, Katrin	Mit Zielen führen und Leistung vergüten, in Personalführung 2006, Heft 7, S. 26ff. zitiert als *Herrmann/Windmüller, PersF 2006, 26 (...)*
Hidalgo, Martina / **Rid**, Claudia	Wie flexibel können Zielbonussysteme sein?, in Betriebsberater 2005, Heft 49, S. 2686ff. zitiert als *Hidalgo/Rid, in BB 2005, 2686 (...)*
Hill, Hermann	Zur Rechtsdogmatik von Zielvereinbarungen in Verwaltungen, in Neue Zeitschrift für Verwaltungsrecht 2002, Heft 9, S. 1059ff. zitiert als *Hill, in NVwZ 2002, 1059 (...)*
Hinke, Robert	Zielvereinbarungen in der Praxis der ostdeutschen Metall- und Elektroindustrie, in WSI-Mitteilungen 2003, Heft 6, S. 377ff. zitiert als *Hinke, in WSI-Mit. 2003, 377 (...)*
Hinrichs, Sven	Zielvereinbarungen – auch eine Methode zur Leistungsfeststellung, in Der Personalrat 2006, Heft 6, S. 238ff. zitiert als *Hinrichs, in PersR 2006, 238 (...)*
Hinrichs, Oda / **Zwanziger**, Bertram	Allgemeines Gleichbehandlungsgesetz – Ende des arbeitsrecht-lichen Gleichbehandlungsgrundsatzes?, in Der Betrieb 2007, Heft 10, S. 574ff. zitiert als *Hinrichs/Zwanziger, in DB 2007, 574 (...)*

Hlawaty, Peter	Topthema: Zielvereinbarungen, in Die Mitbestimmung 1998, Heft 9, S. 42ff. zitiert als *Hlawaty, in Mitbest. 1998, 42 (...)*
Hoffmann-Becking, Michael	Gestaltungsmöglichkeiten bei Anreizsystemen, in Neue Zeitschrift für Gesellschaftsrecht 1999, Heft 17, S. 797ff. zitiert als *Hoffmann-Becking, in NZG 1999, 797 (...)*
Hohenstatt, Klaus-Stefan / **Stamer**, Karin	„Carried Interest" im Arbeitsrecht, in Betriebsberater 2006, Heft 44, S. 2413ff. zitiert als *Hohenstatt/Stamer, in BB 2006 2413 (...)*
Hollmann, Christa	Führen durch Zielvereinbarungen – Das Zielvereinbarungsgespräch als Führungsinstrument, in Deutsches Steuerrecht 2007, Heft 39, S. 1743ff. zitiert als *Hollmann, in DStR 2007, 1743 (...)*
Holthausen, Joachim	Boni auf dem Prüfstand, in Personal 2008, Heft 5, S. 52f. zitiert als *Holthausen, in Personal 2008, 52 (...)*
Horcher, Michael	Inhaltskontrolle von Zielvereinbarungen, in Betriebsberater 2007, Heft 38, S. 2065ff. zitiert als *Horcher, in BB 2007, 2065 (...)*
v. Hören, Martin / **Frey-Hilsebeck**, Michaela	Einführung eines Zielvereinbarungs- und Bonussystems, in Personalführung 2006, Heft 5, S. 44ff. zitiert als *v.Hören/Frey-Hilsebeck, in PersF 2006, 44 (...)*
v. Hornstein, Elisabeth / **v. Rosenstiel**, Lutz	Ziele vereinbaren – Leistung bewerten, Wirtschaftsverlag Langen Müller / Herbig 2000 zitiert als *v.Hornstein/v.Rosenstiel, Ziele vereinbaren, S. ...*
Hoß, Axel	Zielvereinbarungen, in Arbeitsrechtsberater 2002, Heft 5, S. 154ff. zitiert als *Hoß, in ArbRB 2002, 154 (...)*
Houben, Christian-Armand	Weiterbeschäftigungspflicht auf höherwertigen Arbeitsplätzen – ein Tabubruch im Kündigungsrecht?, in Neue Zeitschrift für Arbeitsrecht 2008, Heft 15, S. 851ff. zitiert als *Houben, in NZA 2008, 851 (...)*
v. Hoyningen-Huene, Gerrick / **Linck**, Rüdiger	Kommentar zum Kündigungsschutzgesetz, 14. Auflage 2007, C.H. Beck Verlag zitiert als *v.Hoyningen-Huene/Linck, § ... Rn ...*
Hunold, Wolf	„Freiwillige Leistung" ohne Rechtsanspruch?, in Arbeit und Arbeitsrecht 2007, Heft 9, S. 562f. zitiert als *Hunold, in AuA 2007, 562 (...)*

Hunold, Wolf | Mit „Low Performern" richtig umgehen, in Arbeit und Arbeitsrecht 2004, Heft 2, S. 8ff.
zitiert als *Hunold, in AuA 2004, 8 (...)*

Hunold, Wolf | Unzureichende Arbeitsleistung als Abmahn- und Kündigungsgrund, in Betriebsberater 2003, Heft 44, S. 2345ff.
zitiert als *Hunold, in BB 2003, 2345 (...)*

Humble, John | MBO-Fibel, Grundsätze des Management by Objectives, deutsche Übersetzung, Herder & Herder Verlag 1973
zitiert als *Humble, MBO-Fibel, S. ...*

Humble, John | Management by objectives in action, deutsche Übersetzung, Verlag Moderne Industrie 1972
zitiert als *Humble, Management, S. ...*

Hümmerich, Klaus | Zielvereinbarungen in der Praxis, in Neue Juristische Wochenschrift 2006, Heft 32, S. 2294ff.
zitiert als *Hümmerich, in NJW 2006, 2294 (...)*

Hümmerich, Klaus | Widerrufsvorbehalte in Formulararbeitsverträgen, in Neue Juristische Wochenschrift 2005, Heft 25, S. 1759ff.
zitiert als *Hümmerich, in NJW 2005, 1759 (...)*

Hümmerich, Klaus / Boecken, Winfried / Düwell, Franz Josef | Anwaltskommentar Arbeitsrecht, Band 1, Deutscher Anwaltsverlag 2008
zitiert als *AnwK-ArbR/Bearbeiter, § ... Rn ...*

Hromadka, Wolfgang | Schuldrechtsmodernisierung und Vertragskontrolle im Arbeitsrecht, in Neue Juristische Wochenschrift 2002, Heft 36, S. 2523ff.
zitiert als *Hromadka, in NJW 2002, 2523 (...)*

Hromadka, Wolfgang | Das Leistungsbestimmungsrecht des Arbeitgebers, in Der Betrieb 1995, Heft 32, S. 1609ff.
zitiert als *Hromadka, in DB 1995, 1609 (...)*

Hromadka, Wolfgang | Änderungen von Arbeitsbedingungen, in Recht der Arbeit 1992, Heft 4, S. 234ff.
zitiert als *Hromadka, in RdA 1992, 234 (...)*

Jauernig, Othmar | Bürgerliches Gesetzbuch mit Allgemeinen Gleichbehandlungsgesetz, 12. Auflage 2007, C.H. Beck Verlag
zitiert als *Jauernig/Bearbeiter, § ... Rn ...*

Jetter, Frank / Skrotzki, Rainer | Handbuch Zielvereinbarungsgespräche, Schäffer-Poeschel Verlag 2000
zitiert als *Bearbeiter, in Jetter/Skrotzki, S. ...*

Kania, Thomas

Flexible Vergütungsgestaltung, in Der Betrieb 1998, Heft 48, S. 2418ff.
zitiert als *Kania, in DB 1998, 2418 (...)*

Kaplan, Robert S. /
Norton, David P.

Balanced Scorecard – Strategien erfolgreich umsetzen, deutsche Übersetzung, Schäffer-Poeschel Verlag 1997
zitiert als *Kaplan/Norton, BSC, S. ...*

Kasper, Claudio

Strategisches Informationsmanagement und Balanced Scorecard, WiKu-Verlag 2007
zitiert als *Kasper, Informationsmanagement, S. ...*

Kelber, Markus /
Zeißig, Rolf

Das Schicksal der Gegenleistung bei Reduzierung der Leistung nach dem Teilzeit- und Befristungsgesetz, in Neue Zeitschrift für Arbeitsrecht 2001, Heft 11, S. 577ff.
zitiert als *Kelber/Zeißig, in NZA 2001, 577 (...)*

Kempe, Hans-Joachim

Zielvereinbarung – Ende der Mitarbeiterbeurteilung?, in Arbeit und Arbeitsrecht 2002, Heft 4, S. 166ff.
zitiert als *Kempe, in AuA 2002, 166 (...)*

Kittner, Michael /
Zwanziger, Bertram

Arbeitsrecht, Handbuch für die Praxis, 4. Auflage 2007, Bund Verlag
zitiert als *Kittner/Zwanziger-Bearbeiter, § ... Rn ...*

Kiunke, Sabine

Strategische Unternehmensplanung und Balanced Scorecard, Rainer Hampp Verlag 2005
zitiert als *Kiunke, Unternehmensplanung, S. ...*

Klein, Oliver

Anspruch auf variable Vergütung trotz abredewidrig unterbliebener Vereinbarung konkreter Ziele, in Neue Zeitschrift für Arbeitsrecht 2006, Heft 20, S. 1129ff.
zitiert als *Klein, in NZA 2006, 1129 (...)*

Klein-Schneider, Hartmut

Leistungs- und erfolgsorientiertes Entgelt, 3. Auflage 2005, Hans-Böckler-Stiftung
zitiert als *Klein-Schneider, Entgelt, S. ...*

Klingebiel, Norbert

Balanced Scorecard als Verbindungsglied externes – internes Rechnungswesen, in Deutsches Steuerrecht 2000, Heft 15, S. 651ff.
zitiert als *Klingebiel, in DStR 2000, 651 (...)*

Knebel, Heinz

Leistungsvergütung auf der Grundlage von Zielvereinbarungen: Wunsch und Wirklichkeit, in Personal 1984, Heft 5, S. 187ff.
zitiert als *Knebel, in Personal 1984, 187 (...)*

Knist, Johannes /
Fichtner, Frank /
Kuhnert, Bernd

Zielvereinbarungen und variable Vergütung DV-gestützt managen, in Personalführung 2003, Heft 11, S. 40ff.
zitiert als *Knist/Fichtner/Kuhnert, in PersF 2003, 40 (...)*

Kolmhuber, Martin

Konfliktfälle bei Zielvereinbarungen, in Arbeitsrechtsberater 2003, Heft 4, S. 117ff.
zitiert als *Kolmhuber, in ArbRB 2003, 117 (...)*

Kohnke, Oliver

Effektivität von Zielvereinbarungen mit teilautonomen Gruppen, Rainer Hampp Verlag 2002
zitiert als *Kohnke, Effektivität, S. ...*

Köppen, Martina

Rechtliche Wirkung arbeitsrechtlicher Zielvereinbarungen, in Der Betrieb 2002, Heft 7, S. 374ff.
zitiert als *Köppen, in DB 2002, 374 (...)*

Krause, Ulrich H.

Zielvereinbarungen und leistungsorientierte Vergütung, Deutscher Universitäts-Verlag 2003
zitiert als *Krause, Zielvereinbarungen, S. ...*

Krieg, Hans-Jürgen /
Drebes, Jürgen

Führen durch Ziele, in Personalführung 1996, Heft 1, S. 54ff.
zitiert als *Krieg/Drebes, in PersF 1996, 54 (...)*

Kuhn, Thomas

Vom Arbeitnehmer zum Mitunternehmer, in Zeitschrift für Personalforschung 1997, Heft 2, S. 195ff.
zitiert als *Kuhn, in ZfP 1997, 195 (...)*

Kühn, Thomas

Die Anwendbarkeit des Grundsatzes venire contra factum proprium im Arbeitsrecht, in Neue Zeitschrift für Arbeitsrecht 2008, Heft 23, S. 1328ff.
zitiert als *Kühn, in NZA 2008, 1328 (...)*

Kunz, Gunnar

Führen durch Zielvereinbarungen, C.H. Beck Verlag 2003
zitiert als *Kunz, Führen, S. ...*

Kunz, Gunnar

Partnerschaftliche Zielvereinbarungen unter Berücksichtigung der Balanced Scorecard, in Bilanzbuchhalter und Controller 2000, Heft 6, S. 136ff.
zitiert als *Kunz, in BC 2000, 136 (...)*

Küttner, Wolfdieter /
Röller, Jürgen

Personalbuch 2008, 15. Auflage 2008, C.H. Beck Verlag
zitiert als *Küttner/Bearbeiter, Stichwort, Rn ...*

Kriebitzsch, Malte

Die Inhaltskontrolle von Allgemeinen Arbeitsbedingungen anhand der §§ 305 ff. BGB, Peter Lang Verlag 2008
zitiert als *Kriebitzsch, Inhaltskontrolle, S. ...*

Laber, Jörg / **Reinartz**, Oliver	Flexibilität und Zielvereinbarungen, in Arbeitsrechtsberater 2008, Heft 4, S. 125ff. zitiert als *Laber/Reinartz, in ArbRB 2008, 125 (...)*
Lakies, Thomas	AGB im Arbeitsrecht, C.F. Müller Verlag 2006 zitiert als *Lakies, AGB, S. ... Rn ...*
Lakies, Thomas	AGB-Kontrolle von Rückzahlungsvereinbarungen über Weiterbildungskosten, in Betriebsberater 2004, Heft 35, S. 1903ff. zitiert als *Lakies, in BB 2004, 1903 (...)*
Lakies, Thomas	AGB-Kontrolle: Ausschlussfristen vor dem Aus?, in Neue Zeitschrift für Arbeitsrecht 2004, Heft 11, S. 569ff. zitiert als *Lakies, in NZA 2004, 569 (...)*
Lakies, Thomas	Das Weisungsrecht des Arbeitgebers (§ 106 GewO) – Inhalt und Grenzen, in Betriebsberater 2003, Heft 7, S. 364ff. zitiert als *Lakies, in BB 2003, 364 (...)*
Lakies, Thomas	Inhaltskontrolle von Vergütungsvereinbarungen im Arbeitsrecht, in Neue Zeitschrift für Arbeitsrecht Rechtsprechungsreport 2002, Heft 7, S. 337ff. zitiert als *Lakies, in NZA-RR 2002, 337 (...)*
Lang, Jens	Moderne Entgeltsysteme. Leistungslohn bei Gruppenarbeit, Deutscher Univ.-Verlag 1998 zitiert als *Lang, Entgeltsysteme, S. ...*
Leinemann, Wolfgang	Kasseler Handbuch zum Arbeitsrecht, Band 1, 2. Auflage 2000, Luchterhand Verlag zitiert als *KasselerHdB1/Bearbeiter, S. ... Rn ...*
Lembke, Mark	BAG: Bonuszahlung – Stichtagsklausel und Transparenzgebot, in Betriebsberater 2008, Heft 4, S. 166ff. zitiert als *Lembke, in BB 2008, 166 (...)*
Lindemann, Achim / **Simon**, Oliver	Flexible Bonusregelungen im Arbeitsvertrag, in Betriebsberater 2002, Heft 35, S. 1807ff. zitiert als *Lindemann/Simon, in BB 2002, 1807 (...)*
Lindemann, Viola	Flexible Gestaltung von Arbeitsbedingungen nach der Schuldrechtsreform, Verlag Dr. Otto Schmidt 2003 zitiert als *Lindemann, Flexible Gestaltung, S. ...*
Lingemann, Stefan	Allgemeine Geschäftsbedingungen und Arbeitsvertrag, in Neue Zeitschrift für Arbeitsrecht 2002, Heft 4, S. 181ff. zitiert als *Lingemann, in NZA 2002, 181 (...)*

Lingemann, Stefan /   Freiwillige Leistung des Arbeitgebers – es gibt sie noch!, in Der
Gotham, Meike   Betrieb 2008, Heft 42, S. 2307ff.
                            zitiert als *Lingemann/Gotham, in DB 2008, 2307 (...)*

Lingemann, Stefan /   Freiwilligkeits-, Stichtags- und Rückzahlungsregelungen bei
Gotham, Meike   Bonusvereinbarungen – was geht noch?, in Neue Zeitschrift für
                            Arbeitsrecht 2008, Heft 9, S. 509ff.
                            zitiert als *Lingemann/Gotham, in NZA 2008, 509 (...)*

Lingemann, Stefan /   Freiwillige Leistungen des Arbeitgebers – gibt es sie noch?,
Gotham, Meike   in Der Betrieb 2007, Heft 32, S. 1754ff.
                            zitiert als *Lingemann/Gotham, in DB 2007, 1754 (...)*

Linnemannstöns, Heike   Die Auswirkungen des § 310 III, IV BGB auf das Arbeitsrecht,
                            Logos Verlag 2005
                            zitiert als *Linnemannstöns, Auswirkungen, S. ...*

Lischka, Sabine   Führen und Entlohnen mit Zielvereinbarungen, in
                            Betriebsberater 2007, Heft 10, S. 552ff.
                            zitiert als *Lischka, in BB 2007, 552 (...)*

Lischka, Sabine   Arbeitsrechtliche Zielvereinbarungen, Rieder Verlag 2005
                            zitiert als *Lischka, Zielvereinbarungen, S. ...*

Locke, Edwin A. /   A theory of goal setting and task performance, Prentice-Hall
Latham, Gary   Verlag 1990
                            zitiert als *Locke/Latham, goal-setting, S. ...*

Lörcher, Klaus   Die Normen der Internationalen Arbeitsorganisation und des
                            Europarats – Ihre Bedeutung für das Arbeitsrecht der
                            Bundesrepublik, in Arbeit und Recht 1991, Heft 4, S. 97ff.
                            zitiert als *Lörcher, in AuR 1991, 97 (...)*

Loritz, Karl-Georg   Die Koppelung der Arbeitsentgelte an den Unternehmenserfolg,
                            in Recht der Arbeit 1998, Heft 5, S. 257ff.
                            zitiert als *Loritz, in RdA 1998, 257 (...)*

Loritz, Karl-Georg   Variable erfolgsbezogene Vergütungen der Mitarbeiter, in
                            Arbeit und Arbeitsrecht 1997, Heft 7, S. 224ff.
                            zitiert als *Loritz, in AuA 1997, 224 (...)*

Löwisch, Manfred   Kollektivverträge und Allgemeines Gleichbehandlungsgesetz, in
                            Der Betrieb 2006, Heft 32, S. 1729ff.
                            zitiert als *Löwisch, in DB 2006, 1729 (...)*

Löwisch, Manfred	Zweifelhafte Folgen des geplanten Leistungsstörungsrechts für das Arbeitsvertragsrecht, in Neue Zeitschrift für Arbeitsrecht 2001, Heft 9, S. 465ff. zitiert als *Löwisch, in NZA 2001, 465 (...)*
Lunk, Stefan / **Leder**, Tobias	Teilbefristungen – Neues Recht und alte Regeln?, in Neue Zeitschrift für Arbeitsrecht 2008, Heft 9, S. 504ff. zitiert als *Lunk/Leder, in NZA 2008, 504 (...)*
Lurse, Klaus	Richtige und falsche Zielvorgaben, in Personalwirtschaft 1997, Heft 9, S. 46ff. zitiert als *Lurse, PersW 1997, 46 (...)*
Lurse, Klaus / **Stockhausen**, Anton	Manager und Mitarbeiter brauchen Ziele – Führen mit Zielvereinbarungen und variable Vergütung, Luchterhand Verlag 2001 zitiert als *Lurse/Stockhausen, Manager, S. ...*
Maier, Götz A. / **Mehlich**, Tobias	Das Ende des richterrechtlich entwickelten arbeitsrechtlichen Gleichbehandlungsgrundsatzes?, in Der Betrieb 2007, Heft 2, S. 110ff. zitiert als *Maier/Mehlich, in DB 2007, 110 (...)*
Mauer, Reinhold	Anmerkung zu BAG vom 11.12.2003, Az 2 AZR 667/02, in Arbeitsrechtliche Praxis Nr. 48 zu § 1 KSchG 1969 Verhaltensbedingte Kündigung zitiert als *Mauer, Anm. zu BAG, AP Nr. 48 zu § 1 KSchG 1969 Verhaltensbedingte Kündigung*
Mauer, Reinhold	Zielbonusvereinbarungen als Vergütungsgrundlage im Arbeitsverhältnis, in Neue Zeitschrift für Arbeitsrecht 2002, Heft 10, S. 540ff. zitiert als *Mauer, in NZA 2002, 540 (...)*
Marschner, Andreas	Lohn, in Arbeitsrechts-Blattei SD 1110, 171. Aktualisierung November 2007 zitiert als *Marschner, in AR-Blattei SD 1110, Rn ...*
Maschmann, Frank	Mitarbeitervergütung auf dem Prüfstand, Nomos Verlag 2008 zitiert als *Maschmann/Bearbeiter, Mitarbeitervergütung, S. ...*
Maschmann, Frank	Die mangelhafte Arbeitsleistung, in Neue Zeitschrift für Arbeitsrecht 2006, Beilage zu Heft 1, S. 13ff. zitiert als *Maschmann, in NZA 2006, Beilage 1, 13 (...)*
Mayer, Udo	Bonuszahlung bei unterlassener Zielvereinbarung, Anmerkung, in Arbeitsrecht im Betrieb 2008, Heft 10, S. 557ff. zitiert als *Mayer, in AiB 2008, 557 (...)*

Medicus, Dieter

Die Lösung vom unerwünschten Schuldvertrag, in Juristische Schulung 1988, Heft 1, S. 1ff.
zitiert als *Medicus, in JuS 1988, 1 (...)*

Menzer, Jörg K.

Carried Interest für GmbH-Geschäftsführer im Rahmen des Corporate Venturing, in Die GmbH-Rundschau 2001, Heft 21. S. 950ff.
zitiert als *Menzer, in GmbHR 2001, 950 (...)*

Moderegger, Christian

Gratifikationen: Flexibel oder starr?, in Arbeitsrechtsberater 2006, Heft 12, S. 367ff.
zitiert als *Moderegger, in ArbRB 2006, 367 (...)*

Mohnke, Lars

Effektive Ausgestaltung von Zielvereinbarungen, in Arbeit und Arbeitsrecht 2008, Heft 6, S. 342ff.
zitiert als *Mohnke, in AuA 2008, 342 (...)*

Mohnke, Lars

Zielvereinbarungen im Arbeitsverhältnis, Verlag Dr. Kovac 2006
zitiert als *Mohnke, Zielvereinbarungen, S. ....*

Moll, Wilhelm

AGB-Kontrolle von Änderungs- und Bestimmungsklauseln in Entgeltregelungen, in Festschrift zum 25-jährigen Bestehen, Deutscher Anwalt Verlag 2006, S. 91ff.
zitiert als *Moll, in AG Arbeitsrecht, 91 (...)*

Moll, Wilhelm

Münchener Anwaltshandbuch Arbeitsrecht, 2. Auflage 2009, C.H. Beck Verlag
zitiert als *Moll/Bearbeiter, MAH, § ... Rn ...*

Moll, Wilhelm /
Reufels, Martin

Ziel-Tantiemen ohne Ziel, in Festschrift für Kurt Bartenbach zum 65. Geburtstag, Carl Heymanns Verlag 2005, S. 559ff.
zitiert als *Moll/Reufels, in FS Bartenbach, 559 (...)*

Morgenroth, Sascha /
Leder, Tobias

Die Besonderheiten des Arbeitsrechts im allgemeinen Zivilrecht, in Neue Juristische Wochenschrift 2004, Heft 39, S. 2797ff.
zitiert als *Morgenroth/Leder, in NJW 2004, 2797 (...)*

Müller, Robert /
Brenner, Doris

Mitarbeiterbeurteilungen und Zielvereinbarungen, 2. Auflage 2008, mi-Fachverlag
zitiert als *Müller/Brenner, Mitarbeiterbeurteilungen, S. ...*

Münchener Kommentar

Münchener Kommentar zur ZPO, Band 1, §§ 1-510c ZPO, 3. Auflage 2008, C.H. Beck Verlag
zitiert als *MüKo/Bearbeiter, § ... Rn ...*

Münchener Kommentar	Münchener Kommentar zur ZPO, Band 2, §§ 511-945 ZPO, 3. Auflage 2007, C.H. Beck Verlag zitiert als *MüKo/Bearbeiter, § ... Rn ...*
Münchener Kommentar	Münchener Kommentar zum BGB, Band 1, Allgemeiner Teil, §§ 1-240 BGB, 5. Auflage 2006, C.H. Beck Verlag zitiert als *MüKo/Bearbeiter, § ... Rn ...*
Münchener Kommentar	Münchener Kommentar zum BGB, Band 2, Schuldrecht Allgemeiner Teil, §§ 241-432 BGB, 5. Auflage 2007, C.H. Beck Verlag zitiert als *MüKo/Bearbeiter, § ... Rn ...*
Münchener Kommentar	Münchener Kommentar zum BGB, Band 4, Schuldrecht Besonderer Teil II, §§ 611-704 BGB, EFZG, TzBfG, KSchG, 5. Auflage 2009, C.H. Beck Verlag zitiert als *MüKo/Bearbeiter, § ... Rn ...*
Nicolai, Andrea	Das ERA-Tarifwerk der Metall- und Elektroindustrie – Motive und Inhalt eines großen Reformprojektes, in Recht der Arbeit 2005, Heft 1, S. 56ff. zitiert als *Nicolai, in RdA 2005, 56 (...)*
Oehme, Sven	Ergebnisorientierte Vergütung als Instrument zur Flexibilisierung von Arbeitsentgelten, Nomos Verlag 2007 zitiert als *Oehme, Ergebnisorientierte Vergütung, S. ...*
Odiorne, George	Management by Objectives – Führungssysteme für die achtziger Jahre, deutsche Übersetzung – Verlag Moderne Industrie 1980 zitiert als *Odiorne, Führungssysteme, S. ...*
Odiorne, George	Management by Objectives, deutsche Übersetzung, Verlag Moderne Industrie 1967 zitiert als *Odiorne, Management, S. ...*
Oetter, Rolf	Freiwilligkeitsvorbehalt bei regelmäßigem Entgelt, in Arbeitsrechtsberater 2007, Heft 9, S. 258 zitiert als *Oetter, in ArbRB 2007, 258 (...)*
Ohl, Kay	Betriebsvereinbarungen zum Arbeitsentgelt, in Arbeitsrecht im Betrieb 2007, Heft 6, S. 352ff. zitiert als *Ohl, in AiB 2007, 352 (...)*
Ohlendorf, Bernd / **Salamon**, Erwin	Freistellungsvorbehalte im Lichte des Schuldrechtsmodernisierungsgesetzes, in Neue Zeitschrift für Arbeitsrecht 2008, Heft 15, S. 856ff. zitiert als *Ohlendorf/Salamon, in NZA 2008, 856 (...)*

Olbert, Hans

Zielvereinbarungen gestalten, Mitbestimmungspflichten beachten, in Arbeit und Arbeitsrecht 2006, Heft 2, S. 84ff.
zitiert als *Olbert, in AuA 2006, 84 (...)*

Palandt

Bürgerliches Gesetzbuch, 68. Auflage 2009, C.H. Beck Verlag
zitiert als *Palandt/Bearbeiter, § ... Rn ...*

Pelzer, Sebastian

Arbeitsrechtliche Zielvereinbarungen, Verlag Dr. Kovac 2008
zitiert als *Pelzer, Zielvereinbarungen, S. ...*

Pfisterer, Bartholomäus

Zielvereinbarung, in Arbeitsrecht im Betrieb 1999, Heft 7, S. 375ff.
zitiert als *Pfisterer, in AiB 1999, 375 (...)*

Plander, Harro

Zustandekommen, Wirksamkeit und Rechtsfolgen arbeitsrechtlicher Zielvereinbarungen, in Zeitschrift für Tarif-, Arbeits- und Sozialrecht des öffentlichen Dienstes 2002, Heft 9, S. 402ff.
zitiert als *Plander, in ZTR 2002, 402 (...)*

Plander, Harro

Die Rechtsnatur arbeitsrechtlicher Zielvereinbarungen, in Zeitschrift für Tarif-, Arbeits- und Sozialrecht des öffentlicher Dienstes 2002, Heft 4, S. 155ff.
zitiert als *Plander, in ZTR 2002, 155 (...)*

Portz, Marcus

Hinweise zur Gestaltung von Zielvereinbarungen in Arbeitsverträgen, in Arbeitsrechtsberater 2005, Heft 12, S. 374ff.
zitiert als *Portz, in ArbRB 2005, 374 (...)*

Preis, Ulrich

Der Arbeitsvertrag, 3. Auflage 2009, Otto Schmidt Verlag
zitiert als *Preis-Bearbeiter, AV, Kap. Rn ...*

Preis, Ulrich

Innovative Arbeitsformen, Otto Schmidt Verlag 2005
zitiert als *Bearbeiter, in Arbeitsformen, S. ...*

Preis, Ulrich

Arbeitsrecht, Verbraucherschutz und Inhaltskontrolle, in Neue Zeitschrift für Arbeitsrecht 2003, Beilage zu Heft 16, S. 19ff.
zitiert als *Preis, in NZA 2003, Beilage 16, 19 (...)*

Preis, Ulrich

Grundfragen der Vertragsgestaltung im Arbeitsrecht, Luchterhand Verlag 1993
zitiert als *Preis, Grundfragen, S. ...*

Preis, Ulrich /
Bender, Wolfgang

Die Befristung einzelner Arbeitsbedingungen – Kontrolle durch Gesetz oder Richterrecht?, in Neue Zeitschrift für Arbeitsrecht Rechtsprechungsreport 2005, Heft 7, S. 337ff.
zitiert als *Preis/Bender, in NZA-RR 2005, 337 (...)*

Preis, Ulrich /
Greiner, Stefan

Vertragsgestaltung bei Bezugnahmeklauseln nach der Rechtsprechungsänderung des BAG, in Neue Zeitschrift für Arbeitsrecht 2007, Heft 19, S. 1073ff.
zitiert als *Preis/Greiner, in NZA 2007, 1073 (...)*

Preis, Ulrich /
Lindemann, Viola

Änderungsvorbehalte – Das BAG durchschlägt den gordischen Knoten, in Neue Zeitschrift für Arbeitsrecht 2006, Heft 12, S. 632ff.
zitiert als *Preis/Lindemann, in NZA 2006, 632 (...)*

v. Puttkamer, Bogislav

Vergütung nach Zielvereinbarungssystemen, in Arbeitsrecht im Betrieb 2002, Heft 9, S. 575f.
zitiert als *v.Puttkamer, in AiB 2002, 575 (...)*

Range-Ditz, Daniela

Balanced Scorecard – Flexibilisierung zusätzlichen Arbeitsentgelts, in Arbeitsrechtsberater 2003, Heft 4, S. 123ff.
zitiert als *Range-Ditz, in ArbRB 2003, 123 (...)*

Reinecke, Femke

Leistungsbestimmung des Arbeitnehmers, Peter Lang Verlag 2006
zitiert als *Reinecke, Leistungsbestimmung, S. ...*

Reinecke, Gerhard

Zur AGB-Kontrolle von Arbeitsentgeltvereinbarungen, in Betriebsberater 2008, Heft 11, S. 554ff.
zitiert als *Reinecke, in BB 2008, 554 (...)*

Reinecke, Gerhard

Flexibilisierung von Arbeitsentgelt und Arbeitsbedingungen nach dem Schuldrechtsmodernisierungsgesetz, in Neue Zeitschrift für Arbeitsrecht 2005, Heft 17, S. 953ff.
zitiert als *Reinecke, in NZA 2005, 953 (...)*

Reinecke, Gerhard

Vertragskontrolle im Arbeitsverhältnis, in Neue Zeitschrift für Arbeitsrecht 2000, Beilage zu Heft 3, S. 23ff.
zitiert als *Reinecke, in NZA 2000, Beilage 3, 23 (...)*

Reiserer, Kerstin

Zielvereinbarung – ein Instrument zur Mitarbeiterführung, in Neue Juristische Wochenschrift 2008, Heft 10, S. 609ff.
zitiert als *Reiserer, in NJW 2008, 609 (...)*

Renz, Christian

Von der Anweisung zur Zielvereinbarung, Rainer Hampp Verlag 2003
zitiert als *Renz, Anweisung, S. ...*

Richardi, Reinhard

Neues und Altes – Ein Ariadnefaden durch das Labyrinth des Allgemeinen Gleichbehandlungsgesetzes, in Neue Zeitschrift für Arbeitsrecht 2006, Heft 16, S. 881ff.
zitiert als *Richardi, in NZA 2006, 881 (...)*

Richardi, Reinhard

Leistungsstörungen und Haftung im Arbeitsverhältnis nach dem Schuldrechtsmodernisierungsgesetz, in Neue Zeitschrift für Arbeitsrecht 2002, Heft 18, S. 1004ff.
zitiert als *Richardi, in NZA 2002, 1004 (...)*

Richardi, Reinhard /
Wlotzke, Otfried

Münchener Handbuch zum Arbeitsrecht, Band 1, 2. Auflage 2000, C.H. Beck Verlag
zitiert als *MüHArbR/Bearbeiter, § ... Rn ...*

Richardi, Reinhard /
Wlotzke, Otfried

Münchener Handbuch zum Arbeitsrecht, Band 3, 2. Auflage 2000, C.H. Beck Verlag
zitiert als *MüHArbR/Bearbeiter, § ... Rn ...*

Ricken, Oliver

Gewinnbeteiligung im Arbeitsverhältnis?, in Neue Zeitschrift für Arbeitsrecht 1999, Heft 5, S. 236ff.
zitiert als *Ricken, in NZA 1999, 236 (...)*

Rieble, Volker

Flexible Gestaltung von Entgelt und Arbeitszeit im Arbeitsvertrag, in Neue Zeitschrift für Arbeitsrecht 2000, Beilage zu Heft 3, S. 34ff.
zitiert als *Rieble, in NZA 2000, Beilage 3, 34 (...)*

Rieble, Volker /
Gistel, Cornelia

Betriebsratszugriff auf Zielvereinbarungsinhalte, in Betriebs-berater 2004, Heft 45, S. 2462ff.
zitiert als *Rieble/Gistel, in BB 2004, 2462 (...)*

Rieble, Volker /
Gutzeit, Martin

Individualrechtliche Kontrolle erfolgsabhängiger Vergütungs-formen, in Jahrbuch des Arbeitsrecht 2000, Band 37, S. 41ff.
zitiert als *Rieble/Gutzeit, in Jahrbuch 2000, 41 (...)*

Riesenhuber, Karl

Vertragsanpassung wegen Geschäftsgrundlagenstörung – Dogmatik, Gestaltung und Vergleich, in Betriebsberater 2004, Heft 50, S. 2697ff.
zitiert als *Riesenhuber, in BB 2004, 2697 (...)*

Riesenhuber, Karl /
v.Steinau-Steinrück,
Robert

Zielvereinbarungen, in Neue Zeitschrift für Arbeitsrecht 2005, Heft 14, S. 785ff.
zitiert als
Riesenhuber/v.Steinau-Steinrück, in NZA 2005, 785 (...)

Rob, Werner

Leistungsorientierte Bezahlung, in Die Personalvertretung 2007, Heft 8, S. 353ff.
zitiert als *Rob, in PersV 2007, 353 (...)*

Röder, Gerhard	Fallstricke bei der Gestaltung zielvereinbarungsgestützter Vergütungssysteme, in Arbeitsgemeinschaft Arbeitsrecht, Festschrift zum 25-jährigen Bestehen, Deutscher Anwalt Verlag 2006, S. 139ff. zitiert als *Röder, in AG Arbeitsrecht, 139 (...)*
Röder, Gerhard / **Göpfert**, Burkard	Aktien statt Gehalt, in Betriebsberater 2001, Heft 39, S. 2002ff. zitiert als *Röder/Göpfert, in BB 2001, 2002 (...)*
Römermann, Volker / **Haase**, Björn	Unzureichende Leistung im Arbeitsrecht, in Monatsschrift für Deutsches Recht 2006, Heft 15, S. 853ff. zitiert als *Römermann/Haase, in MDR 2006, 853 (...)*
Schaefer, Rolf	Das Nachweisgesetz – Auswirkungen auf den Arbeitsvertrag, Verlag Dr. Otto Schmidt 2000 zitiert als *Schaefer, NachwG, Rn ...*
Schang, Frederike	Die Mitbestimmung des Betriebsrates bei neuen Formen der Leistungsvergütung, Peter Lang Verlag 2002 zitiert als *Schang, Mitbestimmung, S. ...*
Schau, Martin	Corporate Identity durch die Einbeziehung von Zielvereinbarungen im Rahmen der Personalentwicklung, Europäischer Verlag 1998 zitiert als *Schau, Corporate Identity, S. ...*
Schaub, Günter	Das Entgeltrahmenabkommen der Metall- und Elektroindustrie und aktuelle Rechtsprechung zu den Übergangsvorschriften, in Recht der Arbeit 2006, Heft 6, S. 374ff. zitiert als *Schaub, in RdA 2006, 374 (...)*
Schaub, Günter / **Koch**, Ulrich / **Linck**, Rüdiger	Arbeitsrechts-Handbuch, Systematische Darstellung und Nachschlagewerk für die Praxis, 12. Auflage 2007, C.H. Beck Verlag zitiert als *Schaub/Bearbeiter, AHdB, § ... Rn ...*
Schimmelpfennig, Hans-Christoph	Inhaltskontrolle eines formularmäßigen Änderungsvorbehaltes – Zum Widerrufsvorbehalt in Arbeitsverträgen nach der Schuldrechtsreform, in Neue Zeitschrift für Arbeitsrecht 2005, Heft 11, S. 603ff. zitiert als *Schimmelpfennig, in NZA 2005, 603 (...)*
Schleef, Heinz	Jenoptik schafft flexible Gehälter, in Personalwirtschaft 2001, Heft 5, S. 58ff. zitiert als *Schleef, in PersW 2001, 58 (...)*

Schmiedl, Wolfgang — Variable Vergütung trotz fehlender Zielvereinbarung – neue höchstrichterliche Rechtssprechung, in Betriebsberater 2006, Heft 44, S. 2417ff.
zitiert als *Schmiedl, in BB 2006, 2417 (...)*

Schmiedl, Wolfgang — Freiwilligkeits- und Widerrufsvorbehalt – überkommene Rechtsinstitute?, in Neue Zeitschrift für Arbeitsrecht 2006, Heft 21, S. 1195ff.
zitiert als *Schmiedl, in NZA 2006, 1195 (...)*

Schmiedl, Wolfgang — Variable Vergütung trotz fehlender Zielvereinbarung?, in Betriebsberater 2004, Heft 6, S. 329ff.
zitiert als *Schmiedl, in BB 2004, 329 (...)*

Schmitt, Jochem — Entgeltfortzahlungsgesetz und Aufwendungsausgleichsgesetz, 6. Auflage 2007, C.H. Beck Verlag
zitiert als *Schmitt, EFZG, § ... Rn ...*

Schöne, Steffen — Die Novellierung der Gewerbeordnung und die Auswirkungen auf das Arbeitsrecht, in Neue Zeitschrift für Arbeitsrecht 2002, Heft 15, S. 829ff.
zitiert als *Schöne, in NZA 2002, 829 (...)*

Scholz, Christian — Personalmanagement, 5. Auflage 2000, Verlag Franz Vahlen
zitiert als *Scholz, Personalmanagement, S. ...*

Schrader, Peter / **Müller**, Jonas — Flexible Vergütungsvereinbarungen – Welche Spielräume lassen Gesetz und Rechtsprechung des Bundesarbeitsgerichtes?, in Recht der Arbeit 2007, Heft 3, S. 145ff.
zitiert als *Schrader/Müller, in RdA 2007, 145 (...)*

Schrader, Peter / **Schubert**, Jens — AGB-Kontrolle von Arbeitsverträgen – Teil 1: Tätigkeit, Arbeitszeit und Vergütung, in Neue Zeitschrift für Arbeitsrecht Rechtssprechungsreport 2005, Heft 4, S. 169ff.
zitiert als *Schrader/Schubert, in NZA-RR 2005, 169 (...)*

Schramm, Nils — Die Zulässigkeit von Freiwilligkeitsvorbehalten in Arbeitsverträgen, in Neue Zeitschrift für Arbeitsrecht 2007, Heft 23, S. 1325ff.
zitiert als *Schramm, in NZA 2007, 1325 (...)*

Schul, Asusa / **Wichert**, Joachim — Schlechtleistung des Arbeitnehmers als Grund für verhaltens-, personen- oder betriebsbedingte Kündigung, in Der Betrieb 2005, Heft 35, S. 1906ff.
zitiert als *Schul/Wichert, in DB 2005, 1906 (...)*

Schwab, Brent	Rechtsprobleme der Arbeit im Leistungslohn, 1. Teil: Grundlagen, Vergütung und Kündigung, in Neue Zeitschrift für Arbeitsrecht Rechtsprechungsreport 2009, Heft 1, S. 1ff. zitiert als *Schwab, in NRA-RR 2009, 1 (...)*
Schwab, Brent	Das Recht der Arbeit im Leistungslohn (Akkord und Prämie), in Arbeitsrecht-Blattei SD 40, 100. Lieferung 2002 zitiert als *Schwab, in AR-Blattei SD 40, Rn ...*
Schwaab, Markus-Oliver / **Bergmann**, Günther / **Gairing**, Fritz / **Kolb**, Meinulf	Führen mit Zielen, Konzepte – Erfahrungen – Erfolgsfaktoren, 2. Auflage 2002, Gabler Verlag zitiert als *Bearbeiter, in Schwaab/Bergmann/Gairing/Kolb, S. ...*
Siegert, Werner	Ohne Ziele keine Treffer, 3. Auflage 2006, Verlag Kastner zitiert als *Siegert, Ziele, S. ...*
Simitis, Spiros	Bundesdatenschutzgesetz, 6. Auflage 2006, Nomos Verlag zitiert als *Simitis/Bearbeiter, § ... Rn ...*
Simon, Oliver / **Greßlin**, Martin	BAG: Freiwilligkeitsvorbehalte bei Sonderzahlungen, in Betriebsberater 2008, Heft 45, S. 2465ff. zitiert als *Simon/Greßlin, in BB 2008, 2465 (...)*
Simon, Oliver / **Greßlin**, Martin	BAG: Bonuszahlung bei unterbliebener Zielvereinbarung, in Betriebsberater 2008, Heft 12, S. 617ff. zitiert als *Simon/Greßlin, in BB 2008, 617 (...)*
Singer, Reinhard	Flexible Gestaltung von Arbeitsverträgen, in Recht der Arbeit 2006, Heft 6, S. 362ff. zitiert als *Singer, in RdA 2006, 362 (...)*
Singer, Reinhard	Arbeitsvertragsgestaltung nach der Reform des BGB, in Recht der Arbeit 2003, Heft 4, S. 194ff. zitiert als *Singer, in RdA 2003, 194 (...)*
Soergel	Kommentar zum Bürgerlichen Gesetzbuch, Band 2, Allgemeiner Teil 2, §§ 104-240 BGB, 13. Auflage 1999, Kohlhammer Verlag zitiert als *Soergel/Bearbeiter, § ... Rn ...*
Sprenger, Markus	Inhaltskontrolle von Freiwilligkeitsvorbehalten bei Leistungszulagen unter Ausschluss jeden Rechtsanspruchs, in Betriebsberater 2007, Heft 35, S. 1900ff. zitiert als *Sprenger, in BB 2007, 1900 (...)*

Sprenger, Reinhard K.   Mythos Motivation. Wege aus einer Sackgasse, 18. Auflage
2007, Campus Verlag
zitiert als *Sprenger, Mythos, S. ...*

Sprenger, Reinhard K.   Aufstand des Individuums, Campus Verlag 2000
zitiert als *Sprenger, Aufstand, S. ...*

Staudinger   Kommentar zum Bürgerlichen Gesetzbuch, Allgemeiner Teil 3
und Beurkundungsverfahren, §§ 90-133 BGB und BeurkG,
Bearbeitung 2004, Sellier – de Gruyter Verlag
zitiert als *Staudinger/Bearbeiter, § ... Rn ...*

Staudinger   Kommentar zum Bürgerlichen Gesetzbuch, Allgemeiner Teil 4,
§§ 134-163 BGB, Neubearbeitung 2003, Sellier – de Gruyter
Verlag
zitiert als *Staudinger/Bearbeiter, § ... Rn ...*

Staudinger   Kommentar zum Bürgerlichen Gesetzbuch, Recht der
Schuldverhältnisse, Einl. zu §§ 241ff.; §§ 241-243 BGB,
Neubearbeitung 2005, Sellier – de Gruyter Verlag
zitiert als *Staudinger/Bearbeiter, § ... Rn ...*

Staudinger   Kommentar zum Bürgerlichen Gesetzbuch, Recht der
Schuldverhältnisse, Schadensersatzrecht, §§ 249-254 BGB,
Neubearbeitung 2005, Sellier – de Gruyter Verlag
zitiert als *Staudinger/Bearbeiter, § ... Rn ...*

Staudinger   Kommentar zum Bürgerlichen Gesetzbuch, Recht der
Schuldverhältnisse, Leistungsstörungsrecht I, §§ 255-304 BGB,
Neubearbeitung 2004, Sellier – de Gruyter Verlag
zitiert als *Staudinger/Bearbeiter, § ... Rn ...*

Staudinger   Kommentar zum Bürgerlichen Gesetzbuch, Recht der
Schuldverhältnisse, Recht der Allgemeinen Geschäftsbedingungen, §§ 305-310 BGB, Neubearbeitung 2006, Sellier –
de Gruyter Verlag
zitiert als *Staudinger/Bearbeiter, § ... Rn ...*

Staudinger   Kommentar zum Bürgerlichen Gesetzbuch, Recht der
Schuldverhältnisse, Leistungsstörungsrecht II, §§ 315-326 BGB,
Neubearbeitung 2004, Sellier – de Gruyter Verlag
zitiert als *Staudinger/Bearbeiter, § ... Rn ...*

Staudinger   Kommentar zum Bürgerlichen Gesetzbuch, Recht der
Schuldverhältnisse, Mietrecht 1, §§ 535-562d BGB,
Neubearbeitung 2006, Sellier – de Gruyter Verlag
zitiert als *Staudinger/Bearbeiter, § ... Rn ...*

Staudinger	Kommentar zum Bürgerlichen Gesetzbuch, Recht der Schuldverhältnisse, Dienstvertragsrecht 1, §§ 611-615 BGB, Neubearbeitung 2005, Sellier – de Gruyter Verlag zitiert als *Staudinger/Bearbeiter, § ... Rn ...*
Staudinger	Kommentar zum Bürgerlichen Gesetzbuch, Recht der Schuldverhältnisse, Dienstvertragsrecht 2, §§ 616-630 BGB, Neubearbeitung 2002, Sellier – de Gruyter Verlag zitiert als *Staudinger/Bearbeiter, § ... Rn ...*
Staudinger	Kommentar zum Bürgerlichen Gesetzbuch, Recht der Schuldverhältnisse, Werkvertragsrecht, §§ 631-651 BGB, Neubearbeitung 2008, Sellier – de Gruyter Verlag zitiert als *Staudinger/Bearbeiter, § ... Rn ...*
v.Steinau-Steinrück, Robert / **Hurek**, Christoph R.	Die im Arbeitsrecht geltenden Besonderheiten – Der Nebel lichtet sich!, in Neue Zeitschrift für Arbeitsrecht 2004, Heft 17, S. 965ff. zitiert als *v. Steinau-Steinrück/Hurek, in NZA 2004, 965 (...)*
v.Steinau-Steinrück, Robert / **Ziegler**, Katharina	Rechtsfolgen einer unterlassenen Zielvereinbarung, in Neue Juristische Wochenschrift Spezial 2008, Heft 23, S. 722f. zitiert als *v.Steinau-Steinrück/Ziegler, in NJW-Spezial 2008, 722 (...)*
Steingass, Klaus-Dieter	Zielvereinbarungen einführen, evaluieren, weiterentwickeln, in Personalführung 2001, Heft 5, S. 34ff. zitiert als *Steingass, in PersF 2001, 34 (...)*
Steves, Ferdinand / **Tauber**, Josef L. L.	Erfolgshonorierung nach dem wertorientierten Ansatz, in Personalführung 1999, Heft 7, S. 16ff. zitiert als *Steves/Tauber, in PersF 1999, 16 (...)*
Stoffels, Markus	Altverträge nach der Schuldrechtsreform – Überlegungen zum Vertrauensschutz im Arbeitsrecht, in Neue Zeitschrift für Arbeitsrecht 2005, Heft 13, S. 726ff. zitiert als *Stoffels, in NZA 2005, 726 (...)*
Stöwe, Christian / **Weidemann**, Anja	Mitarbeiterbeurteilung und Zielvereinbarung, 2. Auflage 2007, Haufe Verlag zitiert als *Stöwe/Weidemann, Mitarbeiterbeurteilung, S. ...*
Strick, Kerstin	Freiwilligkeitsvorbehalt und Widerrufsvorbehalt – Der Wille als Bedingung, in Neue Zeitschrift für Arbeitsrecht 2005, Heft 13, S. 723ff. zitiert als *Strick, in NZA 2005, 723 (...)*

Stroebe, Antje /   Motivation durch Zielvereinbarungen, 2. Auflage 2006, Verlag
Stroebe, Rainer   Recht und Wirtschaft
                              zitiert als *Stroebe/Stroebe, Motivation, S. ...*

Stück, Volker   Widerruf der Privatnutzung des Firmenwagens, in Arbeit und
                              Arbeitsrecht 2007, Heft 10, S. 631f.
                              zitiert als *Stück, in AuA 2007, 631 (...)*

Swoboda, Jörg /   Mitarbeitermotivation durch arbeitsvertragliche Sonderzahl-
Kinner, Rolf   ungen, in Betriebsberater 2003, Heft 8, S. 418ff.
                              zitiert als *Swoboda/Kinner, in BB 2003, 418 (...)*

Thomas, Heinz /   Kommentar zur Zivilprozessordnung, 29. Auflage 2008, C.H.
Putzo, Hans   Beck Verlag
                              zitiert als *Bearbeiter, in Thomas/Putzo, § ... Rn ...*

Thüsing, Gregor   AGB-Kontrolle im Arbeitsrecht, C.H. Beck Verlag 2007
                              zitiert als *Thüsing, AGB-Kontrolle, S. ... Rn ...*

Thüsing, Gregor   Arbeitsrechtlicher Diskriminierungsschutz, C.H. Beck Verlag
                              2007
                              zitiert als *Thüsing, Diskriminierung, S. ... Rn ...*

Thüsing, Gregor   Was sind die Besonderheiten des Arbeitsrechts, in Neue
                              Zeitschrift für Arbeitsrecht 2002, Heft 11, S. 591ff.
                              zitiert als *Thüsing, in NZA 2002, 591 (...)*

Thüsing, Gregor /   Gestaltungsspielräume bei der Verwendung vorformulierter
Leder, Tobias   Arbeitsvertragsbedingungen – Besondere Klauseln, in
                              Betriebsberater 2005, Heft 28/29, S. 1563ff.
                              zitiert als *Thüsing/Leder, in BB 2005, 1563 (...)*

Tondorf, Karin   Zielvereinbarungen. Zum Mitbestimmungspotenzial eines
                              dezentralen Regulierungsmodus, in WSI-Mitteilungen 1998,
                              Heft 6, S. 386ff.
                              zitiert als *Tondorf, in WSI-Mit. 1998, 386 (...)*

Tondorf, Karin   Zielvereinbarungen – die Basis von Beurteilung und
                              Leistungsvergütung, in Arbeitsrecht im Betrieb 1998, Heft 6,
                              S. 323ff.
                              zitiert als *Tondorf, in AiB 1998, 322 (...)*

Tondorf, Karin   Leistung und Entgelt im öffentlichen Dienst, Bund-Verlag 1997
                              zitiert als *Tondorf, Leistung und Entgelt, S. ...*

Tondorf, Karin /   Steuerung durch Zielvereinbarungen – Anwendungspraxis,
Bahnmüller, Reinhard /   Probleme, Gestaltungsüberlegungen, Edition Sigma 2002
Klages, Helmut   zitiert als *Tondorf/Bahnmüller/Klages, Steuerung, S. ...*

Treber, Jürgen   Entgeltfortzahlungsgesetz, 2. Auflage 2007, Luchterhand Verlag
zitiert als *Treber, EFZG, § ... Rn ...*

Trittin, Wolfgang   Zielvereinbarungen, in Arbeitsrecht im Betrieb 2005, Heft 8,
S. 481ff.
zitiert als *Trittin, in AiB 2005, 481 (...)*

Trittin, Wolfgang   Auswirkungen ergebnisorientierter Arbeit, in Arbeitsrecht im
Betrieb 2002, Heft 2, S. 90ff.
zitiert als *Trittin, AiB 2002, 90 (...)*

Trittin, Wolfgang   Umbruch des Arbeitsvertrages: Von der Arbeitszeit zum
Arbeitsergebnis, in Neue Zeitschrift für Arbeitsrecht 2001,
Heft 18, S. 1003ff.
zitiert als *Trittin, in NZA 2001, 1003 (...)*

Trittin, Wolfgang /   Mitbestimmung bei individuellen Zielen?, in Arbeit und Recht
Fischer, Esther   2006, Heft 8, S. 261ff.
zitiert als *Trittin/Fischer, in AuR 2006, 261 (...)*

Tschöpe, Ulrich   „Low Performer" im Arbeitsrecht, in Betriebsberater 2006,
Heft 4, S. 213ff.
zitiert als *Tschöpe, in BB 2006, 213 (...)*

Uhl, Axel   Motivation durch Ziele, Anreize und Führung, Duncker &
Humblot Verlag 2000
zitiert als *Uhl, Motivation, S. ...*

Ulbricht, Sabine /   Mitarbeitergespräche – Zeitverschwendung oder effizientes
Jöst-Adam, Elke   Führungsinstrument?, in Personalführung 2004, Heft 10, S. 56ff.
zitiert als *Ulbricht/Jöst-Adam, in PersF 2004, 56 (...)*

Ullrich, Thilo   Bonuszahlung bei unterbliebener Zielvereinbarung:
Schadensersatzanspruch des Arbeitnehmers, in Sammlung
Arbeitsrechtlicher Entscheidungen 2008, Heft 7, S. 316ff.
zitiert als *Ullrich, in SAE 2008, 316 (...)*

Vesper, Emil /   „LOB" bewirkt mehr als Tadel – Leistungsorientierte Bezahlung
Feiter, Michael   nach einem Jahr TVöD, in Zeitschrift für Tarif-, Arbeits- und
Sozialrecht des öffentlichen Dienstes 2008, Heft 1, S. 2ff.
zitiert als *Vesper/Feiter, in ZTR 2008, 2 (...)*

Vossen, Reinhard   Die Jahressondervergütung – Ein aktueller Rechtsprechungs-
überblick, in Neue Zeitschrift für Arbeitsrecht 2005, Heft 13,
S. 734ff.
zitiert als *Vossen, in NZA 2005, 734 (...)*

Wank, Rolf — Sicherung eines monatlichen Fixums, in Recht der Arbeit 2002, Heft 2, S. 110ff.
zitiert als *Wank, in RdA 2002, 110 (...)*

Wann, Joachim — Lenk- und Ruhezeiten im Straßenverkehr, C.H. Beck Verlag 1987
zitiert als *Wann, Straßenverkehr, S. ...*

Weiß-Schilling, Sandra / **Weißenrieder**, Jürgen — Erfahrungen zur Einführung von ERA-Leistungsentgelt – Alte Fehler nicht erneut machen, in Personalführung 2007, Heft 7, S. 58ff.
zitiert als *Weiß-Schilling/Weißenrieder, in PersF 2007, 58 (...)*

Wellhöner, Astrid / **Barthel**, Thomas — Was tun bei Minderleistung, in Arbeit und Arbeitsrecht 2005, Heft 7, S. 400ff.
zitiert als *Wellhöner/Bartel, in AuA 2005, 400 (...)*

Westermann, Fritz — Erfahrungsaustausch: Zielvereinbarungen – der Blick hinter die Kulissen, in Personal 2001, Heft 2, S. 82f.
zitiert als *Westermann, in Personal 2001, 82 (...)*

Wiedemann, Herbert — Tarifvertragsgesetz mit Durchführungs- und Nebenvorschriften, 7. Auflage 2007, C.H. Beck Verlag
zitiert als *Wiedemann/Bearbeiter, § ... Rn ...*

Willemsen, Heinz Josef / **Grau**, Timon — Alternative Instrumente zur Entgeltflexibilisierung im Standardarbeitsvertrag, in Neue Zeitschrift für Arbeitsrecht 2005, Heft 20, S. 1137ff.
zitiert als *Willemsen/Grau, in NZA 2005, 1137 (...)*

Willemsen, Heinz-Josef / **Schweibert**, Ulrike — Schutz der Beschäftigten im Allgemeinen Gleichbehandlungsgesetz, in Neue Juristische Wochenschrift 2006, Heft 36, S. 2583ff.
zitiert als *Willemsen/Schweibert, in NJW 2006, 2583 (...)*

Wisskirchen, Gerlind — Novellierung arbeitsrechtlicher Vorschriften in der Gewerbeordnung, in Der Betrieb 2002, Heft 36, S. 1886ff.
zitiert als *Wisskirchen, in DB 2002, 1886 (...)*

Worzalla, Michael — Die Wirksamkeit einzelner Arbeitsvertragsklauseln nach der Schuldrechtsreform, in Neue Zeitschrift für Arbeitsrecht 2006, Beilage 3, S. 122ff.
zitiert als *Worzalla, in NZA 2006, Beilage 3, 122 (...)*

Wurm, Thomas — Leistungsvergütung – aber wie?, in Zeitschrift für Personalvertretungsrecht 2006, Heft 3, S. 90ff.
zitiert als *Wurm, in ZfPR 2006, 90 (...)*

Zander, Ernst	Handbuch der Gehaltsfestsetzung, 5. Auflage 1990, C.H. Beck Verlag zitiert als *Zander, Gehaltsfestsetzung, S. ...*
Zander, Ernst / **Wagner**, Dieter	Handbuch des Entgeltmanagements, Verlag Franz Vahlen 2005 zitiert als *Bearbeiter, in Zander/Wagner, S. ...*
Zoellner, Klaus-Peter	Leistung durch Zielvereinbarung, in Arbeit und Arbeitsrecht 1992, Heft 7, S. 216ff. zitiert als *Zoellner, in AuA 1992, 216 (...)*
Zöller, Richard	Zivilprozessordnung, 27. Auflage 2009, Dr. Otto Schmidt Verlag zitiert als *Zöller/Bearbeiter, § ... Rn ...*

Fundstellen der zitierten Urteile

Die Fundstelle markiert den Anfang des Nachweises (stets mit Leitsatz und Gründe).
Sämtliche Urteile sind auch bei *juris* abrufbar.

Gericht	Datum	Aktenzeichen	Fundstelle(n)
Europäischer Gerichtshof			
EuGH	23.10.2003	C-4/02	EuGHE I 2003, 12575; DVBl 2004, 188
EuGH	30.03.2000	C-236/98	AP Nr. 15 zu EWG-Richtlinie Nr. 75/117
EuGH	13.07.1995	C-116/94	EuZW 1995, 739; NZA-RR 1996, 121
Bundesverfassungsgericht			
BVerfG	18.06.2008	2 BvL 6/07	ZTR 2008, 517; DVBl 2008, 1051
BVerfG	23.11.2006	1 BvR 1909/06	NZA 2007, 85; NJW 2007, 286
BVerfG	06.12.2005	1 BvR 1905/02	BVerfGE 115, 51; ZIP 2006, 60
BVerfG	05.02.2004	2 BvR 2029/01	BVerfGE 109, 133; NJW 2004, 739
BVerfG	03.12.1997	2 BvR 882/97	BVerfGE 97, 67; NJW 1998, 1547
BVerfG	19.10.1993	1 BvR 567/89, 1 BvR 1044/89	BVerfGE 89, 214; NJW 1994, 36
BVerfG	07.02.1990	1 BvR 26/84	BVerfGE 81, 242; NZA 1990, 389
BVerfG	28.11.1984	1 BvL 13/81	BVerfGE 68, 272; NJW 1985, 383
BVerfG	20.10.1981	1 BvR 404/78	BVerfGE 58, 233; DB 1982, 231

BVerfG	15.01.1958	1 BvR 400/51	BVerfGE 7, 198; NJW 1958, 257
Bundesarbeitsgericht			
BAG	10.12.2008	10 AZR 889/07	nicht veröffentlicht – juris
BAG	30.07.2008	10 AZR 606/07	DB 2008, 2194; ZIP 2008, 1839
BAG	17.01.2008	2 AZR 536/06	NZA 2008, 693; DB 2008, 1274
BAG	12.12.2007	10 AZR 97/07	DB 2008, 473; NZA 2008, 409
BAG	24.10.2007	10 AZR 825/06	NZA 2008, 40; DB 2008, 126
BAG	08.08.2007	7 AZR 855/06	NZA 2008, 229; DB 2008, 471
BAG	12.07.2007	2 AZR 716/06	NZA 2008, 173; BB 2008, 277
BAG	25.04.2007	5 AZR 627/06	NZA 2007, 853; DB 2007, 1757
BAG	25.04.2007	10 AZR 634/06	NZA 2007, 875; NJW 2007, 2279
BAG	19.04.2007	2 AZR 78/06	ZTR 2007, 564
BAG	28.03.2007	10 AZR 261/06	NZA 2007, 687
BAG	15.02.2007	6 AZR 286/06	BAGE 121, 257; NZA 2007, 614
BAG	19.12.2006	9 AZR 294/06	NZA 2007, 809; BB 2007, 1624
BAG	24.10.2006	9 AZR 681/05	DB 2007, 695
BAG	18.10.2006	2 AZR 434/05	DB 2007, 810; NZA 2007, 552
BAG	11.10.2006	5 AZR 721/05	BB 2007, 109; NJW 2007, 536

BAG	10.10.2006	1 ABR 68/05	BAGE 119, 356; BB 2007, 106
BAG	02.08.2006	10 AZR 425/05	BAGE 119, 163; DB 2006, 2636
BAG	06.07.2006	2 AZR 442/05	NZA 2007, 139
BAG	14.06.2006	5 AZR 584/05	BAGE 118, 268; NZA 2007, 221
BAG	03.05.2006	10 AZR 310/05	DB 2006, 1499; NZA-RR 2006, 582
BAG	26.04.2006	5 AZR 549/05	BAGE 118, 66; NZA 2006, 1354
BAG	11.04.2006	9 AZR 610/05	BAGE 118, 36; NZA 2006, 1042
BAG	07.12.2005	5 AZR 535/04	BAGE 116, 267; NZA 2006, 423
BAG	24.11.2005	2 AZR 514/04	NZA 2006, 665; AuA 2006, 490
BAG	31.08.2005	5 AZR 545/04	BAGE 115, 372; NZA 2006, 324
BAG	27.07.2005	7 AZR 486/04	BAGE 115, 274; NZA 2006, 40
BAG	13.07.2005	10 AZR 532/04	AP Nr. 78 zu § 74 HGB
BAG	08.06.2005	4 AZR 406/04	BAGE 115, 104; NZA 2006, 53
BAG	25.05.2005	5 AZR 572/04	BAGE 115, 19; NZA 2005, 1111
BAG	21.04.2005	8 AZR 425/04	NZA 2005, 1053; BB 2005, 2822
BAG	23.03.2005	4 AZR 203/04	BAGE 114, 186; NZA 2005, 1003
BAG	26.01.2005	10 AZR 215/04	AP Nr. 260 zu § 611 BGB Gratifikation
BAG	12.01.2005	5 AZR 364/04	BAGE 113, 140; NZA 2005, 465

BAG	01.12.2004	5 AZR 664/03	BAGE 113, 55; BB 2005, 1168
BAG	24.11.2004	10 AZR 202/04	BAGE 113, 29; NZA 2005, 349
BAG	14.10.2004	6 AZR 472/03	ZTR 2005, 330
BAG	29.09.2004	5 AZR 43/04	AP Nr. 192 zu § 242 BGB Gleichbehandlung
BAG	29.09.2004	5 AZR 559/03	AP Nr. 111 zu § 87 BetrVG 1972 Arbeitszeit
BAG	23.09.2004	6 AZR 567/03	BAGE 112, 80; NZA 2005, 359
BAG	23.06.2004	7 AZR 514/03	NZA 2004, 1287; DB 2004, 2702
BAG	03.06.2004	2 AZR 386/03	NZA 2004, 1380; NJW 2005, 90
BAG	24.03.2004	5 AZR 303/03	BAGE 110, 79; NZA 2004, 1432
BAG	04.03.2004	8 AZR 196/03	BAGE 110, 8; NZA 2004, 727
BAG	14.01.2004	7 AZR 342/02	AP Nr. 8 zu § 14 TzBfG
BAG	14.01.2004	7 AZR 213/03	BAGE 109, 167; NZA 2004, 719
BAG	11.12.2003	2 AZR 667/02	BAGE 109, 87; NZA 2004, 784
BAG	05.11.2003	5 AZR 676/02	NZA 2005, 64
BAG	05.11.2003	5 AZR 469/02	BAGE 108, 256; NZA 2004, 102
BAG	22.10.2003	10 AZR 152/03	BAGE 108, 176; NZA 2004, 444
BAG	21.10.2003	1 ABR 39/02	BAGE 108, 132; NZA 2004, 936
BAG	04.06.2003	7 AZR 159/02	BAGE 106, 238; NZA 2004, 498
BAG	21.05.2003	10 AZR 408/02	ARST 2003, 277

BAG	21.05.2003	10 AZR 390/02	BAGE 106, 159; NZA 2003, 1032
BAG	12.02.2003	10 AZR 392/02	NZA 2003, 1363
BAG	29.01.2003	5 AZR 701/01	ZTR 2003, 406
BAG	07.11.2002	2 AZR 742/00	BAGE 103, 265; BB 2003, 742
BAG	29.10.2002	1 AZR 573/01	BAGE 103, 187; NZA 2003, 393
BAG	10.10.2002	2 AZR 472/01	BAGE 103, 111; NZA 2003, 483
BAG	26.09.2002	6 AZR 523/00	NZA 2003, 230
BAG	08.08.2002	8 AZR 574/01	DB 2002, 2273; NZA 2002, 1323
BAG	07.08.2002	10 AZR 709/01	BAGE102, 151; NZA 2002, 1284
BAG	29.05.2002	5 AZR 105/01	ZTR 2003, 87
BAG	17.04.2002	5 AZR 89/01	BAGE 101, 75; SAE 2003, 138
BAG	21.03.2002	6 AZR 456/01	ZTR 2002, 537
BAG	13.02.2002	5 AZR 713/00	DB 2002, 1381; NZA 2003, 215
BAG	23.01.2002	7 AZR 563/00	BAGE 100, 211; NZA 2003, 104
BAG	23.01.2002	4 AZR 56/01	BAGE 100, 225; NZA 2002, 800
BAG	14.11.2001	10 AZR 238/01	BAGE 99, 317; NZA 2002, 337
BAG	25.10.2001	6 AZR 560/00	nicht veröffentlicht – juris
BAG	26.09.2001	5 AZR 539/00	BAGE 99, 112; NZA 2002, 387
BAG	25.07.2001	10 AZR 502/00	BAGE 98, 245; BB 2001, 2587

BAG	23.05.2001	5 AZR 527/99	AuR 2001, 509
BAG	21.03.2001	10 AZR 28/00	BAGE 97, 211; NZA 2001, 785
BAG	20.02.2001	1 AZR 233/00	BAGE 97, 44; NZA 2001, 903
BAG	24.01.2001	7 AZR 208/99	ZTR 2001, 375
BAG	18.01.2001	6 AZR 492/99	DB 2001, 1672; NZA 2002, 47
BAG	07.12.2000	2 AZR 459/99	BAGE 96, 336; NZA 2001, 1304
BAG	28.06.2000	7 AZR 904/98	BAGE 95, 171; BB 2001, 573
BAG	21.06.2000	5 AZR 806/98	NZA 2000, 1050; DB 2000, 1920
BAG	28.03.2000	1 ABR 16/99	BAGE 94, 169; NZA 2000, 1294
BAG	18.05.1999	9 AZR 13/98	NZA 1999, 1166; DB 1999, 2169
BAG	20.04.1999	1 ABR 72/98	BAGE 91, 210; NZA 1999, 887
BAG	17.11.1998	1 AZR 147/98	BB 1999, 692; NZA 1999, 606
BAG	27.10.1998	9 AZR 299/97	BAGE 90, 85; DB 1999, 1118
BAG	27.02.1997	2 AZR 302/96	NJW 1997, 2540; NZA 1997, 761
BAG	20.08.1996	9 AZR 471/95	BAGE 84, 17; DB 1996, 2292
BAG	24.04.1996	5 AZR 1031/94	NZA 1996, 1088
BAG	10.01.1996	5 AZR 951/94	nicht veröffentlicht – juris
BAG	11.10.1995	5 AZR 1009/94	AP Nr. 45 zu § 611 BGB Direktionsrecht

BAG	23.08.1995	5 AZR 293/94	BAGE 80, 354; NZA 1996, 829
BAG	23.08.1995	5 AZR 942/93	BAGE 80, 343; NZA 1996, 1279
BAG	16.08.1995	7 AZR 103/95	NZA 1996, 552
BAG	19.04.1995	10 AZR 49/94	DB 1995, 2272; NZA 1995, 1098
BAG	25.11.1993	2 AZR 324/93	BAGE 75, 143; NZA 1994, 788
BAG	20.07.1993	3 AZR 52/93	BAGE 73, 343; DB 1994, 102
BAG	13.07.1993	1 AZR 676/92	BAGE 73, 320; DB 1994, 148
BAG	23.06.1993	5 AZR 337/92	NZA 1993, 1127
BAG	26.05.1993	4 AZR 461/92	DB 1993, 2288
BAG	24.03.1993	4 AZR 258/92	BAGE 73, 9; NZA 1993, 792
BAG	10.02.1993	10 AZR 450/91	BAGE 72, 222; BB 1993, 1083
BAG	19.11.1992	10 AZR 264/91	BAGE 72, 1; NZA 1993, 688
BAG	11.08.1992	1 AZR 103/02	BAGE 71, 92; NZA 1993, 39
BAG	29.07.1992	4 AZR 502/91	BAGE 71, 56; NZA 1993, 181
BAG	28.07.1992	1 AZR 87/92	DB 1993, 232; BB 1993, 362
BAG	21.05.1992	2 AZR 551/91	NJW 1993, 154; NZA 1992, 1028
BAG	19.05.1992	1 AZR 418/91	NZA 1992, 978
BAG	06.02.1992	2 AZR 408/91	NJW 1992, 2173; BB 1991, 1286
BAG	16.08.1991	2 AZR 604/90	DB 1992, 1479; BB 1992, 2076

BAG	13.03.1991	5 AZR 160/90	nicht veröffentlicht – juris
BAG	17.01.1991	2 AZR 375/90	BAGE 67, 75; NZA 1991, 557
BAG	07.11.1991	6 AZR 489/89	BB 1992, 142
BAG	25.04.1991	6 AZR 183/90	BAGE 68, 41; NZA 1991, 765
BAG	10.10.1990	5 AZR 404/89	NJW 1991, 860
BAG	20.06.1989	3 AZR 504/87	NZA 1989, 843
BAG	10.05.1989	6 AZR 660/87	BAGE 62, 35; DB 1989, 2127
BAG	22.03.1989	5 AZR 151/88	nicht veröffentlicht – juris
BAG	20.05.1988	2 AZR 682/87	BAGE 59, 32; NZA 1989, 464
BAG	27.04.1988	4 AZR 707/87	BAGE 58, 194; DB 1988, 1657
BAG	17.03.1988	2 AZR 576/87	BAGE 58, 37; NJW 1989, 546
BAG	13.03.1987	7 AZR 601/85	DB 1987, 1494; NZA 1987, 518
BAG	05.03.1987	2 AZR 187/86	nicht veröffentlicht – juris
BAG	14.01.1987	5 AZR 166/85	NVwZ 1988, 966
BAG	13.06.1986	7 AZR 650/84	BAGE 52, 197; NZA 1987, 241
BAG	11.09.1985	7 AZR 371/83	BAGE 49, 346; NZA 1987, 156
BAG	27.02.1985	GS 1/84	BAGE 48, 122; NZA 1985, 702
BAG	20.12.1984	2 AZR 436/83	BAGE 47, 363; NZA 1986, 21
BAG	09.08.1984	2 AZR 374/83	BAGE 46, 234; NZA 1985, 119

BAG	23.05.1984	4 AZR 129/82	BAGE 46, 50; NZA 1984, 2143
BAG	10.04.1984	3 AZR 57/82	DB 1984, 2571
BAG	07.10.1982	2 AZR 455/80	BAGE 40, 199; BB 1983, 1791
BAG	11.03.1981	4 AZR 1070/79	BAGE 35, 141; VersR 1981, 941
BAG	27.03.1980	2 AZR 506/78	BAGE 33, 71; DB 1980, 1603
BAG	05.03.1980	5 AZR 881/78	BAGE 33, 57; BB 1980, 1269
BAG	04.10.1978	5 AZR 886/77	DB 1979, 797
BAG	29.07.1976	3 AZR 50/75	DB 1976, 2356
BAG	26.06.1975	5 AZR 412/74	DB 1975, 2089; BB 1975, 1531
BAG	13.08.1974	5 AZR 48/74	NJW 1975, 278; BB 1974, 1639
BAG	21.02.1974	5 AZR 302/73	AP Nr. 81 zu § 611 BGB Gratifikation
BAG	12.01.1973	3 AZR 211/72	AP Nr. 4 zu § 87a HGB
BAG	11.01.1973	5 AZR 322/72	AP Nr. 30 zu § 138 BGB
BAG	06.06.1972	1 AZR 438/71	BAGE 24, 286; AP Nr. 71 zu § 611 BGB Haftung des Arbeitnehmers
BAG	21.06.1971	3 AZR 24/71	AP Nr. 13 zu § 315 BGB
BAG	17.07.1970	3 AZR 423/69	BAGE 22, 402; AP Nr. 3 zu § 11 MuSchG 1968
BAG	20.03.1969	2 AZR 283/68	AP Nr. 27 zu § 123 GewO
BAG	28.02.1968	4 AZR 144/67	AP Nr. 22 zu § 611 BGB Direktionsrecht
BAG	14.11.1966	3 AZR 158/66	AP Nr. 4 zu § 65 HGB

BAG	14.07.1965	4 AZR 347/63	BAGE 17, 241; DB 1965, 1446
BAG	09.08.1963	1 AZR 497/62	BAGE 14, 304; NJW 1964, 467
BAG	05.08.1963	5 AZR 79/63	BAGE 14, 291; AP Nr. 20 zu § 612 BGB
BAG	04.06.1964	2 AZR 310/63	BAGE 16, 72; NJW 1964, 1918
BAG	14.12.1961	5 AZR 180/61	BB 1962, 297
BAG	15.10.1960	5 AZR 152/58	BAGE 10, 99; NJW 1961, 239
BAG	10.05.1960	3 AZR 571/57	DB 1960, 847
BAG	25.04.1960	1 AZR 16/58	BAGE 9, 179; DB 1960, 699
BAG	26.04.1956	GS 1/56	BAGE 3, 66; AP Nr. 5 zu § 9 MuSchG

Landesarbeitsgerichte

LAG Hessen	14.08.2008	20 Sa 1172/07	nicht veröffentlicht – juris
LAG Rheinland-Pfalz	24.04.2008	11 Sa 87/08	nicht veröffentlicht – juris
LAG Hamm	14.02.2008	15 Sa 483/07	nicht veröffentlicht – juris
LAG München	12.12.2007	11 Sa 453/07	nicht veröffentlicht – juris
LAG Köln	22.08.2007	3 Sa 358/07	nicht veröffentlicht – juris
LAG Berlin-Brandenburg	13.07.2007	9 Sa 522/07	nicht veröffentlicht – juris
LAG Thüringen	22.03.2007	3 Sa 66/07	nicht veröffentlicht – juris
LAG Berlin	13.12.2006	15 Sa 1135/06	ArbRB 2007, 130

LAG Baden-Württemberg	18.10.2006	13 Sa 55/05	LAGE § 611 BGB 2002 Zielvereinbarung Nr. 2
LAG Baden-Württemberg	06.09.2006	13 Sa 84/05	BB 2007, 1228
LAG Düsseldorf	28.07.2006	17 Sa 465/06	DB 2006, 2635
LAG Köln	03.04.2006	14 (9) Sa 5/06	nicht veröffentlicht – juris
LAG Köln	14.03.2006	9 Sa 1152/05	nicht veröffentlicht – juris
LAG Brandenburg	13.10.2005	9 Sa 141/05	DB 2006, 160
LAG Hamm	27.07.2005	6 Sa 29/05	NZA-RR 2006, 125
LAG Hamm	09.06.2005	8 Sa 2403/04	NZA-RR 2005, 624
LAG Hamm	08.03.2005	19 Sa 2128/04	NZA-RR 2005, 462
LAG Hamburg	09.02.2005	5 Sa 86/04	NRA-RR 2005, 496
LAG Hamm	26.11.2004	10 Sa 2236/03	AuA 2005, 240
LAG Hamm	24.11.2004	3 Sa 1325/04	nicht veröffentlicht – juris
LAG Hamm	11.05.2004	19 Sa 2132/03	NZA-RR 2004, 294
LAG Düsseldorf	29.10.2003	12 Sa 900/03	nicht veröffentlicht – juris
LAG München	18.09.2002	5 Sa 619/02	NZA-RR 2003, 269
LAG Köln	23.05.2002	7 Sa 71/02	NZA-RR 2003, 305
LAG Nürnberg	09.04.2002	7 Sa 518/01	LAGE § 2 NachwG Nr. 12
LAG Hessen	29.01.2002	7 Sa 836/01	AiB 2002, 575
LAG Hamburg	21.09.2001	6 Sa 46/01	nicht veröffentlicht – juris
LAG Schleswig-Holstein	31.05.2001	4 Sa 417/00	nicht veröffentlicht – juris
LAG Niedersachsen	07.12.2000	10 Sa 1505/00	NZA-RR 2001, 145
LAG Berlin	20.02.1998	6 Sa 145/97	NZA-RR 1998, 392

LAG Düsseldorf	28.01.1998	17 Sa 1715/97	LAGE § 611 BGB Gratifikation Nr. 40
LAG Düsseldorf	25.03.1997	16 Sa 1724/96	NZA-RR 1997, 457
LAG Berlin	17.02.1997	9 Sa 124/96	NZA-RR 1997, 371
LAG Rheinland-Pfalz	05.07.1996	10 Sa 165/96	NZA 1997, 1113
LAG Köln	22.06.1994	2 Sa 1087/93	LAGE § 611 BGB Direktionsrecht Nr. 19
LAG Brandenburg	21.03.1994	4 (5/4) Sa 369/92	LAGE § 1 KSchG personenbedingte Kündigung Nr. 12
LAG Düsseldorf	28.10.1992	4 Sa 1075/92	BB 1993, 221
LAG Hamm	16.10.1989	19 (13) Sa 1510/88	ZIP 1990, 880
LAG Berlin	03.11.1986	9 Sa 65/86	AP Nr. 14 zu § 65 HGB
LAG Düsseldorf	23.08.1977	11 Sa 466/77	DB 1978, 165
Arbeitsgerichte			
ArbG Düsseldorf	13.08.2003	10 Ca 10348/02	DB 2004, 1103
ArbG Frankfurt	11.12.2002	2 Ca 2816/02	ZTR 2003, 577
ArbG Duisburg	14.08.2002	3 Ca 1676/02	DB 2002, 1943; NZA 2002, 1038
ArbG Celle	14.05.2001	2 Ca 73/01	NZA-RR 2001, 478
ArbG Wiesbaden	19.12.2000	8 Ca 1897/00	NZA-RR 2001, 80
ArbG Bremen	30.08.2000	5 Ca 5152, 5198/00	NZA-RR 2001, 27
Bundesgerichtshof			
BGH	26.10.2005	VIII ZR 48/05	BGHZ 165, 12; NJW 2006, 996
BGH	20.07.2005	VIII ZR 397/03	BB 2005, 2206
BGH	13.07.2005	IV ZR 83/04	NJW-RR 2005, 1479

BGH	29.06.2005	VIII ZR 299/04	NJW 2005, 2991
BGH	19.05.2005	III ZR 437/04	NJW 2005, 2543
BGH	14.04.2005	VII ZR 56/04	NJW-RR 2005, 1040
BGH	23.02.2005	IV ZR 273/03	BGHZ 162, 210; NJW-RR 2005, 902
BGH	25.11.2004	I ZR 49/02	NJW-RR 2005, 687
BGH	19.07.2004	II ZR 217/03	NJW 2004, 2668
BGH	06.07.2004	VI ZR 266/03	BGHZ 160, 26; NJW 2004, 3324
BGH	02.07.2004	V ZR 209/03	NJW-RR 2005, 205
BGH	07.05.2004	V ZR 77/03	NJW 2004, 2526
BGH	21.10.2003	X ZR 218/01	NJW-RR 2004, 209
BGH	25.09.2002	VIII ZR 253/99	BGHZ 152, 121; NJW 2003, 290
BGH	18.04.2002	III ZR 199/01	NJW 2002, 2386; BB 2002, 1441
BGH	18.02.2002	II ZR 355/00	DB 2002, 999
BGH	24.01.2002	IX ZR 228/00	NJW 2002, 1421
BGH	14.11.2001	XII ZR 142/99	NJW-RR 2002, 515
BGH	12.06.2001	XI ZR 274/00	BGHZ 148, 74; NJW 2001, 2635
BGH	09.05.2001	IV ZR 121/00	BGHZ 147, 354; NJW 2001, 2014
BGH	29.01.2001	II ZR 331/00	BGHZ 146, 341; NJW 2001, 1056
BGH	19.01.2001	V ZR 437/99	BGHZ 146, 298; NJW 2001, 1127
BGH	22.11.2000	IV ZR 235/99	NJW 2001, 1132
BGH	19.10.1999	XI ZR 8/99	NJW 2000, 651
BGH	17.12.1998	VII ZR 243/97	BGHZ 140, 241; NJW 1999, 942

BGH	10.12.1998	IX ZR 262/97	NJW 1999, 711
BGH	24.11.1998	X ZR 21/97	NJW-RR 1999, 923
BGH	24.09.1998	III ZR 219/97	NJW 1999, 864
BGH	16.07.1998	VII ZR 9/97	NJW 1998, 2488
BGH	19.02.1998	III ZR 106/97	BGHZ 138, 100; NJW 1998, 1786
BGH	06.11.1997	III ZR 177/96	NJW 1998, 1388
BGH	22.04.1997	1 StR 701/96	BGHSt 43, 53; NZA 1997, 1166
BGH	16.04.1996	XI ZR 138/95	BGHZ 132, 313; NJW 1996, 1812
BGH	07.02.1996	IV ZR 16/95	NJW 1996, 1208
BGH	30.06.1995	V ZR 184/94	BGHZ 130, 150; NJW 1995, 2637
BGH	03.02.1995	V ZR 222/93	NJW 1995, 1360
BGH	01.06.1994	V ZR 278/92	BGHZ 126, 150; NJW 1994, 2688
BGH	09.05.1994	II ZR 128/93	BB 1994, 2096
BGH	26.01.1994	VIII ZR 39/93	BB 1994, 594
BGH	20.09.1993	II ZR 104/92	BGHZ 123, 281; DB 1993, 2275
BGH	10.03.1993	VIII ZR 85/92	NJW 1993, 2052
BGH	25.11.1992	IV ZR 147/91	NJW 1993, 850
BGH	24.06.1992	VIII ZR 203/91	BGHZ 119, 35; NJW 1992, 1086
BGH	03.12.1991	XI ZR 77/91	NJW 1992, 503
BGH	27.03.1991	IV ZR 90/90	NJW 1991, 1678
BGH	18.12.1990	X ZR 57/89	nicht veröffentlicht – juris
BGH	10.07.1990	XI ZR 275/89	BGHZ 112, 115; NJW 1990, 2383

BGH	30.03.1990	V ZR 113/89	BGHZ 111, 110; NJW 1990, 1723
BGH	15.01.1990	II ZR 164/88	BGHZ 110, 47; NJW 1990, 982
BGH	19.12.1989	IVb ZR 91/88	NJW 1990, 703
BGH	10.11.1989	V ZR 201/88	BGHZ 109, 197; NJW 1990, 576
BGH	24.10.1989	X ZR 58/88	DB 1990, 676
BGH	05.10.1989	III ZR 126/88	NJW 1990, 1230
BGH	11.05.1989	VII ZR 305/87	BB 1989, 1371
BGH	28.02.1989	IX ZR 130/88	BGHZ 107, 92; NJW 1989, 1276
BGH	24.11.1988	III ZR 188/87	BGHZ 106, 42; NJW 1989, 222
BGH	27.01.1988	VIII ZR 155/87	NJW 1988, 667
BGH	30.09.1987	IVa ZR 6/86	NJW 1988, 410
BGH	09.04.1987	III ZR 84/86	NJW 1987, 2011
BGH	26.11.1986	VIII ZR 260/85	NJW 1987, 909
BGH	05.05.1986	II ZR 150/85	BGHZ 98, 24; NJW 1986, 2428
BGH	06.03.1986	III ZR 195/84	BGHZ 97, 212; BB 1986, 1874
BGH	08.05.1985	IVa ZR 138/83	BGHZ 94, 268; AP Nr. 40 zu § 138 BGB
BGH	21.03.1985	VII ZR 192/83	BGHZ 94, 125; BB 1985, 1288
BGH	13.03.1985	IVa ZR 211/82	BGHZ 94, 98; NJW 1985, 811
BGH	26.11.1984	VIII ZR 217/83	NJW 1985, 1556
BGH	01.02.1984	VIII ZR 54/83	BGHZ 90, 69; BB 1984, 486
BGH	17.05.1982	VII ZR 316/81	BGHZ 84, 109; NJW 1982, 871

BGH	09.11.1978	VII ZR 17/76	BGHZ 72, 316; BB 1979, 72
BGH	29.09.1977	III ZR 164/75	BGHZ 69, 295; NJW 1977, 2356
BGH	10.01.1974	VII ZR 28/72	BGHZ 62, 83; NJW 1974, 551
BGH	21.04.1967	V ZR 75/64	BGHZ 47, 387; WM 1967; 548
BGH	09.11.1966	V ZR 39/64	NJW 1967, 153
BGH	17.05.1965	III ZR 239/64	BB 1965, 1052
BGH	22.04.1953	II ZR 143/52	BGHZ 9, 273
BGH	14.07.1952	IV ZR 1/52	BGHZ 7, 111
Oberlandesgerichte			
OLG Schleswig-Holstein	14.09.2000	7 U 83/99	MDR 2001, 33
OLG Frankfurt	22.09.1997	24 U 221/95	NJW-RR 1998, 1130
OLG Düsseldorf	29.03.1996	7 U 45/95	FamRZ 1996, 1302; NJWE-FER 1997, 60
OLG Hamm	14.04.1989	26 U 159/88	NJW-RR 1989, 1366
OLG Düsseldorf	06.11.1986	6 U 29/86	NJW-RR 1987, 362
OLG Düsseldorf	28.01.1986	5 Ss (OWi) 74/85	GewArch 1986, 167
BayObLG	08.11.1985	BReg 2 Z 119-122/84	NJW-RR 1986, 93
OLG Düsseldorf	07.01.1980	5 U 27/79	NJW 1981, 463
Landgerichte			
LG Gießen	18.09.1996	1 S 146/96	NJW-RR 1997, 1081
LG Köln	15.07.1992	10 S 119/92	NJW-RR 1993, 1424
LG Köln	28.04.1986	7 O 321/85	NJW-RR 1987, 1001

Bundessozialgericht			
BSG	23.03.2006	B 11a AL 29/05 R	NZA-RR 2007, 101; ZIP 2006, 1414
Landessozialgericht			
LSG NRW	14.03.2005	L 19 (9) AL 188/04	ZIP 2005, 1567

Cessy Kühl

Flexibilisierung von Arbeitsbedingungen

Vergleich ausgewählter arbeitsrechtlicher
Gestaltungsmittel zwischen dem deutschen und
dem tschechischen Individualarbeitsrecht

Frankfurt am Main, Berlin, Bern, Bruxelles, New York, Oxford, Wien, 2007.
391 S., 1 Tab.
Studien zum Arbeitsrecht und zur Arbeitsrechtsvergleichung.
Herausgegeben von Manfred Weiss und Spiros Simitis. Bd. 17
ISBN 978-3-631-57396-9 · br. € 59.70*

Dieses Buch befasst sich mit den arbeitsrechtlichen Unterschieden zwischen
der Bundesrepublik Deutschland und der Tschechischen Republik. Es werden
mögliche Flexibilisierungsinstrumente bei der Begründung, Durchführung und
Änderung von Arbeitsverhältnissen in den beiden Ländern verglichen. Dabei
werden Direktionsrecht, Versetzung, Arbeitszeitkonto, Änderungsvertrag und
Änderungskündigung, Arbeitnehmerüberlassung, Arbeitgeberleistungen,
nachvertragliches Wettbewerbsverbot und Vertragsstrafe, befristete Arbeitsverhältnisse sowie Teilzeit und Managerverträge näher beleuchtet. Die
Darstellung dient auch als Leitfaden für Arbeitnehmer und Arbeitgeber
beider Länder. Ebenso befasst sich das Werk mit dem neuen Arbeitsgesetzbuch
(zákon zákoník práce), dem Gesetz Nr. 262/2006 Slg.

Aus dem Inhalt: Flexibilisierung von Arbeitsbedingungen · Vergleich
ausgewählter arbeitsrechtlicher Gestaltungsmittel zwischen dem deutschen
und dem tschechischen Individualarbeitsrecht

 Frankfurt am Main · Berlin · Bern · Bruxelles · New York · Oxford · Wien
Auslieferung: Verlag Peter Lang AG
Moosstr. 1, CH-2542 Pieterlen
Telefax 0041 (0)32/376 17 27

*inklusive der in Deutschland gültigen Mehrwertsteuer
Preisänderungen vorbehalten
Homepage http://www.peterlang.de